eXamen.press

eXamen.press ist eine Reihe, die Theorie und Praxis aus allen Bereichen der Informatik für die Hochschulausbildung vermittelt.

Dirk W. Hoffmann

Software-Qualität

2., aktualisierte und korrigierte Auflage

Dirk W. Hoffmann
Hochschule Karlsruhe
Karlsruhe, Deutschland

ISSN 1614-5216
ISBN 978-3-642-35699-5   ISBN 978-3-642-35700-8 (eBook)
DOI 10.1007/978-3-642-35700-8

Die Deutsche Nationalbibliothek verzeichnet diese Publikation in der Deutschen Nationalbibliografie; detaillierte bibliografische Daten sind im Internet über http://dnb.d-nb.de abrufbar.

Springer Vieweg
© Springer-Verlag Berlin Heidelberg 2008, 2013

Springer Vieweg ist eine Marke von Springer DE. Springer DE ist Teil der Fachverlagsgruppe Springer Science+Business Media
www.springer-vieweg.de

Vorwort

Computerabstürze, Rückrufaktionen, Sicherheitslecks: Das Phänomen Software-Fehler hat sich zum festen Bestandteil unseres täglichen Lebens entwickelt. Mit dem unaufhaltsamen Vordringen der Computertechnik in immer mehr sicherheits-kritische Bereiche ist die Software-Qualitätssicherung zu einer tragenden Säule der gesamten Informationstechnik herangereift. Doch warum ist die Qualität vieler Software-Systeme heute eigentlich so schlecht? Und viel wichtiger noch: Stehen wir der Misere hilflos gegenüber?

Auf den folgenden Seiten werde ich versuchen, eine Antwort auf die oben gestellten Fragen zu geben. Neben einer Ursachenanalyse historischer Software-Fehler werden die verschiedenen Methoden und Techniken diskutiert, die uns heute zur Erreichung der kontinuierlich wachsenden Qualitätsanforderungen zur Verfügung stehen. Ein besonderes Augenmerk habe ich dabei stets auf große, lang-lebige Software-Systeme gelegt, die in einem professionellen Umfeld entwickelt werden. Die hierfür erforderlichen technischen und organisatorischen Maßnahmen werden in diesem Buch genauso behandelt wie die allgegenwärtige Problematik der Software-Alterung.

Zwei Leitmotive durchdringen die nachfolgenden Kapitel wie ein roter Faden. Zum einen habe ich mich bemüht, einen durchweg praxisnahen Zugang zu den oft theoretisch geprägten Themen zu schaffen. So werden die verschiedenen Metho-den und Verfahren stets anhand konkreter Problemstellungen eingeführt und dar-aufhin untersucht, inwieweit sie für den produktiven Einsatz in der professionellen Software-Entwicklung geeignet sind. Zum anderen war es mir ein großes Anliegen, ein tiefergehendes Problembewusstsein für die Materie Software zu schaffen. Hier-zu werden anhand zahlreicher Beispiele die klassischen Ursachen und Fallstricke aufgezeigt, die in der Praxis für viele Software-Fehler verantwortlich zeichnen. Auch hier gilt: Nur wer seine Feinde kennt, wird im Stande sein, sie zu besiegen.

In diesem Sinne wünsche ich Ihnen viel Vergnügen bei der Lektüre dieses Bu-ches. Leider ist das Phänomen des Fehlers allgegenwärtig und macht auch vor Ma-nuskripten keinen Halt. Für Hinweise oder Verbesserungsmöglichkeiten bin ich je-dem aufmerksamen Leser ausdrücklich dankbar.

Bevor wir in die Tiefen der verschiedenen Methoden und Verfahren der Software-Qualitätssicherung eintauchen, möchte ich an dieser Stelle all denjenigen meinen Dank aussprechen, die mich bei der Durchführung dieses Projekts unterstützt und damit maßgeblich zum Gelingen dieses Buches beigetragen haben. Besonders erwähnen möchte ich Herrn Rüdiger Brünner. Seine zahlreichen Hinweise zur ersten Auflage haben es mir ermöglicht, die vor Ihnen liegende Neuauflage an vielen Stellen zu verbessern.

Karlsruhe, im November 2012   *Dirk W. Hoffmann*

Inhaltsverzeichnis

Abkürzungsverzeichnis

ACM	Association for Computing Machinery
ACQ	Aquisition Process Group
ALU	Arithmetic Logic Unit (Arithmetisch-logische Einheit)
ANSI	American National Standards Institute
API	Application Programming Interface
ARC	Appraisal Requirements for CMM
ASCII	American Standard Code for Information Interchange
BCD	Binary Coded Decimal
BDD	Binary Decision Diagram
BIOS	Basic Input Output System
BP	Base Pointer
BSD	Berkeley Software Distribution
BSS	Blank Storage Space
CAN	Controller Area Network
CIFS	Common Internet File System
CIL	Common Interface Language
CISC	Complex Instruction Set Computing
CLI	Command Line Interface oder Common Language Infrastructure
CM	Configuration Management
CMM	Capability Maturity Model
CMMI	Capability Maturity Model Integration
CPU	Central Processing Unit
CRC	Cyclic Redundancy Check
CTL	Computation Tree Logic
CV	Class Variables (Metrik)
CVS	Concurrent Versions System
DIN	Deutsches Institut für Normung
DOI	Depth Of Inheritance (Metrik)
DOS	Disc Operating System oder Denial of Service
DVD	Digital Versatile Disc
ENG	Engineering Process Group

EOF	End Of File
ESA	European Space Agency
FIFO	First In First Out
FP	Frame Pointer
FPU	Floating Point Unit
GB	Gigabyte (10^9)
GByte	Gigabyte (10^9)
GiB	Gigabyte (2^{30})
GHz	Gigahertz
GCC	GNU Compiler Collection
ggT	größter gemeinsamer Teiler
GNU	GNU is Not Unix
GPL	GNU General Public License
GTO	Geotransfer Orbit
GUI	Graphical User Interface
HOL	Higher-Order Logic
HW	Hardware
Hz	Hertz
IDE	Integrated Development Environment
IEC	International Electrotechnical Commission
IEEE	Institute of Electrical and Electronics Engineers
I/O	Input/Output
IP	Intellectual Property oder Internet Protocol
IPD	Integrated Product Development
IPPD	Integrated Product and Process Development
ISO	International Organization for Standardization
ISR	Interrupt Service Routine
IT	Information Technology
IVT	Intel Virtualization Technology
JDK	Java Development Kit
JIT	Just-In-Time (Compiler)
JNI	Java Native Interface
KPA	Key Process Area
KB	Kilobyte (10^3)
KByte	Kilobyte (10^3)
KiB	Kilobyte (2^{10})
KHz	Kilohertz
LALR	LookAhead Left to right Rightmost derivation (parser)
LCOM	Lack of COhesion in Methods (Metrik)
LGT	Längste gemeinsame Teilfolge
LIFO	Last In First Out
LOC	Lines Of Code
LSF	Load Sharing Facility
LTL	Linear Time Logic
MB	Megabyte (10^6)

MByte	Megabyte (10^6)
MiB	Megabyte (2^{20})
MHz	Megahertz
MFLOPS	Million Floating Point Operations per Second
MIPS	Million Instructions per Second
MISRA	Motor Industry Software Reliability Association
MMX	Multimedia Extension
MOST	Media Oriented Systems Transport
MSDN	Microsoft Developer Network
MTBF	Mean Time Between Failures
MULTICS	MULTiplexed Information and Computing Service
MVFS	MultiVersion File System
NCSS	Non-Commented Source Statements
NFS	Network File System
NOA	Number of Attributes (Metrik)
NOD	Number of Descendants (Metrik)
NORM	Number of Redefined Methods (Metrik)
NOP	NO Operation
OPE	Operation Process Group
OS	Operating System
OV	Object Variables (Metrik)
PAC	Process Area Category
PC	Personal Computer oder Program Counter
PDA	Personal Digital Assistant
PDF	Portable Document Format
PIM	Process Improvement Process Group
POSIX	Portable Operating System Interface
QA	Quality Assurance
QMMG	Quality Management Maturity Grid
RAID	Redundant Array of Independent Disks
RAM	Random Access Memory
RCS	Revision Control System
REC	Receive Error Counter
ROM	Read-Only Memory
REQM	Requirements Management
RET	Return (address)
REU	Reuse Process Group
RIN	Ressource and Infrastructure Process Group
RISC	Reduced Instruction Set Computing
RM	Risk Management
RTCA	Radio Technical Commission for Aeronautics
RUP	Rational Unified Process
SA	Software Acquisition
SBP	Save Base Pointer
SCAMPI	Standard CMMI Assessment Method for Process Improvement

SCCS	Source Code Control System
SDK	Software Development Kit
SE	Software Engineering
SEI	Software Engineering Institute
SEPG	Software Engineering Process Group
SP	Stack Pointer
SPARC	Scalable Processor ARChitecture
SPICE	Software Process Improvement and Capability Determination
SPL	Supply Process Group
SRT-Division	Sweeny-Robertson-Tocher-Division
SSH	Secure Shell
SSL	Secure Sockets Layer
SW	Software
TB	Terabyte (10^{12})
TByte	Terabyte (10^{12})
TiB	Terabyte (2^{40})
TCP	Transmission Control Protocol
TEC	Transmit Error Counter
TMR	Triple-Modular Redundancy
TSL	Test Script Language
UI	User Interface
UML	Unified Modeling Language
URL	Uniform Resource Locator
UTC	Universal Time Coordinated
VDM	Vienna Development Method
VLIW	Very Long Instruction Word
VLSI	Very-Large-Scale Integration
WAC	Weighted Attributes per Class (Metrik)
WebDAV	Web-based Distributed Authoring and Versioning
WER	Windows Error Reporting
WMC	Weighted Methods per Class (Metrik)
XML	Extensible Markup Language
XT	eXTended

Kapitel 1
Einführung

"As the use of computers pervades more and more of what society does, the effects of non-quality software just become unacceptable. Software is becoming more ambitious, and we rely on it more and more. Problems that could be dismissed quite easily before are now coming to the forefront."

Bertrand Meyer [263]

1.1 Aufbruch in das ubiquitäre Computerzeitalter

Als zu Beginn des zwanzigsten Jahrhunderts die ersten Computer das Licht der Welt erblickten, erahnte noch niemand, wie sich die Computertechnik in schier atemberaubender Geschwindigkeit weiterentwickeln und in immer mehr Bereiche des täglichen Lebens vordringen würde.

Für viele von uns ist der Rückgriff auf das Internet heute zu einer fast schon reflexartigen Aktion in den verschiedensten Lebenslagen geworden – sei es die Abwicklung von Bankgeschäften, die Suche nach nahe gelegenen Restaurants oder die Begutachtung des nächsten Feriendomizils aus der Satellitenperspektive. Der mit den ersten Computersystemen ausgelöste Technisierungstrend ist bis heute ungebrochen und ein Ende bei weitem nicht abzusehen.

Wie ein kurzer Blick in die Anfangstage der Computertechnik zeigt, lässt die Welt, in der wir heute leben, selbst die kühnsten Erwartungen von damals weit hinter sich. Der folgende, häufig zitierte Ausspruch wird auf das Jahr 1943 datiert und spiegelt in treffender Weise den Zeitgeist der frühen Pioniertage wider:

"I think there is a world market for maybe five computers."

Zugeschrieben wird das Zitat keinem anderen als Thomas J. Watson, Sr., dem Mitbegründer der Firma IBM. Ob der Ausspruch wirklich von Watson stammte, wurde bis heute jedoch nie zweifelsfrei geklärt.

D.W. Hoffmann, *Software-Qualität*, eXamen.press,
DOI 10.1007/978-3-642-35700-8_1, © Springer-Verlag Berlin Heidelberg 2013

Zu der Riege der größten Fehleinschätzungen der Computergeschichte gesellt
sich die folgende viel zitierte Aussage:

"640K ought to be enough for anybody."

Obwohl dieser Ausspruch in der Literatur regelmäßig Bill Gates zugeschrieben
wird, liegt sein wahrer Ursprung bis heute im Dunkeln. Der Microsoft-Gründer
selbst bestreitet, der Urheber zu sein [272]. Nützen wird es ihm wenig – sein Name
ist heute so eng mit diesem Zitat verbunden, dass seine angebliche Urheberschaft
wie in Stein gemeißelt scheint.

Auch wenn der Ausspruch in Wahrheit wohl aus weniger prominentem Munde
stammt, sind seine Auswirkungen bis in die Gegenwart zu spüren. Inhaltlich spielt
das Zitat auf die Limitierung früher PC-Systeme an, nicht mehr als 640 KiB Hauptspeicher adressieren zu können. Diese Architekturentscheidung wurde aus Kostengründen getroffen und galt zunächst als wenig problematisch. Der Zeitpunkt, zu
dem die erste Heimanwendung die 640-KiB-Grenze brechen würde, schien in weiter Ferne. Der langen Rede kurzer Sinn: Der Speicher wurde schnell zu knapp und
viele nachfolgende PC-Generationen mussten mit umständlichen Tricks und Knif-
fen die geschaffene 640-KiB-Grenze überwinden. Noch heute befindet sich mit dem
A20-Gate ein Relikt aus dieser Zeit in nahezu allen Intel-kompatiblen Hardware-
Architekturen.

Mittlerweile ist die 64-Bit-Technologie in die heimische PC-Welt eingezogen.
Primär erfolgte der Wechsel von 32 zu 64 Bit jedoch nicht aus Gründen der Geschwindigkeit. Die eigentliche Ursache geht auf die Beschränkung der Vorgänger-
architekturen zurück, mit ihren 32 Adressleitungen lediglich 4 GiB Hauptspeicher
zu adressieren – immerhin mehr als das 6000-fache der vor ein paar Jahren postulierten 640 KiB.

Fast zwangsläufig mag sich dem Leser die Frage aufdrängen, was wir, wenn
überhaupt, aus den Prognosen der nicht allzu fernen Vergangenheit lernen können.
Vielleicht ist es in erster Linie die Einsicht, langfristige Vorhersagen im Bereich der
Informationstechnologie mit Vorsicht zu behandeln – die rasante Entwicklung vermag unsere heutige Sicht der Dinge schneller zu überholen als wir es gegenwärtig
erahnen.

Auch wenn langfristige Aussagen kaum möglich sind und wir gut daran tun, uns
auf allenfalls mittelfristige Ausblicke zu beschränken, zeichnen sich seit einigen
Jahren zwei feste Trends ab, die unser zukünftiges Leben maßgeblich beeinflussen
und in entsprechender Weise verändern werden:

- Die Computertechnik dringt kontinuierlich in immer mehr Bereiche vor, die noch
  vor ein paar Jahren als computerfreie Domänen galten. Wie sehr unser gegen-
  wärtiger Alltag durch den Computer wirklich geprägt wird, zeigt eine Studie aus
  dem Jahre 2002. In jenem Jahr kam jeder US-Bürger täglich mit rund 150 verschiedenen Mikroprozessoren in Kontakt – Tendenz steigend [100]. Der Internet-
  Kühlschrank und die MP3-Jacke sind zwei aktuelle Beispiele, die diesen Trend
  mit Leben füllen. Auch wenn sich die Frage nach dem Sinn mancher Neuentwicklung an dieser Stelle regelrecht aufdrängen mag, können wir uns dem allge-

meinen Trend nicht verwehren. Ob wir es wollen oder nicht, die Technisierung schreitet in großen Schritten weiter voran.

■ Die Erscheinungsform des Computers verschwimmt. Durch die fortschreitende Miniaturisierung sind Computer in vielen Fällen nicht mehr als solche zu erkennen und passen ihre Gestalt in zunehmendem Maße ihrer eigentlichen Bestimmung an. Durch den erreichten Miniaturisierungsgrad ist es heute ein Leichtes, Elektronik mit den unterschiedlichsten Alltagsgegenständen zu verschmelzen. In vielen Fällen nimmt der Benutzer nicht einmal mehr wahr, dass er in Wirklichkeit mit einem Computer arbeitet – die gelungene Integration einer intuitiven Mensch-Maschine-Schnittstelle vorausgesetzt.

Im Zusammenspiel begründen beide Trends das viel zitierte *ubiquitäre Computerzeitalter*. Hinter diesem Begriff verbirgt sich nichts anderes als die Vision des unsichtbaren, allgegenwärtigen Computers. Mit anderen Worten: Der Computer von Morgen wird überall und nirgendwo sein.

Die Folgen des zunehmenden Vordringens der Computertechnik sind weitreichend. Insbesondere dominieren rechnergestützte Systeme mehr und mehr auch sicherheitskritische Bereiche, in denen Leib und Leben vom Versagen der eingesetzten Hard- oder Software unmittelbar bedroht sind. Wie weit die Technisierung bereits heute fortgeschritten ist, macht ein Blick in den Bereich der Kraftfahrzeugelektronik besonders deutlich. Mit der Anschaffung eines neuen Oberklassewagens erwirbt jeder Käufer auf einen Schlag 60 bis 70 Steuergeräte – jedes für sich ein Kleincomputer, der in vielen Fällen die Rechenleistung ehemaliger Großrechner weit hinter sich lässt. Mit 72 KiB ROM, 4 KiB RAM und einer 1-MHz-CPU gelang es der Menschheit den Mond zu erobern. Jeder heute produzierte Kleinwagen übertrifft diese Rechenleistung um Größenordnungen.

Die seit Jahren kontinuierlich zunehmende Vernetzung der Steuergeräte führt zu einem weiteren Anstieg der Gesamtkomplexität. Ein einziger Blick auf den Kabelbaum eines modernen Pkws reicht aus, um die Auswirkungen dieses Trends mit bloßem Auge zu erkennen. So überdecken z. B. die mehr als 2000 Einzelleitungen eines VW Phaeton aneinandergereiht eine Strecke von 4 km Länge.

Bis auf wenige Ausnahmen wird der Datenaustausch zwischen den verschiedenen Steuergeräten eines Pkws über spezielle Kommunikationsbusse abgewickelt. Im Bereich der Kraftfahrzeugelektronik wurde die busbasierte Kommunikation Anfang der Achtzigerjahren mit dem *CAN-Bus* (CAN = *Controller Area Network*) eingeführt. Wie in Abb. 1.1 skizziert, ist die Kommunikation *dezentral* organisiert, d. h., jedes Steuergerät wird innerhalb der Bus-Topologie auf einen separaten Kommunikationsknoten abgebildet. Neben CAN spielen in modernen Kraftfahrzeugen auch die *FlexRay*- und die *MOST*-Technologie eine immer stärkere Rolle. Während das FlexRay-Bussystem unter anderem für die Anbindung sicherheitskritischer *X-by-Wire*-Systeme ausgelegt ist, ist der MOST-Bus auf die Übertragung multimedialer Inhalte spezialisiert.

Moderne Kraftfahrzeuge weisen inzwischen eine Systemkomplexität auf, die mehr und mehr an ihre Grenzen stößt. Zeichnete in der Vergangenheit die Mechanik für die meisten Fahrzeugdefekte verantwortlich, so ist es heute immer häufiger die

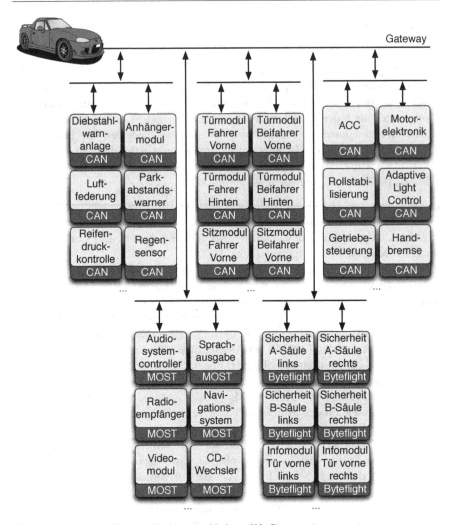

Abb. 1.1 Busbasierte Kommunikation verschiedener Kfz-Steuergeräte

Elektronik, die uns in die Werkstatt zwingt. Setzt sich die Entwicklung in der eingeschlagenen Richtung fort, so wird bereits im Jahre 2010 jede zweite Autopanne ihre Ursache im Versagen der Elektronik haben. Beschränken wir die Betrachtung an dieser Stelle auf das technikverwöhnte Segment der Oberklassewagen, so ist die Elektronik bereits heute die Fehlerquelle Nummer eins. Mit anderen Worten: Jede zweite Panne eines modernen Oberklassewagens geht inzwischen auf das Versagen der Bordelektronik zurück – ein Problem, das nicht nur die Fahrzeugführer, sondern auch die Automobilhersteller in zunehmendem Maße in Bedrängnis bringt.

Obwohl die Automobilindustrie mit Hochdruck an Lösungen arbeitet, machen zahlreiche Rückrufaktionen der letzten Zeit immer wieder deutlich, dass es mit der Zuverlässigkeit moderner Kfz-Elektronik noch immer nicht zum Besten steht. Sollte es an dieser Stelle nicht gelingen, die Zuverlässigkeit zukünftiger Systeme deutlich zu erhöhen, ist es mehr als fraglich, ob sich das elektronische Wettrüsten im Bereich der Kraftfahrzeugelektronik in der bestehenden Form fortsetzen lässt. Zukunftsweisende Konzepte wie die Steer-by-Wire-Technologie, die automatische Vollbremsung oder die autonome Querregelung bedingen eine Zuverlässigkeit, die viele der heutigen IT-Systeme nicht zu leisten im Stande sind. Der Qualitätssicherung wird daher in Zukunft noch eine deutlich größere Rolle zukommen, als sie bereits heute innehat.

Doch welche Maßnahmen der Qualitätssicherung sind notwendig und überhaupt sinnvoll? Zur Beantwortung dieser Frage kommen wir nicht umhin, den eigentlichen Ursachen der Misere auf den Grund zu gehen. Die historische Entwicklung der Automobilelektronik liefert uns an dieser Stelle erste Gründe, warum es heute um viele computergestützte Systeme nicht zum Besten steht. Betrachten wir die Komplexitätsentwicklung typischer Kfz-Steuergeräte über die Zeit, so nehmen zwei langfristige Trends klare Konturen an:

■ Die Systemkomplexität steigt dramatisch an. Schon lange sind die Zeiten vorbei, in denen ein Projekt von einem einzigen Programmierer alleine und völlig selbstständig zum Erfolg gebracht werden kann. Die hohe Systemkomplexität zwingt uns heute dazu, in großen Arbeitsgruppen zu entwickeln. Projekte, in denen einen Vielzahl von Hardware- und Software-Ingenieuren abteilungs- und sogar firmenübergreifend zusammenarbeiten, sind heute allgegenwärtig. In entsprechender Weise ist auch das Know-how nicht mehr länger auf ein paar wenige Entwickler konzentriert, sondern fast vollständig dezentralisiert. Die Folgen sind an dieser Stelle nicht nur positiver Natur – insbesondere gibt es in größeren Projekten heute niemanden mehr, der sämtliche Aspekte eines Systems vollständig versteht oder gar jemals verstehen könnte.

Die entstehenden Probleme sind kein singuläres Problem der Software-Industrie und treten ähnlich gelagert in allen Bereichen auf, in denen große Projektgruppen zu koordinieren sind. Nichtsdestotrotz kommen im Bereich der Software-Entwicklung mehrere Faktoren erschwerend hinzu. Anders als z. B. in den klassischen Ingenieur-Disziplinen ist das Problem der adäquaten Zeit- und Kostenschätzung im Bereich der Software-Entwicklung immer noch ungelöst.

■ Der Software-Anteil heutiger Systeme wächst kontinuierlich. Waren reine Hardware-Lösungen früher für viele Zwecke ausreichend, wird deren Platz heute durch *eingebettete Systeme* eingenommen. Die erste Generation dieser Geräte zeichnete sich dadurch aus, dass vormals komplett in Hardware implementierte Funktionalität durch kurze, Hardware-nahe Programme nachgebildet wurde. Gegenüber reinen Hardware-Lösungen brachten der Einsatz standardisierter Komponenten sowie die augenscheinlich grenzenlose Änderbarkeit des Programmcodes deutliche Vorteile in Bezug auf Kosten und Produktivität. Durch die immer größer werdende Leistungsfähigkeit der verwendeten Mikrocontroller entwickelten sich eingebettete Systeme rasch weiter und verfügten schnell über ein Maß an Funktionalität, an das mit reinen Hardware-Lösungen nicht im Entferntesten

zu denken war. Schnell boten die entstandenen Systeme die Leistung der Groß-
computer von Einst und in dem gleichen Umfang wuchs auch die Größe der
verarbeiteten Programme. Bereits seit einigen Jahren übersteigt der Aufwand für
die Entwicklung der Software-Komponenten die der Hardware-Komponenten erheblich. Tragischerweise fällt der Software in diesem Zusammenhang eine zwiespältige Rolle zu. Genauso wie der Großteil der Funktionalität aktueller Systeme
ohne Software nicht zu realisieren wäre, ist es heute die Software, die für die
Mehrzahl der Fehler verantwortlich zeichnet. Mit anderen Worten: Software ist
zur Fehlerquelle Nummer eins geworden.

Aber warum ist die Qualität vieler Software-Systeme eigentlich so schlecht? Und
viel wichtiger noch: Stehen wir der Misere mittellos gegenüber? Welche Methoden
und Techniken stehen uns heute zur Verfügung, die Qualität komplexer Software-
Systeme sicherzustellen oder zu erhöhen?

Die Beantwortung dieser Fragen wirft zwangsläufig eine weitere auf: Was genau
ist eigentlich *Software-Qualität*? Den Begriff der Zuverlässigkeit haben wir bereits
weiter oben ins Spiel gebracht und eine enge Verknüpfung mit dem Begriff der
Software-Qualität liegt auf der Hand. Qualität mit Zuverlässigkeit gleichzusetzen
wäre jedoch bei weitem zu kurz gedacht. Bevor wir uns also den verschiedenen
Spielarten der modernen Software-Qualitätssicherung zuwenden, werden wir im
nächsten Abschnitt den Begriff der Software-Qualität in all seinen verschiedenen
Facetten näher beleuchten.

1.2 Was ist Software-Qualität?

Nahezu jeder Programmierer entwickelt im Laufe seiner Karriere ein intuitives Verständnis für den Begriff der *Software-Qualität*. Der Qualitätsbegriff erscheint einfach zu fassen, entpuppt sich bei genauerem Hinsehen jedoch als äußerst vielfältig.
Erschwerend kommt hinzu, dass Entwickler und Projektleiter mit diesem Begriff
häufig verschiedene Inhalte verbinden – Missverständnisse inbegriffen.

Die DIN-ISO-Norm 9126 definiert den Begriff *Software-Qualität* wie folgt:

> *„Software-Qualität ist die Gesamtheit der Merkmale und Merkmalswerte
> eines Software-Produkts, die sich auf dessen Eignung beziehen, festgelegte
> Erfordernisse zu erfüllen."*

Die Definition unterstreicht, dass der Begriff der Software-Qualität eine multikausa-
le Größe beschreibt. Mit anderen Worten: Es gibt nicht *das* eine Kriterium, mit dem
sich Software-Qualität in direkter Weise und vor allem quantitativ verbinden lässt.
Vielmehr verbergen sich hinter dem Begriff eine ganze Reihe vielschichtiger Kriterien, von denen sich einige zu allem Überdruss auch noch gegenseitig ausschließen.

Die wesentlichen Merkmale, die für die Beurteilung der Software-Qualität in
der Praxis eine Rolle spielen, sind in Abb. 1.2 zusammengefasst. In Abhängigkeit
des Anwendungsgebiets und der gestellten Anforderungen variiert die Relevanz der
einzelnen Kriterien erheblich. Insbesondere lässt die Reihenfolge ihrer Auflistung
keinen Rückschluss auf deren Bedeutsamkeit zu.

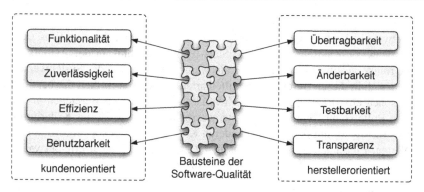

Abb. 1.2 Qualitätsmerkmale eines Software-Produkts

■ Funktionalität (Functionality, Capability)

Dieses Qualitätsmerkmal beschreibt, in welchem Maß ein Software-System den ihm zugeschriebenen Funktionsumfang tatsächlich erfüllt. Funktionale Fehler kommen in verschiedenen Spielarten vor. Einige entstehen durch die Umsetzung der Anforderungen in einer nicht beabsichtigten Art und Weise und gehen häufig auf fehlende oder falsch verstandene Spezifikationen zurück. In anderen Fällen werden bestimmte Programmeigenschaften vollständig ausgespart. Die Ursachen hierfür sind ebenfalls vielfältig. Neben Software-technischen Problemen zeichnet in vielen Fällen schlicht der allgegenwärtige Zeitmangel kurz vor dem Release-Termin verantwortlich. Die allermeisten funktionalen Fehler haben ihre Ursache jedoch in klassischen Implementierungsfehlern (*bugs*). Hier besteht zugleich die größte Chance, diese mit den Methoden und Techniken der Software-Qualitätssicherung während der Entwicklung zu entdecken oder bereits im Vorfeld zu vermeiden.

Funktionale Fehler sind so allgegenwärtig, dass der Begriff der Software-Qualität häufig auf dieses singuläre Kriterium reduziert wird. Zu unrecht, wie die lange Liste der in diesem Abschnitt andiskutierten Qualitätskriterien unter Beweis stellt.

■ Laufzeit (Performance)

Jedes Software-System unterliegt gewissen Laufzeitanforderungen, auch wenn diese nicht immer explizit in der Spezifikation vermerkt sind. Für etliche Applikationstypen stellt die Einhaltung dieser Anforderungen keine ernstzunehmende Herausforderung dar und beschränkt sich mitunter auf die Etablierung interaktiver Mensch-Maschine-Dialoge. In einem ganz anderen Licht erscheint die Situation im Bereich der *Echtzeitsysteme*. Hier unterliegen alle Operationen Zeitanforderungen, die entweder im statistischen Mittel (*weiche Echtzeit*) oder in jedem Einzelfall (*harte Echtzeit*) zwingend erfüllt werden müssen. Die Kriterien *Laufzeit* und *Funktionalität* sind in diesen Fällen eng miteinander verwoben und von gleichrangiger Bedeutung.

■ **Zuverlässigkeit (Reliability)**

Software ist heute in vielen sicherheitskritischen Anwendungen im Einsatz. Die Bordelektronik unseres Pkws, die Steer-by-Wire-Technik in der Avionik oder die robotergestützte Chirurgie sind nur wenige Beispiele. Jedes Systemversagen kann sich in diesen Bereichen unmittelbar auf die Unversehrtheit der beteiligten Personen auswirken, so dass die Zuverlässigkeit in diesen Bereichen *die* zentrale Rolle spielt. Wie wir später herausarbeiten werden, ist das Kriterium der Zuverlässigkeit mit den meisten anderen Kriterien stark gekoppelt. Mit anderen Worten: Eine hohe Systemzuverlässigkeit kann nicht singulär erreicht werden, sondern bedingt die Optimierung einer ganzen Reihe anderer Kriterien.

■ **Benutzbarkeit (Usability)**

Der Begriff der Benutzbarkeit subsumiert alle Eigenschaften eines Systems, die sich mit der Mensch-Maschine-Schnittstelle und damit in direkter Weise mit der Benutzerinteraktion befassen. Waren die Benutzungsschnittstellen früherer Computersysteme sowohl in ihrer Erscheinungsform als auch in ihrer Bedienbarkeit eher spartanischer Natur, so besitzen moderne computergestützte Systeme vielfältige, individuell auf die jeweilige Anwendung abgestimmte Bedienungskonzepte. Nicht in allen Bereichen sind optimierte Benutzungsschnittstellen gleichermaßen von Bedeutung. Hat z. B. die Automobilindustrie höchste Anforderungen in diesem Bereich zu erfüllen, besitzt das Bedienungskonzept einer nur von wenigen Experten verwendeten Nischen-Software ein deutlich geringeres Gewicht.

■ **Wartbarkeit (Maintainability)**

Die Möglichkeit, Software auch nach dessen Inbetriebnahme korrigieren, modifizieren und erweitern zu können, ist eine wesentliche Eigenschaft langlebiger Software-Produkte. Leider entpuppt sich insbesondere die Wartung des Programmcodes als ein in der Praxis häufig unterschätztes Problem. In vielen Fällen hört die Projektplanung mit der Inbetriebnahme eines Software-Systems auf und ignoriert damit die Notwendigkeit, Software-Fehler nachträglich zu beheben. In anderen Fällen werden Subunternehmer für die Entwicklung einzelner Software-Komponenten beauftragt, ohne sich um die Zeit nach der Auslieferung ausreichend Gedanken zu machen. Dabei ist gerade die Wartbarkeitseigenschaft eines Software-Produkts eine der wichtigsten Voraussetzungen, um sich länger als die Konkurrenz am Markt zu behaupten.

■ **Transparenz (Transparency)**

Dieses Kriterium bewertet, auf welche Art und Weise die nach außen sichtbare Programmfunktionalität intern umgesetzt wurde. Verbirgt sich unter der sichtbaren Benutzungsoberfläche ein geradliniges Programm, das strukturiert und mit wenigen aufeinander aufbauenden Elementen das Problem löst? Oder steckt hinter der Fassade ein programmiertes Chaos, das zwar funktional korrekt ist, einem erfahrenen Programmierer bei näherer Betrachtung jedoch die Tränen in die Augen treibt? Statistisch gesehen nimmt die Transparenz eines Software-Systems im Zuge seiner Weiterentwicklung kontinuierlich ab. Ganz ähnlich dem zweiten

Hauptsatz der Thermodynamik scheint die Zunahme der Unordnung innerhalb eines langlebigen Software-Systems einer unsichtbaren Gesetzmäßigkeit zu folgen. Kurzum: Software altert. Der Grad der Unordnung eines Programms wird auch als *Software-Entropie* bezeichnet – ein Begriff, der die Problematik wie kaum ein anderer auf den Punkt bringt.

■ Übertragbarkeit

Hinter der Übertragbarkeit bzw. der Portierbarkeit verbirgt sich die Frage, wie einfach eine bestehende Software in eine andere Umgebung übertragen werden kann. Der abstrakte Begriff der *Umgebung* wurde an dieser Stelle bewusst gewählt und steht stellvertretend für eine ganze Reihe, in der Praxis häufig auftretender Übertragbarkeitsszenarien. Die Anpassung älterer 32-Bit-Programme an moderne 64-Bit-Architekturen, die Unterstützung alternativer Betriebssysteme oder die Migration klassischer Desktop-Anwendung auf mobile Endgeräte sind typische Portierungsaufgaben. Am Markt befindliche Software-Systeme unterscheiden sich bezüglich ihrer Übertragbarkeitseigenschaften erheblich. Lässt sich eine sauber programmierte 32-Bit-Applikation in der Theorie ohne Änderung auch auf einem 64-Bit-System übersetzen und ausführen, müssen in vielen aktuellen Projekten Millionenbeträge für die 64-Bit-Migration nachträglich investiert werden – Kosten, die unter der Berücksichtigung elementarer Regeln der Software-Technik niemals entstanden wären.

■ Testbarkeit (Testability)

Ist die Wartbarkeit eines Software-Systems ein entscheidendes Kriterium, Software-Fehler zeitnah zu beheben, so ist die Testbarkeit die Voraussetzung, Fehler rechtzeitig zu erkennen. Die Testbarkeit eines Programms wird durch zwei wesentliche Faktoren erschwert: Zum einen ist die Komplexität selbst kleiner Programme bereits so groß, dass es schlicht unmöglich ist, die Ausgabe für alle möglichen Eingabekombinationen zu überprüfen. Zum anderen lassen sich viele Algorithmen überhaupt nur dann sinnvoll testen, wenn auf die internen Zustände und Datenstrukturen des Programms von außen zugegriffen werden kann. Durch den Black-Box-Charakter vieler Software-Systeme besteht auf diese Informationen zunächst kein Zugriff. Die zu testende Software muss aus diesem Grund um zusätzlichen Code ergänzt werden, der Variablen und Datenstrukturen nach außen sichtbar macht (*design for test*). Im Bereich eingebetteter Systeme kommt ein anderes Problem erschwerend hinzu. Wird ein Produkt für den Massenmarkt hergestellt, werden die Hardware-Komponenten spätestens in der Endphase der Entwicklung mit nur noch wenigen oder gar keinen Debugging-Möglichkeiten mehr ausgestattet. Aus Kostengründen macht dieses Vorgehen durchaus Sinn, allerdings wird die Behebung sehr spät erkannter Fehler hierdurch ungleich komplizierter.

Die Kriterien *Funktionalität*, *Laufzeit*, *Zuverlässigkeit* und *Benutzbarkeit* sind unmittelbar nach außen sichtbar und bilden zusammen die Qualitätssicht des Anwenders ab. Folgerichtig sind es genau diese Kriterien, die sich unmittelbar auf die

Kaufentscheidung potenzieller Kunden auswirken und damit über den kurzfristigen Erfolg eines Software-Produkts entscheiden.

Die Kriterien *Transparenz*, *Übertragbarkeit*, *Wartbarkeit* und *Testbarkeit* spiegeln hingegen die inneren Werte eines Software-Produkts wider. Nach außen hin ist nicht unmittelbar erkennbar, wie es um diese steht, so dass sich ausschließlich diejenigen Kunden an diesen Kriterien orientieren können, die einen tiefen Einblick in den Entwicklungsprozess besitzen.

Trotzdem sind die inneren Qualitätsmerkmale nicht weniger bedeutsam, schließlich sind sie maßgeblich für den langfristigen Erfolg eines Software-Produkts verantwortlich. Qualitätssicherungsmaßnahmen, die auf die Verbesserung dieser Kriterien zielen, sind Investitionen in die Zukunft – und damit tragischerweise der Grund, warum sie in vielen quartalsdenkenden Unternehmen auf kleiner Flamme gekocht werden.

Manchen Leser mag nach der Formulierung der Qualitätskriterien die Frage bewegen, ob sich diese zu einer Art ganzheitlicher Qualität vereinen lassen. Mit anderen Worten: Ist es möglich, ein Software-Produkt zu entwickeln, das alle Qualitätsmerkmale gleichermaßen zu einem Höchstmaß erfüllt?

Am Beispiel der Kriterien *Effizienz* und *Übertragbarkeit* wird schnell deutlich, dass dieses Vorhaben von Grund auf zum Scheitern verurteilt ist. Übertragbare Programme erreichen ihren hohen Grad an Portabilität in aller Regel durch eine sehr allgemein gehaltene Programmierung. Ausschließlich diejenigen Fähigkeiten einer Sprache oder einer Architektur werden genutzt, die in anderen Sprachen oder Architekturen ebenfalls vorhanden sind. Solche Programme zählen selten zu den effizientesten, da sie grob gesprochen auf dem kleinsten gemeinsamen Nenner operieren. Im Gegensatz hierzu erreichen hochperformante Programme ihre Leistung, indem die speziellen Fähigkeiten der verwendeten Programmiersprache und der zugrunde liegenden Hardware-Architektur bestmöglich ausgenutzt werden. Sehen wir von Optimierungen ab, die eine Änderung der algorithmischen Komplexität bewirken, werden die Geschwindigkeitszuwächse durch eine optimale *Adaption* erreicht. Damit entpuppen sich die Qualitätsmerkmale *Übertragbarkeit* und *Effizienz* als zwei gegeneinander wirkende Größen. Ein solcher Zusammenhang wurde bereits im Jahre 1958 von Ronald A. Fisher formuliert, den Gerald M. Weinberg sinngemäß wie folgt zitiert:

> *"The better adapted a system is to a particular environment, the less adaptable it is to new environments."*
>
> Gerald M. Weinberg [269]

Den Leser möge die Datierung auf das Ende der Fünfzigerjahre verwundern – zu dieser Zeit war das Gebiet der Software-Technik in seiner heutigen Form noch gar nicht vorhanden. Der Widerspruch klärt sich schnell auf. Fisher war weder Informatiker noch hatte seine Aussage im Entferntesten mit der Qualität von Software zu tun – als Biologe formulierte Fisher seine Aussage für den Bereich der klassischen Evolutionstheorie. Dies macht eines sehr klar deutlich: Die Unvereinbarkeiten mancher Qualitätskriterien haben ihren Ursprung in fundamentaleren Gesetzmäßigkeiten, deren Gültigkeit bei weitem nicht auf das Gebiet der Software beschränkt ist.

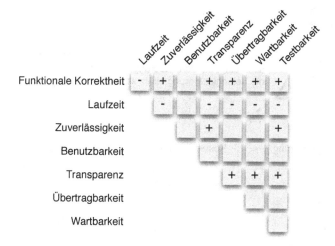

Abb. 1.3 Korrelationsmatrix der verschiedenen Qualitätskriterien

Abb. 1.3 veranschaulicht die Vereinbarkeit bzw. Unvereinbarkeit der vorgestellten Qualitätskriterien anhand einer Korrelationsmatrix. Eine Plus- bzw. ein Minuszeichen drückt eine positive bzw. eine negative Korrelation zwischen den verschiedenen Qualitätskriterien aus. Im Falle einer positiven Korrelation bewirkt die Verbesserung eines der Qualitätskriterien gleichzeitig eine Verbesserung des jeweils anderen Kriteriums, im Falle einer negativen Korrelation eine Verschlechterung. Ein leeres Feld deutet an, dass die betreffenden Kriterien nur sehr schwach oder gar nicht korrelieren.

Zwei Merkmalen wollen wir an dieser Stelle unsere besondere Aufmerksamkeit schenken. Wie die Matrix zeigt, weist die Laufzeit eines Programms eine negative Korrelation mit fast allen anderen Kriterien auf. Dieses Ergebnis legt nahe, Geschwindigkeitsoptimierungen stets mit Bedacht durchzuführen und vor allem auf die wirklich zeitkritischen Programmabschnitte zu beschränken. Im Gegensatz hierzu korreliert die *Benutzbarkeit* mit keinem anderen Kriterium weder im positiven noch im negativen Sinne. Benutzerfreundliche Programme sind demnach möglich, ohne die anderen Qualitätskriterien in Frage zu stellen.

Mit dem Problem negativ korrelierender Merkmale sind wir nicht nur im Umfeld der Software-Entwicklung konfrontiert. Im Bereich des Projektmanagements stehen wir einer ganz ähnlichen Problematik gegenüber, die sich anschaulich in Form des *magischen Dreiecks* darstellen lässt (Abb. 1.4) [271]. Jede äußere Ecke beschreibt hier eine der Größen *Qualität*, *Kosten* und *Zeit*. Die Eckpunkte des inneren Dreiecks geben an, in welchem Maß die einzelnen Parameter erfüllt sind. Eine Verschiebung des linken Eckpunkts in Richtung der Kostenecke entspricht einer billigeren Projektdurchführung, die Verschiebung des oberen Eckpunkts in Richtung der Qualitätsecke einer Verbesserung der Qualitätsmerkmale und die Verschiebung des rechten Eckpunkts in Richtung der Zeitecke einem schnelleren Projektabschluss. Alle drei

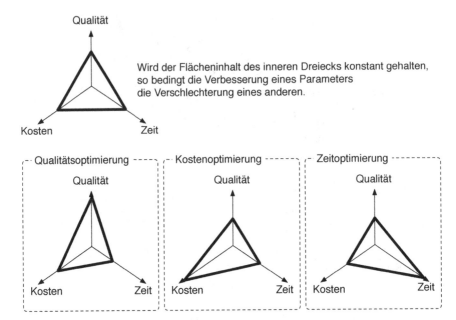

Wird der Flächeninhalt des inneren Dreiecks konstant gehalten, so bedingt die Verbesserung eines Parameters die Verschlechterung eines anderen.

Abb. 1.4 Magisches Dreieck des Projektmanagements

Kriterien sind negativ korreliert, d. h., die Verbesserung eines Kriteriums kann nur zu Lasten der anderen erfolgen. Im magischen Dreieck wird die Korrelation durch die Forderung veranschaulicht, den Flächeninhalt des aufgespannten Dreiecks stets konstant zu halten. Wird einer der Eckpunkte nach außen bewegt, so muss sich mindestens einer der anderen Eckpunkte nach innen verschieben, um das Kriterium der konstanten Fläche zu erfüllen. In manchen Darstellungen findet anstelle des magischen Dreiecks ein magisches Viereck Verwendung – die Grundidee bleibt jedoch stets die gleiche.

1.3 Warum ist Software eigentlich so schlecht?

Nachdem wir uns eine Übersicht über die verschiedenen Qualitätsmerkmale verschafft und damit den abstrakten Begriff der Software-Qualität mit Leben gefüllt haben, wollen wir uns in diesem Abschnitt tiefer mit der bisher nur teilweise beantworteten Frage beschäftigen, warum es mit der Qualität vieler Software-Systeme heute nicht zum Besten steht.

In Anbetracht der Probleme, die Unternehmen im Rahmen großer Software-Projekte heute zu bewältigen haben, mag es nur wenig trösten, dass es um die Software-Qualität in der Vergangenheit nicht besser gestellt war. In der Tat zeigt ein Blick auf die Entwicklung der durchschnittlichen Fehlerdichte, dass die relative Fehlerhäufigkeit seit Jahren rückläufig ist. Enthielt ein Programm im Jahre 1977 in 1000 Zeilen Code durchschnittlich 7 – 20 Defekte, so ging diese Zahl bis zum Jahr

1994 auf 0.2 – 0.05 zurück (siehe hierzu [9]). Betrachten wir anstelle der relativen Defekthäufigkeit jedoch die absolute Defektanzahl, so erscheinen die Ergebnisse in einem völlig anderen Licht. Durch die dramatisch gestiegenen Programmgrößen wird die fallende Defektdichte heute mehr als aufgezehrt.

Neben der Bekämpfung klassischer Programmierfehler sieht sich die Software-Industrie noch mit einem ganz anderen Phänomen konfrontiert, das in anderen Ingenieurdisziplinen seinesgleichen sucht. Die Rede ist von dem vollständigen Scheitern eines Projekts. Im ersten Anlauf furios missglückte Vorhaben wie die automatische Gepäckverteilung am Flughafen Denver oder die Einführung des elektronischen Mautsystem Toll Collect veranschaulichen das Dilemma, in dem sich weite Teile der Software-Industrie seit längerer Zeit befinden. Die Anzahl der gescheiterten IT-Projekte exakt zu quantifizieren, ist ein schwieriges, wenn nicht sogar unmögliches Unterfangen. Neben öffentlichen Großprojekten, die im Falle eines Scheiterns in der hiesigen Presse regelmäßig ein großes Echo hervorrufen, werden Jahr für Jahr Milliarden in firmeninterne Projekte investiert, die niemals die Entwicklungsabteilungen verlassen. Oft erinnern nach ein paar Jahren nur noch die Arbeitstitel an deren Existenz.

Im Folgenden wollen wir einige der Gründe genauer untersuchen, die für die mangelhafte Qualität heutiger Software-Systeme verantwortlich zeichnen. Der Kern der Misere lässt sich in vielerlei Hinsicht auf einen zentralen Aspekt zurückführen – den Aspekt der *Komplexität*. Die vermeintlich unbegrenzte Flexibilität, die Software gegenüber Hardware aufweist, gestattet es dem Entwickler, jedes noch so komplizierte Gedankenkonstrukt in kurzer Zeit in ein mehr oder weniger lauffähiges Programm umzusetzen.

Auf der negativen Seite fordert die schier grenzenlose Freiheit ihren Tribut in Form einer dramatisch ansteigenden Komplexität. Wenige Zeilen Code reichen aus, um die Anzahl der entstehenden Ausführungspfade in eine Größenordnung zu heben, die einen vollständigen Software-Test unmöglich macht. Mit anderen Worten: Bereits für winzige Programme ist es nicht mehr möglich, das korrekte Verhalten für alle möglichen Eingaben explizit zu überprüfen.

Erschwerend kommt hinzu, dass die durchschnittliche Software-Größe seit Jahren rapide ansteigt und bereits heute gigantische Ausmaße erreicht hat. Abb. 1.5 verdeutlicht die Situation am Beispiel der Größenentwicklung des Linux-Kernels. Umfasst das komprimierte Programmarchiv von Linus Torvalds' Ur-Kernel nur knapp 70 KiB, so erreicht der Linux-Kernel in der Version 2.6 bereits die stattliche Größe von ca. 40 MiB – mehr als das fünfhundertfache der ersten Kernel-Version. In der Tat geht rund die Hälfte des Größenzuwachses auf die immer zahlreicher werdenden Gerätetreiber zurück und ist dem Kernel damit nur im weiteren Sinne zuzurechnen.

Verfolgen wir die Zunahme der Code-Größe über die Zeit, so manifestiert sich eine fast exponentielle Wachstumskurve. Hinter diesem Zuwachs verbirgt sich mitnichten eine Eigenheit des Linux-Kernels, sondern ein Phänomen, das sich großflächig in nahezu allen Bereichen der Software-Entwicklung beobachten lässt: Die Größe von Software wächst seit Jahren rapide an – und mit ihr die Komplexität.

Die schiere Größe heutiger Software hat weitreichende Konsequenzen. Konnte ein Programm in den frühen Tagen der Computertechnik von einem einzi-

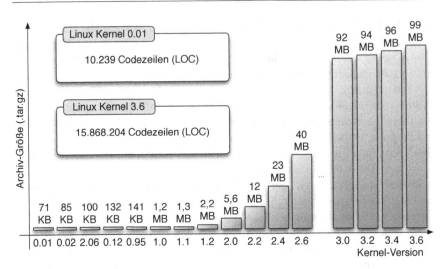

Abb. 1.5 Größenentwicklung des Linux-Kernels (www.kernel.org)

gen Mitarbeiter vollständig verstanden und kontrolliert werden, lassen sich gegenwärtige Software-Projekte nur noch in großen Teams bewältigen. Die Software-Entwicklung wird heute durch punktuelles Wissen diktiert und zwingt den Programmierer zu einem Rückzug in immer spezieller werdende Teilbereiche. Durch den intensiven Einsatz moderner Konfigurationswerkzeuge ist es im Zeitalter der globalen Vernetzung ein Leichtes, die Projektdurchführung immer weiter zu dezentralisieren. In der Konsequenz verteilt sich das Wissen über das erstellte Produkt nicht nur auf verschiedene Schultern, sondern auch geographisch immer weiter.

Im direkten Vergleich mit dem kurzlebigen Projektgeschäft ist die Entwicklung langlebiger Software-Produkte mit zusätzlichen Problemen verbunden. So sind die Erschaffer eines solchen Produkts nur selten so „langlebig" wie das Produkt selbst. In den Boom-Zeiten der IT-Industrie stand ein Software-Entwickler im US-amerikanischen Silicon Valley durchschnittlich drei Jahre auf der Gehaltsliste ein und desselben Unternehmens. Anders formuliert bedeutet dieses Ergebnis, dass an einem zehn Jahre alten Software-Produkt bereits die vierte Entwicklergeneration arbeitet. Viele Programmierer der ersten Stunde haben die Firma zu diesem Zeitpunkt längst verlassen – und mit ihnen auch ihr Wissen. Nicht selten wird ein Software-Modul durch den Verlust eines Mitarbeiters von einem Tag auf den anderen wertlos, und nach mehreren Jahren der Entwicklung stehen viele Unternehmen der undankbaren Aufgabe gegenüber, die Interna der firmeneigenen Software-Produkte mit Hilfe von Backengineering-Techniken selbst zu ergründen.

Volkswirtschaftlich gesehen trifft der häufige Mitarbeiterwechsel (*brain drain*) die US-amerikanische IT-Industrie ungleich härter als die europäische. Auch hier ist die durchschnittliche Verweilzeit von IT-Fachkräften seit Jahren ebenfalls rückläufig, aber noch weit von dem US-amerikanischen Niveau entfernt.

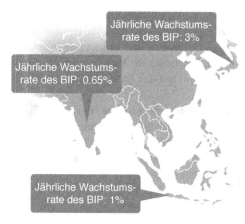

| Jährliche Entwicklung des BIPs | |
Land	Wachstumsrate
Indien	0,65 %
Indonesien	1 %
Japan	3 %

| Gesamtentwicklung (100 Jahre) | |
Land	Wachstumsrate
Indien	191 %
Indonesien	270 %
Japan	1921 %

Abb. 1.6 Als Mensch neigen wir zum linearen Denken. Exponentielle Wachstumsraten sind für uns nur schwer abzuschätzen

Permanente Mitarbeiterwechsel, mehrfach geänderte Anforderungen, gekürzte Budgets oder veraltete Technologien tragen ihren Teil dazu bei, dass ein Software-System im Laufe der Zeit seine ursprüngliche Klarheit und innere Struktur verliert. Langlebige Software unterliegt der Tendenz, zu einem immer größeren, undurchsichtigeren und vor allem schwerfälligeren Gedankengebilde zu degradieren. Die Folgen für die Entwicklung sind mitunter fatal: In alternden Systemen wird es permanent schwerer, Änderungen oder Fehlerkorrekturen einzuarbeiten – ganz im Sinne des sprichwörtlichen Getriebes, das durch mehr und mehr Sand immer schwerfälliger wird und schließlich ganz zum Stillstand kommt.

Die Alterungserscheinungen von Software wurden in den letzten Jahren intensiv untersucht und unter den Überschriften *Refactoring* und *Redesign* vielversprechende Lösungsmöglichkeiten erarbeitet. Trotzdem wird das Problem der Software-Alterung in der industriellen Praxis immer noch stiefmütterlich behandelt und mitunter vollständig ignoriert. Allzu oft verhindert das termingetriebene Tagesgeschäft die Auseinandersetzung mit den Spätfolgen einer Software, von der heute noch niemand weiß, ob sie in ein oder zwei Jahren noch auf dem Markt sein wird oder die Marktreife überhaupt jemals erlangen kann.

Der exponentielle Zuwachs der Komplexität ist *das* zentrale Kernproblem, das es in der Software-Technik heute zu lösen gilt. Leider ist uns der Umgang mit exponentiellen Wachstumsraten als Mensch nicht in die Wiege gelegt. Im Gegenteil: Es ist unsere menschliche Intuition, die uns immer wieder auf's Neue zum *linearen Denken* verleitet.

Wie schwer uns der Umgang mit dem Exponentiellen wirklich fällt, demonstriert das aus der Volkswirtschaftslehre entliehene Beispiel in Abb. 1.6. Dargestellt ist eine vergleichende Hochrechnung des Wirtschaftswachstums der drei Länder Indien, Indonesien und Japan für die Jahre 1890 bis 1990. In Indien wuchs das Brutto-inlandsprodukt (BIP) in diesem Zeitraum durchschnittlich ca. 0,65 % pro Jahr. In

Indonesien betrug das Wachstum zur gleichen Zeit durchschnittlich ca. 1 % und in Japan ca. 3 % pro Jahr. Im Falle von Indien ergibt sich, dass sich das Bruttoinlandsprodukt in diesen 100 Jahren gerade einmal verdoppelt hat. In Indonesien ist das BIP um das 2, 7-fache gewachsen. Die gleiche Rechnung für Japan ergibt aber, dass das Bruttoinlandsprodukt im gleichen Zeitraum um fast das Zwanzigfache gestiegen ist.

Das Ergebnis mag so manchen Leser verblüffen – insbesondere der direkte Vergleich zwischen den Ländern Japan und Indonesien bringt ein eher unerwartetes Ergebnis zum Vorschein. In der Tat neigen die meisten Menschen dazu, das japanische Gesamtwachstum als etwas mehr als das dreifache des Indonesischen abzuschätzen. Schuld ist an dieser Stelle erneut das lineare Denken, das zwar in vielen Alltagssituationen unser Überleben sichert, im Falle exponentieller Faktoren jedoch kläglich versagt.

Die Tendenz zu linearisieren ist weit verbreitet und wird zudem in den frühen Schuljahren intensiv gefördert. Vielleicht entsinnen auch Sie sich an eine der klassischen Textaufgaben aus dem Mathematikunterricht zurück, die uns die Verwendung des Dreisatzes näher bringen sollen: „Wenn ein Handwerker zwei Tage zum Errichten einer Mauer benötigt, wie viele Tage benötigen dann zwei Handwerker?"

Die Antwort „ein Tag" scheint auf der Hand zu liegen. Dass sich das mathematische Modell nicht eins zu eins auf die Praxis übertragen lässt, zeigt die gleiche Modellrechnung mit 2880 Handwerkern. Dem Prinzip der Linearität folgend, werden 2880 Handwerker die gleiche Mauer in einer Minute fertig stellen. Wer immer noch keine Bedenken hegt, möge die gleiche Rechnung mit 172.800 Handwerkern wiederholen (vgl. Abb. 1.7).

Im übertragenen Sinne bedeutet diese plakative Rechnung nichts anderes, als dass die oft gescholtene, aber gebetsmühlenartig angewendete Zeitschätzungsformel

$$Entwicklungsdauer = \frac{Zeit\ in\ Mannjahren}{Anzahl\ Mitarbeiter} \qquad (1.1)$$

in der Praxis schlicht zum Scheitern verurteilt ist. Im Bereich der Software-Entwicklung ist es kein Geheimnis, dass die späte Hinzunahme von Mitarbeitern die Entwicklungsdauer in zeitkritischen Projekten nicht verkürzt, sondern in den meisten Fällen sogar verlängert [90, 269]. Leider klaffen die akademische Erkenntnis und die industrielle Praxis in diesem Punkt so weit auseinander wie in kaum einem anderen Bereich. In zahlreichen Unternehmen dient Gleichung (1.1) immer noch als die Grundlage der Projektplanung. Selbst in mehrfach zertifizierten Organisationen – hier ist die Etablierung adäquaterer Zeitschätzungsmodelle in der Regel eine Zertifikatsgrundlage – stellt sich die Situation oft nicht besser dar. Komplexe Zeitschätzungsmodelle werden in den seltensten Fällen *gelebt*. Zwangsläufig drängt sich an dieser Stelle die Frage auf, warum Gleichung (1.1), so falsch sie auch sein mag, immer wieder angewendet wird. Wahrscheinlich ist es auch hier wiederum unsere Intuition, unser lineares Denken, das uns stets auf's Neue von der durchweg linearen Gleichung (1.1) verführen lässt.

Alle erfahrenen IT-Projektleiter sind an die folgenden zwei Sätze ihrer Entwickler längst gewöhnt: „Das Programm ist fast fertig – nur noch diese Änderung" und

Abb. 1.7 Die klassischen Zeitschätzungsformeln des Projektmanagements sind in der Praxis zum Scheitern verurteilt

„Beim nächsten Mal wird es funktionieren". Kurzum: Programmierer sind Optimisten. Dieses unter Software-Entwicklern weit verbreitete Phänomen ist nicht einfach zu verstehen, schließlich gibt es – Hand auf's Herz – kaum ein Programm, das die Bezeichnung *fertig* je verdient hätte. Der schier grenzenlose Optimismus vieler Software-Ingenieure steht an dieser Stelle in einem eklatanten Widerspruch zur Realität. Vielleicht ist dieser Optimismus am besten soziologisch zu erklären und schlicht ein Teil der Natur derjenigen, die ihr Arbeitsleben oder ihre Freizeit mit der Entwicklung von Software verbringen. Frederick P. Brooks, Jr. beschreibt die Situation in seiner unverwechselbar humorvollen Art wie folgt:

> *"Perhaps this modern sorcery especially attracts those who belive in happy endings and fairy godmothers. Perhaps the hundreds of nitty frustrations drive away all but those who habitually focus on the end goal. Perhaps it is merely that computers are young, programmers are younger, and the young are always optimists."*

Frederick P. Brooks, Jr. [90]

Unabhängig davon, woher der Optimismus der meisten Programmierer herrührt, stellt das geschilderte Phänomen die Riege der Projektleiter vor ein alltäglich wiederkehrendes Problem. Die Rede ist von der *Fortschrittsbeurteilung* eines Software-Projekts. In diesem Punkt unterscheidet sich der Bereich der Software-Entwicklung eklatant von allen anderen Ingenieurdisziplinen. Im Hoch- oder Tiefbau ist eine solche Bewertung ein leichtes. Hier lässt sich der Baufortschritt in den meisten Fällen bereits mit wenigen Blicken hinreichend adäquat schätzen. Die gleichen Blicke, geworfen auf ein Software-System, treffen ins Leere. Das Produkt Software ist in seiner Natur immateriell und damit in weiten Teilen unsichtbar. Diese Eigenschaft hat weitreichende Konsequenzen, die sich nicht auf die Fortschrittsbewertung beschränken. So bleiben die meisten der in Abschnitt 1.2 diskutierten Qualitätsmerkmale nach außen hin verborgen. Insgesamt spielt damit die Fähigkeit, verschiedene Aspekte eines Programms zu *externalisieren*, eine Schlüsselrolle für die erfolgreiche Durchführung eines Software-Projekts.

Software-Metriken gehen einen Schritt in diese Richtung. Angefangen von der einfachen *Lines-of-Code-Metrik* (LOC) bis hin zur Messung der *zyklomatischen Komplexität* nach McCabe wurden in der Vergangenheit zahlreiche Metriken vorgeschlagen, die jede für sich einen bestimmten Teilaspekt eines Programms quantitativ erfassen. Im industriellen Umfeld wird deren Leistungspotenzial heute leider nur selten konsequent ausgeschöpft. In vielen Entwicklungsabteilungen ist der Begriff der Software-Metrik schlicht unbekannt. In anderen herrscht die Meinung vor, dass die Erhebung von Metriken nur mit unverhältnismäßig großem Arbeitsaufwand gestemmt werden kann. Wie weit die Fehleinschätzungen an dieser Stelle reichen, beweisen zahlreiche Werkzeuge, die den Software-Entwickler bei der Datenerhebung unterstützen und in zahlreichen Fällen sogar eine vollständig automatisierte Messung ermöglichen.

Jeder Programmierer kennt wahrscheinlich das folgende Phänomen: Zum Zeitpunkt der Erstellung wirkt der eigene Programmcode bis in jedes Detail hinein wohlstrukturiert, verständlich und konsistent. Nach ein paar Wochen Abstinenz beginnt das eigene Werk befremdlich zu wirken. Noch ein paar Wochen, und das eigene Programm wird in Teilen selbst nicht mehr verstanden. Dieses Phänomen beschreibt einen zentralen Punkt, dem in der Software-Industrie heute noch nicht ausreichend Rechnung getragen wird: Software besteht aus mehr als nur dem Code.

Die Langlebigkeit eines Software-Systems kann nur dann erreicht werden, wenn neben dem *Primärwissen* in Form der Quelltexte auch das *Sekundärwissen* über die gesamte Lebensdauer des Programms hinweg konserviert wird. Genau wie das Primärwissen beschreibt auch das Sekundärwissen die interne und externe Funktionsweise eines Software-Systems. Während jedoch die Quelltexte die Information in einer computerverständlichen Form ablegen, subsumiert der Begriff des Sekundärwissens alle menschenverständlichen Formen der gleichen Information. An dieser Stelle drängt sich die Frage nach der Existenzberechtigung jeglichen Sekundärwissens regelrecht auf, schließlich liegt mit dem Quelltext eine genauso exakte wie eindeutige Beschreibung für das tatsächliche Verhalten der Software vor. Die Antwort liegt abermals in der Natur des Menschen begründet. Zwar sind wir stark darin, komplexe Modelle in computerverständliche Beschreibungen (Programme) abzubilden, jedoch ungleich schwächer, aus einem gegebenen Programm das ursprüngliche Gedankengebilde zu rekonstruieren.

In der Praxis wird ein Großteil des Sekundärwissens in Form der *Software-Dokumentation* konserviert. Umso schwerer wiegt, dass in vielen Firmen entweder gar keine Dokumentation angefertigt oder die Verantwortlichkeit vollständig auf die einzelnen Entwickler delegiert wird. Entsprechend häufig schallen Sätze wie "Our code is our documentation" selbst durch die Flure ausgewachsener IT-Unternehmen. Andere Firmen meinen es zu gut mit der Technik des Dokumentierens. Vor allem

prozesslastige Unternehmen laufen Gefahr, Dokumente im Rahmen fester Arbeitsabläufe in gedankenloser Art und Weise zu erzeugen. Das *Richtige* mit dem *richtigen Maß* zu dokumentieren klingt nach einer einfachen Aufgabe, die sich in der
Praxis allzu oft als eine schwierige Gradwanderung entpuppt.

Neben den oben geschilderten Gründen sind auch die vorherrschenden Markt-
mechanismen innerhalb des IT-Sektors für die Qualitätsmisere mitverantwortlich.
Betrachten wir die verschiedenen Bereiche der Software-Industrie aus der Kunden-
perspektive, so variiert neben der *gelieferten* vor allem auch die *nachgefragte* Qualität. Installationsprobleme, Hardware-Software-Unverträglichkeiten, umständliche
Benutzungsschnittstellen, kryptische Fehlermeldungen oder komplett abgestürzte
Betriebssysteme werden heute fast klaglos akzeptiert. Der anwenderseitige Druck
auf den Hersteller ist in diesem Bereich vergleichsweise gering. Es scheint, als hätten wir uns als Kunde zumindest im PC-Sektor an niedrige Qualitätsstandards längst
gewöhnt – oder vielleicht auch nur gewöhnen lassen?

Im Bereich der Kraftfahrzeugelektronik erscheint die Situation in einem ganz anderen Licht. Ein Kratzer, verursacht durch das temporäre Versagen der Einparkhilfe,
bleibt lange im Gedächtnis – viel länger als der letzte Absturz des Büro-PCs. Nicht
nur in Bezug auf sicherheitskritische Komponenten sind die von uns gestellten Qua-
litätsansprüche in diesem Bereich sehr hoch. Die gleichen Kunden, die sich an den
Absturz des heimischen Betriebssystems längst gewöhnt haben, kennen kein Par-
don, wenn der Navigationscomputer im falschen Moment seinen Dienst verweigert.
Den Regeln des freien Marktes folgend, ist die gelieferte Qualität eines Produkts nur
selten besser als gefordert. Demzufolge sind wir in der Rolle des Kunden nicht ganz
unschuldig an der Misere, die wir im Bereich der Software-Entwicklung zuweilen
erleben.

1.4 Gibt es Licht am Ende des Tunnels?

Zurückblickend auf die vergleichsweise kurze, aber rasante Entwicklung der Computertechnik, scheint sich das zum Alltag gewordene Phänomen *Software-Fehler*
wie eine Konstante durch dessen Geschichte zu ziehen. Die Größe aktueller
Software-Systeme hat gigantische Ausmaße erreicht und noch nie waren so viele
Computer in sicherheitskritischen Bereichen im Einsatz wie heute.

Trotzdem: Wir stehen diesem Problem nicht mittellos gegenüber. Die moderne Software-Qualitätssicherung gibt uns eine Vielzahl von Methoden und Techniken an die Hand, mit deren Hilfe viele der heute vorherrschenden Software-
Fehler frühzeitig erkannt oder von vorne herein vermieden werden können. Abb. 1.8
zeigt eine Übersicht über das Gebiet der Software-Qualitätssicherung, wie es sich
uns gegenwärtig darstellt. Auf der obersten Ebene gliedert sich die Software-
Qualitätssicherung in die Bereiche *Produktqualität* und *Prozessqualität*.

1.4.1 Produktqualität

Dieser Bereich fasst alle Methoden und Techniken zusammen, die sich primär mit
der Verbesserung der in Abschnitt 1.2 eingeführten Qualitätsmerkmale beschäfti-

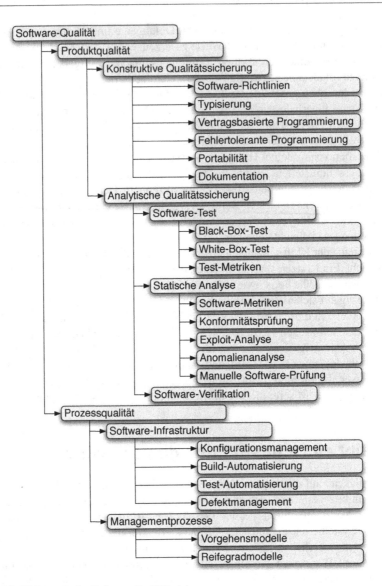

Abb. 1.8 Dichotomie der Software-Qualitätssicherung

gen. Der Bereich der Produktqualität untergliedert sich in die Gebiete der *konstruktiven Qualitätssicherung* und der *analytischen Qualitätssicherung*.

1.4.1.1 Konstruktive Qualitätssicherung (Kapitel 3)

Alle Methoden und Techniken aus diesem Gebiet sind darauf ausgerichtet, die geforderten Gütekriterien eines Software-Produkts a priori zu erfüllen. Die konstruktive Qualitätssicherung umfasst die folgenden Bereiche:

■ **Software-Richtlinien (Abschnitt 3.1)**
Viele Unternehmen legen mit Hilfe von *Software-Richtlinien* die Eckpunkte für die Verwendung einer Programmiersprache fest. Grob gesprochen regelt eine Richtlinie, welche Konstrukte einer Sprache zu bevorzugen oder zu meiden sind. Software-Richtlinien kommen in der Praxis häufig in Form unternehmensspezifischer Vorschriften vor. Darüber hinaus haben sich in einigen Software-Sparten firmenübergreifende Standards etabliert, zu denen z. B. die in Abschnitt 3.1.2.1 im Detail diskutierten MISRA-C-Programmierrichtlinien gehören.

■ **Typisierung (Abschnitt 3.2)**
Der Einsatz *typisierter Sprachen* kann helfen, viele Programminkonsistenzen bereits zur Übersetzungszeit zu identifizieren. Kamen die Programmiersprachen der ersten Generation fast gänzlich ohne den Einsatz von Datentypen aus, verfügen moderne Vertreter über ausgeklügelte *Typsysteme*. In Abschnitt 3.2 werden die verschiedenen Architekturvarianten vorgestellt und die Grenzen der Typisierungstechnik anhand konkreter Beispiele aufgezeigt.

■ **Vertragsbasierte Programmierung (Abschnitt 3.3)**
Die *vertragsbasierte Programmierung* beruht auf dem Prinzip, Funktionen und Prozeduren um eine in den Code integrierte Spezifikation – den sogenannten *Vertrag* – zu ergänzen. Abschnitt 3.3 befasst sich detailliert mit der Frage, wie sich Software-Fehler durch die gezielte Angabe von *Vor-* und *Nachbedingungen*, *Invarianten* und *Zusicherungen* bereits während der Programmerstellung erkennen lassen.

■ **Fehlertolerante Programmierung (Abschnitt 3.4)**
Im Bereich sicherheitskritischer Systeme haben wir die Zuverlässigkeit bereits als ein zentrales Kriterium erkannt. Stand früher der Versuch im Vordergrund, vollständig fehlerfreie Programme zu entwickeln, haben wir uns heute vom Mythos einer fehlerfreien Software weitestgehend verabschiedet. Software-Defekte können zwar in ihrer Anzahl verringert, realistischerweise aber nie vollständig eliminiert werden. Der Schlüssel zum Erfolg wird heute unter anderem in der intelligenten Reaktion auf auftretende Fehler gesucht. Auf Software-Ebene bieten sich dem Programmierer unter dem Stichwort *fehlertolerante Programmierung* zahlreiche Möglichkeiten, die wir in Abschnitt 3.4 im Detail diskutieren werden.

■ **Portabilität (Abschnitt 3.5)**
Die Ansätze und Methoden zur Erhöhung der *Software-Portabilität* gehören ebenfalls in den Bereich der konstruktiven Qualitätssicherung. Wie bereits in Abschnitt 1.2 andiskutiert, weisen die Quelltexte portabler Software-Systeme einen hohen Grad an Allgemeinheit auf – ganz im Gegensatz zu Programmcode, der

nur auf einer speziellen Computerarchitektur unter einem einzigen Betriebssystem zum Einsatz kommt. Das Kriterium der *Portabilität* kann die *Transparenz* und damit auch die Fehlerdichte eines Software-Systems positiv beeinflussen. Portabilitätsaspekte werden wir in Abschnitt 3.5 genauer unter die Lupe nehmen.

- **Dokumentation (Abschnitt 3.6)**
  Die Erstellung von Dokumentationsstandards, wie auch das Dokumentieren selbst, gehört ebenfalls in den Bereich der konstruktiven Qualitätssicherung. In Abschnitt 3.6 werden wir auf die Rolle der Dokumentation im Allgemeinen und auf die praxistypischen Dokumentationsfehler im Besonderen eingehen.

Im Gegensatz zur konstruktiven Qualitätssicherung, die alle Qualitätsanforderungen a priori zu erfüllen versucht, umfasst die analytische Qualitätssicherung diejenigen Methoden und Techniken, die ein bestehendes Software-System bezüglich seiner Qualitätseigenschaften a posteriori analysieren und bewerten. Innerhalb der analytischen Qualitätssicherung werden die Teilgebiete *Software-Test*, *statische Analyse* und *Software-Verifikation* unterschieden.

1.4.1.2 Software-Test (Kapitel 4)

Der klassische Software-Test ist die am weitesten verbreitete Technik, um Software-Defekte zu identifizieren. Hierzu wird das untersuchte Programm mit vordefinierten Eingabewerten ausgeführt und die produzierte Ausgabe mit einem Referenzergebnis verglichen. Neben der Ausführung der Testfälle kommt der Testkonstruktion dabei eine zentrale Rolle zu. Da es bereits für kleine Programme faktisch nicht mehr möglich ist, das Verhalten für alle möglichen Eingabekombinationen explizit zu testen, sind wir gezwungen, uns auf eine vergleichsweise winzige Auswahl an Testfällen zu beschränken. Für die Identifikation von Software-Fehlern sind nicht alle Testfälle gleichermaßen geeignet, so dass die getroffene Auswahl der Testfälle nicht nur die Anzahl vorzeitig gefundener Fehler, sondern auch die Qualität eines ausgelieferten Produkts in direkter Weise beeinflusst.

- **Black-Box-Test (Abschnitt 4.3)**
  Der Begriff des *Black-Box-Tests* subsumiert alle Testkonstruktionsverfahren, die einzelne Testfälle aus der Spezifikation ableiten. Insbesondere wird für die Testfallkonstruktion nicht auf die innere Code-Struktur zurückgegriffen. Die gängigen Black-Box-Testverfahren werden in Abschnitt 4.3 zusammen mit ihren Vor- und Nachteilen im Detail vorgestellt.

- **White-Box-Test (Abschnitt 4.4)**
  Im Gegensatz zum Black-Box-Test, der die einzelnen Testfälle ausschließlich aus der Spezifikation ableitet, geht dem White-Box-Test eine Analyse der Code-Struktur voraus. In Abhängigkeit der zugrunde liegenden Kriterien sprechen wir von einen *kontrollflussorientierten* oder einen *datenflussorientierten* White-Box-Test. Beide Spielarten werden wir in Abschnitt 4.4 einer genaueren Betrachtung unterziehen.

■ **Testmetriken (Abschnitt 4.5)**

Mit Hilfe von *Testmetriken* sind wir in der Lage, die *Güte* einer Testmenge quantitativ zu bestimmen. Neben den klassischen *Überdeckungsmetriken* in Abschnitt 4.5.1 werden wir mit dem *Mutationstest* in Abschnitt 4.5.2 ein Werkzeug an die Hand bekommen, um verschiedene Testkonstruktionsverfahren vergleichend zu bewerten.

1.4.1.3 Statische Analyse (Kapitel 5)

Im Gegensatz zu den dynamisch arbeitenden Testtechniken verzichten statische Analyseverfahren auf die reale Ausführung eines Programms. Stattdessen werden die untersuchten syntaktischen oder semantischen Programmeigenschaften direkt aus den Quelltexten abgeleitet. Die statische Analyse untergliedert sich in die folgenden Teilgebiete:

■ **Software-Metriken (Abschnitt 5.1)**

Software-Metriken versetzen uns in die Lage, viele der in Abschnitt 1.2 eingeführten Qualitätsmerkmale quantitativ zu erfassen. In der Vergangenheit wurden zahlreiche Metriken postuliert, die wir zusammen mit ihren Vor- und Nachteilen in Abschnitt 5.1 in ein helleres Licht rücken werden.

■ **Konformitätsanalyse (Abschnitt 5.2)**

Die *Konformitätsanalyse* verwendet statische Techniken, um den Software-Entwickler in der Einhaltung von Programmier- und Dokumentationsrichtlinien zu unterstützen. Heute bieten sowohl kommerzielle Software-Schmieden als auch das Open-Source-Lager zahlreiche Werkzeuge an, die sich im industriellen Umfeld steigender Beliebtheit erfreuen. In Abschnitt 5.2 werden wir auf die verfügbaren Prüftechniken und Werkzeuge genauer eingehen.

■ **Exploit-Analyse (Abschnitt 5.3)**

Der Bereich der *Exploit-Analyse* subsumiert alle Methoden und Techniken, die sich mit dem Aufdecken potenzieller Sicherheitslecks befassen. In Abschnitt 5.3 wird die Sicherheitsproblematik zunächst anhand eines klassischen Buffer-Overflow-Angriffs genauer beleuchtet und im Anschluss daran die uns heute zur Verfügung stehenden Abhilfemaßnahmen diskutiert.

■ **Anomalienanalyse (Abschnitt 5.4)**

Unstimmigkeiten im Programmablauf lassen sich mit Hilfe der *Anomalienanalyse* aufdecken. Klassische Anomalien umfassen z. B. nichtverwendete Objekte oder das zweimalige Beschreiben einer Variablen mit dem gleichen Wert. Eine Vielzahl solcher Anomalien lässt sich mit statischen Methoden einfach ermitteln, ohne das Programm jemals auszuführen. In Abschnitt 5.4 werden wir die Vorgehensweise im Detail diskutieren.

■ **Manuelle Software-Prüfung (Abschnitt 5.5)**

Die *manuelle Software-Prüfung* kann in Form eines *Walkthroughs*, eines *Reviews* oder einer *Inspektion* durchgeführt werden und verzichtet bewusst auf jegliche Computerunterstützung. Weisen Walkthroughs einen eher informellen Charakter auf, werden die Quelltexte im Rahmen eines Reviews formalisiert untersucht. Das betreffende Software-Modul wird von mindestens zwei Entwicklern durchgearbeitet und qualitativ, z. B. anhand einer vordefinierten Checkliste, untersucht. Im Rahmen einer formalen Inspektion wird ein einzelnes Software-Modul Schritt für Schritt in einem Review-Board besprochen und systematisch analysiert. Durch das Mehraugenprinzip können mit den Mitteln der manuellen Software-Prüfung selbst schwierige Semantik-Fehler gefunden werden, denen mit anderen Techniken kaum beizukommen ist.

1.4.1.4 Software-Verifikation (Kapitel 6)

Hinter dem Begriff der *Software-Verifikation* verbergen sich mehrere Methoden, die auf mathematischem Wege versuchen, bestimmte Eigenschaften eines Programms formal zu beweisen. Obwohl viele dieser Methoden im akademischen Umfeld schon lange existieren, haben nur wenige Ansätze den Sprung in das industrielle Umfeld geschafft. Anders als der klassische Software-Test, der ganz bewusst nur ein Teil aller möglichen Ein- und Ausgabekombinationen überprüft, verfolgt die *formale Verifikation* das Ziel, die Korrektheit eines Software-Systems *vollständig*, d. h. für alle möglichen Eingaben zu beweisen. Um das Kriterium der Vollständigkeit zu gewährleisten, müssen rechenintensive Algorithmen angewendet werden, die den Einsatz dieser Technik auf kleine bis sehr kleine Programme beschränken. Aufgrund der Größenlimitierung waren die meisten formalen Verifikationstechniken für typische Industrieunternehmen in der Vergangenheit uninteressant oder schlicht nicht verwendbar.

Unter dem Begriff der *semi-formalen Verifikation* sind in den letzten Jahren neue, Erfolg versprechende Techniken entwickelt worden. Im Gegensatz zur formalen Verifikation verzichten diese Verfahren bewusst auf den Anspruch der Vollständigkeit und damit auf die Fähigkeit, die hundertprozentige Korrektheit eines Programms zu beweisen. Trotzdem wird aufgrund des mathematischen Charakters ein beachtlicher Teil der Leistungsfähigkeit formaler Verfahren bewahrt. Aufgrund ihrer deutlich verbesserten Skalierbarkeit lassen sich semi-formale Techniken auch im Bereich der industriellen Software-Entwicklung nutzen. In Kapitel 6 werden wir auf die Funktionsweise der wichtigsten formalen und semi-formalen Verifikationsmethoden im Detail zurückkommen.

In der Praxis lassen sich konstruktive und analytische Methoden nicht vollständig trennen. So ist die Berechnung einer Software-Metrik zunächst eine klassische Maßnahme der analytischen Qualitätssicherung. Ist die Metrik jedoch in Form eines internen Abnahmekriteriums in den betriebsinternen Entwicklungsprozess integriert, wird sie zu einem konstruktiven Instrument. Diese Situation spiegelt sich auch im Bereich der Überdeckungsanalyse wider. Vom theoretischen Standpunkt aus betrachtet reiht sich die Messung eines Überdeckungsgrads reibungslos in die Riege der klassischen Software-Metriken ein. In der Praxis wird die Überdeckungsanalyse insbesondere für die zielgerichtete Erstellung von Testfällen eingesetzt und wird damit ebenfalls zu einem Element der konstruktiven Qualitätssicherung.

1.4.2 Prozessqualität

Anders als bei den Methoden und Techniken zur direkten Verbesserung des Software-Produkts, beschäftigt sich die Prozessqualitätssicherung ausschließlich mit der Entstehung desselben. Damit umfasst dieser Bereich sämtliche Maßnahmen, die eine geregelte Entwicklung eines Software-Produkts in Form eines definierten Prozesses gewährleisten. Bei genauerer Betrachtung vereint die Prozessqualität zwei Seiten der gleichen Medaille. Während aus der Entwicklerperspektive der Bereich der *Software-Infrastruktur* von erstrangiger Bedeutung ist, rückt auf der Führungsebene der Bereich der *Managementprozesse* in den Vordergrund.

1.4.2.1 Software-Infrastruktur (Kapitel 8)

Der Begriff der Software-Infrastruktur umschreibt alle Einrichtungen und Maßnahmen, die den Programmentwickler aus technischer Sicht in die Lage versetzen, seiner täglichen Arbeit in geregelter und vor allem produktiver Weise nachzugehen. Vier Kernbereiche lassen sich auf der obersten Ebene identifizieren.

■ **Konfigurationsmanagement (Abschnitt 8.1)**
Das *Konfigurationsmanagement* ist eine Kernsäule der Software-Infrastruktur und beschäftigt sich mit der technischen und organisatorischen Verwaltung aller im Projektverlauf entstehenden Artefakte. Im Bereich der Software-Entwicklung wird das Konfigurationsmanagement maßgeblich durch den Einsatz von Versionsverwaltungssystemen unterstützt. Abschnitt 8.1 wird detailliert in den grundlegenden Aufbau sowie in die gängigen Nutzungsmodelle dieser Systeme einführen.

■ **Build-Automatisierung (Abschnitt 8.2)**
Um ein komplexes Software-System vollständig zu erzeugen, werden in einem ersten Schritt die einzelnen Programmkomponenten separat übersetzt und in einem zweiten Schritt systematisch zusammengefügt. Wie der Begriff der *Build-Automatisierung* andeutet, wird die Übersetzung in industriellen Entwicklungsprozessen ohne manuelles Zutun erledigt. In Abschnitt 8.2 werden wir zunächst das weit verbreitete Prinzip der *inkrementellen Compilierung* einführen und anschließend zeigen, wie sich der Build-Prozess durch eine dezentrale Organisation weiter beschleunigen lässt.

■ **Testautomatisierung (Abschnitt 8.3)**
Genau wie die Programmübersetzung erfolgt auch der Software-Test in großen IT-Projekten nicht mehr länger manuell. Insbesondere im Bereich des *Regressionstests* stehen heute zahlreiche Werkzeuge zur Verfügung, die eine genauso elegante wie effiziente Automatisierung ermöglichen. Neben den gängigen Test-Frameworks werden wir in Abschnitt 8.3 zusätzlich die Problematik interaktiver Schnittstellentests zusammen mit den uns heute zur Verfügung stehenden Lösungsmöglichkeiten diskutieren.

■ **Defektmanagement (Abschnitt 8.4)**
Die verschiedenen Techniken des *Defektmanagements* bilden die dritte Säule der
Software-Infrastruktur. Mit Hilfe von Testdatenbanken werden Software-Defekte
zentral erfasst und verwaltet. In Abschnitt 8.4 kommen wir auf die wichtigsten
Anwendung aus diesem Bereich im Detail zurück.

1.4.2.2 Managementprozesse (Kapitel 9)

Im Fokus der *Managementprozesse* stehen alle Methoden und Vorgehensweisen zur
geregelten Durchführung eines Software-Projekts. Die dem Projektmanagement zugrunde liegenden Modelle werden auf der obersten Ebene in *Vorgehensmodelle* und
Reifegradmodelle unterschieden.

■ **Vorgehensmodelle (Abschnitt 9.1)**
Vorgehensmodelle legen die grundlegenden Arbeitsweisen innerhalb eines
Software-Projekts fest. Klassische Bestandteile eines solchen Modells sind Planungsaktivitäten, Aufwands- und Zeitschätzungen, Messungen des Projektfortschritts, Personalführungsstrategien, Rollendefinitionen und Kompetenzregelun-
gen sowie das Erstellen von Abnahmeplänen. Neben einem Ausflug zu den historischen Wurzeln werden wir in Abschnitt 9.1 mit dem *V-Modell XT*, dem *Rational Unified Process* und dem *Extreme Programming* drei der heute wichtigsten
Vorgehensmodelle ausführlich kennen lernen.

■ **Reifegradmodelle (Abschnitt 9.2)**
Im Gegensatz zu Vorgehensmodellen verfolgen Reifegradmodelle das Ziel, die
Prozesse eines Unternehmens zu analysieren und zu optimieren. Wichtige Vertreter dieses Genres sind das Capability Maturity Model (CMM), seine Weiterentwicklung CMMI sowie die ISO-Norm 15504 (SPICE). In Abschnitt 9.2 werden
die inhaltlichen Aspekte dieser Modelle genauer vorgestellt und deren Leistungsfähigkeit einer kritischen Betrachtung unterzogen.

Jetzt ist es an der Zeit, Licht in das Dunkel der Methoden und Techniken der
Software-Qualitätssicherung zu bringen. Die folgenden Kapitel verfolgen allesamt
das Ziel, die einzelnen Themen nicht rein theoretisch aufzuarbeiten, sondern in einer
für die Praxis verwertbaren Form zu präsentieren. Dieser Idee folgend, beginnen wir
unsere Reise in Kapitel 2 zunächst mit der Analyse typischer, immer wiederkehrender Software-Fehler. Dieses Kapitel soll uns ein Gefühl für die Materie vermitteln,
mit der wir in der Welt der Software-Fehler permanent konfrontiert werden. Dass
es hier nicht um graue Theorie geht, wird durch den Rückgriff auf reale Software-
Projekte untermauert: Projekte, die zu trauriger Berühmtheit gelangten und neben
erheblichen Sach- und Image-Schäden auch zum Verlust von Menschenleben führten.

Kapitel 2
Software-Fehler

2.1 Lexikalische und syntaktische Fehlerquellen

Sehen wir von den Methoden der grafischen Programmierung ab, so besteht ein typisches Programm auf der lexikalischen Ebene aus einer Aneinanderreihung von Symbolen (*tokens*). Neben den Schlüsselwörtern umfassen die Tokens einer Programmiersprache sämtliche Operatoren und Bezeichner. Die Zerlegung des Zeichenstroms in einzelne Symbole ist Inhalt der *lexikalischen Analyse* – eine heute wohlverstandene Standardaufgabe im Bereich des Compiler-Baus.

Damit ein Programm erfolgreich übersetzt oder korrekt interpretiert werden kann, muss der gelesene Symbolstrom gewissen Regeln genügen, die zusammen die *Grammatik* einer Programmiersprache bilden. Mit anderen Worten: Die Grammatik legt die *Syntax* einer Programmiersprache fest. In den allermeisten Fällen führen Programmfehler auf der lexikalischen Ebene zu einer Verletzung der zugrunde liegenden Grammatikregeln und dadurch entweder zu einer Fehlermeldung während der Übersetzung oder zu einem Laufzeitfehler, falls es sich um eine interpretierte Sprache handelt. Vereinzelt lassen lexikalische Fehler jedoch Programme entstehen, die sich problemlos übersetzen bzw. interpretieren lassen. Die Gründe für das Auftreten solcher Fehler sind vielfältig und reichen von einfachen Tippfehlern bis hin zu mangelndem Verständnis der Sprachsyntax auf Seiten des Programmierers.

Ein Beispiel einer Programmiersprache, die das Auftreten lexikalischer Fehler aufgrund ihrer Struktur und Syntax fast schon provoziert, ist die Programmiersprache C. Obwohl die Sprache bereits Anfang der Siebzigerjahre entwickelt wurde, hat sie heute immer noch eine enorme Praxisbedeutung. Zum einen besteht die Sprache nahezu unverändert als Untermenge in den objektorientierten Erweiterungen C++, C# und Objective-C fort, zum anderen ist C unangefochten die am häufigsten verwendete Sprache im Bereich eingebetteter Systeme und der betriebssystemnahen Programmierung.

Um einen ersten Einblick in die lexikalischen Schwierigkeiten dieser Sprache zu erhalten, betrachten wir die folgende C-Anweisung:

```
c = a---b;
```

D.W. Hoffmann, *Software-Qualität*, eXamen.press,
DOI 10.1007/978-3-642-35700-8_2, © Springer-Verlag Berlin Heidelberg 2013

Wie wird diese Anweisung durch den Compiler interpretiert? Selbst langjährige C-Programmierer parieren diese Frage nicht immer mit einer schnellen Antwort und greifen voreilig zur Tastatur. Da die Programmiersprache C sowohl den Subtraktionsoperator („-") als auch den Dekrementierungsoperator („--") kennt, stehen die folgenden beiden Alternativen zur Auswahl:

```
c = (a--)-b;
c = a-(--b);
```

Glücklicherweise gibt es in C eine einzige klare Regel, mit deren Hilfe sich die Frage eindeutig beantworten lässt. Andrew Koenig spricht in [154] bezeichnend von der *Maximal munch strategy*, hinter der sich nichts anderes als die in der Informatik häufig verwendete *Greedy-Methode* verbirgt [58]. Koenig beschreibt die Regel in treffender Weise wie folgt:

> „*Repeatedly bite off the biggest piece.*"

Mit anderen Worten: Die einzelnen Tokens werden während der Extraktion aus dem Zeichenstrom stets so groß wie irgend möglich gewählt. Abb. 2.1 zeigt den resultierenden Token-Stream, den die Greedy-Strategie für das klassische Hello-World-Programm produziert. Jetzt wird auch auf einen Schlag klar, wie der Ausdruck `c = a---b;` ausgewertet wird. Durch Anwendung der Greedy-Regel wird aus dem Zeichenstrom `---` zunächst das Token `--` und anschließend das Token `-` extrahiert. Der Ausdruck `c = a---b;` ist damit äquivalent zu `c = (a--)-b;`. Da `c = a-(--b);` ebenfalls ein gültiger C-Ausdruck ist, schleichen sich durch die Missachtung oder die falsche Auslegung der lexikalischen Regeln Fehler ein, die durch den C-Compiler nicht erkannt werden können.

Die nächsten drei C-Anweisungen sind weitere Beispiele von Ausdrücken, die einen handfesten lexikalischen Fehler oder zumindest eine potenzielle Fehlerquelle enthalten (vgl. [154]):

■ **Beispiel 1**

```
x=-1; /* Initialisiere x mit dem Wert -1 */
```

Alle moderneren C-Compiler verarbeiten diesen Ausdruck korrekt. Zwar kennt die Programmiersprache C den dekrementierenden Zuweisungsoperator -=, eine Verwechslung ist aufgrund der unterschiedlichen Position des Minuszeichens aber ausgeschlossen. Ein Programmierer mag sein blaues Wunder trotzdem erleben, wenn er das Programm mit einem älteren C-Compiler oder so manch angestaubtem Compiler der Embedded-Welt übersetzt. In den frühen Tagen der Programmiersprache C enthielt die Sprachdefinition den Operator =-, mit exakt derselben Semantik des heute verwendeten ANSI-C-Operators -=. In diesem Fall wird die Zeichenkombination =- innerhalb des Ausdrucks x=-1 als Operator interpretiert und die Variable x nicht länger mit dem Wert -1 initialisiert. Stattdessen wird die zu diesem Zeitpunkt potenziell undefinierte Variable x schlicht dekrementiert. Folgerichtig verbessert eine saubere syntaktische Aufbereitung,

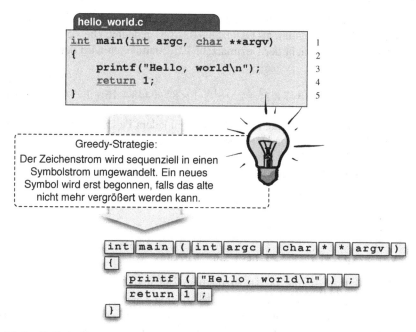

Abb. 2.1 Lexikalische Programmanalyse in der Programmiersprache C

wie sie z. B. die Separierung der einzelnen Elemente durch Leerzeichen leistet, nicht nur die Lesbarkeit, sondern auch die Robustheit des Programmtextes.

Die Verwendung von Leerzeichen ist eine sichere Methode, um in den meisten Programmiersprachen die verschiedenen Tokens voneinander zu trennen. Dass dies nicht in allen Sprachen der Fall ist, wird uns der weiter unten diskutierte und wahrscheinlich prominenteste Software-Fehler der Programmiersprache FORTRAN demonstrieren.

■ **Beispiel 2**

```
struct { int vorwahl; char *city; }
   phone_book[] = { 07071, "Tübingen",
                    0721,  "Karlsruhe",
                    089,   "München" };
```

Das Code-Fragment definiert ein dreielementiges Array `phone_book`. Jedes Element des Arrays ist ein Tupel, das eine Telefonvorwahl mit dem Namen der zugehörigen Stadt assoziiert. Das Beispiel demonstriert einen der vielleicht unglücklichsten lexikalischen Aspekte der Programmiersprache C, der sich aus Gründen der Rückwärtskompatibilität in das einundzwanzigste Jahrhundert hinüberretten konnte und wahrscheinlich auch zukünftige Entwicklergenerationen vor das eine oder andere Rätsel stellen wird.

Erkennen Sie bereits den Fehler? In C wird jede numerische Zeichenfolge, die mit der Ziffer 0 beginnt, als Oktalzahl (Basis 8) gedeutet. Die Zeichenfolge 0721 entspricht damit nicht der Dezimalzahl 721. Stattdessen wird der Ausdruck wie folgt interpretiert:

$$0721 = 7 \times 8^2 + 2 \times 8^1 + 1 \times 8^0 = 448 + 16 + 1 = 465 \qquad (2.1)$$

Selbst der Struktureintrag 089 führt nicht in jedem Fall zu einer Fehlermeldung, obwohl die Ziffern 8 und 9 außerhalb des oktalen Zahlenbereichs liegen. Einige C-Compiler sehen über die Bereichsüberschreitung großzügig hinweg und interpretieren die Zahl folgendermaßen:

$$089 = 8 \times 8^1 + 9 \times 8^0 = 64 + 9 = 73 \qquad (2.2)$$

■ **Beispiel 3**

```
y = x/*p /* p ist Pointer auf Divisor */
```

Wie der Kommentar unmissverständlich andeutet, möchte der Programmierer dieses Beispiels den Wert von x zunächst durch den an der Speicherstelle p abgelegten Wert dividieren und das Ergebnis anschließend der Variablen y zuweisen. Die Speicherstelle wird durch die Dereferenzierung von p mit Hilfe des Sternoperators * ausgelesen. Unglücklicherweise ist die Kombination /* selbst ein Schlüsselwort in C und leitet einen Kommentarblock ein. Nach jedem Auftreten von /* ignoriert der lexikalische Parser alle weiteren Zeichen bis zur Endemarkierung */. Da die allermeisten C-Compiler in der Standardeinstellung keine verschachtelten Kommentare berücksichtigen, führt der obige Programmcode nicht zwangsläufig zu einer Fehlermeldung.

Wie schon im ersten Beispiel kann das Problem auf einfache Weise behoben werden. Durch das schlichte Einfügen von Leerzeichen oder das Klammern von Teilausdrücken wird der Token-Strom korrekt aufgelöst:

```
y = x / (*p) /* p ist Pointer auf Divisor */
```

Das in Abb. 2.2 dargestellte Beispiel demonstriert die potenziellen Auswirkungen lexikalischer Fehler auf eindringliche Weise und zeigt zugleich, wie schwer derartige Defekte zuweilen zu erkennen sind. Das Code-Fragment ist Teil einer Funktion zur sequenziellen Suche eines Bezeichners innerhalb einer Symboltabelle und stammt aus der Implementierung eines ANSI-C-Compilers [164]. Im ersten Abschnitt des Programms wird zunächst für die Variable hashval ein Hash-Wert ermittelt, der die *wahrscheinliche* Position des Symbols enthält. Von diesem Wert ausgehend, wird die genaue Position des Symbols anschließend durch eine einfache sequenzielle Suche bestimmt.

Ein geschärfter Blick auf den Programmtext zeigt, dass der erste Kommentarblock nicht beendet wurde. Der C-Parser hat keinerlei Chance, den Fehler zu erkennen und ignoriert alle Anweisungen bis zum Ende des zweiten Kommentarblocks.

```
/* PJW hash function from                                                1
 * "Compilers: Principles, Techniques, and Tools"                       2
 * by Aho, Sethi, and Ullman, Second Edition.                          3
while (cp < bound)                                                      4
{                                                                       5
 unsigned long overflow;                                                6
                                                                        7
 hashval = (hashval << 4) + *cp++;                                      8
 if ((overflow=hashval & (((unsigned long)0xF)<< 28))!=0)              9
     hashval ^= overflow | (overflow >> 24);                          10
}                                                                      11
hashval %= ST_HASHSIZE;                 /* choose start bucket */      12
                                                                       13
/* Look through each table, in turn, for the name.                    14
 * If we fail, save the string, enter the string's pointer,          15
 * and return it.                                                     16
 */                                                                   17
for (hp = &st_ihash; ; hp = hp->st_hnext) {                          18
    int probeval = hashval;             /* next probe value */       19
```

Abb. 2.2 Ausschnitt aus dem Quelltext eines ANSI-C-Compilers

Folgerichtig wird der gesamte Initialisierungscode dem ersten Kommentarblock zu-
geschlagen und nicht ausgeführt. Hierdurch beginnt die sequenzielle Suche stets bei
0 – mit dramatischen Geschwindigkeitseinbußen im Falle großer Symboltabellen.

Der demonstrierte Fehler ist in zweierlei Hinsicht der Alptraum eines jeden Entwicklers. Zum einen äußert sich der Fehler ausschließlich in einer Laufzeitverschlechterung – aus funktionaler Sicht ist das Programm vollkommen korrekt. Die
meisten Testfälle, die von Software-Entwicklern in der Praxis geschrieben werden,
führen jedoch ausschließlich den Nachweis der funktionalen Korrektheit. Nur wenige Testfälle befassen sich mit der Überprüfung der Laufzeitanforderungen. Zum
anderen tritt der Fehler nur für Symboltabellen mit einer Größe zum Vorschein,
die in typischen Testfällen nicht erreicht wird. Insgesamt ist die Wahrscheinlichkeit damit außerordentlich hoch, dass der Defekt für lange Zeit unentdeckt in den
Programmquellen verweilt.

Wäre dieser Fehler vermeidbar gewesen? Die Antwort ist ein klares Ja. Der abgebildete Programmcode stammt aus einer Zeit, in der Quelltexte mit vergleichsweise primitiven Texteditoren eingegeben wurden und lexikalische Fehler dieser
Art nur schwer zu erkennen waren. Obwohl wir auch heute nicht gegen Tippfeh-
ler gefeit sind, kann der Fehler durch die Verwendung einer handelsüblichen integrierten Entwicklungsumgebung (IDE) bereits während der Eingabe aufgedeckt
werden. Moderne Editoren rücken Programmcode automatisch ein und stellen die
verschiedenen Sprachkonstrukte in verschiedenen Farben dar. Jeder unbeabsichtigt
auskommentierte Code-Block ist dadurch mit bloßem Auge zu erkennen. Das Beispiel unterstreicht erneut, dass die saubere Aufbereitung des Programmcodes mehr
ist als reine Ästhetik.

```
      IF (TVAL .LT. 0.2E-2) GOTO 40                    1
      DO 40 M = 1, 3                                   2
      W0 = (M-1)*0.5                                   3
      X = H*1.74533E-2*W0                              4
      DO 20 N0 = 1, 8                                  5
      EPS = 5.0*10.0**(N0-7)                           6
      CALL BESJ(X, 0, B0, EPS, IER)                    7
      IF (IER .EQ. 0) GOTO 10                          8
20    CONTINUE                                         9
      DO 5 K = 1. 3                                    10
      T(K) = W0                                        11
      Z   = 1.0/(X**2)*B1**                            12
            2+3.0977E-4*B0**2                          13
      D(K) = 3.076E-2*2.0*                             14
            (1.0/X*B0*B1+3.0977E-4*                    15
            *(B0**2-X*B0*B1))/Z                        16
      E(K) = H**2*93.2943*W0/SIN(W0)*Z                 17
      H = D(K)-E(K)                                    18
5     CONTINUE                                         19
10    CONTINUE Y = H/W0-1                              20
40    CONTINUE                                         21
```

Abb. 2.3 Von der NASA im Rahmen des Mercury-Projekts eingesetzter FORTRAN-Code

Der vielleicht berühmteste lexikalische Fehler der Computergeschichte ist in Abb. 2.3 dargestellt. Der abgebildete FORTRAN-Code entstammt dem Mercury-Projekt, das von der NASA 1958 ins Leben gerufen und 1963 erfolgreich beendet wurde. Mit diesem Projekt wagte die NASA erstmals den Schritt in die bemannte Raumfahrt und legte die Grundlagen für die historische Mondlandung von Apollo 11 am 20. Juli 1969.

Der in Abb. 2.3 dargestellte Code-Abschnitt ist Teil eines Programms zur Berechnung von Orbitalbahnen und wurde für diverse Mercury-Flüge erfolgreich eingesetzt. Erst 1961 entdeckte ein Programmierer der NASA Ungenauigkeiten in der Berechnung. Der Code lieferte zwar annähernd gute Ergebnisse, die Genauigkeit blieb aber hinter der theoretisch zu erwartenden zurück.

Im Rahmen einer genauen Analyse konnte die Ungenauigkeit auf einen simplen lexikalischen Fehler zurückgeführt werden. Der fehlerhafte Programmcode verbirgt sich unterhalb von Zeile 20 in der DO-Anweisung – dem Schleifenkonstrukt in FORTRAN:

```
DO 5 K = 1. 3
```

Die allgemeine Form der Anweisung lautet wie folgt:

```
DO [ label ] [ , ] var = first, last  [ ,inc]
```

Auf das Schlüsselwort DO folgt in FORTRAN ein optionaler Bezeichner (label), der das Schleifenende definiert. Fehlt dieses Argument, so muss der Schleifenkörper mit dem Schlüsselwort `END DO` abgeschlossen werden. `var` bezeichnet die Schleifenvariable. Diese wird zu Beginn mit dem Wert `first` initialisiert und nach jeder Schleifeniteration um den Wert `inc` erhöht. Fehlt die Angabe der Schrittweite, so wird auf `var` nach jeder Iteration eine 1 addiert. Die Schleife terminiert, wenn die Zählvariable einen Wert größer als `last` erreicht.

Ein genauer Blick auf das Schleifenkonstrukt in Zeile 20 zeigt, dass die Intervallgrenzen nicht mit einem Komma, sondern mit einem Punkt separiert wurden. Dieser mit bloßem Auge kaum zu entdeckende Fehler hat dramatische Auswirkungen. Durch das Fehlen des Kommas erkennt FORTRAN den Ausdruck nicht mehr länger als Zählschleife, sondern interpretiert den Ausdruck schlicht als einfache Variablenzuweisung:

```
DO5K = 1.3
```

Dass der Fehler durch den FORTRAN-Compiler nicht als solcher erkannt wird, liegt an zwei Besonderheiten der Sprache, die sie von den meisten anderen Programmiersprachen unterscheidet. Zum einen erlaubten frühe FORTRAN-Versionen, Leerzeichen an beliebiger Stelle einzufügen – insbesondere auch innerhalb von Bezeichnern und Variablennamen. Diese Eigenschaft erscheint aus heutiger Sicht mehr als fahrlässig. Zur damaligen Zeit bot sie jedoch durchaus Vorteile, da die ersten FORTRAN-Programme noch auf Lochkarten gespeichert wurden. Werden alle Leerzeichen ignoriert, kann ein Programm selbst dann noch erfolgreich eingelesen werden, wenn zwischen zwei gestanzten Zeilen versehentlich eine ungestanzte übrig bleibt.

Zum anderen ist es in FORTRAN gar nicht nötig, Variablen vor ihrer ersten Nutzung zu deklarieren. Hier wird besonders deutlich, wie wertvoll die Bekanntmachung von Funktionen und Variablen in der Praxis wirklich ist. Dass eine Variable `DO5K` bereits an anderer Stelle deklariert wurde, ist so unwahrscheinlich, dass jeder Compiler die Übersetzung der mutmaßlichen Zuweisung verweigert hätte. Kurzum: Die Verwendung einer deklarationsbasierten Programmiersprache, wie z. B. C, C++ oder Java, hätte den Software-Fehler des Mercury-Projekts vermieden – der Fehler wäre bereits zur Übersetzungszeit durch den Compiler entdeckt worden.

Es bleibt die Frage zu klären, wie der hier vorgestellte FORTRAN-Bug eine derart große Berühmtheit erlangen konnte, um heute zu den meistzitierten Software-Fehlern der IT-Geschichte zu zählen? Die Antwort darauf ist simpel. Der vorgestellte Fehler demonstriert nicht nur wie kaum ein anderer die Limitierungen der Sprache FORTRAN, sondern zeichnet zugleich für eine der größten Legenden der Computergeschichte verantwortlich. Auf zahllosen Internet-Seiten, wie auch in der gedruckten Literatur, wird der FORTRAN-Bug beharrlich als Ursache für den Absturz der Raumsonde Mariner I gehandelt, die am 22. Juli 1962 von der NASA an Bord einer Atlas-Trägerrakete auf den Weg zur Venus gebracht werden sollte. Kurz nach dem Start führte die Trägerrakete unerwartet abrupte Kursmanöver durch und wich deutlich von der vorbestimmten Flugbahn ab. Alle Versuche, korrigierend einzugreifen, schlugen fehl. Nach 290 Sekunden fällte die Flugkontrolle schließlich die Entscheidung, die Trägerrakete aus Sicherheitsgründen zu sprengen.

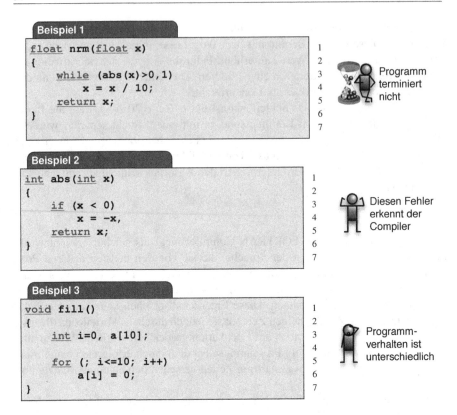

Abb. 2.4 Ist C ein Fortschritt gegenüber FORTRAN?

Die Ursache für den Absturz der Mariner-Trägerrakete ist weit unspektakulärer als gemeinhin angenommen und geht schlicht auf die falsche Umsetzung der Spezifikation zurück. Obwohl die Anforderungsbeschreibung der Flugsteuerung korrekt vorgab, die Verlaufskurve eines Messwerts geglättet zu verwenden, wurde diese in der Implementierung ungeglättet weiterverarbeitet. Trotzdem: Der FORTRAN-Bug der Mercury-Mission wird heute immer noch so beständig mit dem Mariner-Absturz in Verbindung gebracht, dass er wahrscheinlich auch in Zukunft als spektakuläre Erklärung für das Scheitern dieser Mission herhalten muss.

An dieser Stelle mag sich so mancher Leser zu dem Gedanken hinreißen lassen, dass der Fehler schlicht auf die Eigenarten einer fast schon prähistorischen Programmiersprache zurückgeht – insbesondere haben wir weiter oben herausgearbeitet, dass der Fehler in Sprachen wie C oder C++ nicht unentdeckt geblieben wäre. Doch stellen C bzw. C++ wirklich den erhofften Fortschritt in dieser Richtung dar? Dass auch in diesen Sprachen der Teufel im Detail steckt, demonstrieren die drei in Abb. 2.4 aufgeführten Beispielprogramme.

Das erste Beispielprogramm definiert die Funktion `nrm`. Als einzigen Übergabeparameter nimmt die Funktion eine `float`-Variable entgegen und dividiert den erhaltenen Wert so lange durch 10, bis das Ergebnis innerhalb des Intervalls $[-0, 1; 0, 1]$ liegt. Unabhängig von der übergebenen Zahl verweigert das Programm in der abgedruckten Form beharrlich seinen Dienst und verfängt sich stets auf's Neue in einer Endlosschleife.

Genau wie im Fall des oben geschilderten FORTRAN-Bugs reduziert sich die Ursache auf die Vertauschung von Punkt und Komma – anstelle eines Punkts wurde in der Intervallgrenze zur Trennung der Ziffern ein Komma eingefügt. Da die Programmiersprache C das Komma als eigenständigen Operator kennt, führt die Vertauschung zu keinem Fehler.

Mit Hilfe des Komma-Operators werden in C mehrere Anweisungen verkettet, so dass der Wert von `x` zunächst mit `0` verglichen und anschließend der Ausdruck `1` ausgewertet wird. Da die Konstante `1` in C dem Wahrheitswert True entspricht und der Wert des letzten ausgewerteten Teilausdrucks gleichzeitig dem Wert des Gesamtausdrucks, ist die Schleifenbedingung permanent erfüllt. Kurzum: Eine Endlosschleife entsteht.

Das zweite Beispielprogramm definiert die Funktion `abs`, die den Absolutwert des vorzeichenbehafteten Übergabeparameters berechnet. Hierzu wird der Wert des `int`-Arguments `x` mit 0 verglichen und gegebenenfalls mit Hilfe des Negationsoperators in eine positive Zahl gewandelt. Anschließend wird der Inhalt von `x` an die aufrufende Funktion zurückgegeben. Ein genauerer Blick auf die Zuweisung innerhalb des If-Körpers zeigt, dass an dieser Stelle ein Komma anstelle des nötigen Semikolons eingetippt wurde. Hierdurch müsste die Return-Instruktion ungewollt dem Körper der If-Anweisung zugeordnet werden und für $x \geq 0$ ein undefinierter Rückgabewert entstehen. Anders als im ersten Beispiel wird dieser Fehler aber durch den Compiler erkannt. Der Grund hierfür ist einfach: Um Probleme dieser Art zu vermeiden, verbietet die C-Grammatik, die Return-Instruktion in Kombination mit dem Komma-Operator zu verwenden.

Das dritte Beispielprogramm definiert die parameterlose Prozedur `fill`, die das zehnelementige Array `a` und die Laufvariable `i` lokal deklariert. Innerhalb der Funktion werden alle Elemente des Arrays mit Hilfe einer For-Schleife mit 0 initialisiert. Das Programm enthält einen gravierenden Fehler, der sich in Abhängigkeit des verwendeten Compilers unterschiedlich auswirkt und eine Endlosschleife verursachen kann. Die Ursache für das Fehlverhalten geht auf die Schleifenendbedingung `i<=10` zurück. Da das erste Array-Element in C immer den Index 0 besitzt, wird die Schleife nicht zehn, sondern elfmal ausgeführt. Die elfte Iteration führt dazu, dass die zugewiesene 0 in den Speicher außerhalb des Arrays geschrieben wird.

Soweit so gut. Aber warum kann das Programm zu einer Endlosschleife führen? Der Grund hierfür liegt in der Speicheranordnung lokaler Variablen. Die meisten älteren C-Compiler ordnen die Variablen direkt hintereinander in absteigender Reihenfolge an und erzeugen die in Abb. 2.5 dargestellte Anordnung.

Das Speicherabbild deckt auf, warum in diesem Fall eine Endlosschleife entsteht. Die letzte Zuweisung (`a[10]=0`) schreibt eine Null an diejenige Speicherstelle, in der normalerweise die Variable `i` gespeichert wird. Konsequenterweise wird `i` vor

■ Speicherabbild vor Schleifeneintritt

■ Speicherabbild innerhalb der Schleife

■ Speicherabbild nach der letzten Iteration

Abb. 2.5 Speicherabbild auf dem Stack. Die meisten Compiler ordnen lokale Variablen in absteigender Speicherrichtung an, so dass die Variablen `a[10]` und `i` in diesem Beispiel dieselbe Speicheradresse referenzieren

dem Erreichen der Abbruchbedingung stets auf 0 zurückgesetzt und die komplette Schleife hierdurch neu gestartet.

Tatsächlich ist die Chance, mit dem abgebildeten Programm unter realen Bedingungen eine Endlosschleife zu erzeugen, mittlerweile gering. Dies liegt daran, dass fast alle modernen Compiler die Stack-Elemente nicht mehr lückenlos anordnen, sondern zusätzliche Platzhalter einfügen, um die Vorhersage des Speicherabbilds zu verhindern. Auf diese Weise wird es schwerer, eine Software durch gezielt herbeigeführte Pufferüberläufe anzugreifen; gleichsam führt der Mechanismus dazu, dass Fehler wie der geschilderte, heute in vielen Fällen unbemerkt bleiben.

2.2 Semantische Fehlerquellen

Während die *Syntax* einer Programmiersprache den textuellen Aufbau der Quelltexte beschreibt, beschäftigt sich die *Semantik* mit der Bedeutung der einzelnen Konstrukte und damit mit der Interpretation der Sprachbausteine durch den Compiler. Im Gegensatz zu Syntaxfehlern, deren Ursachen in den meisten Fällen eher einfacher Natur sind, erweisen sich semantische Fehler häufig als deutlich tiefgründiger. Entsprechend schwierig gestaltet sich in der Praxis deren Behebung. Auf der positiven Seite lassen sich viele Semantikfehler durch ein gewisses Maß an Programmierdisziplin im Ansatz vermeiden bzw. durch geeignete Analysetechniken nachträglich erkennen.

Wie weitreichend die Folgen solcher Fehler sein können, erfuhr die Bevölkerung der Vereinigten Staaten von Amerika am Montag, den 15. Januar 1990 am eigenen Leib. Das Unheil begann um 14:30 mit einem Ausfall der Schaltzentrale des AT&T-Telefonnetzes in Manhattan. Das AT&T-Telefonsystem wird durch 114 regionale Schaltzentralen gebildet, die untereinander vernetzt sind und von der Zentralstelle in New Jersey koordiniert werden. Das System ist so konzipiert, dass im Falle eines Ausfalls eines Vermittlungsknotens mehrere *Out-of-Service-Nachrichten* an

```
at_and_t.c
...                                                          1
switch (line) {                                              2
    ...                                                      3
    case THING1:                                             4
        doit1();                                             5
        break;                                               6
                                                             7
    case THING2:                                             8
        if (x == FOO) {                                      9
            do_first_stuff();                               10
                                                            11
            if (y == BAR)                                   12
                /* Skip "do_later_stuff" function call      13
                   by dropping out of the If-Statement */   14
                break;                                       15
                                                            16
            do_later_stuff();                               17
        }                                                   18
        initialize();                                       19
        break;                                              20
                                                            21
    default:                                                22
        processing();                                       23
}                                                           24
...                                                         25
```

Abb. 2.6 Code-Struktur der Vermittlungssoftware des AT&T-Telefonnetzes

die benachbarten Netzknoten gesendet werden. Der Empfänger dieser Nachricht –
so die Theorie – vermerkt den Ausfall in seiner internen Routing-Tabelle und leitet die entgegengenommenen Telefongespräche über andere, noch intakte Knoten
weiter. In der Realität verursachte der Empfang einer Out-of-Service-Meldung den
Zusammenbruch des Vermittlungsknotens, so dass dieser seinerseits mit dem Senden von Out-of-Service-Meldungen reagierte. In einer Kettenreaktion wurde eine
Flut von Meldungen erzeugt, die einen Vermittlungsknoten selbst nach einem Reset
aufgrund des gleichen Software-Fehlers erneut zum Absturz brachte. Nach kurzer
Zeit lag ein Drittel des gesamten AT&T-Telefonnetzes brach.

Erst nach neun Stunden gelang es AT&T, das Netz zu stabilisieren und zum Normalbetrieb zurückzukehren. Von den 138 Millionen Anrufen, die in dieser Zeit getätigt wurden, konnten mehr als die Hälfte nicht vermittelt werden. Neben einem
erheblichen Image-Schaden und einem Umsatzverlust, den AT&T mit geschätzten
60 Millionen US-Dollar bezifferte, erzeugte der Vorfall ein lautes Echo in der Presse. Dieser wuchs sich in der öffentlichen Wahrnehmung rasch zu einem Vertrauens-
verlust in die gesamte Computertechnik aus – wenn auch nur zu einem temporä-
ren [82, 37].

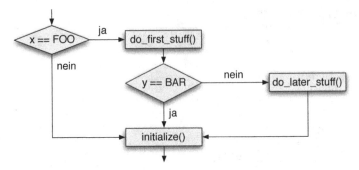

Abb. 2.7 Korrekte Initialisierungsreihenfolge des AT&T-Switch

Die gravierenden Symptome des Systemausfalls ließen zunächst auf einen gezielten Hacker-Angriff schließen, der sich im Laufe der Untersuchungen jedoch
nicht bestätigte. Stattdessen wurde ein fehlerhafter Code-Abschnitt in der Software
isoliert, die in allen 114 Vermittlungsknoten für die Weiterleitung der Anrufe zum
Einsatz kam.

Der fehlerhafte Programmcode stammt aus einer Initialisierungsroutine und ist in
abstrahierter Form in Abb. 2.6 dargestellt (vgl. [164]). Innerhalb eines umschließen-
den Switch-Case-Konstrukts führt das C-Programm zunächst eine Fallunterscheidung bezüglich der Variablen `line` durch. Für unsere Betrachtung ist der zweite
Case-Zweig von Bedeutung, in dem verschiedene Initialisierungsroutinen in Abhängigkeit der Variableninhalte von `x` und `y` aufgerufen werden.

Der korrekte Kontrollfluss ist durch das Ablaufdiagramm in Abb. 2.7 vorgegeben. Um eine einwandfreie Initialisierung zu gewährleisten, wird die Variable
`x` zunächst mit einem gewissen Wert verglichen und gegebenenfalls die Funktion
`do_first_stuff` aufgerufen. Ist zusätzlich die Variable `y` auf einen bestimmten
Wert gesetzt, soll mit Hilfe des C-Schlüsselworts `break` aus der aktuellen Klammerungsebene herausgesprungen und der Aufruf von `do_later_stuff` verhindert
werden. Unabhängig von den Werten von `x` und `y` wird am Ende die Funktion
`initialize` aufgerufen.

Sehen Sie bereits den Fehler? Die Ursache der Vermittlungsausfälle geht auf
die falsche Verwendung des Schlüsselworts `break` zurück, dessen genaue Semantik erfahrungsgemäß von vielen Programmierern nicht hinreichend genau verstanden wird. Anders als der Urheber der Software unterstellt, unterbricht `break` *nicht*
die aktuelle Klammerungsebene, sondern lediglich die innerste Do-, While- oder
Switch-Umgebung. Folgerichtig beendet der so platzierte `break`-Befehl nicht nur
den aktuellen If-Befehl, sondern gleich das gesamte Switch-Konstrukt. Dies wiederum hat zur Folge, dass zwar, wie gewünscht, der Aufruf von `do_later_stuff`
unterbunden wird, der Aufruf von `initialize` aber ebenfalls unterbleibt. Exakt
dieser ausgelassene Funktionsaufruf führte zu dem Fehler, der in Form einer unglücklichen Kettenreaktion für den bedeutendsten Ausfall des Telefonnetzes in der
Geschichte von AT&T führte.

Der AT&T-Bug bringt zwei Aspekte typischer Software-Fehler klar zum Vorschein. Zum einen demonstriert der Vorfall, dass die Eigenschaft der nahezu beliebigen Replizierbarkeit in Hinsicht auf die resultierenden Fehlerszenarien zum Bumerang wird. Anders als physikalisch bedingte Hardware-Fehler, die in der Regel zum singulären Ausfall einer einzigen Baugruppe führen, betreffen Software-Fehler alle homogen installierten Komponenten in gleichem Maße. Hätte der Fehler in der AT&T-Vermittlungssoftware nicht alle Vermittlungsknoten simultan betroffen, wäre eine Kettenreaktion unmöglich und das Ausmaß des Ausfalls ungleich geringer gewesen.

Zum anderen ist es keine Überraschung, dass der AT&T-Bug auf einen Fehler innerhalb des Codes zur Fehlerbehandlung zurückgeht. Im Gegensatz zur Hauptfunktionalität wird der Fehlerbehandlungscode in der Praxis nur vergleichsweise wenig und unter Umständen gar nicht getestet. Die Gründe hierfür sind vielfältig und gehen unter anderem auf die Schwierigkeit zurück, ein bestimmtes Fehlerszenario unter Laborbedingungen gezielt herbeizuführen. Erschwert wird die Situation durch die schier gigantische Anzahl an erdenklichen Fehlerszenarien, die Computersysteme dieser Größenordnung aufweisen.

War der AT&T-Fehler einfach die Konsequenz aus der nicht mehr kontrollierbaren Komplexität heutiger Computersysteme und damit im Vorfeld unvermeidbar? Die Antwort ist ein klares Nein. Sowohl die Wahl eines restriktiven Sprachstandards, wie z. B. MISRA-C, als auch die Durchführung eines C_0-Überdeckungstests hätten den Fehler im Vorfeld vermieden. Auf die Details dieser Techniken werden wir in den Kapiteln 3.1.2 bzw. 4.4.2 zurückkommen.

An dieser Stelle wenden wir uns erneut der NASA zu. Ein Blick in die vergleichsweise kurze Geschichte der US-amerikanischen Raumfahrt zeigt, dass nicht nur die Mariner-Mission unter einem schlechten Stern stand. Neben ihren unbestreitbaren Erfolgen musste die NASA im Laufe der Raumfahrtgeschichte weitere Rückschläge hinnehmen, von denen viele auf das Versagen der eingesetzten Software zurückgeführt werden konnten. So ging auch das Mars-Surveyor-'98-Programm unter dem Auge einer breiten Öffentlichkeit als spektakulärer Rückschlag in die Geschichte der US-amerikanischen Raumfahrt ein. Im Rahmen der Mission wurden zwei Raumsonden zum Mars geschickt, um dessen atmosphärische Bedingungen detailliert zu erkunden. Während eine der Sonden, der *Polar Lander*, auf der Marsoberfläche aufsetzen sollte, war es die Aufgabe des *Climate Orbiters*, den roten Planeten auf einer kreisförmigen Umlaufbahn zu umrunden und aus sicherer Entfernung zu analysieren.

Der *Climate Orbiter* wurde am 11. Dezember 1998 erfolgreich in Cape Canaveral gestartet und begann seine neun Monate lange Reise zum Mars. Pünktlich am 23. September 1999 wurde die Anflugphase eingeleitet und wie geplant mit der gezielten Annäherung an die vorberechnete Umlaufbahn begonnen. Die Konzeption sah vor, die letzte Phase der Annäherung mit Hilfe eines als *Aerobraking* bezeichneten Prinzips durchzuführen, das schon zuvor im Rahmen anderer Missionen erfolgreich eingesetzt wurde. Hierzu tritt die Sonde zunächst, wie in Abb. 2.8 skizziert, in einen elliptischen Orbit ein, dessen nächster Punkt nur ca. 150 km von der Marsoberfläche entfernt ist und damit bereits die obersten Schichten der Atmosphäre streift. Durch

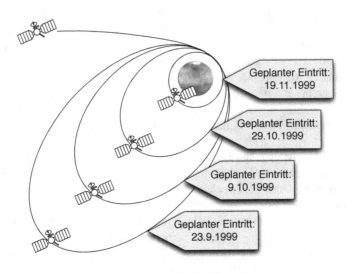

Abb. 2.8 Eintritt des Mars Climate Orbiters der NASA in die Aerobraking-Phase

die atmosphärische Reibung wird die Raumsonde leicht abgebremst, so dass sich die elliptische Umlaufbahn mit jedem Umlauf langsam an den später einzunehmenden kreisförmigen Orbit annähert. Nach 57 Tagen ist die Aerobraking-Phase beendet und die finale Kreisbahn erreicht.

Um 9:06 Uhr trat der Mars Climate Orbiter, wie erwartet, in den Funkschatten des roten Planeten ein, den er um 9:27 verlassen und den Kontakt wiederherstellen sollte. Die Kontrollstation wartete jedoch vergeblich auf die Wiederaufnahme des Funkkontakts und nach kurzer Zeit war klar, dass die Sonde unwiderruflich verloren war. Später stellte sich heraus, dass sich die Sonde bis auf 57 km der Marsoberfläche genähert hatte – rund 100 km weniger als vorberechnet. Die hohe atmosphärische Reibung in dieser niedrigen Höhe ließ den Orbiter in kürzester Zeit in einem hellen Feuerball verglühen.

Die Analyse der Telemetriedaten brachte den Fehler noch am selben Tag zum Vorschein. Zur Kurskorrektur beim Landeanflug griff der Orbiter auf eine von Lockheed Martin bereitgestellte Lookup-Tabelle zurück, das sogenannte *Small forces file*. Lockheed Martin legte die Daten in imperialen Einheiten *lbs × s* (*pound force seconds*) ab, von der NASA wurden die Werte aber, wie international üblich, nach dem metrischen System als *N × s* (*Newton-Sekunden*) interpretiert. Die verwendeten Werte waren dadurch um den Faktor 4.45 zu groß, und die Überkompensation der zu korrigierenden Bahnabweichung drängte den Mars-Orbiter schließlich auf die fatale Umlaufbahn in nur noch 57 km Höhe.

Der Software-Fehler, der die Mars-Mission in ein Desaster verwandelte, fällt genau wie der weiter oben beschriebene AT&T-Bug in die große Klasse der Semantikfehler. Im direkten Vergleich zeigt sich, dass die Natur beider Fehler trotzdem eine

andere ist. Der AT&T-Bug geht auf die falsche Interpretation eines C-Konstrukts zurück und hat seinen Ursprung damit in der *Sprachsemantik*. Im Falle des Mars Climate Orbiters hingegen wurde die Programmiersprache vollständig korrekt verwendet. Die Fehlerursache geht auf einen Typkonversionsfehler zurück und ist damit
eine klassische Fehlinterpretation der *Programmsemantik*. In Abschnitt 3.2 werden
wir auf die Problematik der Datentypkonversion genauer eingehen und Ansätze aufzeigen, wie sich Konversionsfehler dieser und ähnlicher Art erfolgreich vermeiden
lassen.

Der Verlust des Mars Climate Orbiters war ein herber Rückschlag für die NASA.
Zum vollständigen Desaster wurde das Projekt schließlich am 3. Dezember 1999,
als auch noch der Mars Polar Lander verloren ging. Gegen 21:10 mitteleuropäischer
Zeit, just im Moment des Eintritts in die Marsatmosphäre, brach der Funkkontakt
für immer ab. Der Grund des Kommunikationsverlusts ist bis heute unbekannt, genauso wie das Schicksal der Raumsonde. Alle späteren Versuche, den Kontakt mit
dem Polar Lander wiederherzustellen, blieben erfolglos. Die mutmaßliche Ursache
für das Versagen wird, wie im Falle des Climate Orbiters, ebenfalls der Software zugeschrieben. Vermutlich wurden durch das Ausfahren der Landebeine Vibrationen
erzeugt, die von der Software als das Aufsetzen der Sonde auf den Mars interpretiert
wurden. Die fatale Fehleinschätzung führte zum sofortigen Abschalten der Brems-
düse, so dass die Sonde mit unverringerter Geschwindigkeit auf der Marsoberfläche
aufschlug und zerschellte.

2.3 Parallelität als Fehlerquelle

Die spektakulären Verluste gleich beider Raumsonden des Mars-Surveyor-'98-
Programms täuschen gelegentlich darüber hinweg, dass die NASA bereits in früheren Mars-Missionen mit Software-Problemen zu kämpfen hatte. So auch im Rahmen der Mars-Pathfinder-Mission, der wir heute neben wichtigen Informationen
über die Gesteins- und Bodenbeschaffenheit auch zahlreiche spektakuläre Bilder
der Marsoberfläche zu verdanken haben. Der *Pathfinder* wurde am 4. Dezember
1996 gestartet und landete exakt 7 Monate später, am 4. Juli 1997 auf der Marsoberfläche. Die Sonde selbst bestand aus einer Landeeinheit und dem *Sojourner*, einem
speziell für die Marsoberfläche konstruierten Roboterfahrzeug zur Erkundung des
angrenzenden Terrains.

Die Landung des Pathfinders verlief nach Plan und auch der Sojourner konnte erfolgreich von der Landeeinheit abgekoppelt werden. Die Bilder, die der Marsroboter
kurz darauf der Erde übermittelte, beeindruckten die NASA und die Öffentlichkeit
gleichermaßen. Entsprechend getrübt wurde die Freude, als der Sojourner kurze Zeit
später begann, seine Systeme in unregelmäßigen Abständen neu zu starten und mit
jedem Reset die aktuell gesammelten Daten zu verlieren. Nach 18 Stunden Dauerbetrieb gelang es der NASA, den Fehler in den Entwicklungslaboren zu reproduzieren.
Die Auswertung der Protokolldaten machte deutlich, dass die Fehlerursache auf das
Phänomen der *Prioritäteninversion* und damit auf ein lange bekanntes Problem der
parallelen Programmierung zurückging.

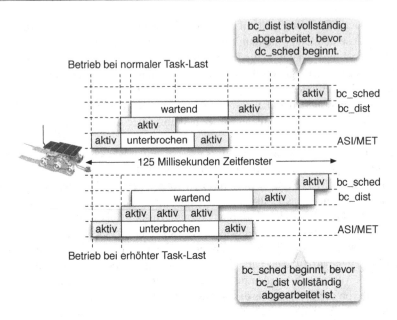

Abb. 2.9 Prioritäteninversion als Ursache unregelmäßiger Resets des Mars-Rovers Sojourner

Um das Phänomen der Prioritäteninversion zu verstehen, wagen wir einen tieferen Blick in die Software-Struktur der Raumsonde. Intern arbeitet der Sojourner mit
einer Variante des Echtzeitbetriebssystems VxWorks. Das Verhalten der Sonde wird
durch mehrere nebenläufige Tasks gesteuert, die mit unterschiedlichen Prioritäten
versehen sind. Der eingesetzte *Scheduler* arbeitet preemtiv, d. h., ein Task niederer
Priorität wird durch den Betriebssystemkern unterbrochen, sobald ein Task höherer
Priorität lauffähig ist. Die höchste Priorität besitzt der Task `bc_sched` (*scheduler
task*). Dieser besitzt die Aufgabe, den Datenverkehr auf dem internen 1553-Bus zu
koordinieren, über den ein Großteil der prozessübergreifenden Kommunikation abgewickelt wird. Ein zweiter Task, `bc_dist` (*distributor task*), übernimmt die eigentliche Verteilung der Daten und wird mit der dritthöchsten Priorität betrieben. Beide
Tasks werden mit Hilfe eines Hardware-Timers mit einer Frequenz von 8 Hz periodisch aktiviert. In jedem 125-Millisekunden-Fenster wird zunächst der `bc_dist`-
Task und anschließend der `bc_sched`-Task gestartet. Die Spezifikation sieht dabei
zwingend vor, dass der `bc_dist`-Task vollständig abgearbeitet sein muss, bevor der
`bc_sched`-Task aktiviert wird. Neben diesen zwei hochprioren Tasks laufen im System weitere Tasks mit niedriger Priorität. Zu diesen gehört auch der `ASI/MET`-Task
zur Behandlung eingehender meteorologischer Daten.

Abb. 2.9 zeigt zwei verschiedene Task-Aktivierungsprofile innerhalb eines ein-
zelnen 125-Millisekunden-Fensters. Das obere Profil beschreibt den vorgesehenen
Betriebsablauf des Sojourners. Zu Beginn des Zeitfensters wird der niederpriore
Task `ASI/MET` aktiviert und mit der Übertragung meteorologischer Daten begon-

nen. Da um den Kommunikationsbus mehrere Tasks konkurrieren, wird dieser, wie in solchen Fällen üblich, durch ein Semaphor geschützt. Da sich der Bus zur Zeit der Aktivierung von ASI/MET im Idle-Zustand befand, erhält der Task den exklusiven Zugriff. Kurze Zeit später wird der Distributor-Task bc_dist aktiviert. Da er ebenfalls auf den Bus zugreifen möchte, wird er durch das Semaphor-Prinzip so lange in den Wartezustand versetzt, bis ASI/MET beendet ist. Dieser wird jedoch durch die relativ niedrige Priorität häufiger selbst unterbrochen, so dass sich dessen Terminierung aufgrund der übrigen Busaktivität verzögert. Unter normaler Last wird ASI/MET früh genug beendet, so dass auch bc_dist rechtzeitig vor der Aktivierung von bc_sched terminiert.

Während des Betriebs des Sojourners war die Buslast jedoch deutlich erhöht, so dass sich die Abarbeitung des ASI/MET-Tasks zu Peak-Zeiten so weit verzögerte, dass bc_sched vor der vollständigen Abarbeitung von bs_dist gestartet wurde (vgl. Abb. 2.9 unten). Folgerichtig reagierte die Software des Sojourners mit einem Hardware-Reset, um die Sonde wieder in einen konsistenten Zustand zu bringen.

Bei genauerer Betrachtung des Szenarios zeigte sich, dass der bc_dist-Task zwar eine hohe Priorität besitzt, ihm diese jedoch nichts nützt. Aufgrund des von ASI/MET gehaltenen Semaphors verlängert sich die Wartezeit von bc_dist mit jedem weiteren Task, der eine höhere Priorität als ASI/MET besitzt. Kurzum: Ein niederpriorer Task verzögert die Ausführung eines höherprioren Tasks. Dieses Phänomen ist heute wohlverstanden und wird in der Literatur als *Prioritäteninversion* bezeichnet.

So kompliziert das Phänomen der Prioritäteninversion auf den ersten Blick erscheinen mag, so einfach lässt es sich in der Praxis beheben. Wird der Task ASI/MET anstelle seiner niedrigen nativen Priorität so lange mit der hohen Priorität von bc_dist ausgeführt, bis er den blockierten Semaphor wieder freigibt, ist die Unterbrechung durch andere Tasks nicht mehr möglich. In der Konsequenz wird dadurch auch die für den Reset verantwortliche lange Wartezeit von bc_dist deutlich verringert. Dieses Prinzip der *Prioritätenvererbung* wird betriebssystemseitig von Vx-Works vollständig unterstützt. Damit war es der NASA möglich, den Fehler durch das Einspielen eines Software-Patches zu beseitigen und die Pathfinder-Mission schließlich doch noch zu einem vollen Erfolg der US-amerikanischen Raumfahrtgeschichte werden zu lassen.

Nichtsdestotrotz drängt sich auch hier die Frage auf, ob der Fehler im Vorfeld hätte vermieden werden können und wenn ja, mit welchen Mitteln? Aufgrund ihrer unregelmäßigen Auftrittscharakteristik sind Fehler, die durch die parallele Ausführung konkurrierender Ablaufströme verursacht werden, nur schwierig zurückzuverfolgen. Häufig liegt kein einziger Testfall vor, der das Problem zuverlässig reproduziert. Schlimmer noch: Die teilweise extremen Randbedingungen, die zum Auslösen des Fehlers nötig sind, stellen sich in vielen Fällen erst während des Betriebs ein. Damit fallen alle Black-Box-basierten Techniken und damit auch der klassische Software-Test als zuverlässige Methode im Vorfeld aus, da sie die inneren Strukturen der Software vollständig außer Acht lassen. Fehler dieser Art lassen sich nur durch die sorgfältige Konstruktion und Analyse der internen Programmstrukturen und damit mit Methoden der konstruktiven Qualitätssicherung und der White-Box-

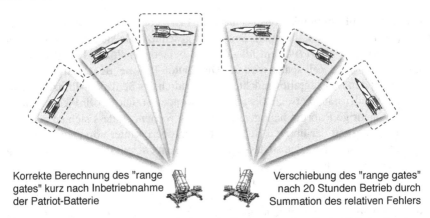

Korrekte Berechnung des "range gates" kurz nach Inbetriebnahme der Patriot-Batterie

Verschiebung des "range gates" nach 20 Stunden Betrieb durch Summation des relativen Fehlers

Abb. 2.10 Betriebsdauerbedingte Verschiebung des Range-gates eines Patriot-Raketenabwehrsystems

Analyse vermeiden. Beide werden wir in den Kapiteln 3 und 5 einer genaueren Betrachtung unterziehen.

2.4 Numerische Fehlerquellen

Wir versetzen uns für einen Moment zurück in das Jahr 1991. Während des ersten Golfkriegs feuert die irakische Armee am 25. Februar 1991 mehrere Scud-Raketen in Richtung Saudi-Arabien ab. Die von der US-Armee zur Flugabwehr installierte Patriot-Batterie reagiert zu spät und die gestartete Abfangrakete kann gegen die mit rasanter Geschwindigkeit herannahende Scud nichts mehr ausrichten. Die fatalen Folgen sind uns noch heute gegenwärtig: In der Nacht schlägt die Scud-Rakete zielgenau in eine amerikanische Kaserne im saudi-arabischen Dharan ein und fordert 28 Todesopfer. Über 90 Menschen werden durch den Raketeneinschlag teilweise schwer verletzt [169]. Tragischerweise war der Software-Fehler, der für das Fehlverhalten verantwortlich war, zum Zeitpunkt des Ereignisses bereits bekannt, die korrigierte Software jedoch noch nicht auf den betreffenden Patriot-Batterien installiert.

Die Ursache des Fehlers geht auf die fundamentale Beschränkung aller digitalen Rechnerarchitekturen zurück, Werte ausschließlich diskret darzustellen. Spezifikationsseitig basieren die meisten Berechnungsmodelle jedoch auf kontinuierlichen Werten – so auch im Falle der Patriot-Flugabwehr. Der Fehler, der durch die rechnerseitige Diskretisierung entsteht, ist in den meisten Fällen klein genug, um sich nicht negativ auf das Systemverhalten auszuwirken. Der Patriot-Fehler demonstriert jedoch eindringlich, dass sich auch kleine Ungenauigkeiten durch unachtsame Programmierung zu großen Fehlern aufsummieren können.

Sobald eine Patriot-Batterie ein Zielobjekt erfasst hat, beginnt sie mit der Verfolgung der *Flugtrajektorie*. Hierzu berechnet die Software, wie in Abb. 2.10 darge-

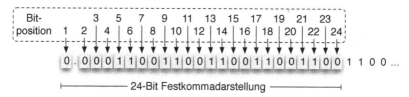

Abb. 2.11 Die Zahl 10^{-1} besitzt im Binärsystem keine endliche Repräsentation

stellt, permanent das sogenannte *Range gate*. Dieses beschreibt den Luftkorridor, innerhalb dessen das Zielobjekt als nächstes erscheint. Die Berechnungsvorschrift ist eine Funktion, die zum einen die Geschwindigkeit des Flugobjekts und zum anderen die Zeit der letzten Radardetektion als Parameter verarbeitet. Der letztgenannte Parameter wird in Form der *Systemzeit* entgegengenommen.

Intern wird die Systemzeit als Integer-Wert gespeichert und entspricht der Anzahl der verstrichenen Zehntelsekunden seit Inbetriebnahme der Abwehrbatterie. Die Systemzeit wird ständig erhöht, so dass im Laufe des Betriebs immer größere Absolutwerte gespeichert werden müssen. Vorsorglich wurde der darstellbare Wertebereich so gewählt, dass ein numerischer Überlauf im realen Betrieb faktisch ausgeschlossen ist.

Da der entsprechende Programmcode zur Berechnung des Range gates die verstrichene Zeit in Sekunden erwartet, die Systemzeit aber in Zehntelsekunden vorliegt, wird sie vor jeder Berechnung durch die Multiplikation mit dem Faktor 10^{-1} in das Zielformat konvertiert. Genau an dieser Stelle nahm das Verhängnis seinen Lauf. Intern verwendet die Patriot-Software eine 24-Bit-Festkommadarstellung. Da 10^{-1} keine endliche Repräsentation im Binärsystem besitzt, kann der Wert nur angenähert werden (vgl. Abb. 2.11). Der hierdurch verursachte Fehler ist nur minimal und beläuft sich, ausgedrückt im Dezimalsystem, auf ca. 9.5×10^{-7}. Die Patriot-Software ist jedoch so konzipiert, dass sich der relative Fehler in vollem Maße auf den Absolutwert der Systemzeit durchschlägt, d. h., der verursachte Fehler nimmt mit zunehmender Betriebsdauer kontinuierlich zu.

Die Einträge in Tabelle 2.1 fassen die verursachte Verschiebung des Range gates in Abhängigkeit von der Betriebsdauer zusammen [27]. Ein kritischer Wert wird bei einem Dauerbetrieb von 20 Stunden erreicht. Ab diesem Zeitpunkt ist das Range gate so weit verschoben, dass sich das Zielobjekt vollständig außerhalb befindet – ein erfolgreiches Abfangmanöver kann in keinem Fall mehr gelingen. Am 25. Februar 1991 war die betroffene Patriot-Batterie bereits seit 100 Stunden im Dauereinsatz und damit bereits mehr als 80 Stunden außer Gefecht.

Obwohl es sich bei dem Patriot-Bug um einen klassischen Numerikfehler handelt, der in vielen anderen Applikationen in ähnlicher Form vorhanden ist, wurde er dadurch begünstigt, dass das Patriot-System ursprünglich nicht für die Raketenabwehr gebaut wurde. In erster Linie sind die Patriot-Batterien als Boden-Luft-System zur Abwehr feindlicher Kampfjets konzipiert. In einem solchen Einsatzszenario war

Tabelle 2.1 Auswirkung des Konversionsfehlers auf die Patriot-Funktionstüchtigkeit

Betriebs-stunden [h]	Betriebs-sekunden [s]	Umgerechnete Zeit [float]	Berechnungs-fehler [s]	Range-gate-Verschiebung [m]
0	0	0	0	0
1	3600	3599,9966	0,0034	7
8	28800	28799,9725	0,0274	55
20	72000	71999,9313	0,0687	137
48	172800	172799,8352	0,1648	330
72	259200	259199,7528	0,2472	494
100	360000	359999,6667	0,3433	687

kein Patriot-System jemals zuvor so lange in Betrieb, als die im ersten Golfkrieg eingesetzten Systeme.

2.5 Portabilitätsfehler

Die Übertragung einer Applikation auf eine andere Hardware-Plattform oder ein anderes Betriebssystem gehört für gewöhnlich nicht zu den dankbarsten Aufgaben eines Software-Entwicklers. Zum einen ist die Portierung der Software mit teilweise erheblichen Anpassungsarbeiten verbunden, deren Auswirkungen bis auf die Architekturebene herunterreichen können. Zum anderen lässt sich das Verhalten portierter Programme in der Praxis nur sehr eingeschränkt vorhersagen. In einigen Fällen läuft die Software auf dem Zielsystem wie gehabt, in anderen fällt die Applikation durch diffiziles Fehlverhalten auf oder verweigert vollständig seinen Dienst.

Die Gründe hierfür sind vielfältig. Häufig sind es zeitliche Abhängigkeiten, die über die korrekte Ausführung eines Programms entscheiden. Beispielsweise werden viele Verklemmungsprobleme konkurrierender Prozesse im laufenden Betrieb nur dadurch vermieden, dass die Prozesse in einer bestimmten zeitlichen Reihenfolge bedient werden. Eine minimale Änderung des Prozess-Schedulers oder auch nur die Erhöhung der Prozessortaktrate kann dazu führen, dass die Applikation augenscheinlich einfriert oder einen Systemabsturz verursacht. Dieses Beispiel zeigt ein typisches Charakteristikum vieler Portabilitätsfehler: Das Fehlverhalten der Software ist oft bereits in der originalen Programmversion angelegt, wirkt sich auf der Ursprungsplattform aufgrund ihrer spezifischen Gegebenheiten aber nicht aus. Der Fehler verharrt in diesen Fällen so lange im Verborgenen, bis ihn der Umgebungswechsel sein volles Unheilpotenzial entfalten lässt.

Ein historisches Beispiel für einen Software-Fehler dieser Kategorie liefert uns der Jungfernflug der Ariane V, der vielen noch in lebendiger Erinnerung sein mag. Die Ariane V ist die fünfte Generation von Trägerraketen, die unter der Leitung der *European Space Agency* (ESA) entwickelt wurde und ursprünglich als Trägersystem für die Europäische Raumfähre Hermes Verwendung finden sollte (vgl. Abb. 2.12). Hermes wurde nie gebaut, so dass die Ariane V, wie bereits ihre Vorgängerin Ariane IV, heute als reines Trägersystem für unbemannte Nutzlasten eingesetzt wird.

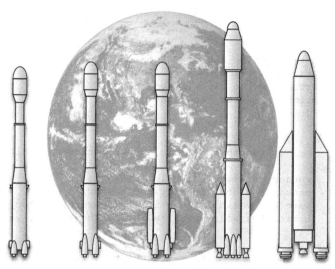

	Ariane 1	Ariane 2	Ariane 3	Ariane 4	Ariane 5
Höhe	47.4 m	48.9 m	48.9 m	58.72 m	51.6 m
Durchmesser	3.8 m	3.8 m	3.8 m	3.8 m	5.4 m
Startmasse	210 t	219 t	240 t	470 t	750 t
Nutzlast (GTO)	1850 kg	2210 kg	2720 kg	4900 kg	6600 kg
Erststart	24.12.1979	2.3.1986	4.8.1984	15.6.1988	4.6.1996

Abb. 2.12 Die Ariane-Flotte der ESA

So beeindruckend sich die Erfolgsbilanz der in vielen Starts erprobten Ariane IV liest, so desaströs begann die Geschichte ihres hoch gehandelten Nachfolgers. Nach zehnjähriger Entwicklungsdauer und einem kumulierten Budget von ca. sieben Milliarden Euro, startete die erste Ariane V am 4. Juni 1996 um 14:34:06 vom Weltraumbahnhof Kourou in Französisch-Guayana. Der Flug verlief alles andere als nach Plan. Als die Rakete in einer Höhe von ca. 3700 Metern eine Horizontalgeschwindigkeit von umgerechnet 32768.0 Einheiten erreicht hatte, begann die Steuerungslogik eine Flut von Steuerbefehlen zur Korrektur einer angeblichen Kursabweichung von 20 Grad zu erzeugen. Durch die Belastung der extremen Kurswechsel drohte die Rakete auseinanderzubrechen, und das Sicherheitssystem leitete nach 39 Sekunden die Selbstzerstörung ein. Kaum begonnen, endete der Jungfernflug der Ariane V abrupt in einem gigantischen Feuerwerk.

Was war passiert? – Die letzte gemessene Horizontalgeschwindigkeit gibt uns einen ersten Hinweis auf die Fehlerursache. 32768 ist der kleinste Wert, den eine vorzeichenbehaftete 16-Bit-Integer-Zahl nicht mehr aufnehmen kann. Damit deutet alles auf einen Fehler hin, der durch einen numerischen Überlauf verursacht wurde. Dass wir uns mit dieser Vermutung auf der richtigen Fährte befinden, zeigt der in Abb. 2.13 skizzierte Code-Abschnitt aus dem mehrere Millionen Zeilen umfassen-

```
ariane.adb

...                                                                              1
declare                                                                          2
  vertical_veloc_sensor: float;                                                  3
  horizontal_veloc_sensor: float;                                                4
  vertical_veloc_bias: integer;                                                  5
  horizontal_veloc_bias: integer;                                                6
  ...                                                                            7
begin                                                                            8
  declare                                                                        9
    pragma suppress(numeric_error, horizontal_veloc_bias);                      10
  begin                                                                         11
    sensor_get(vertical_veloc_sensor);                                         12
    sensor_get(horizontal_veloc_sensor);                                       13
    vertical_veloc_bias := integer(vertical_veloc_sensor);                     14
    horizontal_veloc_bias := integer(horizontal_veloc_sensor);                 15
    ...                                                                         16
  exception                                                                    17
    when numeric_error => calculate_vertical_veloc();                          18
    when others => use_irs1();                                                 19
  end;                                                                         20
end irs2;                                                                      21
```

Abb. 2.13 Ausschnitt aus der ADA-Implementierung der Ariane-V-Software

den Quelltext der Ariane V. Wie schon im Falle der Ariane IV ist die Software in der Programmiersprache ADA implementiert. ADA wurde in den Siebzigerjahren entwickelt und ähnelt optisch der Programmiersprache Pascal, verfolgt darüber hinaus jedoch zahlreiche fortschrittliche Konzepte wie die dynamische Laufzeitüberprüfung oder die integrierte Ausnahmebehandlung.

In dem besagten Code-Abschnitt werden zunächst die zwei Float-Variablen **vertical_veloc_sensor** und **horizontal_veloc_sensor**, sowie die zwei Integer-Variablen **vertical_veloc_bias** und **horizontal_veloc_bias** deklariert. Durch den Aufruf der Prozedur **sensor_get** werden die beiden Float-Variablen mit den von der Sensorik gemessenen Vertikal- und Horizontalgeschwindigkeiten beschrieben. Im nächsten Schritt werden die Float-Werte in vorzeichenbehaftete Integer-Zahlen konvertiert und den beiden Bias-Variablen zugewiesen. Beide Integer-Variablen sind 16 Bit breit, so dass im Gegensatz zum Float-Datentyp, der über einen wesentlich größeren Zahlenbereich verfügt, keine Zahlen größer als 32768 dargestellt werden können. Der Absturz der Ariane V hat seine Ursache damit in einem klassischen Typkonversionsfehler.

Zwangsläufig drängt sich an dieser Stelle die Frage auf, wie ein derart klassischer Programmierfehler die Testphase unbemerkt überstehen konnte. Auch hier ist die Antwort schnell gefunden und geht auf die historischen Wurzeln des Programmabschnitts zurück. Für die Ariane V wurden nicht alle Teile der Software von Grund auf neu entwickelt. Viele Code-Fragmente, zu denen auch der Programmausschnitt in Abb. 2.13 gehört, wurden aus der Code-Basis der äußerst zuverlässigen Ariane IV

übernommen. Insbesondere der für den Fehler verantwortliche Code wurde innerhalb des Ariane-IV-Programms ausgiebig getestet und konnte seine vermeintliche
Korrektheit in vielen erfolgreich absolvierten Flügen unter Beweis stellen.

Gänzlich unberücksichtigt blieb bei der Code-Übernahme allerdings die Tatsache, dass die Horizontalbeschleunigung der wesentlich größer dimensionierten
Ariane V die maximal erreichbare Geschwindigkeit ihres Vorgängermodells um das
Vierfache übertrifft. Mit anderen Worten: Das Risiko eines potenziellen Numerik-
fehlers aufgrund der Inkompatibilität des Float- und Integer-Zahlenbereichs war bereits in der Ariane IV vorhanden, führte aber dank der vergleichsweise geringen
Horizontal- und Vertikalgeschwindigkeit zu keiner realen Fehlfunktion. Das Beispiel zeigt wie kaum ein anderes, wie sehr die Korrektheit eines Programms mit
seiner Einbettung in das Gesamtsystem verbunden ist. Diese Erkenntnis hat weiten
Einfluss auf das gesamte Gebiet des Software-Tests, mit dem wir uns in Kapitel 4
im Detail beschäftigen.

2.6 Optimierungsfehler

Die Optimierung von Programmcode dient in den meisten Fällen zur Verbesserung
der Laufzeit- und Speicherplatzeffizienz kritischer Programmabschnitte. Da die Optimierung innerhalb eines Software-Projekts in der Regel erst sehr spät durchgeführt werden kann, muss sie mit entsprechender Vorsicht vorangetrieben werden.
Neben den klassischen Optimierungszielen *Laufzeit* und *Speicherplatz* sind viele
Programmierer versucht, durch die Verwendung geeigneter Programmierkniffe auch
die Code-Größe zu minimieren. Hierzu wird durch die geschickte Ausnutzung von
Randbedingungen die vormals allgemein gehaltene Programmstruktur durch eine
maßgeschneiderte und wesentlich kompaktere Variante ersetzt. Damit folgt die Optimierung der Code-Größe exakt den Vorgehensweisen, die auch zur Laufzeit- und
Speicherplatzoptimierung zum Einsatz kommen. Dass solche Optimierungen mit
besonderer Vorsicht zu genießen sind, zeigt eine ältere Version des Unix-Werkzeugs
Mail, mit dessen Hilfe E-Mails direkt von der Unix-Kommandozeile entweder gesendet oder empfangen werden können. Entsprechend zweigeteilt präsentiert sich
die Syntax des Werkzeugs:

- Empfangen
  ```
  mail [-e] [-h] [-p] [-P] [-q] [-r] [ -f file ]
  ```
- Senden
  ```
  mail [-t] [-w] [ -m ... ] <recipient 1> <recipient 2> ...
  ```

Die genaue Bedeutung der einzelnen Optionen ist für unsere Betrachtung sekundär.
An dieser Stelle wollen wir uns vor allem mit der Frage beschäftigen, wie die Applikation intern feststellt, ob sie zum Senden oder zum Empfangen von Mails aufgerufen wurde. Ein Blick hinter die Kulissen zeigt, dass die Funktionsweise durch eine
sehr spezifische Analyse der Übergabeparameter bestimmt wird. Anstatt alle Parameter der Reihe nach zu analysieren und detailliert auszuwerten, bedient sich der
Autor des Programms eines Tricks. Wie ein gezielter Blick auf die Aufruf-Syntax

zeigt, wird das Programm genau dann zum Empfangen von Mail gestartet, wenn der letzte Übergabeparameter entweder selbst mit einem Bindestrich eingeleitet wird oder das zusätzliche Argument der Option -f ist. Der Programmcode der besagten Mail-Version macht sich dieses Analyseergebnis zunutze und überprüft die Übergabeparameter wie folgt:

```
if (argv[argc-1][0] == '-' || (argv[argc-2][1] == 'f')) {
    readmail(argc, argv);
} else {
    sendmail(argc, argv);
}
```

Obwohl die If-Abfrage den Sachverhalt augenscheinlich exakt abbildet, ist dem Autor einen diffiziler Denkfehler unterlaufen. Der linke Teil der If-Bedingung ist korrekt und prüft zuverlässig ab, ob es sich bei dem letzten Übergabeparameter um eine Option handelt oder nicht. Mit dem rechten Teil der If-Bedingung soll überprüft werden, ob der vorletzten Übergabeparameter der Option -f entspricht. Genau hier hat der Autor das Problem überoptimiert, da ausschließlich der zweite Buchstabe des vorletzten Parameters verglichen wird. Das Programm müsste sich demnach überlisten lassen, wenn es mit einer zweielementigen Recipient-Liste aufgerufen wird, deren erster Empfängername ein „f" als zweiten Buchstaben besitzt. Mit den folgenden Argumenten aufgerufen wird die besagte Applikation in der Tat in den Empfangs- und nicht in den Sendemodus versetzt:

```
mail Effie Dirk
```

Der Fehler zeigt eine für viele Optimierungsfehler typische Auftrittscharakteristik. Damit sich der Programmierfehler überhaupt auswirkt, müssen sehr spezielle Randbedingungen eintreten. In unserem Fall muss die Applikation mit mindestens zwei Empfängeradressen aufgerufen werden, von denen die vorletzte Adresse ein „f" als zweiten Buchstaben besitzt. Die Chance, dass der Fehler während der Entwicklung erkannt wird, ist hierdurch äußerst gering.

So schwer der Fehler mit den klassischen Methoden des Software-Tests erkannt werden kann, so einfach ist dessen Korrektur. Der fehlerhafte If-Zweig wurde durch eine zusätzliche Abfrage ergänzt, so dass neben der Überprüfung des Buchstabens „f" auch das Vorhandensein des Optionsstrichs „-" explizit getestet wird.

```
if (argv[argc-1][0] == '-' ||
   ((argv[argc-2][0] == '-') && argv[argc-2][1] == 'f')) {
    readmail(argc, argv);
} else {
    sendmail(argc, argv);
}
```

Hätte dieser schwer zu erkennende Software-Fehler bereits im Vorfeld vermieden werden können? Die Antwort ist auch hier ein klares Ja. Die Optimierung, mit dem der Autor des Programms die Analyse der Übergabeparameter auf einen trickreichen Einzeiler reduziert, ist hier schlicht fehl am Platz. Die Analyse der Übergabeoptionen ist eine Aufgabe, die von jedem Kommandozeilenwerkzeug gleichermaßen durchgeführt werden muss und geradezu nach einer Standardlösung schreit. In diesem Sinne ist auch die durchgeführte Fehlerkorrektur reine Symptombekämpfung und weit von einer sauberen Lösung entfernt. In Abschnitt 5.2.1.3 werden wir erneut auf das Mail-Beispiel zurückkommen und zwei solide Programmalternativen kennen lernen.

2.7 Von tickenden Zeitbomben

Vielleicht gehören Sie auch zu den Menschen, die der Milleniumsnacht am 31.12.1999 mit gemischten Gefühlen entgegenfieberten. Neben der seltenen Ehre, den (rechnerischen) Beginn eines neuen Jahrtausends miterleben zu dürfen, hing der *Y2K-Bug (Millenium-Bug)* wie ein Damoklesschwert über dem so sehnlich erwarteten Ereignis. Potenziell betroffen waren alle Software-Systeme, die zur Speicherung einer Jahreszahl nur zwei anstelle von vier Dezimalziffern verwendeten. In diesem Fall führt der Datumswechsel vom 31.12.1999 auf den 1.1.2000 zu einem numerischen Überlauf, d. h., die gespeicherte Zahl 99 springt schlagartig auf 00 zurück. Dieses Verhalten bedeutet mitnichten, dass ein solches Software-System mit einem Fehler reagiert. Trotzdem bestand für zahlreiche Applikationen die Gefahr, dass z. B. die Berechnung der Differenz zweier Jahreszahlen zu schwerwiegenden Inkonsistenzen in den Datenbeständen führen könnte. Bezüglich der potenziellen Auswirkungen, die ein solcher Fehler nach sich ziehen würde, waren der Phantasie kaum Grenzen gesetzt. Szenarien, in denen das Land mit automatisch versendeten Mahnschreiben überfluten wird, gehörten zu den harmloseren. Die Befürchtungen gingen so weit, dass in der besagten Neujahrsnacht viele Geldautomaten abgeschaltet wurden und zahlreiche Flugzeuge am Boden blieben.

Wie vielen von uns noch in guter Erinnerung ist, waren die verursachten Schäden weit geringer und unspektakulärer als erwartet. Einigen Experten zufolge wurde das Schadenspotenzial des Millenium-Bugs im Vorfeld schlicht überschätzt, andere Experten sahen in den geringen Folgen die Früchte jahrelanger Vorbereitung. In der Tat wurden Ende der Neunzigerjahre gigantische Investitionen getätigt, um die im Einsatz befindliche Software auf den Jahrtausendwechsel vorzubereiten. Viele der anfälligen Systeme stammten noch aus den frühen Tagen der Computertechnik und wurden in antiquierten Programmiersprachen wie COBOL oder FORTRAN verfasst. Der Markt für COBOL-Programmierer erlebte schlagartig eine Renaissance, die vorher kaum jemand für möglich gehalten hätte. Neben den Investitionen in die Software selbst, bereiteten sich viele Firmen durch zahlreiche Infrastrukturmaßnahmen auf das drohende Desaster vor. Insbesondere Systeme zur (geografisch) verteilten Datensicherung erlebten einen vorher nicht gekannten Boom. So gesehen hatte der Millenium-Bug auch seine gute Seite. Nahezu die gesamte IT-Industrie wurde von einem Investitionsschub gepackt, von dem wir heute noch in verschiedenster Form profitieren.

Ist der Millenium-Bug ein Einzelfall? Leider nein, denn im Jahr 2038 werden unsere Rechnersysteme erneut auf eine harte Probe gestellt. Potenziell betroffen sind alle Computer, die zur Zeitdarstellung intern das POSIX-Format verwenden.

```
2038_bug.c

#include <stdio.h>                                              1
#include <time.h>                                               2
#include <limits.h>                                             3
                                                                4
int main (int argc, char **argv)                                5
{                                                               6
    time_t t = 0x7FFFFFFF - 5;                                  7
    int i;                                                      8
                                                                9
    for (i=0; i<10; i++) {                                      10
        time_t s = t;                                           11
        printf("%s",asctime(gmtime(&s)));                       12
        t++;                                                    13
    }                                                           14
    return 0;                                                   15
}                                                               16
```

Abb. 2.14 Ist Ihr Betriebssystem fit für das Jahr 2038?

Darunter fallen neben fast allen Unix-basierten Systemen wie Linux und Mac OS X auch Windows und viele Betriebssysteme aus dem Embedded-Bereich.

Zur Darstellung der Zeit definieren diese Betriebssysteme einen Datentyp `time_t`, der die seit dem 1. Januar 1970 verstrichene Zeit in Sekunden repräsentiert. `time_t` ist in vielen Betriebssystemen als vorzeichenbehaftete 32-Bit-Integer-Zahl definiert, so dass pünktlich am 19. Januar 2038 um 3:14:08 UTC – exakt 2147483647 Sekunden nach Beginn der Zählung am 1. Januar 1970 – ein numerischer Überlauf eintreten wird.

Die Folgen sind ähnlich unvorhersehbar wie schon im Falle des Millenium-Bugs, jedoch besteht die berechtigte Hoffnung, dass im Jahr 2038 viele der heute als kritisch einzustufenden Systeme immun gegen den Fehler sein werden. Der Grund hierfür ist die sich bereits heute vollziehende 64-Bit-Migration der gängigen Betriebssysteme. Da der Datentyp `time_t` dort in der Regel bereits als 64-Bit-Integer-Zahl dargestellt wird, verschwindet die Überlaufproblematik, sobald die entsprechende Applikation auf einem 64-Bit-Betriebssystem neu übersetzt wird. In einigen Fällen bleibt das Problem jedoch weiterhin bestehen, insbesondere dann, wenn eine Applikation explizit nur die unteren 32 Bit der entsprechenden `time_t`-Variablen ausliest. Folgerichtig kommen wir auch im Falle des 2038-Bugs nicht umhin, alle relevanten Applikationen im Vorfeld auf dessen Kompatibilität zu untersuchen.

Auf die Frage, ob Ihr Betriebssystem anfällig gegenüber dem 2038-Problem ist oder nicht, gibt das C-Programm in Abb. 2.14 Auskunft. Zu Beginn wird die Variable `t` vom Typ `time_t` deklariert und mit einem Wert knapp unter der 32-Bit-Überlaufschwelle initialisiert. Innerhalb der sich anschließenden For-Schleife wird der Wert von `t` sukzessive um eins erhöht und mit Hilfe der Funktionen `gmtime` und `asctime` zunächst in eine Datums- und Zeitangabe und danach in eine druckba-

re Zeichenkette konvertiert. Unter den 32-Bit-Versionen der Betriebssysteme Linux
und Mac OS X produziert das Programm beispielsweise die folgende Ausgabe:

```
Tue Jan 19 03:14:02 2038
Tue Jan 19 03:14:03 2038
Tue Jan 19 03:14:04 2038
Tue Jan 19 03:14:05 2038
Tue Jan 19 03:14:06 2038
Tue Jan 19 03:14:07 2038
Fri Dec 13 20:45:52 1901
Fri Dec 13 20:45:53 1901
Fri Dec 13 20:45:54 1901
Fri Dec 13 20:45:55 1901
```

Numerische Überlaufprobleme wie die oben geschilderten kommen in der Praxis weit häufiger vor als landläufig vermutet. Viele Probleme dieser Art lassen sich
jedoch mit ein wenig Programmiererfahrung von vorne herein vermeiden – die nötige Sensibilität des Programmierers vorausgesetzt. Als Beispiel betrachten wir die
in Abb. 2.15 dargestellte Beispielimplementierung des C-Makros `time_after` zum
Vergleich zweier Zeitangaben. Das Makro nimmt die beiden Zeitpunkte als Parameter entgegen und evaluiert genau dann zu True, wenn der erste Übergabeparameter
einen späteren Zeitpunkt als der zweite beschreibt. Das Makro wurde für den Fall
konzipiert, dass Zeitpunkte in Form ganzzahliger Werte des Typs `long` repräsentiert
werden.

Ein Makro mit der beschriebenen Funktionalität ist unter anderem fester Bestandteil des Linux-Kernels. Dort wird es häufig zusammen mir der globalen Variablen `jiffies` verwendet, in der die Anzahl der *Clock-Ticks* gespeichert ist, die seit
dem Start des Kernels verstrichen sind. Innerhalb der Service-Routine des Linux-
Timer-Interrupts wird der Inhalt der Variablen sukzessive um eins erhöht und damit
auf den aktuellen Stand gebracht.

Die in Abb. 2.15 dargestellte Funktion `time_sensitive` demonstriert eine Bei-
spielanwendung des `time_after`-Makros. Innerhalb der Funktion wird zunächst
der aktuelle Wert der Variablen `jiffies` ausgelesen, die Konstante `HZ` addiert und
anschließend der Variablen `deadline` zugewiesen. `HZ` gibt an, wie viele Timer-
Interrupts pro Sekunde ausgelöst werden, so dass der berechnete Zeitpunkt genau
eine Sekunde in der Zukunft liegt. Danach wird ein zeitkritischer, jedoch nicht weiter spezifizierter Code-Abschnitt ausgeführt und anschließend die Einhaltung der
Zeitvorgabe durch den Vergleich der Variablen `deadline` mit dem aktuellen Inhalt
der Variablen `jiffies` überprüft.

Die Variable `jiffies` ist als vorzeichenlose 32-Bit-Integer-Zahl deklariert, so
dass der größte speicherbare Wert $2^{32} - 1$ beträgt. Nach 4294967295 Clock-Ticks
verursacht die Erhöhung einen numerischen Überlauf, der den Wert auf 0 zurück-
setzt. Bezogen auf eine Auslösefrequenz des Timer-Interrupts von 1000 Hz, wie
sie viele Kernel der 2.6er-Reihe zugrunde legen, findet der erste Überlauf nach ca.
50 Tagen statt – eine Zeitspanne, die insbesondere während der internen Testphase
selten erreicht wird. Legen wir eine für 2.4er-Kernel übliche Auslösefrequenz von
100 Hz zugrunde, entsteht der erste Überlauf gar erst nach 497 Tagen.

```
time_after.c

#define time_after(unknown, known) ((unknown) > (known))    1
                                                             2
void time_sensitive() {                                      3
    unsigned long deadline = jiffies + HZ;                   4
    /* deadline = aktuelle Zeit plus 1 Sekunde */            5
                                                             6
    ...                                                      7
                                                             8
    if (time_after(jiffies, deadline)) {                     9
        /* Deadline wurde verletzt */                        10
        ...                                                  11
    } else {                                                 12
        /* Deadline wurde eingehalten */                     13
        ...                                                  14
    }                                                        15
}                                                            16
```

Abb. 2.15 Viele Programme sind anfällig für numerische Überläufe, die im Rahmen des Software-Tests schwer zu entdecken sind. In diesem Fall kommt der Fehler erst nach mehreren Tagen zum ersten Mal zum Vorschein

Bei jedem Überlauf evaluiert das oben definierte Makro `time_after`, wie das folgende Beispiel zeigt, zu einem falschen Ergebnis. Dabei spielt es keine Rolle, wie nahe beide Zeitpunkte nebeneinander liegen:

```
  time_after(UINT_MAX+1, UINT_MAX)
= time_after(4294967295+1, 4294967295)
= time_after(0, 4294967295)
= (0 > 4294967295)
= FALSE
```

Die Ursache geht auf die zwar einsichtige, aber zugleich naive Implementierung des `time_after`-Makros zurück. Durch die folgende Umformulierung lässt sich die Überlaufproblematik auf trickreiche Weise lösen, ohne die Laufzeit des Makros zu verschlechtern:

```
#define time_after(unknown, known)
                ((long)(known) - (long)(unknown) < 0)
```

Angewendet auf das obige Beispiel liefert das Makro trotz des numerischen Überlaufs jetzt das korrekte Ergebnis:

```
  time_after(UINT_MAX+1, UINT_MAX)
= time_after(4294967295+1, 4294967295)
= time_after(0, 4294967295)
= ((long)4294967295 - (long)0 < 0)
= ((-1) - 0 < 0)
= (-1 < 0)
= TRUE
```

```
jiffies.h
#define time_after(unknown, known)                     1
    ((long)(known) - (long)(unknown) < 0)              2
#define time_before(unknown, known)                    3
    ((long)(unknown) - (long)(known) < 0)              4
#define time_after_eq(unknown, known)                  5
    ((long)(unknown) - (long)(known) >= 0)             6
#define time_before_eq(unknown, known)                 7
    ((long)(known) - (long)(unknown) >= 0)             8
```

Abb. 2.16 Auszug aus der Datei `linux/jiffies.h`

In der Tat implementiert der Linux-Kernel `time_after` und eine Reihe ähnlicher Makros exakt auf diese Weise, so dass ein Überlauf der Variablen `jiffies` beim Vergleich zweier nahe beieinander liegender Zeitpunkte keine Probleme verursacht. Die Makros des Linux-Kernels befinden sich in der Datei `linux/jiffies.h`, die auszugsweise in Abb. 2.16 dargestellt ist.

Einen Wermutstropfen gibt es allerdings auch hier zu beklagen. Viele Software-Entwickler bedienen sich der Makros erst gar nicht und programmieren den Vergleich zweier Zeitpunkte manuell aus. Die Frage, welche Implementierungsvariante die meisten Programmierer hier bevorzugen, möge sich der Leser selbst beantworten. Im Zweifel hilft ein Reboot – zumindest alle 49 Tage.

2.8 Spezifikationsfehler

Alle bisher vorgestellten Software-Fehler waren Implementierungsfehler, d. h. ihre Ursachen gingen auf eine fehlerhafte Umsetzung der Spezifikation zurück. In der Tat lassen sich die meisten in der Praxis beobachtbaren Defekte auf Fehler in der Implementierung zurückführen – nicht zuletzt aus dem Grund, dass die Spezifikation oft nur vage formuliert oder gar nicht vorhanden ist. In anderen Fällen ist bereits die Spezifikation fehlerhaft. Spezifikationsfehler sind schon deshalb als kritisch einzustufen, da fast alle Methoden der Software-Qualitätssicherung auf die korrekte Umsetzung der Spezifikation in die Implementierung fokussieren. Für die Erkennung von Spezifikationsfehlern bleiben diese Methoden außen vor. Insbesondere ist von dieser Limitierung auch die *formale Verifikation* betroffen, die als einzige der hier vorgestellten Technik im mathematischen Sinne vollständig ist. Die Vollständigkeit bedeutet an dieser Stelle nichts anderes, als dass für ausnahmslos alle möglichen Eingaben sichergestellt wird, dass die Implementierung der Spezifikation genügt. Fehler in der Spezifikation liegen damit auch hier konstruktionsbedingt außerhalb des Leistungsspektrums dieser Verfahren.

Ein klassischer Spezifikationsfehler trat am 14.9.1993 schlagartig in das Licht der Öffentlichkeit, als der Lufthansa-Flug 2904 bei der Landung auf dem Flughafen Warschau-Okecie verunglückte. Nach dem Aufsetzen schießt der Airbus A320 über die Landebahn hinaus und kommt erst durch die Kollision mit einem künstlichen

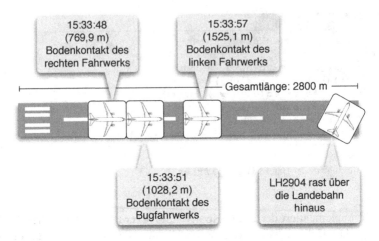

Abb. 2.17 Crash der Lufthansa-Maschine 2904 in Warschau

Erdwall zum Stillstand. Durch den seitlichen Aufprall werden die Treibstofftanks
des Flügels aufgerissen und die Maschine geht kurze Zeit später in Flammen auf.
Trotz der enormen Zerstörung überleben das Unglück 68 Passagiere – für den Ko-
piloten und einen Passagier kommt allerdings jede Hilfe zu spät.

Was war passiert? Um 15:29 befindet sich der Lufthansa-Airbus kurz vor Warschau und erhält von der Anflugkontrolle die Daten für den Endanflug. Die meteorologischen Bedingungen sind nicht optimal an diesem Tag. Im Bereich des Flug-
hafens setzt starker Regen ein und die Piloten der vorher gelandeten Maschinen
berichten von teilweise erheblichen Scherwinden während des Anflugs. Als Reaktion auf die Scherwindmeldung erhöht der Pilot zur Stabilisierung von LH 2904 die
Anfluggeschwindigkeit um 20 Knoten. In Bodennähe wird das Flugzeug durch unerwartet hohe Rückenwinde weiter vorangetrieben, so dass sich die Maschine der
Landebahn mit deutlich erhöhter Geschwindigkeit als normal nähert und erst nach
770 Metern um 15:33 und 48 Sekunden mit dem rechten Fahrwerk aufsetzt. Damit
hat die Maschine bereits ein Viertel der nur rund 2800 Meter langen Landebahn
überflogen. 3 Sekunden später setzt das Bugrad auf, den Piloten gelingt es jedoch
nicht, die Schubumkehr zu aktivieren. Erst weitere 6 Sekunden später registriert der
Bordcomputer das Aufsetzen des linken Fahrwerks und damit den Bodenkontakt
der gesamten Maschine. Zu diesem Zeitpunkt bleiben den Piloten nur noch 1275
Meter bis zum Ende der Runway – zu wenig, um den Airbus rechtzeitig zum stehen
zu bringen. Kurz vor dem Ende der Landebahn dreht der Pilot die Maschine quer,
um den Aufprall abzumildern. Abb. 2.17 fasst den zeitlichen Ablauf der Ereignisse
in einer Übersichtsgrafik zusammen.

Doch warum gelang es den Piloten erst so spät, die Schubumkehr zu aktivieren?
Die Ursache geht auf einen Schutzmechanismus des Airbus A320 zurück, der die
Aktivierung der Schubumkehr während des Flugs verhindern soll. Ob sich das Flug-
zeug noch in der Luft befindet oder bereits Bodenkontakt besteht, wird durch das

boolesche Signal *A/G* repräsentiert und von der Airbus-Software durch die Auswertung der folgenden Parameter berechnet:

p_l : Kompressionsdruck des linken Schockabsorbers

p_r : Kompressionsdruck des rechten Schockabsorbers

v_l : Drehgeschwindigkeit des linken Fahrwerkrads

v_r : Drehgeschwindigkeit des rechten Fahrwerkrads

Der verunglückte Airbus verwendete zur Berechnung des *A/G*-Signals die folgende Formel:

$$A/G = (min(p_l, p_r) > 12.000 \, \text{kg}) \vee (min(v_l, v_r) > 72 \, \text{kts}) \qquad (2.3)$$

Der Bodenkontakt ist demnach hergestellt, sobald der Kompressionsdruck beider Schockabsorber mindestens 12 Tonnen beträgt oder sich die Räder des linken und des rechten Fahrwerks beide mit mehr als 72 Knoten drehen. Durch die disjunktive Verknüpfung wird der Bodenkontakt bereits dann erkannt, wenn nur eine der beiden Bedingungen erfüllt ist.

Im Falle von LH 2904 führte die Kombination von starken Seitenwinden und großen Wassermengen auf der Landebahn dazu, dass die Airbus-Steuerung erst 9 Sekunden nach dem Aufsetzen des rechten Fahrwerks den Bodenkontakt des Flugzeugs registrierte. Zum einen wurde aufgrund der Seitenwinde der geforderte Kompressionsdruck von 12.000 kg erst sehr spät erreicht, zum anderen führte starkes Aquaplaning dazu, dass das Rad des linken Fahrwerks nicht schnell genug die benötigte Geschwindigkeit aufbauen konnte.

Die gewonnenen Erkenntnisse ließen den Schluss zu, dass die in Gleichung (2.3) dargestellte Spezifikation ungeeignet ist, um den Bodenkontakt auch bei widrigen Wetterbedingungen zuverlässig zu erkennen. Die Spezifikation wurde geändert und heute reicht bei allen Airbus-Flugzeugen vom Typ A320 der Lufthansa-Flotte bereits ein Anpressdruck von 2.500 kg aus, um den Bodenkontakt zu erkennen. Der Crash von LH 2904 würde sich unter den damals herrschenden meteorologischen Bedingungen mit den geänderten Parametern wahrscheinlich nicht wiederholen.

Ob die neue Parametrisierung ausreicht, um auch bei noch höheren Seitenwinden den Bodenkontakt rechtzeitig zu erkennen, steht in den Sternen. Entsprechenden Forderungen, das manuelle Setzen des *A/G*-Signals durch die Piloten zuzulassen, stehen Sicherheitsbedenken entgegen. In Falle von LH 2904 hätte das Unglück durch die manuelle Aktivierung der Schubumkehr vermieden werden können, allerdings ist diese Möglichkeit im Zeitalter terroristischer Bedrohungen mit weiteren unkalkulierbaren Risiken verbunden. Wird die Schubumkehr während des Flugs aktiviert, bedeutet dies den sicheren Absturz.

An die realen Folgen einer solchen Aktivierung erinnert das Schicksal des Lauda-Air-Flugs 004 von Bangkok nach Wien. Als am 26.5.1991 während des Steigflugs die Schubumkehr des linken Triebwerks aufgrund eines technischen Defekts auslöst, wird das Flugzeug über Thailand mit 223 Passagieren an Bord regelrecht zerrissen.

2.9 Nicht immer ist die Software schuld

Alle bisher betrachteten Fehler haben eines gemeinsam: Sie begründen sich auf
Fehler in der zugrunde liegenden Software und nicht der Hardware. Statistisch gesehen ist diese Tatsache keine Überraschung, schließlich lässt sich das Versagen
von Hardware-Komponenten in den meisten Fällen auf physikalische Einwirkun-
gen oder altersbedingte Verschleißerscheinungen zurückführen. Systemausfälle aufgrund von Entwurfsfehlern sind dagegen vergleichsweise selten.

Umso erstaunter reagierte die Fachwelt und die Öffentlichkeit, als 1993, just
ein paar Monate nachdem Intel frenetisch die Markteinführung des Pentium-I-
Prozessors feierte, die ersten Berichte über falsche Berechnungen der Divisionseinheit bekannt wurden. Als erster bemerkte Professor Thomas R. Nicely vom Lynch-
burg College in Virginia, USA, dass die Divisionseinheit des Pentium I für ausgewählte Zahlen marginal falsche Ergebnisse lieferte. Aufgefallen waren die Diskre-
panzen, als Nicely sein altes System, basierend auf einem Intel-80486-Prozessor,
durch ein neueres und wesentlich schnelleres Pentium-System ersetzte. Obwohl die
meisten arithmetischen Operationen auf beiden Systemen keine Unterschiede zeig-
ten, gab es vereinzelte Berechnungsfolgen, die in den letzten Nachkommastellen
voneinander abwichen. Nicely dachte keineswegs an einen Hardwarefehler und ver-
mutete die Fehlerquelle zunächst in der Software. Aber selbst unter Abschaltung
aller Compiler-Optimierungen zeigte das Pentium-System die gleichen fehlerhaften
Berechnungen wieder und wieder. Schließlich gelang es Nicely, den Divisionsfehler
erfolgreich auf die Fließkommaeinheit des Pentium-Prozessors zurückzuführen.

Erwartungsgemäß wurde die Nachricht von Intel mit mäßiger Begeisterung aufgenommen. In der Tat wusste das Unternehmen über den Fehler bereits Bescheid,
als Nicely den Pentium-Bug publik machte. Intel hoffte schlicht, dass der Fehler aufgrund seiner geringen Auftrittscharakteristik unbemerkt bleiben würde. Die
Chancen standen gut, schließlich berechneten die fehlerhaften Pentium-Prozessoren
in den allermeisten Fällen das korrekte Ergebnis. Zudem sind die arithmetischen
Fehler der Zahlenkombinationen, auf die sich der Pentium-Bug überhaupt auswirkt, äußerst gering. Wird beispielsweise die Zahl 824 633 702 441 auf einem fehlerhaften Pentium-Prozessor durch sich selbst dividiert, ist das Ergebnis gleich
0, 999999996274709702 und nicht wie erwartet gleich 1, 0. Mit etwas Aufwand lassen sich auch dramatischere Fälle konstruieren. So führt die Berechnung

$$z = x - \frac{x}{y} \times y \qquad (2.4)$$

für die Werte $x = 4195835$ und $y = 3145727$ auf einem 80486-Prozessor zu dem
korrekten Ergebnis 0, auf einem fehlerhaften Pentium I jedoch zu 256.

Nachdem die ersten kompromittierenden Zahlenpaare gefunden waren, ließen
weitere nicht lange auf sich warten. Langsam aber sicher begann sich die öffentliche
Diskussion zu einem ernsthaften Problem für den Chip-Hersteller zu entwickeln.
Intel begegnete der Öffentlichkeit zunächst mit einer Reihe von Studien, die eine
genauere Untersuchung sowie eine Abschätzung der Fehlerauftrittswahrscheinlich-
keiten für verschiedene Anwendungsdomänen zum Inhalt hatten (vgl. Tabelle 2.2).

Tabelle 2.2 Risikobewertung des Pentium-FDIV-Bugs durch Intel (Auszug aus [59])

Class	Applications	MTBF	Impact of failure in div/rem/tran
Word processing	Microsoft Word, Wordperfect, etc.	Never	None
Spreadsheets (basic user)	123, Excel, QuattroPro (basic user runs fewer than 1000 div/day)	27,000 years	Unnoticeable
Publishing, Graphics	Print Shop, Adobe Acrobat viewers	270 years	Impact only on Viewing
Personal Money Management	Quicken, Money, Managing Your Money, Simply Money, TurboTax (fewer than 14,000 divides per day)	2,000 years	Unnoticeable
Games	X-Wing, Falcon (flight simulator), Strategy Games	270 years	Impact is benign, (since game)

Diese und andere Untersuchungen kamen allesamt zu dem Schluss, dass der Fehler als unbedenklich einzustufen sei. Trotzdem wurde der öffentliche Druck so stark, dass sich Intel schließlich gezwungen sah, eine der größten Rückrufaktionen in der IT-Geschichte zu starten. Zu diesem Zeitpunkt waren bereits ca. 2 Millionen Pentium-Prozessoren im Alltagseinsatz, von denen jedoch lediglich 10 % an Intel zurückgesandt wurden. Darüber hinaus mussten schätzungsweise 500 000 Prozessoren aus den eigenen Lagerbeständen und 1 500 000 aus Händlerbeständen vernichtet werden. Rückblickend wird der finanzielle Schaden des Pentium-FDIV-Bugs auf ca. 475 Millionen US-Dollar geschätzt.

Obwohl der Pentium-Bug kurzfristig auch das Image von Intel ins Wanken brachte, war dieser Effekt nicht nachhaltig. Intel hat es verstanden, nach den anfänglich eher unglücklichen Beschwichtigungsversuchen am Ende geschickt auf den öffentlichen Druck zu reagieren. Das Image der Firma Intel ist heute ungebrochen hoch.

Doch was war die Ursache für die falschen Berechnungen des Pentium-Prozessors und warum traten Rechenfehler nur derart vereinzelt auf? Der Grund liegt in der Architektur der Fließkommaeinheit, die zur Division zweier Zahlen die *Radix-4-SRT-Division* verwendet. Im Gegensatz zu klassischen Divisionseinheiten, die das Ergebnis in einem iterativen Prozess Nachkommastelle für Nachkommastelle erzeugen, erlaubt die Radix-4-SRT-Division, in jedem Iterationsschritt zwei Nachkommastellen auf einen Schlag zu berechnen. Die Idee der SRT-Division ist nicht neu und geht auf die Arbeiten von Sweeney [49], Robertson [223] und Tocher [256] zurück, die den Divisionsalgorithmus unabhängig voneinander in den späten Fünfzigerjahren entwickelten.

Eine der Grundideen der SRT-Division besteht darin, das Divisionsergebnis intern nicht im Binärformat darzustellen. An die Stelle der Binärziffern 0 und 1 treten Koeffizienten mit den Werten -2, -1, 0, 1 oder 2. Der im i-ten Iterationsschritt zu wählende Wert des Koeffizienten q_i wird in Abhängigkeit des Dividenden p_i und des Divisors d aus einer Tabelle ausgelesen. Hierzu verwaltet der Pentium-I-Prozessor

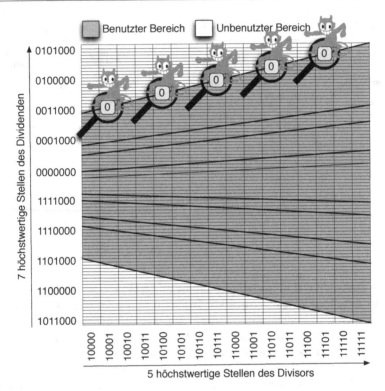

Abb. 2.18 Die Radix-4-Koeffizientenmatrix des Pentium-I-Prozessors

intern eine zweidimensionale Matrix mit 2048 Einträgen, von denen aber nur insgesamt 1066 verwendet werden (vgl. Abb. 2.18). Zur Adressierung werden die ersten 7 Stellen des Dividenden p_i als Zeilenindex und die ersten 5 Stellen des Divisors d als Spaltenindex verwendet. Entsprechend dem Wertebereich von q_i enthält jede Zelle einen der Werte -2, -1, 0, 1 oder 2.

Der Pentium-FDIV-Bug hat seine Ursache schlicht in fünf falschen Tabelleneinträgen an der oberen Grenze zwischen dem benutzten und dem unbenutzten Bereich. Anstelle des (korrekten) Werts 2 enthalten die Zellen in fehlerhaften Pentium-Prozessoren den Wert 0. Die Tatsache, dass der Pentium-Bug in der Praxis nur bei sehr wenigen Zahlenkombinationen auftritt, liegt an der unregelmäßigen Wahrscheinlichkeitsverteilung, mit der die einzelnen Zellen ausgelesen werden. Wären die Zugriffe auf alle Zellen der Matrix statistisch gleichverteilt, wäre der Pentium-Bug in der Praxis wesentlich häufiger zu beobachten und damit mit hoher Wahrscheinlichkeit vor der Auslieferung erkannt und behoben worden.

Aus mathematischer Sicht ist der Pentium-FDIV-Bug heute gut untersucht. Einige der wichtigsten Erkenntnisse gehen auf die Arbeiten von Alan Edelman zurück, der die Natur des Pentium FDIV-Bugs in [80] treffend zusammenfasst:

"The bug in the Pentium was an easy mistake to make, and a difficult one to catch."

Alan Edelman [80]

Mit dem Erscheinen der Nachfolgemodelle, dem Pentium Pro und dem Pentium MMX, gehörte der FDIV-Bug vollends der Vergangenheit an. Sollte dem Divisionsdebakel überhaupt etwas Positives abzugewinnen sein, so ist es wahrscheinlich die Erkenntnis, dass es keine fehlerfreie Hardware gibt und wahrscheinlich nie geben wird. Galt die Software damals in der öffentlichen Meinung als die einzige ernstzunehmende Quelle für Computerfehler, so hat sich diese Einstellung mit dem Bekanntwerden des FDIV-Bugs nachhaltig geändert. Seit die Komplexität von Hardware der Komplexität von Software kaum noch nachsteht, gehört die lange vorherrschende Ansicht der fehlerfreien Hardware ins Reich der Visionen.

Auswirkungen hat diese Erkenntnis insbesondere für den Bereich eingebetteter Systeme. Zur Gewährleistung der mitunter sehr hohen Zuverlässigkeitsanforderungen muss neben der funktionalen Korrektheit der Software-Komponenten und der physikalischen Beständigkeit der Bauelemente auch die *funktionale Korrektheit* der Hardware als Risikofaktor berücksichtigt werden.

2.10 Fehlerbewertung

In den vorangegangenen Abschnitten haben wir einige der prominentesten Software-Fehler der Computergeschichte kennen gelernt und ihr Wesen genauer beleuchtet. Deren Auswirkungen waren dabei genauso vielfältig wie deren Ursachen, so dass sich mit dem Begriff des Software-Fehlers nicht nur ein quantitativer Aspekt, sondern immer auch ein qualitativer verbindet. Zur Verdeutlichung dieses qualitativen Aspekts betrachten wir die drei C-Fragmente in Abb. 2.19. Jedes Beispiel beschreibt ein typisches Fehlersymptom zusammen mit der beobachteten Auftrittswahrscheinlichkeit.

Das erste Programm initialisiert die Variable x zunächst mit dem größten darstellbaren Integer-Wert INT_MAX und beschreibt anschließend die Variable y mit dem Wert x+1. Aufgrund der Bereichsüberschreitung verursacht die Addition auf der Mehrzahl der Hardware-Architekturen einen numerischen Überlauf. Legen wir, wie auf den meisten Architekturen üblich, die Zweierkomplementdarstellung zugrunde, so entspricht der Wert von y nach der Zuweisung der kleinsten darstellbaren Zahl INT_MIN. Kurzum: Der entstandene arithmetische Fehler ist maximal. Weiter wollen wir für dieses Beispiel annehmen, dass der Fehler in jährlichen Abständen auftritt.

Das zweite Programm initialisiert die Variable x ebenfalls mit dem Wert INT_MAX, führt die Addition im Gegensatz zum ersten Beispiel jedoch gesättigt aus. Hierzu wird der drohende Überlauf mit Hilfe eines zusätzlich eingefügten If-Befehls abgefangen und die Addition nur dann ausgeführt, wenn der Ergebniswert innerhalb des Integer-Zahlenbereichs liegt. Im Falle eines drohenden Überlaufs wird der Wert von x unverändert in die Variable y übernommen. Obwohl das Programm immer noch ein falsches Ergebnis berechnet, fällt der arithmetische Fehler im Gegensatz

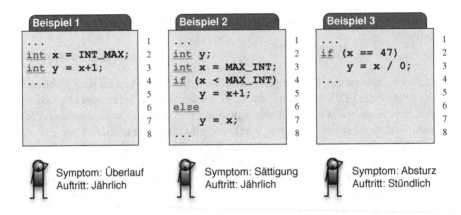

Beispiel 1

```
 ...                    1
int x = INT_MAX;       2
int y = x+1;           3
 ...                    4
                        5
                        6
                        7
                        8
```

Symptom: Überlauf
Auftritt: Jährlich

Beispiel 2

```
 ...                    1
int y;                 2
int x = MAX_INT;       3
if (x < MAX_INT)       4
    y = x+1;           5
else                   6
    y = x;             7
 ...                    8
```

Symptom: Sättigung
Auftritt: Jährlich

Beispiel 3

```
 ...                    1
if (x == 47)           2
    y = x / 0;         3
 ...                    4
                        5
                        6
                        7
                        8
```

Symptom: Absturz
Auftritt: Stündlich

Abb. 2.19 Welcher Fehler ist Ihr größter Feind?

zur ersten Lösung um ein Vielfaches geringer aus. Auch hier wollen wir annehmen, dass der Fehler jährlich auftritt.

Im dritten Beispiel wird die Variable **x** innerhalb des If-Zweigs durch 0 dividiert. Ohne weitere Programmierkniffe löst die Division einen Ausnahme-Interrupt aus, der das Betriebssystem dazu veranlasst, den laufenden Prozess umgehend zu beenden. Weiter wollen wir annehmen, dass der Programmabsturz stündlich auftritt.

Die Frage, die wir an dieser Stelle zu beantworten versuchen, lässt sich plakativ wie folgt formulieren:

„Welcher Fehler ist Ihr größter Feind?"

Haben Sie die Frage für sich bereits beantwortet? Vielleicht gehören auch Sie zu der großen Gruppe von Befragten, die nicht lange zögert und sich nach kurzer Zeit eindeutig auf einen Fehler festlegt. Obwohl die Antworten in der Regel schnell gegeben werden, fallen sie für gewöhnlich denkbar unterschiedlich aus. Bei genauerem Hinsehen ist dieses Ergebnis wenig überraschend, da die korrekte Beantwortung der gestellten Frage ohne weitere Information im Grunde genommen unmöglich ist. Der fehlende Parameter ist die Sichtweise, die wir zur Beurteilung der drei vorgestellten Fehler einnehmen. Je nachdem, ob wir in der Rolle des *Software-Entwicklers* oder in der Rolle des *Anwenders* argumentieren, kommen wir zu völlig unterschiedlichen Ergebnissen.

Die Kriterien, die wir aus Anwendersicht anlegen, sind offensichtlich. Die Schwere eines Fehlers steigt proportional mit seiner Auftrittswahrscheinlichkeit und dem Grad seiner Auswirkung. In der Rolle des Anwenders werden wir deshalb den im dritten Beispiel beschriebenen Fehler als unseren größten Feind erachten. Sowohl die Auswirkung in Form des vollständigen Programmabsturzes, als auch die Auftrittshäufigkeit sprechen eine eindeutige Sprache.

Aus der Sicht des Software-Entwicklers stellt sich die Situation gänzlich anders dar. Die Auftrittswahrscheinlichkeit und der Grad seiner Auswirkung sind auch hier die bestimmenden Parameter eines Software-Fehlers, allerdings in konträrer Weise. Während für den Anwender die Abwesenheit von Defekten im Vordergrund steht, liegt der Fokus des Entwicklers auf deren Aufdeckung. Die Wahrscheinlichkeit, einen Software-Fehler bereits während der Entwicklung zu identifizieren, steigt proportional mit dessen Auftrittswahrscheinlichkeit. Aufgrund seiner Auftritts- und Auswirkungscharakteristik hätte der dritte hier beschriebene Fehler kaum eine Chance, bis zur Produktauslieferung zu überleben. Die gerade einmal jährliche Auftrittscharakteristik der Fehler 1 und 2 erweisen sich an dieser Stelle als deutlich kritischer. Das Risiko ist groß, dass beide Fehler unbemerkt die Testphase überstehen.

Wenden wir uns nun der Symptomatik der ersten beiden Fehler zu. Während das Sättigungsprinzip die Überlaufproblematik des zweiten Beispiels effektiv abfedert, zieht der numerische Fehler des ersten Beispiels weitere Kreise. Hier wechselt der Wert von x schlagartig vom größten auf den kleinsten darstellbaren Wert. Als die Schubkraft des Flugzeugs interpretiert, in dem Sie sich gerade befinden mögen, löst die Vorstellung mit Recht ein gewisses Unbehagen aus. Wahrscheinlich würden Sie in diesem Fall die Lösung des zweiten Beispiels vorziehen. Der numerische Fehler wirkt sich durch die gesättigte Addition kaum auf das Endergebnis aus und bleibt für Mensch und Technik mit hoher Wahrscheinlichkeit folgenlos.

So sehr die Abschwächung der Fehlersymptomatik aus Anwendersicht zu begrüßen ist, so sehr erschwert sie die Arbeit des Software-Entwicklers. Treten die Symptome eines Fehlers nur marginal in Erscheinung, so stehen seine Chancen gut, bis in die Produktversion hinein zu überleben. In der Rolle des Software-Entwicklers werden wir daher den zweiten Fehler als unseren größten Feind erachten.

Desaströse Fehler, wie der Totalabsturz in Beispiel 3, sind damit Segen und Fluch zugleich. Dieser duale Charakter, den wir bei der Betrachtung eines Defekts niemals aus dem Auge verlieren dürfen, hat weitreichende Auswirkungen auf das gesamte Gebiet der Software-Qualitätssicherung. Im Grunde genommen müssten Entwicklungs- und Produktversion unterschiedlichen Paradigmen folgen. Programme müssten so formuliert sein, dass vorhandene Software-Fehler während der Entwicklung mit fatalen Auswirkungen in Erscheinung treten, sich in der Produktversion dagegen in Schadensbegrenzung üben. Den Gedanken fortgesetzt bedeutet dieses Vorgehen jedoch nichts anderes, als dass die getestete Software eine andere ist, als die im Feld eingesetzte. Damit wäre eines der wichtigsten Prinzipien der Software-Entwicklung auf eklatante Weise verletzt.

Das Gedankenexperiment offenbart uns ein Grundproblem der Software-Entwicklung und lässt uns erahnen, dass die Software-Qualitätssicherung sowohl zu den schwierigsten als auch zu den spannendsten Herausforderungen gehört, vor die uns das Computerzeitalter heute stellt. Eines zeigt der historische Streifzug dieses Kapitels ganz deutlich: Software-Fehler sind allgegenwärtig und selbst kleinste Ursachen können zu dramatischen Folgen führen – eine Erkenntnis, die im Angesicht heutiger Code-Größen von mehreren Millionen Zeilen Quellcode zu sensibilisieren vermag. Insbesondere vor dem Hintergrund der beharrlich fortschreitenden Computerisierung in Bereichen, in denen Leib und Leben von der Korrektheit der eingesetzten Hard- und Software-Komponenten unmittelbar abhängen, wird die zukünftige Bedeutung der Software-Qualitätssicherung besonders deutlich.

Trotzdem haben wir keinen Grund zu verzagen: Unsere Analyse hat gezeigt, dass die hier vorgestellten Fehler fast ausnahmslos durch die konsequente Anwendung von einer oder mehreren Methoden der Software-Qualitätssicherung im Vorfeld zu vermeiden gewesen wären. Verlieren wir also keine Zeit und tauchen ein in die Theorie und Praxis der uns heute zur Verfügung stehenden Technologien, die uns im Kampf gegen Software-Fehler zur Seite stehen.

Kapitel 3
Konstruktive Qualitätssicherung

Die *konstruktive Qualitätssicherung* umfasst alle Methoden und Techniken, die a priori sicherstellen, dass ein Software-System den geforderten Qualitätsanforderungen genügt. Im Besonderen fallen hierunter alle Maßnahmen, die entwicklungsbegleitend zur Anwendung kommen und dem Software-Entwickler damit die Möglichkeit eröffnen, Fehler frühzeitig zu erkennen oder gar von vorne herein zu vermeiden.

3.1 Software-Richtlinien

Typischerweise wird der Begriff der *Software-Richtlinie* synonym für eine Menge von Konventionen verwendet, die den Gebrauch einer bestimmten Programmiersprache in einem Maß regelt, das deutlich über ihre eigenen syntaktischen und semantischen Restriktionen hinausgeht. Der Einsatz von Software-Richtlinien ist in den meisten Fällen durch einen der folgenden Aspekte motiviert:

■ **Vereinheitlichung**
Die meisten Software-Ingenieure entwickeln im Laufe ihrer Karriere einen sehr persönlichen Stil im Umgang mit einer bestimmten Programmiersprache. Nimmt die Individualität der verschiedenen Programmierstile überhand, entsteht in großen Software-Projekten ein spürbarer Effizienzverlust, der nicht zuletzt durch die hohe Einarbeitungszeit anderer Programmierer verursacht wird. Der Einsatz von Software-Richtlinien kann an dieser Stelle helfen, den Quellcode einheitlich zu verfassen und damit unabhängig von den Vorlieben einzelner Programmierer zu gestalten. Software-Richtlinien mit dieser Zielsetzung beschränken sich in den meisten Fällen auf die syntaktischen Aspekte einer Programmiersprache und nehmen damit die Rolle von *Notationskonventionen* ein. In Abschnitt 3.1.1 werden wir die gängigen Konventionen im Detail diskutieren.

■ **Fehlerreduktion**
Einige Software-Richtlinien gehen über rein syntaktische Notationsaspekte hinaus und definieren feste Regeln für den Umgang mit den einzelnen Sprachkon-

D.W. Hoffmann, *Software-Qualität*, eXamen.press,
DOI 10.1007/978-3-642-35700-8_3, © Springer-Verlag Berlin Heidelberg 2013

strukten. Im Folgenden wird diese Art der Richtlinie als *Sprachkonvention* bezeichnet. Der Einsatz solcher Konventionen ist mit der Hoffnung verknüpft, die Anzahl der Software-Defekte durch die Verwendung einheitlicher Lösungsmuster zu verringern und klassische Fallstricke durch das Verbot fehlerträchtiger Sprachkonstrukte zu umgehen. In Abschnitt 3.1.2 werden wir einige der heute gebräuchlichen Sprachkonventionen näher untersuchen.

3.1.1 Notationskonventionen

Neben einer Vielzahl firmeninterner Richtlinien haben sich im Laufe der Zeit mehrere Notationskonventionen (*coding styles*) etabliert, die auf der Projektebene (z. B. Mozilla Coding Style), der Sprachenebene (z. B. Java Coding Style) oder der Betriebssystemebene (z. B. Linux Kernel Coding Style) eingesetzt werden. Typische Notationskonventionen umfassen Regeln für die folgenden Sprachaspekte:

- Auswahl und Schreibweise von Bezeichnern

- Einrückungscharakteristik und Verwendung von Leerzeichen

- Aufbau von Kontrollstrukturen

- Dokumentation

3.1.1.1 Notationsstile

Die gängigen Schreibweisen von Bezeichnern lassen sich einer der folgenden Stilgruppen zuordnen:

- **Pascal Case**
  Der Bezeichner selbst sowie jedes darin enthaltene Wort beginnt mit einem Großbuchstaben. Die einzelnen Wortbestandteile sind ohne Trennzeichen aneinander gefügt (`IntStream`, `ForegroundColor`, ...). Unter anderem wird die Schreibweise in der Programmiersprache Java für die Bezeichnung von Klassen eingesetzt.

- **Camel Case**
  Der Bezeichner beginnt mit einem Kleinbuchstaben, jedes weitere Wort wird durch einen Großbuchstaben eingeleitet. Die einzelnen Wortbestandteile sind ohne Trennzeichen aneinander gefügt (`intStream`, `foregroundColor`, ...). Beispielsweise wird die Schreibweise in der Programmiersprache Java für die Bezeichnung von Variablen und Methoden verwendet.

- **Uppercase**
  Der gesamte Bezeichner wird in Großbuchstaben dargestellt. Die einzelnen Wortbestandteile sind entweder direkt oder mit Hilfe eines Trennzeichens aneinander gefügt (`INTSTREAM`, `INT_STREAM`, ...). Unter anderem wird die Schreibweise in der Programmiersprache C für die Bezeichnung von Präprozessor-Makros eingesetzt.

■ **Lowercase**

Der gesamte Bezeichner wird in Kleinbuchstaben dargestellt. Die einzelnen
Wortbestandteile sind entweder direkt oder mit Hilfe eines Trennzeichens aneinander gefügt (`intstream`, `int_stream`, ...). In der Programmiersprache C
wird die Schreibweise z. B. für die Bezeichnung von Variablen und Funktionen
verwendet.

3.1.1.2 Ungarische Notation

Eine der bekanntesten Notationskonventionen ist die *Ungarische Notation*, die Anfang der Siebzigerjahre von dem ehemaligen Software-Architekten Charles Simonyi
der Firma Microsoft eingeführt wurde. Auf den ersten Blick war Simonyis Idee genauso einfach wie verlockend. Anstatt die Variablen eines Programms mit einem
beliebigen Namen zu versehen, sollte dieser so gewählt werden, dass der zugrunde
liegende Datentyp mit einem einzigen Blick zu erkennen war. Innerhalb von
Microsoft konnte sich diese Art der Namensgebung schnell verbreiten und wurde
schließlich zum firmeninternen Standard. Da die neuen Variablennamen aus eng-
lischsprachiger Sicht wie Fragmente der Muttersprache ihres ungarischen Urhebers
erschienen, wurde die neue Schreibweise unter dem Namen *Ungarische Notation*
populär.

Außerhalb von Microsoft konnte die Ungarische Notation vor allem durch das
Buch *Programming Windows* von Charles Petzold einen großen Bekanntheitsgrad
erlangen, das in den späten Neunzigerjahren als das De-facto-Standardwerk der
Windows-Programmierung galt [208]. Die Verwendung einer einheitlichen Schreibweise war für Petzold von so großer Bedeutung, dass er in einer späteren Ausgabe
das gesamte erste Kapitel für eine Einführung in die von ihm verwendete Variante
verwendete [209]. In den Folgejahren fand die Notation insbesondere in den Sprachen C, C++, Java und diversen Basic-Dialekten eine größere Verbreitung, ist durch
seine allgemein gehaltene Grundidee jedoch nicht auf diese beschränkt.

Jeder Variablenname, der nach den Regeln der Ungarischen Notation aufgebaut
ist, besteht aus zwei Teilen. Das Präfix *(tag)* besteht aus einer Reihe von Symbolen, die in abkürzender Schreibweise den Datentyp der Variablen spezifizieren.
Der angehängte Bezeichner *(qualifier)* kann frei gewählt werden und wird in der
Regel durch einen Großbuchstaben eingeleitet. Tabelle 3.1 enthält eine Reihe von
Standard-Tags, die sich für häufig verwendete Datentypen im Laufe der Zeit etablieren konnten.

Wie die folgenden Beispiele zeigen, kann die Menge der Standard-Tags durch
den Programmierer beliebig erweitert werden:

```
Button    butOK;
ListBox   lbColorSelector;
CheckBox  cbRemindMe;
```

Das Präfix für kompliziertere Datentypen wird gebildet, indem die Präfixe der elementaren Datentypen aneinandergereiht werden:

```
// Long-Pointer auf einen nullterminierten String
```

Tabelle 3.1 Datentypbezeichner der Ungarischen Notation

Präfix	Typ	Beispiel
p	Pointer	`String* pName`
l	Long	`long lBalance`
c	Character	`char cMiddleInitial`
by	Byte	`unsigned char byAge`
n	Integer	`int nSizeOfList`
w	Unsigned Integer (Word)	`unsigned int wAmount`
f	Float	`float fRatio`
d	Double	`double dOffset`
b	Boolean	`bIsEqual`
s	String	`String sName`
sz	Nullterminierter String	`char szName[32]`
v	Void-Datentyp	`void *vElement`
p	Pointer	`String* pName`
rg	Array (Range)	`String rgNames[10]`
h	Handle	`HWND hWindow`
g_	Globales Element	`String g_sVersion`
m_	Klassenelement (Member)	`m_nRefCount`

```
char *lpszName;
// Globales Array von 3 Floats
float g_rgfVertex[3];
```

In der Praxis wird die Ungarische Notation nicht immer einheitlich verwendet, so dass sich die Bedeutungen einzelner Tags von Fall zu Fall unterscheiden können. Beispielsweise wird das Präfix c nicht nur für Zeichen (Characters), sondern mitunter auch für abgezählte Werte (c = count of items) verwendet. In der Praxis führt die Mehrdeutigkeit jedoch nur selten zu Problemen, solange die Konvention projekteinheitlich verwendet wird.

Seit ihrem Erscheinen wird über den Nutzen der Ungarischen Notation genauso vehement wie kontrovers diskutiert. Die Eigenschaft, den Datentyp einer Variablen direkt an dessen Namen zu erkennen, mag dem einen oder anderen Programmierer zwar bequem erscheinen, bringt auf der negativen Seite jedoch erhebliche Risiken mit sich. Effektiv wird der Datentyp einer Variablen de facto zweimal festgelegt: zum einen während der Deklaration und zum anderen während der Namensgebung. Kurzum: Das Vorgehen verstößt damit in eklatanter Weise gegen das *Single-Source-Prinzip*. In größeren Software-Projekten ist es nur eine Frage der Zeit, bis der deklarierte und der namentlich codierte Datentyp nicht mehr übereinstimmen. Ohnehin ist der Zusatznutzen datentyptransparenter Variablennamen im Zeitalter moderner integrierter Entwicklungsumgebungen (IDEs) mehr als fraglich. Der Datentyp einer Variablen kann von nahezu allen IDEs automatisch ermittelt und angezeigt werden.

Linus Torvalds fasst die Idee der Ungarischen Notation im *Linux Kernel Coding Style* wie folgt zusammen:

Tabelle 3.2 Namenskonvention von Microsoft für das .NET-Framework

Kategorie	Notation	Beispiel
Klasse	Pascal case	`NumberGenerator`
Aufzählungstyp	Pascal case	`FavoriteColors`
Aufzählungselement	Pascal case	`DarkBlue`
Ereignis (Event)	Pascal case	`KeyPressed`
Exception-Klasse	Pascal case	`OutOfRangeException`
Statisches Feld	Pascal case	`ExitKeyCode`
Interface	Pascal case	`IComparable`
Methode	Pascal case	`AsInteger`
Namensraum	Pascal case	`Game.Controller`
Parameter	Camel case	`selectedColor`
Property	Pascal case	`ForegroundColor`
Klassenelement (protected)	Camel case	`foregroundColor`
Klassenelement (public)	Pascal case	`ForegroundColor`

> *"Encoding the type of a function into the name (so-called Hungarian no-*
> *tation) is brain damaged - the compiler knows the types anyway and can*
> *check those, and it only confuses the programmer. No wonder Microsoft*
> *makes buggy programs."*
>
> Linus Torvalds [257]

Gewisse Vorteile kann die Ungarische Notation allerdings in untypisierten Sprachen wie Smalltalk oder Lisp ausspielen. Variablen werden hier ohne Datentyp deklariert und können beliebige Objekte oder Ausdrücke referenzieren. Hier kann die Ungarische Notation helfen, den Datentyp eines referenzierten Objekts deutlich zu machen.

3.1.1.3 .NET Coding Style

Während die Ungarische Notation noch in zahlreichen Unternehmen und For-schungsinstituten die Grundlage der Namensgebung bildet, hat Microsoft in den letzten Jahren eine Kehrtwende vollzogen und setzt die Notation heute nicht mehr ein. In den *Guidelines for Class Library Developers* beschreibt Microsoft eine ein-heitliche Namenskonvention für das .NET-Framework und rät in den *Static Field Naming Guidelines*, *Property Naming Guidelines* oder den *Parameter Naming Gui-delines* explizit davon ab, die Ungarische Notation einzusetzen [54].

Die von Microsoft heute empfohlene Namensgebung ist in Tabelle 3.2 zusam-mengefasst und basiert im Wesentlichen auf der Pascal-Case- und der Camel-Case-Notation. Die Verwendung von Uppercase-Bezeichnern wird durch die .NET-Namenskonvention auf Namen mit höchstens zwei Großbuchstaben beschränkt (`System.IO`, `System.Web.UI`, ...).

Neben der Namensgebung in .NET definiert Microsoft weitergehende Richtli-nien, die z. B. den Einsatz der wichtigsten Sprachkonstrukte und Datenstrukturen,

Tabelle 3.3 Namenskonvention von Sun Microsystems für die Programmiersprache Java

Kategorie	Notation	Beispiel
Package	Lowercase	`com.sun.eng`
Class	Pascal case	`class NumberCruncher`
Interface	Pascal case	`interface Crunchable`
Methode	Camel case	`printResult`
Variable	Camel case	`age`
Konstante	Uppercase	`EARTH_GRAVITY`

die Verwendung von Threads und asynchronen Programmiertechniken oder Sicherheitsaspekte in Klassenbibliotheken betreffen.

3.1.1.4 Java Coding Style

Ähnlich wie Microsoft für .NET gibt Sun eine Notationskonvention für die Programmiersprache Java heraus [180]. Tabelle 3.3 fasst die wichtigsten Regeln für die Bezeichnung der elementaren Sprachelemente zusammen.

Genau wie im Falle von .NET geht die Notationskonvention auch hier weit über die Namensgebung hinaus. Unter anderem enthalten die Richtlinien Vorgaben bezüglich Dateiorganisation, Wahl der Dateinamen, Einrückungstiefe, maximale Zeilenlänge, Umbrüche, Kommentierung, Deklarationsschemata und diverser Programmierpraktiken.

3.1.1.5 Linux Kernel Coding Style

Eine im Bereich der Open-Source-Software weit verbreitete Notationskonvention ist der von Linus Torvalds eingeführte *Linux Kernel Coding Style*, der unter anderem das Erscheinungsbild sämtlicher Quelldateien des Linux-Kernels prägt. Eine Beschreibung der Konvention ist Bestandteil des Kernels und liegt den gängigen Linux-Distributionen als Datei `CodingStyle` im Verzeichnis `Documentation` bei. Da der Linux-Kernel bis auf wenige Hardware-nahe Routinen in C implementiert ist, wird der Linux Kernel Coding Style fast ausschließlich für diese Programmiersprache eingesetzt.

Wie in C üblich, werden die Namen von Variablen allesamt klein geschrieben. Die Verwendung von Pascal Case oder Camel Case ist zu vermeiden – besteht ein Bezeichner aus mehreren Wörtern, werden diese mit einem Unterstrich (_) separiert. Hierdurch unterscheidet sich das Erscheinungsbild eines C-Programms deutlich von dem einer äquivalenten Java- oder .NET-Implementierung. Entsprechend der Unix-Tradition favorisiert Torvalds kurze, prägnante Namen, solange die Bedeutung klar aus dem Bezeichner hervorgeht. Explizit abgelehnt wird die Ungarische Notation.

Die im Linux Kernel Coding Style bevorzugte Schreibweise für Kontrollstrukturen ist in Tabelle 3.4 (oben) dargestellt. Einrückung und Layout orientieren sich stark an der Notation, die von Brian W. Kernighan und Dennis M. Ritchie mit der

Tabelle 3.4 Einrückungsstile verschiedener Notationskonventionen

Stil	Beispiel
Linux Kernel Coding Style	```c\nint foo(int x, int y)\n{\n while (y > 0) {\n y--;\n x *= foo(x, y);\n }\n return x;\n}\n```
GNU Coding Style	```c\nint foo (int x, int y)\n{\n while (y > 0)\n {\n y--;\n x *= foo (x, y);\n }\n return x;\n}\n```
BSD Coding Style (Allman Style)	```c\nint foo(int x, int y)\n{\n while (y > 0)\n {\n y--;\n x *= foo(x, y);\n }\n return x;\n}\n```
Whitesmith Style	```c\nint foo (int x, int y)\n {\n while (y > 0)\n {\n y--;\n x *= foo (x, y);\n }\n return x;\n }\n```

ursprünglichen Beschreibung der Programmiersprache C eingeführt wurde (*K&R-Notation* [150]). Hiervon abweichend verwendet der Linux Kernel Coding Style für jede Klammerungsebene einen breiteren Einzug von insgesamt 8 Zeichen. Torvalds liefert hierfür die folgende Begründung, die weit über die Frage der Ästhetik des Programmlayouts hinausgeht:

```
linux_style.lsp

(defun linux-c-mode ()                                              1
"C mode with adjusted defaults for use with the Linux kernel."      2
(interactive)                                                       3
(c-mode)                                                            4
(setq c-indent-level 8)                                             5
(setq c-brace-imaginary-offset 0)                                   6
(setq c-brace-offset -8)                                            7
(setq c-argdecl-indent 8)                                           8
(setq c-label-offset -8)                                            9
(setq c-continued-statement-offset 8)                              10
(setq indent-tabs-mode nil)                                        11
(setq tab-width 8))                                                12
```

Abb. 3.1 Formatierungsregeln des Linux Kernel Coding Styles

"Now, some people will claim that having 8-character indentations makes the code move far to the right, and makes it hard to read on a 80-character terminal screen. The answer to that is that if you need more than 3 levels of intentation, you're screwed anyway, and should fix your program."

Linus Torvalds [257]

Neben dem Linux Kernel Coding Style sind im Unix-Umfeld drei weitere Notationskonventionen angesiedelt, die ebenfalls in Tabelle 3.4 abgebildet sind. Der *BSD-Stil* ist auch unter dem Namen *Allman-Stil* bekannt, benannt nach Eric Allman, dem Autor zahlreicher BSD-Werkzeuge. Der *GNU-Stil* wird von der Free Software Foundation empfohlen und ist die Basis vieler GNU-Projekte. Außerhalb der GNU-Gemeinde ist der Stil jedoch selten anzutreffen. Der *Whitesmith-Stil* wird heute nur noch vereinzelt verwendet und ist nach dem gleichnamigen C-Compiler benannt.

Die Frage, ob eine Notationskonvention den anderen überlegen ist, wird von verschiedenen Entwicklern unterschiedlich beantwortet. Dass die zuweilen heftig geführten Diskussionen mitunter glaubenskriegsähnliche Dimensionen annehmen, zeigt das folgende Zitat:

"First off, I'd suggest printing out a copy of the GNU coding standards, and not read it. Burn them, it's a great symbolic gesture."

Linus Torvalds [257]

Glücklicherweise stellt die Anpassung bestehenden Codes an eine vorgegebene Notationskonvention heute kein großes Problem mehr dar. Die meisten der heute im Feld eingesetzten Entwicklungsumgebungen und Editoren sind in der Lage, Code nach vorgegebenen Regeln selbstständig umzuformatieren. Exemplarisch ist in Abb. 3.1 die Formatierungseinstellung des Linux Kernel Coding Styles für den Emacs-Editor wiedergegeben, der sich insbesondere unter Unix-basierten Betriebssystemen großer Beliebtheit erfreut.

Alternativ stehen uns heute zahlreiche Werkzeuge zur Verfügung, mit denen beliebige Quelltexte flexibel umformatiert werden können. Ein bekanntes Beispiel ist das Hilfsprogramm Indent, das nahezu allen Unix-basierten Betriebssystemen als freie Software beiliegt. Mit Hilfe von Indent lässt sich jedes C-Programm mit dem Aufruf

```
indent -kr -i8
```

in den Linux Kernel Coding Style überführen. Die Option `-kr` übernimmt mehrere Standardeinstellungen der Kernighan & Ritchie-Notation, während die Option `-i8` die Einrückungstiefe auf 8 Zeichen festsetzt. Torvalds schreibt über die Verwendung von Indent:

> *"indent has a lot of options, and especially when it comes to comment reformatting you may want to take a look at the manual page. But remember: indent is not a fix for bad programming."*

Linus Torvalds [257]

Neben dem Erscheinungsbild schränkt der Linux Kernel Coding Style zusätzlich die Verwendung einzelner Sprachkonstrukte ein. Unter anderem dürfen Präprozessorbefehle wie z. B. `#ifdef` nicht mehr länger innerhalb eines Funktionsrumpfs verwendet werden. In der Praxis wird dieses Konstrukt von vielen Programmierern eingesetzt, um den Aufruf einer Unterfunktion in Abhängigkeit externer Parameter zu verhindern. Eine solche Verwendung zeigt das Programm in Abb. 3.2 (links). Mit wenig Aufwand lässt sich die Implementierung so abändern, dass sie dem Linux Kernel Coding Styles gerecht wird. Anstatt jeden Aufruf der Funktion mit einem `#ifdef` zu versehen, wird die betreffende Unterfunktion, wie in Abb. 3.2 (rechts) gezeigt, bei Bedarf durch eine leere Implementierung ersetzt. Aufgrund der zusätzlichen Deklaration als Inline-Funktion wird der Aufruf durch den Compiler vollständig eliminiert, so dass die neue Lösung dem ursprünglichen Programm in Effizienzgesichtspunkten in nichts nachsteht.

Die beliebige Vermischung von Präprozessordirektiven und Programmcode ist eine klassische und seit langem bekannte Fehlerquelle der Programmiersprache C, und die getätigte Einschränkung darf mit Recht als eine der großen Stärken des Linux Kernel Coding Styles angesehen werden. In Kapitel 7 werden wir auf diese Problematik erneut zurückkommen und sehen, wohin die unkontrollierte Vermischung von Präprozessordirektiven und Programmcode letztendlich führen kann. Dem interessierten Leser sei es an dieser Stelle nicht verwehrt, bereits jetzt einen vorgreifenden Blick auf Abb. 7.12 zu werfen.

3.1.2 Sprachkonventionen

Während die in Abschnitt 3.1 vorgestellten Notationskonventionen allesamt die Layout-Aspekte und damit die Syntax eines Programms in den Vordergrund stellen, adressieren *Sprachkonventionen* in erster Linie die semantischen Besonderheiten einer Sprache. Die im Linux Kernel Coding Style enthaltene Vorschrift zur restriktiven Verwendung der `#ifdef`-Anweisung ist eine typische Regel, die in vielen Sprachkonventionen in ähnlicher Form vorhanden ist. Der im folgenden Abschnitt

■ Nicht Linux-konform   ■ Linux-konform

```
preproc1.c
void foo(void)                    1
{                                 2
        printf("...");            3
}                                 4
                                  5
int main(...)                     6
{                                 7
        #ifdef DEBUG              8
        foo();                    9
        #endif                    10
        ...                       11
}                                 12
                                  13
                                  14
                                  15
                                  16
```

```
preproc2.c
#ifdef DEBUG                      1
inline void foo(void)             2
{                                 3
        printf("...");            4
}                                 5
#else                             6
void foo(void)                    7
{                                 8
}                                 9
#endif                            10
                                  11
int main(...)                     12
{                                 13
        foo();                    14
        ...                       15
}                                 16
```

Abb. 3.2 Eliminierung von Präprozessorkonstrukten aus dem Funktionsrumpf

im Detail dargestellte MISRA-Regelsatz soll ein Gefühl dafür vermitteln, wie tief und in welcher Form typische Sprachkonventionen den Umgang mit einer Programmiersprache reglementieren.

3.1.2.1 MISRA-C

Die MISRA-C-Sprachkonvention wurde erstmals 1998 von der *Motor Industry Software Reliability Association*, kurz *MISRA*, unter dem Namen *Guidelines for the Use of the C Language in Vehicle Based Software* vorgestellt [181]. Angespornt von der zunehmenden Verbreitung der Programmiersprache C im Bereich eingebetteter Systeme, entstand die MISRA-Organisation als Zusammenschluss verschiedener Firmen der Automobilbranche. Ziel der MISRA-Sprachkonvention ist die Definition eines Regelsatzes, der den Software-Entwickler vor den klassischen Programmierfehlern und Fallstricken der Programmiersprache C bewahrt. Durch die Vermeidung fehleranfälliger Programmstrukturen wurde die Erhöhung der Qualität eingebetteter Software im Allgemeinen und die Qualität von Software im Automobilbereich im Speziellen angestrebt.

Die im Jahre 1998 publizierte Spezifikation besteht aus insgesamt 127 Regeln, von denen 93 verpflichtend sind (*required rules*). Hinter den restlichen 34 Regeln verbergen sich Empfehlungen, die in begründeten Ausnahmefällen übergangen werden dürfen (*advisory rules*). Seit ihrer Einführung erfreut sich die MISRA-Sprachkonvention steigender Beliebtheit und wird heute nicht nur in der Automobilindustrie, sondern auch in der Avionik und Medizintechnik eingesetzt. Mittlerweile schreiben viele Hersteller, insbesondere im Automobilsektor, die Beachtung der MISRA Richtlinien zwingend vor. Mehrere Firmen bieten hierzu Werkzeuge an,

Tabelle 3.5 Regelkategorien der MISRA-2004-Sprachkonvention

Regeln	Kategorie	Regeln	Kategorie
(1.1) - (1.5)	Übersetzungsumgebung	(12.1) - (12.13)	Ausdrücke
(2.1) - (2.4)	Spracherweiterungen	(13.1) - (13.7)	Kontrollstrukturen
(3.1) - (3.6)	Dokumentation	(14.1) - (14.10)	Kontrollfluss
(4.1) - (4.2)	Zeichensatz	(15.1) - (15.5)	Switch-Konstrukt
(5.1) - (5.7)	Bezeichner	(16.1) - (16.10)	Funktionen
(6.1) - (6.5)	Datentypen	(17.1) - (17.6)	Pointer und Arrays
(7.1)	Konstanten	(18.1) - (18.4)	Struct und Union
(8.1) - (8.12)	Deklarationen und Definitionen	(19.1) - (19.17)	Präprozessor
(9.1) - (9.3)	Initialisierung	(20.1) - (20.12)	Standardbibliotheken
(10.1) - (10.6)	Typkonversion (Arithmetik)	(21.1)	Laufzeitfehler
(11.1) - (11.5)	Typkonversion (Pointer)		

mit deren Hilfe die Einhaltung der meisten MISRA-Regeln automatisiert überprüft werden kann.

Neben vielen sinnvollen Programmiervorschriften brachte die erste Definition von MISRA-C auch einige Probleme mit sich. Einige der Regeln waren so formuliert, dass eine werkzeuggestützte Überprüfung nicht möglich ist, andere Regeln waren nur unpräzise definiert und konnten auf unterschiedliche Art und Weise ausgelegt werden. Die Mehrdeutigkeit führte dazu, dass sich verschiedene Werkzeuge uneinheitlich verhielten und eine objektive Bewertung damit nur eingeschränkt möglich war. Insgesamt wurde hierdurch die Idee, die MISRA-Konformität eines C-Programms als Qualitätssiegel zu etablieren, deutlich relativiert – wenn nicht sogar in Frage gestellt.

Mittlerweile liegt die MISRA Sprachkonvention in der Version MISRA-2004 vor [182]. Die zunehmende Verbreitung, weit über den Automobilsektor hinaus, spiegelt sich auch in der Namensgebung wider: MISRA-2004 firmiert nun unter dem Titel *Guidelines for the Use of the C Language in Critical Systems*. Kurzum: Der Regelsatz ist heute als ein allgemeiner Standard für sicherheitskritische Systeme definiert und nicht mehr speziell auf den Bereich der Automobilindustrie beschränkt.

Der neue Standard eliminiert einige der alten Regeln und fügt mehrere neue hinzu, die den neuen MISRA-Regelkatalog jetzt auf insgesamt 141 Regeln anwachsen lassen. Durch eine komplette Neustrukturierung beseitigt die überarbeitete Version einige Defizite und Mehrdeutigkeiten des Originalentwurfs. Die 141 Regeln des MISRA-2004-Standards teilen sich in insgesamt 21 Kategorien auf, die in Tabelle 3.5 zusammengefasst sind. Tabelle 3.6 enthält für jede Kategorie exemplarisch eine Regel und soll auf diese Weise einen tieferen Einblick in die Philosophie und die Reichweite der Sprachkonvention gewähren. Die ausführlichen Definitionen aller 141 Regeln finden sich zusammen mit einer Reihe von Anwendungsbeispielen in [182].

Tabelle 3.6 Auszug aus dem MISRA-2004-Regelsatz

Regel	Beschreibung
(1.4)	"The compiler/linker shall be checked to ensure that 31 character significance and case sensitivity are supported for external identifiers."
(2.2)	"Source code shall only use `/* ... */` style comments."
(3.2)	"The character set and the corresponding encoding shall be documented."
(4.2)	"Trigraphs shall not be used."
(5.1)	"Identifiers (internal or external) shall not rely on the significance of more than 31 characters."
(6.4)	"Bit fields shall only be defined to be of type **unsigned int** or **signed int**."
(7.1)	"Octal constants (other than zero) and octal escape sequences shall not be used."
(8.5)	"There shall be no definitions of objects or functions in a header file."
(9.1)	"All automatic variables shall have been assigned a value before being used."
(10.6)	"A U-suffix shall be applied to all constants of unsigned type."
(11.3)	"A cast should not be performed between a pointer type and an integral type."
(12.3)	"The **sizeof**-Operator shall not be used on expressions that contain side effects."
(13.3)	"Floating-point expressions shall not be tested for equality or inequality."
(14.1)	"There shall be no unreachable code."
(15.3)	"The final clause of a **switch** statement shall be the **default** class."
(16.1)	"Functions shall not be defined with variable numbers of arguments."
(17.4)	"Array indexing shall be the only allowed form of pointer arithmetic."
(18.4)	"Unions shall not be used."
(19.6)	"**#undef** shall not be used."
(20.12)	"The time handling functions of library **<time.h>** shall not be used."
(21.1)	"Minimisation of run-time failures shall be ensured by the use of at least one of: a) static analysis tools/techniques; b) dynamic analysis tools/techhniques; c) explicit coding of checks to handle run-time faults."

3.2 Typisierung

Während der Ausführung eines Programms werden in der Regel eine Vielzahl verschiedener Datenworte verarbeitet, die sich in ihrer Struktur, ihrem Verhalten und ihrer potenziellen Verwendung erheblich voneinander unterscheiden. Typisierte Sprachen bringen an dieser Stelle Ordnung in das Chaos, indem die auftretenden Daten systematisch kategorisiert und gleichartige Objekte zu einem *Datentyp* zusammengefasst werden. Fast alle der heute verwendeten Programmiersprachen setzen das Prinzip der Typisierung ein – wenn auch nicht immer in derselben Art und Weise.

Heute gehört die typisierte Programmierung zu den mächtigsten Hilfsmitteln der konstruktiven Qualitätssicherung. Entsprechend viele der modernen Programmiersprachen verfügen über komplexe Typsysteme, die weit über die Bereitstellung einiger vordefinierter Datentypen hinausgehen. In der Vergangenheit wurde der Typisierung übrigens bei weitem nicht der gleiche Stellenwert zugewiesen wie heute.

Damit ist es nicht verwunderlich, dass Programmiersprachen aus der Frühzeit der Computertechnik, wie z. B. Lisp, Fortran oder Cobol, anfangs nur über rudimentäre Typsysteme verfügten.

3.2.1 Typsysteme

Als *Typsystem* wird derjenige Bestandteil eines Compilers oder einer Laufzeitumgebung bezeichnet, der ein Programm auf die korrekte Verwendung der Datentypen überprüft. Die syntaktische Bildung von Ausdrücken wird durch das Typsystem einer Programmiersprache deutlich eingeschränkt, so dass semantisch inkompatible Konstrukte wie z. B. `"41"++` oder `&42` bereits zur Übersetzungszeit identifiziert werden. Neben der automatischen Erkennung von Inkonsistenzen erhöht die Verwendung von Datentypen auch die Lesbarkeit eines Programms. Datentypen dienen somit nicht ausschließlich zur Codierung semantischer Informationen, sondern besitzen darüber hinaus einen dokumentierenden Charakter.

In objektorientierten Programmiersprachen besteht ein direkter Zusammenhang zwischen *Klassen* eines Programms und den *Datentypen* einer Programmiersprache. So wird mit jeder neu angelegten Klasse gleichzeitig ein neuer Datentyp erzeugt, der formal der Menge aller Klasseninstanzen entspricht. Des Weiteren führen die mitunter komplexen Vererbungsmechanismen objektorientierter Sprachen zur Ausbildung einer Hierarchie auf der Ebene der Datentypen. In einigen Sprachen, wie z. B. Java, wird diese zusätzlich durch eine Reihe *elementarer Datentypen* ergänzt, die außerhalb der Klassenhierarchie stehen. Die *Typentheorie* beschäftigt sich formal mit der Untersuchung von Typsystemen und ist im Laufe der Zeit zu einem der bedeutendsten Teilgebiete der theoretischen Informatik herangewachsen. Die mathematischen Hintergründe der gebräuchlichsten Typsysteme gelten heute als gut untersucht [40, 183, 260, 213].

Im Folgenden bezeichnen wir ein Programm als *typkonform*, falls alle Programmkonstrukte so aufgebaut sind, dass die verschiedenen Datentypen in einer konsistenten Beziehung zueinander stehen. Unabhängig von dem zugrunde liegenden Programmierparadigma kann die Prüfung der *Typkonformität* auf zwei grundsätzlich unterschiedliche Arten und Weisen erfolgen:

■ **Statische Typprüfung (static type checking)**
Die Typprüfung wird bereits zur Übersetzungszeit durch den Compiler durchgeführt und alle vorhandene Inkonsistenzen in Form von Fehlermeldungen oder Warnungen an den Benutzer zurückgemeldet (vgl. Abb. 3.3 links). Nahezu alle Hochsprachen führen eine zumindest rudimentäre Typprüfung zur Übersetzungszeit durch, die sich zwischen den einzelnen Sprachen jedoch erheblich unterscheiden kann. Einige Programmiersprachen wie Haskell, ML oder C# 3.0 erlauben sogar die Compilierung von Programmen mit teilweise unvollständigen Typenangaben [205, 162]. In diesem Fall wird die fehlende Information, soweit möglich, aus dem aktuellen Kontext hergeleitet (*type inference*) [213].

■ **Dynamische Typprüfung (dynamic type checking)**
Die Prüfung wird erst während der Programmausführung durch den Interpreter

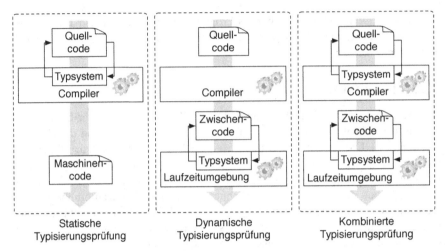

Statische Typisierungsprüfung	Dynamische Typisierungsprüfung	Kombinierte Typisierungsprüfung

Abb. 3.3 Statische und dynamische Typisierungsprüfung

oder die Laufzeitumgebung durchgeführt (vgl. Abb. 3.3 Mitte). Eingesetzt wird diese Technik insbesondere in Sprachen wie Java oder den diversen Dialekten des .NET-Frameworks, die das Quellprogramm zunächst in einen Zwischencode übersetzen und diesen zur Laufzeit innerhalb einer virtuellen Maschine interpretieren.

Zumeist wird die dynamische Typprüfung als Ergänzung zur statischen Prüfung eingesetzt (vgl. Abb. 3.3 rechts). Hierdurch lassen sich alle Fehler, die der statischen Analyse verborgen bleiben, zur Laufzeit abfangen und auf diese Weise z. B. Systemabstürze erfolgreich verhindern. Die Sicherheit fordert an dieser Stelle jedoch ihren Preis in Form von Laufzeiteinbußen, die durch die wiederkehrend ausgeführten Typisierungstests entstehen. Aus diesem Grund sind dynamische Typprüfungen hauptsächlich in Programmiersprachen der höheren Abstraktionsebenen implementiert, während sich Hardware-nahe Programmiersprachen zumeist auf die statische Typisierungsprüfung verlassen.

Lösen wir uns für den Moment von der *Durchführung* der Typisierungsprüfung und wenden uns stattdessen den zugrunde liegenden Prinzipien zu, so lassen sich die Typsysteme der heute gängigen Programmiersprachen auf der obersten Ebene wiederum in zwei Kategorien einteilen:

- **Statische Typisierung (static typing)**
  In einem statischen Typsystem werden Variablen zusammen mit ihrem Datentyp im Quelltext deklariert. Einer Variablen kann während ihrer gesamten Lebensdauer ausschließlich ein Objekt zugewiesen werden, das mit dem statisch festgelegten Datentyp kompatibel ist. Klassische Vertreter dieses Paradigmas sind die Programmiersprachen C, C++, C# und Java sowie die funktionalen Sprachdialekte Haskell und ML (vgl. Abb. 3.4 links).

Die statische Typisierung birgt weitreichende Vorteile. Aufgrund der in diesen Sprachen zwingend vorhandenen *Deklarationen* kennt der Compiler zu jeder Zeit den Datentyp einer Variablen und kann die meisten Typinkonsistenzen durch einen einfachen Vergleich erkennen. Zusätzlich kann die genaue Kenntnis über die Datentypen in bestimmten Situationen helfen, den erzeugten Maschinencode punktuell zu optimieren.

Auch in ganz anderen Bereichen bringt die statische Typisierung Vorteile. So werden die Typinformationen heute von nahezu allen integrierten Entwicklungsumgebungen ausgenutzt, um den Quelltext während der Bearbeitung entsprechend einzufärben. Auch automatisch erzeugte Kontextmenüs, die z. B. für die aktuell selektierten Variablen alle zur Verfügung stehenden Methoden auflisten, gehören heute zum Stand der Technik. Ist der Datentyp einer Variablen hingegen nicht statisch festgelegt, lassen sich Komfortfunktionen dieser Art nur sehr eingeschränkt realisieren.

■ **Dynamische Typisierung (dynamic typing)**
In dynamisch typisierten Programmiersprachen sind die verwendeten Variablen nicht an Objekte eines bestimmten Datentyps gebunden. Mit anderen Worten: Ein und dieselbe Variable kann zu verschiedenen Zeitpunkten zwei völlig unterschiedliche, zueinander inkompatible Objekte referenzieren. Vertreter dieses Paradigmas sind die Programmiersprachen Smalltalk, PHP oder Python (vgl. Abb. 3.4 rechts).

Einige Programmierer sehen in der dynamischen Typisierung weitreichende Vorteile, die in erster Linie mit der deutlich höheren Flexibilität begründet werden. Mitunter wird der Technik auch eine Steigerung der Produktivität zugeschrieben, da z. B. Variablen vor ihrer ersten Verwendung nicht deklariert werden müssen. In der Tat lassen sich Programme in dynamisch typisierten Sprachen oft schneller erstellen und werden aus diesem Grund häufig für die Anfertigung von Prototypen eingesetzt (*rapid prototyping*).

Auf der negativen Seite können viele Inkonsistenzen in dynamisch typisierten Sprachen – wenn überhaupt – nur in begrenztem Umfang zur Übersetzungszeit aufgedeckt werden. Zusätzlich wird das Optimierungspotenzial des Compilers durch die geringere Typinformation deutlich eingeschränkt.

Die statische (dynamische) Typisierung ist nicht zu verwechseln mit der statischen (dynamischen) Typisierungsprüfung. Letztere bezieht sich auf die Arbeitsweise des Typsystems und damit ausschließlich auf die Methodik, mit der die Typkonsistenz überprüft bzw. sichergestellt wird. So ist es kein Widerspruch, dass Sprachen wie Java oder C# über eine dynamische Typisierungsprüfung verfügen und trotzdem zu den statisch typisierten Sprachen gehören.

Neben der Art und Weise, in der die Variablen eines Programms an die diversen Datentypen gebunden werden, unterscheiden sich die hiesigen Programmiersprachen auch hinsichtlich der Rigidität, mit der die Einhaltung der Typkonsistenz eingefordert wird. Wir sprechen in diesem Zusammenhang von einer *schwachen* oder *starken Typisierung*.

■ Statische Typisierung (C)   ■ Dynamische Typisierung (Python)

```
// C-Code:                          1
                                    2
int i; // Deklaration               3
i = 3;        // OK                 4
i = 3.14;     // WARNUNG            5
i = "Luzie"; // FEHLER              6
```

```
# Python-Code:                      1
                                    2
# Deklaration entfällt              3
i = 3         # OK                  4
i = 3.14      # OK                  5
i = "Luzie"   # OK                  6
```

Abb. 3.4 Statische und dynamische Typisierung am Beispiel der Programmiersprachen C und Python

■ **Schwache Typisierung (weak typing)**

Schwach typisierte Programmiersprachen erlauben, den Datentyp eines Objekts nach Belieben umzuinterpretieren. Ein klassischer Vertreter dieser Kategorie ist die Programmiersprache C. Mit Hilfe von manuell in den Quellcode eingefügten *Type-Casts* kann jedem Datum ein anderer Datentyp zugewiesen werden. In der Regel wird der Variablentyp durch einen Type-Cast schlicht uminterpretiert und das Speicherabbild nicht verändert – es obliegt einzig und alleine dem Programmierer, die Sinnhaftigkeit des entstehenden Programms sicherzustellen. Eine Ausnahme bilden spezielle Umwandlungen, wie z.B. die Integer-Float-Konversion. Hier führt der C-Compiler vor einer Zuweisung an eine entsprechende Variable eine typkonforme Transformation des referenzierten Objekts durch.

Schwach typisierte Sprachen werden insbesondere im Bereich der Low-Level-Programmierung gerne eingesetzt. Die Interpretationsfreiheit, die der Software-Entwickler über die im Speicher abgelegten Daten erhält, legt neben einem gehörigen Maß an Flexibilität gleichzeitig ein hohes Optimierungspotenzial frei. Auf der negativen Seite zeichnen sich schwach typisierte Sprachen durch eine gesteigerte Fehleranfälligkeit aus, da die Verantwortung für die Einhaltung der Typkonsistenz vollständig auf den Programmierer übertragen wird. Für die Implementierung sicherheitskritischer Systeme sind schwach typisierte Sprachen daher nur bedingt geeignet.

■ **Starke Typisierung (strong typing)**

Stark typisierte Sprachen stellen sicher, dass der Zugriff auf alle Objekte und Daten stets typkonform erfolgt. Mit anderen Worten: In diesen Sprachen ist es nicht oder nur über Umwege möglich, den Datentyp eines Objekts manuell zu ändern. Im Gegensatz zu schwach typisierten Sprachen können im Speicher abgelegte Daten nur anhand ihres ursprünglichen Datentyps interpretiert werden.

Stark typisierte Programmiersprachen zeichnen sich dadurch aus, dass sie von Hause aus keine oder nur sehr eingeschränkte Mechanismen zur Verfügung stellen, um den Datentyp einer Variablen zu ändern. Besonders fruchtbare Beispiele sind in diesem Zusammenhang die objektorientierte Programmiersprache Nice [190] und der funktionale Sprachdialekt Haskell [24, 136]. Beide verzichten

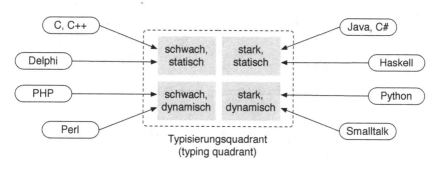

Abb. 3.5 Klassifikation verschiedener Programmiersprachen anhand ihrer Typsysteme

gänzlich auf die Möglichkeit, Datentypen mit Hilfe von Type-Casts in einen anderen Typ zu konvertieren.

Moderne Sprachen wie Java bedürfen in diesem Zusammenhang ebenfalls einer genaueren Analyse. Obwohl die Sprachdefinition hier ausdrücklich erlaubt, den Datentyp eines Objekts mit Hilfe eines Type-Casts zu verändern, wird Java ebenfalls den stark typisierten Sprachen zugeordnet. Verantwortlich hierfür zeichnet die Laufzeitumgebung, die während der Programmausführung sicherstellt, dass entstehende Inkonsistenzen zuverlässig erkannt werden. Jede Typverletzung wird durch eine *Ausnahme* (*exception*) behandelt und ein Systemabsturz hierdurch effektiv vermieden.

Die Einteilungen in schwache und starke Typsysteme sind orthogonal zum Konzept der dynamischen und statischen Typisierung. Jede Programmiersprache lässt sich hierdurch in eine von vier Klassen einteilen, die zusammen den in Abb. 3.5 dargestellten *Typisierungsquadranten* bilden.

3.2.2 Grenzen der Typisierung

Die Typisierungsprüfung gehört unbestritten zu den leistungsfähigsten Techniken für die Erkennung von Datenflussfehlern. Trotzdem müssen wir auch an dieser Stelle Vorsicht walten lassen – selbst in stark typisierten Sprachen spannen die eingesetzten Typsysteme nur ein unvollständiges Sicherheitsnetz auf. Wie grobmaschig dieses Netz mitunter sein kann, werden die folgenden Abschnitte am Beispiel der Programmiersprachen Java, Eiffel und C demonstrieren.

3.2.2.1 Fallstricke der Programmiersprache Java

Als erstes Beispiel betrachten wir das in Abb. 3.6 dargestellte Java-Programm, das eine Liste mit mehreren Objekten befüllt und den Listeninhalt anschließend auf der Konsole ausgibt. Die Java-Klasse **List** kann jedes von der Klasse **Object** abgeleitete Objekt aufnehmen. Da die Klasse **Object** in Java das obere Ende der Klassenhierarchie bildet, wird die Klasse **List** hierdurch zu einem generischen Container

```
FooBar.java
import java.util.*;                                              1
                                                                 2
public class FooBar {                                            3
                                                                 4
    public static void main(String argv[]) {                    5
                                                                 6
        // Create list                                          7
        List list = new ArrayList<String>();                    8
        list.add(new String("foo"));                            9
        list.add(new String("bar"));                            10
        list.add(new Integer(42));                              11
                                                                 12
        // Print list                                           13
        Iterator i = list.iterator();                           14
        while(i.hasNext()) {                                    15
            String item = (String) i.next();                    16
            System.out.println(item);                           17
        }                                                       18
    }                                                           19
}                                                               20
```

Abb. 3.6 Der nachlässige Umgang mit Datentypen führt nicht selten zu schwerwiegenden Laufzeitfehlern

für die Speicherung beliebiger Objekte. Wie zu erwarten, fordert die Flexibilität an dieser Stelle ihren Tribut. Durch die Verwendung des Basistyps **Object** wird dem Compiler die Typinformation über die gespeicherten Listenelemente vorenthalten und damit faktisch die Möglichkeit entzogen, Datentypkonflikte zur Übersetzungszeit zu erkennen. Das abgebildete Beispielprogramm verursacht einen solchen Konflikt durch den letzten **add**-Befehl. Dieser fügt ein Objekt vom Typ Integer ein, während die Ausgabe-Schleife eine Liste erwartet, in der ausschließlich String-Objekte gespeichert sind. Der Java-Compiler kann den Fehler nicht erkennen und übersetzt das Programm fehlerfrei. Erst zur Ausführungszeit wird der Typkonflikt erkannt und das Programm in der dritten Schleifeniteration mit einer **ClassCastException** abgebrochen:

```
[Session started at 2006-12-20 09:09:52 +0100.]
foo
bar
Exception in thread "main" java.lang.ClassCastException:
    java.lang.Integer at FooBar.main(FooBar.java:23)

java has exited with status 1.
```

Eine mögliche Abhilfe stellt die Verwendung von *Generics* dar, die mit dem JDK 1.5 Einzug in die Programmiersprache Java hielten. Generics geben dem Programmierer ein Mittel an die Hand, um von konkreten Datentypen zu abstrahieren. Beispielsweise lässt sich durch die Deklaration

```
FooBar.java

import java.util.*;                                          1
                                                             2
public class FooBar {                                        3
                                                             4
    public static void main(String argv[]) {                5
                                                             6
        // Create list                                      7
        List<String> list = new ArrayList();                8
        list.add(new String("foo"));                        9
        list.add(new String("bar"));                        10
        list.add(new Integer(42));                          11
                                                             12
        // Print list                                       13
        Iterator<String> i = list.iterator();               14
        while(i.hasNext()) {                                15
            String item = i.next();                         16
            System.out.println(item);                       17
        }                                                   18
    }                                                       19
}                                                           20
```

Abb. 3.7 Mit Hilfe von *Generics* kann der Compiler den Typkonflikt zur Übersetzungszeit erkennen

```
List<String> list = new ArrayList<String>();
```

eine typensichere Liste deklarieren, die ausschließlich Objekte vom Typ `String` aufnehmen kann. Abb. 3.7 zeigt, wie sich das weiter oben diskutierte Java-Programm mit Hilfe von Generics implementieren lässt. Da der Compiler jetzt Kenntnis über die Datentypen der gespeicherten Elemente besitzt, kommt das modifizierte Programm ohne einen einzigen Type-Cast aus. Vor allem aber wird die bestehende Typinkonsistenz jetzt zur Übersetzungszeit und nicht erst zur Laufzeit bemerkt

```
FooBar.java: cannot find symbol
symbol   : method add(java.lang.Integer)
location: interface java.util.List<java.lang.String>
    list.add(new Integer(42));
```

Wie das Beispiel zeigt, trägt der sinnvolle Einsatz von Generics dazu bei, die Datentypintegrität der Programmiersprache weiter zu steigern.

3.2.2.2 Fallstricke der Programmiersprache Eiffel

Dass wir uns selbst dann auf dünnem Eis bewegen, wenn ein Programm vollständig frei von manuellen Typkonversionen ist, verdeutlicht das Typsystem der Programmiersprache Eiffel. Die Sprache wurde 1985 von der Firma *Interactive Software*

```
crash.e
class                                 1
    MYA                               2
                                      3
feature                               4
    foo is do                         5
        ...                           6
    end                               7
                                      8
    foobar(a : MYA) is do             9
        a.foo();                      10
    end                               11
end                                   12
                                      13
class                                 14
    MYB inherit MYA                   15
redefine                              16
    foobar                            17
end                                   18
                                      19
feature                               20
    bar is do                         21
        ...                           22
    end                               23
                                      24
    foobar (b : MYB) is do            25
        b.bar();                      26
    end                               27
end                                   28
```

```
crash.e (Fortsetzung)
class                                 29
    ROOT_CLASS                        30
                                      31
create                                32
    make                              33
                                      34
feature                               35
    foobar(x : MYA;                   36
           y : MYA) is                37
    do                                38
        x.foobar(y);                  39
    end                               40
                                      41
    make is                           42
        local                         43
            a : A; b : B;             44
        do                            45
            !!a;                      46
            !!b;                      47
            foobar(a,a); // OK        48
            foobar(a,b); // OK        49
            foobar(b,b); // OK        50
            // Die folgende           51
            // Anweisung führt        52
            // zum Crash...           53
            foobar(b,a);              54
    end                               55
end -- class ROOT_CLASS               56
```

Abb. 3.8 Wie typensicher ist die Programmiersprache Eiffel?

Engineering (ISE) entwickelt – zunächst als Werkzeug für den internen Gebrauch. Einen größeren Bekanntheitsgrad erlangte sie erst im Jahre 1988 durch das Buch *Object-Oriented Software Construction* von Bertrand Meyer, dem Gründer der Firma ISE[1] [178, 179]. Eiffel ist als sicheres System entworfen, das nicht nur stark typisiert, sondern auch frei von *Loopholes* ist. Kurzum: Die Konzeption des Typsystems sieht vor, dass Datentypinkonsistenzen stets erkannt und Systemabstürze zuverlässig vermieden werden.

Der Vererbungsmechanismus von Eiffel basiert auf einem speziellen *Verfeinerungskalkül* (*refinement calculus*, [178, 52]), der es ermöglicht, vererbte Routinen in der abgeleiteten Klasse in gewissen Grenzen umzudefinieren. Die Typkonformität spielt hierbei eine wesentliche Rolle. Konkret müssen die Parameter und Rückgabewerte einer Routine in der abgeleiteten Klasse entweder gleich bleiben oder durch spezialisiertere (abgeleitete) Datentypen ersetzt werden.

---

[1] ISE wurde später umbenannt und firmiert seit Juli 2002 unter dem Namen *Eiffel Software* [81]

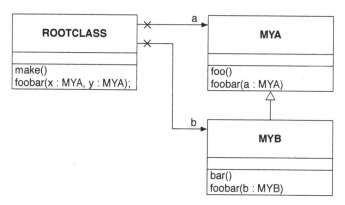

Abb. 3.9 Mit Hilfe des Verfeinerungskalküls lässt sich das Typsystem der Programmiersprache Eiffel aushebeln

Das Beispielprogramm in Abb. 3.8 demonstriert, wie sich mit Hilfe des Verfeinerungskalküls eine Inkonsistenz im Typsystem von Eiffel erzeugen lässt. Insgesamt werden hierzu 3 Klassen definiert (vgl. Abb. 3.9):

- **MYA**

  Klasse **MYA** definiert die Routinen **foo** und **foobar**. Letztere nimmt ein weiteres Objekt vom Typ **MYA** als Übergabeparameter entgegen und ruft für dieses Objekt die Funktion **foo** auf.

- **MYB**

  Klasse **MYA** vererbt die Routinen **foo** und **foobar** an die Klasse **MYB** und fügt zusätzlich die Routine **bar** hinzu. Im Zuge der Vererbung von **foobar** wird der Datentyp **MYA** des Übergabeparameters durch den spezialisierten Datentyp **MYB** ersetzt. Die Implementierung der Funktion **foobar** ist in der abgeleiteten Klasse ebenfalls geändert: Anstelle der Funktion **foo** wird jetzt die Funktion **bar** aufgerufen, die in jeder Instanz der Klasse **MYB** vorhanden ist.

- **ROOT_CLASS** (**Wurzelklasse**)

  Die Wurzelklasse **ROOT_CLASS** definiert ebenfalls eine Routine **foobar**, die zwei Objekte vom Typ **MYA** entgegennimmt. In der Einsprungsroutine **make** wird mit **a** bzw. **b** ein Objekt der Klasse **MYA** und **MYB** erzeugt und die Routine **foobar** mit den vier möglichen Objektkombinationen aufgerufen.

Das Programm durchläuft die statische Typprüfung ohne Beanstandung und wird durch den Eiffel-Compiler klaglos übersetzt. Obwohl die Implementierung gänzlich frei von manuellen Typkonversionen ist, führt der letzte Aufruf der Routine **foobar** zu einem Systemabsturz. In diesem Fall wird die Routine mit zwei Objekten vom Typ **MYB** respektive **MYA** aufgerufen. Wie das Sequenzdiagramm in Abb. 3.10 zeigt, versucht das Eiffel-System die Routine **bar** auf einem Objekt vom Typ **MYA** auszuführen. Der Aufruf läuft an dieser Stelle ins Leere, da die Klasse **MYA** über keinerlei

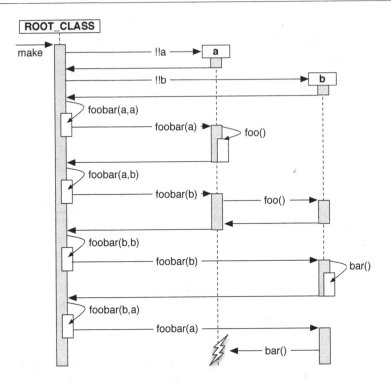

Abb. 3.10 Der letzte Aufruf der Routine **foobar** führt zu einem Systemabsturz

Routine **bar** verfügt. Auf dem eingesetzten Testrechner verabschiedet sich das compilierte Eiffel-Programm daraufhin abrupt mit einem *Bus error*.

3.2.2.3 Fallstricke der Programmiersprache C

Fehler, die sich auf die falsche Verwendung des Typsystems zurückführen lassen, sind insbesondere in der Programmiersprache C keine Seltenheit. In diesem Abschnitt wollen wir einige der Besonderheiten des C-Typsystems am Beispiel des in Abb. 3.11 dargestellte Programms genauer herausarbeiten. Im Mittelpunkt steht die Funktion **speed_limit**, die ohne Übergabeparameter aufgerufen wird und einen ganzzahligen Wert des Typs **int** zurückliefert. Im Hauptprogramm wird die Funktion aufgerufen, der Rückgabewert in der lokalen Variablen **limit** gespeichert und das Ergebnis anschließend auf der Konsole ausgegeben. Die Programmkommentare sowie der im Format-String enthaltene Klartext weisen bei genauerer Betrachtung auf einen schwerwiegenden Typkonflikt hin. Die Funktion **speed_limit** verwendet die Einheit mph (*miles per hour*), das Hauptprogramm geht jedoch davon aus, dass der Wert in der Einheit kmh (*kilometer per hour*) vorliegt. Im Kern enthält das Beispielprogramm damit den gleichen Fehler, der 1998 zum spektakulären Verlust

```
┌─────────────────────────┐
│ speed_limit1.c          │
└─────────────────────────┘
#include <stdio.h>                                                    1
                                                                      2
static int speed_limit()                                              3
{                                                                     4
        // speed limit in mph ("miles per hour")                     5
        int limit = 65;                                               6
                                                                      7
        return limit;                                                 8
}                                                                     9
                                                                     10
int main(int argc, char *argv[])                                     11
{                                                                    12
        // speed limit in kmh ("kilometer per hour")                13
        int limit;                                                   14
                                                                     15
        limit = speed_limit();                                       16
                                                                     17
        printf("Speed limit = %d kmh\n", limit);                    18
        return 0;                                                    19
}                                                                    20
```

Abb. 3.11 Durch die simultane Verwendung des Datentyps `int` bleibt der Typenfehler für den Compiler unsichtbar

des Mars Climate Orbiters führte und heute zu den bekanntesten Software-Fehlern der IT-Geschichte zählt (vgl. Abschnitt 2.2).

Im Folgenden wollen wir uns genauer mit der Frage auseinandersetzen, ob die hauseigenen Bordmittel der Programmiersprache C ausreichen, um Fehler dieser Art im Vorfeld zu vermeiden. Eine naheliegende Idee könnte im Einsatz des `typedef`-Konstrukts bestehen, mit dessen Hilfe sich neue Datentypbezeichner benutzerdefiniert erzeugen lassen:

```
typedef <Datentyp> <Typbezeichner>
```

Um in unserem Programm eine klare Unterscheidung zwischen den verwendeten Einheiten kmh und mph herzustellen, führen wir für beide einen benutzerdefinierten Typbezeichner ein:

```
typedef int kmh;
typedef int mph;
```

Wie das entsprechend modifizierte Programm in Abb. 3.12 zeigt, lassen sich die neuen Bezeichner genauso wie die elementaren Datentypen verwenden. An allen Stellen, an denen der C-Compiler den Typbezeichner `int` akzeptiert, lassen sich auch die alternativen Bezeichner `kmh` bzw. `mph` einsetzen.

Gegenüber dem ersten Programm besitzt die modifizierte Variante einen gewaltigen Vorteil. Da die Typinkonsistenz jetzt auf den ersten Blick erkannt werden kann,

```
speed_limit2.c

#include <stdio.h>                                              1
                                                               2
typedef int kmh;                                               3
typedef int mph;                                               4
                                                               5
static mph speed_limit()                                       6
{                                                              7
        // speed limit in mph ("miles per hour")              8
        mph limit = 65;                                        9
                                                              10
        return limit;                                         11
}                                                             12
                                                              13
int main(int argc, char *argv[])                              14
{                                                             15
        // speed limit in kmh ("kilometer per hour")          16
        kmh limit;                                            17
                                                              18
        limit = speed_limit();                                19
                                                              20
        printf("Speed limit = %d kmh\n", limit);              21
        return 0;                                             22
}                                                             23
```

Abb. 3.12 Durch die Verwendung des Typedef-Konstrukts wird der Typkonflikt auf den ersten Blick sichtbar. Nichtsdestotrotz übersetzt der Compiler das Programm fehlerfrei

ist die Chance entsprechend groß, den Fehler im Rahmen eines Reviews (vgl. Abschnitt 5.5.2) oder einer Inspektion (vgl. Abschnitt 5.5.3) frühzeitig zu entlarven. Durch die Verwendung von **typedef** ist es uns demnach gelungen, das Qualitätsmerkmal der *Transparenz* deutlich zu verbessern.

An dieser Stelle soll mit einem weit verbreiteten Trugschluss über den **typedef**-Mechanismus aufgeräumt werden: **typedef** definiert keinen neuen Datentyp, sondern lediglich ein Synonym für einen bereits existierenden. So klein der Unterschied klingen mag, so weitreichend sind seine Konsequenzen. Insbesondere sind die in unserem Beispielprogramm definierten Typenbezeichner **kmh** und **mph** in Wirklichkeit nichts weiter als eine andere Bezeichnung für den Datentyp **int**. Folgerichtig spielt es überhaupt keine Rolle, ob eine Variable mit Hilfe von **int**, **mph** oder **kmh** deklariert wurde – sie wird vom Compiler stets gleich behandelt. Aus diesem Wissen heraus verwundert es nicht, dass der Compiler auch das modifizierte Programm trotz der augenscheinlichen Typinkonsistenz ohne Wenn und Aber übersetzt. Das Beispiel zeigt eindringlich, dass die Verwendung von **typedef** durchaus mit Vorsicht zu genießen ist und wir uns an dieser Stelle nicht in allzu großer Sicherheit wiegen dürfen.

Abb. 3.13 deutet eine mögliche Lösung an. In dieser Programmvariante wird der zu speichernde Integer-Wert künstlich in eine Struktur eingebettet, so dass der C-

```
speed_limit3.c

#include <stdio.h>                                              1
                                                                2
typedef struct { int value; } kmh;                             3
typedef struct { int value; } mph;                             4
                                                                5
static mph speed_limit()                                        6
{                                                               7
        // speed limit in mph ("miles per hour")                8
        mph limit = { 65 };                                     9
                                                               10
        return limit;                                          11
}                                                              12
                                                               13
int main(int argc, char *argv[])                               14
{                                                              15
        // speed limit in kmh ("kilometer per hour")           16
        kmh limit;                                             17
                                                               18
        limit = speed_limit();                                 19
                                                               20
        printf("Speed limit = %d kmh\n", limit.value);         21
        return 0;                                              22
}                                                              23
```

Abb. 3.13 Die Kapselung bewirkt, dass der Compiler beide Datentypen unterschiedlich behandelt

Compiler die Bezeichner `kmh` und `mph` als Stellvertreter zweier unterschiedlicher Datentypen auffasst. Beim Versuch, das geänderte Programm zu übersetzen, generiert der C-Compiler die folgende Warnmeldung:

```
gcc typedef3.c typedef3.c: In function 'main':
typedef3.c:19: error: incompatible types in assignment
```

Auf den ersten Blick erscheint die vorgestellte Lösung als reichlich unsauber. Einelementige Strukturen konterkarieren die Idee eines zusammengesetzten Datentyps und genau hierfür wurde das `struct`-Konstrukt ursprünglich geschaffen. Auf den zweiten Blick zeigt sich jedoch schnell, dass dieses Programm einen Ansatz nachbildet, der in objektorientierten Sprachen weit verbreitet ist. Hier lässt sich das Typenproblem elegant lösen, indem sowohl `kmh` als auch `mph` durch eine eigene Klasse repräsentiert werden. Jede einheitenverletzende Wertzuweisung wird auf diesem Weg effektiv unterbunden. Legen wir die objektorientierte Terminologie zugrunde, so verbirgt sich hinter einer C-Struktur jedoch nichts anderes als eine methodenlose Klasse. Damit verfolgt das in Abb. 3.13 dargestellte Programm exakt die gleiche Lösungsstrategie, die von den meisten objektorientierten Programmiersprachen forciert wird – auch wenn die Sprache C keine Objekte als solche kennt.

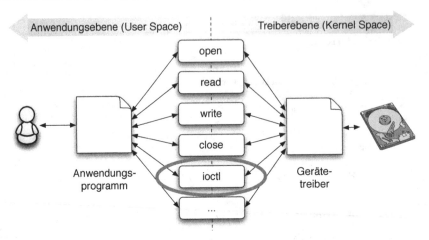

Abb. 3.14 Unix-basierte Betriebssysteme hebeln zur Kommunikation mit dem Gerätetreiber das Typsystem aus

3.2.2.4 Generische Schnittstellen

Das obige Beispiel zeigt auf, dass selbst ausgeklügelte Typsysteme keine vollständige Sicherheit bieten. In einigen Anwendungsfällen wird eine solche Sicherheit auch gar nicht angestrebt und die strikte Prüfung durch den Compiler bewusst umgangen. Als Gründe führen viele Programmierer an, dass das starre Korsett des Typsystems trickreiche Optimierungen unmöglich macht und die Flexibilität der Programmiersprache unangemessen einschränkt.

Für die folgenden Überlegungen betrachten wir das Beispiel in Abb. 3.14. Dargestellt ist eine Schnittstelle, wie sie in den meisten Unix-basierten Betriebssystemen für die Programmierung von Gerätetreibern bereitgestellt wird. Als *generische Schnittstelle* ist sie stets gleich aufgebaut – unabhängig davon, ob es sich bei dem angesprochenen Gerät um eine Festplatte, einen Drucker oder ein Modem handelt. Da jedes dieser Geräte über ganz spezifische Eigenschaften verfügt, scheint die Verwendung einer einheitlichen Schnittstelle zunächst aussichtslos. So muss ein Modemtreiber die Einstellung der Baudrate und ein Festplattentreiber die Konfiguration verschiedener Storage-Strategien ermöglichen. Geräte der nächsten Technologiegeneration mögen ganz andere Eigenschaften und Fähigkeiten mitbringen, die bei der Planung einer Gerätetreiberschnittstelle heute noch nicht berücksichtigt werden können.

Damit die große Palette von Hardware-Geräten trotzdem mit einer einzigen, stets gleich bleibenden Schnittstelle abgedeckt werden kann, stellt diese eine spezielle Funktion mit dem Namen `ioctl` (*input/output control*) zur Verfügung. Die Funktion geht auf das 1979 von den Bell Laboratories veröffentlichte Version-7-Unix zurück und besitzt die folgende Signatur:

```
int ioctl(int file, int request, ... /* argument list */);
```

Als erstes Argument nimmt die Funktion einen Dateideskriptor entgegen, der das angesprochene Zielgerät auswählt. Das zweite Argument bestimmt das spätere Verhalten des Gerätetreibers und ist ebenfalls zwingend erforderlich. Die dritte Parameterangabe (...) deklariert eine variable Anzahl von Folgeparametern und ist ein besonderes Merkmal der Programmiersprache C. Bei einem Funktionsaufruf legt der C-Compiler alle übergebenen Parameter auf dem Stack ab, kümmert sich jedoch nicht weiter um deren Verbleib. Innerhalb der aufgerufenen Funktion muss der Programmierer selbst Sorge dafür tragen, dass der Stack-Inhalt korrekt interpretiert wird.

Im Falle des Gerätetreibers wird zunächst die Integer-Variable `request` ausgewertet und aus dem übergebenen Wert die Signatur der erwarteten Folgeparameter abgeleitet.

Durch die Deklaration einer typenlosen, variablen Parameterliste wird dem Compiler effektiv die Möglichkeit entzogen, die Typkonsistenz der übergebenen Parameter zu überprüfen. Alle Fehler, die durch eine unsaubere Programmierung während der Parameterübergabe entstehen, lassen sich zur Übersetzungszeit nicht mehr entdecken. Kurzum: Die Verwendung einer variablen Parameterliste hebelt das Typsystem an dieser Stelle vollständig aus.

Eine sauberere Möglichkeit, beliebige Datentypen an eine Funktion zu übergeben, ohne sofort das gesamte Typsystem zu umgehen, stellt die Verwendung spezieller *Container-Datentypen* dar. Ein Beispiel dieser Kategorie ist der Datentyp `VARIANT`, der vor allem in den von Microsoft geprägten Sprachen Visual Basic, Visual C++ und C#, aber auch in alternativen Dialekten wie Delphi vorhanden ist. `VARIANT` wirkt wie ein Container für eine Vielzahl fest definierter Datentypen und ist damit in der Lage, mit jeder Zuweisung den repräsentierten Datentyp chamäleonartig zu übernehmen.

Abb. 3.15 demonstriert, wie sich ein entsprechender Datentyp in der Programmiersprache C definieren lässt. Hinter der Variablen `vt` verbirgt sich ein einfacher Integer-Wert, der die Rolle der Typangabe übernimmt. Jeder kapselbare Datentyp wird durch einen vorher festgelegten Integer-Wert eindeutig charakterisiert. Damit sind in jedem Objekt neben den Daten auch stets die Typeninformationen persistent abgelegt. Mit anderen Worten: `VARIANT` ist ein selbstbeschreibender Datentyp.

Der Bereich zur Speicherung der Nutzdaten wird durch die Variable `value` definiert. Hierbei handelt es sich um eine Verbundstruktur, die für alle kapselbaren Datentypen einen eigenen Eintrag vorhält. Der Variablenverbund ist als *C-Union* implementiert, so dass alle Strukturelemente überlagernd angeordnet sind und an der gleichen Speicherstelle beginnen. Die Anzahl der im Speicher belegten Bytes bleibt hierdurch konstant und wächst insbesondere nicht mit der Anzahl der gekapselten Datentypen an.

Leider wird der Datentyp VARIANT in der Praxis nicht immer sinnvoll eingesetzt. Anstatt die Verwendung auf Szenarien wie die oben skizzierte Treiberkommunikation zu beschränken, wird der Datentyp oft als Allzweckwerkzeug missbraucht. Eine Erhöhung der Typensicherheit wird auf diese Weise nicht erreicht. Stattdessen wird eine ursprünglich statisch typisierte Programmiersprache faktisch auf eine dynamisch typisierte Sprache reduziert. Viele Typisierungsfehler, die bei sauberer

```
variant.c

typedef struct {                                          1
    VARTYPE vt;                                           2
    WORD    wReserved1;                                   3
    WORD    wReserved2;                                   4
    WORD    wReserved3;                                   5
    union {                                               6
        LONG        lVal;                                 7
        BYTE        bVal;                                 8
        SHORT       iVal;                                 9
        FLOAT       fltVal;                              10
        DOUBLE      dblVal;                              11
        LONG*       plVal;                               12
        BYTE  *     pbVal;                               13
        SHORT *     piVal;                               14
        LONG  *     plVal;                               15
        FLOAT *     pfltVal;                             16
        DOUBLE *    pdblVal;                             17
        ...                                              18
    } value;                                             19
} VARIANT;                                               20
```

Abb. 3.15 Nachbildung des Datentyps VARIANT in der Programmiersprache C

Programmierung bereits zur Übersetzungszeit entdeckt werden können, kommen durch die gedankenlose Verwendung des **VARIANT**-Datentyps nur noch zur Laufzeit zum Vorschein.

3.2.2.5 Sind Type-Casts überflüssig?

Die weiter oben gezeigten Programme demonstrieren, dass Type-Casts die Stabilität eines Software-Systems erheblich gefährden können. In der Tat zeichnen sich gute Programme dadurch aus, dass die Verwendung entsprechender Konstrukte auf ein Minimum reduziert wird. Obwohl sich die meisten Typumwandlungen durch eine saubere Programmiertechnik vermeiden lassen, gibt es Situationen, in denen der Einsatz von Type-Casts unausweichlich ist.

Exemplarisch betrachten wir das in Abb. 3.16 dargestellte Code-Fragment. Das Beispiel stammt aus dem Bereich der Hardware-nahen Programmierung und geht einer einfachen Aufgabe nach: Zur Initialisierung eines Steuergeräts soll eine Reset-Routine aufgerufen werden, die im Speicher an der festen Adresse 0xFFE0 residiert. Hierzu verwendet das Programm einen Funktions-Pointer, der vor der ersten Verwendung mit der festen Speicheradresse der Reset-Routine initialisiert wird. Eine einfache Zuweisung der Form

```
fp = 0xFFE0;
```

quittiert der C-Compiler jedoch mit einer Fehlermeldung, da die Zeichenkette 0xFFE0 als numerische Integer-Konstante interpretiert wird. Da Funktions-Pointer

```
reset.c
// Zur Initialisierung eines Steuergeräts ist die folgende    1
// Funktion direkt aufzurufen:                                 2
//                                                             3
// Signatur:         void reset(void)                          4
// Speicheradresse: 0xFFE0                                     5
//                                                             6
// Der Aufruf erfolgt in drei Schritten:                       7
//     (1) Deklarieren des Funktions-Pointers fp               8
//     (2) Zuweisen der Startadresse                           9
//     (3) Aufrufen der Funktion über den Funktions-Pointer   10
                                                              11
...                                                           12
void (*fp)();              // (1)                             13
fp = (void(*)())0xFFE0;    // (2)                             14
(*fp)();                   // (3)                             15
...                                                           16
```

Abb. 3.16 Nicht immer lässt sich die Verwendung von Type-Casts vermeiden

in der Programmiersprache keine eigene Literaldarstellung besitzt, muss die Integer-Konstante zwangsläufig mit Hilfe eines Type-Casts in den Datentyp des Funktions-Pointers fp konvertiert werden.

3.3 Vertragsbasierte Programmierung

Die vertragsbasierte Programmierung wurde von Bertrand Meyer begründet und vor allem unter dem Namen *Design by contract* bekannt. Der Ansatz ist eines der herausragenden Architekturprinzipien der Programmiersprache Eiffel, die uns bereits weiter oben im Zusammenhang mit der Typisierungsprüfung begegnet ist. Die vertragsbasierte Programmierung beruht auf den folgenden Grundprinzipien:

- Vor- und Nachbedingungen

- Invarianten

- Zusicherungen

3.3.1 Vor- und Nachbedingungen

Eiffel gestattet dem Programmierer, die Implementierung einer Routine um einen individuellen *Vertrag* zu ergänzen, der sich aus einer Reihe von *Vor-* und *Nachbedingungen* zusammensetzt. Während eine Vorbedingung eine Forderung an den Zustand von Variablen und Objekten *vor* dem Betreten einer Routine aufstellt, spezifiziert eine Nachbedingung den Zustand von Variablen und Objekten, *nachdem* die Routine ausgeführt wurde. Zur Spezifikation der Vor- und Nachbedingungen stellt Eiffel spezielle, fest in die Sprache integrierte Konstrukte bereit.

```
                                                              modulo.e

feature                                                                      1
    modulo(a, b : INTEGER) : INTEGER is                                      2
        -- Berechnet den ganzzahligen Divisionsrest von a / b               3
    require                                                                  4
        a_nonnegative: a >= 0;                                              5
        b_nonnegative: b >= 0;                                              6
        b_not_zero:    b /= 0;                                              7
    local                                                                   8
        q : INTEGER;                                                        9
        r : INTEGER;                                                        10
    do                                                                      11
    from                                                                    12
        q := 0;                                                             13
        r := a;                                                             14
    invariant                                                               15
        a = q * b + r                                                       16
    variant r                                                               17
    until                                                                   18
        r < b                                                               19
    loop                                                                    20
        q := q + 1;                                                         21
        r:= r - b;                                                          22
    end                                                                     23
    Result := r;                                                            24
                                                                            25
    ensure                                                                  26
        Result >= 0 and Result < b                                          27
end                                                                         28
```

Abb. 3.17 Design-by-contract-basierte Programmierung in Eiffel

Für die Angabe von Vorbedingungen hält jede Eiffel-Routine einen separaten Abschnitt vor, der mit dem Schlüsselwort **require** eingeleitet wird. Jede Vorbedingung hat die Form eines booleschen Ausdrucks und wird zur eindeutigen Identifikation mit einem zusätzlichen Bezeichner versehen. In entsprechender Weise wird die Routine mit einem speziellen Abschnitt beendet, der alle Nachbedingungen enthält und durch das Schlüsselwort **ensure** markiert ist. Jede korrekt implementierte Eiffel-Routine garantiert die Gültigkeit der Nachbedingungen immer dann, wenn alle Vorbedingungen erfüllt sind.

Abb. 3.17 demonstriert die Verwendung von Vor- und Nachbedingungen am Beispiel der Modulo-Berechnung zweier ganzer Zahlen a und b. Mit Hilfe der drei Vorbedingungen legt die Routine fest, dass nur dann ein korrektes Ergebnis garantiert wird, falls beide Operanden nicht negativ sind und der Divisor zusätzlich ungleich 0 ist. Die Nachbedingung drückt aus, dass sich der berechnete Divisionsrest innerhalb des halboffenen Intervalls $[0; b[$ befinden muss. Hierzu wird die Variable **Result** referenziert, die in jeder Eiffel-Routine existiert und der Speicherung des Rückgabewerts dient.

Der spezifizierte Vertrag wird durch die Eiffel-Laufzeitumgebung permanent
überwacht. Im Falle einer Vertragsverletzung sieht die Spracharchitektur mehrere
Reaktionsmöglichkeiten vor. So kann die Verletzung abgefangen und mit Hilfe eines manuell implementierten Fehler-Handlers entsprechend behandelt werden. Ist
kein solcher Code vorhanden, wird das Programm durch die Laufzeitumgebung mit
der Angabe von Fehler- und Debug-Informationen beendet.

3.3.2 Invarianten

Neben der Spezifikation von Vor- und Nachbedingungen unterstützt die vertragsbasierte Programmierung die Angabe von *Invarianten*. Auf der obersten Ebene werden
in Eiffel *Klasseninvarianten* und *Schleifeninvarianten* unterschieden.

■ **Klasseninvarianten**

Hierbei handelt es sich um boolesche Bedingungen, die permanent, d. h. nicht nur
an einer bestimmten Position innerhalb des Programms, gelten müssen. Die typischen Anwendungen von Klasseninvarianten umfassen die Überwachung des
Wertebereichs einer Variablen sowie die Sicherstellung der Konsistenz semantisch korrelierter Objekte. Das folgende Programmfragment demonstriert die
Verwendung einer Invarianten am Beispiel der Implementierung einer einfachen
Listenstruktur:

```
invariant
   count_positive: count >= 0;
   empty_invariant: empty implies count = 0;
```

Während die erste Invariante fordert, dass eine Liste niemals eine negative Anzahl an Elementen enthalten kann, stellt die zweite sicher, dass eine leere Liste
keine Elemente enthält. Beide Forderungen besitzen den Charakter einer Kon-
sistenzbedingung und müssen während der gesamten Laufzeit des Programms
gelten.

■ **Schleifeninvarianten**
Diese speziellen Konstrukte dienen zur Überwachung von Schleifen. Spezifiziert
wird eine Schleifeninvariante durch das Schlüsselwort `invariant`, gefolgt von
einer oder mehreren Bedingungen, die sowohl vor der ersten Ausführung als auch
nach jeder Schleifeniteration erfüllt sein müssen. Schleifeninvarianten spielen
insbesondere im Bereich der Software-Verifikation eine bedeutende Rolle und
werden uns in Abschnitt 6.2 im Rahmen der formalen Deduktion erneut beschäftigen.

Zusätzlich gestattet Eiffel die Angabe von *Schleifenvarianten*. Diese werden
mit dem Schlüsselwort `variant` eingeleitet und können einen beliebigen Wert
referenzieren, der am Ende einer Schleifeniteration stets kleiner, jedoch nie negativ wird. Mit Hilfe von Schleifenvarianten lässt sich die Schleifenterminierung
während der Laufzeit auf elegante Weise überwachen. Hierzu liest die Laufzeitumgebung nach jeder Iteration den Wert der Schleifenvariante aus und signalisiert einen Fehler, wenn sich deren Wert entweder nicht verringert hat oder in

den negativen Zahlenbereich übergegangen ist. Jede nicht terminierende Schleife führt damit zwangsläufig zu einer Regelverletzung und wird auf diese Weise durch die Laufzeitumgebung sicher erkannt.

Das Beispielprogramm in Abb. 3.17 zeigt, wie sich die Implementierung der Modulo-Berechnung mit Hilfe einer Schleifeninvarianten und einer Schleifenvarianten absichern lässt. Während die Schleifeninvariante die klassische mathematische Beziehung zwischen Dividend, Divisor und Divisionsrest ausdrückt, kann die Schleifenvariante direkt mit dem Wert der Variablen r gleichgesetzt werden. Zuviel Euphorie ist an dieser Stelle jedoch fehl am Platz. Obwohl Schleifeninvarianten und -varianten unbestritten ein leistungsfähiges Instrument für die Fehlererkennung darstellen, lassen sich diese für industrietypische Software-Systeme nicht immer so leicht finden, wie es unser Lehrbuchbeispiel an dieser Stelle suggeriert.

Viele Gegner der dynamischen Prüftechnik führen Laufzeitverluste ins Feld, die durch die permanente Überwachung der Vor -und Nachbedingungen sowie der Invarianten entstehen. Bei genauerer Betrachtung erweisen sich die Argumente in den allermeisten Fällen als wenig stichhaltig. In Eiffel lassen sich z. B. sämtliche Prüfmechanismen abschalten, so dass die ausgelieferte Programmversion ohne Geschwindigkeitsverluste ausgeführt werden kann. Die Deaktivierung erfolgt zur Laufzeit, so dass die Neuübersetzung der Quelltexte an dieser Stelle ebenfalls entfällt.

Wird die Design-by-Contract-Philosophie konsequent umgesetzt, treten viele Fehler bereits während der Entwicklung zum Vorschein. Zusätzlich verbessert die Angabe von Vor- und Nachbedingungen in einem hohen Maß die Programmdokumentation. Die vielfältigen Möglichkeiten der Überwachung und Fehlerbehandlung sind eine der herausragenden Fähigkeiten von Eiffel und ein Alleinstellungsmerkmal dieser Sprache. Auch wenn Eiffel bis heute nur eine geringe Marktdurchdringung erreichen konnte, bleibt zu hoffen, dass die entwickelten Paradigmen in Zukunft auch in andere objektorientierte Sprachen wie Java, C++ oder C# Einzug halten werden.

3.3.3 Zusicherungen

Eine *Zusicherung* ist eine boolesche Bedingung, die an einer beliebigen Stelle eines Programms platziert werden kann. Anders als eine Invariante, deren Gültigkeit permanent von der Laufzeitumgebung überwacht wird, wertet der Compiler eine Zusicherung nur an der Stelle ihres Auftretens aus.

In Eiffel werden Zusicherungen mit dem Schlüsselwort `check` eingeleitet, in Java mit dem Schlüsselwort `assert`. In C und C++ steht das `assert`-Konstrukt als Makro zur Verfügung. Wie in Abb. 3.18 am Beispiel der C-Portierung des weiter oben eingeführten Eiffel-Programms gezeigt, lassen sich Vorbedingungen, Nachbedingungen und Schleifeninvarianten mit Hilfe von Zusicherungen weitgehend nachbilden. Alle Konstrukte wurden in entsprechende `assert`-Makros übersetzt.

Definiert ist das `assert`-Makro in der Header-Datei `assert.h`, die in Auszügen in Abb. 3.19 abgedruckt ist. Wie der Dateiauszug zeigt, verhält sich das `assert`-Makro so lange passiv, bis die spezifizierte Zusicherung verletzt wird. In diesem Fall

```
modulo.c

#include <assert.h>                                1
                                                   2
int modulo(int a, int b)                           3
{                                                  4
    /* Berechnet den ganzzahligen Divisionsrest von a / b */   5
                                                   6
    assert(a >= 0);                                7
    assert(b >= 0);                                8
    assert(b != 0);                                9
                                                   10
    int q, r;                                      11
                                                   12
    q = 0;                                         13
    r = a;                                         14
                                                   15
    while (r >= b) {                               16
        assert(a == q * b + r);                    17
                                                   18
        q++;                                       19
        r -= b;                                    20
    }                                              21
                                                   22
    assert(r >= 0 && r < b);                       23
    return r;                                      24
}                                                  25
```

Abb. 3.18 Zusicherungen (Asserts) in der Programmiersprache C

werden der Dateiname und die Zeilennummer des fehlerverursachenden Befehls auf der Konsole ausgegeben und die Programmausführung durch den Aufruf der Bibliotheksfunktion `abort()` mit sofortiger Wirkung gestoppt.

Die Zusicherungsprüfung lässt sich durch das Setzen der Präprozessorvariablen **NDEBUG** am Anfang eines Programms jederzeit außer Betrieb nehmen. In diesem Fall substituiert der Präprozessor sämtliche Vorkommen von **assert** durch den Ausdruck `((void)0)`, den der Compiler anschließend vollständig eliminiert. Im Gegensatz zu Eiffel findet die Deaktivierung durch den Präprozessor und damit zur Compile-Zeit statt.

Die Nachbildung von Schleifenvarianten ist mit Hilfe des **assert**-Makros ebenfalls möglich – wenngleich nur über Umwege und fernab jeglicher Eleganz. Wird der alte Wert der Schleifenvarianten in einer zusätzlichen Variablen gespeichert und diese in jedem Schleifendurchlauf manuell aktualisiert, so lässt sich der Varianten-Mechanismus mit einem **assert**-Befehl der Form

```
assert(variant_value < old_variant_value && variant_value >= 0);
```

nachbilden. Da neben der sinkenden Lesbarkeit auch die Laufzeit des Programms negativ beeinflusst wird, kann das **assert**-Makro das Konzept der Schleifenvarian-

```
assert.h

// Auszug aus assert.h                                              1
                                                                    2
#ifdef NDEBUG                                                       3
#define assert(ignore) ((void) 0)                                   4
#else                                                               5
                                                                    6
#define __assert(expression, file, lineno) \                       7
    (printf ("%s:%u: failed assertion\n", file, lineno), \         8
    abort (), 0)                                                    9
                                                                   10
#define assert(expression) \                                      11
    ((void) ((expression) ? \                                     12
        0 : __assert (expression, __FILE__, __LINE__)))           13
#endif                                                            14
```

Abb. 3.19 Auszug aus der Datei `assert.h`

ten zwar simulieren, aber in keiner Weise adäquat ersetzen. An dieser Stelle wäre eine saubere Integration in die Spracharchitektur von C und C++ mehr als wünschenswert. Leider ist diese, zumindest mittelfristig, nicht in Sicht.

3.4 Fehlertolerante Programmierung

Der Begriff der *fehlertoleranten Programmierung* fasst alle Methoden und Techniken zusammen, die das Reaktionsverhalten eines Software-Systems im Falle eines Fehlerzustands verbessern.

Die meisten Applikationen aus dem Büroalltag sind so programmiert, dass ein gravierendes Fehlerereignis zu einer abrupten Beendigung durch das Betriebssystem führt. In den meisten Fällen können wir mit diesem Verhalten im wahrsten Sinne des Wortes *leben*. Selbst der legendäre *Blue screen*, der unter Windows den Absturz des Betriebssystems signalisiert, ist mehr eine Gefahr für unsere Nerven als für unsere körperliche Unversehrtheit. Gänzlich anders stellt sich die Situation im Bereich sicherheitskritischer Systeme dar. So scheidet in der Automobil- oder Luftfahrtindustrie die Option aus, wichtige Software-Komponenten nach dem Auftreten eines Fehlers schlicht zu beenden. Der Zustimmung derjenigen Leser, die sich dieser Lektüre gerade im Flugzeug widmen, bin ich mir an dieser Stelle mehr als sicher.

3.4.1 Software-Redundanz

Eine weit verbreitete Technik zur Erhöhung der Fehlertoleranz ist die künstliche Erzeugung von *Redundanz*. Diese kommt in realen Systemen in den folgenden Ausprägungen vor [218, 78]:

■ Funktionale Redundanz

Das System wird um zusätzliche Funktionen erweitert, die für den regulären Betrieb entbehrlich sind und ausschließlich zur Erhöhung der Fehlertoleranz dienen. So verfügen viele Kommunikationsnetzwerke über die ergänzende Fähigkeit, den Datenstrom dynamisch um ausgefallene Vermittlungsknoten herumzuleiten [217]. Auch sämtliche Subsysteme, die der Durchführung von Sofware-Tests dienen, fallen in diese Kategorie.

■ Informationelle Redundanz

Die Fehlertoleranz eines Systems wird erhöht, indem die Nutzdaten um zusätzliche Informationen angereichert werden. Bereits eine einfache Datenstruktur wie die doppelt verkettete Liste enthält ein hohes Maß informationeller Redundanz. Hier lassen sich z. B. alle Rückwärtsreferenzen aus den Vorwärtsreferenzen vollständig rekonstruieren.

Der gesamte Bereich der Datenübertragung fußt ebenfalls auf diesem Prinzip. So werden die gesendeten Daten in der Regel um ein oder mehrere Prüfbits erweitert, die den Empfänger in die Lage versetzen, eventuell auftretende Übertragungsfehler in gewissen Grenzen zu korrigieren oder zumindest zu erkennen [114, 115, 26, 206, 207].

■ Temporale Redundanz

In Systemen dieser Bauart werden die Zeitanforderungen übererfüllt, so dass im Fehlerfall genug Reserven für eine wiederholte Ausführung zur Verfügung stehen. So arbeitet z. B. die Software zum Abspielen einer Video-DVD schnell genug, um einen fehlerhaft decodierten Sektor erneut einzulesen, ohne die lückenlose Wiedergabe des Videostroms zu unterbrechen.

■ Strukturelle Redundanz

In Systemen dieser Bauart werden eine oder mehrere Komponenten mehrfach ausgelegt. Die strukturelle Redundanz hat ihren Ursprung im Hardware-Entwurf und gehört heute zu den am häufigsten eingesetzten Mitteln, um die Fehlertoleranz eines Systems zu erhöhen. Im Folgenden werden wir uns ausführlicher mit den verschiedenen Spielarten dieser Technik beschäftigen.

Die Mehrfachauslegung einer Systemkomponente kann auf zwei grundlegend verschiedene Weisen erfolgen und führt uns unmittelbar zu den Begriffen der *homogenen* und der *heterogenen* Redundanz:

■ Homogene Redundanz

In diesen Systemen werden n Komponenten *gleicher* Bauart parallel betrieben. Im Gegensatz zur Hardware unterliegt Software keiner Alterung und verhält sich – die korrekte Funktion der verwendeten Hardware-Komponenten vorausgesetzt – stets gleich. Die homogene Mehrfachauslegung von Software-Komponenten kann damit konstruktionsbedingt zu keiner Verbesserung der Fehlertoleranzeigenschaften führen. Sie spielt aus diesem Grund ausschließlich im Hardware-Bereich eine Rolle.

■ **Heterogene Redundanz**

In diesen Systemen werden *n* Komponenten *unterschiedlicher* Bauart parallel betrieben. Auf diese Weise wird die Wahrscheinlichkeit von gemeinsam vorhandenen Fehlern deutlich reduziert. Um einen möglichst hohen Grad an Heterogenität zu erzielen, werden die mehrfach ausgelegten Software- oder Hardware-Komponenten in der Praxis oft von unabhängigen Zulieferern entwickelt und getestet. Im Bereich der fehlertoleranten Software kommen ausschließlich heterogen ausgelegte Systeme zum Einsatz.

Als weiteres Unterscheidungsmerkmal der strukturellen Redundanztechniken dient die Art und Weise, wie die mehrfach ausgelegten Systemkomponenten betrieben werden. Wir unterscheiden an dieser Stelle *statische* und *dynamische* Redundanz:

■ **Statische Redundanz**

Alle mehrfach ausgelegten Systeme arbeiten im Parallelbetrieb und die berechneten Ergebnisse der einzelnen Komponenten werden durch einen nachgeschalteten *Voter* verglichen. Dieser führt im einfachsten Fall eine Mehrheitsentscheidung durch und verwendet für die nachfolgenden Berechnungen das am häufigsten angetroffene Ergebnis weiter. Arbeiten *n* Komponenten parallel, so sprechen wir von einer *n-fach-modularen Redundanz* (*n-modular redundancy*). Um eine Mehrheitsentscheidung nach dem Ausfall einer Komponente überhaupt noch durchführen zu können, werden mindestens 3 nebenläufig arbeitende Systeme benötigt. Systeme dieser Bauart bilden eine *TMR-Topologie* (*TMR = Triple-Modular Redundancy*).

Anders als bei inhärent parallel arbeitenden Hardware-Systemen kann die parallele Auslegung von Software-Komponenten einen erheblichen Einfluss auf die Laufzeit ausüben. Werden alle Komponenten durch den gleichen Prozessorkern ausgeführt, so verlangsamt sich ein *n*-fach redundantes Software-System mindestens um den Faktor *n*.

Für die Bewertung der Ausfallsicherheit ist zusätzlich zu beachten, dass der Voter nur einfach ausgelegt ist und damit zur Achillesferse des Gesamtsystems werden kann. Unter der Annahme, dass alle Komponenten die gleiche Ausfallwahrscheinlichkeit besitzen, zeigt das redundant ausgelegte System hierdurch sogar eine geringere *Verfügbarkeit* als die singulär verbaute Einzelkomponente.

■ **Dynamische Redundanz**

Systeme dieser Bauart halten Ersatzkomponenten vor, die im Bedarfsfall aktiviert werden können. Im Gegensatz zur statischen Redundanz ist zu jeder Zeit immer nur eine Komponente aktiv. Ein so konzipiertes System schont die Ressourcen, zeigt jedoch deutliche Schwächen im Bereich der automatischen Fehlererkennung. Im Gegensatz zu statischen Systemen, die das Fehlverhalten einer Komponente durch den einfachen Vergleich der berechnenden Ergebnisse sofort erkennen können, ist ein dynamisches System auf deutlich kompliziertere Selbstdiagnosetechniken angewiesen. Viele Systeme mit dynamischer Redundanz sind daher von vornherein so konzipiert, dass die Aktivierung von Ersatzkomponenten manuell erfolgen muss. Anders als im Falle der statischen Redundanz wirkt

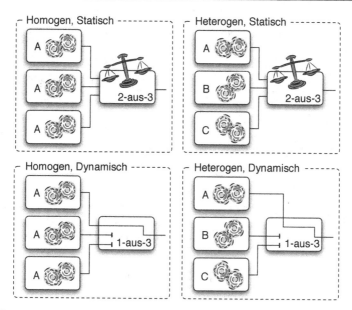

Abb. 3.20 Homogene und heterogene Redundanz

sich die dynamische Redundanz im Software-Bereich nicht negativ auf die Laufzeit aus.

Insgesamt ergeben sich aus den obigen Überlegungen vier verschiedene Möglichkeiten der Mehrfachauslegung, die in Abb. 3.20 grafisch gegenübergestellt sind.

In der Praxis kommen Systeme zum Einsatz, die eine Mischung aus dynamischer und statischer Redundanz forcieren. In Abb. 3.21 ist als Beispiel eines solchen *Hybridsystems* die Redundanztopologie des Space Shuttles skizziert. Die sicherheitskritischen Systeme werden durch insgesamt fünf baugleiche Rechner gesteuert. Vier davon sind mit identischer Software ausgestattet und bilden zusammen einen vierfach ausgelegten homogenen Redundanz-Cluster. Alle Rechner des Clusters laufen parallel und werden durch einen Voter kontrolliert (statische Redundanz). Fällt einer der Rechner aus, werden die verbleibenden als *2-aus-3-System* weiter betrieben. Zusätzlich steht ein fünfter Rechner zur Verfügung, der mit separat entwickelter Software ausgestattet ist und zur Übernahme der Shuttle-Steuerung manuell aktiviert werden kann. Insgesamt entsteht hierdurch eine zweite Ebene der Absicherung, die auf dem Prinzip der dynamischen heterogenen Redundanz beruht.

3.4.2 Selbstüberwachende Systeme

Zur Erhöhung der Fehlertoleranz führen viele sicherheitskritische Systeme verschiedene Arten der Selbstdiagnose durch. Die durch einen entdeckten Fehler ausgelösten Systemreaktionen unterscheiden sich untereinander erheblich und hängen nicht

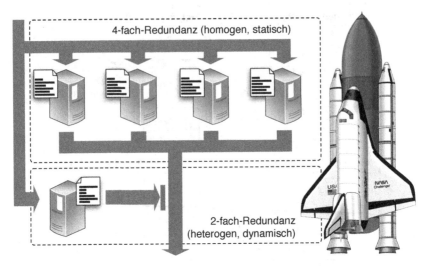

Abb. 3.21 Software-Redundanz am Beispiel des Space Shuttles

zuletzt von der Schwere der aufgetretenen Fehlfunktion ab. Die folgenden Szenarien stellen typische Reaktionsstrategien dar:

■ **Fail-Safe-Reaktion**
Auf einen Fehlerzustand wird durch den Wechsel in einen sicheren Zustand reagiert (*fail safe state*). Einige Systeme erreichen ihren sichersten Zustand, indem sie sich schlicht deaktivieren (*Selbstabschaltung*), andere setzen im Fehlerfall spezielle Sicherheitsmechanismen in Gang. Klassische Beispiele aus diesem Bereich sind die selbstaktivierende Notbremse eines Personenaufzugs oder die Sitzplatzverriegelung einer Achterbahn.

An dieser Stelle werfen wir einen erneuten Blick auf die Bordelektronik moderner Kraftfahrzeuge. Für jedes an den CAN-Bus angeschlossene Steuergerät sieht die Spezifikation einen zweistufig ausgelegten Fail-Safe-Mechanismus vor, der den Umgang mit defekten Busknoten auf systematische Weise regelt. Wie in Abb. 3.22 gezeigt, befindet sich jedes Steuergerät zu jedem Zeitpunkt in genau einem von drei Zuständen:

– **Zustand 1: Error active**
Dieser Zustand wird im regulären Betrieb eingenommen. Ein Steuergerät darf sowohl lesend als auch schreibend auf den CAN-Bus zugreifen und quittiert jeden detektierten Übertragungsfehler durch das Senden einer speziellen Fehlerbotschaft (*error frame*).

– **Zustand 2: Error passive**
Häufen sich die Übertragungsfehler, so geht der Busknoten in einen passiven Betriebsmodus über. In diesem Zustand darf das Steuergerät immer noch lesend und schreibend auf den Bus zugreifen, erkannte Übertragungsfehler wer-

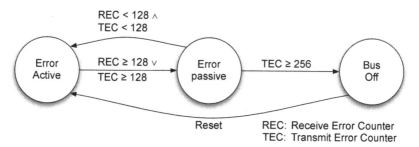

Abb. 3.22 Fail-safe-Verhalten am Beispiel der Kommunikation CAN-Bus-basierter Kraftfahrzeugsteuergeräte

den jedoch nicht mehr durch das Senden einer Fehlerbotschaft quittiert. Sollte der betreffende Busknoten selbst für die gemessenen Fehler verantwortlich sein, so wird auf diese Weise verhindert, dass der Kommunikationskanal dauerhaft mit einer Flut von Fehlermitteilungen überschwemmt wird.

– **Zustand 3: Bus off**
Häufen sich die Übertragungsfehler weiter, so trennt sich das Steuergerät selbstständig vom Bus ab und stellt jegliche Kommunikation ein (*fail-safe state*). Im laufenden Betrieb ist die Einnahme dieses Zustands irreversibel und das Gerät kann ausschließlich durch einen vollständigen Reset wieder aktiviert werden.

Intern werden die Zustandsübergänge über die zwei Zähler REC (*receive error counter*) und TEC (*transmit error counter*) gesteuert, die jedes Steuergerät selbstständig verwaltet. Beide dienen der Buchführung über die Fehlerhistorie und werden während des Betriebs ständig aktualisiert. Der REC wird erhöht, falls eine Nachricht fehlerhaft empfangen wurde und ansonsten erniedrigt. In analoger Weise wird der TEC erhöht, falls eine Nachricht fehlerhaft gesendet wurde und ansonsten erniedrigt.

■ **Selbstreparatur**
Systeme dieser Bauart versuchen, die im Rahmen einer Selbstdiagnose ermittelten Inkonsistenzen selbstständig zu beseitigen. Die Möglichkeiten der Selbstreparatur sind vielfältig. Neben dem Löschen inkonsistenter Datenstrukturen oder dem nachträglichen Einsetzen von Standardwerten sind sämtliche Spielarten komplexer Algorithmen denkbar. Diese reichen bis hin zur semi-autonomen Reparatur von Datenbeständen unter Beteiligung des Benutzers. Das Prinzip der Software-Selbstreparatur wird heute bis hinauf zur Betriebssystemebene angewendet. Beispiele sind die automatische Wiederherstellung der Dateisystemintegrität nach einem Systemabsturz oder die automatische Neuinstallation versehentlich gelöschter Systemkomponenten.

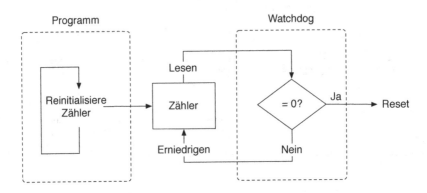

Abb. 3.23 Erhöhung der Fehlertoleranz durch das Watchdog-Prinzip

■ **Reaktivierung**

Die meisten der in sicherheitskritischen Systemen verbauten Hardware-Komponenten werden zum Zweck der Selbstüberwachung mit einer zusätzlichen *Watchdog-Logik* ausgestattet. Wie in Abb. 3.23 schematisch skizziert, handelt es sich hierbei um eine separate Schaltung, die periodisch den Inhalt eines Zählers erniedrigt. Die eigentliche Software hat die Pflicht, den Wert dieses Zählers ebenfalls in periodischen Abständen zu verändern, so dass er im Normalbetrieb nie den Wert 0 erreicht. Gelingt es der Watchdog-Logik trotzdem, den Zählerstand auf 0 zu reduzieren, deutet dies auf einen Absturz der Software hin. Der Watchdog löst daraufhin einen Hardware-Reset aus und startet das Gerät neu. Mit Hilfe dieses genauso einfachen wie wirkungsvollen Prinzips gelingt es in der Praxis, die Verfügbarkeit von Hardware-Komponenten drastisch zu steigern.

In der Vergangenheit wurden verschiedene Versuche unternommen, die Grundidee des Watchdog-Prinzips auf Software-Systeme zu übertragen. Ein Beispiel ist der *Explorer-Prozess* des Betriebssystems Windows XP. Der Prozess ist unter anderem für die Darstellung der Desktop-Oberfläche verantwortlich und unter normalen Umständen permanent aktiv. Wird der Prozess durch einen Programmabsturz oder durch den Benutzer beendet, so verschwinden zunächst alle Icons und Menüs von der Oberfläche. Ein intern verankerter Software-Watchdog registriert die Terminierung und startet den Prozess neu. Bereits ein paar Sekunden später ist die Oberfläche wieder sichtbar und das System zurück im Normalbetrieb. Im Vergleich mit früheren Windows-Versionen hat es Microsoft mit Hilfe des Watchdog-Prinzips geschafft, die Verfügbarkeit der Windows-Oberfläche deutlich zu erhöhen.

Verfechter formaler Entwurfstechniken stehen der fehlertoleranten Programmierung nicht selten mit einem gewissen Argwohn gegenüber, schließlich steckt hinter dieser Philosophie die allzu pessimistische Annahme, dass jedes nichttriviale Programm Fehler besitzt. Die fehlertolerante Programmierung kommt damit in gewissem Sinne der Akzeptanz der eigenen Unzulänglichkeit gleich. Formale Methoden verfolgen exakt die gegenteilige Philosophie. So versucht die *formale Synthese* ein Programm durch die Anwendung mathematisch abgesicherter Konstruktionsregeln a priori fehlerfrei zu erzeugen. Ähnlich stellt sich die Situation im Bereich der *formalen Verifikation* dar. Durch die Anwendung mathematischer Algorithmen wird die Fehlerfreiheit eines Programms vollständig bewiesen. Das unscheinbare Wörtchen „vollständig" hat dabei weitreichende Konsequenzen. Um diese zu gewährleisten, müssen formale Methoden durchweg auf Algorithmen exponentieller Komplexität zurückgreifen, die den Einsatz für große Software-Systeme zurzeit ad absurdum führen. Sollte hier der Durchbruch in naher oder ferner Zukunft noch gelingen, werden wir vielleicht auf die eine oder andere Technik der fehlertoleranten Programmierung verzichten können. Nichtsdestotrotz wird deren Bedeutung mit großer Sicherheit auch dann noch erheblich sein und weiterhin einen Grundpfeiler für die Steigerung der Robustheit großer Software-Systeme darstellen.

3.4.3 Ausnahmebehandlung

Der Begriff der *Ausnahmebehandlung* subsumiert alle Methoden und Vorgehensweisen, die einen geregelten Umgang mit spontan auftretenden Fehlersituationen ermöglichen. Auf der obersten Ebene werden Ausnahmesituationen in *geplante Ausnahmen* (Datei nicht gefunden, ungültige Eingabe) und *ungeplante Ausnahmen* (Speichermangel, Division durch null) unterschieden.

Einige Sprachen delegieren einen Teil der Ausnahmebehandlung schlicht an das Betriebssystem. Verursacht beispielsweise eine C-Applikation einen Division-durch-null-Fehler, so wird dieser durch eine entsprechende Interrupt-Service-Routine des Betriebssystems behandelt. Die Folgen sind jedem C-Programmierer bekannt: Eine Division durch null führt zur sofortigen Beendigung des fehlerverursachenden Prozesses.

Andere Sprachen legen die Behandlung dieser Ausnahmesituation in die Hände des Programmierers. So erzeugt eine Division durch null in einem Java-Programm zunächst eine sogenannte *Ausnahme* (*exception*), die bei Bedarf *abgefangen* werden kann. Der Software-Entwickler erhält hierdurch die Möglichkeit, mit Hilfe spezieller Fehlerbehandlungsroutinen flexibel auf das eingetretene Fehlerszenario zu reagieren.

Das Prinzip der Ausnahmebehandlung wurde bereits 1967 mit der Sprache PL/I eingeführt, die von IBM im Rahmen des System/360-Projekts entwickelt wurde. Eine weite Verbreitung fand das Exception-Konzept jedoch erst durch die Programmiersprachen C++ und Java. Hier bildet der Mechanismus unübersehbar eine Kernsäule der jeweiligen Spracharchitektur.

Um die Vorteile einer systematischen Ausnahmebehandlung zu verstehen, betrachten wir die in Abb. 3.24 abgedruckte Implementierung. Dargestellt ist eine typische Code-Sequenz, die eine Datei öffnet, deren Größe bestimmt und anschließend den Inhalt in einen zuvor dynamisch belegten Speicherbereich kopiert. Jede der nacheinander ausgeführten Operationen kann fehlschlagen und ist in der konventionellen Implementierung aus diesem Grund durch eine zusätzliche `If`-Abfrage abgesichert. Im Fehlerfall wird die Programmausführung unterbrochen und ein fest

```
ReadFile1.java
int readFile(String name) {                                          1
  int error_code;                                                    2
     <Öffne Datei>                                                   3
     if (<Datei erfolgreich geöffnet>) {                            4
         <Ermittle Dateigröße>                                       5
         if (<Dateigröße erfolgreich ermittelt>) {                  6
             <Belege Speicher>                                       7
             if (<Speicher erfolgreich belegt>) {                   8
                 <Lese Dateiinhalt ein>                              9
                 if (<Dateiinhalt erfolgreich gelesen>) {          10
                     error_code = 0;                                11
                 } else                                             12
                     error_code = 1;                                13
             } else                                                 14
                 error_code = 2                                     15
         } else                                                     16
             error_code = 3                                         17
         <Schließe Datei>                                           18
         if (<Datei nicht schließbar>)                             19
             error_code = 4                                         20
     } else                                                         21
         error_code = 5                                             22
     return error_code;                                             23
}                                                                   24
```

Abb. 3.24 Konventionelle Fehlerbehandlung mit Hilfe verschachtelter If-Abfragen

definierter Fehlercode an die aufrufende Funktion zurückgeliefert. Im Erfolgsfall terminiert die Funktion mit dem Rückgabewert 0.

Eine alternative Implementierung ist in Abb. 3.25 dargestellt – diesmal mit Hilfe des Exception-Mechanismus formuliert. Alle Methodenaufrufe, die potenziell zu einem Fehler führen, sind in einen *Try-Catch-Block* eingebettet. Im Erfolgsfall wird der Try-Block vollständig ausgeführt und sämtliche Catch-Anweisungen ignoriert. Tritt dagegen ein Fehler auf, so erzeugt die Laufzeitumgebung zunächst ein Exception-Objekt und führt anschließend den Fehlerbehandlungscode des passenden `catch`-Blocks aus. Das Exception-Objekt wird als Parameter an den `catch`-Block übergeben und enthält nähere Informationen über die eingetretene Ausnahme.

Die auf dem Exception-Prinzip basierende Programmversion ist nicht nur wesentlich eleganter und kürzer als die konventionelle Lösung, sondern zeichnet sich vor allem durch eine wesentlich höhere Übersichtlichkeit aus. Während die Programmstruktur jetzt auf den ersten Blick klare Konturen annimmt, bedarf es in der konventionellen Lösung einer genaueren Analyse, um die verwendeten Fehlercodes eindeutig mit ihren Ursachen zu identifizieren.

```
ReadFile2.java
void readFile(String name) {                                        1
    try {                                                           2
        <Öffne Datei>                                               3
        <Ermittle Dateigröße>                                      4
        <Belege Speicher>                                          5
        <Lese Dateiinhalt ein>                                     6
        <Schließe Datei>                                          7
    }                                                              8
    catch (DateiÖffnenFehler ...) { <Fehlerreaktion> }            9
    catch (DateiGrößenFehler ...) { <Fehlerreaktion> }          10
    catch (SpeicherBelegenFehler ...) { <Fehlerreaktion> }      11
    catch (DateiLesenFehler ...) { <Fehlerreaktion> }           12
    catch (DateiSchliessenFehler ...) { <Fehlerreaktion> }      13
}                                                                 14
```

Abb. 3.25 Fehlerbehandlung mit Hilfe von Exceptions

3.5 Portabilität

Der Begriff der *Portabilität* drückt aus, wie leicht ein Software-System in eine andere Umgebung übertragen werden kann. Mit anderen Worten: Die Portabilität umschreibt den Grad der *Plattformunabhängigkeit* eines Software-Systems. In diesem Zusammenhang interessiert nicht nur, ob ein Programm auf verschiedenen Plattformen per se lauffähig ist, sondern vor allem, wie viele Eingriffe für die Übertragung in eine noch nicht unterstützte Umgebung notwendig werden. In der Praxis treten die folgenden Portierungsszenarien auf:

- **Architekturportierung**
  Hinter diesem Begriff verbirgt sich die Portierung eines Software-Systems auf eine andere Hardware-Plattform. Insbesondere der Wechsel der Prozessorarchitektur stellt den Programmierer vor nicht zu unterschätzende Probleme, da Hardware-nahe Sprachen wie z. B. C oder C++ die primitiven Datentypen direkt auf das Register-Layout des Prozessors abbilden. Die Bitbreite einer C-Variablen des Typs `long` ist in den allermeisten Fällen mit der Registerbreite des Prozessors identisch, so dass sich bei der 64-Bit-Portierung alter 32-Bit-Programme der Wertebereich vieler Variablen schlagartig ändert. Ein noch größeres Problem geht auf die *Speicherordnung* (*endianness*) eines Prozessors zurück. Warum der Wechsel von einer *Big-Endian-* auf eine *Little-Endian-Architektur* oder umgekehrt überhaupt Probleme macht, werden wir in Abschnitt 3.5.1.3 im Detail diskutieren.

- **Betriebssystemportierung**
  Schwieriger noch als die Portierung auf eine andere Hardware-Architektur ist in den meisten Fällen der Wechsel des zugrunde liegenden Betriebssystems. So sind z. B. viele Komponenten einer Windows-Applikation so eng auf das Betriebssystem zugeschnitten, dass die Anpassung an andere Systeme wie Linux

oder Mac OS X tiefgreifende Änderungen erfordert. Ist die Programmlogik sauber von der Darstellungslogik getrennt, reicht in vielen Fällen das Neuschreiben der grafischen Benutzungsoberfläche aus. Sind beide Teile mangels durchdachter Software-Architektur eng miteinander verzahnt, kann die Portierung eine vollständige Neuimplementierung weiter Teile nach sich ziehen.

■ **Systemportierung**
Dieser Begriff fasst alle Szenarien zusammen, in denen ein Programm auf eine andere Geräteklasse übertragen wird. Ein Beispiel ist die Portierung klassischer PC-Applikationen auf mobile Endgeräte. Die vielen Varianten des Windows-Betriebssystems, wie die Media Center Edition, Tablet PC Edition oder die Mobile Edition, sind an dieser Stelle trendweisend. Bei dieser Art der Portierung kommt erschwerend hinzu, dass die Endgeräte eine riesige Bandbreite bezüglich der Rechenleistung, des Speicherausbaus, der Energieversorgung und der Benutzungsschnittstelle abdecken. Während PC-Betriebssysteme mit dem Anwender vornehmlich über Tastatur- und Mauseingaben kommunizieren, sind diese Eingabeschnittstellen z. B. auf Mobiltelefonen nicht in der gleichen Form vorhanden.

Die Kunst der portablen Programmierung besteht hier in der frühzeitigen Erkennung von wiederverwendbaren Code-Modulen, die als kleinster gemeinsamer Nenner in allen Varianten eingesetzt werden können. Auf diese Weise kann der erhebliche Entwicklungsaufwand von Programmvarianten zumindest partiell verringert werden.

■ **Sprachportierungen**
Viele ältere Software-Module sind in Programmiersprachen verfasst, die nur schwer mit modernen Sprachen interagieren. Darüber hinaus geht mit jeder neuen Entwicklergeneration mehr und mehr Wissen über antiquierte Sprachen verloren, was die Wartung des alten Programm-Codes wiederum erschwert. Über kurz oder lang reift der Wunsch, die alten Quelltexte in eine neuen Programmiersprache zu übertragen. Dass eine Sprachportierung in der Praxis ein schwieriges Unterfangen darstellt, beweisen die schier unzähligen COBOL-Programme, die heute insbesondere im Bankenbereich immer noch ihre Dienste verrichten.

Die wenigsten Systeme, die für eine bestimmte Umgebung entwickelt werden, sind ad hoc in einer anderen Umgebung lauffähig. Gut programmierte Software zeichnet sich vor allem dadurch aus, dass eine Anpassung mit wenigen Änderungen in kurzer Zeit vollzogen werden kann. Die Portabilität praxistypischer Software-Systeme unterscheidet sich um Größenordnungen. So wurde z. B. der hohe Portabilitätsgrad des Linux-Betriebssystems in der Vergangenheit vielfach demonstriert. Waren die ersten Generationen des Linux-Kernels ausschließlich in der x86-Welt zu Hause, unterstützt das Betriebssystem heute, wie in Abb. 3.26 gezeigt, nahezu alle gebräuchlichen Prozessorvarianten. Neben dem Einsatz auf Servern und Arbeitsplatzrechnern hat Linux auch im Bereich eingebetteter Systeme Fuß gefasst. So läuft das freie Betriebssystem heute nicht nur auf PDAs und Mobiltelefonen, sondern auch auf art-

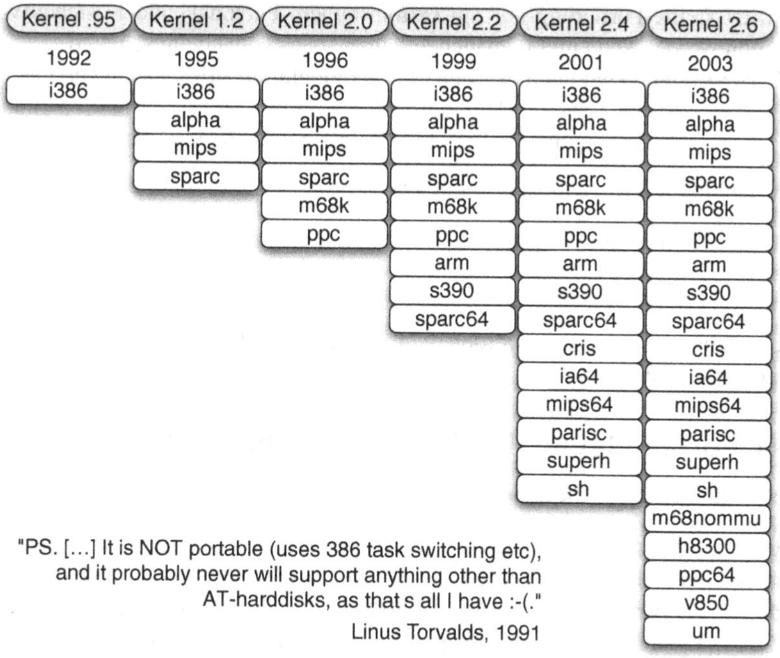

Kernel .95	Kernel 1.2	Kernel 2.0	Kernel 2.2	Kernel 2.4	Kernel 2.6
1992	1995	1996	1999	2001	2003
i386	i386	i386	i386	i386	i386
	alpha	alpha	alpha	alpha	alpha
	mips	mips	mips	mips	mips
	sparc	sparc	sparc	sparc	sparc
		m68k	m68k	m68k	m68k
		ppc	ppc	ppc	ppc
			arm	arm	arm
			s390	s390	s390
			sparc64	sparc64	sparc64
				cris	cris
				ia64	ia64
				mips64	mips64
				parisc	parisc
				superh	superh
				sh	sh
					m68nommu
					h8300
					ppc64
					v850
					um

"PS. [...] It is NOT portable (uses 386 task switching etc),
and it probably never will support anything other than
AT-harddisks, as that s all I have :-(."
Linus Torvalds, 1991

Abb. 3.26 Portierung des Linux-Kernels auf verschiedene Computerarchitekturen

fremden Geräten wie dem iPod, der in keiner Weise darauf ausgelegt war, neben der hauseigenen Firmware ein anderes Betriebssystem auszuführen.

Die einfache Portierbarkeit ist nicht nur ein Markenzeichen des Linux-Betriebssystems, sondern auch der meisten anderen Unix-Derivate. Neben der Sicherheit und Stabilität ist die Portabilität ein charakteristisches Merkmal der freien Unix-Klone FreeBSD, OpenBSD und insbesondere NetBSD. In der Öffentlichkeit fristen diese Betriebssysteme seit dem Boom von Linux eher ein Schattendasein – zu Unrecht, wenn marktpolitische Gründe außer Acht gelassen und nur die puren Leistungsdaten der Betriebssysteme in die Waagschale gelegt werden.

Auch die Portierung von Mac OS X auf die Intel-Plattform – die zweite große Technologietransition in der Geschichte der Firma Apple – konnte reibungsloser vollzogen werden als von manchen Kritikern befürchtet. Im Herzen von Mac OS X operiert ein Unix-ähnlicher Kernel (Darwin), der zu großen Teilen ebenfalls auf der BSD-Code-Basis beruht. Trotzdem ist Mac OS X kein reines Unix-Betriebssystem, da es um viele Komponenten wie z.B. die Aqua-Oberfläche oder das Cocoa-Framework erweitert wurde. Diese Komponenten haben ihre Wurzeln nicht in der Unix-Welt und gehen stattdessen auf das Betriebssystem OPENSTEP der Firma NeXT zurück.

Andere Projekte haben ihre liebe Not mit der Portabilität. Viele große Software-Systeme adaptieren sich über die Jahre hinweg so eng an eine bestimmte Architektur, dass eine Portierung nur mit extrem hohem Personal- und Kostenaufwand gestemmt werden kann und in manchen Fällen sogar vollständig scheitert.

Trotzdem stehen wir auch hier dem Problem nicht machtlos gegenüber. Die heute in der Praxis eingesetzten Methoden und Techniken setzen auf drei ganz unterschiedlichen Ebenen an, um die Portabilität eines Software-Systems zu erhöhen:

- Portabilität auf Implementierungsebene

- Portabilität auf Sprachebene

- Portabilität auf Systemebene

In den nächsten Abschnitten werden die Lösungsmöglichkeiten für jede dieser Ebenen genauer untersucht.

3.5.1 Portabilität auf Implementierungsebene

3.5.1.1 Code-Organisation

In typischen Software-Systemen ist der größte Teil der Quelltexte von Natur aus plattformunabhängig – nur ein geringer Prozentsatz des Programmcodes nutzt die speziellen Fähigkeiten der Hardware wirklich aus. Portabilität beginnt daher mit der Code-Organisation und es gilt, plattformunabhängige und plattformabhängige Code-Module in einem ersten Schritt sauber voneinander zu trennen.

Wie so oft gibt es auch hier Ausnahmen, zu denen insbesondere die Assembler-Programmierung gehört. Mit der zunehmenden Orientierung hin zu höheren Abstraktionsebenen, verliert die manuelle Erstellung von Maschinencode jedoch mehr und mehr an Bedeutung. Selbst systemnahe Applikationen, wie Betriebssysteme und Gerätetreiber, sind heute nur noch zu einem Bruchteil in reinem Assembler codiert. Um eine plastische Vorstellung des Gesagten zu erhalten, lohnt auch hier ein Blick in die Linux-Kernel-Quellen. Den mehr als 6000 C-Dateien des untersuchten 2.6er-Kernels stehen knapp 700 Assembler-Dateien gegenüber.

Im Hinblick auf die Code-Organisation ist der Linux-Kernel in den letzten Jahren zu einem Vorzeigebeispiel herangewachsen. Wie in Abb. 3.27 gezeigt, sind alle plattformabhängige Dateien im Quellenverzeichnis `arch/<arch>` bzw. `include/asm-<arch>` gespeichert und damit sauber von den plattformunabhängigen Dateien getrennt. Der Platzhalter `<arch>` steht stellvertretend für die jeweilige Hardware-Architektur.

3.5.1.2 Datentypen

Zu den regelmäßig wiederkehrenden Problemen im Bereich der Architekturportierung gehört die Änderung der prozessorinternen Arithmetikformate – insbesondere die unterschiedliche Bitbreite der CPU-Register schränkt die Portierbarkeit vieler Programme dramatisch ein. Inwieweit ein Software-System davon betroffen ist, hängt in großem Maße von der eingesetzten Programmiersprache ab. High-Level-Sprachen wie Java oder Smalltalk abstrahieren bewusst von prozessorinternen Details und sind von der Problematik damit konstruktionsbedingt verschont.

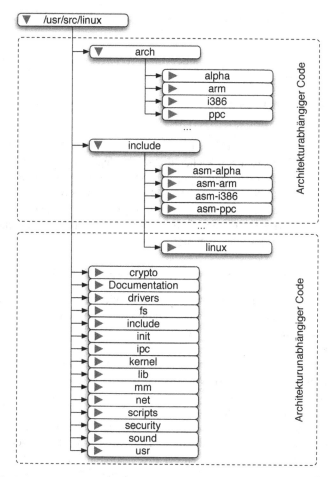

Abb. 3.27 Code-Organisation des Linux-Kernels

Jede Integer-Variable besitzt in Java eine Auflösung von 32 Bit, unabhängig von der realen Registerbreite. Wie zu erwarten, fordert der Luxus der Datentypabstraktion seinen Tribut. Da sich eine Integer-Operation nicht mehr in jedem Fall auf eine einzige Assembler-Instruktion abbilden lässt, werden entsprechende Programme auf manchen Prozessoren deutlich langsamer ausgeführt.

In Low-Level-Sprachen, zu denen unter anderem die verschiedenen Abkömmlinge der Programmiersprache C zählen, ist die Bitbreite der elementaren Datentypen von Architektur zu Architektur unterschiedlich. Bei diesen Sprachen steht die Laufzeiteffizienz im Vordergrund, so dass sich die Bitbreite der elementaren Datentypen an den Fähigkeiten des eingesetzten Prozessors orientieren. Entsprechend wenig regelt die Sprachdefinition von C. Für die vier ganzzahligen Datentypen **char**, **short**, `int` und `long` werden zunächst nur die folgenden, vergleichsweise schwachen Eigenschaften garantiert:

- Die Bitbreite von `char` entspricht der *Adressierungsgranularität* der Hardware-Architektur.

- Die Bitbreiten der Datentypen `char`, `short`, `int` und `long` sind monoton steigend.

Die Adressierungsgranularität eines Prozessors entspricht der Bitbreite eines Datenworts, das an einer einzelnen Speicheradresse abgelegt ist. Nahezu alle modernen Prozessoren adressieren den Hauptspeicher byteweise, so dass die Adressierungsgranularität und damit die Breite des `char`-Datentyps stets 8 Bit beträgt. Die zweite Eigenschaft stellt sicher, dass jeder Datentyp ohne Verluste in den nächstgrößeren Datentyp konvertiert werden kann. Insbesondere garantiert die C-Sprachdefinition damit die folgende Ordnungsbeziehung:

$$\texttt{sizeof(char)} \leq \texttt{sizeof(short)} \leq \texttt{sizeof(int)} \leq \texttt{sizeof(long)} \quad (3.1)$$

Zusätzlich spezifiziert der ANSI-C-Standard Mindestgrößen für die Datentypen `short` und `long`. So garantieren ANSI-C-konforme Compiler, dass `short`- und `int`-Variablen eine Mindestbreite von 16 Bit und `long`-Variablen eine Mindestbreite von 32 Bit aufweisen.

Ihrer Zielsetzung entsprechend operieren die Programmiersprachen der C-Familie sehr nahe am Betriebssystem. Die meisten der heute verwendeten Betriebssysteme sind selbst zu einem großen Teil in C (z. B. Linux) oder C++ (z. B. Windows) implementiert. Damit C-Programme ohne Umwege mit dem Betriebssystem interagieren können, müssen sie das gleiche *Datenmodell* wie das zugrunde liegende Betriebssystem verwenden (vgl. Abb. 3.28). Da sich das Datenmodell des Betriebssystems wiederum sehr nahe an der Prozessorarchitektur orientiert, wird die konkrete Bitbreite der ganzzahligen Datentypen eines C-Programms sowohl durch das Betriebssystem als auch durch den eingesetzten Mikroprozessor bestimmt. Spätestens an dieser Stelle wird klar, warum die C-Spezifikation die Bitbreiten der Datentypen nur in weiten Grenzen vorgeben kann.

Grob gesprochen legt ein Datenmodell die Bitbreite der vier ganzzahligen C-Datentypen (`char`, `short`, `int` und `long`) sowie die Bitbreite einer Speicherreferenz (`void *`) fest. Die Namen der Datenmodelle folgen dabei einem einheitlichen Schema. Während die Zahl am Ende des Bezeichners die größte verwendete Bitbreite bestimmt, listet das Präfix alle Datentypen auf, die mit dieser Bitbreite dargestellt werden. Dabei steht `I` für Integer, `L` für Long und `P` für Pointer. Für die Programmierung von 64-Bit-Systemen sind insbesondere die folgenden Datenmodelle von Bedeutung:

- **Das P64-Datenmodell**
  Dieses Modell wurde von Microsoft für die 64-Bit-Versionen des Windows-Betriebssystems ausgewählt. Das Datenmodell besitzt den Vorteil, dass eine ILP32-Applikation mit geringem Aufwand portiert werden kann. Hierzu wurden

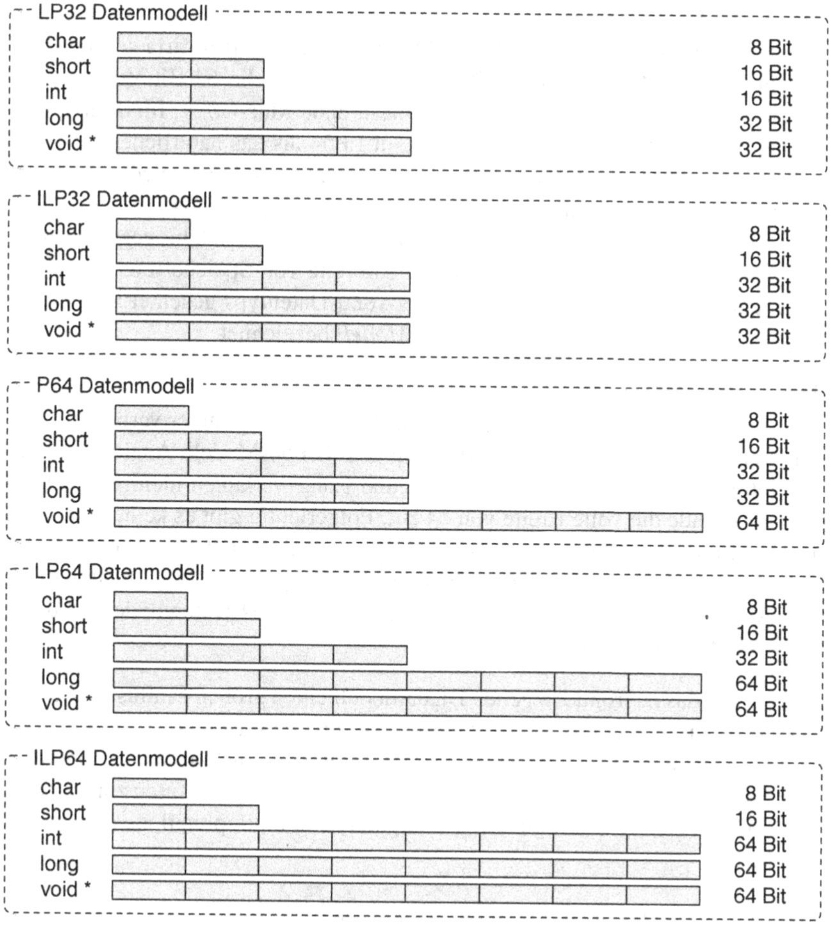

Abb. 3.28 Datenmodelle verschiedener Computerarchitekturen

die Größen aller ganzzahligen Datentypen unverändert übernommen und einzig die Bitbreite von Speicherreferenzen auf 64 Bit erweitert. Dass die Typen **int** und **long** in diesem Datenmodell zusammenfallen, ist alleine der Kompatibilität geschuldet und wird die Software-Entwickler der nächsten Generationen mit Sicherheit vor das eine oder andere Rätsel stellen. Ein gravierender Nachteil dieses Speichermodells ist die Abwesenheit eines echten ganzzahligen 64-Bit-Datentyps. Um Abhilfe zu schaffen, wurde C++ und die 1999 verabschiedete Version von ANSI-C (C99) um einen zusätzlichen Datentyp **long long** erweitert. Alle Variablen dieses Typs besitzen die native Bitbreite des Prozessors von 64 Bit. Das P64-Datenmodell wird auch als *4/4/8-Modell* bezeichnet.

■ **Das LP64-Datenmodell**

Durchgängig eingesetzt wird dieses Modell in den 64-Bit-Varianten der heute gebräuchlichen Unix-Derivate. Darunter fallen auch die 64-Bit-Versionen von Linux und das im Kern auf BSD-Unix basierende Mac OS X. Im direkten Vergleich mit dem P64-Datenmodell erscheint LP64 als das natürlichere, da es die elementaren Datentypen `char`, `short`, `int` und `long` mit verschiedenen Bitbreiten belegt und hierdurch auf die Definition neuer Typen vollständig verzichten kann. Die Portierung von 32-Bit-Applikationen gestaltet sich hingegen geringfügig schwieriger. Neben der veränderten Bitbreite von Speicherreferenzen muss auch auf den größeren Wertebereich des `long`-Datentyps geachtet werden. Das LP64-Datenmodell wird auch als *4/8/8-Modell* bezeichnet.

■ **Das ILP64-Datenmodell**

Im Vergleich zu P64 oder LP64 ist dieses Modell weit weniger verbreitet. Unter anderem arbeitet die Cray-Plattform nach dem ILP64-Modell. Analog zum P64-Modell sind die Bitbreiten von Integer- und Long-Variablen identisch, verwenden aber beide die volle Breite von 64 Bit. Folgerichtig gibt es keinen elementaren Datentyp für die Repräsentation ganzzahliger 32-Bit-Werte. Abhilfe schafft hier der `int32`-Datentyp, der im Jahre 1999 ebenfalls als fester Bestandteil in den ANSI-C-Standard aufgenommen wurde. Das ILP64-Datenmodell wird auch als *8/8/8-Modell* bezeichnet.

Insgesamt hat das zugrunde liegende Datenmodell einen großen Einfluss auf die Architekturportierung einer 32-Bit-Applikation auf einen 64-Bit-Prozessor. Erschwert wird die Portierung durch eine Reihe von Fehlschlüssen, die auf unzulässigen Verallgemeinerungen der Eigenschaften klassischer 32-Bit-Architekturen zurückgehen. In der praktischen Arbeit lassen sich die folgenden Fehlinterpretationen regelmäßig beobachten:

■ `long` und `int` werden als der gleiche Datentyp betrachtet.

■ Die Bitbreite eines Datentyps wird als konstant angesehen.

■ Pointer- und Integer-Variablen werden als gleich groß erachtet.

Der erste Fehlschluss ist eindeutig dem ILP32-Datenmodell geschuldet, an dem sich sowohl die 32-Bit-Versionen von Windows als auch von Unix orientieren. Hier spielt es in der Tat keine Rolle, ob eine Variable als `int` oder `long` definiert wird. In beiden Fällen erhält der Programmierer eine Variable mit einer Breite von exakt 32 Bit.

Der zweite Fehlschluss geht auf die Tatsache zurück, dass viele Programmierer über einen langen Zeitraum Software für ein und dieselbe Plattform entwickeln. Erschwerend kommt hinzu, dass viele frisch ausgebildete Entwickler mit abstrakten Programmiersprachen wie Java oder C# groß werden und sich beim Verfassen eines C-Programms die Frage nach der Bitbreite eines Datentyps erst gar nicht stellen. Ein Integer ist 32 Bit breit. Punkt.

```
initialize.c

void initialize()                    1
{                                    2
    char a[4];                       3
    int i;                           4
                                     5
    for (i=0; i<4; i++) {            6
        a[i] = 0;                    7
        }                            8
    }                                9
    ...                              10
}                                    11
                                     12
```

```
initialize_optimized.c

void initialize()                    1
{                                    2
    char a[4];                       3
                                     4
    *(long *)a = 0;                  5
                                     6
    ...                              7
}                                    8
                                     9
                                     10
                                     11
                                     12
```

Abb. 3.29 Viele vermeintliche Optimierungen führen die Programmportabilität ad absurdum

In Abb. 3.29 ist ein typisches Programm abgebildet, in dem das vermeintliche Wissen über die Bitbreite einer Variablen zu Optimierungszwecken eingesetzt wurde. Links ist das Originalprogramm und rechts daneben die „verbesserte" Variante zu sehen. Die vermeintliche Optimierung beruht an dieser Stelle auf der Hoffnung, die Array-Initialisierung beschleunigen zu können, indem der elementweise Zugriff durch eine einzige Zuweisung ersetzt wird. Mit dem Argument der Geschwindigkeitssteigerung werden solche Konstrukte sowohl im industriellen Umfeld als auch im Bereich der Open-Source-Software zuhauf eingesetzt. Fälschlicherweise ging der Programmierer der betreffenden Code-Zeilen aufgrund seiner langjährigen Erfahrung davon aus, dass eine Variable vom Typ long eine Breite von 32 Bit besitzt. Auf den meisten ILP32-Architekturen vollbringt das Programm zuverlässig seinen Dienst – bis zu dem Tag, an dem die Applikation auf eine 64-Bit-Architektur portiert wird, die nach dem LP64- oder ILP64-Datenmodell arbeitet.

In der Tat ist die gemachte Annahme über die Bitbreite von long nicht der einzige Fehler, der durch diese Art der Optimierung entsteht. Erkennen Sie den Grund, weshalb das Programm selbst auf manchen 32-Bit-Architekturen einen Absturz verursachen wird? Falls nicht, sind Sie an dieser Stelle eingeladen, bereits jetzt einen Blick auf Abschnitt 3.5.1.5 zu werfen. Dort werden wir das hier vorgestellte Programm erneut aufgreifen und den zweiten großen Portabilitätsfehler im Detail diskutieren.

Eine in der Praxis noch häufiger anzutreffende Fehlerquelle geht auf die Gleichbehandlung von Integer- und Pointer-Variablen zurück. Auch hierfür zeichnet das ILP32-Datenmodell verantwortlich, in dem die Typen int und void* die gleiche Bitbreite besitzen. So manches Problem lässt sich aufgrund dieser Gemeinsamkeit vermeintlich trickreich lösen – auf Kosten der Portabilität und damit der Zukunft des Software-Systems. Steht z. B. keine Listen-Datenstruktur für die Verwahrung von Speicherreferenzen zur Verfügung, wird in der Praxis gerne auf die klassische Integer-Liste zurückgegriffen. Durch die gleiche Bitbreite gibt es auf Speicherebene keinen Unterschied zwischen den Datentypen – beide lassen sich durch einen simplen Type-cast verlustfrei ineinander überführen. Insbesondere im Bereich

```
asm-i386/types.h
typedef unsigned char u8;                                              1
                                                                       2
typedef signed short s16;                                              3
typedef unsigned short u16;                                            4
                                                                       5
typedef signed int s32;                                                6
typedef unsigned int u32;                                              7
                                                                       8
typedef signed long long s64;                                          9
typedef unsigned long long u64;                                       10
                                                                      11
#define BITS_PER_LONG 32                                              12
```

```
asm-ia64/types.h
typedef unsigned char u8;                                             13
                                                                      14
typedef signed short s16;                                             15
typedef unsigned short u16;                                           16
                                                                      17
typedef signed int s32;                                               18
typedef unsigned int u32;                                             19
                                                                      20
typedef signed long s64;                                              21
typedef unsigned long u64;                                            22
                                                                      23
#define BITS_PER_LONG 64                                              24
```

Abb. 3.30 Universelle Datentypen des Linux-Kernels

Hardware-naher Sprachen zieht sich die Vermischung von inhärent verschiedenen Datentypen wie ein roter Faden durch die Quelltexte vieler Software-Produkte.

Programme dieser Art führen auf Systemen, die nach dem P64- oder dem LP64-Datenmodell arbeiten, zwangsläufig zu Problemen – in beiden Modellen verfügen Speicherreferenzen über eine höhere Bitbreite als sie der int-Datentyp zur Verfügung stellt. Einzig das ILP64-Datenmodell zeigt sich hier gutmütig. Die lieb gewonnene Gleichung

$$\texttt{sizeof(int)} = \texttt{sizeof(long)} = \texttt{sizeof(void*)} \qquad (3.2)$$

bleibt in diesem Modell nach wie vor gültig und der Typisierungsfehler weiterhin kaschiert.

Was können wir als Programmierer tun, um die Problematik variabler Bitbreiten zu entschärfen? Eine einfache Möglichkeit besteht in der Verwendung architektur-unabhängiger Datentypen, die bewusst von dem zugrunde liegenden Datenmodell abstrahieren und stets eine konstante Bitbreite aufweisen. Als Beispiel betrachten wir die Header-Datei types.h des Linux-Kernels, die unter anderem die folgen-

```
stdint.h
typedef signed char int8_t;                                          1
typedef unsigned char uint8_t;                                       2
                                                                     3
typedef short int16_t;                                               4
typedef unsigned short uint16_t;                                     5
                                                                     6
typedef long int32_t;                                                7
typedef unsigned long uint32_t;                                      8
                                                                     9
typedef long long int64_t;                                          10
typedef unsigned long long uint64_t;                                11
                                                                    12
typedef long intptr_t;                                              13
typedef unsigned long uintptr_t;                                    14
```

Abb. 3.31 Universelle Datentypen des ANSI-Standards C99

den architekturunabhängigen Datentypen definiert: s8, u8, s16, u16, s32, u32, s64, u64.

Die beiden Code-Fragmente in Abb. 3.30 zeigen die relevanten Auszüge der Header-Datei in leicht vereinfachter Schreibweise. Links ist die Definition für die 32-Bit-Plattform i386 und rechts für die 64-Bit-Plattform ia64 dargestellt. Neben den architekturunabhängigen Datentypen wird zusätzlich die Konstante BITS_PER_LONG definiert, die stets der Bitbreite einer long-Variablen entspricht. Auf allen von Linux unterstützten Plattformen ist die Bitbreite einer Long-Variablen mit der Bitbreite der Prozessorregister identisch.

Mit dem C99-Standard von ANSI-C wurden ebenfalls mehrere neue Datentypen eingeführt, die über eine architekturunabhängige Bitbreite verfügen. Die Typdefinitionen befinden sich in der Header-Datei stdint.h und bilden die neuen Bezeichner in analoger Weise auf die entsprechenden elementaren C-Datentypen ab. Der in Abb. 3.31 exemplarisch dargestellte Dateiauszug entstammt der 32-Bit-Version von Mac OS X.

Die zahlreichen neu definierten Datentypen lösen zwar das Problem der variablen Bitbreiten, tragen jedoch auf der negativen Seite zu einer babylonischen Sprachverwirrung ganz neuer Art bei. Welche der neu eingesetzten Datentypen schlussendlich eingesetzt werden sollten, hängt von der Programmiersprache, dem Betriebssystem und nicht zuletzt von projektinternen Notations- und Sprachkonventionen ab. Hier schließt sich der Kreis.

3.5.1.3 Speicherordnung

Die *Speicherordnung* einer Computerarchitektur legt fest, in welcher Reihenfolge die einzelnen Bytes eines Datenworts im Hauptspeicher abgelegt werden. In Abhängigkeit der Speicherreihenfolge lassen sich die Architekturen moderner Mikroprozessoren in zwei Klassen einteilen:

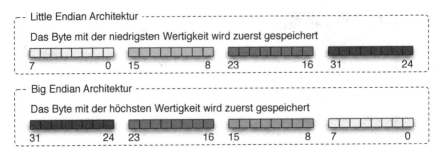

Abb. 3.32 Little-Endian- und Big-Endian-Architektur im Vergleich

■ **Little-Endian-Architekturen**

Die Bytes einer Binärzahl werden ihrer Wertigkeit entsprechend in *aufsteigender* Reihenfolge gespeichert. Das Byte mit der niedrigsten Wertigkeit (Bits 0 - 7) wird zuerst, das Byte mit der höchsten Wertigkeit zuletzt im Speicher abgelegt. Eingeführt wurde das Format mit dem ersten Mikroprozessor – dem Intel 4004. Die CPU arbeitete intern mit einer Registerbreite von 4 Bit, so dass im Zuge der Addition zweier langer Datenwörter mehrere Viererpakete sukzessive addiert werden mussten. Da die Binäraddition stets mit den niedrigstwertigen Bits beginnt, wurden die Pakete im Speicher in aufsteigender Reihenfolge abgelegt. Kurzum: Die Idee der Little-Endian-Technik war geboren. Die Registerbreiten moderner Prozessoren beträgt ein Vielfaches der ursprünglich vorhandenen 4 Bit, so dass das serielle Additionsschema der 4004-CPU schon lange der Vergangenheit angehört. Trotzdem hält Intel bis heute an der Little-Endian-Architektur fest.

■ **Big-Endian-Architekturen**

Die Bytes einer Binärzahl werden ihrer Wertigkeit entsprechend in *absteigender* Reihenfolge gespeichert. Das Byte mit der höchsten Wertigkeit wird zuerst, das Byte mit der niedrigsten Wertigkeit (Bits 0 - 7) zuletzt im Speicher abgelegt. Im direkten Vergleich erscheint die Big-Endian-Architektur als die natürlichere, da das entstehende Speicherbild der uns vertrauten Notation entspricht. Abb. 3.32 fasst die unterschiedliche Anordnung der Daten grafisch zusammen.

Mit Hilfe des in Abb. 3.33 dargestellten C-Programms lässt sich die Speicherordnung eines Computersystems auf einfache Weise bestimmen. Zu diesem Zweck weist die Implementierung einer `short`-Variablen den Wert 1 zu und liest den Variableninhalt anschließend byteweise aus. Die zugrunde liegende Speicherordnung verrät sich unmittelbar durch die vorgefundene Byte-Anordnung. Während die 1 auf Little-Endian-Architekturen an erster Stelle erscheint, kommt sie auf Big-Endian-Architekturen erst an zweiter Stelle zum Vorschein. Manch erfahrener C-Entwickler wird wahrscheinlich die Größe des Programms bemängeln, schließlich lässt sich die Speicherordnung auch mit einem trickreich formulierten Einzeiler bestimmen. Die

```
endian.c
#include <stdio.h>                                              1
                                                                2
typedef union {                                                 3
    struct {                                                    4
        char byte1;                                             5
        char byte2;                                             6
    } b;                                                        7
    short word;                                                 8
} endian_test;                                                  9
                                                               10
int main(void) {                                               11
                                                               12
    endian_test t;                                             13
    t.word = 1;                                                14
    if (t.b.byte1 == 1 && t.b.byte2 == 0)                      15
        printf("Little Endian\n");                             16
    else if (t.b.byte1 == 0 && t.b.byte2 == 1)                17
        printf("Big Edian\n");                                 18
    else                                                       19
        printf("Unknown endianess!?\n");                       20
                                                               21
    return 1;                                                  22
}                                                              23
```

Abb. 3.33 Test der Speicherordnung zur Laufzeit

Implementierung wurde an dieser Stelle bewusst in dieser ausführlichen Form verfasst, um die Grundidee auf den ersten Blick sichtbar zu machen.

Mitunter wird der Little-Endian-Architektur der Vorteil zugeschrieben, einen ganzzahligen Datentyp verkleinern zu können, ohne die Startadresse zu verändern. Wird z. B. eine long-Variable mit dem Wert 1 beschrieben und anschließend als short- oder char-Variable wieder ausgelesen, so erhalten wir mit dem Wert 1 das gleiche Ergebnis. Den Anwender mag diese Eigenschaft erfreuen, da sich hierdurch viele Typisierungsfehler auf einer Little-Endian-Architektur nicht negativ auswirken. Aus Programmierersicht ist diese Eigenschaft umso problematischer, da viele Typisierungsfehler zunächst verborgen bleiben und während der Entwicklung entsprechend schwer zu entdecken sind.

Um einen tieferen Einblick in die Typisierungsproblematik zu erhalten, betrachten wir das in Abb. 3.34 dargestellte Beispielprojekt. Im Mittelpunkt steht die Funktion ask_deep_thought, die mit der Variablen answer eine Referenz auf eine short-Variable entgegennimmt und diese mit der Antwort auf die ultimative Frage des Lebens – kurz 42 – beschreibt. In der Hauptroutine main wird die ultimative Antwort durch einen entsprechenden Funktionsaufruf berechnet und anschließend auf der Konsole ausgegeben. Die Datei deep_thought.h deklariert den Prototyp der Funktion ask_deep_thought und wird über die Include-Direktive in das Haupt-

```
deep_thought.h

extern void                                                  1
ask_deep_thought(int *);                                     2
```

```
deep_thought.c

void                                                         1
ask_deep_thought(short *value)                               2
{                                                            3
    *value = 42;                                             4
}                                                            5
```

```
main.c

#include <stdio.h>                                            1
#include "deep_thought.h"                                     2
                                                             3
int main(int argc, char *argv[])                             4
{                                                            5
    int answer = 0;                                          6
                                                             7
    ask_deep_thought(&answer);                               8
                                                             9
    printf("The ultimate answer to the "                    10
        "question of life is %d\n", answer);                11
    return 1;                                                12
}                                                            13
```

Abb. 3.34 Der hier enthaltene Programmierfehler bleibt auf Little-Endian-Architekturen verdeckt

programm eingebunden. Mit Hilfe des C-Compilers lässt sich das Projekt ohne eine einzige Fehlermeldung oder Warnung übersetzen:

```
> gcc -c deep_thought.c
> gcc -o deep_thought deep_thought.o main.c
> ./deep_thought
```

Doch wie lautet nun die Antwort auf die ultimative Frage des Lebens? Die Anhänger der Little-Endian-Architektur werden sich freuen – hier ist die Antwort wie erwartet gleich 42. Ausgeführt auf einer Big-Endian-Maschine lautet die Antwort dagegen 2752512. Was ist hier passiert? Ein geschärfter Blick auf die Implementierung zeigt schnell, dass die Funktion `ask_deep_thought` eine Referenz auf eine Variable vom Typ `short` erwartet, das Hauptprogramm jedoch eine Referenz auf eine Variable vom Typ `int` übergibt. Auf einer Big-Endian-Architektur wird der Fehler unmittelbar sichtbar, da die beiden höchstwertigen Bytes des Übergabeparameters beschrieben werden. Auf einer Little-Endian-Architektur belegen die beiden niedrigstwertigen Bytes einer Variablen stets die gleiche Speicheradresse, unabhängig davon, ob sie als `short`- oder als `int`-Variable referenziert wird. In diesem Fall wandert der Ergebniswert sozusagen per Zufall an die richtige Stelle, so dass der Fehler maskiert bleibt. Auch der C-Compiler selbst hat keinerlei Möglichkeit, den Typkonflikt zu entdecken. Ein gezielter Blick auf die Header-Datei `ask_deep_thought.h` zeigt, dass der Übergabeparameter bereits hier falsch deklariert wurde.

Wir tun gut daran, das Potenzial des gezeigten Programmierfehlers an dieser Stelle nicht zu unterschätzen. Auch wenn die Implementierung auf Little-Endian-Maschinen den korrekten Wert berechnet, könnte ein findiger Programmierer auf die Idee kommen, den Code geringfügig zu optimieren. Da der Wert der Variablen `answer` unmittelbar nach ihrer Definition durch den Funktionsaufruf `ask_deep_thought` überschrieben wird, kann die getätigte Initialisierung mit ruhigem Gewissen entfallen. Aufgrund des vorhandenen Typkonflikts überschreibt die Funktion `ask_deep_thought` den Übergabeparameter aber nur partiell, so dass mehrere nicht initialisierte Bytes zurückbleiben. Trotzdem besteht eine hohe Wahrscheinlichkeit, dass die restlichen Bits zufällig gleich 0 sind und der Fehler in den meisten Fällen immer noch verdeckt bleibt. Das Fehlerprofil lässt sich damit wie folgt beschreiben:

■ Der Fehler tritt äußerst selten zum Vorschein.

■ Die Auswirkungen des Fehlers sind gravierend.

In Abschnitt 2.10 haben wir genau dieses Fehlerprofil als unseren größten Feind identifiziert. Die Chance ist groß, dass der Defekt während der Entwicklung gänzlich unerkannt bleibt und sich erst im regulären Einsatz zur Katastrophe entwickelt. Zeitbomben dieser oder ähnlicher Art verbergen sich in vielen Software-Systemen, denen wir uns tagtäglich anvertrauen. Im Gegensatz zu Little-Endian-Architekturen fällt die Symptomatik auf Big-Endian-Architekturen so gravierend aus, dass Fehler dieser Art mit hoher Wahrscheinlichkeit während der Entwicklung erkannt werden.

An dieser Stelle soll nicht unerwähnt bleiben, dass sich der geschilderte Defekt unter der Beachtung elementarer Programmierregeln sowohl auf Big-Endian- als auch auf Little-Endian-Architekturen auf verblüffend einfache Weise erkennen lässt. Wie Abschnitt 5.2.2.4 zeigen wird, reicht eine einzige zusätzliche Code-Zeile aus, um den Typkonflikt zur Übersetzungszeit aufzudecken.

3.5.1.4 Network Byte Order

Die Koexistenz von Little-Endian- und Big-Endian-Architekturen führt in der Praxis zu weiteren Schwierigkeiten. Insbesondere kommt es immer dann zu Problemen, wenn zwei Maschinen unterschiedlicher Speicherordnung miteinander kommunizieren. Um einen reibungsfreien Datenaustausch über verschiedene Architekturen hinweg zu ermöglichen, ist jede Applikation angehalten, die zu sendenden Datenpakete zunächst in die sogenannte *Network byte order* zu konvertieren (vgl. Abb. 3.35). Diese ist im TCP/IP-Protokoll als Big-Endian definiert [241].

Für die Konvertierung in das Netzwerkformat wird der Programmierer durch die gängigen Betriebssysteme weitreichend unterstützt. So stellen die meisten Unix-basierten Systeme die folgenden Makros zur Verfügung, die das CPU-Format in das Netzwerkformat und zurück konvertieren:

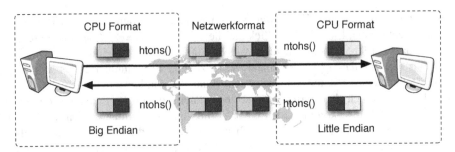

Abb. 3.35 Konvertierung der Datenpakete in die *Network byte order*

- `ntohl` : konvertiert ein Long-Integer vom Netzwerk- in das Host-Format

- `ntohs` : konvertiert ein Short-Integer vom Netzwerk- in das Host-Format

- `htonl` : konvertiert ein Long-Integer vom Host- in das Netzwerk-Format

- `htons` : konvertiert ein Short-Integer vom Host- in das Netzwerk-Format

In der Header-Datei `/usr/include/netinet/in.h` der x86-Varianten des Linux-Kernels sind die Makros folgendermaßen definiert:

```
#define ntohl(x)      __bswap_32 (x)
#define ntohs(x)      __bswap_16 (x)
#define htonl(x)      __bswap_32 (x)
#define htons(x)      __bswap_16 (x)
```

Da alle Intel-Prozessoren auf der Little-Endian Technik beruhen, muss die Byte-Reihenfolge invertiert werden. In der abgedruckten Version geschieht dies durch die Verwendung der Swap-Makros `__bswap_32` und `__bswap_16`, die an anderer Stelle definiert werden.

Die PowerPC-Variante von Mac OS X definiert die Makros in der Datei `/usr/include/sys/_endian.h` hingegen wie folgt:

```
#define ntohl(x)      (x)
#define ntohs(x)      (x)
#define htonl(x)      (x)
#define htons(x)      (x)
```

Die übergebenen Werte werden durch die Makros nicht verändert, da die Prozessorarchitektur in diesem Fall auf der gleichen Speicherordnung beruht, wie die Network byte order selbst.

Dass der zu sendende Byte-Strom von vorne herein korrekt angeordnet ist, bringt an dieser Stelle nicht nur Vorteile mit sich. So ist die Anordnung stets korrekt, unabhängig davon, ob der Byte-Strom mit Hilfe der oben eingeführten Makros aufbereitet oder unverändert übertragen wurde. Entsprechend groß ist hier das Risiko für versteckte Fehler, die erst im Zuge einer Architekturportierung zum Vorschein treten.

Die Diskussion, ob die Little-Endian oder die Big-Endian-Architektur insgesamt überlegen sei, wird seit langer Zeit geführt und verlässt mitunter den Boden der Vernunft. Unbestritten lassen sich für beide Architekturvarianten Vorteile ins Feld führen. Am Ende jeder rationalen Betrachtung steht jedoch die Erkenntnis, dass die Erstellung qualitativ hochwertiger Software mit beiden möglich ist. Durch die Vermeidung unsauberer Implementierungstechniken – einige Beispiele haben wir in diesem Abschnitt kennen gelernt – entstehen Programme, die auf beiden Architekturen von Hause aus lauffähig sind.

Ironischerweise passt die Diskussion, welche Architektur am Ende überlegen sei, sehr gut zur Herkunft der Ausdrücke *Little- Endian* und *Big-Endian* selbst. Beide stammen aus dem 1726 von Jonathan Swift publizierten Roman *Gulliver's Travel*. Dort beschreiben die Begriffe zwei bis in die Haare verfeindete Fraktionen, die sich nicht darüber einigen können, ob es nun sinnvoll sei, ein Ei an der spitzen oder der flachen Seite zu öffnen:

> *"It began upon the following occasion. It is allowed on all hands, that the primitive way of breaking eggs, before we eat them, was upon the larger end; but his present majesty's grandfather, while he was a boy, going to eat an egg, and breaking it according to the ancient practice, happened to cut one of his fingers. Whereupon the emperor his father published an edict, commanding all his subjects, upon great penalties, to break the smaller end of their eggs. The people so highly resented this law, that our histories tell us, there have been six rebellions raised on that account; wherein one emperor lost his life, and another his crown. These civil commotions were constantly fomented by the monarchs of Blefuscu; and when they were quelled, the exiles always fled for refuge to that empire. It is computed that eleven thousand persons have at several times suffered death, rather than submit to break their eggs at the smaller end. Many hundred large volumes have been published upon this controversy: but the books of the Big-endians have been long forbidden, and the whole party rendered incapable by law of holding employments."*

> Jonathan Swift [242]

3.5.1.5 Datenausrichtung

Der Begriff der *Datenausrichtung* (*data alignment*) beschreibt, ob die Startadresse eines Datenworts in einer wohldefinierten Beziehung zu seiner Größe steht. Grob gesprochen heißt ein Datenwort *ausgerichtet*, wenn seine Startadresse ein Vielfaches seiner Größe beträgt. 32-Bit-Integer-Variablen sind demnach genau an den durch 4 teilbaren Adressen, 16-Bit-Short-Variablen an jeder geraden Adresse und 8-Bit-Character-Variablen an ausnahmslos jeder Speicherstelle ausgerichtet. Entspricht die Größe des untersuchten Datenworts einer Zweierpotenz, so lässt sich die korrekte Ausrichtung mit einem einzigen Blick auf das Bitmuster der Startadresse erkennen: Ein 2^n-Byte-großes Datenwort ist genau dann ausgerichtet, wenn die n niedrigstwertigen Bits der Startadresse gleich 0 sind.

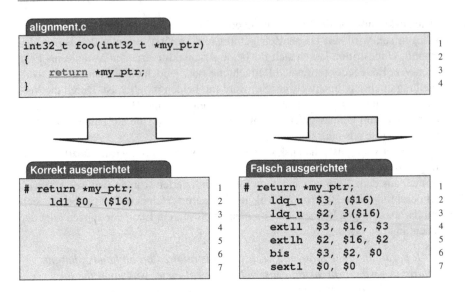

alignment.c

```
int32_t foo(int32_t *my_ptr)                                    1
{                                                               2
    return *my_ptr;                                             3
}                                                               4
```

Korrekt ausgerichtet

```
# return *my_ptr;                1
    ldl  $0, ($16)               2
                                 3
                                 4
                                 5
                                 6
                                 7
```

Falsch ausgerichtet

```
# return *my_ptr;                1
    ldq_u  $3, ($16)             2
    ldq_u  $2, 3($16)            3
    extll  $3, $16, $3           4
    extlh  $2, $16, $2           5
    bis    $3, $2, $0            6
    sextl  $0, $0                7
```

Abb. 3.36 Geschwindigkeitsverluste durch nicht ausgerichtete Daten

   Warum spielt die korrekte Ausrichtung eines Datenworts in der Praxis überhaupt
eine Rolle? Ganz im Sinne dieses Kapitels ist die Antwort abhängig von der zugrunde liegenden Rechnerarchitektur. So schreiben einige RISC-Prozessoren zwingend
vor, dass alle im Speicher abgelegten Datenwörter ausgerichtet sein müssen. Der
Versuch, ein nicht ausgerichtetes Datenwort einzulesen, löst auf den entsprechenden CPUs einen Prozessor-Interrupt aus, der unter den meisten Betriebssystemen zu
einer sofortigen Beendigung des laufenden Prozesses führt. Andere Architekturen
können ausgerichtete Datenworte deutlich schneller einlesen, so dass falsch ausgerichtete Daten drastische Laufzeitverschlechterungen zur Folge haben können.
   Dass die Geschwindigkeitsverluste in der Tat schmerzliche Ausmaße annehmen
können, demonstriert der Anfang der Neunzigerjahre von der Firma DEC auf den
Markt gebrachte Alpha-Prozessor. Um die Auswirkung zu verstehen, betrachten wir
die in Abb. 3.36 dargestellte C-Funktion. Über die Variable `my_ptr` nimmt diese
einen Zeiger auf eine Integer-Variable entgegen und liefert den Inhalt der übergebenen Speicheradresse als Ergebnis zurück. Wird das Programm mit den Standardeinstellungen übersetzt, geht der Compiler von der korrekten Ausrichtung aller Datenworte aus und bildet die Return-Anweisung auf einen einzigen Assembler-Befehl
`ldl` zum Laden des Ergebnisregisters ab (vgl. Abb. 3.36 unten links). Entfällt die
Annahme über die Ausrichtung der Datenworte, muss der Speicherzugriff auf komplizierte Weise abgesichert werden (vgl. Abb. 3.36 unten rechts). In diesem Fall liest
das Assembler-Programm zunächst die beiden ausgerichteten 64-Bit-Wörter ein, die
den gesuchten 32-Bit-Wert zusammen vollständig überdecken. Danach werden mit

Hilfe der **ext1**-Befehle die relevanten Teile isoliert und anschließend mit dem **bis**-Befehl wieder zusammengefügt.

3.5.1.6 Ausrichtung komplexer Datentypen

Alle bisherigen Betrachtungen bezogen sich ausschließlich auf die Ausrichtung einzelner Datenwörter. Um die tiefergehende Problematik der Datenausrichtung zu verstehen, wollen wir die Betrachtungen an dieser Stelle auf zusammengesetzte Datentypen ausweiten. Hierzu betrachten wir das folgende C-Fragment:

```
struct foo_struct {
    char first;    /* 1 Byte */
    long second;   /* 4 Byte */
    short third;   /* 2 Byte */
    char fourth;   /* 1 Byte */
}
```

Während der Übersetzung analysiert der Compiler zunächst alle Strukturelemente und richtet sie entsprechend dem größten vorkommenden Datentyp aus – in diesem Fall nach dem 32-Bit-Datentyp **long**. Der Compiler stellt sicher, dass jede Instanz der Struktur an einer durch 4 teilbaren Speicheradresse beginnt und das erste Strukturelement hierdurch stets ausgerichtet ist. Probleme bereitet in diesem Fall die Variable **second**. Wird diese unmittelbar hinter der Variablen **first** im Speicher abgelegt, rutscht sie auf eine ungerade Speicheradresse und ist damit nicht mehr länger ausgerichtet. Glücklicherweise können wir uns als Software-Entwickler an dieser Stelle entspannt zurücklehnen, da der Compiler die nötige Reparaturarbeit für uns übernimmt. Während der Übersetzung werden die Strukturelemente mit speziellen Platzhaltern (*pads*) ergänzt, die für die korrekte Ausrichtung aller Elemente sorgen. Das Einfügen der Platzhalter wird in der Literatur als *Structure padding* bezeichnet.

Die linke Hälfte in Abb. 3.37 zeigt, wie die einzelnen Strukturelemente durch den Compiler verschoben werden. Um die Long-Variable **second** korrekt zu positionieren, fügt der Compiler drei zusätzliche Bytes ein. Zwischen **second, third** und **fourth** sind keine weiteren Platzhalter nötig, da bereits alle drei Elemente entsprechend ihrer Basisdatentypen ausgerichtet sind. Am Ende wird die Struktur um einen weiteren Platzhalter ergänzt, um sicherzustellen, dass die resultierende Strukturgröße durch die Breite des größten Strukturelements teilbar ist. Auf diese Weise lassen sich die Instanzen der Struktur auch als Array gruppieren – der letzte Platzhalter sorgt dafür, dass nicht nur das erste, sondern auch alle weiteren Array-Elemente korrekt im Hauptspeicher ausgerichtet sind.

Wie das Beispiel demonstriert, ist die Methode des automatischen *Structure paddings* auch mit deutlichen Nachteilen verbunden. Anders als von vielen erwartet, belegt eine einzelne Strukturinstanz nicht 8, sondern 12 Byte – 50 % mehr als grundsätzlich benötigt. In der Praxis führt der arglose Umgang mit der Ausrichtungsproblematik schnell zu Datenstrukturen, die deutlich mehr Speicher-Ressourcen verschlingen als unbedingt erforderlich. Schlimmer noch: Etliche Software-Entwickler optimieren ihre Programme, indem sie die relative Position der Strukturelemente voraussetzen. Die Versuchung ist an dieser Stelle groß, die Adresse des nächsten

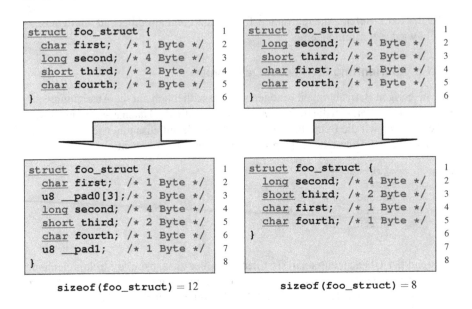

```
struct foo_struct {                  1
    char first;  /* 1 Byte */        2
    long second; /* 4 Byte */        3
    short third; /* 2 Byte */        4
    char fourth; /* 1 Byte */        5
}                                    6
```

```
struct foo_struct {                  1
    long second; /* 4 Byte */        2
    short third; /* 2 Byte */        3
    char first;  /* 1 Byte */        4
    char fourth; /* 1 Byte */        5
}                                    6
```

```
struct foo_struct {                  1
    char first;  /* 1 Byte */        2
    u8 __pad0[3];/* 3 Byte */        3
    long second; /* 4 Byte */        4
    short third; /* 2 Byte */        5
    char fourth; /* 1 Byte */        6
    u8 __pad1;   /* 1 Byte */        7
}                                    8
```

```
struct foo_struct {                  1
    long second; /* 4 Byte */        2
    short third; /* 2 Byte */        3
    char first;  /* 1 Byte */        4
    char fourth; /* 1 Byte */        5
}                                    6
                                     7
                                     8
```

sizeof(foo_struct) = 12   sizeof(foo_struct) = 8

Abb. 3.37 Ausrichtung komplexer Datentypen durch den Compiler

Strukturelements durch das simple Inkrementieren der Vorgängeradresse zu berechnen.

Glücklicherweise lässt sich die Speicherplatzproblematik in der Praxis vergleichsweise einfach entschärfen. Durch das manuelle Umsortieren können die Strukturelemente in den meisten Fällen so angeordnet werden, dass die Anzahl der einzufügenden Platzhalter deutlich reduziert wird. Abb. 3.37 (rechts) zeigt, wie sich die Elemente der eingeführten Beispielstruktur in eine platzsparende Ordnung bringen lassen. Alle Ausrichtungslücken sind jetzt vollends beseitigt, so dass der Speicherhunger einer einzelnen Strukturinstanz auf 8 Byte zurückgeht. An dieser Stelle gilt es zu beachten, dass die Umsortierung der Strukturelemente in jedem Fall manuell erfolgen muss.

Neben dem Einfügen von Platzhaltern nimmt der C-Compiler keine weiteren Manipulationen an Strukturen vor. Insbesondere garantiert die Sprachdefinition von C, dass die Reihenfolge der Elemente durch den Compiler unangetastet bleibt.

Vorsicht ist ebenfalls angebracht, wenn mit Hilfe einer *Parallelstruktur* (*union*) auf die gleichen Daten zugegriffen wird. Als Beispiel betrachten wir das Programm in Abb. 3.38. Definiert wird eine C-Struktur **foobar**, die sich aus einer **char**-Variablen **foo** und einer **short**-Variablen **bar** zusammensetzt. Durch die umschließende Union wird zusätzlich das dreielementige **char**-Array **b** hinzugefügt. Im Gegensatz zu einer konventionellen Struktur beginnen die einzelnen Elemente einer Parallelstruktur stets an derselben Speicheradresse. Bildlich gesprochen wer-

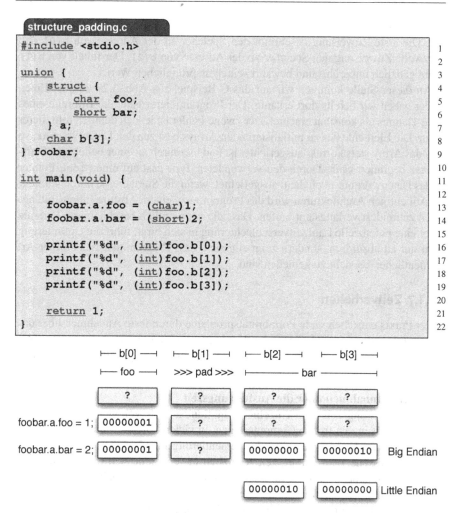

```
structure_padding.c

#include <stdio.h>                              1
                                                2
union {                                         3
    struct {                                    4
        char  foo;                              5
        short bar;                              6
    } a;                                        7
    char b[3];                                  8
} foobar;                                       9
                                                10
int main(void) {                                11
                                                12
    foobar.a.foo = (char)1;                     13
    foobar.a.bar = (short)2;                    14
                                                15
    printf("%d", (int)foo.b[0]);                16
    printf("%d", (int)foo.b[1]);                17
    printf("%d", (int)foo.b[2]);                18
    printf("%d", (int)foo.b[3]);                19
                                                20
    return 1;                                   21
}                                               22
```

Abb. 3.38 Auswirkungen von *structure padding* auf komplexe Strukturen

den die Elemente hierdurch nicht mehr länger hintereinander, sondern übereinander angeordnet.

Effektiv wird hierdurch eine zweite Schnittstelle definiert, mit deren Hilfe byteweise auf den durch **foo** und **bar** belegten Speicher zugegriffen werden kann. Konstruktionen dieser Art kommen in der Praxis häufig vor, und als Beispiel möge der Leser bereits jetzt einen Blick auf die in Kapitel 7, Abb. 7.11 dargestellte Datenstruktur **D3DMATRIX** der Microsoft-eigenen 3D-Schnittstelle DirectX werfen.

Das Beispielprogramm beschreibt die Variable **foo** mit dem 8-Bit-Wert 1 und die Variable **bar** mit dem 16-Bit-Wert 2. Aber welche Ausgabe produziert nun das

Programm? Die Antwort gibt der ebenfalls in Abb. 3.38 dargestellte Speicherauszug. Die erste Zuweisung beschreibt den Speicher an der Adresse von `b[0]` und die zweite Zuweisung den Speicher ab der Adresse von `b[2]`. Der Inhalt von `b[1]` bleibt gänzlich unberührt und bewahrt seinen ursprünglichen Wert.

An dieser Stelle kommen wir auf das C-Beispiel aus Abb. 3.29 zurück. Einen Fehler haben wir bereits dort erkannt: Der Programmierer hatte die Bitbreite eines `long`-Datums als konstant erachtet. Der zweite Fehler ist jedoch deutlich diffizilerer Natur. Die Elemente des zu initialisierenden Arrays besitzen den Datentyp `char`, so dass das Array stets korrekt ausgerichtet ist und hierdurch an einer beliebigen Startadresse beginnen kann. Durch den verwendeten Type-cast auf einen `long`-Pointer ist das Datenwort nur noch dann ausgerichtet, wenn die Startadresse durch 4 teilbar ist. Auf einigen Architekturen wird das Programm zu einem Absturz führen, auf anderen zumindest verlangsamt laufen. Dass die vermeintlich beschleunigte Variante sogar eine potenzielle Laufzeitverschlechterung in sich birgt, führt die Optimierung nicht nur ad absurdum, sondern zeigt zugleich, dass Programmiertricks dieser Art mit deutlicher Vorsicht zu genießen sind.

3.5.1.7 Zeitverhalten

In der Praxis entstehen viele Portabilitätsprobleme durch feste Annahmen über das *Zeitverhalten* der zugrunde liegenden Hardware-Architektur, des verwendeten Betriebssystems oder des Programms selbst. Die Mehrzahl solcher Fehler lassen sich auf eine der folgenden Ursachen zurückführen:

■ **Falsche Annahmen über die Ausführungszeit**
Die Ausführungszeit einer einzelnen Funktion ist heute von weit geringerer Bedeutung als in den frühen Computertagen. In vielen Software-Sparten ist die *algorithmische Komplexität* einer Implementierung inzwischen wichtiger als die real gemessene Bearbeitungszeit. Gänzlich anders stellt sich die Situation im Bereich eingebetteter Systeme dar. Hier spielt die Laufzeitanalyse auf der Ebene von Taktzyklen immer noch eine zentrale Rolle. Die enge Verzahnung von Software und Hardware kann hier dazu führen, dass ein Programm mit der 50-MHz-Variante eines Mikroprozessors tadellos funktioniert, unter der prinzipiell leistungsfähigeren 60-MHz-CPU jedoch seinen Dienst verweigert. Im Bereich der Anwender- und Server-Software gehören solche Phänomene weitgehend der Vergangenheit an.

■ **Falsche Annahmen über die Ausführungsreihenfolge**
Falsche Annahmen über die feste Ausführungsreihenfolge von Threads oder Prozessen können zu *Wettlaufsituationen* (*race conditions*) führen, die im schlimmsten Fall den Stillstand des gesamten Systems bewirken. Wird ein Programm unter ein und demselben Prozess- oder Thread-Scheduler entwickelt, können vorhandene Wettlaufsituationen während der gesamten Entwicklungszeit verdeckt bleiben. Die Software läuft dann mehr oder weniger per Zufall korrekt und versagt erst bei der Portierung auf eine andere Plattform.

Abb. 3.39 verdeutlicht die Problematik anhand dreier Threads, die konkurrie-rend auf die vier Ressourcen A bis D zugreifen. Jede Ressource ist durch ein Se-maphor geschützt, so dass sich ein Thread zunächst mit Hilfe des lock-Befehls den exklusiven Zugriff sichern muss. Ist die Ressource schon einem anderen Thread zugeordnet, blockiert der lock-Befehl die Ausführung so lange, bis die Ressource von seinem aktuellen Besitzer wieder freigegeben wird. Hierzu steht die Funktion unlock zur Verfügung. Wird die auf der linken Seite von Abb. 3.39 gezeigte Scheduling-Strategie verwendet, funktioniert das Programm einwand-frei. Da Thread 2 vor Thread 3 ausgeführt wird, ist Thread 3 zunächst blockiert und kommt erst wieder zum Zug, nachdem die kritischen Ressourcen von Thread 1 freigegeben wurden.

Eine leichte Änderung der Scheduling-Strategie hat in diesem Beispiel drama-tische Auswirkungen. Werden die einzelnen Threads, wie in Abb. 3.39 (rechts) gezeigt, in umgekehrter Reihenfolge bedient, blockieren sich Thread 1 und Thread 2 in kürzester Zeit gegenseitig. Jeder Thread wartet auf die Ressourcen-Freigabe des anderen, so dass der gesamte Programmablauf zum Erliegen kommt. Wir sprechen in diesem Zusammenhang von einer *Verklemmung* (*dead-lock*).

Können Java-Programmierer über viele der weiter oben diskutierten Porta-bilitätsaspekte nur müde lächeln, so sind sie von der Laufzeitproblematik gleich-ermaßen betroffen. Obwohl die Sprachdefinition einige Regeln festlegt, die die Ausführungsreihenfolge von Threads an deren Priorität koppeln, ist die genaue Scheduling-Strategie bewusst nicht im Detail vorgeschrieben. Verschiedene vir-tuelle Maschinen können das Thread-Scheduling unterschiedlich implementie-ren – und tun dies auch. Die Problematik zeigt, dass selbst Java-Programme be-züglich ihrer Portierbarkeitseigenschaften Schranken unterliegen. Trotzdem wä-re übermäßiger Pessimismus an dieser Stelle übertrieben. Java ist und bleibt eine der portabelsten Sprachen, die uns heute in der Software-Entwicklung zur Ver-fügung steht.

■ Falsche Annahmen über die Ausführungsfrequenz

Insbesondere im Bereich der systemnahen Programmierung gehen zahlreiche Portabilitätsfehler auf falsche Annahmen über das Zeitverhalten des Betriebs-systems zurück. Ein großer Teil dieser Fehler wird durch den unsachgemäßen Umgang mit dem *Timer-Interrupt* verursacht. Dieser wird in den meisten Be-triebssystemen periodisch ausgelöst und sorgt innerhalb der Interrupt-Service-Routine dafür, dass wichtige Systemdienste am Leben erhalten werden.

Das folgende Programmfragment stammt aus der Linux-Welt und verwendet die Funktionen set_current_state und schedule_timeout, um den aktuell ausgeführten Thread für 5 Sekunden in den Wartezustand zu versetzen:

```
set_current_state(TASK_UNINTERRUPTIBLE);
schedule_timeout(500); /* wait for 5 seconds */
```

Die Funktion schedule_timeout reaktiviert den Thread nach genau 500 Auf-rufen des Timer-Interrupts. Legen wir für unsere Betrachtung die x86-Plattform

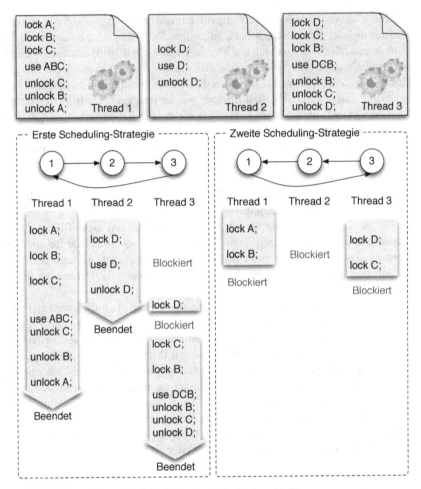

Abb. 3.39 Die Invertierung der Scheduling-Strategie führt zur Verklemmung

sowie einen Linux-Kernel der 2.4er-Serie zugrunde, so wird der Timer-Interrupt exakt 100 mal pro Sekunde aufgerufen. In der Tat entsteht eine Wartezeit von exakt 5 Sekunden. Um in Portabilitätsprobleme zu geraten, muss das Programm mitnichten auf ein anderes Betriebssystem portiert werden – bereits der Wechsel auf den bis dato aktuellen Linux-Kernel 2.6 reicht dafür aus. Der Timer-Interrupt wird hier mit einer Frequenz von 1000 Hz ausgelöst, so dass der Thread bereits nach einer halben Sekunde wieder aktiviert wird. Neben der Kernel-Version wird die Auslösefrequenz des Timer-Interrupts auch durch die zugrunde liegende Hardware-Architektur beeinflusst. So löst der Interrupt beispielsweise unter der IA64-Architektur 1024 mal pro Sekunde aus.

Probleme dieser Art lassen sich leicht vermeiden, indem die Präprozessorkonstante `HZ` verwendet wird. `HZ` enthält die Anzahl der ausgelösten Timer-Interrupts pro Sekunde und ist für jede Hardware-Architektur und Kernel-Version individuell definiert. Das obige Programm lässt sich damit auf äußerst einfache Weise in ein äquivalentes und zugleich portables Programm umschreiben:

```
set_current_state(TASK_UNINTERRUPTIBLE);
schedule_timeout(5 * HZ); /* wait for 5 seconds */
```

3.5.2 Portabilität auf Sprachebene

Die bisher betrachteten Methoden und Techniken beschäftigten sich allesamt mit der Portabilität auf Programmebene und damit mit der Frage, wie sich ein Software-System so implementieren lässt, dass es mit möglichst wenigen Änderungen auf andere Hardware-Plattformen oder Betriebssysteme übertragen werden kann. In diesem Abschnitt werden wir verschiedene Möglichkeiten skizzieren, um die zugrunde liegende Programmiersprache bzw. deren Compiler in Richtung höherer Portabilität zu bewegen.

3.5.2.1 Zwischencodes

Der Begriff *Zwischencode* bezeichnet eine maschinennahe Repräsentation eines Programms, die von den individuellen Hardware-Merkmalen eines Mikroprozessors abstrahiert. Mit der zunehmenden Rechenleistung moderner Computersysteme verzichten mehr und mehr Programmiersprachen darauf, die verschiedenen Instruktionen direkt auf den Befehlssatz der eingesetzten CPU abzubilden. Stattdessen wird der Quelltext in einen Hardware-unabhängigen Zwischencode übersetzt und auf diese Weise ein hoher Grad an Portabilität erreicht. Da die erzeugten Instruktionen von der CPU nicht direkt verarbeitet werden können, wird eine zusätzliche Interpreter-Software benötigt, die den Zwischencode zur Laufzeit auf den Befehlssatz des Prozessors abbildet. Der gesamte für die Ausführung benötigte Software-Rahmen wird als *Laufzeitumgebung* (*runtime environment*) und der eigentliche Interpreter-Kern als *virtuelle Maschine* (*virtual machine*) bezeichnet. Die Verwendung eines Zwischencodes bietet die folgenden Vorteile:

■ **Einheitlichkeit**
Der erzeugte Zwischencode liegt in einem einheitlichen Format vor, der von den spezifischen Eigenschaften verschiedener Betriebssysteme und Mikroprozessoren abstrahiert. Um eine Applikation unter einem anderen Betriebssystem oder einer anderen Hardware-Architektur auszuführen, muss ausschließlich die Laufzeitumgebung angepasst werden – der einmal erzeugte Zwischencode bleibt unverändert. Durch die Formatvereinheitlichung wird ein Höchstmaß an Portabilität erzielt, wenngleich die weiter oben skizzierte Laufzeitproblematik weiterhin besteht.

■ **Sicherheit**

Die Laufzeitumgebung bildet eine zusätzliche Abstraktionsschicht zwischen der auszuführenden Applikation und dem Rest des Computersystems. Die implizit eingeführte Kapselung ermöglicht, das Verhalten der Applikation weitgehend zu kontrollieren. So können beliebige Ressourcen gegen ungewollte Zugriffe geschützt oder die physikalischen Hardware-Komponenten problemlos durch virtuelle Subsysteme ergänzt werden. Im Zeitalter von Viren, Würmern und Trojanern kommt diesem Aspekt eine früher ungeahnte Bedeutung zu.

Neben den vielen Vorteilen sollen auch die Nachteile nicht unerwähnt bleiben, die mit der Einführung einer zusätzlichen Abstraktionsschicht verbunden sind. Da der Zwischencode von der CPU zur Laufzeit interpretiert werden muss, laufen entsprechende Programme im Allgemeinen langsamer als ihre direkt in Maschinencode übersetzten Gegenspieler. Die Laufzeitverschlechterung exakt zu quantifizieren ist schwierig, da sie von einer Vielzahl verschiedener Faktoren beeinflusst wird. Durch die Verwendung immer ausgefeilterer Interpreter-Techniken konnten die Geschwindigkeitseinbußen in den letzten Jahren drastisch reduziert werden. So verwenden heute fast alle Laufzeitumgebungen eingebaute *Just-in-Time-Compiler* (*JIT-Compiler*), die wesentliche Vorteile der Interpreter- und der Compiler-Technik miteinander vereinen. Während der Ausführung zeichnet ein JIT-Compiler verschiedene Nutzungsprofile auf und übersetzt häufiger ausgeführte Programmteile dynamisch in Maschinencode (*On-the-fly-Compilierung*). Die Techniken sind heute so ausgereift und stabil, dass die Geschwindigkeitsproblematik nur noch in den seltensten Fällen gegen den Einsatz von Zwischencode spricht. Darüber hinaus bietet der Einsatz eines Interpreters die Möglichkeit der *dynamischen Optimierung*. Da der Zwischencode deutlich mehr semantische Informationen als der äquivalente Maschinencode bewahrt, lassen sich viele Programmoptimierungen durchführen, die auf der Ebene der Maschineninstruktionen nicht mehr möglich sind. Durch die geschickte Kombination mit den aufgezeichneten Laufzeitprofilen lässt sich die Ausführungsgeschwindigkeit des vollständig in Maschinencode übersetzten Programms in einigen Fällen sogar unterbieten.

Mit der *Java-Technologie* und dem *.NET-Framework* basieren zwei der heute am weitesten verbreiteten Software-Plattformen auf dem Prinzip der interpretierten Programmausführung (vgl. Abb. 3.40). Beide Plattformen übersetzen die Quelldateien zunächst in einen Zwischencode, der in der .NET-Terminologie als *Common Intermediate Language* (CIL) und in der Java-Welt als *Byte-Code* bezeichnet wird. Bei genauerer Betrachtung stehen den vielen Unterschieden in der Namensgebung umso mehr technische Gemeinsamkeiten gegenüber. Neben den nahezu identischen virtuellen Maschinen gibt es für die meisten aus der Java-Welt bekannten Technologien ein entsprechendes Gegenstück auf .NET-Seite und umgekehrt. *Java-Archiven* stehen *.NET Assemblies* gegenüber und dem *Remote-Method-Invocation*-Mechanismus setzt Microsoft die *.NET-Remoting*-Technik entgegen.

Der wesentliche Unterschied der beiden Plattformen besteht in der Zielsetzung und dem Verbreitungsgrad. Java wurde mit der Absicht geschaffen, Programme *plattformübergreifend* auszuführen. Im Gegensatz hierzu ist das .NET-Framework von Hause aus *sprachenübergreifend* ausgerichtet, unterstützt dafür aber ausschließ-

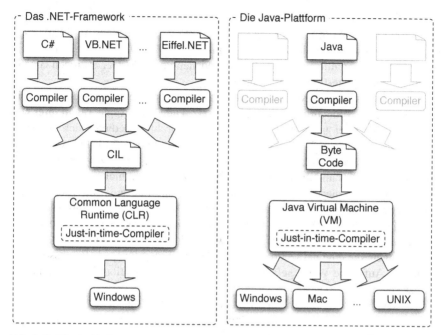

Abb. 3.40 Die Architekturen von .NET und Java im Vergleich

lich Windows als Zielsystem. Insgesamt unterscheiden sich die Philosophien beider Plattformen damit erheblich voneinander. Verfolgt Sun mit der Java-Plattform die Philosophie *„Eine Sprache für viele Plattformen"*, so forciert Microsoft mit dem .NET-Framework die Strategie *„Viele Sprachen für eine Plattform"*.

Die Idee einer systemübergreifenden Zwischensprache ist keinesfalls neu. Bereits in den späten Siebziger- und den frühen Achtzigerjahren erlangte dieses Prinzip mit dem *UCSD P-System* eine beachtliche Popularität. Hierbei handelte es sich um ein portables Betriebssystem, das ähnlich der heute in Java und .NET eingesetzten Technologie auf der Verwendung von Zwischencode beruhte. Bekannt wurde das System insbesondere durch *UCSD Pascal*. Die compilierten P-Code-Programme liefen ohne Änderung auf einem Apple II, einer Xerox 820 oder einer DEC PDP-11. Ein ähnliches Konzept wurde auch mit der Sprache Smalltalk verfolgt, die ebenfalls auf dem Byte-Code-Prinzip aufsetzt und um dieselbe Zeit entstand.

3.5.2.2 Kombinierte Binärformate

Eine noch einfachere Möglichkeit zur Erzeugung plattformübergreifender Applikationen besteht in der Verschmelzung mehrerer Binärformate in einer einzigen Datei. Eine solche Anwendungsdatei wird im Fachjargon als *Fat binary*, *Universal binary* oder *Multiarchitecture binary* bezeichnet.

Der Einsatz kombinierter Binärformate eröffnet die Möglichkeit, verschiedene, speziell für einen bestimmten Prozessor optimierte Versionen einer Applikation zusammenzufassen. So wurde der Mechanismus unter Mac OS X eingesetzt, um ein und dasselbe Programm auf den drei verschiedenen PowerPC-Generationen G3, G4 und G5 optimal abgestimmt auszuführen.

In der Vergangenheit kamen kombinierte Binärformate insbesondere auch in technologischen Transitionsphasen zum Einsatz. Die Firma Apple, die in ihrer Geschichte bisher zwei große Prozessortransitionen durchlief, bediente sich in beiden Fällen dieses Ansatzes. Während der Einführungsphase der PowerPC-Architektur wurden *Fat binaries* eingesetzt, die je eine separate Programmversion für die alten Motorola-CPUs und die neuen PowerPC-Prozessoren enthielten. Auch bei dem zweiten Wechsel, diesmal von der PowerPC-Produktlinie auf Intel-Prozessoren, kam ein kombiniertes Binärformat zum Einsatz. Damit eine OS-X-Applikation sowohl auf den neueren Macintosh-Computern auf Intel-Basis als auch auf den älteren PowerPC-Modellen nativ ausgeführt werden kann, lassen sich *Universal binaries* erzeugen, die eine native Programmimplementierung für beide Prozessortypen enthalten. Auf diese Weise gelang es, die Technologietransition für den Benutzer nahezu schmerzlos zu gestalten.

Der Nachteil kombinierter Binärformate liegt in erster Linie in der Größe der entstehenden Dateien. Werden n Architekturen unterstützt, so wächst das kombinierte Binärformat ebenfalls um den Faktor n.

3.5.3 Portabilität auf Systemebene

Die in den Abschnitten 3.5.1 und 3.5.2 vorgestellten Mechanismen verlangen entweder einen Eingriff in den Quelltext einer Applikation oder in das Konzept der Code-Generierung. Doch welche Möglichkeiten bestehen, ein vorgegebenes Programm plattformunabhängig auszuführen, wenn wir weder Einfluss auf die Code-Basis noch auf die Art der Code-Erzeugung nehmen können? Wenn es nicht möglich ist, das Programm an seine Umgebung anzupassen, bleibt nur ein einziger Ausweg: Wir müssen die Umgebung an das Programm anpassen. Einige der hierfür eingesetzten Mechanismen werden wir im Folgenden einer genaueren Betrachtung unterziehen.

3.5.3.1 Dynamische Binärformatübersetzung

Eine Möglichkeit, Binärcode auf einem anderen als dem ursprünglichen Prozessor auszuführen, besteht in der dynamischen Transformation des Maschinencodes zur Laufzeit. Dazu wird die betreffende Anwendung zusammen mit einer speziellen Übersetzungssoftware gestartet, die den Maschinencode Block für Block auf entsprechende Instruktionen der Zielplattform abbildet. Bekannt geworden ist diese Art der Übersetzung unter dem Namen *Code-Morphing*.

Abb. 3.41 skizziert den prinzipiellen Aufbau einer Code-Morphing-Software. Die Decoder-Stufe übersetzt die Instruktionen des Fremdformats zunächst in eine interne Repräsentation, die in der zweiten Stufe auf die Befehlstruktur des Zielpro-

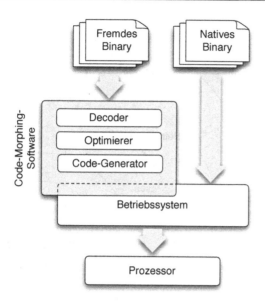

Abb. 3.41 Dynamische Binärformatübersetzung (Code-Morphing)

zessors optimiert wird. Anschließend bildet der Code-Generator die interne Repräsentation auf die Maschineninstruktionen des Zielprozessors ab.

Im Jahre 2001 konnte das Unternehmen Transitive mit der Code-Morphing-Software Dynamite P/X auf dem Microprocessor-Forum in San José großes Aufsehen erregen [258]. Auf einem 1,4-GHz-Athlon-Prozessor der Firma AMD wurde eine 1-GHz-PowerPC-CPU emuliert – ein ganzes Jahr bevor der erste in Serie gefertigte PowerPC-Prozessor selbst die 1-GHz-Schallmauer brechen konnte. Unter anderem findet sich die Technik der Firma Transitive heute in dem PowerPC-Emulator Rosetta der Firma Apple wieder. Als Teil der Intel-Varianten von Mac OS X ermöglicht die Emulations-Software, PowerPC-Applikationen älterer Macintosh-Systeme auf den neuen Intel-Systemen auszuführen. Die Code-Morphing-Software ist in diesem Fall eng mit dem Betriebssystem verzahnt. Sobald eine PowerPC-Anwendung gestartet wird, aktiviert das Betriebssystem die Rosetta-Emulation unsichtbar im Hintergrund.

Ein ähnliches Aufsehen erregte die Firma Transmeta mit dem Crusoe-Prozessor, der als erste CPU die Code-Morphing-Technik direkt in die Mikroprozessorarchitektur integrierte [259]. Der Crusoe-Prozessor ist kompatibel zur x86-Architektur, zeichnet sich jedoch durch eine deutlich geringere Leistungsaufnahme aus. Der geringe Stromverbrauch wird unter anderem dadurch erreicht, dass der Crusoe-Kern intern aus einem sehr einfach aufgebauten *VLIW-Kern* (VLIW = *Very Long Instruction Word*) besteht. Jedes VLIW-Wort – in der Crusoe-Terminologie als *Molekül* bezeichnet – ist 128 Bit breit und codiert jeweils 4 Befehle, die parallel zueinander abgearbeitet werden. Jeder Einzelbefehl wird als *Atom* bezeichnet.

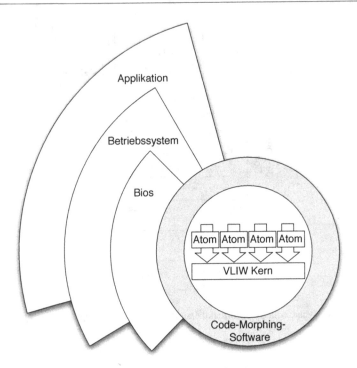

Abb. 3.42 Code-Morphing-Architektur des Crusoe-Prozessors von Transmeta

Die x86-Kompatibilität wird erreicht, indem die auszuführende Befehlssequenz mit Hilfe der Code-Morphing-Technik auf entsprechende Moleküle des VLIW-Kerns abgebildet wird. Zusammengefasst bedeutet dies nichts anderes, als dass der Crusoe-Prozessor einen Mittelweg zwischen Soft- und Hardware beschreitet. Anders als bei der Rosetta-Technologie kapselt der Code-Morphing-Kern den Hardware-Anteil des Crusoe-Prozessors jedoch vollständig ab. Die einzige Software-Komponente, die im ursprünglichen Befehlssatz des Crusoe-Prozessors verfasst wurde, ist der eigentliche Code-Morphing-Kern, so dass die Crusoe-CPU nach außen wie ein waschechter x86-Prozessor wirkt.

Das BIOS spielt für die Architektur des Crusoe-Prozessors eine bedeutende Rolle. Dieses lädt die Code-Morphing-Software bei jedem Start automatisch in den Prozessor. Ein Teil des herkömmlichen Hauptspeichers lässt sich außerdem als Übersetzungs-Cache nutzen, so dass bereits ausgeführte Programmfragmente nicht mehr neu transformiert werden müssen. Aus algorithmischer Sicht entspricht die Technik im Wesentlichen dem Vorgehen der Just-in-Time-Compilierung, der wir bereits in Abschnitt 3.5.2.1 begegnet sind. Abb. 3.42 fasst die Prozessor-Architektur in einem Übersichtsbild zusammen.

Das Arbeitsprinzip des Crusoe-Prozessors bietet zwei vielversprechende Vorteile:

- **Energieeinsparung**

Im direkten Vergleich zur komplexen Architektur eines modernen Intel-Prozessors mutet der VLIW-Kern des Crusoe-Prozessors fast primitiv an. Der große Vorteil liegt in der deutlich verringerten Leistungsaufnahme, die mit der gesunkenen Hardware-Komplexität einhergeht. Viele Maßnahmen zur Leistungssteigerung, die moderne Intel-Prozessoren mit Hilfe komplexer und stromfressender Hardware-Schaltkreise realisieren, sind im Crusoe-Prozessor in Software nachgebildet. Die Prozessoren eignen sich damit insbesondere für den Einsatz in mobilen Endgeräten.

- **Flexibilität**

Software ist jederzeit änderbar und somit auch der Code-Morphing-Anteil der Crusoe-CPU. Damit ist es theoretisch möglich, den Prozessor so umzuprogrammieren, dass anstelle der x86-Instruktionen z. B. der Befehlssatz eines PowerPC-Kerns nachgebildet wird – der Phantasie sind hier keine Grenzen gesetzt. Positiv wirkt sich die freie Umprogrammierbarkeit auch auf die Behebung von Fehlern aus. Jeder Defekt, der im Software-Anteil des Prozessors zu suchen ist, lässt sich nachträglich im Rahmen eines Firmware-Updates beheben. Ein Fehler wie der Pentium-FDIV-Bug (vgl. Abschnitt 2.9) hätte so unter Umständen nachträglich korrigiert werden können.

Dem hohen Innovationsgrad zum Trotz blieb der Markterfolg der Crusoe-Prozessoren hinter den Erwartungen zurück. Nach mehreren verlustreichen Jahren stellte Transmeta die Produktion endgültig ein, integrierte jedoch viele Grundkonzepte der Crusoe-CPU in den als Nachfolger platzierten Efficeon-Prozessor. Obwohl die Efficeon-Architektur mehrere vielversprechende Konzepte in sich vereint, war auch dieser der große Durchbruch bisher verwehrt.

Die nur mäßigen Markterfolge der Crusoe- und Efficeon-Prozessoren täuschen oft darüber hinweg, dass in der Code-Morphing-Technik ein nicht zu unterschätzendes Innovationspotenzial steckt. Sollte sich der heute abzeichnende Trend bezüglich der Leistungsaufnahme und der Hitzeentwicklung moderner Prozessoren verstetigen, so könnte die Zukunft der Code-Morphing-Technologie auf Hardware-Ebene gerade erst begonnen haben.

3.5.3.2 Systemvirtualisierung

Die Systemvirtualisierung verfolgt das Ziel, neben der CPU auch das BIOS, die Grafik-Hardware sowie sämtliche Peripherie-Komponenten zu emulieren. Als Ergebnis entsteht ein vollständig virtualisiertes Computersystem, auf dem sich weitere Instanzen des Wirtssystems, aber auch Instanzen fremder Betriebssysteme installieren lassen. Auf diese Weise wird es möglich, verschiedene Betriebssysteme parallel zu betreiben (vgl. Abb. 3.43). Für die in der Simulationsumgebung ausgeführte Software ist die Virtualisierung kaum zu erkennen. Die emulierte Hardware wirkt für das Gast-Betriebssystem wie eine reale Rechnerumgebung und kann nur durch progammiertechnische Kniffe als virtuell entlarvt werden.

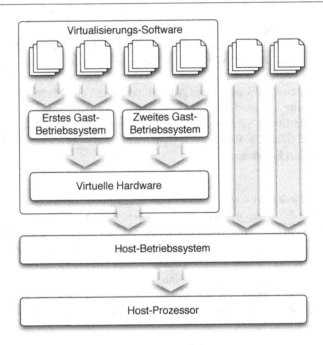

Abb. 3.43 Konzeptioneller Aufbau der System-Virtualisierung

Abb. 3.44 demonstriert die praktische Anwendung der Systemvirtualisierung am
Beispiel der Software VirtualPC. In den Anfangstagen von OS X emulierte diese
Software unter der PowerPC-Variante von Mac OS X einen vollständigen PC auf
x86-Basis. Die virtuelle Umgebung war damals für den Betrieb von Windows optimiert, bewältigte aber auch die Installation von Fremdsystemen wie Linux. Der
abgebildete OS-X-Desktop zeigt, wie eine Instanz von Windows XP sowie eine Instanz von SuSE Linux als Gast-Betriebssysteme in separaten Emulationsumgebun-
gen ausgeführt werden konnten. Beide Betriebssysteme waren durch die Emulati-
onsschicht vollständig gegeneinander abgeschottet.

Die Virtualisierungstechnik bietet gleich mehrere Vorteile. Durch die nahezu beliebige Anzahl virtueller Rechnerinstanzen entfallen die üblichen Probleme, die bei
der konventionellen Parallelinstallation mehrerer Betriebssysteme auf einem einzigen Rechner entstehen. Des Weiteren ist der Wechsel zwischen zwei Instanzen mit
wenigen Mausklicks oder Tastendrücken möglich, so dass der sonst notwendig werdende Neustart des Rechners überflüssig wird.

Zusätzlich eröffnet die Virtualisierungstechnik eine elegante Möglichkeit, die
Systemsicherheit zu erhöhen. Zum einen kann der Zugriff des Gast-Systems auf
alle Ressourcen flexibel überwacht und dementsprechend kontrolliert werden. Verschiedene virtuelle PC-Instanzen lassen sich mit unterschiedlichen Nutzungsrechten
ausstatten. Auf diese Weise kann z. B. der Zugriff auf Netzwerkdienste für bestimmte Nutzergruppen eingeschränkt oder vollständig blockiert werden. Zum anderen

Abb. 3.44 System-Virtualisierung am Beispiel von VirtualPC

bleiben die negativen Auswirkungen schadhafter Programme stets auf das Gast-Betriebssystem beschränkt. So können sich Viren, Würmer und Trojaner zwar innerhalb der Simulationsumgebung in gewohnter Weise ausbreiten, das Wirtssystem bleibt vor dem Angriff jedoch weitgehend geschützt.

Die Virtualisierung der einzelnen Hardware-Komponenten gelingt in der Praxis unterschiedlich gut. Lassen sich das BIOS oder die EFI-Firmware vergleichsweise einfach virtualisieren, gestaltet sich die Emulation moderner Grafikprozessoren als deutlich schwieriger. Die Leistung der nachgebildeten Grafikkarte bleibt mitunter deutlich hinter der real eingebauten zurück, so dass z. B. die Ausführung grafikintensiver Spiele in vielen Fällen dem Wirtssystem vorbehalten bleibt.

Nicht nur die Emulation der Grafikkarte kann die Gesamtperformanz des simulierten Systems negativ beeinflussen. Entspricht die CPU der virtuellen Rechnerinstanz nicht der des Wirtssystems, so muss die Befehlsausführung Schritt für Schritt simuliert werden. Die hierfür eingesetzten Verfahren entsprechen in wesentlichen Teilen der Code-Morphing-Technik aus Abschnitt 3.5.3.1.

Verwendet die virtuelle und die physikalische Rechnerumgebung die gleiche CPU, so stellt sich die Situation wesentlich freundlicher dar. Anstatt den Befehlsstrom der Gast-CPU aufwendig zu interpretieren, nutzt die Virtualisierungs-Software die verschiedenen *Privilegstufen* (*privilege levels*) moderner Mikroprozessoren geschickt aus.

Die verschiedenen Privilegstufen eines Prozessors werden auch als *Ringe* bezeichnet und bestimmen, mit welchen Rechten der aktuell bearbeitete Befehlsstrom ausgeführt wird. Die Anzahl der Ringe variiert zwischen den Prozessortypen er-

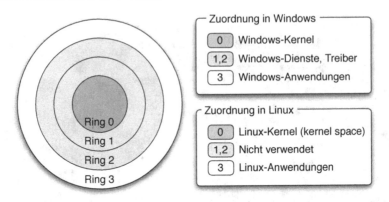

Abb. 3.45 Privilegstufen der x86-Prozessorarchitektur

heblich. Während die PowerPC-Architektur nur zwei Ringe unterscheidet, halten Intel-kompatible Prozessoren vier verschiedene Privilegstufen vor. In Ring 0 ist die Ausführung von Befehlen überhaupt nicht, in Ring 3 dagegen massiv eingeschränkt.

Welcher Code in welchem Ring ausgeführt wird, bestimmt das Betriebssystem. In Windows läuft der Systemkern in Ring 0, Dienste und Treiber in den Ringen 1 und 2 und der Anwendungscode mit niedrigen Rechten in Ring 3. Linux hingegen macht von den Ringen 1 und 2 überhaupt keinen Gebrauch. Kernel-Dienste und Gerätetreiber werden hier mit maximalen Rechten in Ring 0 ausgeführt (*kernel space*), während Applikationen allesamt in Ring 3 laufen (*user space*).

Versucht ein Programm eine Instruktion auszuführen, die in der aktuellen Privilegstufe nicht freigeschaltet ist, löst der Prozessor intern einen Interrupt aus und verzweigt in eine entsprechend hinterlegte Interrupt Service Routine (ISR). Genau an dieser Stelle setzt die Virtualisierungs-Software an. Zunächst werden die Einsprungspunkte der ISRs auf entsprechende Routinen des sogenannten *Hypervisors* umgeleitet und anschließend das Gast-Betriebssystem in Ring 3 mit minimalen Rechten gestartet. Jede Ausführung eines privilegierten Befehls verursacht jetzt einen Sprung in die Service-Routine der Virtualisierungs-Software, die auf diese Weise wieder die Kontrolle erlangt. Durch dieses Prinzip lassen sich die Laufzeitverluste drastisch reduzieren und das Gast-Betriebssystem nahezu so schnell ausführen, wie das Wirtssystem selbst. Moderne Prozessoren gehen an dieser Stelle noch einen Schritt weiter, indem wichtige Virtualisierungsaufgaben direkt in Hardware unterstützt werden. So verfügen moderne Intel-kompatible Prozessoren über einen zusätzlichen Ring, der für die Ausführung des Hypervisor-Codes konzipiert ist und diesen mit besonderen Privilegien ausstattet. Die entsprechenden Prozessorerweiterungen werden unter der Bezeichnung IVT (Intel Virtualization Technology) bzw. AMD-V (AMD Virtualization) vermarktet und sind heute fester Bestandteil nahezu aller Intel-kompatibler Mikroprozessoren.

3.6 Dokumentation

> "«*Good morning*» *he says,* «*how long ha-*
> *ve you been at that tree?*» *Not stopping*
> *to look up the lumberjack wheezes out,*
> «*About three hours*». «*Three hours!*» *ex-*
> *claims the wise man. Taking a closer look*
> *at the lumberjack's tool he asks him:* «*Ha-*
> *ve you stopped to sharpen your saw?*»
> «*Don't be ridiculous*» *replies the lumber-*
> *jack,* «*can't you see I don't have time.*»"
>
> Stephen R. Covey [60]

An dieser Stelle wenden wir uns einem der prekärsten Kapiteln der Software-
Entwicklung zu: Der Dokumentation. Innerhalb eines typischen Software-Projekts
werden viele verschiedene Dokumente erstellt, die sich ganz unterschiedlichen Kategorien zuordnen lassen. Die in Abb. 3.46 dargestellte Dichotomie bringt die für
uns wichtigsten Dokumentkategorien in eine hierarchische Ordnung. Auf der obersten Ebene lassen sich *externe* und *interne* Dokumente unterscheiden.

- **Externe Dokumente**
  In diese Kategorie fallen alle Dokumente, die an den Kunden ausgeliefert werden
  oder von diesem eingesehen werden dürfen. Hierzu gehören neben dem Pflichtenheft und den Handbüchern z. B. auch sämtliche Texte der Online-Hilfe.

- **Interne Dokumente**
  Diese Kategorie umfasst alle Dokumente, die für den Kunden nicht zugänglich
  sind. Neben der Programmdokumentation fallen die Beschreibungen von Nota-
  tionsrichtlinien (Abschnitt 3.1.1) und Sprachkonvention (Abschnitt 3.1.2), aber
  auch Marktstudien oder Strategiepapiere in diese Dokumentenklasse.

In diesem Abschnitt legen wir unser Augenmerk mit der *Programmdokumentation* auf diejenige Kategorie, die aus der Sicht des Software-Entwicklers die größte
Bedeutung besitzt. Die Programmdokumentation unterscheidet sich von allen anderen Dokumenten in einem wesentlichen Punkt: Sie muss durch den Software-
Entwickler selbst erstellt werden. Auch wenn die Anfertigung derselben bei den
wenigsten Programmierern Begeisterungsstürme auslöst, gehört sie zu den wichtigsten Aufgaben eines Software-Entwicklers.

Von den meisten Programmierern wird die Erstellung der Programmdokumentation als der Wermutstropfen einer ansonsten schöpferischen Tätigkeit empfunden.
Die Zeit, die ein Software-Entwickler für das Verfassen von Dokumenten und Quell-
textkommentaren aufwenden muss, fehlt zum Programmieren, und da das Projekt
ohnehin spät ist – die pure Statistik rechtfertigt mich zu dieser Unterstellung – wird
die Arbeit allzu schnell als lästiges Übel empfunden. Die Konsequenzen sind firmenübergreifend spürbar: Wenn überhaupt, wird zumeist nur stiefmütterlich dokumentiert. Der enorme Zeitdruck vieler Programmierer führt zu einer permanenten
Vernachlässigung dieser Tätigkeit und zwingt das Projekt in direkter Weise in einen

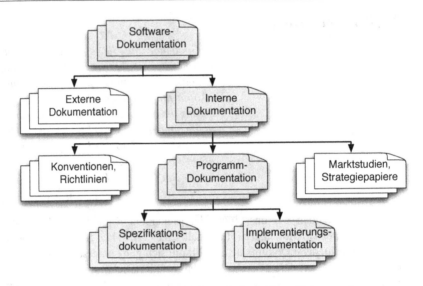

Abb. 3.46 Ausschnitt aus der komplexen Dichotomie der Software-Dokumentation

Teufelskreis, der in letzter Konsequenz zum vollständigen Scheitern desselben führen kann.

Verstärkt wird die Situation durch den meist niedrigen Stellenwert, den die Programmdokumentation auf Managementebene genießt. Die Gründe hierfür folgen einer vermeintlich rationalen Logik: Die Dokumentation dient in erster Linie dem Entwickler. Folgerichtig weiß dieser am besten, in welcher Form die Dokumentation den meisten Nutzen bietet. In der Praxis wird die Entscheidung, was und in welcher Form dokumentiert werden soll, daher meist vollständig in den Entscheidungsspielraum der Entwicklers delegiert. Hat sich das Projekt bereits mehrfach verzögert, so schließt sich an dieser Stelle der (Teufels)kreis.

Wie in Abb. 3.46 dargelegt, lässt sich die Programmdokumentation in Spezifikationsdokumente und Implementierungsdokumente untergliedern. Beide Dokumentenkategorien werden wir im Folgenden einer genaueren Betrachtung unterziehen und unser Augenmerk insbesondere auf typische, in der Praxis häufig zu beobachtende Fehler richten.

3.6.1 Spezifikationsdokumente

Plakativ gesprochen beschreibt die Spezifikation eines Software-Systems, *was* die Software tut. Die konkrete Umsetzung, d. h. *wie* dieses Ziel erreicht wird, spielt an dieser Stelle noch keine Rolle. Aus diesem Grund ist die Spezifikation in den meisten Fällen in Form externer Dokumente realisiert und nicht Bestandteil der Quelltexte. Damit eine Spezifikation ihrem Zweck gerecht wird, muss sie den folgenden Kriterien genügen:

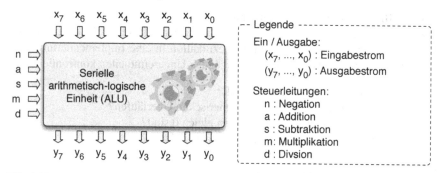

Abb. 3.47 Blockdiagramm einer seriellen arithmetisch-logischen Einheit (ALU)

- **Vollständigkeit:** Sind wirklich alle Aspekte beschrieben?

- **Eindeutigkeit:** Ist die Formulierung frei von Interpretationslücken?

- **Widerspruchsfreiheit:** Ist die Spezifikation in sich stimmig?

- **Verständlichkeit:** Bleibt der Wald trotz vieler Bäume sichtbar?

Die Spezifikation eines Software-Systems kann auf vielfältige Weise niedergeschrieben werden. Der Software-Entwickler steht an dieser Stelle vor der nicht immer leichten Aufgabe, die für die jeweilige Anwendung am besten geeignete Darstellungsform zu wählen. Das zur Verfügung stehende Spektrum reicht von informellen Spezifikationen in Form umgangssprachlicher Beschreibungen über die Verwendung semi-formaler oder formaler Sprachen bis hin zur Erstellung einer Referenzimplementierung.

3.6.1.1 Informelle Spezifikationen

Als Beispiel einer informellen Spezifikation betrachten wir die folgende umgangssprachliche Beschreibung, die das Verhalten der in Abb. 3.47 dargestellten seriellen arithmetisch-logischen Einheit (ALU) beschreibt:

> *„Die serielle arithmetisch-logische Einheit (ALU) berechnet aus dem seriellen Eingabestrom $(x_7,\ldots,x_0)$ den Ausgabestrom $(y_7,\ldots,y_0)$. Die von der ALU ausgeführte arithmetische Operation wird durch die Steuerleitungen n, a, s, m, d bestimmt. Für $n = 1$ (negate) negiert die ALU den Eingabewert. Für $a = 1$ (add) berechnet sie die Summe, für $s = 1$ (subtract) die Differenz, für $m = 1$ (multiply) das Produkt und für $d = 1$ (divide) den Quotienten der letzten beiden Eingabewerte. "*

Die gegebene Beschreibung ist ein typisches Beispiel einer informellen Spezifikation und erfüllt auf den ersten Blick ihren Zweck. Wir wissen nun, was die ALU tut – genauer gesagt: Wir glauben zu wissen, was die ALU tut. Tatsächlich lässt ein erneuter Blick auf die Beschreibung erste Zweifel aufkeimen, ob es um die *Vollständigkeit* und *Genauigkeit* der Spezifikation zum Besten bestellt ist. Spätestens bei der Umsetzung der umgangssprachlichen Spezifikation in eine Implementierung sieht sich der Software-Entwickler mit den folgenden Ungereimtheiten konfrontiert:

1. Wie werden negative Werte dargestellt?
2. Wie verhält sich die Schaltung bei numerischen Überläufen?
3. Was passiert, wenn alle Steuerleitungen gleich 0 sind?
4. Was passiert, wenn mehrere Steuerleitungen gleich 1 sind?
5. Wie wird die Division durch 0 behandelt?
6. Welche Ausgabe liegt zum Zeitpunkt 0 an?
7. Welche Werte sind „die letzten beiden" genau?
8. Was genau bedeutet „der Quotient"?

Die festgestellten Defizite sind typisch für umgangssprachliche Spezifikationen, wie sie in der Praxis tagtäglich geschrieben werden. Die offenen Fragen lassen sich in drei Gruppen einteilen:

■ **Implizite Annahmen**

Eine selbst erstellte Spezifikation erscheint uns eindeutig und vollständig, ist für andere jedoch nicht selten mehrdeutig und lückenhaft. Ohne uns dessen bewusst zu sein, treffen wir implizite Annahmen oder lassen weitreichendes Kontextwissen einfließen, das anderen in dieser Form nicht vorliegt. Die offenen Fragen 1 und 2 fallen in diese Kategorie.

■ **Ignorieren von Sonderfällen**

Die Fähigkeit des Generalisierens ist eine der herausragenden Leistungen der menschlichen Intelligenz. Leider führt diese Befähigung mitunter dazu, weniger wichtig erscheinende Sonderfälle zu missachten. Entsprechend schwer fällt es uns, wirklich vollständige Spezifikationen zu verfassen. Die offenen Fragen 3 bis 6 zeigen, dass die Spezifikation weder auf Fehlerzustände eingeht noch eine Aussage über das Initialverhalten der ALU kurz nach dem Start definiert.

■ **Sprachliche Ungenauigkeiten**

So schön und elegant sich viele Sachverhalte in natürlicher Sprache formulieren lassen, so ungenau ist in der Regel das Ergebnis. Beispielsweise ist völlig unklar, was die Formulierung „die letzten beiden Eingabewerte" an dieser Stelle bedeutet. Ist der aktuelle Eingabewert hier enthalten oder nicht? Auch die Formulierung „der Quotient" lässt einen erheblichen Interpretationsspielraum zu, da keinerlei Aussage über die Reihenfolge des Divisors und des Dividenden gemacht wird. Weitere typische Fehlerquellen sind die Verwendung der Wörter „und", „oder" und „nicht", die in Abhängigkeit ihrer umgangssprachlichen Verwendung ganz unterschiedliche Bedeutungen in sich tragen.

Von Kritikern informeller Spezifikationen werden diese drei Argumente immer wieder angeführt, um die Unzulänglichkeit umgangssprachlicher Beschreibungen zu

belegen. Trotzdem wäre es falsch, die Vorteile einer verbalen Beschreibung zu ignorieren. Keine andere Beschreibungsart ist für uns eingänglicher und damit besser
geeignet, die *grundlegenden* Ideen und Funktionsweisen eines Software-Systems
zu vermitteln.

3.6.1.2 Semi-formale Spezifikation

Semi-formale Spezifikationen bemühen sich definierter Formalismen, um das Verhalten eines Software-Systems festzuschreiben. Legen wir beispielsweise die grundlegende mathematische Notation zugrunde, so lässt sich die oben eingeführte informelle Spezifikation wie folgt in eine semi-formale Spezifikation umformulieren:

- **Eingabe**

  $\mathbf{x}[t]$: Eingabe zum Zeitpunkt t in 8-Bit-Zweierkomplementdarstellung

- **Ausgabe**

  $\mathbf{y}[t]$: Ausgabe zum Zeitpunkt t in 8-Bit-Zweierkomplementdarstellung

  n, a, s, m, d : Steuerleitungen

- **Verhalten**

$$
\mathbf{y}[0] = \begin{cases} -\mathbf{x}[0] \text{ für } n = 1 \text{ und } a = s = m = d = 0 \\ \quad 0 \text{ sonst} \end{cases}
$$

$$
\mathbf{y}[n+1] = \begin{cases} - \mathbf{x}[n+1] \text{ für } n = 1 \text{ und } a = s = m = d = 0 \\ \mathbf{x}[n] + \mathbf{x}[n+1] \text{ für } a = 1 \text{ und } n = s = m = d = 0 \\ \mathbf{x}[n] - \mathbf{x}[n+1] \text{ für } s = 1 \text{ und } n = a = m = d = 0 \\ \mathbf{x}[n] \times \mathbf{x}[n+1] \text{ für } m = 1 \text{ und } n = a = s = d = 0 \\ \mathbf{x}[n] \ / \ \mathbf{x}[n+1] \text{ für } d = 1 \text{ und } n = a = s = m = 0 \\ \quad 0 \text{ sonst} \end{cases}
$$

Der Vorteil der überarbeiteten Spezifikation liegt auf der Hand. Durch die Verwendung einer präzisen mathematischen Schreibweise sind nahezu alle Zweideutigkei-
ten der verbalen Beschreibung verschwunden. Trotzdem bleibt die semi-formale
Variante gut lesbar und deren Verständlichkeit nur unwesentlich hinter der verbalen
Beschreibung zurück.

Ein prominentes Beispiel einer semi-formalen Spezifikationssprache ist die *Unified Modeling Language*, kurz UML. Die Sprache definiert verschiedene Diagramm-
arten und Richtlinien, mit deren Hilfe die verschiedenen Aspekte eines Software-
Systems einheitlich spezifiziert werden können. Die UML ist ausreichend formal,
um z. B. die automatisierte Synthese von Code-Rahmen zu unterstützen und gleichzeitig informell genug, um eine hohe Verständlichkeit zu gewährleisten. Tiefergehende Einführungen in das weite Gebiet der UML finden sich unter anderem
in [148, 10, 11].

3.6.1.3 Formale Spezifikation

Viele der Forschungsarbeiten auf dem Gebiet der theoretischen Informatik beschäftigen sich seit langem mit den Möglichkeiten, mathematische Logiken zur vollständigen und eindeutigen Beschreibung von Computersystemen einzusetzen. Im Gegensatz zur Umgangssprache besitzen die entstehenden formalen Spezifikationen eine fest definierte Semantik, die keinerlei Interpretationsspielraum mehr zulässt.

Bekannte Vertreter, die speziell für die formale Beschreibung von Software konzipiert wurden, sind die Spezifikationssprache Z und die Vienna Development Method (VDM), zusammen mit ihrem objektorientierten Nachfolger VDM++ [138, 146, 95]. In beiden Sprachen wird ein Software-System mit Hilfe von Mengen und darauf aufbauenden Relationen modelliert. Die Sprache Z ist das Ergebnis von Forschungsarbeiten des Oxford University Computing Laboratory (OUCL) und liegt seit 2002 als ISO-Standard (ISO/IEC 13568:2002) vor [235, 75, 274].

Andere Ansätze verwenden *höherwertige Logiken* zur Modellierung eines Software-Systems. Hierbei wird das verlockende Ziel verfolgt, die *Korrektheit*, d. h. die Erfüllung der Spezifikation durch die Implementierung, mit Hilfe mathematischer Ableitungsregeln formal zu beweisen. Um die praktische Verwendung einer solchen Logik zu verdeutlichen, ist in Abb. 3.48 exemplarisch eine einfache C-Funktion zusammen mit ihrer formalen Spezifikation dargestellt. Das Quellprogramm definiert eine Funktion `is_prime`, die für den übergebenen Integer-Wert entscheidet, ob eine Primzahl vorliegt oder nicht. Darunter ist die Spezifikation dargestellt, formuliert in der Syntax des Theorembeweisers HOL [106]. Die Spezifikation definiert zunächst zwei Hilfsprädikate `divides` und `prime`, die zum einen die Teilbarkeitseigenschaft und zum anderen die Prim-Eigenschaft einer Zahl beschreiben. Das Verhalten der C-Funktion wird in Form eines mathematischen *Theorems* spezifiziert, das den Ergebniswert der Funktion `is_prime` mit dem Prädikat `prime` verknüpft.

Haben Sie Probleme, den Ausführungen an dieser Stelle zu folgen? Wenn ja, dann haben Sie das Kernproblem der formalen Spezifikation erkannt. Im direkten Vergleich mit einer umgangssprachlichen Spezifikation ist die exakte mathematische Beschreibung selbst für einfache Sachverhalte äußerst komplex und erfordert neben fundiertem Expertenwissen einen um Größenordnungen erhöhten Aufwand. Aus diesem Grund blieb die Verwendung dieser Techniken in der Praxis bisher auf wenige Anwendungsgebiete aus dem Bereich sicherheitskritischer Systeme beschränkt.

3.6.1.4 Referenzimplementierung

Im Gegensatz zu den bisher vorgestellten Varianten verfolgt die Technik der *Referenzimplementierung* das Prinzip, die Spezifikation durch ein zweites Programm zu ersetzen. Das Verhalten des Spezifikationsprogramms wird de jure als korrekt definiert, so dass die Implementierung genau dann als fehlerfrei gilt, wenn sie für alle Eingaben die Ausgabe des Spezifikationsprogramms produziert.

Die Vorteile dieses Ansatzes sind vielversprechend. Ob sich ein Software-System für eine konkrete Eingabebelegung korrekt verhält, lässt sich durch das einfache

■ Implementierung

```
is_prime.c

int is_prime(unsigned int nr)           1
{                                        2
    int i;                               3
                                         4
    for (i=2; i<nr; i++) {               5
        if (nr % i == 0) {               6
            return 0;                    7
        }                                8
    }                                    9
                                         10
    return 1;                            11
}                                        12
```

■ Formale Spezifikation in HOL

```
is_prime.ml

val divides = Define                     1
  `divides a b =                         2
    ?x. b = a * x`;                      3
val prime = Define                       4
  `prime p =                             5
    ~(p=1) /\                            6
    !x. x divides p ==>                  7
        (x=1) \/ (x=p) `;                8
|- !x.                                   9
  (prime(x) ==> (is_prime(x)=1) /\      10
  !prime(x) ==> (is_prime(x)=0))        11
                                         12
```

Abb. 3.48 Formale Spezifikation eines C-Programms mit Hilfe höherwertiger Logik

Ausführen des Spezifikationsprogramms überprüfen. Damit wird zusätzlich eine semi-automatische Software-Prüfung ermöglicht, indem die Spezifikation und die Implementierung für eine große Menge an Testfällen parallel ausgeführt und die Ausgaben anschließend miteinander verglichen werden.

Im Zuge der Optimierung eines Software-Systems wird das Prinzip von nahezu allen Entwicklern implizit angewandt. Typische Programmverbesserungen verfolgen das Ziel, die Laufzeit oder den Speicherverbrauch zu optimieren, ohne das nach außen sichtbare funktionale Verhalten zu ändern. Innerhalb des Optimierungsschritts übernimmt dabei die alte Implementierung die Rolle der Spezifikation. Die Optimierung gilt dann als korrekt, wenn das Verhalten des neuen Programms immer noch der Spezifikation genügt, d. h. sich funktional genauso verhält wie das Original. Die wiederholte Anwendung des Vorgangs führt zur Technik der *inkre-*

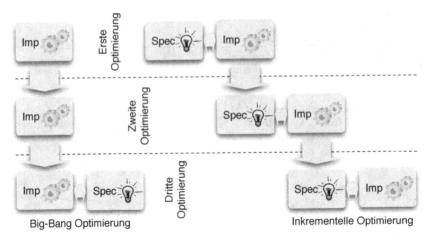

Abb. 3.49 Prinzip der inkrementellen Optimierung

mentellen Optimierung, die in Abb. 3.49 dem leider immer noch vorherrschenden Big-Bang-Ansatz gegenübergestellt ist.

Dem Gesagten zum Trotz kann eine Referenzimplementierung in den wenigsten Fällen eine herkömmliche Spezifikation komplett ersetzen. Mit Hilfe der ausführbaren Spezifikation kann zwar für jede Eingabe zweifelsfrei ermittelt werden, *wie* die korrekte Ausgabe lautet, nicht aber *warum*. Auch wenn die Referenzimplementierung als korrekt definiert wird, entspricht deren Ausgabe nicht immer der Vorstellung ihres Entwicklers. Damit unterliegt auch diese Technik deutlichen Grenzen.

Viele Hersteller spezifizieren ihre Produkte bewusst auf mehreren Ebenen, um die jeweiligen Vorteile der verschiedenen Spezifikationstechniken zu nutzen. So sind z. B. für die Programmiersprache Java unzählige umgangssprachliche Spezifikationen in Form von Lehrbüchern auf dem Markt. Diese belassen zwar viele Aspekte im Ungefähren, zum Lernen der Sprache sind sie jedoch mit Abstand die am besten geeignete Variante. Daneben bietet Sun Microsystems eine Sprachdefinition an, die das Verhalten der Sprache im Detail festlegt, zum Lernen der Sprache aber gänzlich ungeeignet ist. Als dritte Säule steht eine Referenzimplementierung für die virtuelle Maschine zur Verfügung, mit deren Hilfe verbleibende Interpretationslücken geschlossen werden können.

An diesem Beispiel wird eine inhärente Eigenschaft deutlich, die alle vorgestellten Spezifikationstechniken miteinander verbindet. Stellen wir die beiden Parameter *Verständlichkeit* und *Eindeutigkeit* gegenüber, so entsteht der in Abb. 3.50 skizzierte Zusammenhang. Wie die Grafik zeigt, bedingt die Verbesserung des einen Parameters die Verschlechterung des anderen. Mit anderen Worten: Die Verständlichkeit und die Eindeutigkeit einer Spezifikation sind negativ korreliert. Bei der richtigen Wahl der Spezifikationssprache ist die Dualität dieser beiden Kriterien in jedem Fall zu berücksichtigen.

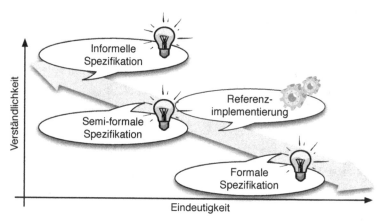

Abb. 3.50 Die verschiedenen Spezifikationstechniken im Vergleich

3.6.2 Implementierungsdokumente

Ist die Spezifikation die Beschreibung dessen, *was* ein Programm später zu leisten hat, so ist die Implementierung gewissermaßen der Weg zum Ziel. In diesem Sinne beschreibt die Implementierungsdokumentation, *wie* die Spezifikation umgesetzt wurde. Neben externen Dokumenten gehört zu dieser vor allem auch die Code-Dokumentation, die in Form von Kommentaren in den Quelltext integriert wird.

In der Praxis wird die Code-Dokumentation nicht selten als redundant angesehen, da das Verhalten eines Programms durch die Quelltexte exakt definiert ist. Dass selbst einfache Programme die weit verbreitete "Our code is our documentation"-Philosophie ad absurdum führen können, demonstriert die C-Funktion in Abb. 3.51 auf eindrucksvolle Weise. Um den Nutzen einer sinnvoll verfassten Code-Dokumentation zu untermauern, wurde das Programm absichtlich mit einem Fehler versehen. Versetzen Sie sich für den Moment in die Lage eines Software-Entwicklers, dessen Aufgabe es ist, den Fehler aufzuspüren und zu beheben. Ihr fiktiver Vorgänger arbeitet mittlerweile bei der Konkurrenz und hat den Quellcode aus Zeitgründen ohne jegliche Dokumentation hinterlassen.

Vielleicht haben Sie Glück und treffen im Rest des Quellcodes auf einige Hinweise, die auf das angedachte Verhalten zurückschließen lassen. Vielleicht finden Sie innerhalb des Unternehmens auch den einen oder anderen Mitarbeiter, der sich noch grob an die Funktion entsinnt. Vielleicht suchen Sie aber auch mehrere Tage intensiv nach der Fehlerstelle und strecken irgendwann frustriert die Waffen.

Dieses Szenario ist keinesfalls aus der Luft gegriffen. Insbesondere Firmen, die langlebige Software-Produkte entwickeln, stehen vor dem Problem, Teile ihrer eigenen Code-Basis nicht mehr zu verstehen. Mit Methoden des *Back engineerings* muss die Bedeutung der hauseigenen Programmquellen aufwendig rekonstruiert werden. Technisch gesehen spielt es dann keine Rolle mehr, ob der untersuchte Code von der Konkurrenz oder von ehemaligen Programmierern stammt, die schon längst nicht

```
ack1.c
int ack(int n, int m)                                            1
{                                                                2
    while (n != 0) {                                             3
        if (m == 0) {                                            4
            m = 1;                                               5
        } else {                                                 6
            m = ack(m, n-1);                                     7
        }                                                        8
        n--;                                                     9
    }                                                           10
    return m+1;                                                 11
}                                                               12
```

Abb. 3.51 Was berechnet diese Funktion und wo steckt der Fehler?

mehr auf der Gehaltsliste des Unternehmens stehen. Die grundlegende Frage, *ob* Quellcode überhaupt dokumentiert werden soll, ist damit eine rein rhetorische.

Im Gegensatz hierzu werden die Fragen nach dem optimalen *Umfang* und der geeigneten *Form* der Code-Dokumentation seit jeher konträr diskutiert. So sehen einige Kritiker in der übermäßigen Verwendung von Kommentaren schlicht den Versuch, die Symptome intransparenter Programme zu kaschieren anstatt eine Neuimplementierung in Erwägung zu ziehen. Linus Torvalds beschreibt die Situation im *Linux Kernel Coding Style* wie folgt:

> *"Comments are good, but there is also a danger of over-commenting. NEVER try to explain HOW your code works in a comment: it's much better to write the code so that the working is obvious, and it's a waste of time to explain badly written code."*

Linus Torvalds [257]

Der Linux-Philosophie folgend, sind sauber programmierte Programme selbsterklärend, so dass sich die Rolle von Kommentaren im Wesentlichen auf die Quelltextstrukturierung beschränkt. Die Neuimplementierung intransparenter Code-Fragmente ist nachträglichen Erklärungsversuchen durch Kommentare in jedem Fall vorzuziehen.

Viele der gegenwärtigen Qualitätsprobleme wären längst gelöst, wenn sich das Verhalten von Software-Entwicklern mehrheitlich nach dieser Philosophie richten und breite Unterstützung auf der Seite des Software-Managements finden würde. So lange die Realität in den meisten Software-Schmieden eine andere ist, nimmt die Kommentierung des Programmverhaltens einen unverändert hohen Stellenwert ein.

In vielen Firmen ist das heikle Thema der Dokumentation nicht nur ein unterschätztes, sondern mitunter auch ein missverstandenes. Kurzum: Viele Software-Entwickler kommentieren schlicht das Falsche. Immer noch erfreuen sich schablonenartige Kommentare großer Beliebtheit, die vor jeder Funktionsdeklaration in stoischer Manier eingefügt werden. Neben Autor und Erstellungsdatum enthalten

```
ack2.c
/*                                                                          1
   Funktion:      int ack (int n, int m)                                    2
                                                                            3
   Autor:         John Doe                                                  4
   Date:          01/01/2007                                                5
                                                                            6
   Revision History:                                                        7
               12/15/2006: While-Iteration hinzugefügt.                     8
               12/01/2006: Funktionsname geändert.                          9
*/                                                                         10
                                                                           11
                                                                           12
int ack1(int n, int m)                                                     13
{                                                                          14
                                                                           15
    /* Solange die erste Variable nicht null ist... */                     16
    while (n != 0) {                                                        17
                                                                           18
        /* Teste zweite Variable auf null */                               19
        if (m == 0) {                                                       20
            m = 1;                                                          21
        } else {                                                            22
            /* Hier erfolgt der rekursive Aufruf */                        23
            m = ack1(m, n-1);                                               24
        }                                                                  25
        n--;                                                                26
    }                                                                      27
    /* Liefere Ergebniswert zurück */                                      28
    return m+1;                                                             29
}                                                                          30
```

Abb. 3.52 Dokumentation aus Selbstzweck fördert den Fehler nicht zum Vorschein

diese häufig auch Copyright-Vermerke oder gar die vollständige Änderungshistorie. Sind innerhalb des Funktionsrumpfes überhaupt Kommentare enthalten, dokumentieren diese mit Vorliebe Trivialitäten.

Unser auf diese Weise dokumentiertes Beispielprogramm ist in Abb. 3.52 dargestellt. Falls Sie dem vorhandenen Fehler noch nicht auf die Schliche gekommen sein sollten, haben Sie jetzt erneut die Chance – diesmal unter Verwendung des dokumentierten Quelltextes.

Offensichtlich bringt uns die Dokumentation an dieser Stelle keinen Schritt weiter. Dass die letzte Zeile den Ergebniswert zurückliefert, ist sicher jedem Programmierer klar und der eingefügte Kommentar eher hinderlich. Genauso verhält es sich mit den anderen Hinweisen innerhalb des Funktionsrumpfes. Der einleitende Kommentarblock enthält ebenfalls so gut wie keine verwertbaren Informationen. Schlimmer noch: Die allermeisten Angaben sind schlicht überflüssig. Insbesondere das Erstellungsdatum und die Änderungshistorie sind Daten, die jedes Versions-

```
ack3.c
/* Funktion:     int ack (int n, int m)                      1
   Autor:        John Doe                                     2
                                                              3
   Beschreibung: Berechnet die Ackermann-Funktion            4
                 Die Ackermann Funktion ist ein Beispiel für 5
                 eine Funktion, die "berechenbar", aber nicht 6
                 "primitiv rekursiv" ist. Sie spielt in der  7
                 theoretischen Informatik eine wichtige       8
                 Rolle. Die Funktion ist wie folgt definiert: 9
                                                             10
                 (1) ack(0,m) = m+1              [m >= 0]    11
                 (2) ack(n,0) = ack(n-1,1)       [n > 0]     12
                 (3) ack(n,m) = ack(n-1,ack(n,m-1)) [m,n > 0] 13
                                                             14
   Hinweis:      Die Ackermann-Funktion wächst stärker als  15
                 z. B. die Exponentialfunktion. Bereits für  16
                 kleine Eingaben ist das Ergebnis nicht mehr 17
                 darstellbar. Beispiel:                      18
                                                             19
                 ack(3,1) = 13,                              20
                 ack(4,1) = 65533,                           21
                 ack(5,1) = ca. 20.000-stellige-Zahl */      22
                                                             23
int ack(int n, int m)                                        24
{                                                            25
    while (n != 0) {                                         26
        if (m == 0) {                                        27
            /* Fall (2) */                                   28
            m = 1;                                           29
        } else {                                             30
            /* Fall (3) */                                   31
            m = ack(m, n-1);                                 32
        }                                                    33
        n--;                                                 34
    }                                                        35
    /* Fall (1) */                                           36
    return m+1;                                              37
}                                                            38
```

Abb. 3.53 Sinnvoll dokumentiert ist der Programmfehler schnell zu finden

verwaltungssystem selbstständig speichert. Zusätzliche manuelle Einträge sind eine traditionelle Quelle für Inkonsistenzen und damit sogar kontraproduktiv für die Software-Qualität.

Wie eine nutzbringendere Kommentierung aussehen kann, zeigt Abb. 3.53. Der Header enthält eine Spezifikation in Form einer kurzen Beschreibung über das, *was* die Funktion berechnet. Wenn Sie den Programmfehler bisher noch nicht gefunden

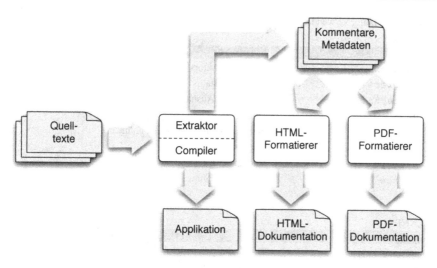

Abb. 3.54 Prinzip der Dokumentationsextraktion

haben, versuchen Sie es erneut. Ich bin sicher, jetzt werden Sie innerhalb kurzer Zeit fündig.[2]

Wägen wir die Zeit, die zum Hinschreiben des Kommentars benötigt wird, gegen den Aufwand ab, den die Fehlersuche in der undokumentierten Variante aus Abb. 3.51 oder der falsch dokumentierten Variante aus Abb. 3.52 verursacht, wird der Nutzen einer sinnvoll verfassten Dokumentation unmittelbar einsichtig.

3.6.2.1 Dokumentationsextraktion

Häufig entsteht der Wunsch, Quelltextkommentare in externe Dokumente einfließen zu lassen. Entsprechend gibt es heute für nahezu alle Programmiersprachen leistungsfähige Werkzeuge zur *Dokumentationsextraktion*. Hierzu werden die Quelltexte automatisch nach Kommentaren durchsucht und beispielsweise als PDF-Dokument oder in Form verlinkter HTML-Dokumente aufbereitet (vgl. Abb. 3.54). Die heute verfügbaren Werkzeuge sind in ihrer Bedienung so einfach und in ihrer Leistungsfähigkeit so fortgeschritten, dass sich eine Verwendung geradezu aufzwingt. Die Aufgabe des Programmierers erstreckt sich an dieser Stelle lediglich auf das Einfügen spezieller Kommentarschlüssel (*tags*), die das Extraktionswerkzeug mit den notwendigen Metainformationen versorgen.

Typische Werkzeuge zur Dokumentenextraktion sind JavaDoc von Sun Microsystems und das .NET-Äquivalent XmlDoc von Microsoft. JavaDoc ist fester Bestandteil des *Java 2 Software Development Kits* (J2SDK) und das mit Abstand am häufigsten verwendete Extraktionswerkzeug im Java-Umfeld. Eine gute Übersicht

---

[2] Ein Blick auf die Definition der Ackermann-Funktion zeigt, dass der rekursive Aufruf `ack(m, n-1)` falsch ist und in Wirklichkeit `ack(n, m-1)` lauten muss.

Tabelle 3.7 Häufig verwendete Schlüsselwörter in JavaDoc und dem .NET-Framework

■ JavaDoc

Tag	Bedeutung
@author	Name des Autors
@deprecated	Aktualitätsstatus
@exception	Ausgelöste Ausnahme
@see	Querverweis
@param	Name und Funktion eines Parameters
@version	Version
@return	Rückgabewert
@since	Erstellungsdatum
@see	Verweis

■ .NET

Tag	Bedeutung
<example>	Anwendungsbeispiel
<exception>	Ausgelöste Ausnahme
<include>	Einfügen externer Dokumentation
<param>	Name und Funktion eines Parameters
<remarks>	Bemerkungen
<returns>	Rückgabewert
<see>	Verweis
<summary>	Kurzbeschreibung
<value>	Name und Bedeutung eines Attributs

über dessen Leistungsfähigkeit eröffnet ein Blick auf die Java-Online-Hilfe, die komplett mit diesem Werkzeug erstellt wurde.

Innerhalb des Quelltextes werden JavaDoc-Kommentare mit der Zeichensequenz /** eingeleitet und mit */ abgeschlossen. Da gewöhnliche, mit der Zeichensequenz /* eingeleitete Kommentare, von JavaDoc vollständig ignoriert werden, ist der Programmierer in der Lage, den zu extrahierenden Dokumentationsanteil nach Belieben zu kontrollieren. Innerhalb eines Kommentarblocks können verschiedene Tags spezifiziert werden, die in JavaDoc allesamt mit dem At-Symbol (@) beginnen (vgl. Tabelle 3.7 oben).

Microsoft hat im Zuge der .NET-Einführung ein eigenes Dokumentationsformat definiert, das auf der XML-Syntax basiert (vgl. Tabelle 3.7 unten). Die speziellen Kommentare werden in C# durch /// eingeleitet und dadurch von den Standardkommentaren unterschieden. Diese beginnen nach wie vor mit zwei Schrägstrichen. Die unterschiedlichen Erscheinungsbilder der beiden Dokumentationsformate sind in Abb. 3.55 gegenübergestellt.

Die Erfahrung zeigt, dass die Software-Dokumentation eine Zukunftsinvestition darstellt und auf lange Sicht zu einer Zeit- und Kostenreduktion führt. Wie uns das Beispiel der Ackermann-Funktion deutlich vor Augen geführt hat, ist es noch wichtiger, das *Richtige* in der *richtigen Form* zu dokumentieren. Eine einfache Antwort

■ JavaDoc

```
/**                                                                          1
      Bestimmt die Position eines Strings in einer Liste.                     2
                                                                              3
      Mit Hilfe dieser Funktion wird die Position eines                       4
      Strings in der angegebenen String-Liste bestimmt.                       5
      Die Funktion setzt voraus, dass die String-Liste                        6
      sortiert ist. Für die Positionsbestimmung in einer                      7
      unsortierten Liste steht die Funktion                                   8
      unsortedIndexOf zur Verfügung.                                          9
                                                                             10
      @param s          Zu suchender String                                  11
      @param sl         Sortierte String-Liste                               12
      @param idx        In diesem Objekt wird der Index                       13
                        gespeichert, falls der String gefunden               14
                        wurde.                                                15
      @retval TRUE      wenn der String gefunden wurde.                       16
      @retval FALSE     wenn der String nicht gefunden wurde.                 17
      @see              indexOf                                              18
      @see              sort                                                 19
      @see              sorted                                               20
*/                                                                           21
```

■ .NET

```
///    <remarks>                                                             1
///       Mit Hilfe dieser Funktion wird die Position eines                   2
///       Strings in der angegebenen String-Liste bestimmt.                   3
///       Die Funktion setzt voraus, dass die String-Liste                    4
///       sortiert ist. Für die Positionsbestimmung in einer                  5
///       unsortierten Liste steht die Funktion                               6
///       unsortedIndexOf zur Verfügung.                                      7
///    </remarks>                                                             8
///    <seealso cref="indexOf"/>                                             9
///    <seealso cref="sort"/>                                               10
///    <seealso cref="sorted"/>                                             11
///    <param name="s">Zu suchender String</param>                          12
///    <param name="sl">Sortierte String-Liste</param>                      13
///    <param name="idx">In diesem Objekt wird der Index                     14
///       gespeichert, falls der String gefunden wurde.                      15
///    </param>                                                             16
///    <retval name="TRUE"> wenn der String gefunden wurde.                  17
///       </retval>                                                         18
///    <retval name="FALSE"> wenn der String nicht gefunden                  19
///       wurde.</retval>                                                   20
///    <summary>Bestimmt die Postion eines Strings in einer                  21
///       String-Liste.</summary>                                           22
```

Abb. 3.55 Vergleich der Dokumentationsschemata von Java und .NET

auf die Frage, wie die optimale Dokumentation auszusehen hat, existiert an dieser Stelle nicht. Einige Lehrbücher versuchen, den Software-Entwicklern mit Inhaltsvorgaben, Formatvorlagen und Checklisten unter die Arme zu greifen und auf diese Weise gleichzeitig zu einer Vereinheitlichung des Erscheinungsbilds beizutragen. Die Praxiserfahrung zeigt jedoch, dass eine derartige Mechanisierung die Anfertigung von Dokumentation häufig zum Selbstzweck degradiert.

Auf der anderen Seite ist die hohe Rendite, die durch eine gute Code-Dokumentation erzielt werden kann, mit kaum einer anderen Technik der konstruktiven Qualitätssicherung zu erreichen. Leider, und das ist die Crux bei der Geschichte, wird die Rendite erst nach mehreren Jahren fällig, so dass es auch weiterhin durch die Flure so mancher großer und kleiner quartalsgetriebener IT-Unternehmen hallen wird: *"Documentation? We don't have time for that."*

Kapitel 4
Software-Test

4.1 Motivation

Der *Software-Test* ist die mit Abstand am häufigsten eingesetzte Technik der analytischen Qualitätssicherung und bestimmt wie keine andere die tägliche Arbeit eines jeden Software-Entwicklers. Im direkten Vergleich mit den anderen Methoden der Software-Qualitätssicherung entstammt der Software-Test dabei einer erstaunlich simplen Idee: Das zu untersuchende Programm wird mit Hilfe eines Satzes konkreter Eingabedaten ausgeführt und das gemessene Ist-Ergebnis anschließend mit dem vorher ermittelten Soll-Ergebnis abgeglichen.

Nichtsdestotrotz präsentieren sich die Ansichten darüber, was der Begriff des Software-Tests im Einzelnen bedeutet, in der Praxis als unerwartet weit gefächert. So definiert das *IEEE Standard Glossary of Software Engineering Terminology* den Begriff Software-Test beispielsweise wie folgt:

> *"Test: (1) An activity in which a system or component is executed under specified coditions, the results are observed or recorded, and an evaluation is made of some aspect of the system or component."*
>
> IEEE Standard Glossary of Software Engineering Terminology [137]

Diese Definition stellt klar den handwerklichen Aspekt des Software-Tests in den Vordergrund, schließlich beschreibt der Ausdruck *„specified conditions"* an dieser Stelle nichts anderes als einen konkreten Testfall, mit dem das untersuchte Programm ausgeführt wird. Andere Definitionen fassen den Begriff des Software-Tests deutlich weiter. So abstrahieren Craig und Jaskiel vollständig von dem handwerklichen Charakter und siedeln den Begriff auf der Prozessebene an:

> *"Testing is a concurrent lifecycle process of engineering, using and maintaining testware in order to measure and improve the quality of the software being tested."*
>
> R. D. Craig, S. P. Jaskiel [62]

D.W. Hoffmann, *Software-Qualität*, eXamen.press,
DOI 10.1007/978-3-642-35700-8_4, © Springer-Verlag Berlin Heidelberg 2013

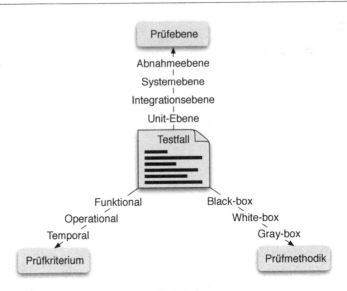

Abb. 4.1 Die drei Merkmalsräume der Testklassifikation

Der hohe Stellenwert, den diese Definition dem Software-Test mit Recht zubilligt, wird insbesondere durch den neu eingeführten Begriff der *Testware* unterstrichen. Testumgebung und Testfälle werden zu einem festen Bestandteil der entwickelten Software und stehen auf Augenhöhe mit den später an den Kunden ausgelieferten Komponenten. Die realen Gegebenheiten in großen Software-Projekten unterstreichen diese Sichtweise. So übersteigt in vielen Projekten das Code-Volumen der *Testware*, d. h. derjenige Anteil, der ausschließlich dem Zweck des Software-Tests dient, das Code-Volumen der ausgelieferten Produktkomponenten bei weitem.

4.2 Testklassifikation

Als allgegenwärtiges Instrument der Software-Qualitätssicherung werden Software-Tests in allen Phasen des Entwicklungsprozesses durchgeführt. Die einzelnen Tests lassen sich bezüglich der folgenden Merkmale in verschiedene Klassen einteilen (vgl. Abb. 4.1):

- **Prüfebene:** In welcher Entwicklungsphase wird der Test durchgeführt?

- **Prüfkriterium:** Welche inhaltlichen Aspekte werden getestet?

- **Prüfmethodik:** Wie werden die verschiedenen Testfälle konstruiert?

In den nächsten Abschnitten werden alle drei Merkmalsräume einer genaueren Betrachtung unterzogen.

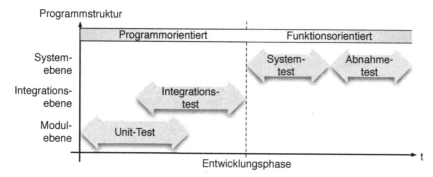

Abb. 4.2 Die vier Prüfebenen des Software-Tests

4.2.1 Prüfebenen

Der Einteilung in *Prüfebenen* liegt zum einen die Programmstruktur des untersuchten Software-Systems und zum anderen die zeitliche Entwicklungsphase, in der ein Test durchgeführt wird, zugrunde. *Was* genau mit Hilfe eines einzelnen Testfalls abgeprüft wird, spielt in dieser Betrachtung nur eine untergeordnete Rolle. Jeder Testfall lässt sich einer der folgenden vier Klassen zuordnen:

- Unit-Tests

- Integrationstests

- Systemtests

- Abnahmetests

Abb. 4.2 stellt die vier verschiedenen Teststufen grafisch gegenüber.

4.2.1.1 Unit-Tests

Mit dem Begriff *Unit* wird eine atomare Programmeinheit bezeichnet, die groß genug ist, um als solche eigenständig getestet zu werden. Diese recht vage formulierte Begriffsdefinition lässt einen erheblichen Spielraum zu und in der Praxis unterscheiden sich zwei atomare Programmeinheiten oft beträchtlich in ihrer Größe. Hier können sich Units von einzelnen Funktionen, über Klassen, bis hin zu Klassen- oder Modulverbünden in Form von Paketen und Bibliotheken erstrecken. Aus diesem Grund wird der Unit-Test nicht selten auch als *Modultest* oder noch allgemeiner als *Komponententest* bezeichnet. Wird die Methodik des Unit-Tests auf größere Klassen- oder Modulverbünde angewendet, so geht der Testprozess fast nahtlos in den *Integrationstest* über (Abschnitt 4.2.1.2). Die klare Trennlinie, die in der Literatur zwischen den beiden Testarten gezogen wird, ist in der Praxis an vielen Stellen durchbrochen.

Um den abstrakten Begriff des Unit-Tests mit Leben zu füllen, betrachten wir die in Abb. 4.3 abgedruckte Implementierung der Methode `binarySearch` von Sun

```
                                                                              1
 ArrayUtils.java (Auszug)
/**                                                                           1
 * Searches the specified array of ints for the specified                     2
 * value using the binary search algorithm. The array                         3
 * <strong>must</strong> be sorted (as by the <tt>sort</tt>                    4
 * method, above) prior to making this call. If it is not                     5
 * sorted, the results are undefined.  If the array contains                   6
 * multiple elements with the specified value, there is no                     7
 * guarantee which one will be found.                                          8
 *                                                                            9
 * @param a the array to be searched.                                        10
 * @param key the value to be searched for.                                  11
 * @return index of the search key, if it is contained in the                12
 *     list; otherwise, <tt>(-(<i>insertion point</i>) - 1)                  13
 *     </tt>. The <i>insertion point</i> is defined as the                   14
 *     point at which the key would be inserted into the list:               15
 *     the index of the first element greater than the key, or               16
 *     <tt>list.size()</tt>, if all elements in the list are                 17
 *     less than the specified key. Note that this guarantees                18
 *     that  the return value will be &gt;= 0 if and only if                 19
 *     the key is found.                                                     20
 * @see #sort(int[])                                                         21
 */                                                                          22
                                                                            23
public static int binarySearch(int[] a, int key) {                          24
    int low = 0;                                                            25
    int high = a.length-1;                                                  26
                                                                            27
    while (low <= high) {                                                   28
        int mid = (low + high) >> 1;                                        29
        int midVal = a[mid];                                               30
                                                                            31
        if (midVal < key)                                                  32
            low = mid + 1;                                                 33
        else if (midVal > key)                                             34
            high = mid - 1;                                                35
        else                                                              36
            return mid; // key found                                       37
    }                                                                      38
    return -(low + 1);  // key not found.                                   39
}                                                                          40
```

Abb. 4.3 Java-Implementierung der binären Suche von Sun Microsystems

Microsystems. Als Methode der Klasse **ArrayUtils** ist sie offizieller Bestandteil des *Collection frameworks* der Java-2-Plattform [107, 277, 188].

Die Methode **binarySearch** wird mit einem geordneten Array **a** sowie einem Schlüssel **key** aufgerufen und überprüft, ob das Element **key** in **a** enthalten ist. Wurde der Schlüssel erfolgreich lokalisiert, wird dessen Position als Ergebnis zurückgegeben. Andernfalls liefert die Funktion einen negativen Wert zurück und der Betrag

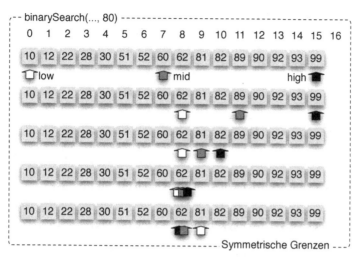

Abb. 4.4 Binäre Suche des Elements 80

des Rückgabewerts entspricht der Position, an der das Element eingefügt werden müsste, um die Ordnung des Arrays nicht zu zerstören. Auf diese Weise lässt sich die Methode nicht nur für die schnelle Suche eines Elements, sondern auch für das sortierte Einfügen weiterer Elemente verwenden.

Wie der Name der Methode unverwechselbar andeutet, macht sie sich die Technik der *binären Suche* zunutze – einem klassischen Suchalgorithmus auf geordneten Mengen [228, 229]. Die Idee der binären Suche besteht darin, die Array-Elemente als geordnetes Intervall aufzufassen, dessen linke bzw. rechte Grenze durch die Variable `low` bzw. `high` repräsentiert wird. Das Intervall wird nun in der Mitte geteilt und anhand des mittleren Elements `mid` geprüft, ob sich der gesuchte Wert in der linken oder der rechten Intervallhälfte befindet. Anschließend wird die Suche auf einem der Teilintervalle rekursiv wiederholt. Die Suche bricht ab, sobald das Element an der Stelle `mid` gefunden wurde oder das Suchintervall keine Elemente mehr enthält. Die binäre Suche ist ein Spezialfall des mathematischen Prinzips der *Intervallschachtelung* und wird in der Literatur dementsprechend auch als *Intervallsuche* bezeichnet.

Abb. 4.4 demonstriert die einzelnen Iterationen der binären Suche anhand eines konkreten Beispiels. Das gesuchte Element ist in dem gegebenen Array nicht vorhanden und der Algorithmus terminiert erst, sobald das Suchintervall zur leeren Länge degradiert. In unserem Beispiel enthält das Intervall in der vierten Iteration keinerlei Elemente mehr.

Die binäre Suche zeichnet sich vor allem durch ihre positive Laufzeiteigenschaft aus, da das Suchintervall aufgrund der sukzessiven Halbierung mit exponentieller Geschwindigkeit schrumpft. Hierdurch terminiert die binäre Suche spätestens nach logarithmisch vielen Iterationen und ist der linearen Suche damit deutlich überlegen.

BinarySearchUnitTest.java

```java
import java.util.*;                                              1
                                                                2
public class BinarySearchUnitTest {                             3
                                                                4
    public static void main (String args[]) {                   5
                                                                6
        boolean success = true;                                 7
        int[] a = { 10, 12, 22, 28, 30, 51, 52, 60,            8
                    62, 81, 82, 89, 90, 92, 93, 99 };           9
                                                                10
        // Test 1: Element '89' is at position 11               11
        success &= (Arrays.binarySearch(a, 89) == 11);          12
                                                                13
        // Test 2: Element '99' is at position 15               14
        success &= (Arrays.binarySearch(a, 99) == 15);          15
                                                                16
        // Test 3: Element '100' must not be found!             17
        success &= (Arrays.binarySearch(a, 100) < 0);           18
                                                                19
        if (success)                                            20
            System.out.println("Success");                      21
        else                                                    22
            System.out.println("Failure");                      23
    }                                                           24
}                                                               25
```

Abb. 4.5 Ein einfacher, wenn auch ungeschickter Unit-Test für die Funktion `binarySearch`

Ein typischer Unit-Test für die Methode `binarySearch` ist in Abb. 4.5 darge-stellt. Die Testroutine erzeugt zunächst ein Integer-Array mit 16 Elementen und führt im Anschluss daran mehrmals eine binäre Suche mit unterschiedlichen Schlüs-seln durch. Der Erfolg oder Misserfolg der Testfalldurchführung wird in der Varia-blen `success` festgehalten.

Die gezeigte Implementierung ist aus mehreren Gründen nicht optimal. So wirkt die Testroutine wie mit der heißen Nadel gestrickt – sie folgt weder einem standar-disierten Testschema noch ist das Ergebnis für den Software-Entwickler besonders informativ. Insbesondere im Fehlerfall liefert der Testtreiber keinerlei verwertbare Informationen für die Fehlersuche. Der Entwickler muss hier selbst in mühevoller Kleinarbeit bestimmen, welcher der Testfälle mit welchem Ergebnis fehlgeschlagen ist. In Abschnitt 8.3 werden wir die Problematik aufgreifen und zeigen, wie sich Unit-Tests mit Hilfe spezieller Frameworks deutlich komfortabler formulieren und zugleich automatisiert auswerten lassen.

Ein zweiter, nicht minder wichtiger Kritikpunkt betrifft die Auswahl der Testfäl-le. Neben der verhältnismäßig geringen Anzahl sind sie darüber hinaus so ungünstig gewählt, dass sich der Kontrollfluss innerhalb der Methode `binary_search` für je-den Testfall gleicht. Entsprechend hoch ist die Wahrscheinlichkeit, dass bestimmte

Programmfehler durch die gewählten Testfälle unentdeckt bleiben. In den Abschnitten 4.3 und 4.4 werden wir uns daher ausgiebig der Frage widmen, wie aus der schier unendlichen Menge möglicher Testfälle diejenigen ausgewählt werden können, die einen eventuell vorhandenen Programmfehler mit hoher Wahrscheinlichkeit zu Tage fördern. In diesem Zusammenhang wird die in diesem Abschnitt eingeführte Implementierung der Methode `binary_search` erneut als fruchtbares Beispiel dienen.

4.2.1.2 Integrationstest

Nach dem Unit-Test bildet der Integrationstest die nächsthöhere Abstraktionsstufe und wird immer dann eingesetzt, wenn einzelne Programmmodule zu größeren Software-Komponenten zusammengesetzt werden. Der Integrationstest stellt dabei sicher, dass die Komposition der separat getesteten Programmkomponenten ebenfalls wieder ein funktionsfähiges System ergibt. In der Praxis kommen die folgenden Integrationsstrategien zum Einsatz:

- **Big-Bang-Integration**
  Hinter dem Begriff der *Big-Bang-Integration* verbirgt sich keine Integrationsstrategie im eigentlichen Sinne. Sämtliche Module werden zunächst vollständig entwickelt und anschließend auf einen Schlag integriert. Die Big-Bang-Integration besitzt zwei gravierende Nachteile.

  Zum einen kann mit der Integration erst dann begonnen werden, wenn die Entwicklung des letzten Teilmoduls erfolgreich abgeschlossen wurde. Fehler, die nur im Zusammenspiel verschiedener Komponenten zum Vorschein treten, können hierdurch erst spät im Projektverlauf entdeckt werden. Darüber hinaus treten bei der Integration nicht selten unvorhergesehene Probleme auf, die sich nur durch aufwendige Architekturänderungen beseitigen lassen. Durch eine späte Integration werden diese Probleme zu einem unkalkulierbaren Risiko in der Projektplanung.

  Zum anderen erweist sich die Big-Bang-Integration in der Praxis als schwer handhabbar. Da alle Teilkomponenten gleichzeitig integriert werden, lässt sich die Ursache eines beobachteten Fehlers nur mühsam lokalisieren. Im Gegensatz zu den diversen inkrementell ausgelegten Strategien, die in jedem Teilschritt nur eine begrenzte Anzahl neuer Teilmodule hinzufügen, wird der Debug-Aufwand dramatisch erhöht.

  Den gravierenden Nachteilen zum Trotz gehört die Big-Bang-Integration immer noch zu den in der Praxis am häufigsten eingesetzten Integrationstechniken. Ein Vorteil der Strategie soll an dieser Stelle jedoch nicht unerwähnt bleiben. Da die Integration nicht schrittweise erfolgt, sind alle Komponenten zum Zeitpunkt der Integration bereits vollständig ausprogrammiert. Hierdurch entfällt das Schreiben von Testtreibern und Platzhaltern, die bei der inkrementellen Integration als Stellvertreter für noch fehlende Komponenten eingesetzt werden müssen.

- **Strukturorientierte Integration**
  Die Programmmodule werden inkrementell zu einem Gesamtsystem zusammengefügt. Die Reihenfolge, in der die einzelnen Teilkomponenten integriert wer-

den, richtet sich dabei nach den strukturellen Abhängigkeiten, die zwischen den einzelnen Modulen auf Architekturebene bestehen. Im Speziellen werden die folgenden strukturorientierten Integrationsstrategien unterschieden:

– **Bottom-Up-Integration**
  Die Integration beginnt mit den Basiskomponenten, d. h. mit denjenigen Modulen, die keine Abhängigkeiten zu anderen Modulen besitzen. Wird ein Schichtenmodell oder eine Baumbeschreibung der Programmstruktur zugrunde gelegt, so bilden die zuerst integrierten Komponenten die unterste Schicht bzw. die Blätter des Baums. Sind alle Basiskomponenten integriert, so werden die Komponenten der nächsten Schicht bearbeitet. Generell gilt, dass eine Komponente erst dann integriert wird, wenn alle benutzten Komponenten bereits hinzugenommen sind.

  Solange das auf diese Weise konstruierte Software-System noch unvollständig ist, werden die noch nicht integrierten Komponenten durch Testtreiber ersetzt. Ein *Testtreiber* (*driver*) ist dabei nichts anderes als ein temporäres Programmgerüst, das bestimmte Aspekte der später eingesetzten Implementierung simuliert. Testtreiber sind in aller Regel funktional unvollständig und damit bewusst so ausgelegt, dass sie nur für ganz bestimmte Testszenarien das spätere Programmverhalten korrekt simulieren.

– **Top-Down-Integration**
  Die Top-Down-Integration entsteht aus der Bottom-Up-Strategie durch das einfache Umkehren der Integrationsrichtung. Die Integration beginnt mit den Modulen der obersten Software-Schicht und wird anschließend mit den Modulen der weiter unten liegenden Schichten fortgesetzt. Die Basiskomponenten werden zuletzt integriert und damit das Gesamtsystem komplettiert.

  Während der Integration werden noch nicht integrierte Komponenten durch einen Platzhalter ersetzt (*stub*). Im Gegensatz zu einem Testtreiber, der die darunter liegenden Software-Komponenten selbst aufruft, bildet ein Stub die Funktionalität einer Komponente nach. In aller Regel sind Stubs funktional unvollständig, so dass nur für ganz bestimmte Eingabekombinationen die richtigen Ergebniswerte zurückgeliefert werden. Im direkten Vergleich mit einem Testtreiber erweist sich die Programmierung eines Stubs in den meisten Fällen als deutlich schwieriger, so dass die Top-Down-Integration mehr Entwicklungsaufwand abverlangt als eine vergleichbare Bottom-Up-Integration. Nicht selten stehen Software-Entwickler der Strategie daher ablehnend gegenüber. Aus Benutzersicht bringt die Top-Down-Strategie jedoch nicht zu unterschätzende Vorteile mit sich, da bereits sehr früh ein prototypisches Modell der Software entsteht, das sich äußerlich kaum von dem Endprodukt unterscheidet.

– **Outside-In-Integration**
  Die Outside-In-Strategie versucht, die Vorteile der Bottom-Up- und der Top-Down-Strategie miteinander zu kombinieren. Hierzu werden sowohl die Module der obersten als auch die der untersten Architekturschicht zuerst inte-

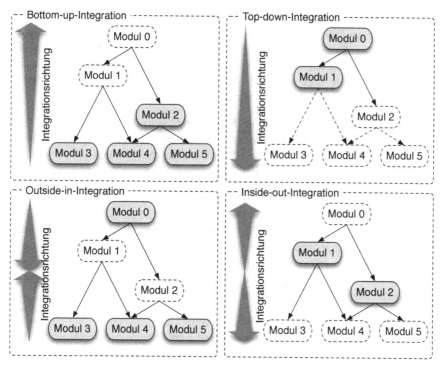

Abb. 4.6 Die verschiedenen Integrationsstrategien im Vergleich

griert und anschließend die Komponenten der nächstniedrigeren bzw. nächsthöheren Schicht hinzugenommen. Der Vorgang wird so lange wiederholt, bis
sich beide Integrationsstränge in der Mitte der Komponentenhierarchie treffen. Die Komponenten der mittleren Architekturschichten werden auf diese
Weise stets zuletzt integriert.

In der Tat kann die Outside-In-Integration verschiedene Vorteile in sich
vereinen. Auch hier entsteht vergleichsweise früh ein prototypisches Modell
des Gesamtsystems. Gleichzeitig entfällt die zeitraubende Programmierung
von Platzhalten für die Komponenten der unteren Architekturschichten.

– **Inside-Out-Integration**
Die Integration beginnt in der Mitte der Komponentenhierarchie und wird sowohl nach unten als auch nach oben fortgesetzt. Die Strategie wird in der
Praxis nur selten eingesetzt, da sie kaum zusätzliche Vorteile bietet, auf der
anderen Seite aber die Nachteile der Bottom-Up- und der Top-Down-Strategie
in sich vereint.

In Abb. 4.6 sind die verschiedenen strukturorientierten Integrationsstrategien zu-
sammenfassend gegenübergestellt.

■ **Funktionsorientierte Integration**
Genau wie im Falle der strukturorientierten Integration werden die Teilkomponenten hier inkrementell zu einem Gesamtsystem zusammengefügt. Dagegen wird die Auswahlreihenfolge nicht mehr durch die Programmstruktur, sondern durch funktionale oder operative Kriterien bestimmt. Die folgenden Integrationsstrategien lassen sich unterscheiden:

– **Termingetriebene Integration (Schedule driven)**
Die verschiedenen Teilkomponenten werden entsprechend ihrer Verfügbarkeit integriert (*first come first serve*). Schnittstellenfehler können auf diese Weise frühzeitig erkannt werden, allerdings lassen sich nicht alle Modulkombinationen auf sinnvolle Weise gleichzeitig integrieren.

– **Risikogetriebene Integration (Risc driven)**
Diese Integrationstechnik verfolgt das Ziel, Teilkomponenten mit hohem Risiko so früh wie möglich zu integrieren (*hardest first*). Ein hohes Risiko liegt z. B. dann vor, wenn an der Kompatibilität zweier Schnittstellen Zweifel bestehen oder ungeklärt ist, ob zwei Module im Zusammenspiel die spezifizierten Laufzeitanforderungen erfüllen.

– **Testgetriebene Integration (Test driven)**
Von einem konkreten Testfall ausgehend werden zunächst diejenigen Module bestimmt, die zu dessen Ausführung unbedingt erforderlich sind. Anschließend werden die ermittelten Module mit einer der oben beschriebenen strukturellen Techniken integriert. Sobald das auf diese Weise konstruierte Programm den Testfall erfolgreich abarbeitet, wird der Vorgang mit dem nächsten Testfall wiederholt. Als Nebeneffekt liefert die testgetriebene Integration statistische Daten über die Testfallabdeckung – insbesondere bleiben nicht getestete Module während der gesamten Integration unberücksichtigt.

– **Anwendungsgetriebene Integration (Use case driven)**
Diese Strategie ist eng mit der testgetriebenen Integration verbunden. Anstatt die Komponentenauswahl an einen elementaren Testfall zu koppeln, wird ein konkretes Anwendungsszenario (*use case*) oder ein vollständiger Geschäftsprozess zugrunde gelegt.

4.2.1.3 Systemtest

Mit dem Systemtest wird begonnen, sobald alle Teilkomponenten eines Software-Systems erfolgreich integriert sind. Im Gegensatz zum Unit- bzw. Integrationstest wird das System als Ganzes getestet und auf die Einhaltung der im Pflichtenheft spezifizierten Eigenschaften überprüft.

Auf den ersten Blick scheint der Integrationstest nahtlos in den Systemtest überzugehen, schließlich bewegt sich das getestete System mit jeder integrierten Komponente einen Schritt näher auf das Gesamtsystem zu. In der Tat unterscheiden sich beide jedoch in einem zentralen Punkt, der zugleich einen klaren Schnitt zwischen den jeweiligen Prüfebenen zieht. Der Systemtest betrachtet die zu untersuchende Software nahezu ausschließlich aus funktionaler Sicht. Mit anderen Worten: Die interne Code-Struktur spielt so gut wie keine Rolle mehr – ganz im Gegensatz zum Unit- oder Integrationstest. Faktisch gesehen nimmt der Software-Ingenieur während des System-Tests die Rolle des Kunden ein und prüft, ob die im Pflichtenheft spezifizierten Eigenschaften aus dessen Perspektive hinreichend erfüllt werden.

Es wäre ein grober Fehler, den Aufwand für den Systemtest zu unterschätzen. Selbst wenn alle Integrationstests reibungsfrei durchgeführt werden konnten, ist der Systemtest keinesfalls eine Formsache. So kann der Testaufwand insbesondere für transaktionsintensive Systeme so viel Zeit in Anspruch nehmen, wie der Unit-Test und der Integrationstest zusammen [34]. Die folgenden Faktoren können den Systemtest erheblich erschweren:

- **Unvorhergesehene Fehler**
  Erfahrungsgemäß treten viele Fehler erst im Zusammenspiel aller Komponenten auf und bleiben damit dem Unit-Test und in weiten Teilen auch dem Integrationstest verborgen.

- **Unklare Anforderungen**
  In der Praxis sind die Anforderungsbeschreibungen oft nur vage formuliert oder gar nicht vorhanden. Je größer der Interpretationsspielraum, desto schwieriger wird es, das korrekte Verhalten eines Software-Systems zweifelsfrei festzustellen.

- **Testumgebung**
  Systemtests werden vorzugsweise in einer Umgebung ausgeführt, die so weit wie möglich der des Kunden entspricht. Der Aufwand für den Aufbau einer solchen Umgebung ist insbesondere im Bereich eingebetteter Systeme erheblich.

- **Eingeschränkte Debug-Möglichkeiten**
  In der Release-Version eines Software-Systems sind viele der ehemals vorhandenen Debug-Möglichkeiten entweder deaktiviert oder nicht mehr vorhanden. Tritt ein Fehler auf, so ist die Ursachenanalyse nur noch in sehr begrenztem Umfang möglich.

- **Eingeschränkte Handlungsfähigkeit**
  In den späten Entwicklungsphasen sind die Möglichkeiten zur Fehlerbehebung ebenfalls stark eingeschränkt. Ist der Systemtest bereits angelaufen, verbieten sich beispielsweise größere Architekturänderungen aus Gründen der Risikoabschätzung von selbst. Bildlich gesprochen können Fehler ab jetzt nur noch mit mikrochirurgischen Eingriffen korrigiert werden, um das Risiko einer weitreichenden Fehlereinpflanzung klein zu halten.

In der Praxis wird der Systemtest oft in mehreren Phasen durchgeführt. Insbesondere im Bereich sicherheitskritischer Systeme erfolgt der Test inkrementell. In jeder Phase wird sowohl der Testaufwand als auch das eingegangene Risiko schrittweise erhöht.

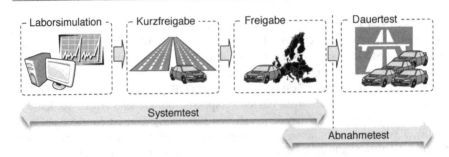

Abb. 4.7 Typische Phasen des System- und Abnahmetests eines Kfz-Steuergeräts

Als Beispiel sind in Abb. 4.7 die typischen Phasen dargestellt, die im Rahmen des Systemtests eines Kfz-Steuergeräts nacheinander durchlaufen werden. Bevor das Steuergerät unter realen Bedingungen in einem Kraftfahrzeug getestet wird, werden zunächst mehrere Labortests durchgeführt. Verhalten sich alle Teilkomponenten wie erwartet, so wird das Gerät in einer Simulationsumgebung in Betrieb genommen, die sich aus Sicht des Steuergeräts als reale Fahrzeugumgebung präsentiert. Alle elektronischen Komponenten, mit denen das Steuergerät über die fahrzeuginternen Bussysteme kommuniziert, werden innerhalb der virtuellen Umgebung in Software nachgebildet (*Restbussimulation*).

Sobald alle Labortests bestanden sind, beginnt die Erprobung in einem realen Fahrzeug – dem sogenannten *Testträger*. Zunächst erfolgen mehrere Kurzfreigaben, die der Funktionsprüfung des Steuergeräts unter realen Bedingungen dienen. Je nachdem, wie stark das getestete System die Fahrsicherheit beeinflusst, wird die Kurzfreigabe entweder auf einer speziell gesicherten Prüfstrecke oder im regulären Straßenverkehr durchgeführt. Sind auch die Kurzfreigaben ohne Fehler absolviert, erfolgt die eigentliche Freigabe in Form einer oder mehrerer längerer Testfahrten. Neben dem reinen Funktionstest kommen in dieser Phase weitere Prüfkriterien hinzu, wie z. B. das Verhalten unter extremen Witterungsbedingungen (Eis, Schnee etc.), besonderen Straßenverhältnissen oder bei Dauerbelastung.

4.2.1.4 Abnahmetest

Genau wie der Systemtest verfolgt auch der Abnahmetest das Ziel, die Leistungsparameter des erstellten Software-Systems mit den Vorgaben des Pflichtenhefts abzugleichen. Trotzdem unterscheiden sich die beiden Teststufen in zwei wesentlichen Aspekten:

■ Liegt der Systemtest noch vollständig im Verantwortungsbereich des Herstellers, so wird der Abnahmetest unter Federführung des Auftraggebers durchgeführt. In einigen Fällen wird die Abnahme sogar vollständig durch den Kunden selbst abgewickelt.

■ Der Abnahmetest findet in der realen Einsatzumgebung des Kunden statt. Wenn nicht bereits im Systemtest geschehen, werden die Programmläufe spätestens jetzt mit authentischen Daten des Auftraggebers durchgeführt.

Der Abnahmetest besitzt neben der fachlichen Bedeutung auch eine nicht zu unterschätzende juristische Relevanz, schließlich entscheidet dessen Ausgang am Ende eines Projekts über den Grad der Vertragserfüllung. Entsprechend sorgfältig muss bei der Erstellung der Abnahmekriterien, der Testdurchführung sowie der Dokumentation und Auswertung der Ergebnisse vorgegangen werden.

Die Frage nach dem optimalen Umfang und den zu prüfenden Inhalten werden aus verschiedenen Perspektiven traditionell unterschiedlich beantwortet. Insbesondere dann, wenn es nur einen einzigen Auftraggeber gibt, tendieren Hersteller zu kurzen Abnahmetests, schließlich ist ein schlechter Ausgang derselben mit zusätzlichem Aufwand und Kosten verbunden. Im Gegensatz hierzu ist der Auftraggeber aus verständlichen Gründen an möglichst umfangreichen Abnahmetests interessiert.

In vielen Fällen wird die Kundenseite bereits in den späten Phasen des Systemtests eingebunden, so dass die Grenze zwischen System- und Abnahmetest an dieser Stelle verwischt. So ist es beispielsweise nicht ungewöhnlich, dass der Auftraggeber beim Systemtest eines Kfz-Steuergeräts bereits an Freigabefahrten teilnimmt, die formal dem Systemtest zugeordnet werden. Die eigentliche Abnahme erfolgt am Ende des Projekts im Rahmen eines Dauertests. Hierzu wird eine komplette Fahrzeugflotte mit dem entwickelten Steuergerät ausgestattet und die Funktionstüchtigkeit in zahlreichen simultan durchgeführten Dauerfahrten unter Beweis gestellt (vgl. Abb. 4.7).

Die frühzeitige Einbeziehung des Kunden bietet mehrere Vorteile. Zum einen ist es auf diese Weise leichter, das Gesamtsystem unter den realen Gegebenheiten und Anforderungen des Auftraggebers zu testen. Zum anderen kann eine Teilabnahme des Produkts bereits im Zuge des Systemtests geschehen und die Anzahl der später zu wiederholenden Abnahmetests damit effektiv verringert werden. Auf der negativen Seite erhöht eine zu frühe Einbeziehung des Kunden das Risiko des unfreiwilligen Technologietransfers.

Im Falle eines Software-Produkts, das den Massenmarkt bedient, stellt sich die Situation wiederum völlig anders dar. Hier entfällt ein individueller Abnahmetest schon aufgrund der Anonymität des Kunden. An die Stelle des Abnahmetests tritt ein spezieller *Feldtest*, der sich über eine oder mehrere *Alpha-* und *Beta-Phasen* erstreckt.

■ **Alpha-Tests**

Alpha-Tests finden in der Anwendungsumgebung des Herstellers statt. Das System wird durch repräsentativ ausgesuchte Anwender erprobt und die Ergebnisse an die Entwickler zurückgeliefert. Neben der Untersuchung der funktionalen Aspekte des fertigen Produkts können Alpha-Test-ähnliche Szenarien auch in frühen Projektstadien gewinnbringend eingesetzt werden. Viele Firmen betreiben zur Optimierung der Benutzungsschnittstelle speziell konzipierte *Usability-Labore*, in denen die geplanten Schnittstellen frühzeitig von ausgewählten Anwendern evaluiert werden.

Der Alpha-Test ist keinesfalls eine exklusive Idee der Software-Branche. So werden viele Filmproduktionen vor ihrer Veröffentlichung durch ein repräsentatives Testpublikum einer ausführlichen Bewertung unterzogen. Im Gegensatz zum Software-Test dient das als *Test screening* bezeichnete Verfahren jedoch weniger der Fehlersuche, sondern vor allem der besseren Ausrichtung des Produkts auf das anvisierte Zielpublikum.

■ **Beta-Tests**
Im Gegensatz zu Alpha-Tests finden Beta-Tests in der Umgebung des Kunden statt. Da das Produkt ab jetzt in seiner authentischen Zielumgebung betrieben wird, erweist sich die Fehlersuche als deutlich schwieriger. Zum einen ist der Kunde beim Testen der Software im Wesentlichen auf sich alleine gestellt, zum anderen fehlen die herstellerseitig vorhandenen Debug-Möglichkeiten.

In großen Software-Projekten wird der Beta-Test häufig inkrementell durchgeführt und in jeder Phase die Anzahl der beteiligten Tester erweitert. Gut beobachten ließ sich das Vorgehen unter anderem in der Beta-Phase von Windows Vista im Jahre 2006. So war die Beta-1 des Produkts zunächst ausschließlich für Mitglieder des MSDN-Entwicklerprogramms, Technet-Mitglieder und speziell registrierte Benutzer zugänglich. In einer späteren Entwicklungsphase wurde das Beta-Programm dann auf die breite Öffentlichkeit ausgedehnt.

4.2.2 Prüfkriterien

Der zweite Merkmalsraum zur Klassifizierung von Software-Systemen erstreckt sich über die inhaltlichen Aspekte eines Testfalls – ganz im Gegensatz zu der bisher betrachteten Einteilung, der vor allem die zeitliche Abfolge der Testfälle untereinander, wie auch die Abstraktionsebene zugrunde lag, auf der die einzelnen Tests durchgeführt werden. Inhaltlich lassen sich die im Laufe eines Projekts durchgeführten Software-Tests auf der obersten Ebene in drei Kategorien einteilen (vgl. Abb. 4.8).

4.2.2.1 Funktionaler Software-Test

■ **Funktionstests**
Abstrakt gesprochen stellt diese Art von Tests sicher, dass ein Software-System für eine vorgegebene Belegung der Eingangsgrößen die Werte der Ausgangsgrößen korrekt berechnet. Die allermeisten der in der Praxis durchgeführten Software-Tests fallen in diese Kategorie. Auch die diversen, in den Abschnitten 4.3 und 4.4 vorgestellten Konstruktionstechniken beschäftigen sich primär mit der Erstellung von Funktionstests. In der Praxis ist diese Kategorie so dominierend, dass viele Software-Entwickler den Begriff des *Testens* in ihrem Sprachgebrauch mit der Durchführung eines Funktionstests gleichsetzen.

■ **Trivialtests**
Im Rahmen eines Trivialtests wird ein Programm mit Eingaben aufgerufen, die

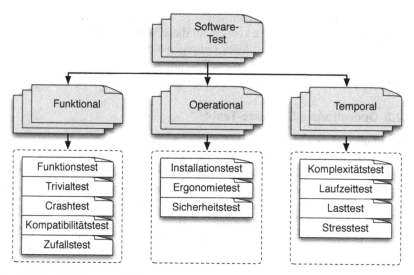

Abb. 4.8 Klassifikation verschiedener Testfall-Szenarien

besonders einfach strukturiert sind und in der Praxis mit hoher statistischer Wahrscheinlichkeit zu Fehlern führen. Beispiele solcher Tests sind die Sortierung einer leeren Liste, die Drehung eines Objekts um 0 Grad oder die Streckung eines Vektors um den Faktor 1. Technisch gesehen sind Trivialtests nichts anderes als spezielle Grenzwerttests, die in Abschnitt 4.3.2 genauer unter die Lupe genommen werden.

■ **Crashtests**
Als Crashtests werden spezielle Funktionstests bezeichnet, die versuchen, den Absturz des untersuchten Software-Systems herbeizuführen. Durch die gezielte Suche nach entsprechenden Schwachstellen wird insbesondere die Robustheit eines Software-Systems deutlich gesteigert. Crashtests sind insbesondere im Bereich sicherheitskritischer Systeme von zentraler Bedeutung.

■ **Kompatibilitätstests**
Diese Art von Software-Tests verfolgen das Ziel, verschiedene Verträglichkeitsaspekte des erstellten Produkts zu überprüfen. So wird mit Hilfe von Kompatibilitätstests unter anderem sichergestellt, dass ein Software-System auch auf anderen Hardware- oder Softwareplattformen lauffähig ist, sich an vereinbarte Schnittstellen- und Formatstandards hält und keine negativen Einflüsse auf andere, parallel betriebene Programme ausübt.

■ **Zufallstests**
Im Gegensatz zu allen anderen vorgestellten Techniken wird das untersuchte Software-System nicht mit gezielt konstruierten Eingabedaten, sondern mit zufällig erzeugten Werten betrieben. Da sich die generierten Testfälle nur selten

wiederholen, führt diese Vorgehensweise zu einer effektiven Verbreiterung des Testspektrums. Mit viel Glück können auf diese Weise Fehlerszenarien entdeckt werden, die der regulären Test-Suite verborgen bleiben. Aufgrund der fehlenden Systematik werden zufällig generierte Testfälle, wenn überhaupt, nur als Ergänzung zu den regulär erstellten Testfällen ausgeführt.

4.2.2.2 Operationale Software-Tests

■ **Installationstests**
Diese Art von Tests haben zum Ziel, die reibungsfreie Inbetriebnahme des erstellten Produkts sicherzustellen. Hierzu gehören unter anderem die Neuinstallation eines Produkts, aber auch die Aktualisierung alter Versionen, zusammen mit der entsprechenden Datenübernahme (*Software-Verteilung*). Im Falle eines Massenprodukts werden Installationstests auf großen Rechnerfarmen durchgeführt, die einen möglichst repräsentativen Querschnitt der im Feld vorhandenen Hard- und Software nachbildet. Wird ein Produkt für einen einzigen Auftraggeber entwickelt, erfolgt der Installationstest häufig vor Ort, direkt auf dem Zielsystem des Kunden.

■ **Ergonomietests**
Im Rahmen von Ergonomietests wird die Benutzbarkeit eines Software-Systems überprüft. Hierzu gehören insbesondere die zahlreichen Aspekte der Benutzungsschnittstelle wie z. B. die Struktur der Menüführung, die Gestaltung der Dialoge oder die Ergonomie der verwendeten GUI-Elemente. Im weiteren Sinne fallen auch Prüfkriterien wie die Verständlichkeit der Installationsprozedur sowie der Aufbau des Hilfesystems und der Dokumentation in den Bereich der Software-Ergonomie.

■ **Sicherheitstests**
Die Unbedenklichkeit eines Software-Systems wird mit Hilfe von Sicherheitstests nachgewiesen. Hierzu gehören Tests, mit denen die Vertraulichkeit der gespeicherten Daten sichergestellt oder das Software-System auf eventuell vorhandene Sicherheitslecks untersucht werden kann (*security tests*). Im Bereich sicherheitskritischer Systeme muss zusätzlich gewährleistet werden, dass im Regelbetrieb keine Gefahr für Leib und Leben besteht (*safety tests*).

4.2.2.3 Temporale Software-Tests

■ **Komplexitätstests**
Komplexitätstests stellen sicher, dass die implementierten Algorithmen in den vorher spezifizierten *Komplexitätsklassen* liegen. Die *algorithmische Komplexität* ist ein abstraktes Maß für das asymptotische Laufzeitverhalten eines Software-Systems und bestimmt maßgeblich, wie sich ein Algorithmus bei der Verarbeitung großer Eingabemengen verhält. Die Komplexitätsanalyse bildet damit die theoretische Grundlage, um die Skalierbarkeit eines Software-Systems

sicherzustellen. Wird mit der Durchführung entsprechender Tests frühzeitig begonnen, können viele Laufzeitprobleme im Vorfeld vermieden werden.

■ **Laufzeittests**

Im Rahmen von *Laufzeittests* werden die vereinbarten Zeitanforderungen mit konkreten Messungen überprüft (*stopwatch test*). Laufzeitmessungen erfolgen in der Praxis auf allen Software-Ebenen. Tests zur Messung der Ausführungsgeschwindigkeit einzelner Funktionen oder Methoden sind genauso typisch wie Tests, die sich mit der Zeitmessung vollständiger Geschäftsvorgänge beschäftigen.

■ **Lasttests**

Mit Hilfe von *Lasttests* wird untersucht, wie sich ein Software-System in den Grenzbereichen seiner Spezifikation verhält. So muss vor der Eröffnung eines elektronischen Warenhauses in verschiedenen Testreihen sichergestellt werden, dass die Server den anfallenden Datenverkehr auch bei hoher Kundenlast noch in ausreichendem Maße verarbeiten können.

Zur Durchführung eines Lasttests wird zunächst eine geeignete Testumgebung aufgesetzt, mit der sich verschiedene Lastprofile reproduzierbar generieren lassen. Anschließend wird anhand verschiedener Lastprofile überprüft, ob sich das Software-System auch im Grenzlastbereich noch immer im Rahmen seiner Spezifikation bewegt. Bei komplexen Transaktionssystemen ist der Aufbau einer entsprechenden Testumgebung mit einem erheblichen Aufwand verbunden, so dass Lasttests mit zu den kostspieligsten Maßnahmen der Software-Qualitätssicherung gehören und eine dementsprechend intensive Planung erfordern.

■ **Stresstests**

Operational entspricht der *Stresstest* dem Lasttest, allerdings wird der spezifizierte Grenzbereich hier bewusst überschritten. Eine entsprechende Last kann entweder durch eine weitere Steigerung der zu verarbeitenden Daten (*Überlasttest*) oder durch die Wegnahme von Ressourcen künstlich erzeugt werden (*Mangeltest*). Stresstests verfolgen mehrere Ziele: Zum einen werden die reale Belastungsgrenzen der Software experimentell ausgelotet und zum anderen wird beobachtet, ob bzw. wie das System nach dem Wegfall der Überlast wieder in den Normbetrieb zurückfindet (*stress recovery*).

4.2.3 Prüftechniken

Der dritte Merkmalsraum zur Klassifizierung von Software-Tests erstreckt sich über die verschiedenen Methoden und Techniken, die zur *Konstruktion* eines Testfalls zum Einsatz kommen. Auf der obersten Ebene lassen sich Software-Tests diesbezüglich in drei Kategorien einteilen:

■ **Black-Box-Tests**

Für die Konstruktion von Testfällen wird ausschließlich das Ein- und Ausga-

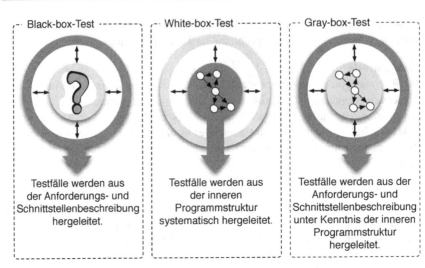

Abb. 4.9 Die drei klassischen Prüftechniken im Vergleich

beverhalten der Software herangezogen (vgl. Abb. 4.9 links). Die innere Code-Struktur bleibt in diesem Fall gänzlich unberücksichtigt. Zu den gängigen Konstruktionsverfahren gehören unter anderem der *Äquivalenzklassentest*, die *Grenzwertbetrachtung* sowie das *paarweise Testen*. In Abschnitt 4.3 werden diese Techniken ausführlich behandelt.

■ **White-Box-Tests**
Im Gegensatz zu Black-Box-Tests basieren White-Box-Tests auf der inneren Struktur eines Programms (vgl. Abb. 4.9 Mitte). Je nachdem, welche Aspekte des Programm-Codes zur Testfallkonstruktion herangezogen werden, sprechen wir von *kontrollflussorientierten* oder *datenflussorientierten* White-Box-Tests. Beide werden in Abschnitt 4.4 einer genaueren Betrachtung unterzogen.

■ **Gray-Box-Tests**
Die Testfälle werden nach den Prinzipien des Black-Box-Tests konstruiert. Der Software-Tester verschafft sich jedoch zunächst einen Überblick über die interne Programmstruktur und lässt dieses Wissen in die Testfallkonstruktion einfließen (vgl. Abb. 4.9 rechts). Folgerichtig fallen alle Black-Box-Tests, die der Entwickler eines Moduls selbst erstellt hat, automatisch in diese Kategorie. Die Art und Weise, wie mit dem Wissen über die Code-Struktur die Testfallauswahl beeinflusst wird, ist nicht formal festgelegt. Anders als im Fall der White-Box-Tests werden die Testfälle damit nicht systematisch aus der Programmstruktur hergeleitet.

Abschließend sind in Tabelle 4.1 die drei vorgestellten Merkmalsräume gegenübergestellt. Die Tabelle enthält für jedes Prüfkriterium eine separate Spalte und für jede Prüfebene und Testtechnik eine separate Zeile. In jeder Zeile sind diejenigen

Tabelle 4.1 Die verschiedenen Prüfkriterien im Vergleich

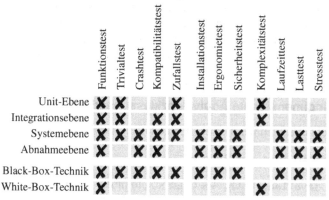

	Funktionstest	Trivialtest	Crashtest	Kompatibilitätstest	Zufallstest	Installationstest	Ergonomietest	Sicherheitstest	Komplexitätstest	Laufzeittest	Lasttest	Stresstest
Unit-Ebene	X	X			X				X			
Integrationsebene	X	X		X	X				X			
Systemebene	X	X	X	X	X	X	X	X		X	X	X
Abnahmeebene	X		X	X		X	X	X		X	X	X
Black-Box-Technik	X	X	X	X	X	X	X	X		X	X	X
White-Box-Technik	X								X			

Prüfkriterien mit einem Kreuz markiert, die *typischerweise* auf der entsprechenden Prüfebene oder mit der entsprechenden Testtechnik durchgeführt werden. In der Praxis sind die vorgefundenen Korrelationen zwischen den einzelnen Merkmalsräumen nicht immer so stark ausgeprägt, wie die Tabelle auf den ersten Blick suggerieren mag. So spricht in speziellen Anwendungsszenarien beispielsweise nichts dagegen, einen Laufzeittest auf der Basis einer White-Box-Analyse zu konstruieren, auch wenn dieses Vorgehen für die Mehrheit dieser Testfälle nicht üblich ist.

Nachdem in diesem Abschnitt ein wenig Ordnung in die facettenreiche Landschaft des Software-Tests gebracht werden konnte, wenden wir uns nun ausführlich den verschiedenen Verfahren und Techniken zur Testfallkonstruktion zu. In Abschnitt 4.3 werden wir zunächst einen Blick auf die gebräuchlichen Black-Box-Testtechniken werfen. Im Anschluss daran folgt in Abschnitt 4.4 eine ausführliche Beschreibung der uns heute zur Verfügung stehenden White-Box-Techniken.

4.3 Black-Box-Testtechniken

4.3.1 Äquivalenzklassentest

Der Äquivalenzklassentest verfolgt das Ziel, mit einer möglichst geringen Anzahl von Testfällen eine möglichst hohe Testabdeckung zu erreichen. Die Durchführung erfolgt in zwei Schritten:

■ **Äquivalenzklassenbildung**
Im ersten Schritt wird der Wertebereich aller Eingangsvariablen in zwei disjunkte *Partitionen (Äquivalenzklassen)* aufgeteilt. Zwei konkrete Belegungen der Eingabevariablen fallen genau dann in dieselbe Äquivalenzklasse, wenn beide von dem untersuchten Software-System intern mit hoher Wahrscheinlichkeit in der gleichen Art und Weise bearbeitet werden.

■ **Testfallkonstruktion**

Aus jeder Äquivalenzklasse wird eine beliebige Variablenbelegung ausgewählt und in Form eines konkreten Testfalls in die Testdatenbank aufgenommen. Anschließend wird das Software-System wie üblich getestet, indem für jeden Testfall zunächst der Sollwert bestimmt und mit dem anschließend ermittelten Ist-Wert abgeglichen wird.

4.3.1.1 Eindimensionale Äquivalenzklassenbildung

Als Beispiel betrachten wir die Java-Methode

```
public static long abs(long a)
```

der Klasse `java.lang.Math`. Als Eingabe nimmt die Methode `abs` eine (vorzeichenbehaftete) `long`-Variable entgegen und berechnet daraus den Absolutwert. Die übergebene Zahl wird in Abhängigkeit des Vorzeichens entweder unverändert oder negiert zurückgegeben. In Java besitzt jede `long`-Variable stets eine Breite von 64 Bit, so dass insgesamt 2^{64} verschiedene Testfälle existieren. Das vollständige Testen mit allen möglichen Eingabekombinationen ist damit von vorne herein zum Scheitern verurteilt – selbst wenn ein Test nur eine einzige Mikrosekunde in Anspruch nimmt, hätten wir erst in rund 1000 Jahren Gewissheit, ob die Methode wirklich für alle Eingaben korrekt arbeitet.

Mit Hilfe des Äquivalenzklassentests kann die Anzahl der durchzuführenden Tests auf ein Minimum beschränkt werden. Werfen wir einen erneuten Blick auf die Verhaltensbeschreibung der Funktion `abs`, so führt diese in direkter Weise zu einer Partitionierung des Wertebereichs in zwei disjunkte Äquivalenzklassen. Alle negativen Zahlen fallen in die eine, alle positiven Zahlen in die andere Klasse. Einzig die Zuordnung der Null gestaltet sich an dieser Stelle nicht ganz so einfach. Ohne Einsicht in die konkrete Implementierung haben wir keine Möglichkeit zu erkennen, ob die Null als negative oder als positive Zahl behandelt wird. Insgesamt ergeben sich für dieses Beispiel damit die beiden in Abb. 4.10 dargestellten Partitionierungsmöglichkeiten. Das Beispiel offenbart an dieser Stelle bereits eine zentrale Eigenschaft der Äquivalenzklassenbildung: Die Partitionierung ist im Allgemeinen nicht eindeutig.

Dem allgemeinen Vorgehen des Äquivalenzklassentests folgend, wird die Methode `abs` mit einem beliebig wählbaren Wert aus jeder Partition getestet. Die Anzahl der Testfälle wird hierdurch effektiv auf 2 beschränkt. Wahrscheinlich wären Sie auch ohne ihr gerade erworbenes Wissen nicht auf die Idee gekommen, die Methode `abs` mit jeder der 2^{64} möglichen Eingaben auszuführen. Die Wahrscheinlichkeit ist an dieser Stelle sehr hoch, dass Sie für dieses kleine Beispiel ganz ähnliche Testfälle konstruiert hätten – ganz einfach intuitiv, ohne auf den formalen Apparat des Äquivalenzklassentests auch nur einen Gedanken zu verschwenden. In der Tat wenden die meisten Software-Entwickler das gedankliche Grundmuster des Äquivalenzklassentest implizit an, ohne sich dessen überhaupt bewusst zu sein. Liefert beispielsweise der Aufruf `abs(5)` das richtige Ergebnis, so lehrt die Programmiererfahrung, dass auch der Aufruf `abs(6)` mit hoher Wahrscheinlichkeit den korrekten Wert be-

■ Erste Partitionierungsmöglichkeit

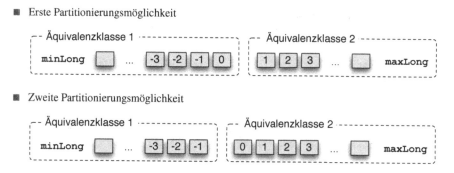

■ Zweite Partitionierungsmöglichkeit

Abb. 4.10 Die Äquivalenzklassenbildung ist im Allgemeinen nicht eindeutig

rechnet. Die gleiche Programmiererfahrung verbietet jedoch einen Rückschluss auf die Korrektheit von **abs**, falls die Funktion mit negativen Werten aufgerufen wird. Damit haben wir implizit die gleichen Äquivalenzklassen gebildet, die weiter oben auf formale Weise ermittelt wurden.

4.3.1.2 Mehrdimensionale Äquivalenzklassenbildung

Die Methode **abs** nimmt mit der Variablen **a** genau einen Übergabeparameter entgegen. Folgerichtig brachte die Partitionierung des Wertebereichs eindimensionale Äquivalenzklassen hervor. Im Allgemeinen führt die Partitionierung einer Methode mit n Übergabeparametern zu n-dimensionalen Äquivalenzklassen. Mehrdimensionale Äquivalenzklassen werden in einem zweistufigen Prozess gebildet:

■ **Schritt 1:** Für jeden Parameter werden die Wertebereiche separat partitioniert.

■ **Schritt 2:** Zusammengehörige Äquivalenzklassen werden miteinander verschmolzen.

Als Beispiel für die mehrdimensionale Äquivalenzklassenbildung betrachten wir die Methode **champion** der in Abb. 4.11 definierten Java-Klasse **SoccerTeam**. Die statische Klassenmethode nimmt zwei Referenzen auf Objekte der Klasse **SoccerTeam** entgegen und liefert eine Referenz auf dasjenige Team zurück, das die größere Punktezahl vorweist. Sind beide Mannschaften punktgleich, so wird der Sieger anhand der Anzahl erzielter Tore bestimmt. Stimmen auch diese beiden Werte überein, so haben beide Teams den Siegertitel verdient – die Methode liefert in diesem Fall die **null**-Referenz zurück.

Wird der Wertebereiche der beiden Variablen **points** und **goals** separat unterteilt, so entstehen zunächst 9 Partitionen, die in Abb. 4.12 (links) grafisch zusammengefasst sind. Erinnern Sie sich noch an die Begriffsdefinition der Äquivalenzklasse? Wie am Anfang dieses Abschnitts beschrieben, gehören zwei Belegungen der Eingangsvariablen genau dann der gleichen Äquivalenzklasse an, wenn sie programmintern auf dieselbe Art und Weise bearbeitet werden. Dementsprechend las-

```
Team.java

public class Team {                                        1
                                                           2
    int points;                                            3
    int goals;                                             4
                                                           5
    /** Bestimmt den Sieger unter zwei Mannschaften.      6
                                                           7
        @param team1  Referenz auf das erste Team (Team A) 8
        @param team2  Referenz auf das zweite Team (Team B)9
    */                                                     10
                                                           11
    public static Team champion(Team team1, Team team2) {  12
        ...                                                13
    }                                                      14
}                                                          15
```

Abb. 4.11 Signatur der Beispielmethode `champion`

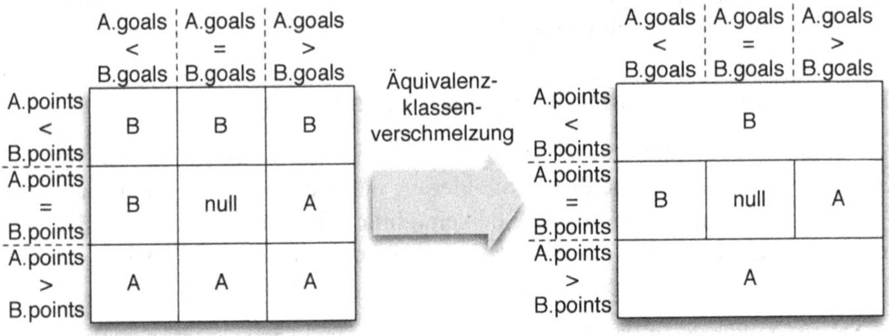

Abb. 4.12 Äquivalenzklassenbildung am Beispiel der Funktion `champion`

sen sich die oberen drei und die unteren drei Äquivalenzklassen zu jeweils einer einzigen Partition verschmelzen – schließlich spielt die Anzahl der geschossenen Tore nur dann eine Rolle, wenn beide Teams die gleiche Punktanzahl aufweisen. Insgesamt reduziert sich die Anzahl der Äquivalenzklassen damit auf nur noch 5 (vgl. Abb. 4.12 rechts).

Die beiden bisher vorgestellten Beispielprogramme besitzen eine entscheidende Gemeinsamkeit: Für die jeweils betrachteten Methoden gab es keinerlei ungültige Eingabewerte. In realen Programmen sind viele Methoden jedoch nur partiell definiert, d. h. der *Definitionsbereich* der einzelnen Übergabeparameter ist eine echte Teilmenge des *Wertebereichs* des zugrunde liegenden Datentyps. Als Beispiel betrachten wir die Java-Methode `season` in Abb. 4.13. Als Eingabe nimmt `season` eine Variable vom Typ `int` entgegen, dessen Wert als numerische Monatsangabe interpretiert wird (1 = Januar, 12 = Dezember). Die Methode berechnet daraus die

```
season.c
static final String season(int month) {          1
    if (month <= 2) {                             2
        // January, February                      3
        return "WINTER";                          4
    } else if (month >= 3 && month <= 5) {        5
        // March, April, May                      6
        return "SPRING";                          7
    } else if (month >= 6 && month <= 8) {        8
        // June, July, August                     9
        return "SUMMER";                          10
    } else if (month >= 9 && month <= 11) {       11
        // September, November                    12
        return "FALL";                            13
    } else {                                      14
        // December                               15
        return "WINTER";                          16
    }                                             17
}                                                 18
```

Abb. 4.13 Java-Methode für die Berechnung der (meteorologischen) Jahreszeit

meteorologische Jahreszeit und liefert diese in Form eines **String**-Objekts an den Aufrufer zurück.

Für die Äquivalenzklassenbildung partiell definierter Funktionen lassen sich zwei prinzipielle Vorgehensweisen unterscheiden.

- **Partielle Partitionierung**

  Die Äquivalenzklassenbildung geschieht unter Ausschluss der ungültigen Eingabewerte. Dieses Vorgehen bietet sich z. B. dann an, wenn sichergestellt ist, dass die betreffenden Eingabekombinationen niemals vorkommen können oder die funktionale Beschreibung einer Funktion überhaupt keine Aussage über den zu erwartenden Funktionswert macht.

- **Vollständige Partitionierung**

  Die Äquivalenzklassenbildung bezieht auch die Eingabewerte außerhalb des erlaubten Wertebereichs mit ein. Hierzu werden die ungültigen Eingabekombinationen zu einer oder mehreren Äquivalenzklassen zusammengefasst und wie gewohnt behandelt. Macht die funktionale Beschreibung keine Aussage über die konkreten Rückgabewerte, wird über entsprechende Testfälle zumindest abgeprüft, dass keine undefinierten Werte zurückgeliefert werden oder der Funktionsaufruf keinen Systemabsturz verursacht. Eingesetzt wird dieses Vorgehen insbesondere im Bereich sicherheitskritischer Systeme.

Für die Beispielfunktion **season** ergeben sich die in Abb. 4.14 dargestellten Äquivalenzklassen. Die partielle Partitionierung führt zu insgesamt 5 Testfällen. Wird stattdessen der vollständige Wertebereich partitioniert, so werden durch die Hinzunahme der Ränder zwei zusätzliche und damit insgesamt 7 Testfälle erzeugt.

■ Partielle Partitionierung

Abgeleitete Testfälle:

`season(1)`, `season(3)`, `season(5)`, `season(10)`, `season(11)`

■ Vollständige Partitionierung

Abgeleitete Testfälle:

`season(1)`, `season(3)`, `season(5)`, `season(10)`, `season(11)`,
`season(-5)`, `season(31)`

Abb. 4.14 Äquivalenzklassenbildung partiell definierter Methoden

Für die korrekte Durchführung eines Äquivalenzklassentests darf eine wesentliche Eigenschaft niemals vergessen werden: Die Testfälle werden ausschließlich aus der funktionalen Beschreibung einer Funktion oder Methode hergeleitet und damit gänzlich ohne Einsicht in die konkrete Implementierung. Auf der einen Seite liegt hierin eine der Stärken dieses Verfahrens verborgen. So kann die Testkonstruktion selbst dann durchgeführt werden, wenn noch keine einzige Code-Zeile existiert. Auf der anderen Seite lässt der Black-Box-Charakter nur einen eingeschränkten Rückschluss auf die erreichte Testabdeckung zu.

Der Äquivalenzklassentest funktioniert insbesondere dann gut, wenn die Anforderungsbeschreibung mit der Implementierung korreliert. Im Falle der Methode `season` ist eine solche Korrelation gegeben. Hier zeigt ein kurzer Blick auf die Implementierung, dass jede Äquivalenzklasse durch einen separaten If-Zweig abgebildet wird. In der Praxis ist eine solche Korrelation jedoch keinesfalls gesichert. So ist die Funktion `season` in Abb. 4.15 so definiert, dass zwischen der Programmstruktur und den gebildeten Äquivalenzklassen kein direkter Bezug mehr besteht. Jetzt aktivieren die erzeugten Testfälle nur noch einen Bruchteil der vorhandenen If-Bedingungen, so dass die resultierende Testabdeckung deutlich sinkt. Die Gefahr, dass Implementierung und Testfälle nicht korrelieren, ist ein intrinsisches Problem aller Black-Box-Tests. Abhilfe können an dieser Stelle nur White-Box-Tests schaffen, deren wichtigste Vertreter ausführlich in Abschnitt 4.4 vorgestellt werden.

4.3.2 Grenzwertbetrachtung

Die Grenzwertbetrachtung ist eine Erweiterung des Äquivalenzklassentests und basiert auf der exakt gleichen Partitionierungsstrategie. Beide Verfahren unterscheiden sich lediglich in der Art und Weise, wie aus den gebildeten Partitionen kon-

```
season2.c

static final String season(int month) {                          1
    if (month == 3)  return "SPRING"; // March               2
    if (month == 4)  return "SPRING"; // April               3
    if (month == 5)  return "SPRING"; // May                 4
    if (month == 6)  return "SUMMER"; // June                5
    if (month == 7)  return "SUMMER"; // July                6
    if (month == 8)  return "SUMMER"; // August              7
    if (month == 9)  return "FALL";   // September           8
    if (month == 10) return "FALL";   // October             9
    if (month == 11) return "FALL";   // November           10
    return "WINTER"; // January, February, December         11
}                                                           12
```

Abb. 4.15 Alternative Implementierung der Jahreszeitbestimmung

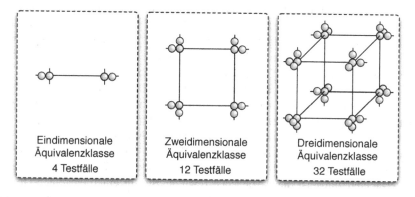

Abb. 4.16 Grenzwertbetrachtung für Äquivalenzklassen verschiedener Dimensionen

krete Testfälle abgeleitet werden. Anstatt einen beliebigen Wert aus jeder Partition zu wählen, fordert die Grenzwertbetrachtung, dass die Testfälle nach bestimmten Regeln aus dem Randbereich der Äquivalenzklassen entnommen werden. Für ein- und mehrdimensionale Äquivalenzklassen gelten die folgenden Konstruktionsregeln (vgl. Abb. 4.16):

- **Eindimensionale Äquivalenzklassen**
  Es wird jeweils der innere und der äußere Wert des unteren und des oberen Rands der Äquivalenzklasse als Testfall verwendet.

- **Mehrdimensionale Äquivalenzklassen**
  Es wird jeweils das Randwerte-Tupel sowie alle Tupel, für die ein einzelner Wert außerhalb der Äquivalenzklasse liegt, als Testfall verwendet.

Die Grenzwertbetrachtung mehrdimensionaler Äquivalenzklassen sollte stets mit Bedacht geschehen, um die Anzahl der erzeugten Testfälle nicht unnötig in die Höhe

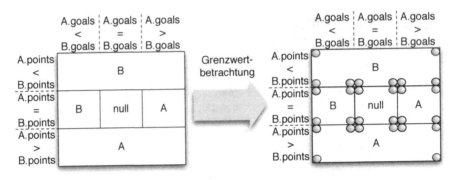

Abb. 4.17 Grenzwertbetrachtung für unsere Beispielfunktion

zu treiben. Alle Testfälle, die außerhalb der Äquivalenzklasse liegen, sind so konzipiert, dass *genau einer* der Parameter außerhalb der Klasse liegt. Grundsätzlich spricht nichts dagegen, die Funktion zusätzlich mit Eingabewerten zu testen, von denen gleich mehrere außerhalb der Äquivalenzklasse liegen. Statistisch gesehen decken die zusätzlichen Testfälle jedoch fast ausschließlich solche Fehler auf, die auch durch einen der anderen Testfälle zum Vorschein kommen. Das gleiche gilt für Testfälle, die vollständig im Innern einer Äquivalenzklasse liegen. Auch hier ist die Wahrscheinlich gering, dass bisher unentdeckte Fehler aufgespürt werden.

An dieser Stelle wollen wir einen zweiten Blick auf Abb. 4.16 werfen und uns der Frage widmen, wie stark die Anzahl der Testfälle mit der Dimension der Äquivalenzklasse steigt. Im Folgenden bezeichne n die Dimension der Äquivalenzklasse. Wir betrachten zunächst die Anzahl der Testfälle, die für einen einzelnen Grenzpunkt einer n-dimensionalen Klasse erzeugt werden. Neben dem Testfall, der im Inneren der Äquivalenzklasse liegt, wird für jeden der n Übergabeparameter ein Testfall außerhalb der betrachteten Partition gebildet. Folgerichtig entstehen für jeden Grenzpunkt exakt $n+1$ Testfälle. Da eine n-dimensionale Äquivalenzklasse 2^n Grenzpunkte besitzt, werden insgesamt $2^n(n+1)$ Testfälle erzeugt.

In der Praxis liegt die Anzahl der Testfälle jedoch in vielen Fällen deutlich darunter. Zum einen grenzen viele Äquivalenzklassen direkt aneinander, so dass sich viele der Testfälle überschneiden. Zum anderen sind manche Äquivalenzklassen zu einer oder mehreren Seiten geöffnet und verfügen hierdurch über eine reduzierte Anzahl an Grenzpunkten.

Als Beispiel betrachten wir erneut die weiter oben eingeführte Methode `champion` der Java-Klasse `Team` (Abb. 4.11). Führen wir eine Grenzwertbetrachtung auf den 5 Äquivalenzklassen der Methode durch, so entstehen die in Abb. 4.17 markierten Testfälle. Aufgrund zahlreicher Überschneidungen reduziert sich die rein rechnerische Anzahl von $5 \cdot 2^2(2+1) = 60$ auf nur noch 28 Testfälle.

Die Anzahl der Testfälle reduziert sich weiter, wenn die konstruierten Äquivalenzklassen zu einer oder mehreren Seiten geöffnet sind. Hierzu betrachten wir erneut die Methode `binarySearch` aus Abschnitt 4.2.1.1. Die Methode nimmt zwei Übergabeparameter entgegen und führt zur Bildung einer einzigen Äquivalenzklas-

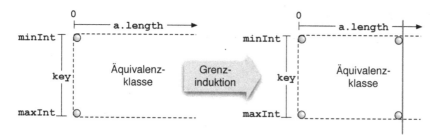

Abb. 4.18 Künstliche Begrenzung partiell geöffneter Äquivalenzklassen

se mit zwei Dimensionen (vgl. Abb. 4.18). Die Klasse ist nach rechts geöffnet, da die Länge des zu durchsuchenden Arrays **a** nach oben faktisch nur durch die Größe des Hauptspeichers begrenzt wird.

In der Tat stehen wir an dieser Stelle vor einem Dilemma. Lassen wir die Testfälle am rechten Rand der Äquivalenzklasse einfach weg, so bleiben im Zuge der Grenzwertbetrachtung nur noch diejenigen Testfälle übrig, in denen das Array **a** keine Elemente enthält. Kurzum: Im Falle offener Partitionsgrenzen führt kein Weg vorbei, die Äquivalenzklasse künstlich zu beschränken. Wir sprechen in diesem Fall von einer künstlichen *Grenzinduktion*.

Obwohl uns mit der Grenzwertbetrachtung ein leistungsfähiges Instrument zur gezielten Generierung von Testfällen zur Seite steht, ist die Technik nicht auf jede Funktion oder Methode anwendbar. So setzt die Bestimmung der Grenzpunkte einer Äquivalenzklasse zwingend voraus, dass der zugrunde liegende Wertebereich *geordnet* ist. In allen bisher betrachteten Beispielen war dies in der Tat der Fall. Das Beispiel in Abb. 4.19 zeigt jedoch, dass diese Eigenschaft keinesfalls immer gegeben ist. Bei dem abgebildeten Programmbeispiel handelt es sich um eine leicht modifizierte Variante der Methode **season** aus Abb. 4.13. Im Gegensatz zur Originalimplementierung nimmt die Neuimplementierung den aktuellen Monat in Form eines Strings und nicht mehr als numerischen Wert entgegen. Die Bildung der Äquivalenzklassen ist zwar immer noch ohne Probleme möglich, allerdings lassen sich für diese keine klaren Grenzen mehr bestimmen. Anders als im Falle der Integer-Variablen besitzt die Menge der String-Objekte keine natürliche Ordnung mehr.

4.3.3 Zustandsbasierter Software-Test

Alle der bisher betrachteten Funktionen und Methoden waren so aufgebaut, dass die berechneten Ergebniswerte ausschließlich durch die aktuelle Belegung der Eingangsparameter bestimmt wurden. Mit anderen Worten: Die betrachteten Funktionen und Methoden waren allesamt *gedächtnislos*. Viele der in der Praxis vorkommenden Programmfunktionen sind jedoch *gedächtnisbehaftet*, d. h., die berechneten Ausgabewerte hängen zusätzlich von der bisherigen Ausführungshistorie ab.

Als Beispiel betrachten wir die in Abb. 4.20 definierte Java-Klasse **Ringbuffer**. Jedes Objekt dieser Klasse realisiert einen als Ringpuffer organisierten Warteschlan-

```
season()
static final String season(String month) {          1
                                                     2
    // "January"  -> "Winter"                        3
    // "February" -> "Spring"                         4
    // "March"    -> "Spring"                         5
    // ...                                            6
    // "December" -> "Winter"                          7
                                                      8
    ...                                               9
}                                                     10
```

Abb. 4.19 Die Grenzwertbetrachtung stößt bei ungeordneten Wertebereichen an ihre Grenzen

```
Ringbuffer.java
public class Ringbuffer {                             1
                                                      2
    int[] a     = {0, 0, 0, 0, 0, 0, 0, 0 };         3
    int readPtr = 0;                                  4
    int writePtr = 0;                                 5
                                                      6
    public void write(int value) {                    7
        a[writePtr] = value;                          8
        writePtr = (writePtr + 1) % 8;                9
        if (writePtr == readPtr)                      10
            readPtr = (readPtr + 1) % 8;              11
    }                                                 12
                                                      13
    public int read() {                               14
        int result = a[readPtr];                      15
        if (readPtr != writePtr)                      16
            readPtr = (readPtr + 1) % 8;              17
        return result;                                18
    }                                                 19
}                                                     20
```

Abb. 4.20 Java-Implementierung des Ringpuffers

genspeicher, der über ein achtelementiges Integer-Array **a** sowie einen Lesezeiger **readPtr** und einen Schreibzeiger **writePtr** verfügt. Mit Hilfe der beiden Methoden **read** und **write** können Elemente aus dem Speicher ausgelesen oder in diesen eingefügt werden.

Gedanklich lässt sich ein Ringpuffer als ein spezieller Warteschlangenspeicher auffassen, dessen Elemente kreisförmig angeordnet sind (vgl. Abb. 4.21). Die kontinuierliche Anordnung der Speicherelemente bietet zwei entscheidende Vorteile. Zum einen ist ein Ringpuffer stets beschreibbar – wird die Kapazitätsgrenze erreicht, so wird schlicht das älteste, noch nicht ausgelesene Element überschrieben.

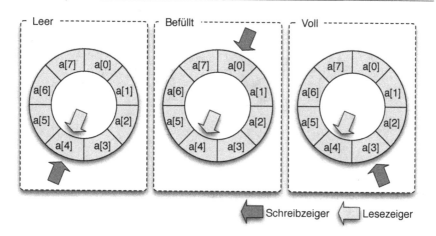

Abb. 4.21 Zustände des Ringpuffers

Zum anderen lässt sich die Datenstruktur besonders einfach und effizient implementieren. Einige Mikroprozessorarchitekturen stellen sogar spezielle Adressierungsarten zur Verfügung, die speziell für die Programmierung solcher Datenstrukturen ausgelegt sind. Mit Hilfe der Ringpufferadressierung wird die stets wiederkehrende Modulo-Berechnung direkt in Hardware und damit ohne zusätzliche Rechenzeit durchgeführt.

Mit Hilfe von *Zustandsübergangsgraphen* (*endliche Automaten*) lassen sich Systeme dieser oder ähnlicher Art auf natürliche Weise modellieren. Ein solcher Automat besteht aus einer endlichen Menge von Zuständen und Übergängen. In welchem Zustand sich ein Software-System befindet, wird durch die augenblickliche Belegung der internen Variablen bestimmt. Die Übergänge eines Zustandsübergangsgraphen werden durch gerichtete Pfeile markiert. In jedem deterministischen Programm sind die Zustandsübergänge an Bedingungen geknüpft, die in Form von Kantenmarkierungen in den Graphen eingetragen werden (vgl. Abb. 4.22).

- **Zustand *Leer***
  Der Ringpuffer enthält keine Elemente. Ein leerer Ringpuffer wird repräsentiert, indem sowohl der Schreib- als auch der Lesezeiger das gleiche Element referenzieren. Mit Hilfe der Methode **write** kann ein Element in den Ringpuffer eingefügt werden. In diesem Fall wird das Element an der aktuellen Position des Schreibzeigers abgelegt und dieser anschließend um eins erhöht. Ein Lesezugriff ist in diesem Zustand nicht erlaubt.

- **Zustand *Befüllt***
  Der Ringpuffer wurde mit Elementen befüllt, die maximale Speicherkapazität aber noch nicht erreicht. Mit Hilfe der Methode **read** kann ein Element aus dem Ringpuffer ausgelesen werden. In diesem Fall wird das Element an der aktuellen Position des Lesezeigers zurückgelesen und dieser anschließend um eins erhöht.

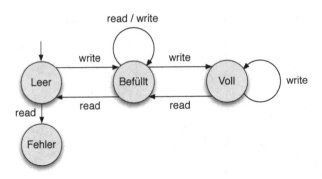

Abb. 4.22 Zustandsübergangsgraph des Ringpuffers

Genau wie im Falle eines leeren Ringpuffers können mit der Methode `write` weitere Elemente hinzugefügt werden.

■ **Zustand** *Voll*

Die Kapazität des Ringpuffers ist erschöpft. Wird ein weiteres Element hinzugefügt, so erreicht der Schreibzeiger die Position des Lesezeigers. In diesem Fall wird der Lesezeiger ebenfalls um eins erhöht und das älteste gespeicherte Element geht verloren.

Ist Ihnen aufgefallen, dass die maximale Speicherkapazität unseres Beispielringpuffers damit effektiv nur 7 Elemente und nicht, wie vielleicht erwartet, 8 Elemente beträgt? Der Verlust eines Speicherplatzes wird an dieser Stelle bewusst in Kauf genommen, da ein voller Ringpuffer sonst nicht mehr von einem leeren zu unterscheiden wäre.

Die Idee des zustandsbasierten Software-Tests besteht darin, alle Übergänge zwischen zwei Zuständen mindestens einmal zu überprüfen. Für die Konstruktion der Testfälle wird der Zustandsübergangsgraph zunächst *ausgerollt*. Ausgehend von dem Initialzustand werden hierzu alle Folgezustände rekursiv traversiert und wie in Abb. 4.23 (oben) gezeigt, in einen *Zustandsbaum* übersetzt. Die Traversierung bricht ab, sobald ein bereits besuchter Zustand erneut besucht oder ein Zustand erreicht wird, in dem das Programm terminiert (*Finalzustand*).

Anschließend wird für jedes Blatt des Zustandsbaums ein Testfall abgeleitet. Bezogen auf unsere Beispielimplementierung ist durch dieses Vorgehen sichergestellt, dass die beiden Funktionen `read` und `write` in allen Zuständen des Ringpuffers mindestens einmal ausgeführt werden. Insgesamt entstehen für unser Beispiel 6 Testfälle, die in Abb. 4.23 (unten) zusammengefasst sind.

4.3.4 Use-Case-Test

Alle der bisher betrachteten Konstruktionsverfahren waren bestens geeignet, um Testfälle für einzelne Methoden oder Klassen abzuleiten. Entsprechend häufig werden diese Verfahren auf der Ebene des Unit- bzw. des Integrationstests eingesetzt. In

■ Zustandsbaum

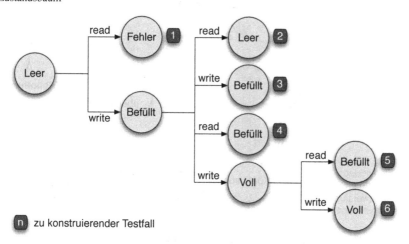

n zu konstruierender Testfall

■ Abgeleitete Testfälle

Nr	Testeingabe	Soll-Ergebnis (gelesen)	Soll-Ergebnis (Puffer-Inhalt)
1	`read()`	Fehler	{}
2	`write(1), read()`	{1}	{}
3	`write(1), write(2)`	{}	{1,2}
4	`write(1), write(2), read()`	{1}	{2}
5	`write(1), write(2), write(3)` `write(4), write(5), write(6)` `write(7), read()`	{1}	{2,3,4,5,6,7}
6	`write(1), write(2), write(3)` `write(4), write(5), write(6)` `write(7), write(8)`	{}	{2,3,4,5,6,7,8}

Abb. 4.23 Der zustandsbasierte Software-Test leitet die Testfälle aus dem ausgerollten Zustands-übergangsgraphen ab

diesem und den folgenden Abschnitten werden wir uns der Systemebene zuwenden und mit Verfahren beschäftigen, die das zu testende Software-System als Ganzes betrachten. Dabei wird die Ebene der Implementierungsdetails bewusst verlassen, und an die Stelle von Methoden und Klassen treten Arbeitsabläufe und vollständige Anwendungsszenarien.

Use-Case-Diagramme sind eine grafische Beschreibung einzelner Anwendungs-fälle. Im Gegensatz zu einem *Geschäftsprozess*, der die systeminterne Umsetzung einer Anforderung modelliert, wird ausschließlich das nach außen sichtbare Verhalten einer Software-Applikation beschrieben. Mit anderen Worten: Ein Use-Case-Diagramm beschreibt ein komplexes System aus *Kundensicht* und lässt die interne Umsetzung bewusst unberücksichtigt.

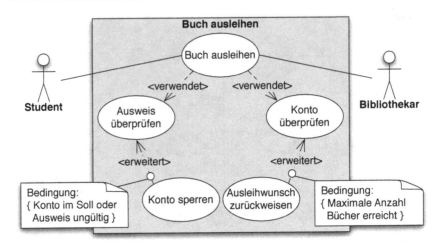

Abb. 4.24 Use-Case-Diagramm zur Beschreibung der Buchausleihe

Use-Case-Diagramme sind ein integraler Bestandteil der *Unified Modeling Language* (UML) und wurden zusammen mit dieser populär. Der UML-Standard erschien 1997 in der Version 1.0 und führte mehrere Diagrammtypen ein, mit denen sich komplexe Systeme auf struktureller und funktionaler Ebene standardisiert beschreiben lassen. Die UML wird insbesondere zur Modellierung von Software-Systemen eingesetzt, ist aufgrund ihrer allgemeinen Natur aber in keiner Weise auf diese beschränkt. Im Jahre 2005 wurde die UML in wesentlichen Punkten überarbeitet und erweitert [262]. Die hieraus entstandene UML 2 definiert insgesamt 6 Struktur- und 7 Verhaltensdiagramme und gilt heute als der De-facto-Standard für die systematische Modellierung von Software-Systemen. Die bereits in der Version 1.0 vorhandenen Use-Case-Diagramme wurden nahezu unverändert in die Version 2.0 übernommen. Glücklicherweise hat dieser Diagrammtypus nichts von seiner Einfachheit verloren.

Um den Beschreibungsformalismus zu verdeutlichen, betrachten wir das in Abb. 4.24 dargestellte Beispieldiagramm. Modelliert wird der Ausleihvorgang eines Buches, wie er sich an hiesigen Bibliotheken jeden Tag tausendfach wiederholt. Das Use-Case-Diagramm enthält eine grafische Repräsentation der folgenden Komponenten:

■ **System**
Das beschriebene Gesamtsystem wird durch ein Rechteck repräsentiert, dessen Seiten die Systemgrenzen symbolisieren. In Abhängigkeit des Anwendungsfalls kann sich das System auf die komplette Software-Installation oder eine einzelne Schnittstelle oder Klasse beziehen. Zur besseren Lesbarkeit ist das symbolisierende Rechteck in Abb. 4.24 grau unterlegt dargestellt.

- **Use Case**

  Ein Use Case setzt sich aus einer Reihe von *Aktionen* zusammen, die, nacheinander ausgeführt, das gewünschte Verhalten erzeugen. Ein Use Case wird stets von einem *Akteur* angestoßen und führt zu einem festgelegten Ergebnis. Als Darstellungssymbol wird die Ellipse verwendet.

- **Beziehungen**

  Typische Systeme bestehen aus mehreren Use cases, die untereinander in Beziehung stehen. So *verwendet (importiert)* der Use case *Buch ausleihen* das Verhalten der Use cases *Ausweis überprüfen* und *Konto überprüfen* (*Include-Beziehung*). *Erweitert* werden diese durch die Use cases *Konto sperren* und *Ausleihwunsch zurückweisen* (*Extend-Beziehung*). Anders als die Include-Beziehung, die das Verhalten eines anderen Use cases stets importiert, drückt eine Erweiterung aus, dass ein Use case in einigen Fällen um das Verhalten eines anderen ergänzt wird, in anderen dagegen nicht.

- **Akteure**

  Die Systeminteraktion wird mit Hilfe von *Akteuren* modelliert, die jeweils mit einer ganz bestimmten *Rolle* identifiziert werden (Student, Bibliothekar etc.). Akteure und reale Personen sind durch die Rollendefinition zwei voneinander getrennte Begriffe. Insbesondere entsprechen zwei Akteure nicht zwangsläufig zwei verschiedenen realen Personen. Die semantischen Beziehungen zwischen den Akteuren und den entsprechenden Use cases werden in Form von *Assoziationen* in das Diagramm eingetragen.

Der Use-Case-basierte Black-Box-Test fordert, dass alle möglichen Sequenzen eines Use-Case-Diagramms durch mindestens einen Testfall abgedeckt werden. Die Testfallkonstruktion erfolgt in zwei Schritten:

- **Schritt 1**

  Zunächst werden die Eingabewerte bestimmt, die eine bestimmte Ablaufsequenz innerhalb des Use-Case-Diagramms auslösen. Am Ende dieses Schritts steht eine Partitionierung der Eingangsbelegungen, die wir im Zuge der Äquivalenzklassenbildung bereits in Abschnitt 4.3.1 kennen gelernt haben.

- **Schritt 2**

  Anschließend werden aus den ermittelten Werteintervallen konkrete Eingabebelegungen ausgewählt. Auch hier ist die Wahrscheinlichkeit groß, Fehler an den Rändern der Äquivalenzklassen zu finden. Damit bietet sich die in Abschnitt 4.3.2 vorgestellte Grenzwertanalyse als aussichtsreiches Instrument für die Testfallkonstruktion an.

Der Use-Case-basierte Test eignet sich insbesondere zur Durchführung von System- und Abnahmetests. Der Rückgriff auf konkrete Anwendungsfälle garantiert zum einen, dass ein System im Normalbetrieb zuverlässig arbeitet. Zum anderen werden bei der Systemspezifikation auch wichtige Ausnahmesituationen mit Hilfe von Use-Cases beschrieben. Beispiele typischer Ausnahmesituationen sind das Verhalten eines Systems bei Ressourcenknappheit oder die Abarbeitung von Notfallproze-

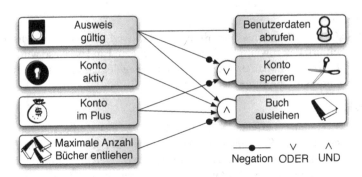

Abb. 4.25 Ursache-Wirkungs-Graph der Buchausleihe

duren. Im Rahmen des Use-Case-basierten Software-Tests werden die spezifizierten Ausnahmefälle automatisch in den Testprozess einbezogen.

4.3.5 Entscheidungstabellenbasierter Test

Neben der Verwendung von Uses-Cases eröffnen uns Entscheidungstabellen eine weitere Möglichkeit, das Verhalten eines Software-Produkts auf Systemebene zu testen. Eine Entscheidungstabelle lässt sich auf einfache Weise aus einem *Ursache-Wirkungs-Graphen* ableiten, der den logischen Zusammenhang zwischen verschiedenen *Bedingungen* und den hierdurch ausgelösten *Aktionen* modelliert.

Als Beispiel ist in Abb. 4.25 der Ursache-Wirkungs-Graph der im vorherigen Abschnitt eingeführten Buchausleihe dargestellt. Vier Bedingungen auf der linken Seite stehen drei Aktionen auf der rechten Seite gegenüber. Die logischen Zusammenhänge zwischen Bedingungen und Aktionen werden durch spezielle Verbindungslinien modelliert, die zusätzlich mit den booleschen Operatoren NICHT, UND und ODER miteinander kombiniert werden können. So drückt der abgebildete Ursache-Wirkungs-Graph unter anderem aus, dass der Ausleihvorgang eines Buches nur dann erfolgreich abgeschlossen werden kann, wenn

■ der Bibliotheksausweis gültig *und*

■ das Konto aktiv *und*

■ das Konto im Plus *und*

■ die maximale Anzahl entliehener Bücher *nicht* erreicht ist.

Für jede Bedingung und jede Aktion des Ursache-Wirkungs-Graphen wird in der abgeleiteten Entscheidungstabelle eine separate Zeile erzeugt. Jede Spalte repräsentiert eine Bedingungskombination. Sind die n Bedingungen eines Ursache-Wirkungs-Graphen allesamt boolescher Natur, so enthält eine vollständig aufgebaute Entscheidungstabelle damit exakt 2^n Spalten. Die Tabelle wird ausgefüllt, indem

Tabelle 4.2 Entscheidungstabelle zur Buchausleihe

■ Entscheidungstabelle (Expandiert)

Bedingungen															
N	N	N	N	N	N	N	N	J	J	J	J	J	J	J	Ausweis gültig
N	N	N	N	J	J	J	J	N	N	N	N	J	J	J	Konto aktiv
N	N	J	J	N	N	J	J	N	N	J	J	N	N	J	Konto im Plus
N	J	N	J	N	J	N	J	N	J	N	J	N	J	N	Limit erreicht
Aktionen															
N	N	N	N	N	N	N	N	J	J	J	J	J	J	J	Daten abrufen
J	J	J	J	J	J	J	J	J	J	N	N	J	J	N	Konto sperren
N	N	N	N	N	N	N	N	N	N	N	N	N	J	N	Buch ausleihen

■ Entscheidungstabelle (Reduziert)

Bedingungen						
N	J	J	J	J	J	Ausweis gültig
–	N	N	J	J	J	Konto aktiv
–	N	J	N	J	J	Konto im Plus
–	–	–	–	N	J	Limit erreicht
Aktionen						
N	J	J	J	J	J	Daten abrufen
J	J	N	J	N	N	Konto sperren
N	N	N	N	J	N	Buch ausleihen

für jeder Spalte ermittelt wird, welche der Aktionen unter den gegebenen Bedingungen ausgelöst werden. Tabelle 4.2 (oben) zeigt die entsprechend konstruierte Entscheidungstabelle des Bibliotheksbeispiels.

Sobald die Entscheidungstabelle vollständig aufgebaut ist, wird für jede Spalte ein separater Testfall abgeleitet. Hierzu werden die Eingabedaten so gewählt, dass die Bedingungen der entsprechenden Spalte erfüllt sind. Anschließend wird der Testfall ausgeführt und die ausgelösten Aktionen gegen die zuvor ermittelten Sollwerte abgeglichen. Die Zweiteilung der Entscheidungstabelle in Bedingungen und Aktionen erfüllt damit einen ganz praktischen Zweck: Für jede Spalte definiert der obere Abschnitt (Bedingungen) die Eingabe und der untere Abschnitt (Aktionen) die Sollwerte des auszuführenden Testfalls.

In der Praxis werden Entscheidungstabellen in den wenigsten Fällen vollständig erzeugt. Die Gründe hierfür sind vielfältig. Da die Anzahl der theoretisch möglichen Kombinationen exponentiell mit der Anzahl der Bedingungen steigt, muss die Tabellengröße ab einer gewissen Anzahl von Bedingungen schon aus Komplexitätsgründen reduziert werden. Des Weiteren können sich die Bedingungen gegenseitig beeinflussen und die Anzahl sinnreicher Kombinationen hierdurch begrenzen. In anderen Fällen überschattet der Wert einer Bedingung alle anderen, so dass die Anzahl der Testfälle reduziert werden kann, ohne die Testabdeckung merklich zu verschlechtern.

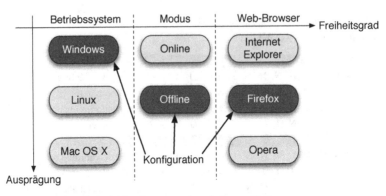

Abb. 4.26 Anwendungsbeispiel für den paarweisen Software-Test

Auch das Beispiel der Buchausleihe enthält ein gehöriges Maß an Redundanz. Ist z. B. der Benutzerausweis ungültig, so wird der Ausleihprozess erst gar nicht initiiert. Die Werte der restlichen Bedingungen wirken sich in diesem Fall nicht mehr auf die ausgelösten Aktionen aus. Dementsprechend kann die vollständig expandierte Entscheidungstabelle durch eine reduzierte Variante ersetzt werden, die in Tabelle 4.2 (unten) dargestellt ist. Die mit „–" markierten Felder spielen für die Testkonstruktion keine Rolle und dürfen beliebige Werte annehmen.

4.3.6 Paarweises Testen

Genau wie die bisher beschriebenen Verfahren verfolgt auch der paarweise Software-Test das Ziel, die schier unendliche Menge der möglichen Testfälle auf ein gangbares Maß zu reduzieren. Im Gegensatz zu den in den Abschnitten 4.3.4 und 4.3.5 vorgestellten Techniken werden die Testfälle jedoch nicht länger aus den semantischen Eigenschaften eines Systems abgeleitet. Stattdessen basiert die Testkonstruktion auf rein kombinatorischen Überlegungen.

Was wir hierunter zu verstehen haben, demonstriert das in Abb. 4.26 skizzierte Beispiel einer Web-Applikation (vgl. [55]). Die Anwendung soll mit den gängigen Web-Browsern und Betriebssystemen kompatibel sein und in einem Online- als auch in einem Offline-Modus arbeiten. Jeder dieser Freiheitsgrade vervielfacht die Anzahl der theoretisch möglichen Kombinationen, die während des System- und Abnahmetests beachtet werden müssen. Selbst für unsere vergleichsweise winzige Beispielapplikation entstehen bereits 18 verschiedene Kombinationsmöglichkeiten – sogenannte *Konfigurationen*. Unterscheiden wir zusätzlich je drei verschiedene Produktversionen der Betriebssysteme und Web-Browser, so steigt die Anzahl der durchzuführenden Konfigurationstests bereits auf $(3 \cdot 3) \cdot 2 \cdot (3 \cdot 3) = 162$. Legen wir die Komplexität realer Software-Systeme zugrunde, so können wir auch hier die Hoffnung auf eine vollständige Testabdeckung vorzeitig begraben.

Die Idee des paarweisen Testens basiert auf einer empirischen Beobachtung: Versagt ein System unter einer gewissen Konfiguration seinen Dienst, so lassen sich in

Tabelle 4.3 Menge aller Ausprägungspaare der Web-Applikation

Ausprägungspaare		
Betriebssystem / Browser	Betriebssystem / Modus	Modus / Browser
1 Windows / Explorer	Windows / Online	Online / Explorer
2 Windows / Firefox	Windows / Offline	Online / Firefox
3 Windows / Opera	Linux / Online	Online / Opera
4 Linux / Explorer	Linux / Offline	Offline / Explorer
5 Linux / Firefox	Mac OS X / Online	Offline / Firefox
6 Linux / Opera	Mac OS X / Offline	Offline / Opera
7 Mac OS X / Explorer		
8 Mac OS X / Firefox		
9 Mac OS X / Opera		

den allermeisten Fällen zwei einzelne Faktoren identifizieren, die für das Fehlverhalten verantwortlich sind. Nur in wenigen Fällen müssen drei oder mehr Faktoren in einer ganz bestimmten Kombination zusammenspielen, um ein Systemversagen herbeizuführen. In Tabelle 4.3 sind alle *Ausprägungspaare* zusammengefasst, die als potenzielle Ursache für ein etwaiges Fehlverhalten unserer Web-Applikation in Frage kommen.

Der paarweise Software-Test verfolgt einen sehr pragmatischen Ansatz: Wenn wir schon nicht in der Lage sind, alle möglichen Konfigurationen eines Software-Systems zu testen, wollen wir als Minimalkriterium sicherstellen, dass jedes *Ausprägungspaar* durch einen entsprechenden Testfall abgedeckt wird. Hierdurch wird die Anzahl der Testfälle deutlich verringert, ohne ein einziges Ausprägungspaar zu ignorieren. Eine Testfallmenge mit dieser Eigenschaft heißt *paarweise vollständig*.

Wie in Tabelle 4.4 demonstriert, lassen sich die 18 möglichen Konfigurationen (links) auf 9 reduzieren (rechts), ohne das Paarkriterium zu verletzen. Egal welches Ausprägungspaar sie auch wählen – in der rechten Tabelle werden sie stets einen passenden Testfall finden. Damit ist für unsere Web-Applikation mit 9 Testfällen sichergestellt, dass

- jeder Web-Browser unter jedem Betriebssystem *und*
- jeder Modus mit jedem Web-Browser *und*
- jeder Modus unter jedem Betriebssystem

mindestens einmal getestet wurde.

So naheliegend die Idee des paarweise Testens sein mag, so knifflig erweist sich die Konstruktion einer paarweise vollständigen Testmenge. Ihr Aufbau ist bereits ab wenigen Freiheitsgraden nur noch mit Hilfe systematischer Verfahren zu bewerkstelligen. Eine Möglichkeit, eine paarweise vollständige Testmenge algorithmisch zu konstruieren, basiert auf der Verwendung *orthogonaler Felder* (*orthogonal arrays*).

Tabelle 4.4 Der vollständige und der paarweise vollständige Software-Test im Vergleich

Vollständiger Test			Paarweiser vollständiger Test		
Betriebssystem	Modus	Browser	Betriebssystem	Modus	Browser
1 Windows	Online	Explorer	1 Windows	Online	Explorer
2 Windows	Online	Firefox	2 Windows	Offline	Firefox
3 Windows	Online	Opera	3 Windows	Online	Opera
4 Windows	Offline	Explorer	4 Linux	Online	Firefox
5 Windows	Offline	Firefox	5 Linux	Offline	Opera
6 Windows	Offline	Opera	6 Linux	Offline	Explorer
7 Linux	Online	Explorer	7 Mac OS X	Online	Opera
8 Linux	Online	Firefox	8 Mac OS X	Offline	Explorer
9 Linux	Online	Opera	9 Mac OS X	Online	Firefox
10 Linux	Offline	Explorer			
11 Linux	Offline	Firefox			
12 Linux	Offline	Opera			
13 Mac OS X	Online	Explorer			
14 Mac OS X	Online	Firefox			
15 Mac OS X	Online	Opera			
16 Mac OS X	Offline	Explorer			
17 Mac OS X	Offline	Firefox			
18 Mac OS X	Offline	Opera			

Ein orthogonales Feld ist ein zweidimensionales Array von ganzen Zahlen mit der folgenden Eigenschaft: Werden zwei beliebige Spalten ausgewählt, so findet sich dort jedes der möglichen Kombinationspaare mindestens einmal wieder.

Orthogonale Felder sind keine Erfindung des Computerzeitalters. Bereits Mitte des achtzehnten Jahrhunderts beschäftigte sich der Schweizer Mathematiker Leonhard Euler ausführlich mit solchen und ähnlichen Gebilden. Orthogonale Felder zählen heute zu den gut verstandenen mathematischen Strukturen [50, 117, 212].

Für die folgenden Betrachtungen vereinbaren wir für die Bezeichnung orthogonaler Felder die abkürzende Standardschreibweise $L_r(m^c)$ [55]. Hierin bezeichnen r die Anzahl der Zeilen (*rows*) und c die Anzahl der Spalten (*columns*). Der Parameter m entspricht der Anzahl der verschiedenen Werte, die ein einzelnes Element des Arrays annehmen kann.

Orthogonale Felder besitzen die wohlwollende Eigenschaft, dass jede Permutation der Zeilen oder Spalten erneut zu einem orthogonalen Feld führt. Die Bezeichnung $L_r(m^c)$ ist somit nicht eindeutig und steht stellvertretend für eine Vielzahl von Feldern. Als Beispiel sind in Abb. 4.27 zwei Varianten des Arrays $L_9(3^4)$ dargestellt.

Orthogonale Felder sind eng verwandt mit den *lateinischen Quadraten*. Ein lateinisches Quadrat der Ordnung n ist eine $n \times n$-Matrix mit der Eigenschaft, dass in jeder Spalte und Zeile genau eines von n Symbolen auftritt. In Abb. 4.28 sind Vertreter der Ordnungen 3, 4 und 5 exemplarisch gegenübergestellt. Lateinische Quadrate sind bereits seit dem Mittelalter bekannt und erlebten in jüngster Zeit im

	1	2	3	4
1	2	3	1	3
2	2	2	3	1
3	1	1	1	1
4	1	3	3	2
5	2	1	2	2
6	3	2	1	2
7	3	1	3	3
8	1	2	2	3
9	3	3	2	1

	1	2	3	4
1	1	1	1	1
2	1	2	2	2
3	1	3	3	3
4	2	1	2	3
5	2	2	3	1
6	2	3	1	2
7	3	1	3	2
8	3	2	1	3
9	3	3	2	1

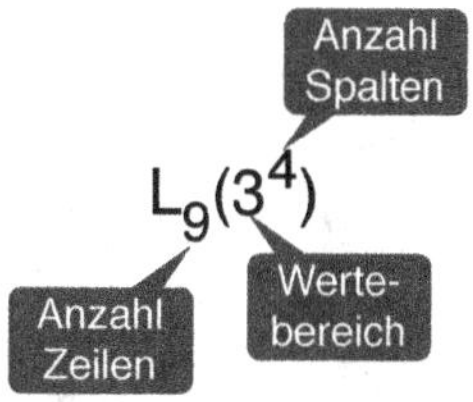

$$L_9(3^4)$$

Anzahl Spalten, Anzahl Zeilen, Wertebereich

Abb. 4.27 Zwei orthogonale Arrays der Form $L_9(3^4)$

Ordnung 3

	1	2	3
1	1	2	3
2	2	3	1
3	3	1	2

Ordnung 4

	1	2	3	4
1	1	2	4	3
2	2	3	1	4
3	3	4	2	1
4	4	1	3	2

Ordnung 5

	1	2	3	4	5
1	1	3	5	4	2
2	2	5	1	3	4
3	4	1	2	5	3
4	3	2	4	1	5
5	5	4	3	2	1

Abb. 4.28 Lateinische Quadrate der Ordnungen 3, 4 und 5

Zusammenhang mit dem Logikrätsel *Sudoku* eine wahre Renaissance. Bei genauerer Betrachtung verbirgt sich hinter einem Sudoku-Rätsel nichts anderes als ein lateinisches Quadrat der Ordnung 9, das sich aus 9 lateinischen Quadraten der Ordnung 3 zusammensetzt.

Aus jedem lateinischen Quadrat der Ordnung n lässt sich ohne Umwege ein orthogonales Array der Form $L_{n^2}(n^3)$ ableiten. Hierzu erzeugen wir für jedes Feld (i, j) des lateinischen Quadrats einen Tabelleneintrag (i, j, k) mit

$$i = \text{Zeilennummer des betrachteten Felds,}$$
$$j = \text{Spaltennummer des betrachteten Felds,}$$
$$k = \text{Wert an der Position } (i, j).$$

Angewendet auf die lateinischen Quadrate in Abb. 4.28 entstehen die drei in Tabelle 4.5 dargestellten Felder. Die n^2 Tabelleneinträge besitzen die Eigenschaft, dass die Wertepaare (i, j) alle möglichen Kombinationen genau einmal annehmen. Das gleiche gilt für die Wertepaare (i, k) und (j, k). Mit anderen Worten: Die erzeugten Felder sind allesamt orthogonal.

Damit können wir das Vorgehen des paarweisen Software-Tests wie folgt festhalten:

Tabelle 4.5 Orthogonale Arrays

$L_9(3^3)$

	1	2	3
1	1	1	1
2	1	2	2
3	1	3	3
4	2	1	2
5	2	2	3
6	2	3	1
7	3	1	3
8	3	2	1
9	3	3	2
	i	j	k

$L_{17}(4^3)$

	1	2	3
1	1	1	1
2	1	2	2
3	1	3	4
4	1	4	3
5	2	1	2
6	2	2	3
7	2	3	1
8	2	4	4
9	3	1	3
10	3	2	4
11	3	3	2
12	3	4	1
13	4	1	4
14	4	2	1
15	4	3	3
16	4	4	2
	i	j	k

$L_{25}(5^3)$

	1	2	3
1	1	1	1
2	1	2	3
3	1	3	5
4	1	4	4
5	1	5	2
6	2	1	2
7	2	2	5
8	2	3	1
9	2	4	3
10	2	5	4
11	3	1	4
12	3	2	1
13	3	3	2
14	3	4	5
15	3	5	3
16	4	1	3
17	4	2	2
18	4	3	4
19	4	4	1
20	4	5	5
21	5	1	5
22	5	2	4
23	5	3	3
24	5	4	2
25	5	5	1
	i	j	k

■ **Schritt 1**

Zunächst wird die Anzahl der Freiheitsgrade ($= c$) und die maximale Anzahl der Ausprägungen ($= k$) bestimmt. Basierend auf diesen Parametern wird ein orthogonales Array der Form $L_n(k^c)$ als Basis für die Testfallkonstruktion gewählt. Unsere Web-Applikation besitzt 3 Freiheitsgrade mit jeweils 3 bzw. 2 Ausprägungen. Das in Tabelle 4.5 links dargestellte Feld ist somit ausreichend, um eine paarweise vollständige Testmenge zu konstruieren.

■ **Schritt 2**

Sobald das passende orthogonale Feld bestimmt ist, wird jeder Freiheitsgrad einer beliebigen Spalte und jede Ausprägung einer beliebigen Zahl aus dem Intervall $\{1,\ldots,k\}$ zugeordnet. Anschließend wird aus jeder Zeile eine separate Testkonfiguration abgeleitet (vgl. Tabelle 4.6). Die mathematische Struktur

Tabelle 4.6 Schrittweise Konstruktion einer paarweise vollständigen Testmenge

	Schritt 1				Schritt 2				Schritt 3		
1	1	1	1	1	Windows	Online	Explorer	1	Windows	Online	Explorer
2	1	2	2	2	Windows	Offline	Firefox	2	Windows	Offline	Firefox
3	1	3	3	3	Windows	3	Opera	3	Windows	Online	Opera
4	2	1	2	4	Linux	Online	Firefox	4	Linux	Online	Firefox
5	2	2	3	5	Linux	Offline	Opera	5	Linux	Offline	Opera
6	2	3	1	6	Linux	3	Explorer	6	Linux	Offline	Explorer
7	3	1	3	7	Mac OS X	Online	Opera	7	Mac OS X	Online	Opera
8	3	2	1	8	Mac OS X	Offline	Explorer	8	Mac OS X	Offline	Explorer
9	3	3	2	9	Mac OS X	3	Firefox	9	Mac OS X	Online	Firefox

Spalte 1:	Spalte 2:	Spalte 3:
$1 \leftrightarrow$ Windows	$1 \leftrightarrow$ Online	$1 \leftrightarrow$ Explorer
$2 \leftrightarrow$ Linux	$2 \leftrightarrow$ Offline	$2 \leftrightarrow$ Firefox
$3 \leftrightarrow$ Mac OS X		$3 \leftrightarrow$ Opera

der orthogonalen Felder garantiert, dass die so entstehende Testmenge paarweise vollständig ist.

■ **Schritt 3**

Ist die Anzahl der Ausprägungen für verschiedene Freiheitsgrade unterschiedlich, so sind die Konfigurationen in einigen Zeilen nur partiell definiert. Im Falle der Web-Applikation enthält die mittlere Spalte der Zeilen 3, 6 und 9 immer noch den Wert 3 (vgl. Tabelle 4.6 Mitte). Um die Testmenge zu vervollständigen, werden die Werte durch eine beliebige Ausprägung ersetzt (vgl. Tabelle 4.6 rechts). Keinesfalls dürfen wir die entsprechenden Zeilen einfach löschen. In diesem Fall würde z. B. das Ausprägungspaar *(Windows, Opera)* verschwinden und die Eigenschaft der paarweisen Vollständigkeit verloren gehen.

Die mit Hilfe des orthogonalen Felds $L_9(3^3)$ erzeugte Konfigurationsmenge (Tabelle 4.6) entspricht exakt derjenigen Menge, die wir bereits am Anfang dieses Abschnitts in Tabelle 4.4 ohne weitere Herleitung eingeführt haben.

In der Praxis kann die ermittelte Konfigurationsmenge oft noch weiter reduziert werden, da sich gewisse Ausprägungskombinationen gegenseitig ausschließen. So wird beispielsweise der Internet Explorer von Microsoft heute nur noch für das firmeneigene Windows-Betriebssystem entwickelt. Hierdurch entfallen die Ausprägungspaare *(Linux, Explorer)* und *(Mac OS X, Explorer)*. Während der Testfallgenerierung werden solche Abhängigkeiten zunächst ignoriert und ungültige Konfigurationen erst am Ende aus der Testmenge entfernt.

4.3.7 Diversifizierende Verfahren

Diversifizierende Testverfahren vergleichen mehrere Versionen eines Programms gegeneinander. Damit unterscheiden sich diese Techniken in einem wesentlichen Punkt von allen bisher betrachteten Verfahren: Die Implementierung wird nicht mehr gegen eine Spezifikation in Form einer Anforderungsbeschreibung abgeglichen. Stattdessen übernimmt eine zweite Implementierung die Aufgabe der Spezifikation. Die folgenden diversifizierenden Testtechniken spielen in der Praxis eine hervorgehobene Rolle:

■ **Back-to-Back-Test**

Diese Spielart des diversifizierenden Software-Tests greift die Idee der *heterogenen Redundanz* auf, die bereits in Abschnitt 3.4.1 ausführlich untersucht wurde. Für die korrekte Durchführung eines Back-to-Back-Tests werden n verschiedene Implementierungen der gleichen Software gegeneinander getestet. Hierzu werden die Programmvarianten parallel mit den gleichen Testfällen stimuliert und die berechneten Ergebnisse anschließend miteinander verglichen (vgl. Abb. 4.29 links).

Alle eingesetzten Implementierungen basieren auf der gleichen Anforderungsbeschreibung, werden jedoch von verschiedenen, unabhängig voneinander operierenden Teams entwickelt. Hierbei wird eine maximale Heterogenität zwischen den Entwicklergruppen angestrebt, um die Gefahr gemeinsamer Fehler zu begrenzen. Die Wahrscheinlichkeit, dass zwei völlig unabhängig voneinander entwickelte Software-Systeme gemeinsame Fehler enthalten, ist größer als auf den ersten Blick vermutet. Die Gründe bilden ein breites Spektrum und reichen von Compiler-Inkompatibilitäten über Fehler in gemeinsam genutzten Subsystemen bis hin zu Spezifikationslücken, die von mehreren Teams auf die gleiche Art und Weise fehlinterpretiert werden.

Aufgrund des hohen Aufwands wird der Back-to-Back-Test hauptsächlich für Code-Module eingesetzt, die entweder sehr hohen Sicherheitsanforderungen unterliegen oder mit konventionellen Mitteln nur schwer getestet werden können. Eine besondere Rolle spielt hierbei eine spezielle Variante des Back-to-Back-Tests, in dem die Referenzimplementierung in Form eines funktional äquivalenten Prototyps realisiert ist. So werden z. B. viele Programme aus dem Bereich der digitalen Signalverarbeitung getestet, indem die Rechenergebnisse mit den Signalverläufen spezieller Simulationsmodelle abgeglichen werden. Die Erstellung solcher prototypischer Modelle erfolgt heute weitgehend werkzeugunterstützt (siehe z. B. [116, 66, 38, 77, 267, 273]).

■ **Regressionstest**

Ein Regressionstest wird durchgeführt, nachdem die bestehende Version eines Software-Systems im Zuge der Weiterentwicklung oder Fehlerkorrektur verändert wurde. Die durchgeführten Tests sollen sicherstellen, dass die Veränderungen des Quellcodes keine negativen Auswirkungen auf die bestehende Funktionalität zeigen. Mit anderen Worten: Fehler, die sich im Rahmen der Weiter-

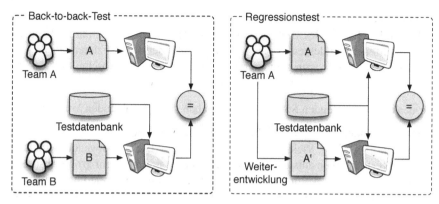

Abb. 4.29 Der Back-to-back-Test und der Regressionstest im Vergleich

entwicklung oft unbemerkt einschleichen, sollen mit Hilfe von Regressionstests frühzeitig erkannt werden.

Für diesen Zweck wird die veränderte Software, genau wie im Falle des Back-to-Back-Tests, mit einem fest definierten Satz von Testfällen ausgeführt und die Ausgabe mit den Ergebnissen der ursprünglichen Version verglichen (vgl. Abb. 4.29 rechts). Gegenüber dem Back-to-Back-Test unterscheidet sich der Regressionstest jedoch in zwei wesentlichen Aspekten:

– Die verglichenen Implementierungsvarianten stammen von ein und demselben Entwicklerteam. Eine hohe Heterogenität zwischen den verglichenen Implementierungen wird im Rahmen eines Regressionstests nicht angestrebt.

– Da stets zwei Versionen der gleichen Entwicklungslinie miteinander verglichen werden, entsteht für die Anfertigung der Referenzimplementierung keinerlei Mehraufwand. Eine entsprechende Automatisierung vorausgesetzt, können Regressionstests hierdurch äußert kostenökonomisch durchgeführt werden.

In großen, langlebigen Software-Projekten nehmen Regressionstests oft einen Großteil der Code-Basis ein und sind das primäre Mittel, um die Software-Korrektheit sicherzustellen. Die Erstellung von Regressionstests wird in diesem Fall zu einem integralen Bestandteil des Software-Entwicklungsprozesses. So verpflichten viele Firmen ihre Software-Entwickler, nach der Behebung eines Fehlers einen entsprechend zugeschnittenen Testfall in die Regressionsdatenbank aufzunehmen. Werden Regressionstests automatisiert durchgeführt, so wird die Datenbank zu einem immer leistungsfähigeren und vor allem kostenökonomischen Instrument zur Sicherstellung der Software-Integrität. In Abschnitt 8.3 kommen wir auf die automatisierte Durchführung von Regressionstests im Detail zurück.

■ **Mutationstest**

Hinter dem Begriff des *Mutationstests* verbirgt sich kein Testverfahren im eigentlichen Sinne. Stattdessen haben wir es hier mit einer diversifizierenden Technik zu tun, die zur Bewertung anderer Testverfahren dient. In Abschnitt 4.5.2 kommen wir auf die Durchführung von Mutationstests genauer zu sprechen.

Für den diversifizierenden Software-Test ergeben sich die folgenden Vorteile:

■ Die Spezifikation als auch die Implementierung befinden sich auf dem gleichen Abstraktionsniveau. Viele Probleme, die in der praktischen Anwendung traditioneller Testtechniken entstehen, lassen sich auf die mitunter sehr große Abstraktionslücke zwischen Anforderungsbeschreibung und Implementierung zurückführen. Diese Probleme werden in diversifizierenden Techniken ad hoc vermieden.

■ Diversifizierende Verfahren lassen sich besonders einfach automatisieren. Da sowohl die Spezifikation als auch die Implementierung in Form von Programmen gegeben sind, reduziert sich die Durchführung eines Software-Tests auf deren Ausführung sowie den anschließenden Vergleich der Ergebnisse. Ohne eine entsprechende Automatisierung wäre insbesondere der Regressionstest wirtschaftlich nicht tragbar.

Den Vorteilen stehen die folgenden Nachteile gegenüber:

■ Das getestete Programm wird nicht mehr gegen seine Anforderungen verglichen. Folgerichtig wird die Korrektheit nur noch indirekt gezeigt, da kein direkter Bezug mehr zwischen der Anforderungsbeschreibung und den gemessenen Ergebnissen besteht. Im schlimmsten Fall kann dies dazu führen, dass besonders wichtige Testfälle unbemerkt außen vor bleiben. Durch die Nichtbeachtung der Anforderungsbeschreibung entfällt zusätzlich die Möglichkeit, Fehler zu erkennen, die bereits in der Referenzimplementierung vorhanden sind.

■ Zur Durchführung eines diversifizierenden Tests werden stets zwei funktional äquivalente Implementierungen benötigt. Insbesondere verursacht ein korrekt durchgeführter Back-to-Back-Test einen erheblichen Mehraufwand, der in der Projektplanung unbedingt berücksichtigt werden muss. Andere diversifizierende Techniken besitzen diesen Nachteil nicht. So wird die zweite Implementierung im Rahmen eines Mutationstests automatisch erzeugt oder ist, wie im Falle des Regressionstests, a priori vorhanden.

4.4 White-Box-Testtechniken

Im Gegensatz zu den Black-Box-Techniken, die zur Testfallkonstruktion ausschließlich auf die funktionale Beschreibung eines Software-Systems zurückgreifen, basieren White-Box-Tests auf der Analyse der inneren Programmstrukturen. Folgerichtig sprechen wir in diesem Zusammenhang auch von *Strukturtests*, die sich auf der obersten Ebene in zwei Klassen einteilen lassen:

■ Kontrollflussorientierte Strukturtests

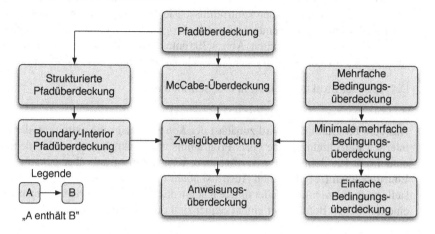

■ Datenflussorientierte Strukturtests

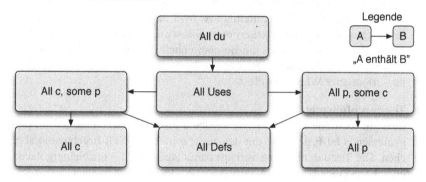

Abb. 4.30 Kontrollfluss- und datenflussorientierte Strukturtests in der Übersicht

■ **Kontrollflussorientierte Tests**
Tests dieser Kategorie ziehen für die Konstruktion der einzelnen Testfälle ausschließlich die internen Berechnungspfade eines Programms in Betracht. Die Beschaffenheit der verarbeiteten Daten spielt für die Testfallkonstruktion dagegen keine Rolle. Zu den bekanntesten Vertretern gehören die *Anweisungsüberdeckung* (C_0-Test), die *Zweigüberdeckung* (C_1-Test) und die *Pfadüberdeckung*. Zusätzlich sind in der Praxis die diversen Varianten der *Bedingungsüberdeckung* sowie die *McCabe-Überdeckung* von Bedeutung (vgl. Abb. 4.30 oben).

■ **Datenflussorientierte Tests**
Für die Testfallkonstruktion werden zusätzliche Kriterien herangezogen, die sich mit der Beschaffenheit der manipulierten Daten beschäftigen. Hierzu werden aus den Variablenzugriffen eines Programms spezifische Nutzungsprofile erzeugt

und die gewonnenen Informationen für die Wahl geeigneter Testfälle verwendet. Im direkten Vergleich mit den kontrollflussbasierten Testverfahren erfordern diese Kriterien eine tiefergehende Analyse der Programmsemantik und sind dementsprechend schwerer zu erfüllen. Abb. 4.30 (unten) fasst die wichtigsten datenflussorientierten Strukturtests in einer Übersicht zusammen.

Ein typischer Strukturtest läuft in drei Schritten ab:

■ **Strukturanalyse**
Aus dem Programmtext wird zunächst der *Kontrollflussgraph* extrahiert, der die internen Berechnungspfade eines Programms auf Funktions- oder Modulebene modelliert. Per definitionem verfügt jeder Kontrollflussgraph über genau einen Eintrittsknoten (*in*) und einen Austrittsknoten (*out*), die zusammen die Schnittstelle nach außen bilden. Jeder innere Knoten des Kontrollflussgraphen entspricht einem einzigen Befehl oder einem sequenziell durchlaufenen Befehlsblock.

■ **Testkonstruktion**
Ist der Kontrollflussgraph vollständig aufgebaut, werden daraus die einzelnen Testfälle abgeleitet. Die Testfallmenge wird dabei so gewählt, dass ein zuvor festgelegtes *Überdeckungskriterium* erfüllt wird. Je nachdem, ob die Topologie der Ausführungspfade oder die Beschaffenheit der manipulierten Daten in den Vordergrund gerückt wird, entsteht ein kontrollflussorientierter oder ein datenflussorientierter White-Box-Test.

■ **Testdurchführung**
Sind alle Testfälle konstruiert, so werden diese wie gewohnt ausgeführt und die gemessenen Ist-Ergebnisse mit den zuvor ermittelten Soll-Ergebnissen abgeglichen. Die Testdurchführung verläuft damit stets gleich – unabhängig davon, ob es sich um einen Black-Box- oder einen White-Box-Test handelt.

4.4.1 Kontrollflussmodellierung

Der Konstruktion des oben angesprochenen Kontrollflussgraphen fällt bei der Durchführung eines White-Box-Tests eine zentrale Rolle zu. Als Beispiel betrachten wir den in Abb. 4.31 dargestellten Kontrollflussgraphen der C-Funktion `manhattan`, die uns für die weiteren Betrachtungen als fruchtbares Beispiel dienen wird. Die Funktion nimmt zwei Übergabeparameter `a` und `b` entgegen und berechnet daraus die Summe $d(a,b) = |a| + |b|$. Hierzu werden zunächst die Vorzeichen der Parameter `a` und `b` überprüft und im Falle eines negativen Vorzeichens in eine positive Zahl gewandelt. Anschließend wird die Summe der erzeugten Werte gebildet und als Ergebnis zurückgeliefert. Der Name der Funktion deutet an, dass sie auf einfache Weise für die Berechnung der *Manhattan-Distanz*

$$d\left((x_1,y_1),(x_2,y_2)\right) = |x_1 - x_2| + |y_1 - y_2| \tag{4.1}$$

zweier Punkte (x_1,y_1) und (x_2,y_2) eingesetzt werden kann, indem die Differenzen der jeweiligen x- und y-Koordinaten als Übergabeparameter verwendet werden.

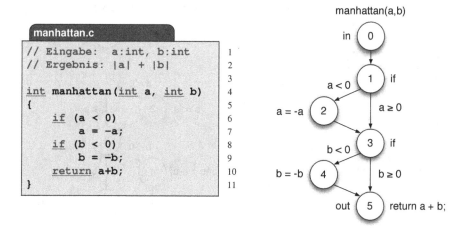

```
manhattan.c
// Eingabe:   a:int, b:int      1
// Ergebnis:  |a| + |b|         2
                                3
int manhattan(int a, int b)     4
{                               5
    if (a < 0)                  6
        a = -a;                 7
    if (b < 0)                  8
        b = -b;                 9
    return a+b;                10
}                              11
```

Abb. 4.31 C-Funktion zur Berechnung der Summe $|a| + |b|$

Der abgebildete Beispielgraph demonstriert eine wesentliche Eigenschaft, die alle Kontrollflussgraphen per definitionem erfüllen müssen: Jeder Graph enthält genau einen Start- und einen Endknoten. Auf den ersten Blick erscheint die Einschränkung als zu restriktiv, da viele in der Praxis auftretende Funktionen durchaus mehrere Aussprungspunkte besitzen. Auf den zweiten Blick zeigt sich, dass sich die geforderte Eigenschaft auf einfache Weise erfüllen lässt, indem die verschiedenen Aussprungspunkte, wie in Abb. 4.32 gezeigt, in einem neuen, zusätzlich eingeführten Knoten, zusammengeführt werden.

Die Struktur eines Kontrollflussgraphen spiegelt in direkter Weise die Sicht des *imperativen Programmierparadigmas* wider. Mit anderen Worten: Jedes imperative Programm lässt sich eins zu eins in einen entsprechenden Kontrollflussgraphen übersetzen. Tabelle 4.7 fasst die Konstruktionsmuster der klassischen Verzweigungs- und Schleifenkonstrukte in einer Übersicht zusammen.

Die in der Vergangenheit vorgestellten White-Box-Testverfahren basieren nicht alle auf der exakt gleichen Definition des Kontrollflussgraphen. In der Praxis kommen verschiedenen Varianten zum Einsatz, die geringfügig voneinander abweichen (vgl. Tabelle 4.8). Ein erstes Unterscheidungsmerkmal geht auf die Art und Weise zurück, wie Verzweigungsbedingungen innerhalb des Graphen modelliert werden. Auf der obersten Ebene lassen sich *kantenmarkierte* und *knotenmarkierte Kontrollflussgraphen* unterscheiden:

■ **Kantenmarkierte Kontrollflussgraphen**
Der imperative Programmfluss wird abgebildet, indem die Anweisungen den Knoten und die Verzweigungsbedingungen den Kanten zugeordnet werden. Die meisten White-Box-Tests basieren auf dieser Art der Kontrollflussmodellierung und auch die weiter oben eingeführten Beispielgraphen fallen in diese Kategorie.

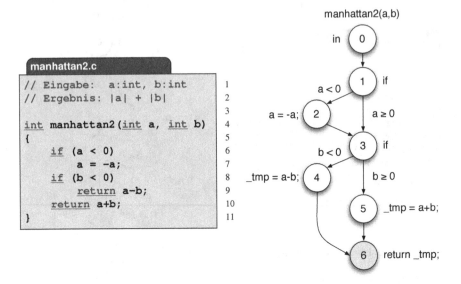

```
manhattan2.c

// Eingabe:  a:int, b:int          1
// Ergebnis: |a| + |b|             2
                                   3
int manhattan2(int a, int b)       4
{                                  5
    if (a < 0)                     6
        a = -a;                    7
    if (b < 0)                     8
        return a-b;                9
    return a+b;                    10
}                                  11
```

Abb. 4.32 Zusammenführung mehrerer Aussprungspunkte

- **Knotenmarkierte Kontrollflussgraphen**
  In diesen Graphen werden Verzweigungsbedingungen ebenfalls den Knoten zugeordnet. Knotenmarkierte Graphen besitzen insgesamt eine geringere Bedeutung als kantenmarkierte – nichtsdestotrotz bilden sie die Grundlagen einiger White-Box-Tests. Ein Beispiel ist der *Required-k-Tupel-Test*, der in Abschnitt 4.4.8 genauer betrachtet wird.

Die Aufteilung in kanten- und knotenmarkierte Graphen ist nicht das einzige Unterscheidungsmerkmal von Kontrollflussgraphen. Ein weiteres betrifft die Beschaffenheit der Knoten, die zur Modellierung verzweigungsfreier Befehlssequenzen verwendet werden. Die folgenden drei Fälle werden diesbezüglich unterschieden:

- **Expandierte Kontrollflussgraphen**
  Diese Graphen enthalten für jeden Befehl einen separaten Knoten. Da die meisten White-Box-Tests verzweigungsfreie Befehlsblöcke als Einheit betrachten, werden vollständig expandierte Kontrollflussgraphen zu Testzwecken nur selten eingesetzt.

- **Teilkollabierte Kontrollflussgraphen**
  In diesen Graphen werden zwei oder mehrere sequenzielle Befehle in einem einzigen Knoten zusammengefasst. Eine spezielle Variante teilkollabierter Kontrollflussgraphen werden wir in Abschnitt 4.4.8 im Zusammenhang mit dem Required-k-Tupel-Test kennen lernen.

Tabelle 4.7 Kontrollflussgraphen der elementaren Verzweigungs- und Schleifenkonstrukte

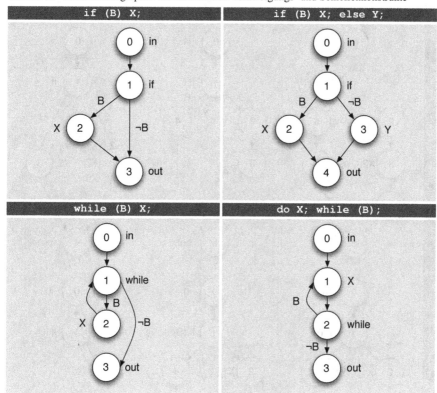

■ **Kollabierte Kontrollflussgraphen**

Diese Graphen zeichnen sich dadurch aus, dass verzweigungsfreie Befehlsblöcke vollständig in einem einzigen Knoten zusammengefasst werden. Folgerichtig existieren in einem kollabierten Graphen nur noch solche Knoten, die über mehr als einen Nachfolger verfügen. Kollabierte Kontrollflussgraphen sind die kompakteste und gleichzeitig am häufigsten verwendete Datenstruktur im Bereich des White-Box-Tests.

In den nächsten Abschnitten werden wir die wichtigsten White-Box-Tests zusammen mit den jeweils zugrunde liegenden Überdeckungskriterien genauer unter die Lupe nehmen und die Testfallkonstruktion anhand von konkreten Beispielen nachvollziehen. Hierzu beginnen wir in den Abschnitten 4.4.2 bis 4.4.6 mit der Diskussion der kontrollflussorientierten White-Box-Tests und werden im Anschluss daran mit den verschiedenen *Defs-Uses-Tests* die wichtigsten Vertreter der datenflussorientierten Überdeckungskriterien kennen lernen.

Tabelle 4.8 Kontrollflussgraphen (Klassifikationsmerkmale)

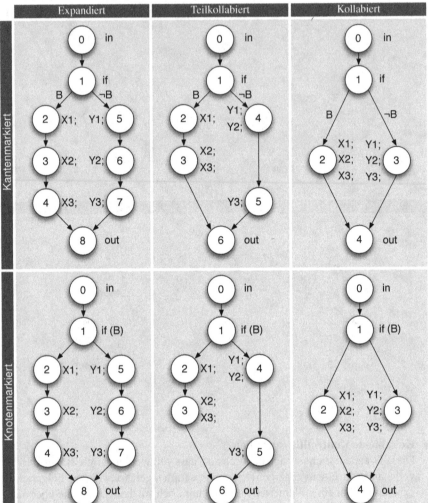

4.4.2 Anweisungsüberdeckung

Der *Anweisungsüberdeckungstest* (*statement coverage*) ist das schwächste der hier vorgestellten Testverfahren und in allen anderen Überdeckungstests als Teilmenge enthalten. Die Testmenge wird dabei so gewählt, dass alle Knoten des Kontrollflussgraphen durchlaufen und damit alle Anweisungen des untersuchten Programms mindestens einmal ausgeführt werden. Die Anweisungsüberdeckung wird in der Literatur auch als C_0-Test bezeichnet.

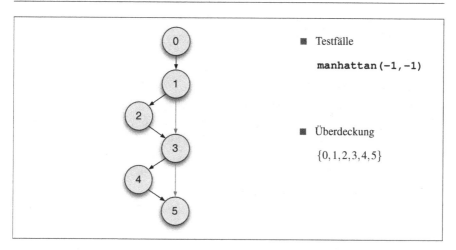

Abb. 4.33 Der Anweisungsüberdeckungstest

Abb. 4.33 zeigt die Konstruktion einer C_0-Testmenge für die weiter oben einge-führte Beispielfunktion `manhattan`. Wird die Funktion mit zwei negativen Werten aufgerufen, so werden alle Knoten des Kontrollflussgraphen nacheinander durch-laufen. Folgerichtig ist ein einziger Testfall ausreichend, um das Kriterium der An-weisungsüberdeckung zu erfüllen.

Damit macht das Beispiel zugleich auf eine eklatante Schwäche des C_0-Tests aufmerksam: Für viele Programmkonstrukte lässt sich das Kriterium mit einer ver-gleichsweise kompakten Testfallmenge erfüllen, in der wichtige Fälle unberücksich-tigt bleiben. So haben wir in unserem Beispiel das Überdeckungskriterium erfüllt, ohne die Funktion mit nur einem einzigen positiven Wert auszuführen – entspre-chend gering fällt die zu erwartende Fehlererkennungsquote aus. In [102] konnte die Anweisungsüberdeckung nur magere 18 % der Fehler eines Software-Systems aufdecken.

Aufgrund der augenscheinlichen Limitierungen wird der C_0-Test in der Literatur oft als unzulängliches Element der Software-Qualitätssicherung gegeißelt – zu Un-recht, wie die folgenden Beispiele zeigen werden. Die geringe Testabdeckung darf nicht darüber hinweg täuschen, dass sich die Anweisungsüberdeckung in der Praxis häufig als ein schwer zu erreichendes Ziel erweist. Wunsch und Wirklichkeit klaffen an dieser Stelle weit auseinander.

Das Programm in Abb. 4.34 soll Ihnen einen kleinen Vorgeschmack auf die Pro-bleme geben, die in der Praxis zu lösen sind. Anders als in unserem pathologischen Eingangsbeispiel werden die ersten drei Return-Befehle nur im Falle einer eintre-tenden Ausnahmesituation ausgeführt. Für die Durchführung eines vollständigen Anweisungsüberdeckungstests müssen die verschiedenen Fehlerszenarien künstlich herbeigeführt werden. Lässt sich eine nicht vorhandene Datei noch vergleichsweise einfach simulieren, so sind im Falle der dynamischen Speicherbelegung schon grö-ßere Kunstgriffe nötig. Der Aufwand nimmt insbesondere dann stark zu, wenn der

```
hard_to_test.c

// Übungsaufgabe:                                                   1
// Führen Sie einen vollständigen C0-Test durch!                   2
                                                                   3
uint8_t *hard_to_test(...)                                         4
{                                                                  5
    // Get file properties                                         6
    if (stat(filename, &fileProperties) != 0) {                    7
        return NULL; // (1)                                        8
    }                                                              9
                                                                  10
    // Open file                                                  11
    if (!(file = fopen(filename, "r"))) {                         12
        return NULL; // (2)                                       13
    }                                                             14
                                                                  15
    // Allocate memory                                            16
    if (!(data = (uint8_t *)malloc(fileProperties.st_size))) {    17
        return NULL; // (3)                                       18
                                                                  19
    return data;                                                  20
}                                                                 21
```

Abb. 4.34 In der Praxis ist die Durchführung von C_0-Tests schwierig

Speichermangel nicht permanent, sondern nur an einer ganz bestimmten Stelle im Programmablauf simuliert werden soll. In diesem Fall muss die aufgerufene Funktion `malloc` durch eine eigens programmierte *Mock-Funktion* ersetzt werden, die das Fehlerszenario künstlich herbeiführt.

Sicher haben Sie im Laufe Ihrer Programmiererkarriere auch das eine oder andere Programm geschrieben, das eine ähnliche Struktur aufweist. Hand aufs Herz: In wie vielen Fällen haben die von Ihnen erzeugten Testfälle das regelmäßig als zu schwach gescholtene Kriterium der Anweisungsüberdeckung wirklich erfüllt?

Als weiteres Beispiel betrachten wir das Code-Fragment in Abb. 4.35. Der Programmtext entstammt der Funktion `__init_check_fpu`, die in der Datei `include/asm-i386/bugs.h` des Linux-Kernels definiert ist. Unter anderem überprüft die Funktion, ob die Boot-CPU den in Abschnitt 2.9 vorgestellten FDIV-Bug aufweist. Hierzu wird die Fließkommafähigkeit des Prozessors mit einer Reihe von Assembler-Befehlen getestet und das Ergebnis in die Variable `boot_cpu_data.fdiv_bug` geschrieben. Sollten Sie das passende Computerantiquariat nicht zufällig zur Hand haben, ist die vollständige Durchführung eines C_0-Tests an dieser Stelle praktisch unmöglich.

Eines müssen wir uns in der Rolle des Software-Entwicklers an dieser Stelle stets bewusst sein: Können wir eine C_0-Abdeckung – aus welchen Gründen auch immer – nicht vollständig erreichen, so existieren Code-Fragmente, die von keinem einzigen Testfall durchlaufen werden. Das hierdurch entstehenden Risiko kann für eine kleine Büroapplikation ein tragbares sein, im Bereich sicherheitskritischer Systeme

```
bugs.h (Auszug)

static void __init check_fpu(void)                              1
{                                                               2
    ...                                                         3
                                                               4
    /* Test for the div1 bug.. */                             5
    __asm__("fninit\n\t"                                       6
        "fld1 %1\n\t"                                          7
        "fdiv1 %2\n\t"                                         8
        "fmul1 %2\n\t"                                         9
        "fld1 %1\n\t"                                         10
        "fsubp %%st,%%st(1)\n\t"                              11
        "fistp1 %0\n\t"                                       12
        "fwait\n\t"                                           13
        "fninit"                                              14
        : "=m" (*&boot_cpu_data.fdiv_bug)                     15
        : "m" (*&x), "m" (*&y));                              16
    stts();                                                  17
    if (boot_cpu_data.fdiv_bug)                              18
        printk("Hmm, FPU with FDIV bug.\n");                 19
}                                                            20
```

Abb. 4.35 Auszug aus der Datei **bugs.h** des Linux-Kernels

ist es ein unkalkulierbares. Aus diesem Grund ist die Durchführung eines vollständigen C_0-Tests in diesen Anwendungsgebieten häufig fest vorgeschrieben. So fordert beispielsweise der Standard RTCA DO-178B für Software-Anwendungen in der Luftfahrt, dass eine Anweisungsüberdeckung für alle Software-Module der Kritikalitätsstufe C durchgeführt werden muss. Hierzu zählen alle Software-Komponenten, deren Ausfall zu einer bedeutenden, aber nicht kritischen Fehlfunktion führen kann.

4.4.3 Zweigüberdeckung

Die *Zweigüberdeckung* fordert, dass jede *Kante* des Kontrollflussgraphen von mindestens einem Testfall durchlaufen werden muss. Um das Kriterium zu erfüllen, müssen die Testfälle so gewählt werden, dass jede Verzweigungsbedingung mindestens einmal wahr und mindestens einmal falsch wird. Da hierdurch alle Knoten ebenfalls mindestens einmal besucht werden müssen, ist die Anweisungsüberdeckung in der Zweigüberdeckung vollständig enthalten. In der Literatur wird die Zweigüberdeckung auch als C_1-Test bezeichnet.

Abb. 4.36 demonstriert, wie sich das Kriterium für die Beispielfunktion **manhattan** erfüllen lässt. Insgesamt wird die Funktion zweimal ausgeführt, mit jeweils wechselnden Vorzeichen der Operanden. Anders als im Falle der Anweisungsüberdeckung müssen wir jeden Parameter mindestens einmal mit einem positiven und einem negativen Wert belegen.

In der Literatur wird die Zweigüberdeckung oft als Minimalkriterium für die Durchführung eines White-Box-Tests beschrieben [8, 163]. Wie schon im Falle

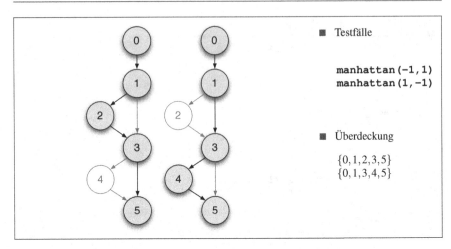

Abb. 4.36 Der Zweigüberdeckungstest

der Anweisungsüberdeckung verläuft jedoch auch hier die praktische Durchführung nicht immer so reibungsfrei wie für unsere pathologisch konstruierte Beispielfunktion. Trotz der Schwierigkeit sollte eine vollständige Zweigüberdeckung stets angestrebt werden. Mehrere empirische Studien legen nahe, dass sich die Rate der gefundenen Fehler hierdurch signifikant steigern lässt [102, 99].

Die Zweigüberdeckung wird unter anderem durch den Standard RTCA DO-178B für Software-Anwendungen in der Luftfahrt der Kritikalitätsstufe B gefordert. In diese Kategorie fallen alle Software-Komponenten, deren Ausfall zu einer schweren, aber noch nicht katastrophalen Fehlfunktion führen kann.

4.4.4 Pfadüberdeckung

Die *Pfadüberdeckung* ist die mit Abstand mächtigste White-Box-Prüftechnik, besitzt aufgrund ihrer immensen Komplexität aber nur eine äußerst geringe Praxisbedeutung. Das Kriterium wird erst dann vollständig erfüllt, wenn für jeden möglichen *Pfad*, der den Eingangsknoten des Kontrollflussgraphen mit dem Ausgangsknoten verbindet, ein separater Testfall existiert.

Abb. 4.37 fasst die verschiedenen Möglichkeiten zusammen, den Eingangs- und Ausgangsknoten der Beispielfunktion **manhattan** miteinander zu verbinden. Da jede If-Bedingung die Anzahl der Pfade verdoppelt, ergeben sich insgesamt 4 verschiedene Möglichkeiten.

Die praktische Untauglichkeit der Pfadüberdeckung wird besonders deutlich, wenn sie auf Programme angewendet wird, die neben Verzweigungen auch Schleifenkonstrukte enthalten. Als triviales Beispiel eines solchen Programms ist in Abb. 4.38 eine Schleife abgebildet, die in der i-ten Iteration den Wert des Array-Element **a[i]** überprüft. In Abhängigkeit des ausgelesenen Werts wird entweder die Funktion **foo** oder die Funktion **bar** aufgerufen. Da sich die Anzahl der Pfa-

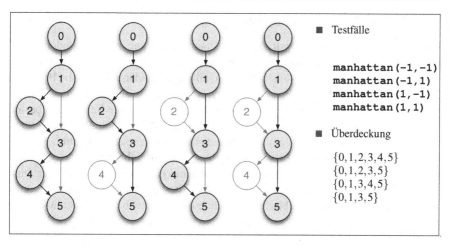

Abb. 4.37 Der Pfadüberdeckungstest

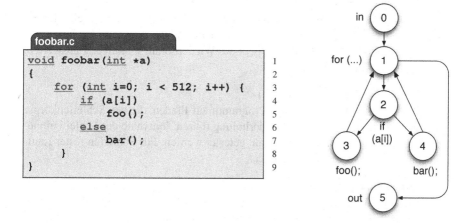

Abb. 4.38 Selbst für kleine Programme stößt die Pfadüberdeckung schnell an ihre Grenzen

de mit jedem Schleifendurchlauf verdoppelt, gibt es exakt 2^{512} Möglichkeiten, den Eingangs- mit dem Ausgangsknoten zu verbinden. Damit übersteigt die Anzahl der existierenden Ausführungspfade bei weitem die geschätzte Anzahl der Elementarteilchen des Universums. Schlimmer noch: Mit einer einfachen While-Schleife lässt sich ein Programm erzeugen, das über unendlich viele Ausführungspfade verfügt. Insgesamt stößt der Pfadüberdeckungstest damit bereits für kleine Programme schnell an seine Grenzen und spielt in seiner Reinform nur aus theoretischer Sicht eine Rolle.

4.4.4.1 Varianten der Pfadüberdeckung

Um die Limitierungen der vollständigen Pfadüberdeckung zu überwinden, wurden in der Vergangenheit mehrere Variationen vorgeschlagen, mit deren Hilfe sich die kombinatorische Explosion zumindest teilweise eindämmen lässt [19]. Von Bedeutung sind in diesem Zusammenhang insbesondere die *Boundary-Interior-Pfadüberdeckung* und die *strukturierte Pfadüberdeckung*. Beide Variationen basieren auf der Beobachtung, dass ein Großteil der Fehler innerhalb eines Schleifenkonstrukts bereits nach wenigen Iterationsschritten zum Vorschein kommt. Mit anderen Worten: Eine weitere Erhöhung der ausgeführten Schleifeniterationen kann die erreichbare Fehlererkennungsrate nur noch marginal steigern. Beide der hier vorgestellten Pfadüberdeckungsvarianten tragen diesem Phänomen Rechnung und versuchen, die Anzahl der Schleifendurchläufe dementsprechend einzugrenzen:

■ **Boundary-Interior-Pfadüberdeckung**
Der Boundary-Interior-Pfadtest konstruiert für jede Schleife des Programms drei Gruppen von Testfällen, die alle erfolgreich abgearbeitet werden müssen [126]:

– **Äußere Pfade**
Die Testfälle durchlaufen das Programm auf Pfaden, die den Schleifenkörper nicht betreten. Für Schleifen fester Lauflänge sowie für While-Schleifen, die erst am Ende des Schleifenkörpers die Wiederholungsbedingung auswerten, ist diese Testfallgruppe leer.

– **Grenzpfade (boundary paths)**
Die Testfälle durchlaufen das Programm auf Pfaden, die den Schleifenkörper betreten, jedoch zu keiner Wiederholung führen. Innerhalb des Schleifeninneren müssen alle möglichen Pfade getestet werden. Für Schleifen fester Lauflänge ist diese Testfallgruppe leer.

– **Innere Pfade (interior paths)**
Die Testfälle durchlaufen das Programm auf Pfaden, die den Schleifenkörper betreten und mindestens eine weitere Iteration ausführen. Die Testfälle werden so gewählt, dass innerhalb der ersten beiden Ausführungen alle möglichen Pfade abgearbeitet werden.

Als Beispiel für die Boundary-Interior-Testkonstruktion betrachten wir die weiter oben diskutierte Funktion **foobar** (Abb. 4.38). Wie alle Schleifen fester Länge besitzt die abgebildete Schleife weder äußere Pfade noch Grenzpfade. Einzig die Interior-Testmenge ist nicht leer und basiert auf den in Abb. 4.39 dargestellten Pfaden. Jeder Pfad entspricht einer der vier Möglichkeiten, den Schleifenkörper innerhalb der ersten beiden Ausführungen zu durchlaufen. Zur übersichtlicheren Darstellung sind die einzelnen Kontrollflussgraphen ausgerollt abgebildet.

■ **Strukturierte Pfadüberdeckung**
Die Verallgemeinerung des Boundary-Interior-Tests führt uns auf direktem Weg zur *strukturierten Pfadüberdeckung* [127, 128, 129, 244]. Anstatt nur die ersten

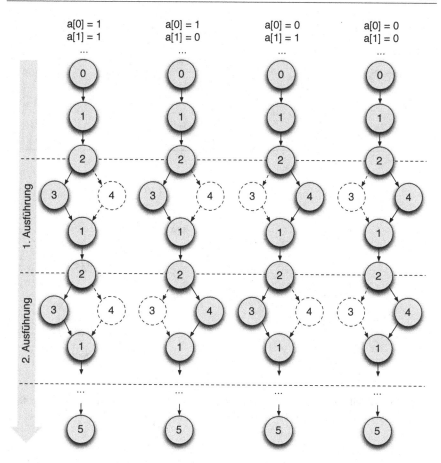

Abb. 4.39 Interior-Pfade der Funktion `foobar`

beiden Schleifenausführungen umfassend abzuarbeiten, müssen bei einem strukturierten Pfadüberdeckungstest alle möglichen Ausführungspfade bis zur k-ten
Schleifeniteration durchlaufen werden. Die Konstante k kann hierbei beliebig
gewählt werden. Für $k = 2$ degeneriert der strukturierte Pfadüberdeckungstest
zum Boundary-Interior-Pfadtest.

Obwohl die verschiedenen Varianten der Pfadüberdeckung einen erheblichen
Fortschritt gegenüber seiner realitätsfernen Urform darstellen, ist die Anzahl der
zu durchlaufenden Pfade in der Praxis immer noch ein Problem. Insbesondere
führen verschachtelte Schleifen weiterhin zu einem dramatischen Anwachsen der
Testfallmenge [220]. Eine Linderung schaffen modifizierte Varianten der strukturierten Pfadüberdeckung, die das umfassende Testen von k Iterationen nur für
Schleifen fordern, die selbst keine Schleifen mehr enthalten.

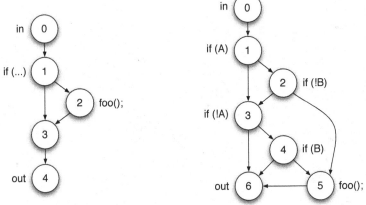

Abb. 4.40 Obwohl beide Code-Fragmente exakt die gleiche Programmlogik implementieren, führt die Zweigüberdeckung zu einer vollständig anderen Testfallmenge

4.4.5 Bedingungsüberdeckung

Unter den drei vorgestellten elementaren Überdeckungskriterien besitzt die Zweigüberdeckung den größten Stellenwert, schließlich stellt sie einen Kompromiss zwischen der minimalistischen Anweisungsüberdeckung und der unmöglich zu erreichenden Pfadüberdeckung dar. Nichtsdestotrotz ist die Aussagekraft der Zweigüberdeckung in ihrer Reinform mitunter recht begrenzt, wie das Beispiel in Abb. 4.40 nahe legt.

Abgebildet sind zwei Programmbeispiele, die exakt die gleiche Kontrollflusslogik implementieren. Der einzige Unterschied zwischen beiden Code-Fragmenten besteht in der Implementierung der If-Abfrage. Während die gesamte Verzweigungsbedingung in der linken Variante in eine einzelne If-Bedingung gepackt wird, verwendet die rechte Implementierung vier verschiedene Abfragen. Aufgrund der unterschiedlichen Programmstrukturen fallen auch die Kontrollflussgraphen gänzlich unterschiedlich aus. Führen wir einen vollständigen C_1-Test durch, so benötigen wir für die linke Implementierung lediglich zwei Testfälle, um alle Kanten zu durchlaufen. Für die rechte Implementierung fordert der C_1-Test die Erzeugung von

if ((A && !B) || (!A && B))

Einfache Bedingungsüberdeckung

„Alle atomaren Prädikate müssen mindestens einmal beide Wahrheitswerte annehmen"	A = 0, B = 1 A = 1, B = 0

Minimale Mehrfachbedingungsüberdeckung

„Alle atomaren und zusammengesetzten Prädikate müssen mindestens einmal beide Wahrheitswerte annehmen"	A = 0, B = 0 A = 0, B = 1 A = 1, B = 0

Mehrfachbedingungsüberdeckung

„Alle Wahrheitskombinationen müssen getestet werden"	A = 0, B = 0 A = 0, B = 1 A = 1, B = 0 A = 1, B = 1

Abb. 4.41 Die verschiedenen Varianten der Bedingungsüberdeckung

vier Testfällen. Kurzum: Für funktional identische Programme kann die Zweigüberdeckung gänzlich unterschiedliche Ergebnisse liefern.

Abhilfe schaffen an dieser Stelle die verschiedenen Spielarten der *Bedingungsüberdeckung*. Neben der Struktur des Kontrollflussgraphen beziehen diese Kriterien zusätzlich die logische Struktur der einzelnen If-Bedingungen in die Testkonstruktion mit ein. In der Praxis spielen die drei in Abb. 4.41 dargestellten Bedingungsüberdeckungskriterien eine wichtige Rolle:

- **Einfache Bedingungsüberdeckung**
  Das Kriterium ist vollständig erfüllt, wenn alle *atomaren Prädikate* mindestens einmal beide Wahrheitswerte annehmen. Ein atomares Prädikat kann eine Variable oder auch das Ergebnis eines Funktionsaufrufs sein. Die If-Bedingung unseres Beispielprogramms enthält die atomaren Bedingungen A und B, so dass zwei Testfälle ausreichen, um die einfache Bedingungsüberdeckung zu erfüllen. Zu beachten gibt es an dieser Stelle, dass das Überdeckungskriterium ausschließlich eine Forderung bezüglich der atomaren Prädikate aufstellt und keinerlei Aussage über den resultierenden Wahrheitswert der If-Bedingung selbst macht.

- **Minimale Mehrfachbedingungsüberdeckung**
  Das Kriterium ist vollständig erfüllt, wenn alle atomaren und alle zusammengesetzten Prädikate mindestens einmal beide Wahrheitswerte annehmen. Diese Variante ist stärker als die einfache Bedingungsüberdeckung – insbesondere sind die beiden Testfälle A = 0, B = 1 und A = 1, B = 0 nicht ausreichend, um die minimale Mehrfachüberdeckung sicherzustellen. So nehmen zwar die zusammengesetzten Prädikate (A && !B) und (!A && B) beide Wahrheitswerte an, die gesamte If-Bedingung selbst ist jedoch niemals falsch. Um das Kriterium

zu erfüllen, muss die Testmenge um einen weiteren Testfall (`A =0`, `B = 0` oder
`A = 1`, `B = 1`) ergänzt werden. Da die minimale Mehrfachüberdeckung fordert,
dass auch die If-Bedingung selbst beide Wahrheitswerte annehmen muss, ist die
Zweigüberdeckung in diesem Kriterium vollständig enthalten.

■ **Mehrfachbedingungsüberdeckung**
Das Kriterium ist vollständig erfüllt, wenn alle Wahrheitskombinationen der atomaren Prädikate getestet wurden. In der Konsequenz bedeutet diese Forderung,
dass für jede If-Bedingung mit n atomaren Prädikaten 2^n Testfällen zu generieren
sind. Die If-Bedingung in unserem Beispielprogramm enthält nur zwei atomare
Prädikate, so dass insgesamt vier Testfälle erzeugt werden müssen. Angewendet
auf reale Programme kann die Mehrfachüberdeckung schnell zu einer kombinatorischen Explosion führen. Entsprechend gering ist die praktische Relevanz
dieses Kriteriums.

4.4.6 McCabe-Überdeckung

Eine weitere Variante des kontrollflussorientierten White-Box-Tests geht auf die
Mitte der Siebzigerjahre publizierten Arbeiten von Thomas J. McCabe zurück. Die
Testkonstruktion basiert auf der Zerlegung des Kontrollflussgraphen in eine mini-
male Menge von *Elementarpfaden* (*basic paths*). Entsprechend wird die McCabe-
Überdeckung in der Literatur auch als *Basic-Path-Test* bezeichnet.

Für die folgenden Betrachtungen bezeichnet $|E|$ die Anzahl der Kanten (*edges*)
und $|N|$ die Anzahl der Knoten (*nodes*) des Kontrollflussgraphen. Nummerieren wir
die Kanten mit $1, \ldots, |E|$, so lässt sich jeder Pfad als Element des Vektorraums $\mathbb{N}^{|E|}$
darstellen. Die i-te Komponente des Vektors gibt an, wie oft der Pfad die i-te Kante
des Kontrollflussgraphen durchläuft. Eine Menge von Elementarpfaden $p_1, \ldots, p_n$
besitzt die Eigenschaft, dass sich jeder geschlossene Pfad – hierunter fallen alle
Pfade, deren Start- und Endknoten zusammenfallen – als Linearkombination der
Elementarpfade darstellen lässt. Mit anderen Worten: Für jeden geschlossenen Pfad
p existieren Konstanten $k_1, k_2, \ldots, k_n$ mit

$$\mathbf{p} = k_1 \cdot \mathbf{p_1} + k_2 \cdot \mathbf{p_2} + \ldots + k_n \cdot \mathbf{p_n}. \tag{4.2}$$

$\mathbf{p}, \mathbf{p_1}, \ldots, \mathbf{p_n}$ bezeichnen die Vektordarstellungen der Pfade $p, p_1, \ldots, p_n$. An dieser
Stelle gilt es unbedingt zu beachten, dass zwischen einem Pfad und seiner Vek-
tordarstellung keine Eins-zu-eins-Beziehung besteht. Da die Vektordarstellung von
der Reihenfolge der besuchten Knoten abstrahiert, werden verschiedene Pfade durch
den gleichen Vektor dargestellt. Auf der anderen Seite existieren Vektoren, die keinem realen Pfad durch den Kontrollflussgraphen entsprechen.

Die Parallelen zur linearen Algebra sind an dieser Stelle kein Zufall. Genau wie
dort bezeichnen wir auch hier eine minimale Menge von Elementarpfaden als *Basis*. Diese besitzt die Eigenschaft, jeden beliebigen geschlossenen Pfad durch eine
Linearkombination darstellen zu können. Aufgrund der Minimalität geht diese Eigenschaft verloren, sobald auch nur ein einziger Vektor entfernt wird.

Für *stark zusammenhängende Graphen* gilt die folgende Beziehung:

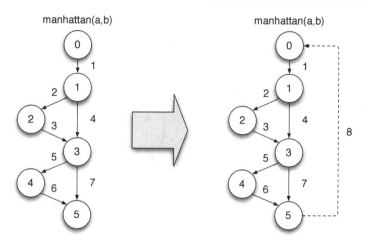

Abb. 4.42 Erzeugung eines stark zusammenhängenden Graphen

$$|B| = |E| - |N| + 1 \tag{4.3}$$

Gleichung (4.3) drückt einen elementaren Zusammenhang zwischen der Topologie des Graphen und der Mächtigkeit der Basis aus. Der Wert $|E| - |N| + 1$ heißt die *zyklomatische Zahl* des Graphen G und wird in der Graphentheorie mit $V(G)$ notiert [22, 23, 72].

Auf den ersten Blick scheint Gleichung (4.3) für unsere Zwecke nutzlos zu sein, da die Beziehung nur für stark zusammenhängende Graphen gilt. Diese besitzen die Eigenschaft, dass jeder Knoten von jedem Knoten aus erreicht werden kann – eine Eigenschaft, die unsere Kontrollflussgraphen nicht teilen. Wir können jedoch auf einfache Weise Abhilfe schaffen, indem wir eine zusätzliche Kante hinzufügen, die den Austrittsknoten des Kontrollflussgraphen mit dem Eintrittsknoten verbinden. Abb. 4.42 zeigt den so modifizierten Kontrollflussgraphen für unsere Beispielfunktion **manhattan**.

Auf den modifizierten Kontrollflussgraphen ist Gleichung (4.3) direkt anwendbar. Unter Berücksichtigung der zusätzlichen Kante erhalten wir den folgenden Zusammenhang zwischen den Knoten, Kanten und der Anzahl der Elementarpfade eines Graphen:

$$|B| = |E| - |N| + 2. \tag{4.4}$$

Für die Funktion **manhattan** gilt $|N| = 6$ und $|E| = 7$. Folgerichtig lassen sich alle Pfade durch eine Linearkombination von $7 - 6 + 2 = 3$ Elementarpfaden erzeugen. Eine mögliche Menge solcher Pfade ist in Abb. 4.43 zusammengestellt. Da die zusätzlich hinzugefügte Kante nur aus theoretischer Sicht eine Rolle spielt, ist sie in den genannten Elementarpfaden und deren Vektordarstellung nicht mit aufgenommen.

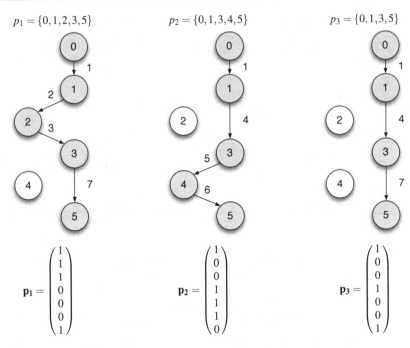

$p_1 = \{0,1,2,3,5\}$ $p_2 = \{0,1,3,4,5\}$ $p_3 = \{0,1,3,5\}$

$$\mathbf{p_1} = \begin{pmatrix} 1 \\ 1 \\ 1 \\ 0 \\ 0 \\ 0 \\ 1 \end{pmatrix} \qquad \mathbf{p_2} = \begin{pmatrix} 1 \\ 0 \\ 0 \\ 1 \\ 1 \\ 1 \\ 0 \end{pmatrix} \qquad \mathbf{p_3} = \begin{pmatrix} 1 \\ 0 \\ 0 \\ 1 \\ 0 \\ 0 \\ 1 \end{pmatrix}$$

Abb. 4.43 Elementarpfade

Mit Hilfe der ermittelten Vektoren lässt sich der Pfad $\{0,1,2,3,4,5\}$ beispielsweise wie folgt darstellen:

$$\{0,1,2,3,4,5\} \triangleq \begin{pmatrix} 1 \\ 1 \\ 1 \\ 0 \\ 1 \\ 1 \\ 0 \end{pmatrix} = 1 \cdot \begin{pmatrix} 1 \\ 1 \\ 1 \\ 0 \\ 0 \\ 0 \\ 1 \end{pmatrix} + 1 \cdot \begin{pmatrix} 1 \\ 0 \\ 0 \\ 1 \\ 1 \\ 1 \\ 0 \end{pmatrix} - 1 \cdot \begin{pmatrix} 1 \\ 0 \\ 0 \\ 1 \\ 0 \\ 0 \\ 1 \end{pmatrix} \qquad (4.5)$$

Die Testkonstruktion nach McCabe erfolgt in zwei Schritten:

■ Im ersten Schritt wird der Kontrollflussgraph erzeugt und eine Menge von Elementarpfaden extrahiert. Die Anzahl der Testfälle ergibt sich ohne Umwege aus Gleichung (4.4). Für die algorithmische Konstruktion ist ein Graph-basierter Ansatz notwendig (siehe z. B. [55]). Die aus der linearen Algebra bekannte algebraische Berechnung der Basis scheidet an dieser Stelle aus, da die entstehenden Basisvektoren nicht mehr in jedem Fall einem realen Pfad innerhalb des Kontrollflussgraphen entsprechen.

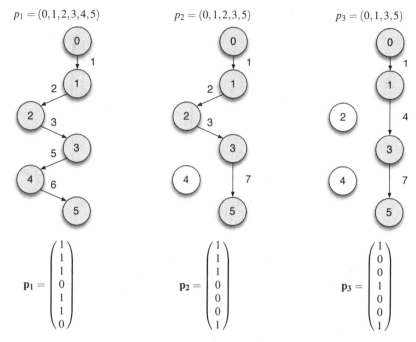

Abb. 4.44 Die Wahl der Elementarpfade ist nicht eindeutig

■ Im zweiten Schritt wird für jeden Elementarpfad ein Testfall erzeugt. Die Anzahl der erzeugten Testfälle entspricht damit stets der um eins erhöhten zyklomatischen Zahl des Kontrollflussgraphen. Die Erhöhung um eins trägt der zusätzlich hinzugefügten Kante Rechnung, um aus graphentheoretischer Sicht einen stark zusammenhängenden Graphen zu erzeugen.

Für unsere Beispielfunktion `manhattan` erfüllen die folgenden Testfälle das Überdeckungskriterium von McCabe:

$$\text{manhattan(-1,1)} \to \{0,1,2,3,5\}$$
$$\text{manhattan(1,-1)} \to \{0,1,3,4,5\}$$
$$\text{manhattan(1,1)} \to \{0,1,3,5\}$$

Stellen wir das Überdeckungskriterium nach McCabe den weiter oben eingeführten Kriterien gegenüber, so erweist es sich als vergleichsweise stark. Insbesondere erfüllt jede McCabe-Testmenge automatisch das Kriterium der Zweig- und somit auch das der Anweisungsüberdeckung.

Eine wichtige Eigenschaft der Elementarpfade soll an dieser Stelle nicht verschwiegen werden: Die Menge der Graphen, die zusammen eine Basis bilden, ist im Allgemeinen nicht eindeutig bestimmt. In Abb. 4.44 ist eine weitere Menge von Elementarpfaden dargestellt, die zusammen ebenfalls eine Basis bilden. Mit Hilfe der abgebildeten Menge lässt sich z. B. der Pfad $\{0,1,3,4,5\}$ wie folgt darstellen:

$$\{0,1,3,4,5\} \triangleq \begin{pmatrix} 1 \\ 0 \\ 0 \\ 1 \\ 1 \\ 1 \\ 0 \end{pmatrix} = 1 \cdot \begin{pmatrix} 1 \\ 0 \\ 0 \\ 1 \\ 0 \\ 0 \\ 1 \end{pmatrix} + 1 \cdot \begin{pmatrix} 1 \\ 1 \\ 1 \\ 0 \\ 1 \\ 1 \\ 0 \end{pmatrix} - 1 \cdot \begin{pmatrix} 1 \\ 1 \\ 1 \\ 0 \\ 0 \\ 0 \\ 1 \end{pmatrix} \qquad (4.6)$$

Damit erfüllt auch die folgende Menge das Überdeckungskriterium von McCabe:

$$\texttt{manhattan(-1,-1)} \rightarrow \{0,1,2,3,4,5\}$$
$$\texttt{manhattan(-1,1)} \rightarrow \{0,1,2,3,5\}$$
$$\texttt{manhattan(1,1)} \rightarrow \{0,1,3,5\}$$

Die Testfallkonstruktion nach McCabe ist damit nicht eindeutig. Im Allgemeinen existieren für einen Kontrollflussgraphen unendlich viele Testfallmengen, die jede für sich das McCabe-Kriterium erfüllen.

4.4.7 Defs-Uses-Überdeckung

Im Gegensatz zu allen bisher betrachteten Überdeckungskriterien, die ausschließlich den Kontrollfluss eines Programms in Betracht ziehen, leiten die Defs-Uses-Kriterien die auszuführenden Pfade aus dem *Datenfluss* ab. Hierzu werden die Variablenzugriffe des untersuchten Programms analysiert und mit verschiedenen *Datenflussattributen* versehen. Die vergebenen Attribute teilen die Variablenzugriffe in drei Klassen ein:

- **Definitorische Nutzung (def-use)**
  In diese Klasse fallen alle Zugriffe, die den aktuellen Wert einer Variablen überschreiben. Alle Variablenzugriffe auf der linken Seite einer Zuweisung fallen in diese Kategorie.

- **Referenzierende Nutzung (r-use)**
  In diese Klasse fallen alle Zugriffe, die den Wert einer Variablen verwenden, jedoch nicht verändern. Zwischen einer Zuweisung und einer nachfolgenden Referenz, die den zugewiesenen Wert verwendet, besteht eine *du-Interaktion*. Referenzierende Nutzungen können weiter in berechnende und prädikative Nutzungen unterteilt werden.

  - **Berechnende Nutzung (c-use)**
    In diese Klasse fallen alle Zugriffe, die den Wert einer Variablen in einer Berechnung verwenden (*computational use*, kurz *c-use*). Zwischen einer Zuweisung und einer sich anschließenden berechnenden Nutzung besteht eine *dc-Interaktion*.

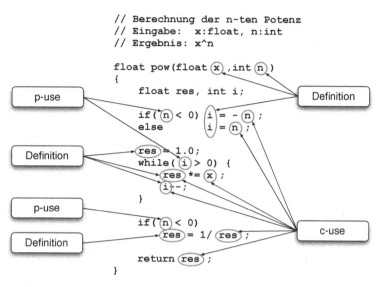

```
// Berechnung der n-ten Potenz
// Eingabe:  x:float, n:int
// Ergebnis: x^n

float pow(float x ,int n )
{
    float res, int i;

    if( n < 0) i = - n ;
    else       i = n ;

    res = 1.0;
    while( i > 0) {
        res *= x ;
        i--;
    }

    if( n < 0)
        res = 1/ res ;

    return res ;
}
```

Abb. 4.45 Datenflussattribute am Beispiel der Exponentialfunktion $pow(x,n) = x^n$

- **Prädikative Nutzung (p-Use)**
  In diese Klasse fallen alle Zugriffe, die den Wert einer Variablen prädikativ, d. h. innerhalb eines booleschen Ausdrucks verwenden (*predicative use*, kurz *p-use*). Zwischen einer Zuweisung und einer sich anschließenden prädikativen Nutzung besteht eine *dp-Interaktion*.

Abb. 4.45 demonstriert die verschiedenen Nutzungsattribute am Beispiel der Funktion **pow**. Die Funktion nimmt zwei Übergabeparameter **x** und **n** entgegen und berechnet daraus den Exponentialwert $pow(x,n) = x^n$. Auf den ersten Blick vermag es verwundern, dass es sich bei der Deklaration der Übergabeparameter um eine definitorische Nutzung handelt. Blicken wir jedoch hinter die Kulissen der Code-Erzeugung, so macht diese Vorgehensweise durchaus Sinn. So wird nach dem Aufruf einer Funktion für jeden Übergabeparameter eine temporäre Variable auf dem Stack erzeugt und im Rahmen der Initialisierung mit dem aktuell übergebenen Wert überschrieben.

Weiter gilt es zu beachten, dass der Ausdruck **i--** sowohl eine definitorische als auch eine berechnende Nutzung beinhaltet. Warum dies so ist, wird sofort deutlich, wenn der Ausdruck in seine äquivalente Form **i=i-1** transformiert wird. Das gleiche gilt für den Ausdruck **res*=x**, der in seiner expandierten Form dem Ausdruck **res=res*x** entspricht.

Der Kontrollflussgraph der Funktion **pow** ist in Abb. 4.46 dargestellt. In der zusätzlich abgebildeten Tabelle sind für jeden Knoten und jede Kante die entsprechenden Datenflussattribute zusammengefasst. Wie die Tabelle deutlich macht, werden die definitorischen und berechnenden Nutzungen den Knoten zugeordnet, während prädikative Nutzungen Eigenschaften der Kanten sind.

Knoten	Definition	c-use
0	$\{x,n\}$	$\emptyset$
2,3	$\{i\}$	$\{n\}$
4	$\{res\}$	$\emptyset$
6	$\{res,i\}$	$\{res,x,i\}$
8	$\{res\}$	$\{res\}$
9	$\emptyset$	$\{res\}$
übrige	$\emptyset$	$\emptyset$

Kanten	p-use
(1,2)	$\{n\}$
(1,3)	$\{n\}$
(7,8)	$\{n\}$
(7,9)	$\{n\}$
(5,6)	$\{i\}$
(5,7)	$\{i\}$
übrige Kanten	$\emptyset$

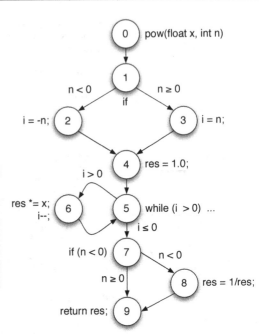

Abb. 4.46 Kontrollflussgraph der Funktion `pow`

Zur Formulierung der verschiedenen datenflussorientierten Überdeckungskriterien benötigen wir neben den bereits eingeführten Datenflussattributen noch eine formale Definition des Pfadbegriffs. Im Folgenden wird eine Menge von Knoten $\{s_0, s_1, \ldots, s_n\}$ als *Pfad* bezeichnet, falls jedes Knotenpaar (s_i, s_{i+1}) einer Kante des zugrunde liegenden Kontrollflussgraphen entspricht. Von besonderer Bedeutung sind für uns die *definitionsfreien Pfade*. Wird die Variable x im Knoten s_0 definiert, so ist ein Pfad $\{s_0, s_1, \ldots, s_n\}$ genau dann definitionsfrei, wenn die Variable in keinem der Knoten $s_1, \ldots, s_n$ erneut definiert wird.

Als Beispiel betrachten wir die Zuweisung `res=1.0` (Knoten 4) der Beispielfunktion `pow`. Der Pfad $\{4,5,7,9\}$ ist definitionsfrei, da keiner der Folgeknoten den Wert von *res* überschreibt. Die Pfade $\{4,5,6,5,7,9\}$ und $\{4,5,7,8,9\}$ erfüllen das Kriterium dagegen nicht. Hier erfolgt in den Knoten 6 bzw. 8 eine erneute Zuweisung an *res*, so dass der ursprünglich im Startknoten 4 gesetzte Wert überschrieben wird.

Das Kriterium der Definitionsfreiheit folgt einem einfachen Gedanken: Wird eine Variable x im Knoten s_0 definiert, so ist für definitionsfreie Pfade $\{s_0, \ldots, s_n\}$ stets sichergestellt, dass alle nachfolgenden prädikativen und berechnenden Nutzungen der Variablen x stets den ursprünglichen, in s_0 gesetzten Wert verwenden.

Mit den eingeführten Begriffen lassen sich die verschiedenen Defs-Uses-Überdeckungskriterien wie folgt formulieren:

■ **All Definitions**

Die Testfälle durchlaufen für jede Definition einer Variablen einen definitionsfreien Pfad zu *mindestens einem* p-Use oder c-Use. Die folgende Testmenge erfüllt das All-Defs-Kriterium für die Beispielfunktion `pow`:

$$\texttt{pow(x,-1)} \rightarrow \{0,1,2,4,5,6,5,7,8,9\}$$
$$\texttt{pow(x,1)} \rightarrow \{0,1,3,4,5,6,5,7,9\}$$

Das Überdeckungskriterium ist vergleichsweise schwach und wird von den meisten der anderen Kriterien subsumiert.

■ **All c-Uses**

Die Testfälle durchlaufen für jede Definition einer Variablen einen Pfad zu *allen* definitionsfrei erreichbaren c-Uses. Die folgende Testmenge erfüllt das All-c-Uses-Kriterium für die Beispielfunktion `pow`:

$$\texttt{pow(x,0)} \rightarrow \{0,1,3,4,5,7,9\}$$
$$\texttt{pow(x,1)} \rightarrow \{0,1,3,4,5,6,5,7,9\}$$
$$\texttt{pow(x,-1)} \rightarrow \{0,1,2,4,5,6,5,7,8,9\}$$
$$\texttt{pow(x,2)} \rightarrow \{0,1,3,4,5,6,5,6,5,7,9\}$$

Das Kriterium ist im Allgemeinen stärker als das All-Definitions-Kriterium, kann dieses jedoch nicht vollständig subsumieren. Im Gegensatz zum All-Definitions-Kriterium ist das All-c-Uses-Kriterium für jede Variablenzuweisung von vorne herein erfüllt, wenn der zugewiesene Wert ausschließlich prädikativ genutzt wird.

■ **All p-Uses**

Die Testfälle durchlaufen für jede Definition einer Variablen einen Pfad zu *allen* definitionsfrei erreichbaren p-Uses. Die folgende Testmenge erfüllt das All-p-Uses-Kriterium für die Beispielfunktion `pow`:

$$\texttt{pow(x,0)} \rightarrow \{0,1,3,4,5,7,9\}$$
$$\texttt{pow(x,-1)} \rightarrow \{0,1,2,4,5,6,5,7,8,9\}$$
$$\texttt{pow(x,2)} \rightarrow \{0,1,3,4,5,6,5,6,5,7,9\}$$

Auch hier gilt, dass das Kriterium im Allgemeinen deutlich stärker ist als das All-Definitions-Kriterium, dieses jedoch nicht in jedem Fall einschließt. Enthält ein Programm z. B. überhaupt keine prädikative Nutzung, so ist das All-p-Uses-Kriterium bereits ohne einen einzigen Testfall erfüllt.

■ **All Uses**

Die Testfälle durchlaufen für jede Definition einer Variablen einen Pfad zu *allen* definitionsfrei erreichbaren p- und c-Uses. Die folgende Testmenge erfüllt das All-Uses-Kriterium für die Beispielfunktion `pow`:

$$\texttt{pow(x,0)} \rightarrow \{0,1,3,4,5,7,9\}$$

$$\text{pow(x,-1)} \rightarrow \{0,1,2,4,5,6,5,7,8,9\}$$
$$\text{pow(x,1)} \rightarrow \{0,1,3,4,5,6,5,7,9\}$$
$$\text{pow(x,2)} \rightarrow \{0,1,3,4,5,6,5,6,5,7,9\}$$

Das All-Uses-Kriterium ist damit genau dann erfüllt, wenn sowohl das All-p-Uses- als auch das All-c-Uses-Kriterium erfüllt ist.

■ **All c, some p**
Die Testfälle erfüllen das All-c-Uses-Kriterium. Existiert zu einer Definition keine berechnende Nutzung, so wird zusätzlich mindestens ein definitionsfreier Pfad zu einer prädikativen Nutzung hinzugenommen. Die folgende Testmenge erfüllt das All-c-Some-p-Kriterium für die Beispielfunktion pow:

$$\text{pow(x,0)} \rightarrow \{0,1,3,4,5,7,9\}$$
$$\text{pow(x,1)} \rightarrow \{0,1,3,4,5,6,5,7,9\}$$
$$\text{pow(x,-1)} \rightarrow \{0,1,2,4,5,6,5,7,8,9\}$$
$$\text{pow(x,2)} \rightarrow \{0,1,3,4,5,6,5,6,5,7,9\}$$

Das All-c-Some-p-Kriterium subsumiert das All-Definitions-Kriterium vollständig. Im Falle der Beispielfunktion pow existiert zu jeder Wertzuweisung eine definitionsfrei erreichbare berechnende Nutzung, so dass die Testmenge des All-c-Uses-Kriteriums bereits ausreicht, um auch das All-c-Some-p-Kriterium zu erfüllen.

■ **All p, some c**
Die Testfälle erfüllen das All-p-Uses-Kriterium. Existiert zu einer Definition keine prädikative Nutzung, so wird mindestens ein definitionsfreier Pfad zu einer berechnenden Nutzung hinzugenommen. Die folgende Testmenge erfüllt das All-Defs-Kriterium für die Beispielfunktion pow:

$$\text{pow(x,0)} \rightarrow \{0,1,3,4,5,7,9\}$$
$$\text{pow(x,-1)} \rightarrow \{0,1,2,4,5,6,5,7,8,9\}$$
$$\text{pow(x,2)} \rightarrow \{0,1,3,4,5,6,5,6,5,7,9\}$$

Das All-p-Some-c-Kriterium subsumiert das All-Definitions-Kriterium vollständig. Im Falle der Funktion pow erfüllt die weiter oben ermittelte Testmenge des All-p-Uses-Kriteriums gleichzeitig das All-p-Some-c-Kriterium, so dass keine Testfälle hinzugenommen werden müssen.

Die algorithmische Berechnung einer geeigneten Testmenge erfolgt auch hier wieder in zwei Schritten. Zunächst werden aus dem Kontrollflussgraphen Pfade abgeleitet, die das zugrunde liegende Überdeckungskriterium erfüllen. Im Anschluss daran werden Eingabeparameter erzeugt, die das Programm entsprechend abarbeiten. Um die Konstruktion der zu durchlaufenden Pfade zu erleichtern, führen wir zunächst zwei wichtige Hilfsmengen ein, die für beliebige Kontrollflussgraphen mit der Knotenmenge $S = \{s_0, \ldots, s_n\}$ definiert sind:

- $dcn(x, s_i)$
  Die Menge $dcn(x, s_i)$ ist für alle Knoten $s_i \in S$ definiert, in denen die Variable x definiert wird. Die Menge enthält alle Knoten $s_j \in S$, die x *berechnend* verwenden und von s_i über einen definitionsfreien Pfad erreichbar sind.

- $dpn(x, s_i)$
  Die Menge $dpn(x, s_i)$ ist für alle Knoten $s_i \in S$ definiert, in denen die Variable x definiert wird. Die Menge enthält alle Kanten (s_j, s_k) mit $s_j, s_k \in S$, die x *prädikativ* verwenden und von s_i über einen definitionsfreien Pfad erreichbar sind.

Im Falle der Beispielfunktion `pow` berechnen sich die Mengen $dcn(x, s_i)$ und $dpn(x, s_i)$ wie in Tabelle 4.9 dargestellt. Für jede Variablenzuweisung enthält die Tabelle eine separate Zeile. Die erste Spalte enthält einen entsprechenden Eintrag $dcn(x, s_i)$ bzw. $dpn(x, s_i)$. Die zweite Spalte beinhaltet die definitionsfrei erreichbaren Knoten und Kanten, in denen eine berechnende bzw. prädikative Nutzung der betrachteten Variablen x stattfindet. In der dritten Spalte ist für jeden Endknoten s_j der zweiten Spalte ein entsprechender Pfad angegeben, der den Startknoten s_i definitionsfrei mit s_j verbindet. Die Wahl des Pfadstücks in der dritten Spalte ist nicht eindeutig. Insbesondere in Programmen mit bedingten Schleifen können unendlich viele Pfade existieren, die s_i definitionsfrei mit s_j verbinden.

An dieser Stelle gilt es zu beachten, dass Pfadsegmente auftreten können, die aufgrund von semantischen Abhängigkeiten der Variablenbedingungen niemals durchlaufen werden können. So drückt die Knotensequenz $4, 5, 7, 8$ für unser Beispiel aus, dass die While-Schleife übersprungen wird und gleichzeitig $n < 0$ ist. Der Rumpf der While-Schleife wird jedoch nur im Fall $n = 0$ übersprungen – im Widerspruch zur Eigenschaft von n, einen negativen Wert zu besitzen. Pfadsegmente, die durch keinen Testfall durchlaufen werden können, sind in der Tabelle durchgestrichen und können für die weiteren Betrachtungen bedenkenlos ignoriert werden.

Mit Hilfe der aufgestellten Tabellen für die Mengen dcn und dpn sind wir in der Lage, die oben eingeführten Überdeckungskriterien auf elegante Weise umzuformulieren:

- **All-Defs-Kriterium**
  Eine Menge T von Pfaden erfüllt das All-Defs-Kriterium, falls für jede Zeile i ein Pfadstück aus der i-ten Zeile von Tabelle dcn oder der i-ten Zeile von Tabelle dpn in den Pfaden aus T enthalten sind.

- **All-c-Uses-Kriterium**
  Eine Menge T von Pfaden erfüllt das All-c-Uses-Kriterium, falls alle Pfadstücke aus Tabelle dcn in den Pfaden aus T enthalten sind.

- **All-p-Uses-Kriterium**
  Eine Menge T von Pfaden erfüllt das All-p-Uses-Kriterium, falls alle Pfadstücke aus Tabelle dpn in den Pfaden aus T enthalten sind.

Tabelle 4.9 Berechnung der Hilfsmengen $dcn(x, s_i)$ und $dpn(x, s_i)$

Menge	Knoten	z. B. definitionsfrei überdeckt durch...
$dcn(x, 0)$	{ 6 }	$(0, 1, 2, 4, 5, 6)$
$dcn(n, 0)$	{ 2, 3 }	$(0, 1, 2), (0, 1, 3)$
$dcn(i, 2)$	{ 6 }	$(2, 4, 5, 6)$
$dcn(i, 3)$	{ 6 }	$(3, 4, 5, 6)$
$dcn(res, 4)$	{ ~~8~~, 9, 6 }	~~(4,5,7,8)~~, $(4, 5, 7, 9), (4, 5, 6)$
$dcn(res, 6)$	{ 8, 9, 6 }	$(6, 5, 7, 8), (6, 5, 7, 9), (6, 5, 6)$
$dcn(i, 6)$	{ 6 }	$(6, 5, 6)$
$dcn(res, 8)$	{ 9 }	$(8, 9)$

Menge	Knoten	z. B. definitionsfrei überdeckt durch...
$dpn(x, 0)$	$\emptyset$	–
$dpn(n, 0)$	{ (1,2), (1,3), (7,8), (7,9) }	$(0, 1, 2), (0, 1, 3),$
		$(0, 1, 2, 4, 5, 6, 5, 7, 8), (0, 1, 3, 4, 5, 7, 9)$
$dpn(i, 2)$	{ (5,6), ~~(5,7)~~ }	$(2, 4, 5, 6), $ ~~(2,4,5,7)~~
$dpn(i, 3)$	{ (5,6), (5,7) }	$(3, 4, 5, 6), (3, 4, 5, 7)$
$dpn(res, 4)$	$\emptyset$	–
$dpn(res, 6)$	$\emptyset$	–
$dpn(i, 6)$	{ (5,6), (5,7) }	$(6, 5, 6), (6, 5, 7)$
$dpn(res, 8)$	$\emptyset$	–

■ **All-Uses-Kriterium**

Eine Menge T von Pfaden erfüllt das All-Uses-Kriterium, falls alle Pfadstücke aus Tabelle dcn und Tabelle dpn in den Pfaden aus T enthalten sind.

■ **All-c-Some-p-Kriterium**

Eine Menge T von Pfaden erfüllt das All-c-Some-p-Kriterium, falls alle Pfadstücke aus Tabelle dcn in den Pfaden aus T enthalten sind. Ist die dcn-Menge der i-ten Zeile leer, so ist mindestens ein Pfadstück aus der i-ten Zeile der dpn-Menge in Pfaden aus T enthalten.

■ **All-p-Some-c-Kriterium**

Eine Menge T von Pfaden erfüllt das All-p-Some-c-Kriterium, falls alle Pfadstücke aus Tabelle dpn in den Pfaden aus T enthalten sind. Ist die dpn-Menge der i-ten Zeile leer, so ist mindestens ein Pfadstück aus der i-ten Zeile der dcn-Menge in Pfaden aus T enthalten.

Anhand der umformulierten Kriterien lässt sich nun leicht überprüfen, dass die weiter oben konstruierten Testfälle auch wirklich das jeweils zugrunde liegende Überdeckungskriterium erfüllen.

Für die systematische Konstruktion sind die aufgestellten Tabellen der Mengen dcn und dpn allerdings nur bedingt geeignet. Die Anzahl der erzeugten Testfälle hängt maßgeblich von den in der dritten Spalte aufgeführten Pfaden ab. Sind die überdeckenden Pfadsegmente unglücklich gewählt, entstehen mehr Testfälle als nötig. Die Konstruktion einer *minimalen Menge* entpuppt sich bei genauerer Betrachtung als ein komplexes Optimierungsproblem, das z. B. durch heuristisch arbeitende Minimierungsalgorithmen gelöst werden kann.

Zum Abschluss wenden wir uns erneut dem weiter oben eingeführten All-Uses-Kriterium zu. Auch wenn dieses Kriterium vergleichsweise stark ist, werden in manchen Kontrollflussgraphen wichtige Pfadstücke nicht durchlaufen. Ein entsprechendes Programm ist in Abb. 4.47 dargestellt. Für dieses Beispiel lässt sich das Kriterium auf verschiedene Weise, mit jeweils zwei Testfällen, sicherstellen:

■ Möglichkeit 1

$$\text{foo(1)} \rightarrow \{0,2,3,4,6\}$$
$$\text{foo(-2)} \rightarrow \{0,1,3,5,6\}$$

■ Möglichkeit 2

$$\text{foo(2)} \rightarrow \{0,2,3,5,6\}$$
$$\text{foo(-1)} \rightarrow \{0,1,3,4,6\}$$

Beide Möglichkeiten lassen wichtige Pfadstücke außer Acht. Im ersten Fall werden die Segmente $\{1,3,4\}$ und $\{2,3,5\}$ nicht berücksichtigt, im zweiten Fall bleiben die Segmente $\{1,3,5\}$ und $\{2,3,4\}$ außen vor.

Abhilfe schafft die Alle-Definitions-Nutzungspfade-Überdeckung (kurz All-du-Überdeckung). Dieses Kriteriums fordert, dass nicht nur ein, sondern alle definitionsfreien Pfade von einer Definition zu einer Nutzung durchlaufen werden müssen. Eine Ausnahme bildet die Behandlung von Schleifen, um das Kriterium in der Praxis handhabbar zu machen. Um das Alle-Definitions-Nutzungspfade zu erfüllen, sind jetzt 4 verschiedene Testfälle notwendig:

$$\text{foo(1)} \rightarrow \{0,2,3,4,6\}$$
$$\text{foo(-2)} \rightarrow \{0,1,3,5,6\}$$
$$\text{foo(2)} \rightarrow \{0,2,3,5,6\}$$
$$\text{foo(-1)} \rightarrow \{0,1,3,4,6\}$$

4.4.8 Required-k-Tupel-Überdeckung

Die Required-k-Tupel-Überdeckung basiert ebenfalls auf der Analyse des Datenflusses eines Programms und geht auf die Anfang der Achtzigerjahre publizierten Arbeiten von Simeon C. Ntafos zurück [192, 193]. Im direkten Vergleich mit den im letzten Abschnitt eingeführten Defs-Uses-Kriterien unterscheidet sich die Required-k-Tupel-Überdeckung in den folgenden Punkten:

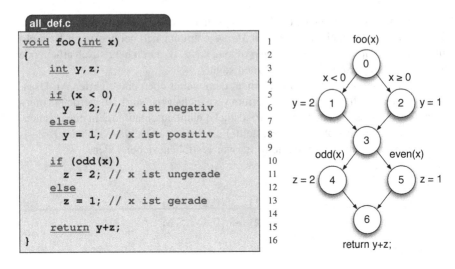

```
all_def.c

void foo(int x)                      1
{                                    2
    int y,z;                         3
                                     4
    if (x < 0)                       5
        y = 2; // x ist negativ      6
    else                             7
        y = 1; // x ist positiv      8
                                     9
    if (odd(x))                     10
        z = 2; // x ist ungerade    11
    else                            12
        z = 1; // x ist gerade      13
                                    14
    return y+z;                     15
}                                   16
```

Abb. 4.47 Beispiel zur Demonstration des Alle-Definitions-Nutzungspfade-Kriteriums

■ Es werden ausschließlich *definierende* und *referenzierende* Nutzungen unterschieden. Eine referenzierende Nutzung ist entweder berechnend (*c-use*) oder prädikativ (*p-use*).

■ Die möglichen Programmabläufe werden mit Hilfe knotenmarkierter Kontrollflussgraphen modelliert. Die p-Nutzungen werden demnach den Knoten und nicht, wie bisher, den Kanten zugeordnet.

■ Die eingesetzten Kontrollflussgraphen sind teilkollabiert. Ausgehend von einem vollständig kollabierten Kontrollflussgraph wird der Graph schrittweise entflechtet, bis keine dr-Interaktionen innerhalb eines einzelnen Knotens mehr auftreten. Eine bestehende dr-Interaktion wird aufgelöst, indem der Knoten an der entsprechenden Stelle aufgetrennt und durch zwei separate Knoten ersetzt wird.

■ Der Kontrollflussgraph wird um einen zusätzlichen Anfangsknoten (*in*) und einen zusätzlichen Ausgangsknoten (*out*) erweitert. Zur Schnittstellenmodellierung wird allen Variablen im Anfangsknoten *in* eine definierende und im Ausgangsknoten *out* eine referenzierende Nutzung zugewiesen – unabhängig davon, ob eine Variable über die Funktions- bzw. die Modulgrenzen hinaus verwendet wird oder nicht.

Das Required-k-Tupel-Kriterium basiert auf der Überdeckung von Pfadsegmenten (*k-dr-Sequenzen*), die aus der alternierenden Verkettung definierender und referenzierender Nutzungen entstehen. Formal ist eine k-dr-Sequenz eine Menge

$$\{[d_1(x_1), u_2(x_1)], [d_2(x_2), u_3(x_2)], ..., [d_{k-1}(x_{k-1}), u_k(x_{k-1})]\} \qquad (4.7)$$

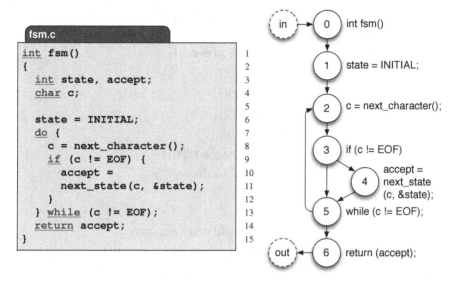

Abb. 4.48 Beispiel zur Demonstration des Required-k-Tupel-Kriteriums

von $k-1$ Zugriffspaaren. Im ersten Zugriff wird die Variable x_i definiert $(d_i(x_i))$ und im zweiten Zugriff referenziert $(u_{i+1}(x_i))$ – die Nutzung $u_{i+1}(x_i)$ wird dabei definitionsfrei von $d_i(x_i)$ erreicht. Jede Definition $d_i(x_j)$ und Nutzung $u_i(x_k)$ findet in dem gleichen Knoten n_i statt. Innerhalb einer k-dr-Sequenz müssen die durchlaufenen Knoten paarweise verschieden sein, die auftretenden Variablen dürfen sich hingegen wiederholen.

Für die Durchführung eines *Required-k-Tupel-Tests* werden zunächst die i-dr-Sequenzen für alle i mit $i \leq k$ gebildet und im Anschluss daran zur Testfallkonstruktion verwendet. Die Anzahl und die Beschaffenheit der erzeugten Testfälle hängt damit eng mit der konkreten Wahl der Konstanten k zusammen, wobei der Required-$(k+1)$-Tupel-Test den Required-k-Tupel-Test einschließt.

Zur Demonstration der Testkonstruktion betrachten wir das Beispiel in Abb. 4.48. Die Funktion **fsm** ist eine vereinfachte Variante des in [48] eingeführten Beispielprogramms und implementiert die Funktionsweise eines endlichen Automaten. Im Initialzustand startend wird in jeder Iteration der Do-While-Schleife ein Zeichen c eingelesen und mit Hilfe der Funktion **next_state** der Folgezustand sowie die Akzeptanzbedingung **accept** berechnet. Die Schleife wird beendet, sobald der Eingabestrom versiegt. In diesem Fall liefert die Funktion **next_character** den Wert EOF (*end of file*) zurück.

Aus dem Kontrollflussgraphen lassen sich die folgenden k-dr-Interaktionen ableiten:

■ 2-dr-Interaktionen

$$\{[d_{in}(accept), u_6(accept)]\},$$

$$\{[d_{in}(accept), u_{out}(accept)]\},$$
$$\{[d_1(state), u_4(state)]\},$$
$$\{[d_1(state), u_{out}(state)]\},$$
$$\{[d_2(c), u_3(c)]\},$$
$$\{[d_2(c), u_4(c)]\},$$
$$\{[d_2(c), u_5(c)]\},$$
$$\{[d_2(c), u_{out}(c)]\},$$
$$\{[d_4(accept), u_6(accept)]\},$$
$$\{[d_4(accept), u_{out}(accept)]\}$$

■ 3-dr-Interaktionen

$$\{[d_1(state), u_4(state)], [d_4(state), u_{out}(state)]\}$$
$$\{[d_1(state), u_4(state)], [d_4(accept), u_6(accept)]\}$$
$$\{[d_1(state), u_4(state)], [d_4(accept), u_{out}(accept)]\}$$
$$\{[d_2(c), u_4(c)], [d_4(state), u_{out}(state)]\}$$
$$\{[d_2(c), u_4(c)], [d_4(accept), u_6(accept)]\}$$
$$\{[d_2(c), u_4(c)], [d_4(accept), u_{out}(accept)]\}$$

Für $k > 3$ sind keine k-dr-Interaktionen mehr vorhanden. An dieser Stelle wollen wir unser Augenmerk explizit auf den Knoten 4 legen. Die Variable **state** wird in diesem Knoten definiert und in der Schleifeniteration einer referenzierenden Nutzung unterzogen. In den oben aufgeführten k-dr-Interaktionen taucht das Paar $[d_4(c), u_4(c)]$ jedoch nicht auf, da für jedes Tupel $[d_i(\ldots), u_j(\ldots)]$ explizit die Beziehung $i \neq j$ gefordert wird.

Die exakten Eigenschaften, die eine Menge von Testfällen erfüllen muss, um dem Required-k-Tupel-Kriterium zu genügen, werden in der Literatur unterschiedlich definiert. Allen Definitionen ist gemein, dass die erzeugten Ausführungspfade alle vorhandenen k-dr-Interaktionen beinhalten müssen. Zusätzliche Kriterien stellen die Ausführung von Schleifen sicher. Wird die in [48] gegebene Definition zugrunde gelegt, so wird das Required-k-Tupel-Kriterium von jeder Testmenge erfüllt, die das Programm auf den folgenden Pfaden durchläuft:

$$\{in, 0, 1, 2, 3, 4, 5, 2, 3, 5, 6, out\}$$
$$\{in, 0, 1, 2, 3, 4, 5, 6, out\}$$
$$\{in, 0, 1, 2, 3, 5, 6, out\}$$

Die Testfälle enthalten für jedes der oben abgeleiteten k-dr-Interaktionen ein Pfadsegment, das die entsprechenden Zuweisungen und Referenzen definitionsfrei verbindet. Zusätzlich stellt der erste Testfall sicher, dass die Do-While-Schleife iteriert wird.

Ein genauer Blick auf die erzeugten Testfälle zeigt, dass das Required-k-Tupel-Kriterium das All-Defs-Kriterium nicht subsumiert. Der Grund liegt auch hier wieder in der Tatsache, dass Zuweisungen nicht getestet werden müssen, falls eine Nutzung ausschließlich in demselben Knoten stattfindet. In unserem Beispiel wird der in Knoten 4 zugewiesene Wert der Variablen *state* ausschließlich in demselben Knoten referenzierend verwendet. Um das All-Defs-Kriterium zu erfüllen, müssten die konstruierten Testfälle daher zusätzlich das Pfadsegment $\{4, 5, 2, 3, 4\}$ durchlaufen.

4.5 Testmetriken

Mit Hilfe von Testmetriken werden verschiedene Aspekte des Software-Tests quantitativ erfasst. Der abstrakte Begriff der *Güte* einer Testmenge oder eines Testverfahrens wird auf diese Weise zu einem greifbaren Maß. In typischen Projekten werden Testmetriken eingesetzt, um die folgenden Fragen zu beantworten:

- Wird ein Modul ausreichend getestet?

- Wie viele unentdeckte Fehler enthält ein Programm?

- Wie leistungsfähig ist ein gegebenes Testverfahren?

Zur Beantwortung der ersten Frage wird in der Praxis häufig auf eine der diversen *Überdeckungsmetriken* zurückgegriffen, die in Abschnitt 4.5.1 genauer betrachtet werden. Für die Beantwortung der zweiten und dritten Frage steht uns mit dem *Mutationstest* ein leistungsfähiges Verfahren zur Verfügung, das in Abschnitt 4.5.2 im Detail vorgestellt wird.

4.5.1 Überdeckungsmetriken

In Abschnitt 4.4 haben wir die verschiedenen Varianten des White-Box-Tests als mehrstufige Verfahren kennen gelernt. Jeder einzelne wird durch ein bestimmtes Überdeckungskriterium definiert, das es mit der anschließend konstruierten Testfallmenge zu erfüllen gilt. Soweit die Theorie. In der Praxis wird bei der Durchführung eines White-Box-Tests äußerst selten eine vollständige Testabdeckung erreicht. Insbesondere haben die sehr kurzen, in Abschnitt 4.4.2 angeführten Beispiele gezeigt, dass selbst die vergleichsweise primitive Anweisungsüberdeckung in der Praxis nur selten zu 100 % erfüllt werden kann.

Genau an dieser Stelle kommen die verschiedenen *Überdeckungsmetriken* ins Spiel. Diese messen den Grad der erreichten Testabdeckung und geben uns ein Mittel an die Hand, um die Güte einer gegebenen Testfallmenge quantitativ zu erfassen. Da in der industriellen Software-Entwicklung fast ausschließlich die Anweisungs- und Pfadüberdeckung eine praktische Rolle spielen, werden zur Datenerhebung typischerweise die folgenden beiden Überdeckungsmetriken zugrunde gelegt:

$$M_{C_0} = \frac{\text{Anzahl der überdeckten Knoten}}{\text{Anzahl der Knoten}} \cdot 100 \, [\, \% \,] \qquad (4.8)$$

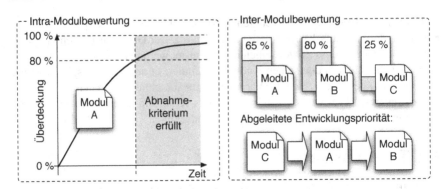

Abb. 4.49 Typische Einsatzszenarien von Überdeckungsmetriken

$$M_{C_1} = \frac{Anzahl\ der\ überdeckten\ Kanten}{Anzahl\ der\ Kanten} \cdot 100\ [\ \%\ ] \qquad (4.9)$$

Eine entsprechende Metrik für das Kriterium *Alle Pfade* hat keine nennenswerte Praxisbedeutung. Die Tatsache, dass ein Programm über potenziell unendlich viele Ausführungspfade verfügt, würde die Bestimmung einer vergleichbaren Maßzahl von vorne herein ad absurdum führen.

Die ermittelten Maßzahlen können auf unterschiedliche Weise für die Bewertung eines oder mehrerer Module eingesetzt werden:

■ **Intra-Modulbewertung**

In der industriellen Software-Entwicklung gehören Überdeckungsmetriken häufig zu den Abnahmekriterien, die ein einzelnes Software-Modul vor der Integration in das Gesamtsystem erfüllen muss. Ein Modul gilt erst dann als fertiggestellt, wenn die prozentuale Testabdeckung einen vorher festgelegten Schwellwert (*threshold*) übersteigt (vgl. Abb. 4.49 links). Typische Software-Systeme gelten ab einer Abdeckung von ca. 80 % bereits als gut getestet, in sicherheitskritischen Anwendungen kann der zu erfüllende Schwellwert auch deutlich darüber liegen.

■ **Inter-Modulbewertung**

Neben der absoluten Bewertung einer einzigen Testfallmenge erlauben Überdeckungsmetriken den direkten Vergleich zwischen zwei oder mehreren Software-Modulen. Hierzu wird die Testabdeckung aller Module separat gemessen und dasjenige Modul mit der schwächsten Abdeckung ermittelt (vgl. Abb. 4.49 rechts). Mit Hilfe der gewonnenen Information lassen sich nicht nur Schwachstellen in der Testumgebung aufdecken, sondern auch die zur Verfügung stehenden Ressourcen zielgerichtet einplanen.

Bei der Erhebung von Überdeckungsmetriken wird der Software-Entwickler in der täglichen Arbeit durch zahlreiche Werkzeuge unterstützt. Ein bekannter Vertreter

```
 manhattan.c
#include "stdio.h"                                                              1
#include "stdlib.h"                                                             2
                                                                                3
int manhattan(int a, int b)                                                     4
{                                                                               5
    if (a < 0)                                                                  6
        a = -a;                                                                 7
    if (b < 0)                                                                  8
        b = -b;                                                                 9
    return a+b;                                                                10
}                                                                              11
                                                                               12
int main(int argc, char **argv)                                                13
{                                                                              14
        if (argc != 3) {                                                       15
            printf("Usage: %s a b\n", argv[0]);                                16
            exit(1);                                                           17
        }                                                                      18
        manhattan(atoi(argv[1]), atoi(argv[2]));                               19
        exit(0);                                                               20
}                                                                              21
```

Abb. 4.50 Automatische Überdeckungsanalyse am Beispiel der Funktion **manhattan**

aus dem Bereich der Open-Source-Software ist der *Profiler* Gcov, der als Teil der
GNU Compiler Collection (GCC) eine weite Verbreitung besitzt.

Um das Funktionsprinzip von Gcov zu verstehen, betrachten wir das in Abb. 4.50
dargestellte C-Programm. Mit der Funktion **manhattan** treffen wir auf einen alten
Bekannten, der uns bereits weiter oben als Demonstrationsobjekt für die verschiedenen Überdeckungskriterien diente. Die zusätzlich hinzugefügte Funktion **main**
nimmt zwei Integer-Werte als Kommandozeilenparameter entgegen und reicht diese
direkt an die Funktion **manhattan** weiter. Mit Hilfe von Gcov erfolgt die Durchführung einer Überdeckungsanalyse in drei Schritten (vgl. Abb. 4.51):

■ **Compilieren**
Das Beispielprogramm wird über den Aufruf

```
gcc -fprofile-arcs -ftest-coverage manhattan.c
```

für die Überdeckungsanalyse vorbereitet. Die Angabe der beiden zusätzlichen
Compiler-Optionen ist für die statistische Erfassung der ausgeführten Anweisungen zwingend notwendig.

– **-ftest-coverage**
Diese Option veranlasst den Compiler, während der Übersetzung eine *Map-
Datei* mit dem Namen **manhattan.gcno** anzulegen. Unter anderem werden
hier Informationen über die elementaren Ausführungsblöcke des Programms

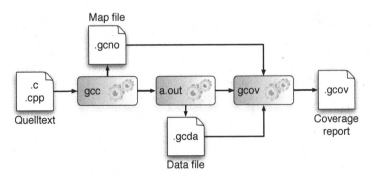

Abb. 4.51 Berechnung einer Überdeckungsmetrik am Beispiel von Gcov

abgespeichert. Gcov behandelt eine Sequenz von Anweisungen als elementar, falls diese frei von Verzweigungen ist.

– **-fprofile-arcs**
Diese Option veranlasst den Compiler, zusätzlichen *Runtime code* in die erzeugte Programmdatei einzufügen. Der zusätzliche Code bewirkt, dass das übersetzte Programm während der Ausführung Kontrollflussinformationen sammelt und diese im Hintergrund in einer Log-Datei mit der Endung .gcda aufzeichnet.

■ **Ausführen**
Im Anschluss an die Übersetzung werden die einzelnen Testfälle der Reihe nach ausgeführt. Für unsere Beispielbetrachtung gehen wir von der Abarbeitung der folgenden Testfälle aus:

```
> manhattan 1 1
> manhattan 2 2
> manhattan 1 -1
```

Der durch die Option **-fprofile-arcs** hinzugefügte Code bewirkt, dass am Ende der ersten Programmausführung die gesammelten Kontrollflussdaten in eine Log-Datei mit dem Namen **manhattan.gcda** geschrieben werden. Mit jeder weiteren Ausführung wird die Datei automatisch aktualisiert, so dass die Informationen der vorangegangenen Programmausführungen nicht verloren gehen.

■ **Analysieren**
Sind alle Testfälle ausgeführt, werden die erfassten Daten ausgewertet. Für unser Beispielprogramm wird die Analyse mit dem Befehl

```
gcov manhattan.c
```

gestartet. Gcov liest die während der Compilierung bzw. Ausführung erzeugten Dateien **manhattan.gcno** und **manhattan.gcda** ein und generiert hieraus die folgende Ausgabe:

```
manhattan.c.gcov

   -:   0:Source:manhattan.c                                         1
   -:   0:Graph:manhattan.gcno                                       2
   -:   0:Data:manhattan.gcda                                        3
   -:   0:Runs:3                                                     4
   -:   0:Programs:1                                                 5
   -:   1:#include "stdio.h"                                         6
   -:   2:#include "stdlib.h"                                        7
   -:   3:                                                           8
   -:   4:int manhattan(int a, int b)                               9
   3:   5:{                                                         10
   3:   6:    if (a < 0)                                            11
#####:   7:        a = -a;                                          12
   3:   8:    if (b < 0)                                            13
   1:   9:        b = -b;                                           14
   3:  10:    return a+b;                                           15
   -:  11:}                                                         16
   -:  12:                                                          17
   -:  13:int main(int argc, char **argv)                           18
   3:  14:{                                                         19
   3:  15:        if (argc != 3) {                                  20
#####:  16:        printf("Usage: %s a b\n", argv[0]);              21
#####:  17:        exit(1);                                         22
   -:  18:        }                                                 23
   3:  19:        manhattan(atoi(argv[1]), atoi(argv[2]));          24
   3:  20:        return 0;                                         25
   -:  21:}                                                         26
   -:  22:                                                          27
```

Abb. 4.52 Überdeckungsprotokoll, erzeugt von Gcov

```
gcov manhattan.c
File 'manhattan.c'
Lines executed:75.00% of 12
manhattan.c:creating 'manhattan.c.gcov'
```

Zusätzlich erzeugt Gcov im Hintergrund die Datei manhattan.c.gcov, die detaillierte Überdeckungsinformationen für jede Anweisung enthält. Der im Rahmen unseres Beispiellaufs produzierte Dateiinhalt ist in Abb. 4.52 abgedruckt. Der Datei-Header hat rein dokumentierenden Charakter und informiert über das ausgeführte Programm sowie über die Anzahl der durchgeführten Testläufe (*runs*). Hinter dem Datei-Header folgt der Quellcode des ausgeführten Programms, jeweils ergänzt um die entsprechende Zeilennummer und die Anzahl der gemessenen Ausführungen. Alle mit ##### markierten Zeilen wurden nicht ausgeführt.

Die von Gcov gesammelte Überdeckungsinformation erlaubt es dem Programmierer, nicht ausgeführte Code-Abschnitte zu identifizieren. Die Interpretation der er-

```
gcov_fool.c

#include "stdio.h"                                                    1
#include "stdlib.h"                                                   2
                                                                      3
int manhattan(int a, int b)                                           4
{                                                                     5
    if (a < 0) a = -a;                                                6
    if (b < 0) b = -b;                                                7
    return a+b;                                                       8
}                                                                     9
                                                                     10
int main(int argc, char **argv)                                      11
{                                                                    12
        manhattan(1, 1);                                             13
        exit(0);                                                     14
}                                                                    15
```

Abb. 4.53 Bei der Verwendung von Gcov ist Vorsicht geboten. Die berechnete Zeilenüberdeckung ist nicht nur schwächer als die Anweisungsüberdeckung, sondern auch anfällig gegenüber Formatierungsänderungen

mittelten Überdeckungsmaße muss jedoch stets mit Bedacht erfolgen. Der Grund hierfür liegt in der Eigenschaft von Gcov, alle Anweisungen einer Programmzeile als Einheit zu betrachten. Mit anderen Worten: Gcov berechnet eine *Zeilenüberdeckung*. Dieses Kriterium ist nicht nur schwächer als das der Anweisungsüberdeckung, sondern auch äußerst sensitiv gegenüber Formatänderungen. Als Beispiel ist in Abb. 4.53 eine alternative Variante unseres Beispielprogramms dargestellt, in der die Funktion **manhattan** ein einziges Mal mit den Werten 1, 1 aufgerufen wird. Die Implementierung der Funktion ist mit der ursprünglichen Variante funktional identisch – es wurden lediglich die beiden If-Bedingungen syntaktisch umformatiert. Da die bedingten Zuweisungen jetzt in der gleichen Zeile wie die If-Bedingung selbst stehen, werden diese als Einheit betrachtet und unabhängig vom logischen Wert der If-Bedingung stets als ausgeführt betrachtet. Folgerichtig ermittelt Gcov für unsere modifizierte Programmvariante eine Abdeckung von 100 %:

```
File 'manhattan2.c'
Lines executed:100.00% of 7
manhattan2.c:creating 'manhattan2.c.gcov'
```

Neben den verschiedenen Werkzeugen aus dem Open-Source-Bereich konkurrieren heute mehrere kommerzielle Software-Produkte um die Gunst der Software-Entwickler. Ein bekannter Vertreter ist das Werkzeug PureCoverage, das heute als Teil der PurifyPlus-Suite von der Firma IBM vertrieben wird. Das Arbeitsprinzip von PureCoverage ähnelt dem von Gcov und basiert ebenfalls auf dem Kriterium der Zeilenüberdeckung.

PureCoverage wird für Microsoft Windows wie auch für verschiedene Unix-Derivate angeboten und unterstützt die Programmiersprachen C/C++, Visual Basic,

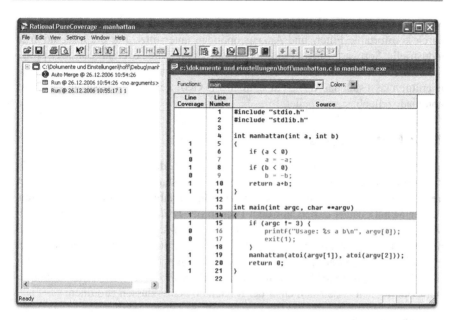

Abb. 4.54 Werkzeuggestützte Überdeckungsanalyse am Beispiel von PureCoverage

Java sowie alle Dialekte des .NET-Frameworks. Neben der Verwendung als Einzelapplikation fügt sich das Werkzeug nahtlos in die Entwicklungsumgebungen Visual Studio der Firma Microsoft oder die WebSphere Application Studio Workbench der Firma IBM ein. Eine Integration in die freie Entwicklungsumgebung Eclipse wird ebenfalls unterstützt.

Abb. 4.54 zeigt die grafische Windows-Oberfläche während der Analyse der Beispielfunktion **manhattan**. PureCoverage unterscheidet vier verschiedene Überdeckungsstufen, die unter anderem zu einer unterschiedlichen Einfärbung des analysierten Quelltextes führen:

- **Hit lines (Blau)**
  Alle Anweisungen in der betreffenden Programmzeile wurden mindestens einmal ausgeführt.

- **Partially Hit Multi-block Lines (Pink)**
  Einige, aber nicht alle Anweisungen in der betreffenden Programmzeile wurden ausgeführt.

- **Missed lines (Rot)**
  Keine Anweisung in der betreffenden Zeile wurde ausgeführt.

- **Dead lines (Grau)**
  Die betreffende Zeile ist unerreichbar (*dead code*).

Neben der farblichen Aufbereitung der Ergebnisse wird der Software-Entwickler durch komfortable Filter- und Anzeigeoptionen unterstützt. Für die Integration in industrielle Software-Entwicklungsprozesse besitzt PureCoverage eine Scripting-Schnittstelle, mit der sich die Überdeckungsanalyse automatisiert durchführen lässt. Hierdurch lässt sich das Werkzeug ähnlich wie Gcov verwenden, das von Hause aus kommadozeilenbasiert arbeitet.

4.5.2 Mutationstest

Im Gegensatz zu den herkömmlichen Testtechniken dient der *Mutationstest* nicht primär der Suche nach Software-Defekten. Stattdessen haben wir es hier mit einer Technik zu tun, die uns erlaubt, verschiedene Testverfahren quantitativ zu bewerten.

Der Mutationstest basiert auf dem Prinzip der *Fehlerinduktion*. Im Kern dieser Verfahrensweise steht die Erzeugung sogenannter *Mutanten*. Diese entstehen aus dem Originalprogramm, indem an zufällig ausgewählten Stellen künstliche Fehler eingefügt werden. Wir sprechen in diesem Zusammenhang von einer *Mutations-* bzw. *Fehlertransformation*. Die meisten der in der Praxis verwendeten Mutationstransformationen lassen sich einer der folgenden Fehlerklassen zuordnen:

■ **Konstantenfehler**
   Im Zuge der Fehlertransformation werden eine oder mehrere Konstanten des Originalprogramms geändert. Typische Transformationen inkrementieren oder dekrementieren den ursprünglichen Wert um einen festen Betrag oder skalieren die Konstante mit einem zufälligen Faktor.

■ **Variablenfehler**
   In diese Klasse fallen alle Transformationen, die durch die Manipulation einer Variablenreferenz entstehen. Wird eine Variable auf der linken Seite eines Gleichheitszeichens editiert, so sprechen wir von einem *Zuweisungsfehler*.

■ **Arithmetikfehler**
   Transformationen dieser Kategorie umfassen unter anderem den Austausch zweier arithmetischer Verknüpfungen (*Verknüpfungsfehler*) sowie die Verfälschung des Ergebnisses einer arithmetischen Operation um einen konstanten Wert (*Offsetfehler*).

■ **Logikfehler**
   Diese Kategorie umfasst alle Transformationen, die zu einer falschen Verwendung der logischen Wahrheitswerte True und False führen. Entsprechende Mutanten lassen sich bilden, indem der Inhalt einer booleschen Variablen geändert wird oder die If- und Else-Abschnitte eines Konditionalbefehls durch das Invertieren der Verzweigungsbedingung miteinander vertauscht werden.

Als Beispiel sind in Abb. 4.55 vier Mutationen der Funktion `manhattan` dargestellt.

■ Der erste Mutant enthält einen Konstantenfehler in der ersten Verzweigungsbedingung. Hier wurde der Vergleichswert 0 durch −1 ersetzt.

■ Konstantenfehler

```
manhattan_error1.c

int                             1
manhattan(int a, int b)         2
{                               3
    if (a < -1) a = -a;         4
    // "-1" anstelle "0"        5
    if (b < 0) b = -b;          6
    return a+b;                 7
}                               8
```

■ Variablenfehler

```
manhattan_error2.c

int                             1
manhattan(int a, int b)         2
{                               3
    if (b < 0) a = -a;          4
    // "b" anstelle "a"         5
    if (b < 0) b = -b;          6
    return a+b;                 7
}                               8
```

■ Arithmetikfehler

```
manhattan_error3.c

int                             1
manhattan(int a, int b)         2
{                               3
    if (a < 0) a = -a;          4
    if (b < 0) b = -b;          5
    return a-b;                 6
    // "-" anstelle "+"         7
}                               8
```

■ Logikfehler

```
manhattan_error4.c

int                             1
manhattan(int a, int b)         2
{                               3
    if (a < 0) a = -a;          4
    if (b <= 0) b = -b;         5
    // "<=" anstelle "<"        6
    return a+b;                 7
}                               8
```

Abb. 4.55 Durch Fehlertransformation erzeugte Mutanten der Funktion **manhattan**

■ Der zweite Mutant enthält einen Variablenfehler. Anstelle von *a* wird in der ersten Verzweigungsbedingung die Variable *b* referenziert.

■ Der dritte Mutant enthält einen Arithmetikfehler. Als Ergebniswert wird nicht die Summe, sondern die Differenz von *a* und *b* zurückgegeben.

■ Der vierte Mutant enthält einen Logikfehler in Form einer geänderten Verknüpfung. In der zweiten Verzweigungsbedingung wird der Vergleichsoperator **<=** anstelle von **<** verwendet.

Der Mutationstest existiert in verschiedenen Ausprägungen, insbesondere werden in der Praxis eine starke und eine schwache Variante unterschieden. Beide werden wir in den folgenden Abschnitten einer genaueren Betrachtung unterziehen.

4.5.2.1 Starker Mutationstest

Ausgehend von einem Programm P und einer Testfallmenge T verläuft der starke Mutationstest in drei Schritten:

■ Aus P werden Mutanten $M_1, \ldots, M_n$ erzeugt.

■ Jeder Mutant M_i wird gegen P bezüglich der Testmenge T verglichen.

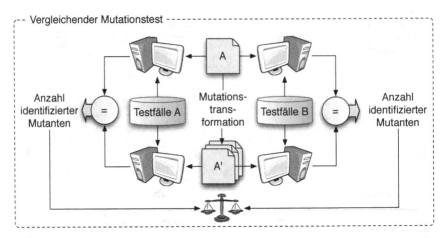

Abb. 4.56 Vergleichender Mutationstest

■ Als Maßzahl wird der prozentuale Anteil identifizierter Mutanten gemessen.

Die im letzten Schritt ermittelte Maßzahl lässt sich auf unterschiedliche Weise verwerten und führt uns direkt zu den Begriffen des *vergleichenden* und des *prädizierenden Mutationstests*.

Der vergleichende Mutationstest wird zur Leistungsbewertung von Testmengen oder Testkonstruktionsverfahren eingesetzt. Wird die Anzahl identifizierter Mutanten in Relation zur Anzahl der erzeugten Mutanten gesetzt, so können wir die Leistungsfähigkeit einer Test-Suite prozentual messen und auf diese Weise zwei Testfallmengen T_1 und T_2 direkt miteinander vergleichen. Als Beispiel seien die Mengen T_1 und T_2 wie folgt definiert:

$$T_1 = \{\texttt{manhattan(-1,-1)},\texttt{manhattan(1,1)}\}$$
$$T_2 = \{\texttt{manhattan(-1,1)},\texttt{manhattan(1,-1)}\}$$

Führen wir die Testfälle von T_1 und T_2 auf den mutierten Varianten der Funktion `manhattan` aus, so erhalten wir das folgende Ergebnis:

■ T_1 identifiziert die Mutanten 1 und 3.

■ T_2 identifiziert die Mutanten 1, 2 und 3.

Der vierte Mutant wird weder durch T_1 noch durch T_2 erkannt. Hier zeigt ein geschärfter Blick auf den Programmcode jedoch schnell, dass es einen solchen Testfall überhaupt nicht geben kann. Zwar wurde das Programm durch die Fehlertransformation syntaktisch verändert, funktional sind beide Programme aber immer noch äquivalent. Damit haben wir eine erste wichtige Eigenschaft von Fehlertransformationen herausgearbeitet: Nicht jede Transformation führt zu einer funktionalen Änderung des nach außen sichtbaren Programmverhaltens. Dies ist der Grund, warum für die Bewertung zweier Testfallmengen bzw. deren Konstruktionsverfahren nur

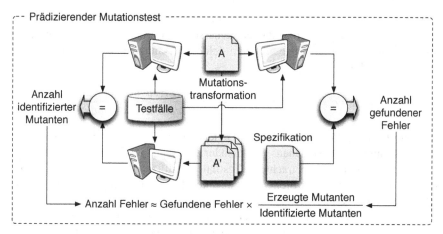

Abb. 4.57 Prädizierender Mutationstest

diejenigen Fehlertransformationen eine Rolle spielen, die eine nach außen hin sichtbare Diskrepanz zwischen dem Originalprogramm und dem abgeleiteten Mutanten erzeugen.

Schließen wir alle äquivalenzerhaltenden Transformationen aus unserer Betrachtung aus, so identifiziert die Testfallmenge T_1 insgesamt 66 % aller Mutanten. T_2 kommt sogar auf eine Identifikationsquote von 100 %. Eine Testfallmenge mit dieser Eigenschaft heißt *adäquat*. Für unsere Beispielfunktion war es ein Leichtes, eine adäquate Testfallmenge zu erzeugen – lediglich 2 Testfälle reichten hierfür aus. Für industrietypische Software-Systeme ist die Erzeugung einer solchen Testfallmenge aufgrund der extrem hohen Komplexität jedoch kaum noch möglich.

Vergleichen wir die weiter oben eingeführten Fehlertransformationen mit realen Software-Fehlern, so weisen letztere in vielen Fällen eine deutlich komplexere Struktur auf. Der schwache Mutationstest basiert an dieser Stelle auf der Annahme, dass eine Testmenge, die einen Großteil der Elementarfehler identifiziert, auch komplexe Fehler in gleichem Maße aufdecken kann. In der Literatur wird dieser Zusammenhang als *Kopplungseffekt* beschrieben [69]. In der Tat legen einige empirische Untersuchungen die Existenz eines starken Kopplungseffekts nahe [194, 195].

Das Anwendungsspektrum des vergleichenden Mutationstests ist nicht auf den Vergleich zweier Testfallmengen beschränkt. Immer dann, wenn die betrachteten Mengen systematisch konstruiert wurden, lässt die Maßzahl einen direkten Rückschluss auf die Leistungsfähigkeit des zugrunde liegenden Testkonstruktionsverfahrens zu [102].

Eine abweichende Spielart des starken Mutationstests ist dessen *prädizierende* Variante. Diese erlaubt, die Gesamtzahl der in einem Software-System vorhandenen Fehler in gewissen Grenzen abzuschätzen (vgl. Abb. 4.57). Ausgehend von einer Testfallmenge T wird die Software wie gewöhnlich überprüft – die Testfälle werden mit Hilfe des Originalprogramms ausgeführt und die produzierte Ausgabe mit der Spezifikation abgeglichen. Festgehalten wird die Anzahl der real gefundenen

Fehler. Anschließend wird der starke Mutationstest durchgeführt und die prozentuale Anzahl der identifizierten Mutanten gemessen. Der ermittelte Prozentwert dient als Gütemaß der Testfallmenge, mit dem sich die Gesamtzahl der real vorhandenen Defekte wie folgt abschätzen lässt:

$$Anzahl\ Fehler \approx Gefundene\ Fehler \times \frac{Erzeugte\ Mutanten}{Identifizierte\ Mutanten}$$

Die Anzahl der gefundenen Fehler in Gleichung (4.10) bezieht sich stets auf die im Programmtext vorhandenen, voneinander unabhängigen Fehlerstellen, die mit einem oder mehreren der betrachteten Testfälle identifiziert werden konnten. Insbesondere reicht es an dieser Stelle nicht aus, nur die Anzahl fehlgeschlagener Testfälle zu zählen – Doppelzählungen wären die Folge.

Auch wenn die Möglichkeit einer Fehlervorhersage verlockender nicht sein könnte, muss die Interpretation der approximierten Maßzahl stets mit Bedacht erfolgen. Zum einen liefert Abschätzung im Sinne von Gleichung (4.10) nur für große Mutations- und Testmengen statistisch relevante Informationen. Zum anderen basiert die Fehlerabschätzung auf der expliziten Annahme, dass die zugrunde liegende Testfallmenge künstlich induzierte und reale Fehler mit gleicher Wahrscheinlichkeit identifiziert.

4.5.2.2 Schwacher Mutationstest

Der schwache Mutationstest fordert, dass eine Testmenge in der Lage ist, alle im Zuge einer Fehlertransformation eingefügten *Elementarfehler* zu identifizieren [130, 113]. Dabei ist es unerheblich, ob eine angewendete Fehlertransformation zu einem nach außen sichtbaren Fehler führt oder durch die umgebene Programmlogik absorbiert wird. Damit unterscheidet sich der schwache Mutationstest erheblich von seiner starken Variante, die das zu untersuchende Programm P ausschließlich als Black-Box betrachtet und das unmittelbare Programmverhalten an der Fehlerinduktionsstelle unberücksichtigt lässt. Abb. 4.58 stellt die unterschiedlichen Vorgehensweisen grafisch gegenüber.

Der Unterschied zwischen dem starken und dem schwachen Mutationstest tritt am Beispiel der weiter oben erzeugten Mutanten der Funktion `manhattan` besonders deutlich zum Vorschein. Im Fall der starken Variante spielt der zuletzt erzeugte Mutant keine Rolle, da durch die angewendete Fehlertransformation ein äquivalentes Programm entsteht. Im Fall der schwachen Variante darf der erzeugte Mutant nicht mehr länger vernachlässigt werden. Der schwache Mutationstest fordert die Erzeugung eines Testfalls, der den induzierten Fehler (`<=` statt `<`) an der Stelle seines Auftretens unterscheidet. Folgerichtig muss die Funktion `manhattan(a,b)` durch mindestens einen Testfall so aufgerufen werden, dass der Kontrollflussgraph in der mutierten Variante auf einen anderen Pfad als in der Originalversion durchlaufen wird. Um das Programm in einen anderen Pfad zu zwingen, muss für den Parameter a die folgende Ungleichung erfüllt sein:

$$(a < 0) \neq (a \leq 0) \tag{4.10}$$

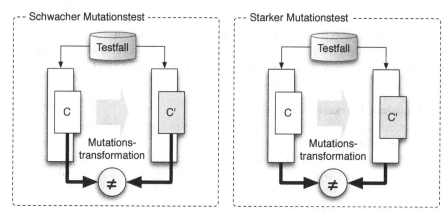

Abb. 4.58 Schwacher und starker Mutationstest im Vergleich

Gleichung (4.10) ist gleichbedeutend mit $a = 0$. Mit anderen Worten: Der schwache Mutationstest verlangt, dass die Funktion mit Testfällen aufgerufen wird, in denen der Parameter a mindestens einmal den Wert 0 besitzt. Dabei ist es unerheblich, dass sich die betrachtete Fehlertransformation in keiner Weise auf das nach außen sichtbare Programmverhalten auswirkt. Der schwache Mutationstest ist damit nur begrenzt für die Leistungsbewertung einer Testfallmenge geeignet, da hier die Identifikation realer, d. h. nach außen erkennbarer Fehler im Vordergrund steht. Stattdessen besitzt der schwache Mutationstest den Charakter einer Überdeckungsmetrik – eine wesentliche Eigenschaft, die zu einer klaren Abgrenzung zwischen der starken und der schwachen Testvariante führt.

4.6 Grenzen des Software-Tests

Obwohl der Software-Test Bestandteil der täglichen Arbeit eines jeden Programmierers ist, wird dessen Durchführung in vielen Fällen als schwierig empfunden. Unter anderem sind hierfür die folgenden Gründe verantwortlich:

- **Unklare oder fehlende Anforderungen**
  Im Kern des Software-Tests steht der Abgleich des Ist-Zustands mit dem Soll-Zustand. Damit kann ein Test überhaupt nur dann erfolgreich durchgeführt werden, wenn der Soll-Zustand eindeutig bestimmt werden kann. Häufig ist die Anforderungsbeschreibung zu Beginn eines Projekts nur vage vorhanden und eine umfassende Testfallkonstruktion daher nur eingeschränkt möglich. Des Weiteren beeinflussen häufige Anforderungsänderungen den Testprozess negativ. So kann eine kleine Programmänderung die zeitaufwendige und risikoreiche Anpassung der kompletten Test-Suite nach sich ziehen.

- **Programmkomplexität**
  Schon für sehr kleine Programme nimmt die Anzahl der möglichen Eingabe-

kombinationen so stark zu, dass die Durchführung eines erschöpfenden Tests schlicht unmöglich ist. Der Software-Entwickler muss sich zwangsläufig auf eine vergleichsweise geringe Anzahl beschränken und sieht sich der entscheidenden Aufgabe gegenübergestellt, aus der großen Menge an möglichen Testfällen die *richtigen* auswählen zu müssen.

■ **Mangelnde Werkzeugunterstützung**
Unter den zahlreichen Werkzeugen zur Software-Entwicklung finden sich nur wenige, die den Programmierer bei der *Konstruktion* von Software-Tests unterstützen. Die meisten Applikationen aus diesem Bereich beschränken sich auf die automatisierte *Durchführung*, auf die wir in Abschnitt 8.2 im Detail zurückkommen werden. Bei der Testfallkonstruktion ist der Software-Entwickler immer noch weitgehend auf sich alleine gestellt.

■ **Fehlende Management-Unterstützung**
Nicht selten wird der Software-Test von Seiten des Managements nur stiefmütterlich behandelt oder sogar vollständig in die Verantwortung der Entwickler gelegt. Entsprechend häufig wird er als eine Entwicklungsaktivität unter vielen betrachtet und in der Planung nicht explizit berücksichtigt. Erschwerend kommt hinzu, dass der Software-Test zu den *weichen* Tätigkeiten gehört, für die eine Zeitabschätzung ohnehin nur schwer durchführbar ist.

■ **Ausbildungs- und Fortbildungsdefizite**
Fehlende Unterstützung erfährt der Software-Test nicht ausschließlich von Seiten des Managements. Auch in der Ausbildung fristet das Thema gegenwärtig immer noch ein Schattendasein. An den hiesigen Hochschulen eingeschriebene Studenten verfassen im Laufe ihres Studiums zwar zahllose Programme, müssen diese aber nur punktuell um systematisch erzeugte Testfälle ergänzen. Auch im industriellen Umfeld werden Fortbildungskurse de facto nur selten in diesem Bereich belegt.

■ **Zeitprobleme**
Die meisten Software-Entwickler beklagen einen Mangel an Zeit, der ihnen für die Durchführung von Software-Tests zur Verfügung steht. Neben der oft nur spärlichen Unterstützung von Seiten des Managements ist ein Teil des Problems auch hausgemacht: Der oft grenzenlose Optimismus veranlasst viele Programmierer dazu, den Testaufwand wieder und wieder zu unterschätzen. Der knappe Terminplan sorgt in vielen Projekten für den Rest. Da der Testaufwand eine variable Größe ist, fällt er dem Rotstift nicht selten zuerst zum Opfer. Genug Zeit zum Testen bleibt dann nur noch, wenn das Projekt optimal verläuft – nur leider ist dies so gut wie nie der Fall.

Obwohl die in diesem Kapitel eingeführten Verfahren unbestritten zu den leistungsfähigsten Instrumenten der Software-Qualitätssicherung zählen, sollte sich jeder Programmentwickler und jeder Test-Ingenieur stets bewusst sein, dass alle vorgestellten Verfahren einer fundamentalen Einschränkung unterliegen: Mit den Mitteln

```
hard_to_test1.c

float foo(unsigned char x)          1
{                                    2
                                     3
    unsigned char i = 0;             4
                                     5
    while (i < 6) {                  6
        i++;                         7
        x /= 2;                      8
    }                                9
    return 1.0 / (x-i);             10
}
```

```
hard_to_test2.c

float bar(unsigned short x)          1
{                                    2
                                     3
    unsigned char i = 0;             4
                                     5
    while (i < 6) {                  6
        i++;                         7
        x /= 2;                      8
    }                                9
    return 1.0 / (x-i);             10
}
```

Abb. 4.59 Der vorhandene Programmfehler ist mit den Mitteln des klassischen Software-Tests kaum zu finden

des Software-Tests kann ausschließlich das Vorhandensein von Fehlern gezeigt werden, niemals aber die Korrektheit eines Programms.

Glenford Myers verdeutlich in seinem Buch *The Art of Software Testing* auf plakative Art und Weise, wie hoffnungslos die Durchführung eines *vollständigen* Software-Tests in der Praxis ist:

> *"Consider attempting an exhaustive black-box test of a C++ compiler. Not only would you have to create test cases representing all valid C++ programs ([...]), but you would have to create test cases for all invalid C++ programs ([...]) to ensure that the compiler detects them as being invalid."*
>
> Glenford J. Myers [187]

Bereits in kleinen Projekten ist der Software-Test nur noch eine partielle Methode für die Suche nach Fehlern – selbst mit riesigen Testdatenbanken decken die ausgeführten Testfälle nur einen Bruchteil des gesamten Wertebereichs ab. Wie weitmaschig das Netz des Software-Tests wirklich ist, sollen die beiden Beispielprogramme in Abb. 4.59 verdeutlichen.

Das linke Programm nimmt einen 8-Bit-Integer-Wert x entgegen und dividiert diesen sukzessive durch 2. Nach genau 6 Iterationen bricht die Schleife ab und gibt den Wert $\frac{1}{x-6}$ an den Aufrufer zurück. Beachten Sie bei der Programmanalyse, dass innerhalb der While-Schleife eine Integer-Division durchgeführt und damit das Zwischenergebnis in jedem Schritt auf den nächsten ganzzahligen Wert abgerundet wird. Folgerichtig existieren für jeden Rückgabewert stets mehrere Eingabewerte, die das gleiche Endergebnis erzeugen.

Während das linke Programm klaglos seine Dienste verrichtet und für jeden der 256 möglichen Eingabewerte das korrekte Ergebnis berechnet, führen manche Eingaben, z. B. der Wert 402, in der rechts abgebildeten Implementierungsvariante zu einer Division durch 0. Die Implementierung verwendet zwar intern den gleichen Algorithmus, allerdings wurde die Bitbreite des Eingabeparameters x auf 16 Bit erweitert. Von den jetzt $2^{16} = 65536$ möglichen Eingaben gibt es genau 64, die eine Division durch 0 provozieren. Keine der in diesem Kapitel eingeführten Testtechniken ist in der Lage, die Kombinationen systematisch herzuleiten. Die Chance, den

Implementierungsfehler auf herkömmliche Weise zu finden, ist damit außerordentlich gering.

Obwohl uns die beiden Programme die Grenzen der Testtechnik deutlich vor Augen führen, müssen wir an dieser Stelle keinesfalls unsere Waffen strecken. In Abschnitt 6.4 werden wir das Beispiel erneut aufgreifen und zeigen, wie sich der eingeschlichene Division-durch-null-Fehler mit den Mitteln der *abstrakten Interpretation* dennoch auf systematische Weise aufspüren lässt.

Kapitel 5
Statische Code-Analyse

Die *Code-Analyse* umfasst alle Methoden und Techniken, die a posteriori sicherstellen, dass ein Software-System den geforderten Qualitätsanforderungen genügt. Alle in diesem Kapitel untersuchten Techniken sind *statischer* Natur, d. h., die Überprüfung erfolgt durch eine Sichtung der Quelltexte, ohne diese in ein ausführbares Programm zu übersetzen. Die statische Code-Analyse kann automatisiert oder manuell erfolgen und wird im Gegensatz zu den Verfahren der konstruktiven Qualitätssicherung stets auf bereits erstellte Software-Komponenten angewendet. In den folgenden Abschnitten werden wir die für die Praxis wichtigsten Analysetechniken im Detail kennen lernen.

5.1 Software-Metriken

Software-Metriken geben uns ein leistungsfähiges Hilfsmittel an die Hand, um bestimmte Aspekte eines Software-Systems *systematisch* und *quantitativ* zu erfassen. Um deren weitreichende Bedeutung im Bereich der Software-Entwicklung verstehen und einordnen zu können, besinnen wir uns für einen Moment an die in Kapitel 1 postulierten Qualitätsmerkmale zurück. Die äußeren Merkmale der *Funktionalität*, *Zuverlässigkeit*, *Effizienz* und *Benutzbarkeit* wurden durch die inneren Merkmale der *Übertragbarkeit*, *Änderbarkeit*, *Testbarkeit* und *Transparenz* komplettiert.

Der Umgang mit den verschiedenen Qualitätsmerkmalen erweist sich in der Praxis als unterschiedlich schwierig. Im positiven Sinne sticht an dieser Stelle das Kriterium der *Effizienz* hervor, das sich in den meisten Fällen exakt spezifizieren und messen lässt. Für andere Merkmale, wie z. B. die *Benutzbarkeit* eines Software-Systems, gestaltet sich bereits die Formulierung der Anforderungen als schwierig. So sind die Ergonomieeigenschaften einer Applikation zwar subjektiv zu spüren, aber nur schwer zu quantifizieren. Ähnliches gilt für das Kriterium der *Transparenz*. Die objektive Beurteilung, inwieweit der untersuchte Programmcode dieses Kriterium erfüllt, ist ohne die Vereinbarung fester Kenngrößen unmöglich.

Genau an dieser Stelle kommen *Software-Metriken* ins Spiel, mit deren Hilfe bestimmte Kenngrößen eines Software-Systems quantitativ erfasst werden können.

D.W. Hoffmann, *Software-Qualität*, eXamen.press,
DOI 10.1007/978-3-642-35700-8_5, © Springer-Verlag Berlin Heidelberg 2013

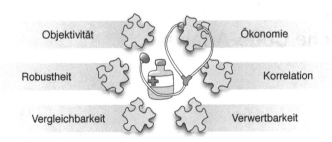

Abb. 5.1 Die zentralen Gütekriterien einer Software-Metrik

Die in den vergangenen Jahren postulierten Metriken beschränken sich dabei nicht auf die Qualitätsparameter des *Produkts* Software, sondern decken in gleichem Maße den Bereich des Software-Managements ab. Beispiele sind die Bestimmung des Projektfortschritts oder der Mitarbeiterzufriedenheit. Trotz ihrer Unterschiede dienen die Metriken beider Kategorien am Ende dem gleichen Zweck: Durch die quantitative Erfassung der gemessenen Kenngrößen werden vormals unsichtbare Aspekte der Software sichtbar und auf einer objektiven Ebene vergleichbar. Software-Metriken bilden damit die Grundlage, um steuernd in die Software-Entwicklung eingreifen zu können – sei es auf der Ebene des Projektmanagements oder der Produktentwicklung. Tom DeMarco fasst die Bedeutung von Software-Metriken wie folgt zusammen:

> *"You can't manage what you can't control, and you can't control what you don't measure. To be effective software engineers or software managers, we must be able to control software development practice. If we don't measure it, however, we will never have that control."*

> Tom DeMarco [67]

Ob eine Software-Metrik gewinnbringend eingesetzt werden kann, steigt und fällt mit der Erfüllung mehrerer *Gütekriterien*, die in Abb. 5.1 grafisch zusammengefasst sind.

■ **Objektivität**
  Um verwertbare Ergebnisse zu produzieren, muss die Messung einer Software-Metrik weitgehend frei von subjektiven Einflüssen erfolgen. Aufgrund ihrer mathematischen Handschrift lassen sich die meisten der heute erhobenen Kennzahlen computergestützt berechnen und das Kriterium der Objektivität damit ohne weiteres Zutun erfüllen.

■ **Robustheit**
  Die Ergebnisse müssen belastbar sein, d. h., die Wiederholung der Messung muss für jede Kenngröße das gleiche Ergebnis liefern. Die Erfüllung des Objektivitätskriteriums ist hierfür eine notwendige, aber keine hinreichende Bedingung.

■ **Vergleichbarkeit**
Zu jeder Zeit müssen verschiedene Messungen der gleichen Kenngröße zueinander in Relation gesetzt werden können. Hierdurch werden die erhobenen Parameter gruppen- oder produktübergreifend vergleichbar und gleichzeitig die Voraussetzungen geschaffen, um Software-Metriken zu Steuerungszwecken gewinnbringend einsetzen zu können.

■ **Ökonomie**
Die Erhebung einer Software-Metrik muss kostenökonomisch durchgeführt werden können. Lässt sich eine Maßzahl automatisiert berechnen, so reduzieren sich die Ausgaben im Wesentlichen auf die Anschaffungskosten entsprechender Werkzeuge. Andere Messgrößen lassen sich nur mit erheblichem Personaleinsatz bestimmen und verursachen auf diese Weise beträchtliche Mehrkosten.

■ **Korrelation**
Eine Software-Metrik korreliert umso stärker, je eher die Messergebnisse einen soliden Rückschluss auf die überwachte Kenngröße zulassen. Für einige Qualitätsparameter, wie die Laufzeiteffizienz eines Programms, lassen sich korrelierende Metriken vergleichsweise einfach formulieren. Für andere Parameter, wie die bereits oben angeführte Transparenz, kann eine starke Korrelation nur sehr eingeschränkt garantiert werden.

■ **Verwertbarkeit**
Der Einsatz einer Software-Metrik macht in der Praxis nur dann Sinn, wenn unterschiedliche Messergebnisse das zukünftige Handeln unterschiedlich beeinflussen. Das Kriterium der Verwertbarkeit klingt trivial, wird in der Praxis jedoch vielfach konterkariert. Die in einigen Firmen zum Selbstzweck degradierte Erhebung von Daten ist eine der Hauptursachen für die Skepsis, die viele Programmierer diesem Thema entgegenbringen.

In den folgenden Abschnitten werden wir die wichtigsten der in der Vergangenheit vorgestellten Software-Metriken genauer beleuchten. Dabei beschränken wir uns zunächst auf die Messung von Kenngrößen, die das *Produkt* Software selbst betreffen. Aspekte des Software-Managements, für die Metriken ebenfalls eine wichtige Rolle spielen, sind Bestandteil von Kapitel 9 und werden dort erneut aufgegriffen.

5.1.1 LOC und NCSS

Die einfachste Metrik, die im Bereich der Software-Entwicklung zum Einsatz kommt, ist die *LOC-Metrik* (LOC = *Lines of Code*). Die Maßzahl wird durch die schlichte Addition der Code-Zeilen aller Quelldateien berechnet und dient als grobes Maß für die Programmkomplexität. Im Gegensatz zu vielen anderen lässt sich die LOC-Metrik ohne die Unterstützung komplexer Werkzeuge berechnen und ist auf nahezu alle heute verwendeten Programmiersprachen anwendbar. Eine wichtige Ausnahme bilden grafische Entwicklungssysteme, in denen Programme nicht textuell beschrieben werden.

Die *NCSS-Metrik* (NCSS = *Non Commented Source Statements*) ist eine Weiterentwicklung der LOC-Metrik. Die NCSS-Kennzahl berechnet sich ebenfalls aus der Summe der Quellcode-Zeilen, ignoriert im Gegensatz zu LOC jedoch sämtliche Kommentare. In vielen Fällen wird die Metrik zur Bestimmung des *Dokumentationsgrads* eines Software-Moduls eingesetzt, indem der ermittelte NCSS-Kennwert durch den LOC-Kennwert geteilt wird.

So einfach sich die LOC- und NCSS-Metrik berechnen lassen, so mäßig ist ihre Aussagekraft. Insbesondere hat der verwendete Programmierstil einen maßgeblichen Einfluss auf die gemessenen Kennzahlen, da bereits die einfache Umformatierung eines Programms die LOC- und NCSS-Messwerte erheblich verändern. Mit anderen Worten: Beide Metriken können das Kriterium der *Vergleichbarkeit* nur unzureichend erfüllen.

Zur Verbesserung der Aussagekraft wurden in der Vergangenheit andere Zähltechniken herangezogen, die sich mehr an der inneren Struktur des Programms und weniger an dessen visueller Repräsentation orientieren. Die folgenden Beispiele sind eine kleine Auswahl entsprechender Metriken:

■ Zähle alle Zeilen, die ausführbaren Code enthalten.

■ Zähle alle Zeilen, die ausführbaren Code und Variablendeklarationen enthalten.

■ Zähle alle Programmsymbole (*tokens*).

■ Zähle alle Anweisungsseparatoren (z. B. das Semikolon in C).

Ein häufig adressierter Kritikpunkt ist die mangelhafte Vergleichbarkeit der LOC- und NCSS-Kenngrößen für Module, die in verschiedenen Programmiersprachen verfasst wurden. Die Ursache geht auf die charakteristische Länge einer Implementierung zurück, die in Abhängigkeit der zugrunde liegenden Sprache erheblich variiert. Einen gewissen Ausgleich bilden empirisch ermittelte *Sprachfaktoren*, mit denen die LOC- und NCSS-Größen vor der Weiterverarbeitung gewichtet werden. Die in der Vergangenheit vorgeschlagenen Faktoren gehen allesamt aus statistischen Untersuchungen hervor und sind als grobe Richtwerte zu verstehen.

Die in Abb. 5.2 dargestellten Werte stammen aus [253] und basieren auf der Annahme, dass die LOC-Metrik durch die Zählung der Anweisungsseparatoren vorgenommen wird. Alle Faktoren beziehen sich auf Assembler, die als Referenzsprache mit dem Wert 1 bewertet wird. Ein Wert größer als 1 beschreibt, um welchen Faktor der Umfang einer Implementierung anwächst, wenn diese nicht mehr länger in einer Hochsprache, sondern direkt in Assembler programmiert wäre. Wie erwartet besitzen alle Hochsprachen einen Faktor größer als 1, da sich Programme hier im Vergleich zu reinem Assembler wesentlich kompakter formulieren lassen.

Sowohl die Präzisierung der Zählweise als auch die Multiplikation mit einem sprachenabhängigen Korrekturfaktor kann die Güte der LOC- und NCSS-Metriken verbessern, deren prinzipielle Limitierungen aber nicht beseitigen. Als reine Volumenmetrik gehen weder syntaktische noch semantische Aspekte der untersuchten Programme in die Kenngröße ein. Viele Experten teilen daher die Ansicht, dass

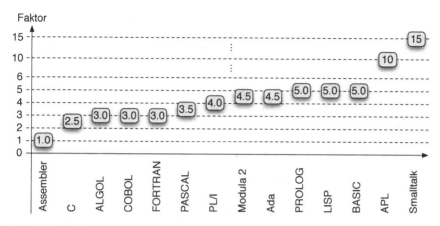

Abb. 5.2 Sprachfaktoren ausgewählter Programmiersprachen

reine Volumenmetriken zur Messung der Software-Komplexität ungeeignet und die ermittelten Größen allenfalls als grobe Eckwerte zu verstehen sind.

Nichtsdestotrotz besitzen die LOC- und NCSS-Metriken eine nicht zu unterschätzende Bedeutung. Zum einen gehen die Kenngrößen häufig als Basisparameter in die Berechnung komplexerer Metriken ein. Zum anderen verwenden viele Firmen Volumenmetriken zur Messung des Code-Umfangs, für die ein einzelner Programmierer die Verantwortung trägt. Mit zunehmender Verantwortlichkeit erhöht sich der Aufwand proportional, die ein Software-Entwickler für die Code-Pflege und Fehlerbeseitigung aufwenden muss. In gleichem Maß verringert sich die Zeit, die für Neuentwicklungen zur Verfügung steht. Die quantitative Erfassung des Verantwortlichkeitsbereichs trägt der Einsicht Rechnung, dass jeder Software-Entwickler über eine gewisse Wartungskapazität verfügt, die zwar individuell verschieden, jedoch nicht ohne Leistungseinbußen beliebig gestreckt werden kann. In diesem Fall kann die LOC- bzw. NCSS-Metrik in der Tat zentrale Rahmendaten für die Projektplanung liefern, auch wenn diese keine weitergehenden Aspekte des Programms selbst berücksichtigen.

5.1.2 Halstead-Metriken

1977 postulierte Maurice Howard Halstead mehrere aufeinander aufbauende Metriken, die unmittelbar aus der lexikalischen Struktur des untersuchten Programmtextes hergeleitet werden [110, 111]. Die Berechnung und Interpretation der Kenngrößen basieren dabei auf empirischen Ergebnissen, die insbesondere einen Zusammenhang zwischen der Programmkomplexität und der Auftrittscharakteristik verschiedener lexikalischer Elemente herstellen. Hierzu teilt Halstead die einzelnen Programmelemente auf der obersten Ebene in *Operatoren* und *Operanden* (vgl. Abb. 5.3) ein. Operatoren umfassen alle von einer Programmiersprache bereitgestellten Konstrukte wie Schlüsselwörter, vordefinierte Operatoren oder Präprozes-

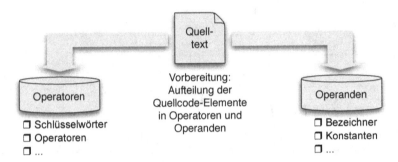

Abb. 5.3 Messung der textuellen Komplexität mit Hilfe der Halstead-Metriken

soranweisungen. Zu den Operanden gehören die Bezeichner von Funktionen und Variablen, genauso wie numerische oder textuelle Konstanten.

Die meisten von Halstead postulierten Metriken gehen auf die folgenden vier Basisparameter zurück, die sich im Rahmen einer einfachen Syntax-Analyse vollautomatisch aus dem Quelltext extrahieren lassen:

$$\eta_1 = \text{Anzahl unterschiedlicher Operatoren} \qquad (5.1)$$

$$\eta_2 = \text{Anzahl unterschiedlicher Operanden} \qquad (5.2)$$

$$N_1 = \text{Gesamtzahl der Vorkommen aller Operatoren} \qquad (5.3)$$

$$N_2 = \text{Gesamtzahl der Vorkommen aller Operanden} \qquad (5.4)$$

Als Beispiel betrachten wir die beiden in Abb. 5.4 dargestellten C-Programme zur Berechnung des *größten gemeinsamen Teilers* (ggT) zweier positiver, ganzer Zahlen. Beide Algorithmen basieren auf dem Prinzip der *Wechselwegnahme*, das der griechische Mathematiker Euklid bereits um 300 vor Christus formulierte [252]. Die erste Programmvariante implementiert den klassischen Algorithmus. Dieser reduziert den jeweils größeren Operanden solange um den kleineren, bis beide denselben Wert erreichen. Sobald die Iteration abbricht, ist der größte gemeinsame Teiler gefunden. Die zweite Implementierung entspricht der heute üblichen Form. Der Algorithmus ersetzt die Subtraktion durch die Modulo-Division und terminiert für die meisten Zahlenpaare deutlich schneller.

Als Grundlage für die Berechnung der Halstead-Metriken sind die unterschiedlichen Operatoren und Operanden zusammen mit deren Auftrittshäufigkeiten tabellarisch aufgelistet. Zusammengehörige Operatoren, wie z. B. die Schlüsselwörter `do` und `while`, sowie öffnende und schließende Klammern werden jeweils als ein einziger Operator gezählt. Ebenso unterscheidet Halstead nicht zwischen runden und geschweiften Klammern, da beide der Gruppierung von Programmausdrücken dienen.

Aus den Tabelleneinträgen lassen sich die vier Basisgrößen direkt extrahieren. Für die Implementierung `ggt1` erhalten wir die folgenden Werte:

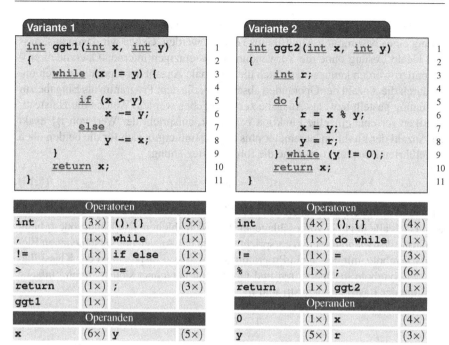

Abb. 5.4 Berechnung des größten gemeinsamen Teilers zweier ganzer Zahlen

$$\eta_1^{ggt_1} = 11 \tag{5.5}$$

$$\eta_2^{ggt_1} = 2 \tag{5.6}$$

$$N_1^{ggt_1} = 20 \tag{5.7}$$

$$N_2^{ggt_1} = 11 \tag{5.8}$$

Für die Implementierung ggt2 erfolgt die Berechnung analog:

$$\eta_1^{ggt_2} = 10 \tag{5.9}$$

$$\eta_2^{ggt_2} = 4 \tag{5.10}$$

$$N_1^{ggt_2} = 23 \tag{5.11}$$

$$N_2^{ggt_2} = 13 \tag{5.12}$$

Für einige der weitergehenden Überlegungen von Halstead ist das Wissen über die pure Anzahl der im Programmtext auftauchenden Operanden nicht ausreichend. Um die entsprechenden Kenngrößen ebenfalls berechnen zu können, müssen die vier Basisparameter um einen weiteren ergänzt werden:

$$\eta_2^* = \text{Anzahl der Ein- und Ausgabeoperanden} \tag{5.13}$$

Die Größe η_2^* beschreibt die minimale Anzahl der Operanden, die zur Implementierung eines bestimmten Algorithmus benötigt werden. Gehen wir davon aus, dass eine ideale Lösung ohne die Verwendung eines einzigen internen Operanden programmiert werden kann, so lässt sich die minimale Anzahl der Operanden nach unten durch die Anzahl der Operanden abschätzen, die dem Programm als Eingabe zur Verfügung gestellt bzw. als Ausgabe zurückgegeben werden. Werden die Halstead-Metriken für eine einzelne Funktion berechnet, entspricht der Wert von η_2^* exakt der Anzahl der Funktionsparameter plus eins. Damit ergibt sich für die beiden oben eingeführten Beispielprogramme die folgende Beziehung:

$$\eta_2^{*ggt_1} = \eta_2^{*ggt_2} = 3 \tag{5.14}$$

Basierend auf den Basisgrößen (5.1) bis (5.4) sowie der zusätzlichen Größe (5.13) lassen sich alle in [111] vorgeschlagenen Metriken ableiten. Die Kenngröße η heißt die Größe des *Vokabulars* und entspricht schlicht der Anzahl der verschiedenen Elementarsymbole, mit denen ein Programm verfasst ist. Entsprechend der Klassifikation der Symbole in Operatoren und Operanden berechnet sich η durch einfache Addition der Basisparameter η_1 und η_2:

$$\eta = \eta_1 + \eta_2 \tag{5.15}$$

Für unsere Beispielprogramme aus Abb. 5.4 erhalten wir das folgende Zwischenergebnis:

$$\eta^{ggt_1} = \eta_1^{ggt_1} + \eta_2^{ggt_1} = 11 + 2 = 13 \tag{5.16}$$

$$\eta^{ggt_2} = \eta_1^{ggt_2} + \eta_2^{ggt_2} = 10 + 4 = 14 \tag{5.17}$$

Die Kenngröße η^* entspricht der Größe des *Minimalvokabulars*. Dieses enthält die Operanden und Operatoren, die zur Implementierung eines Algorithmus in einer beliebig wählbaren, fiktiven Programmiersprache mindestens benötigt werden. Halstead verfolgte den Gedanken, dass das einfachste Programm zur Lösung einer bestimmten Aufgabe in einer Programmiersprache verfasst sein würde, die den benötigten Algorithmus in Form eines eigens dafür geschaffenen Operators Δ direkt unterstützt. Unser Programm bestünde dann nur noch aus einer einzigen Zeile, die einen Operator Δ auf alle Quelloperanden anwendet und das Ergebnis dem Zieloperanden zuweist. Damit hätte das Programm in etwa die folgende Form:

$$Operand_1 = \Delta(Operand_2, \ldots, Operand_{\eta_2^*}) \tag{5.18}$$

Die Anzahl der Operatoren in diesem Programm beträgt 2 (Δ, =) und die Anzahl der Operanden entspricht η_2^*. Somit berechnet sich die Größe des Minimalvokabulars wie folgt:

$$\eta^* = \eta_2^* + 2 \tag{5.19}$$

Damit gilt:

$$\eta^{*ggt_1} = \eta_2^{*ggt_1} + 2 = 3 + 2 = 5 \tag{5.20}$$

$$\eta^{*ggt_2} = \eta_2^{*ggt_2} + 2 = 3 + 2 = 5 \qquad (5.21)$$

Als weiteres Maß definiert Halstead die Länge N eines Programms als die Gesamtzahl der Vorkommen aller Operanden und Operatoren:

$$N = N_1 + N_2 \qquad (5.22)$$

Im Gegensatz zur NCSS-Metrik ist die ermittelte Kenngröße unabhängig von der Formatierung der Quelltexte und damit als Umfangsmetrik besser geeignet. Trotzdem bleiben auch hier einige der Schwierigkeiten bestehen, die wir bereits für die Metriken LOC und NCSS herausgearbeitet haben. Insbesondere ist der Vergleich der Maßzahlen für Programme wenig aussagekräftig, wenn diese in verschiedenen Programmiersprachen verfasst sind.

Als zweite Umfangsgröße definiert Halstead das *Volumen* eines Programms wie folgt:

$$V = N \times \log_2 \eta \qquad (5.23)$$

Im Gegensatz zur Länge N misst das Volumen V den Programmumfang als die Anzahl der Bits, die zur Darstellung der Implementierung auf Binärebene nötig sind. Halsteads Formel liegt die Annahme zugrunde, dass alle Operanden und Operatoren mit der gleichen Anzahl Bits codiert werden. Bei einer Vokabulargröße von η werden für eine zweiwertige Codierung $\log_2 \eta$ Bits benötigt. Angewendet auf die beiden Beispielprogramme ergeben sich die folgenden Maßzahlen:

$$V^{ggt_1} = (20 + 11)\,\log_2(11 + 2) = 31\,\log_2 13 = 31 \times 3{,}7 = 115\ [\text{Bit}] \quad (5.24)$$
$$V^{ggt_2} = (23 + 13)\,\log_2(10 + 4) = 36\,\log_2 14 = 36 \times 3{,}8 = 137\ [\text{Bit}] \quad (5.25)$$

Die Größe V^* wird als *Minimalvolumen* eines Programms bezeichnet und entspricht der minimalen Länge einer Implementierung, die in der weiter oben eingeführten fiktiven Programmiersprache verfasst ist. Es gilt:

$$V^* = \eta^* \times \log_2 \eta^* = (2 + \eta_2) \times \log_2(2 + \eta_2) \qquad (5.26)$$

Angewendet auf die Gleichungen (5.20) und (5.21) berechnet sich das Minimalvolumen des Euklid'schen Algorithmus wie folgt:

$$V^{*ggt_1} = V^{*ggt_2} = 5 \times \log_2 5 = 12\ [\text{Bit}] \qquad (5.27)$$

Halstead schlägt vor, das minimale Implementierungsvolumen V_{min} mit dem Implementierungsvolumen V in Bezug zu setzen. Die entstehende Maßzahl drückt aus, wie weit die real vorliegende Implementierung von der Minimalimplementierung entfernt ist und misst damit indirekt die Transparenz eines Software-Moduls. Die berechnete Kenngröße wird mit L bezeichnet und heißt der *Level* der untersuchten Implementierung:

$$L = \frac{V^*}{V} \qquad (5.28)$$

Im optimalen Fall erreicht die Kenngröße L einen Wert von 1. Allerdings handelt es sich hier um eine theoretische Grenze, die für ernstzunehmende Programme in der Praxis ganz offensichtlich nicht erreicht werden kann. Für unsere beiden Beispielprogramme erhalten wir die folgenden Maßzahlen:

$$L^{ggt_1} = \frac{12}{115} = 0,104 \tag{5.29}$$

$$L^{ggt_2} = \frac{12}{137} = 0,088 \tag{5.30}$$

Neben der Definition des Levels postulierte Halstead ein zweites Maß $\hat{L}$, das genau wie L einen Rückschluss auf die Transparenz eines Programms zulässt, jedoch vollständig ohne einen Bezug auf das künstlich wirkende Konstrukt der Minimalimplementierung auskommt. Dazu stellte er mehrere Überlegungen an, wie sich die Anzahl und Vorkommen von Operatoren und Operanden auf den Level eines Programms auswirken. Nach Halstead steht die Anzahl der Operatoren, die in einer spezifischen Implementierung verwendet werden, in einem umgekehrt proportionalen Verhältnis zum Programm-Level. Mit anderen Worten: Der Level eines Programms wird durch jeden zusätzlich verwendeten Operator geringer. Berücksichtigen wir zusätzlich, dass die Anzahl der Operatoren eines Programms mindestens zwei beträgt, so ergibt sich auf direktem Wege die folgende von Halstead postulierte Proportionalitätsbeziehung:

$$\hat{L} \sim \frac{2}{\eta_1} \tag{5.31}$$

Genau wie die zunehmende Anzahl der Operatoren den Programm-Level mindert, führt auch die mehrfache Verwendung von Operanden zu dessen Verringerung. Die durchschnittliche Wiederholungsrate von Operanden wird mit Hilfe der Kenngröße P beschrieben und lässt sich unmittelbar aus den Basisgrößen N_2 und η_2 berechnen:

$$P = \frac{N_2}{\eta_2} \tag{5.32}$$

Der kleinstmögliche Wert von P ist 1 und wird von Programmen erreicht, in denen jeder Operand exakt einmal auftaucht. Je häufiger ein Operand an verschiedenen Stellen im Programm verwendet wird, desto größer wird P. Die Proportionalitätsbeziehung (5.31) lässt sich damit um die folgende Beziehung ergänzen:

$$\hat{L} \sim \frac{1}{P} \tag{5.33}$$

Aus den Gleichungen (5.31) bis (5.33) leitet Halstead die folgende Definition der Kenngröße $\hat{L}$ ab:

$$\hat{L} = \frac{2\eta_2}{\eta_1 N_2} \tag{5.34}$$

Im Gegensatz zur Gleichung (5.28) berechnet sich $\hat{L}$ unmittelbar aus den gemessenen Basisgrößen einer Implementierung. Für unsere Beispielprogramme erhalten wir die folgenden Maßzahlen:

$$\hat{L}^{ggt_1} = \frac{2 \times 2}{11 \times 11} = \frac{4}{121} = 0,033 \qquad (5.35)$$

$$\hat{L}^{ggt_2} = \frac{2 \times 4}{10 \times 13} = \frac{8}{130} = 0,062 \qquad (5.36)$$

In einer weiteren Metrik versucht Halstead, den Schwierigkeitsgrad eines Programms quantitativ zu erfassen. Entsprechend der Definition von L ist ein Programm tendenziell einfacher aufgebaut, je näher sich die Maßzahl dem Wert 1 nähert. Folgerichtig eignet sich der Kehrwert von L als Metrik für die Schwierigkeit, eine Implementierung zu verstehen. Die entstehende Maßzahl wird mit D (*difficulty*) abgekürzt:

$$D = \frac{1}{L} \qquad (5.37)$$

Aus (5.29) und (5.30) folgt:

$$D^{ggt_1} = \frac{1}{L} = \frac{1}{0,104} = 9,62 \qquad (5.38)$$

$$D^{ggt_2} = \frac{1}{L} = \frac{1}{0,088} = 11,36 \qquad (5.39)$$

Neben der Beurteilung einzelner Programme wird die Metrik D mitunter auch als Maßzahl zur Bewertung ganzer Programmiersprachen eingesetzt. Legen wir eine typische Programmlösung für eine gewisse Aufgabe zugrunde, so lässt die Kennzahl D einen Rückschluss auf die Schwierigkeit zu, diese mit Hilfe der gewählten Sprache zu lösen.

Als letzte Metrik betrachten wir den *Aufwand* (*effort*), der zum Erstellen bzw. zum Verstehen eines Programms benötigt wird. Nach Halstead berechnet sich der Aufwand als das Produkt von Programmvolumen und Schwierigkeitsgrad:

$$E = V \times D \qquad (5.40)$$

Für unsere beiden Beispielprogramme erhalten wir die folgenden Aufwandswerte:

$$E^{ggt_1} = V^{ggt_1} \times D^{ggt_1} = 115 \times 9,62 = 1106,3 \qquad (5.41)$$

$$E^{ggt_2} = V^{ggt_2} \times D^{ggt_2} = 137 \times 11,36 = 1556,32 \qquad (5.42)$$

Durch die einfache Umformung von Gleichung (5.40) lässt sich ein bekanntes Phänomen der Software-Entwicklung unmittelbar ableiten:

$$E = V \times D = \frac{V}{L} = \frac{V}{\frac{V^*}{V}} = \frac{V^2}{V^*} \qquad (5.43)$$

Folgerichtig steigt der Aufwand, der auf ein Programmmodul verwendet werden muss, überproportional mit dem Code-Volumen an – ein Ergebnis, das dem subjektiven Empfinden der meisten Programmierer entspricht und in der Vergangenheit in mehreren empirischen Untersuchungen bestätigt wurde [9].

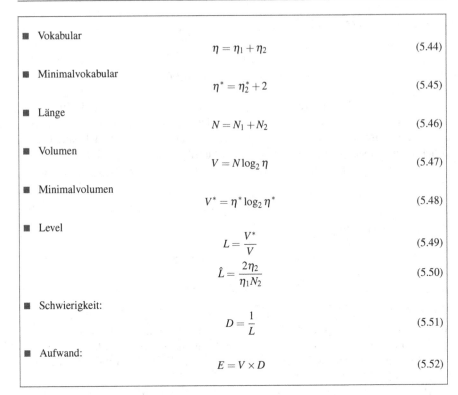

- Vokabular
$$\eta = \eta_1 + \eta_2 \tag{5.44}$$

- Minimalvokabular
$$\eta^* = \eta_2^* + 2 \tag{5.45}$$

- Länge
$$N = N_1 + N_2 \tag{5.46}$$

- Volumen
$$V = N \log_2 \eta \tag{5.47}$$

- Minimalvolumen
$$V^* = \eta^* \log_2 \eta^* \tag{5.48}$$

- Level
$$L = \frac{V^*}{V} \tag{5.49}$$

$$\hat{L} = \frac{2\eta_2}{\eta_1 N_2} \tag{5.50}$$

- Schwierigkeit:
$$D = \frac{1}{L} \tag{5.51}$$

- Aufwand:
$$E = V \times D \tag{5.52}$$

Abb. 5.5 Die Halstead-Metriken in der Übersicht

Zum Abschluss sind die verschiedenen Metriken in Tabelle 5.5 in einer Übersicht zusammengefasst. Die Halstead-Kennzahlen gehören zu den ältesten heute noch eingesetzten Software-Metriken und bestechen vor allem durch ihre Einfachheit. Zur Berechnung der Kenngrößen müssen lediglich die oben eingeführten Basisgrößen aus dem Programmtext extrahiert werden. Da hierzu lediglich eine syntaktische Programmanalyse durchgeführt werden muss, können alle Maßzahlen mit entsprechender Werkzeugunterstützung automatisiert berechnet werden.

Trotzdem sind die Halstead-Metriken nicht frei von Kritik. Eine erste Schwäche offenbaren die Kennzahlen im Zusammenhang mit der Klassifizierung der Programmsymbole in Operatoren und Operanden. Diese kann nicht immer so eindeutig vollzogen werden, wie in unserem Beispiel. Insbesondere in logischen Programmiersprachen wie LISP, in denen jeder Ausdruck gleichermaßen als Operand und als Operator fungieren kann, ist eine solche Aufteilung kaum sinnvoll möglich. In [84, 226, 214, 243, 56] wird ausführlich auf die Klassifizierungsproblematik eingegangen – Halstead selbst verzichtete in [111] auf die Angabe eindeutiger Klassifizierungsregeln.

Ein anderer Kritikpunkt richtet sich gegen die einfache Beschaffenheit der wenigen Basisparameter, auf denen Halstead sein vollständiges Gedankenmodell aufbaut. Einige Experten sind der Meinung, dass die reine Analyse des lexikalischen Aufbaus nicht ausreicht, um adäquate Aussagen über komplexe Messgrößen wie Schwierigkeitsgrad oder Aufwand zu treffen [112, 94]. Semantische Eigenschaften des Kontrollflusses, wie sie z. B. in die *zyklomatische Komplexität* (vgl. Abschnitt 5.1.3) eingeht, können mit dem entwickelten Instrumentarium nicht erfasst werden. Nichtsdestotrotz haben die Halstead-Metriken ihren Stellenwert innerhalb der statischen Code-Analyse gefunden und werden z. B. mit großem Erfolg eingesetzt, um die Wartbarkeitseigenschaften eines Programmmoduls zu bewerten [270].

5.1.3 McCabe-Metrik

In Kapitel 4 haben wir mit der McCabe-Überdeckung ein klassisches Verfahren zur Testfallgenerierung kennen gelernt. Eine zentrale Rolle innerhalb des Konstruktionsprozesses spielt die *zyklomatische Zahl*, die einen direkten Rückschluss auf die Anzahl der Elementarpfade und damit gleichermaßen auf die Größe der zu konstruierenden Testfallmenge gestattet. Wie in Abschnitt 4.4.6 herausgearbeitet, gilt für die zyklomatische Zahl $V(Z)$ eines stark zusammenhängenden Graphen Z die folgende Beziehung:

$$V(Z) = |E| - |N| + 1 \qquad (5.53)$$

$|E|$ und $|N|$ bezeichnen die Anzahl der Knoten und Kanten von Z. An dieser Stelle gilt es zu beachten, dass Gleichung (5.53) eine Aussage über *stark zusammenhängende* Graphen macht – eine Eigenschaft, die Kontrollflussgraphen nicht erfüllen. In Abschnitt 4.4.6 haben wir das Problem durch eine zusätzlich eingefügte Kante gelöst, die den Endknoten mit dem Startknoten künstlich verbindet. Der so modifizierte Kontrollflussgraph ist stark zusammenhängend, da für zwei beliebige Knoten stets ein Pfad existiert, der beide miteinander verbindet. McCabe trägt der zusätzlichen Kante Rechnung und definiert die zyklomatische Zahl eines Kontrollflussgraphen G wie folgt:

$$V(G) = |E| - |N| + 2 \qquad (5.54)$$

McCabe erkannte nicht nur als Erster die Bedeutung dieser Größe für den Software-Test, sondern schlug zudem vor, die zyklomatische Zahl als Maß für die Komplexität eines Software-Moduls einzusetzen [171, 172]. In entsprechender Weise wird der Wert $V(G)$ als die *zyklomatische Komplexität* des Kontrollflussgraphen G bezeichnet. Dass sich die Maßzahl für die Bewertung der Programmkomplexität eignet, begründet sich unter anderem auf den folgenden Eigenschaften:

■ Die zyklomatische Komplexität wird ausschließlich durch die Struktur des Kontrollflussgraphen bestimmt. Die Beschaffenheit der in einem Knoten zusammengefassten Befehle hat dagegen keinen Einfluss auf die berechnete Maßzahl.

■ Sequenziell durchlaufene Programmabschnitte können beliebig verlängert oder verkürzt werden, ohne die zyklomatische Komplexität zu beeinflussen. Auf diese Weise wird die Maßzahl unabhängig von der physikalischen Programmlänge.

Tabelle 5.1 Zyklomatische Komplexität der elementaren Schleifenkonstrukte

if (B) X;	if (B) X; else Y;
0 in 1 if B / ¬B X 2 ¬B 3 out	0 in 1 if B / ¬B X 2 3 Y 4 out
$\|E\| = 4$ $\|N\| = 4$ $v(C) = 4\text{-}4+2 = 2$	$\|E\| = 5$ $\|N\| = 5$ $v(C) = 5\text{-}5+2 = 2$

while (B) X;	do X; while (B);
0 in 1 while B X 2 ¬B 3 out	0 in 1 X B 2 while ¬B 3 out
$\|E\| = 4$ $\|N\| = 4$ $v(C) = 4\text{-}4+2 = 2$	$\|E\| = 4$ $\|N\| = 4$ $v(C) = 4\text{-}4+2 = 2$

■ Wird der Kontrollflussgraph um eine einzelne Kante erweitert, so erhöht sich auch die zyklomatische Zahl um eins. Analog verringert sich die zyklomatische Zahl mit jeder gelöschten Kante ebenfalls um eins.

Aus der letzten Eigenschaft lässt sich mit einem einfachen induktiven Beweisschluss eine zentrale Eigenschaft der berechneten Maßzahl ableiten: Die zyklomatische Komplexität ist stets um eins größer, als die Anzahl der Verzweigungen eines Programms – eine Eigenschaft, die sich an den elementaren Kontrollflussgraphen in Tabelle 5.1 leicht überprüfen lässt. Insgesamt lässt sich die McCabe-Metrik hierdurch mit rein syntaktischen Mitteln aus dem Quelltext eines Programms ableiten.

Wird die zyklomatische Komplexität entwicklungsbegleitend erhoben, können kritische Programmkomponenten frühzeitig erkannt werden. Einige Firmen lassen die zyklomatische Komplexität in die Abnahmekriterien einfließen, die vor der Freigabe eines Software-Moduls durch den Programmierer zwingend erfüllt werden müssen. Die Programmkomplexität wird hier meist auf Funktionsebene gemessen und durch eine vorher festgelegte Schranke nach oben begrenzt. Die Frage, ab welcher zyklomatischen Komplexität eine Reimplementierung sinnvoll erscheint, wird von Software-Experten unterschiedlich beantwortet. McCabe selbst hält eine obere Komplexitätsschranke von 10 für akzeptabel, macht aber im gleichen Atemzug deutlich, dass dieser Wert nicht in Stein gemeißelt ist:

> *"These results have been used in an operational environment by advising project members to limit their software modules by cyclomatic complexity instead of physical size. The particular upper bound that has been used for cyclomatic complexity is 10 which seems like a reasonably, but not magical, upper limit. Programmers have been required to calculate complexity as they create software modules. When the complexity exceeds 10 they had to redo the software."*

Thomas J. McCabe, [171]

Neben der Bewertung der Programmkomplexität lässt die McCabe-Metrik auch Einblicke in einen ganz anderen Aspekt der Software-Entwicklung zu. Gemeint ist das individuelle Programmierverhalten einzelner Software-Entwickler. McCabe konnte zeigen, dass sich die zyklomatische Komplexität von Programmen verschiedener Software-Entwickler teilweise um den Faktor 10 unterscheiden:

> *"It has been interesting to note how individual programmer's style relates to the complexity measure. The author has been delighted to find several programmers who never had formal training in structured programming but consistently write code in the 3 to 7 complexity range which is quite well structured. On the other hand, FLOW[1] has found several programmers who frequently wrote code in the 40 to 50 complexity range (and who claimed there was no other way to do it)."*

Thomas J. McCabe, [171]

Abschließend wollen wir die Definition der McCabe-Metrik auf Programme erweitern, die sich aus mehreren Unterkomponenten zusammensetzen. Besteht ein Programm aus n verschiedenen Funktionen, so wird jede als eigenständige Unterkomponente behandelt und mit einem separaten Kontrollflussgraphen modelliert. In diesem Fall setzt sich der Kontrollflussgraph G aus einer Menge von n Untergraphen $G_1, \ldots, G_n$ zusammen, die untereinander keine Verbindungen aufweisen. In der Terminologie der Graphentheorie sprechen wir in diesem Zusammenhang von einem *Wald*. Für einen Wald mit n Komponenten gilt die folgende verallgemeinerte Definition der zyklomatischen Komplexität:

---

[1] FLOW ist der Name des Analysewerkzeugs, das McCabe für die Metrikberechnung verwendete.

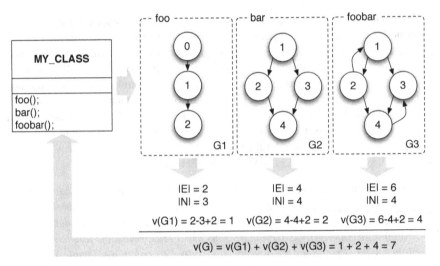

Abb. 5.6 Komponentenweise Berechnung der McCabe-Metrik

$$v(G) = |E| - |N| + 2 \cdot n \tag{5.55}$$

Für den Fall $n = 1$ reduziert sich der Ausdruck auf die uns bisher bekannte Form. Mit Hilfe elementarer Umformungsschritte lässt sich Gleichung (5.55) darüber hinaus in eine deutlich handlichere Form bringen:

$$v(G) = |E| - |N| + 2 \cdot n \tag{5.56}$$

$$= \left(\sum_{i=1}^{n} |E_i| \right) - \left(\sum_{i=1}^{n} |N_i| \right) + 2 \cdot n \tag{5.57}$$

$$= \sum_{i=1}^{n} \left(|E_i| - |N_i| + 2 \right) \tag{5.58}$$

$$= \sum_{i=1}^{n} v(G_i) \tag{5.59}$$

Damit entpuppt sich die zyklomatische Komplexität $v(G)$ einer Menge G von Kontrollflussgraphen $G_1, \ldots, G_n$ schlicht als die Summe der Einzelkomplexitäten $v(G_1), \ldots, v(G_n)$. Für große Software-Systeme geht die Berechnung der McCabe-Metrik damit äußerst einfach von der Hand – für alle Teilkomponenten werden die Kennzahlen separat ermittelt und anschließend aufaddiert (vgl. Abb. 5.6).

5.1.4 Objektorientierte Metriken

Alle klassischen Software-Metriken, zu denen auch die weiter oben eingeführte McCabe-Metrik und die diversen Halstead-Metriken gehören, basieren auf den grundlegenden Prinzipien der *imperativen Programmierung* [266]. Jedes Programm setzt sich aus einer Folge von Anweisungen zusammen, die rein sequenziell abgearbeitet werden. Außer der Definition von Prozeduren und Funktionen existieren keine weiteren grundlegenden Mechanismen, um einzelne Programmteile zu kapseln. Dass die klassischen Software-Metriken nahezu ausschließlich die imperativen Programmaspekte adressieren, mag nur auf den ersten Blick verwundern. Viele Arbeiten auf diesem Gebiet stammen schlicht aus der Zeit, in der z. B. die Ideen der *Objektorientierung* und *Vererbung* noch nicht geboren waren.

Grundsätzlich lässt sich jede auf die imperative Programmierung ausgerichtete Software-Metrik auch auf objektorientierte Sprachen anwenden. In der Euphorie über die von vielen als Heilsbringer gehandelte Objektorientierung wird oft vergessen, dass die Implementierung von Klassen- und Objektmethoden immer noch dem imperativen Programmierparadigma folgt. In diesem Sinne verbirgt sich hinter dem Prinzip der objektorientierten Programmierung kein vollständiger Paradigmenwechsel, sondern vielmehr eine kapselnde Hülle um einen imperativen Kern. Kurzum: Auf der Ebene der Methodenimplementierungen kann die Komplexität eines objektorientierten Programms problemlos mit Hilfe der klassischen Metriken gemessen werden. Trotzdem lassen diese nur begrenzt Rückschlüsse auf die Komplexität eines objektorientierten Programms zu. Zwei Hauptgründe sind hierfür verantwortlich:

■ Rein imperativ ausgerichtete Metriken erfassen die Komplexität objektorientierter Programme nur unvollständig. Eine zentrale Komponente des objektorientierten Entwurfs ist die Einteilung des Gedankenmodells in Klassen und deren Beziehungen zueinander. Werden diese Aspekte von einer Metrik nicht erfasst, so lassen die Messwerte zwar einen Rückschluss auf die Komplexität einzelner Methoden zu, erfassen jedoch das Software-System nicht als Ganzes.

■ Die klassischen Metriken geben keine Antwort auf die Frage, wie mit den Besonderheiten objektorientierter Sprachen umgegangen werden soll. Führen wir beispielsweise die Bestimmung der LOC- oder NCSS-Maßzahlen wie gewöhnlich durch, so bleiben alle geerbten Methodenimplementierungen einer Klasse unberücksichtigt. Der Vererbungsmechanismus hebelt an dieser Stelle jegliche Korrelation zwischen der Code-Größe und der Komplexität einer Klasse aus. Damit erweisen sich die zeilenbasierten Metriken LOC und NCSS im Bereich objektorientierter Sprachen umso mehr als fragwürdige Kenngrößen.

Um verwertbare Ergebnisse zu liefern, muss eine Metrik die spezifischen Eigenschaften objektorientierter Programmiersprachen abbilden. In der Vergangenheit wurden hierzu mehrere Kenngrößen vorgeschlagen, die sich in *Komponentenmetriken* und *Strukturmetriken* unterteilen lassen.

5.1.4.1 Komponentenmetriken

Mit Hilfe von *Komponentenmetriken* werden die einzelnen Bestandteile eines Software-Systems separat bewertet. In den meisten Fällen wird eine Teilkomponente mit einer einzelnen Klasse, in vereinzelten Fällen aber auch mit einem ganzen

Tabelle 5.2 Komponentenmetriken für objektorientierte Architekturen

Abkürzung	Metrik	Typ	Signifikanz
OV	Object Variables	Umfangsmetrik	Hoch
CV	Class Variables	Umfangsmetrik	Hoch
NOA	Number of Attributes	Umfangsmetrik	Hoch
WAC	Weighted Attributes per Class	Umfangsmetrik	Hoch
WMC	Weighted Methods per Class	Umfangsmetrik	Hoch
DOI	Depth Of Inheritance	Vererbungsmetrik	Hoch
NOD	Number of Descendants	Vererbungsmetrik	Hoch
NORM	Number of Redefined Methods	Vererbungsmetrik	Hoch
LCOM	Lack of Cohesion in Methods	Kohäsionsmetrik	Fraglich

Klassenverbund (Paket, Bibliothek etc.) gleichgesetzt. Eingesetzt werden diese Metriken immer dann, wenn verschiedene Teilkomponenten vergleichend gegenübergestellt werden – beispielsweise um diejenige Klasse zu identifizieren, die im Zuge des Refactorings (vgl. Abschnitt 7.3.1) als nächstes einer Überarbeitung unterzogen wird.

Die gebräuchlichen Komponentenmetriken sind in Tabelle 5.2 zusammengefasst. Die Metriken OV, CV, NOA, WAC und WMC fallen allesamt in die Gruppe der *Umfangsmetriken* [42, 231, 161, 167]. Die ermittelten Kennzahlen sind besonders gut für die Bestimmung derjenigen Klassen geeignet, die aufgrund ihres Platzverbrauchs (*Datenkomplexität*) oder ihrer Implementierungslänge (*Methodenkomplexität*) aus dem Klassenverbund herausstechen. Zum einen können auf diese Weise Komponenten identifiziert werden, die eine größere funktionale Bedeutung besitzen. Zum anderen lassen sich auch monolithische Klassen aufdecken, die im Zuge des Refactorings in mehrere Unterklassen aufgespaltet werden können. Die Maßzahlen OV, CV und NOA messen die Datenkomplexität einer Klasse anhand der Anzahl der Objektvariablen (OV), der Anzahl der gemeinsam genutzten Klassenvariablen (CV) oder der Summe aus beiden Maßen (NOA). Die Metriken WAC und WMC führen zur Komplexitätsbewertung eine zusätzliche Gewichtung ein. Bezeichnen wir die Komplexität eines Attributs $a \in A$ mit $v_A(a)$ und die Komplexität einer Methode $m \in M$ mit $v_M(m)$, so berechnen sich die Maßzahlen WAC (*gewichtete Attributkomplexität*) und WMC (*gewichtete Methodenkomplexität*) wie folgt:

$$\text{WAC} = \sum_{i=1}^{|A|} v_A(a_i) \tag{5.60}$$

$$\text{WMC} = \sum_{i=1}^{|M|} v_M(m_i) \tag{5.61}$$

$|A|$ bezeichnet die Anzahl der Attribute und $|M|$ die Anzahl der Methoden, die in der untersuchten Klasse neu hinzugefügt oder umdefiniert wurden. Geerbte Attribute oder Methoden werden nicht berücksichtigt.

Die beiden Metriken DOI und NOD gehören zur Gruppe der *Vererbungsmetriken* und beurteilen eine Teilkomponente anhand ihrer Eingliederung innerhalb der Klassenhierarchie. Die erhobenen Maßzahlen entsprechen der Anzahl der Oberklassen (DOI) bzw. der Anzahl der Unterklassen (NOD) der untersuchten Komponente. Gut strukturierte Software-Systeme zeichnen sich unter anderem durch vergleichsweise flache Vererbungshierarchien aus. Lange Vererbungsketten, wie sie von vielen Programmieranfängern gerne erzeugt werden, verschlechtern nicht nur die Code-Transparenz, sondern auch die Wartbarkeit eines Software-Systems. In der Praxis lassen sich die DOI- und NOD-Maßzahlen als zuverlässiges Warnsignal für diese Qualitätsparameter einsetzen.

Neben der Vererbungstiefe spielt für die Komplexitätsbewertung auch die Anzahl der reimplementierten Methoden eine Rolle. Dieser Wert wird mit der Maßzahl NORM gemessen, die ebenfalls in die Gruppe der Vererbungsmetriken fällt [167].

Der Begriff *Kohäsion* beschreibt den Verknüpfungsgrad, der zwischen den einzelnen Bestandteilen einer Klasse, eines Pakets oder einer Bibliothek besteht. Zur Messung des Kohäsionsgrads einer Klasse bildet die LCOM-Metrik die Differenz aus der Anzahl der Methodenpaare, die gemeinsame Variablen verwenden, und der Anzahl der Methodenpaare, die über disjunkte Variablensätze verfügen [42, 43].

Die in [12] durchgeführten empirischen Untersuchungen attestieren den Vererbungs- und Umfangsmetriken eine praktische Signifikanz für die Qualitätsbewertung einer Klasse. Für die Kohäsionsmetrik wurde eine entsprechende Korrelation jedoch nicht bestätigt, so dass die praktische Verwertbarkeit der erhobenen Maßzahl heute in Frage steht. Auch in [122] wird auf die Defizite der LCOM-Metrik hingewiesen und eine modifizierte Kohäsionsmaßzahl vorgeschlagen.

5.1.4.2 Strukturmetriken

Im Gegensatz zu den bisher betrachteten Komponentenmetriken, die auf die Bewertung einer einzigen Klasse ausgerichtet sind, analysieren *Strukturmetriken* den Klassenverbund als Ganzes. Eine wichtige Rolle spielen hier insbesondere die *Kopplungsmetriken*, die das Zusammenspiel der einzelnen Klassen im Hinblick auf deren Interaktions- und Vererbungsmuster analysieren. Eine zentrale Rolle in der klassenübergreifenden Kopplungsanalyse spielen die Begriffe *Fan-In* und *Fan-Out* (vgl. Abb. 5.7) [275, 186]:

■ **Fan-In**
Als *Fan-In* einer Klasse C, kurz $F_{in}(C)$, wird die Anzahl der Klassen bezeichnet, die direkt auf C zugreifen. Klassen mit einem hohen Fan-In sind in der Regel am unteren Ende der Software-Architektur angesiedelt, Klassen mit einem niedrigen Fan-In am oberen Ende.

■ **Fan-Out**
Als *Fan-Out* einer Klasse C, kurz $F_{out}(C)$, wird die Anzahl der Klassen bezeichnet, auf die C selbst direkt zugreift. Klassen mit einem hohen Fan-Out sind in der Regel am oberen Ende der Software-Architektur angesiedelt, Klassen mit einem niedrigen Fan-Out am unteren Ende.

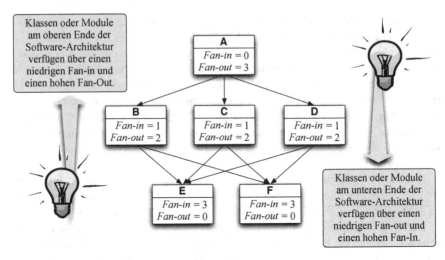

Abb. 5.7 Fan-In und Fan-Out

Auf Basis der Fan-In- und Fan-Out-Maßzahlen wurden in der Vergangenheit mehrere Metriken entwickelt. So führen Henry und Kafura in [118] das Quadrat des Produkts aus Fan-In und Fan-Out als strukturelles Komplexitätsmaß einer Klasse C ein:

$$v_{HK}(C) = (F_{in}(C) \cdot F_{out}(C))^2 \qquad (5.62)$$

Henry und Selig erweitern die Definition in [119] um einen zusätzlichen Faktor $v_{internal}(C)$, der die innere Komplexität der Klasse C beschreibt:

$$v_{HS}(C) = v_{internal}(C) \cdot (F_{in}(C) \cdot F_{out}(C))^2 \qquad (5.63)$$

Die Bestimmung der internen Komplexität $v_{internal}(C)$ kann mit einer beliebigen Komponentenmetrik erfolgen – beispielsweise mit Hilfe der McCabe-Metrik (Abschnitt 5.1.3) oder einem Vertreter der diversen Halstead-Maßzahlen (Abschnitt 5.1.2).

Card und Glass schlagen in [39] ein weiteres Komplexitätsmaß vor, das sich aus der Summe der Daten- und Strukturkomplexität zusammensetzt:

$$v_{CG} = s_{CG} + d_{CG} \qquad (5.64)$$

Der linke Summand s_{CG} beschreibt die Strukturkomplexität eines Systems mit n Klassen $C_1, \ldots, C_n$ und berechnet sich wie folgt:

$$s_{CG} = \sum_{i=1}^{n} F_{out}(C_i)^2 \qquad (5.65)$$

Nach Card und Glass wird die Strukturkomplexität eines Software-Systems damit ausschließlich durch den Fan-Out der Teilkomponenten bestimmt. Der Fan-In spielt dagegen keine Rolle.

In die Berechnung der Datenkomplexität d_{CG} geht für jede Teilkomponente C_i neben dem Fan-Out $F_{out}(C_i)$ auch die Anzahl der I/O-Variablen, kurz $IO(C_i)$, ein:

$$d_{CG} = \sum_{i=1}^{n} \frac{IO(C_i)}{F_{out}(C_i) + 1} \tag{5.66}$$

Die Division der Kennzahl v_{CG} durch die Anzahl der Teilkomponenten ergibt die *relative Systemkomplexität* $\overline{v_{CG}}$. Entsprechend den Gleichungen (5.64) bis (5.66) berechnet sich die Maßzahl wie folgt:

$$\overline{v_{CG}} = \frac{v_{CG}}{n} = \frac{1}{n} \left(\sum_{i=1}^{n} F_{out}(C_i)^2 + \sum_{i=1}^{n} \frac{IO(C)}{F_{out}(C_i) + 1} \right) \tag{5.67}$$

Mit $\overline{v_{CG}}$ liegt eine Strukturmetrik vor, die von der Anzahl der vorhandenen Klassen abstrahiert. Hierdurch liefert die Metrik auch für solche Software-Systeme vergleichbare Werte, die sich in ihrer Größe erheblich unterscheiden.

5.1.5 Visualisierung von Messwerten

In den vorangegangenen Abschnitten wurden zahlreiche Metriken vorgestellt, mit deren Hilfe sich die verschiedensten Kenngrößen eines Software-Systems quantitativ erfassen lassen. Für eine praktische Verwertung der ermittelten Maßzahlen ist deren pure Messung jedoch nicht ausreichend. Was wir an dieser Stelle benötigen, ist eine Darstellungsform, in der die untersuchten Qualitätsindikatoren klar zum Vorschein treten und etwaig vorhandene Abweichungen schnell erkannt werden können. Die tabellarische Aufbereitung der Messwerte ist für diesen Zweck denkbar ungeeignet. Obwohl in dieser Darstellung alle Maßzahlen exakt vorliegen, bleiben dem menschlichen Auge viele Auffälligkeiten verdeckt.

Aus diesem Grund wurden in der Vergangenheit zahlreiche Diagrammdarstellungen entwickelt, die sich für die statistische Aufbereitung von Messwerten deutlich besser eignen. Im Bereich der professionellen Software-Entwicklung spielen insbesondere das *Pareto-Diagramm*, das *Streudiagramm* und das *Kiviat-Diagramm* eine große Rolle. Alle drei werden in den folgenden Abschnitten einer detaillierten Betrachtung unterzogen.

5.1.5.1 Pareto-Diagramme

Hinter diesem Diagrammtyp verbirgt sich eine spezielle Form des Balkendiagramms, die sich für die Visualisierung von Häufigkeitsverteilungen über diskreten Merkmalsräumen eignet. Die Balken eines Pareto-Diagramms sind stets in absteigender Größe angeordnet. Zusätzlich sind diese mit einem Graphen überlagert, der

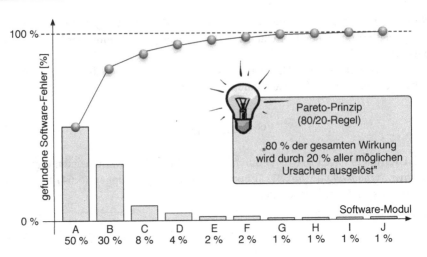

Abb. 5.8 Pareto-Diagramm

die *Summenhäufigkeiten* beschreibt und durch die Addition der *i* häufigsten Merkmalsausprägungen gebildet wird.

Zur Verdeutlichung des Gesagten betrachten wir das Pareto-Diagramm in Abb. 5.8. Das Beispiel beschreibt, wie sich gefundene Fehler auf die einzelnen Module eines Software-Systems verteilen. Der diskrete Merkmalsraum erstreckt sich über die *x*-Achse und beinhaltet alle Module der betrachteten Software. Der Häufigkeitsparameter wird auf der *y*-Achse eingetragen und entspricht in diesem Fall der prozentualen Anzahl der Software-Fehler, die dem jeweiligen Modul zugeordnet werden können. Mit Hilfe des abgebildeten Pareto-Diagramms lassen sich unter anderem die folgenden, für das Projektmanagement typischen Fragen beantworten:

- Welches Modul besitzt die höchste Fehlerrate?

- Welches Modul bedarf als nächstes einer Überarbeitung?

- Welche 20 % der Module sind für 80 % der Fehler verantwortlich?

Die letzte Frage deutet auf einen elementaren Zusammenhang hin, der auf den Namenspatron des Pareto-Diagramms zurückgeht. Die Rede ist von dem italienischen Ökonomen und Soziologen Vilfredo Pareto (1848 – 1923), dessen wissenschaftliches Vermächtnis bis heute weite Teile der Volkswirtschaftslehre prägt. Im Rahmen seiner Untersuchungen zur Verteilung des italienischen Volksvermögens konnte er zeigen, dass sich ca. 80 % des gesamten Vermögens auf ca. 20 % der Bevölkerung konzentriert. In den Dreißigerjahren wurden Paretos Beobachtungen von Joseph M. Juran verallgemeinert. Erst durch seine Arbeiten wurde das *Pareto-Prinzip* zu der wichtigen empirischen Gesetzmäßigkeit, wie wir sie heute kennen. Grob gesprochen besagt das Pareto-Prinzip in seiner allgemeinen Form, dass 80 % der gesamten

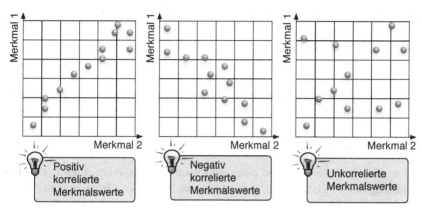

Abb. 5.9 Scatter plots

Wirkung durch 20 % aller möglichen Ursachen ausgelöst werden [147, 153]. Landläufig wird das Pareto-Prinzip daher auch als *80/20-Regel* bezeichnet.

Die Gültigkeit der 80/20-Regel ist nicht auf den Bereich der Volkswirtschaftslehre beschränkt. Auch im Bereich der Software-Entwicklung lässt sich die Grundaus-
sage des Pareto-Prinzips empirisch bestätigen – wenn auch mit teilweise abweichenden Teilungsverhältnissen. Fenton und Ohlsson untersuchten in [93] die Fehlerver-
teilung in einem Telekommunikationssystem der Firma Ericsson-Telecom. Die Studie kommt zu dem Ergebnis, dass sich rund 60 % aller Fehler auf 20 % der Module
konzentrieren. Ostrand und Weyuker kommen in [198] auf ein ähnliches Ergebnis.
In einem frühen Entwicklungsstadium der untersuchten Software wurden ca. 70 %
der Fehler durch 10 % der Module verursacht. Die von Möller und Paulish in [184]
gemessene Verteilung fällt weniger drastisch aus, bestätigen jedoch den allgemeinen
Trend. Hier wurden 45 % Prozent der Fehler auf 10 % der Module zurückgeführt.

5.1.5.2 Streudiagramme

Mit Hilfe von *Streudiagrammen* (*scatter plots*) wird die Korrelation zweier statistischer Merkmale grafisch erfasst. Hierzu werden die Merkmalswerte als (x, y)-
Koordinate interpretiert und als Punkt in das Diagramm eingetragen. Mit der Zeit
entsteht eine Punktwolke, deren Form einen Rückschluss auf die Korrelation der
beobachteten Merkmale erlaubt.

Als Beispiel betrachten wir die drei Streudiagramme in Abb. 5.9. Das linke
Diagramm zeigt eine positive Korrelation zwischen den Merkmalswerten beider
Achsen – die verschiedenen Messpunkte lassen sich durch eine von links unten
nach rechts oben verlaufende Gerade approximieren. Im Gegensatz hierzu sind
die Messwerte des mittleren Diagramms negativ korreliert. Hier bedingen große
Messwerte auf der x-Achse kleine Messwerte auf der y-Achse und umgekehrt. Im
rechten Diagramm sind die Messpunkte gleichmäßig verteilt – ein direkter Zusammenhang zwischen der x-Koordinate und der y-Koordinate eines Messwerts lässt

sich hier nicht ableiten. Mit anderen Worten: Es besteht keinerlei Korrelation zwischen den beobachteten Merkmalen.

Streudiagramme lassen sich auf den Vergleich dreier Merkmale erweitern, indem die Messwerte in ein dreidimensionales Diagramm eingetragen werden. Die räumliche Struktur der Punktwolke gibt auch hier Aufschluss über die Korrelation der gemessenen Parameter. Ab vier Parametern stößt die Korrelationsanalyse mit Hilfe von Streudiagrammen an ihre Grenzen.

5.1.5.3 Kiviat-Diagramme

Werden die Qualitätsmerkmale eines einzelnen Moduls oder eines kompletten Software-Systems mit mehreren, voneinander unabhängigen Metriken gemessen, so lassen sich diese in einem Kiviat-Diagramm gemeinsam visualisieren. Ein Kiviat-Diagramm für die kombinierte Darstellung von n Maßzahlen hat die Grundform eines Kreisdiagramms, das in n Zonen gleicher Größe aufgeteilt wird [185]. Die einzelnen Zonen werden durch Achsen getrennt, die im Mittelpunkt entspringen und gleichmäßig verteilt in alle Richtungen des Diagramms nach außen laufen. Jede Achse ist einer separaten Metrik zugeordnet und in jeweils drei Segmente unterteilt. Das innere und äußere Segment beschreiben Maßzahlen, die einen zu geringen bzw. einen zu großen Wert aufweisen. Das mittlere Segment definiert den vor der Messung festgelegten Normbereich.

Für die gemeinsame Auswertung der erhobenen Qualitätsparameter werden die Messwerte auf den einzelnen Achsen eingetragen und benachbarte Punkte miteinander verbunden. Auf diese Weise entsteht ein geschlossener Linienzug, der im optimalen Fall vollständig im Normbereich verläuft. Aufgrund ihrer äußeren Gestalt werden Kiviat-Diagramme auch als *Radar-* oder *Netzdiagramme* bezeichnet. Abb. 5.10 zeigt exemplarisch zwei Kiviat-Diagramme, die fünf der in den vorhergehenden Abschnitten eingeführten Metriken miteinander kombinieren. Während im linken Diagramm alle gemessenen Metriken im Normbereich liegen, verlassen im rechten Diagramm die Maßzahlen der McCabe- und der NCSS-Metrik den zulässigen Bereich. Zum direkten Vergleich zweier Messobjekte können die entsprechenden Linienzüge in ein einziges Diagramm eingetragen werden.

Jeder Linienzug eines Kiviat-Diagramms schließt eine Fläche ein, deren Größe häufig als kumuliertes Qualitätsmaß verwendet wird. Diese Art der Interpretation ist insbesondere dann sinnvoll, wenn die erhobenen Maßzahlen durch keinen Minimalwert nach unten begrenzt sind. In diesem Fall bestehen die einzelnen Achsen ausschließlich aus dem Normbereich und dem äußeren Segment und kleinere Flächeninhalte bedeuten stets bessere Werte. Begrenzt wird die Aussagekraft dieser Maßzahl lediglich durch die starre Einteilung der Kreisscheibe in Segmente gleicher Größe –schließlich gehen durch die gleichmäßige Verteilung der Achsen alle Messwerte mit der gleichen Gewichtung in die kumulierte Maßzahl ein.

In [211] wurde mit dem *Multiple-Metrics-Graph* ein gewichtetes Kiviat-Diagramm vorgeschlagen, das dieses Problem behebt. Im direkten Vergleich mit der ungewichteten Variante unterscheidet sich der Multiple-Metrics-Graph in zwei wesentlichen Punkten. Zum einen wird jede Metrik durch ein variables Kreisseg-

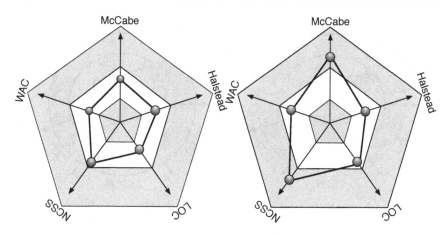

Abb. 5.10 Kiviat-Diagramme

ment dargestellt, dessen Größe proportional zu deren Bedeutung gewählt wird. Zum anderen werden die Messwerte nicht mehr auf der Achse selbst, sondern auf der Mittelachse des jeweiligen Segments eingezeichnet.

Abb. 5.11 zeigt die auf diese Weise modifizierten Kiviat-Diagramme. In den dargestellten Beispielen wurde das Segment der Metrik LOC deutlich verkleinert, so dass ein hoher Messwert den Flächeninhalt nur noch gering beeinflusst. Die Segmente der McCabe- und der Halstead-Metrik wurde hingegen deutlich vergrößert. Wird der Normbereich hier verlassen, so wirkt sich die Veränderung überproportional auf den Flächeninhalt und damit auf das kumulierte Qualitätsmaß aus. Ein zentraler Nachteil des Kiviat-Diagramms bleibt jedoch auch in der gewichteten Variante erhalten: Alle Metriken werden als voneinander unabhängige Merkmale betrachtet. In der Praxis bestehen zwischen den erhobenen Maßzahlen semantische Abhängigkeiten, wie die beiden Umfangsmetriken LOC und NCSS besonders deutlich unter Beweis stellen. Die starke Korrelation zwischen den beiden bleibt in der grafischen Repräsentation gänzlich unberücksichtigt.

5.2 Konformitätsanalyse

Zu den wichtigsten Anwendungen der statischen Code-Analyse gehört, die Quelltexte eines Software-Systems auf die Einhaltung vorgegebener *Konformitätsregeln* zu überprüfen. Je nachdem, wie der bewusst abstrakt gehaltene Begriff der Konformität an dieser Stelle interpretiert wird, entstehen ganz unterschiedlichen Spielarten der statischen Analyse. Auf der obersten Ebene lassen sich diese in zwei Gruppen aufteilen:

■ **Syntax-Analyse**
Die *Syntax-Analyse* überprüft die untersuchten Quellen auf die Einhaltung der le-

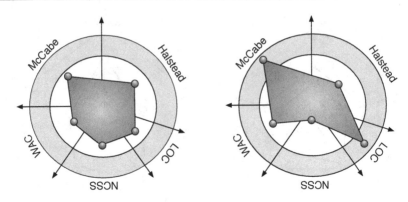

Abb. 5.11 Gewichtetes Kiviat-Diagramm (Multiple-Metrics-Graph)

xikalischen und der syntaktischen Vorgaben der verwendeten Programmiersprache.

■ **Semantik-Analyse**
  Die *Semantik-Analyse* geht über die rein syntaktische Programmprüfung hinaus und verfolgt das Ziel, potenziell fehlerhafte oder fragwürdige Programmkonstrukte zu identifizieren.

Wie in Abb. 5.12 am Beispiel der Programmiersprache C gezeigt, gehen die Syntax- und die Semantik-Analyse in der Praxis Hand in Hand. Insgesamt sind drei Szenarien abgebildet, die gleichzeitig die historische Entwicklung der Compiler-Technik widerspiegeln. In den frühen Tagen des Übersetzerbaus wurde die Code-Analyse durch eine separate Applikation durchgeführt. Da der C-Compiler selbst keine eigenständige Prüfung durchführte, sprechen wir in diesem Zusammenhang von einer *externen Code-Analyse*. Im Gegensatz hierzu verfolgen moderne C-Compiler die Strategie der *internen Code-Analyse* und verfügen heute über einen Großteil der Funktionalität ehemaliger externer Analysewerkzeuge. Die Prüfung findet jedoch stets nur lokal, d. h. für jede Datei separat statt. Die *kombinierte Code-Analyse* vereint beide Ansätze, indem der interne Analysator des Compilers durch externe, global prüfende Werkzeuge unterstützt wird.

5.2.1 Syntax-Analyse

Jeder Compiler oder Interpreter, der den Programmtext einer rudimentären Vorverarbeitung unterzieht, wendet diese Art der Code-Analyse an. Der eingelesene Quelltext wird anhand der sprachenspezifischen Syntax- und Grammatikregeln auf Konformität geprüft und der Vorgang gegebenenfalls mit einer Fehlermeldung abgebrochen. Formal wird der Bereich der Syntax-Analyse dem Compilerbau zugeordnet und gehört zu den gut verstandenen Teilgebieten der Informatik [3, 33, 109]. Typische *Multi-pass Compiler* erzeugen im Rahmen der Syntax-Analyse zunächst ein Zwischenformat, das anschließend an den Code-Generator zur Erzeugung des

■ Externe Code-Analyse

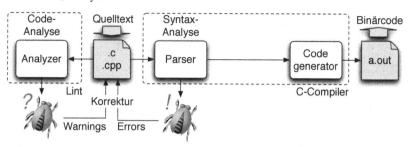

■ Interne Code-Analyse

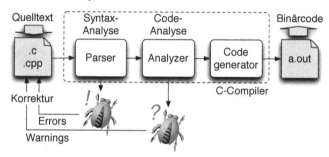

■ Kombinierte Code-Analyse

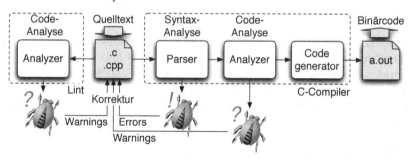

Abb. 5.12 Einbettung der Syntax- und Semantik-Analyse in die Programmentwicklung

Byte- oder Maschinencodes übergeben wird. In modernen *Single-pass Compilern* sind beide Bearbeitungsstufen eng miteinander verzahnt und werden in einem einzigen Arbeitsschritt ausgeführt.

Am Beispiel der Werkzeuge Lex und Yacc wollen wir an dieser Stelle einen Blick hinter die Kulissen werfen und zeigen, wie die Syntax-Analyse innerhalb des Compilers durchgeführt wird. Beide sind keine Qualitätssicherungswerkzeuge im eigentlichen Sinne. Stattdessen unterstützen sie den Compiler-Entwickler bei der

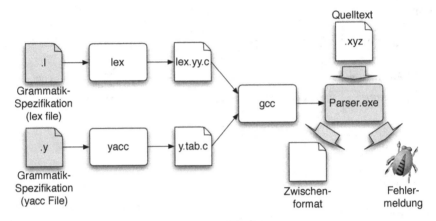

Abb. 5.13 Zusammenspiel der Werkzeuge Lex und Yacc

Konstruktion des *Parsers*, d. h. derjenigen Komponente, die für die Syntax-Analyse der Quelltexte verantwortlich ist.

Abb. 5.13 skizziert die Parser-Generierung mit Hilfe der Werkzeuge Lex und Yacc. Das spätere Verhalten des Parsers wird durch eine Lex-Datei mit der Endung .l und eine Yacc-Datei mit der Endung .y definiert:

5.2.1.1 Lex-Scanner

Die Lex-Datei definiert mit den *Tokens* die Elementarsymbole der Eingabesprache und besteht aus bis zu vier Abschnitten (vgl. Abb. 5.14 links). Innerhalb der ersten beiden lassen sich beliebig viele C- und Lex-Definitionen vereinbaren und in den restlichen Abschnitten referenzieren. C-Definitionen werden mit den speziellen Zeichenfolgen %{ und %} umschlossen. Der Hauptteil der Lex-Datei wird durch eine Reihe von Pattern-Action-Paaren gebildet, die sich jeweils aus einem regulären Ausdruck sowie einer oder mehrerer C-Anweisungen zusammensetzen. Der letzte Abschnitt enthält eine beliebige Anzahl weiterer C-Routinen.

Das in Abb. 5.15 dargestellte Beispielprogramm `firstlexer.l` definiert einen Scanner, der die jeweils gelesene Zeichenkette nach Dezimalzahlen durchsucht. Eine Zahl wird durch den regulären Ausdruck `[1-9][0-9]*` beschrieben und setzt sich demnach aus einer positiven Führungsziffer sowie einer beliebigen Anzahl weiterer Ziffern – jeweils aus dem Zeichenvorrat 0 bis 9 – zusammen. Die restlichen regulären Ausdrücke weisen den Scanner an, Leerzeichen, die Endemarkierung sowie ungültige Eingabezeichen als solche zu erkennen.

Mit Hilfe des Werkzeugs Lex kann aus der Datei `firstlexer.l` ein vollständiger Token-Scanner generiert werden. Durch den Aufruf

```
> lex firstlexer.l
```

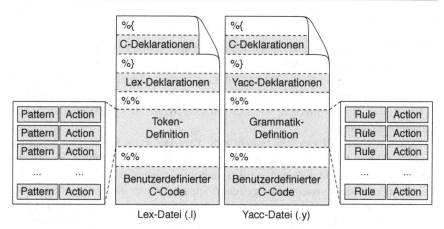

Abb. 5.14 Allgemeines Format einer Lex- bzw. Yacc-Datei

```
firstlexer.l

%%                                                           1
[1-9][0-9]*  { printf("NUMBER\n"); }                        2
[ \t]        { printf("WHITE SPACE\n"); }                   3
\n           { printf("EOF\n"); }                           4
.            { printf("UNKNOWN\n"); }                       5
%%                                                           6
```

Abb. 5.15 Ein einfacher Lexer zur Erkennung numerischer Werte

wird die Datei `lex.yy.c` erzeugt, die sich anschließend mit Hilfe des C-Compilers in eine ausführbare Datei übersetzen lässt:

```
> gcc -o firstlexer lex.yy.c -lfl
```

Der Zusatz `-lfl` veranlasst den Linker, die Lex-Bibliothek einzubinden. Diese enthält unter anderem eine vordefinierte `main`-Funktion, die den generierten Scanner automatisch aktiviert und an den Input-Stream `stdin` bindet. Mit Hilfe der erzeugten Binärdatei `firstlexer` lässt sich der Token-Scanner damit interaktiv testen:

```
> ./firstlexer
42 x 13
NUMBER
WHITE SPACE
UNKNOWN
WHITE SPACE
NUMBER
EOF
```

5.2.1.2 Yacc-Parser

Die Lex-Datei legt die Elementarsymbole der Eingabesprache fest, macht aber keine Aussage darüber, wie sich die verschiedenen Tokens miteinander kombinieren lassen. Genau an dieser Stelle kommt die Yacc-Datei ins Spiel. Fassen wir die Lex-Datei als die Definition des Wortschatzes unserer Sprache auf, so legt die Yacc-Datei in Form einer *Grammatik* fest, wie sich einzelne Worte zu wohldefinierten Sätzen kombinieren lassen.

Genau wie im Fall von Lex besteht eine Yacc-Datei aus bis zu vier Abschnitten (vgl. Abb. 5.14 rechts). Die ersten beiden enthalten eine beliebige Anzahl von Deklarationen. C-Deklarationen werden auch hier wieder mit der speziellen Zeichenfolge `%{` und `%}` voneinander getrennt. Später wird der eingerahmte Abschnitt eins zu eins in die erzeugte Parser-Datei kopiert. Zu den Yacc-Deklarationen gehört unter anderem die Angabe der Tokens, die durch den verwendeten Lex-Scanner geliefert werden. Der nächste Abschnitt enthält eine beliebige Anzahl von Grammatikregeln, die zusammen die Sprachstruktur definieren. Legen wir die Begrifflichkeit der formalen Sprachentheorie zugrunde, so fällt Yacc in die Klasse der *LALR(1)-Parser* [158, 120].

Als vollständiges Beispiel ist in Abb. 5.16 (oben) eine Grammatik zur Beschreibung einfacher arithmetischer Ausdrücke wiedergegeben, die sich mit Hilfe des Werkzeugs Yacc direkt in eine C-Datei übersetzen lässt:

```
> yacc -d calculator.y
```

Der Aufruf erzeugt die Datei `y.tab.c` und durch die Option `-d` zusätzlich die Datei `y.tab.h`. Die generierte Header-Datei enthält einen einzigen Eintrag und weist dem in der Yacc-Datei verwendeten Token **NUMBER** eine eindeutige Identifikationsnummer zu:

```
> cat y.tab.h
#define NUMBER 257
```

Wie in Abb. 5.16 gezeigt, wird die Datei `y.tab.h` innerhalb von `calculator.l` eingelesen. Hier dient die Konstante **NUMBER** als Rückgabewert, sobald ein numerischer Wert als Token erkannt wird. Jetzt genügt die Ausführung von Lex, gefolgt von einem Aufruf des C-Compilers, um den vollständigen Parser zu erzeugen:

```
> lex calculator.l
> gcc -o calculator y.tab.c lex.yy.c -ll -ly
```

Über die Optionen `-ll` und `-ly` werden die Lex- und Yacc-Bibliotheken eingebunden. Unter anderem enthalten diese auch hier wieder eine Implementierung der Einsprungfunktion `main`, die den Parser direkt startet. Auf diese Weise lässt sich das Ergebnis sofort über die Kommandozeile testen:

```
> ./calculator
(32 / 2) + 26
= 42
```

■ Yacc-Grammatik

```
calculator.y

%{                                                      1
#include "stdio.h"                                      2
%}                                                      3
                                                        4
%token NUMBER                                           5
%%                                                      6
main: expression { printf("= %d\n", $1); }             7
    ;                                                   8
                                                        9
expression: expression '+' expression { $$ = $1 + $3; } 10
          | expression '-' expression { $$ = $1 - $3; } 11
          | expression '*' expression { $$ = $1 * $3; } 12
          | expression '/' expression { $$ = $1 / $3; } 13
          | '-' expression            { $$ = -$2; }     14
          | '(' expression ')'        { $$ = $2; }      15
          | NUMBER                    { $$ = $1; }      16
          ;                                             17
```

■ Lex-Scanner

```
calculator.l

%{                                                      1
#include "y.tab.h"                                      2
extern int yylval;                                      3
%}                                                      4
%%                                                      5
                                                        6
[1-9][0-9]*  { yylval = atoi(yytext); return NUMBER; }  7
[ \t]        { }  /* white spaces are ignored */        8
\n           { return 0; }                              9
.            { return yytext[0]; }                      10
%%                                                      11
```

Abb. 5.16 Vollständiger Lex-Yacc-Parser zur Auswertung primitiver arithmetischer Ausdrücke

```
>  ./calculator
(+4-2)
syntax error
```

Wie in Abb. 5.17 gezeigt, springt die **main**-Routine zunächst in die Funktion **yyparse()**. Diese ruft in einer Schleife die Funktion **yylex()** des Lex-Scanners auf und versorgt sich auf diese Weise mit einem kontinuierlichen Eingabestrom. Der Yacc-Parser interpretiert die eingelesenen Tokens entsprechend der spezifizierten Grammatikregeln und beginnt mit dem Aufbau eines *Syntax-Baums*. Der Bearbeitungsprozess bricht ab, sobald der Ende-Token (EOF) eingelesen wird oder der verarbeitete Datenstrom die spezifizierten Grammatikregeln verletzt.

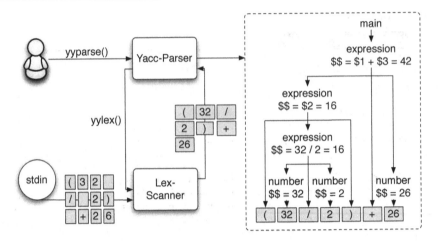

Abb. 5.17 Allgemeines Arbeitsprinzip eines Lex-Yacc-Parsers

Die vorgestellten Werkzeuge Lex und Yacc sind keine Erfindungen der letzten Jahre – beide wurden bereits in den Siebzigerjahren an den Bell Laboratories entwickelt. Stephen C. Johnson machte mit Yacc den Anfang [144], Lex kam wenig später als gezielte Ergänzung hinzu. Mit dem Erscheinen von Unix V7 im Jahre 1979 wurden Lex und Yacc in den Kreis der klassischen Unix-Werkzeuge aufgenommen und seither in mehrere Richtungen weiterentwickelt. Nennenswert sind die Werkzeuge Flex und Bison. Hierbei handelt es sich um zwei von der *Free Software Foundation* im Rahmen des *GNU-Projekts* entwickelte und funktional nahezu identische Alternativen für die Programme Lex und Yacc.

Die Spuren, die der Zahn der Zeit an den Werkzeugen hinterlassen hat, sind heute kaum noch zu übersehen. Zum einen widerspricht der syntaktische Aufbau der Lex- und Yacc-Dateien vielen der gegenwärtig verfolgten Architekturprinzipien – insbesondere wirkt die recht unstrukturierte Vermischung von Lex-Yacc-Direktiven mit nativem C-Code aus heutiger Sicht vergleichsweise hemdsärmelig. Zum anderen ist das inzwischen allgegenwärtige Prinzip der Objektorientierung sowohl für Lex als für Yacc ein Fremdwort [143].

Nichtsdestotrotz gehören die Werkzeuge aufgrund ihrer Leistungsfähigkeit immer noch zu den am häufigsten eingesetzten Parser-Generatoren im industriellen Umfeld. Darüber hinaus sind in den letzten Jahren zahlreiche Alternativen entstanden, die viele der geschilderten Defizite beseitigen. Neben den neu entstandenen, objektorientierten Varianten Lex++ und Yacc++ [265] wurden zahlreiche Parser-Generatoren für andere Programmiersprachen implementiert. Zu den bekannteren Vertretern gehören unter anderem die Werkzeuge JFlex und CUP [140], Coco/R [251], ANTLR [7] und JavaCC [139].

5.2.1.3 Parameterextraktion mit Lex

Erinnern Sie sich noch an den Mail-Bug aus Abschnitt 2.6? Das Programm enthielt einen diffizilen Fehler, der in seltenen Situationen zu einer falschen Interpretation der Kommandozeilenparameter führte. Fehler dieser Art sind auch in moderner Software keine Seltenheit, da auch heute viele aktuelle Shell-Werkzeuge die übergebenen Kommandozeilenparameter manuell auswerten. Der systematische Einsatz eines Parser-Generators ist eine von mehreren Möglichkeiten, solche Probleme bereits im Ansatz zu verhindern.

Als Beispiel ist in Abb. 5.18 die Lex-Spezifikation der Kommandozeilen-Syntax des besagten Mail-Programms dargestellt. Um die Betrachtung an dieser Stelle auf das Wesentliche zu beschränken, stellt der Lex-Scanner lediglich fest, ob das Programm zum Senden oder zum Empfangen von Mail gestartet wird. Der Lex-Code wertet hierzu die verschiedenen Kommandozeilenparameter aus und setzt die Variablen **send** bzw. **receive** auf 1, je nachdem, ob eine sende- oder eine empfangstypische Option übergeben wurde.

Eine genaue Betrachtung der Kommandozeilen-Syntax zeigt, dass ein rein lexikalisch arbeitender Scanner aus theoretischer Sicht nicht ausreicht, um die Gültigkeit vollständig zu überprüfen. Der Grund hierfür verbirgt sich hinter den Optionen **-f** und **-m**, die stets zusammen mit einem weiteren Parameter angegeben werden. Kurzum: Die Syntax des Mail-Programms ist *kontextsensitiv*.

Dass wir trotzdem auf die Angabe einer Grammatik in Form einer Yacc-Datei verzichten können, liegt an einer besonderen Fähigkeit von Lex. Das Werkzeug erlaubt die Definition mehrerer Zustände (*states*), die den Token-Scanner, grob gesprochen, um ein primitives Gedächtnis erweitern. Die abgebildete Lex-Datei definiert die beiden Zustände **F_NAME** und **M_NAME**. Sobald eine der Optionen **-f** bzw. **-m** erkannt wird, wechselt der erzeugte Scanner in einen der beiden Zustände und erweitert hierdurch die Regelauswahl für den nächsten zu erkennenden Token. Konkret werden mit

```
<F_NAME>[^ \n]+ { receive = 1; }
<M_NAME>[^ \n]+ { send = 1; }
```

zwei Regeln definiert, die nur dann berücksichtigt werden, wenn sich der Token-Scanner aktuell im Zustand **F_NAME** bzw. **M_NAME** befindet. Lex ist mit Hilfe des Zustandsmechanismus in der Lage, primitive Grammatiken auch ohne den Einsatz von Yacc abzuarbeiten und geht damit aus sprachentheoretischer Sicht deutlich über die Fähigkeiten eines einfachen Token-Scanners hinaus.

5.2.1.4 Parameterextraktion mit getopt

An dieser Stelle soll eine alternative Möglichkeit nicht verschwiegen werden, um Kommandozeilenparameter systematisch und vor allem sicher auszuwerten. Die POSIX-Bibliothek bietet mit der Funktion

```
int getopt (int argc, char **argv, const char *options)
```

```
mail.l

%{                                                                         1
    #include <stdio.h>                                                     2
                                                                           3
    /* Receiving syntax:                                                   4
       mail [-e] [-h] [-p] [-P] [-q] [-r] [ -f file ] */                   5
    unsigned receive = 0;                                                  6
                                                                           7
    /* Sending syntax:                                                     8
       mail [-t] [-w] [ -m ... ] <recipient 1> ... */                     9
    unsigned send = 0;                                                    10
%}                                                                        11
                                                                         12
%s F_NAME                                                                13
%s M_NAME                                                                14
                                                                         15
%%                                                                       16
[ \t]              { /* SPACE */ }                                       17
\n                 { if (receive == send)                                18
                          printf("Option mismatch\n");                   19
                   else if (receive == 1)                                20
                          printf("Receiving mail\n");                    21
                   else                                                  22
                          printf("Sending mail\n");                      23
                   }                                                     24
                                                                        25
-e                 { receive = 1; }                                     26
-h                 { receive = 1; }                                     27
-p                 { receive = 1; }                                     28
-P                 { receive = 1; }                                     29
-q                 { receive = 1; }                                     30
-r                 { receive = 1; }                                     31
-t                 { send = 1; }                                        32
-w                 { send = 1; }                                        33
-f                 { BEGIN F_NAME; }                                    34
-m                 { BEGIN M_NAME; }                                    35
<F_NAME>[^ \n]+    { receive = 1; }                                     36
<M_NAME>[^ \n]+    { send = 1; }                                        37
[^ \n]+            { send = 1;                                          38
                          printf("Recipient = %s\n", yytext); }         39
%%                                                                      40
```

Abb. 5.18 Ein einfacher Lex-Scanner zur Analyse von Kommandozeilenparametern

eine genauso einfache wie elegante Möglichkeit, Parameterlisten halbautomatisch zu analysieren. Mit den ersten beiden Argumenten nimmt die Funktion getopt die Anzahl der Listenelemente sowie die Parameter selbst entgegen – für gewöhnlich werden die gleichnamigen Variablen der C-Funktion main einfach an getopt weitergereicht. Das dritte Argument spezifiziert die Kommandozeilensyntax und besteht aus einem Format-String, der alle akzeptierten Optionsbuchstaben enthält.

Nimmt ein Kommandozeilenparameter ein zusätzliches Argument entgegen, wird dieses durch einen Doppelpunkt innerhalb des Optionen-Strings gekennzeichnet. Durch den wiederholten Aufruf der Funktion `getopt` wird der Format-String analysiert und das nächste erkannte Optionszeichen als Ergebniswert zurückgegeben. Ein eventuell vorhandenes Zusatzargument wird in der globalen Variablen `optarg` abgelegt. Stößt `getopt` auf ein unbekanntes Optionszeichen, so liefert die Funktion '`?`' zurück. Sind keine weiteren Optionen vorhanden, ist der Funktionswert gleich -1.

Abb. 5.19 zeigt, wie die Kommandozeilensyntax der Mail-Applikation mit Hilfe von `getopt` verarbeitet werden kann. Das Programm besteht aus insgesamt zwei Schleifen, die nacheinander durchlaufen werden. In der ersten Schleife werden die Optionsparameter durch den kontinuierlichen Aufruf der Funktion `getopt` analysiert. Üblicherweise wird das Auftreten einer Option zunächst in einer eigens hierfür vorgehaltenen globalen Variablen vermerkt und auf diese später im Programm erneut Bezug genommen. Wie schon im Falle der Lex-basierten Lösung beschränken wir uns an dieser Stelle auf das Beschreiben der beiden Variablen `send` und `receive`, um die Betrachtung so einfach wie möglich zu gestalten. Sind alle Optionsparameter verarbeitet, werden in der zweiten Schleife die verbleibenden Parameter eingelesen. Anschließend werden die Variablen `send` und `receive` ausgewertet und eine entsprechende Nachricht auf der Konsole ausgegeben.

5.2.2 Semantik-Analyse

Im direkten Vergleich mit der Syntax-Analyse, die einen Quelltext ausschließlich auf die Einhaltung grammatikalischer Bildungsregeln überprüft, beschäftigt sich die Semantik-Analyse mit der inhaltlichen Bedeutung eines Programms. Die Semantik-Analyse verfolgt das übergeordnete Ziel, fehleranfällige und generell fragwürdige Sprachkonstrukte mit Hilfe statischer Analysetechniken zu identifizieren.

Im Gegensatz zum Software-Test, der stets die Ausführung des Programms mit konkreten Eingabewerten verlangt, wird für die Durchführung einer Semantik-Analyse ausschließlich der Quelltext der untersuchten Software benötigt. Die Technik lässt sich hierdurch auf beliebige Code-Fragmente anwenden und setzt kein lauffähiges System voraus. Wie die weiter unten betrachteten Beispielprogramme zeigen werden, ist die statische Semantik-Analyse in der Lage, etliche Fehler aufzudecken, die mit Hilfe dynamischer Techniken nur schwer zu finden sind. Insgesamt gehört die Semantik-Analyse aufgrund ihrer einfachen Anwendung und beachtlichen Leistungsstärke neben dem klassischen Software-Test zu den Qualitätssicherungstechniken mit der höchsten Praxisbedeutung.

Die Idee der statischen Semantik-Analyse ist nicht neu und deren Entstehung fest mit der Entwicklungsgeschichte der Programmiersprache C verbunden. Die ersten C-Compiler wurden allesamt in einer homogenen Rechnerumgebung betrieben und maßen der Syntax- und der Semantik-Analyse noch keine große Bedeutung zu. Es oblag einzig dem Programmierer selbst, für ein syntaktisch und semantisch korrektes Programm zu sorgen. Mit der fortschreitenden Portierung des Unix-Betriebssystems änderte sich die Situation jedoch auf dramatische Weise. Als

```
getopt_example.c
#include <unistd.h>                                                      1
#include <stdio.h>                                                       2
                                                                         3
int main (int argc, char **argv)                                        4
{                                                                        5
    unsigned send = 0, receive = 0;                                     6
    char c;                                                              7
    int index;                                                          8
                                                                         9
    while ((c = getopt (argc, argv, "ehpPqrf:twm:")) != -1) {          10
        switch (c) {                                                    11
            case 'e':                                                   12
            case 'h':                                                   13
            case 'p':                                                   14
            case 'P':                                                   15
            case 'q':                                                   16
            case 'r':                                                   17
            case 'f':                                                   18
                receive = 1;                                            19
                break;                                                  20
            case 't':                                                   21
            case 'w':                                                   22
            case 'm':                                                   23
                send = 1;                                               24
                break;                                                  25
            default:                                                    26
                printf("Syntax error");                                 27
                return 0;                                               28
        }                                                               29
    }                                                                   30
    for (index = optind; index < argc; index++) {                      31
        send = 1;                                                       32
        printf ("Recipient = %s\n", argv[index]);                      33
    }                                                                   34
    if (receive == send)                                               35
        printf("Option mismatch\n");                                    36
    else if (receive == 1)                                             37
        printf("Receiving mail\n");                                     38
    else                                                                39
        printf("Sending mail\n");                                       40
                                                                         41
    return 0;                                                           42
}                                                                       43
```

Abb. 5.19 Analyse der Kommandozeilenparameter mit Hilfe von `getopt`

programmiersprachliche Grundlage von Unix erlangte C in kurzer Zeit eine genauso massenhafte Verbreitung wie das Betriebssystem selbst und wurde mit einer stetig größer werden Anzahl von zu unterstützenden Hardware-Plattformen konfrontiert.

Da die Programmiersprache C von Hause aus nicht für den plattformübergreifenden Einsatz konzipiert war, entwickelte sich die kontinuierlich wachsende Heterogenität zu einem handfesten Problem. Immer mehr Programme, die auf einer bestimmten Hardware-Architektur korrekt arbeiteten, quittierten auf einer anderen ihren Dienst. Als Gegenmaßnahme rief Stephen C. Johnson Mitte der Siebzigerjahre den *Portable C Compiler*, kurz Pcc, ins Leben [142]. Dieser war zum einen so programmiert, dass er selbst nur einen geringen Anteil architekturabhängigen Codes aufwies und damit einfacher zu portieren war, als alle Compiler-Implementierungen zuvor. Zum anderen führte Pcc eine für damalige Verhältnisse äußerst strenge Überprüfung der Programmquellen durch. Diese untersuchte den zu übersetzenden Befehlsstrom nicht nur auf Syntax-Fehler, sondern mahnte auch viele portabilitätskritische Konstrukte an.

Aus dem Portable-C-Compiler entstand der statische Code-Analysator Lint, den auch heute noch viele Unix-Distributionen als Standardwerkzeug mitliefern [141]. Die Code-Basis wurde im Laufe der Zeit vielfach überarbeitet und in unterschiedliche Richtungen weiterentwickelt. Allen voran hat sich dabei der ursprüngliche Programmname Lint zu einem Überbegriff entwickelt, der heute weniger eine spezielle Applikation, sondern stellvertretend für eine ganze Gattung von Analysewerkzeugen steht. Entsprechend tragen viele der heute verfügbaren Werkzeuge den Begriff Lint als Namensbestandteil weiter.

Die Zweiteilung des C-Entwicklungswerkzeugs in einen Code-Analysator einerseits und einen Code-Generator andererseits, mag aus heutiger Betrachtung unverständlich erscheinen, ist aus historischer Sicht aber durchaus gerechtfertigt. Durch die fast vollständige Herausnahme des Analyse-Codes konnte der Compiler erheblich beschleunigt werden und zugleich deutlich speicherökonomischer arbeiten – in Zeiten knapper RAM- und CPU-Ressourcen eine durchaus verständliche Maßnahme. Leider verführte die Zweiteilung viele Programmierer dazu, den Compiler auch ohne den Code-Analysator zu nutzen. Einige mögen es schlicht der Disziplinlosigkeit, andere der ausgeprägten Selbstüberschätzung mancher Programmierer zuschreiben – der Effekt ist in beiden Fällen stets der gleiche. Peter van der Linden beschreibt die unbefriedigende Situation wie folgt:

> *"Separating lint out from the compiler as an independent program was a big mistake that people are only now coming to terms with. It's true that it made the compiler smaller and more focused, but it was a the grievous cost of allowing bugs and dubious code idioms to lurk unnoticed. It's a poor trade-off to have buggy code compiled fast."*
>
> Peter van der Linden, [164]

5.2.2.1 Semantik-Analyse mit dem GNU-C-Compiler

Die damalige Situation hat sich heute in vielerlei Hinsicht entspannt. Geschwindigkeit und Platzverbrauch sind inzwischen keine durchschlagenden Gründe mehr, um auf wichtige Funktionalitäten zu verzichten. In entsprechender Weise wurden die Analyse-Fähigkeiten der gängigen C-Compiler immer weiter ausgebaut. In der Tat

■ Programm 1

```
comparison.c

#include <stdio.h>                1
                                  2
int                               3
main(int argc, char *argv[])      4
{                                 5
    if (argc = 1) {               6
        /* stuff */               7
    } else {                      8
        printf("Usage: ...");     9
    }                            10
    return 0;                    11
}                                12
```

■ Programm 2

```
printf.c

#include <stdio.h>                1
                                  2
int                               3
main(int argc, char *argv[])      4
{                                 5
    long value = 42L;             6
                                  7
    printf("%d", value);          8
    return 0;                     9
}                                10
                                 11
                                 12
```

■ Programm 3

```
arraycopy.c

#include <stdio.h>                1
                                  2
int                               3
main(int argc, char *argv[])      4
    int i = 0;                    5
    int p[4] = {1, 2, 3, 4};      6
    int q[4] = {5, 6, 7, 8};      7
                                  8
    while (i < 4)                 9
        p[i++] = q[i];           10
                                 11
    return 0;                    12
}                                13
```

■ Programm 4

```
noreturn.c

#include <stdio.h>                1
                                  2
int                               3
main(int argc, char *argv[])      4
{                                 5
    if (argc <= 1) {              6
        printf("Usage: ...");     7
    } else {                      8
        /* stuff */               9
        return 0;                10
    }                            11
}                                12
                                 13
```

Abb. 5.20 Typische Semantik-Fehler in der Programmiersprache C

ist der Großteil der ursprünglichen Lint-Funktionalität in modernen C-Compilern enthalten, muss jedoch durch die Angabe spezieller Compiler-Optionen aktiviert werden. So lässt sich der GNU-C-Compiler erst mit dem Aufruf

```
> gcc -Wall -ansi -pedantic ...
```

zur Ausgabe Lint-ähnlicher Warnmeldungen veranlassen. **-Wall** spielt hierbei die wichtigste Rolle und schaltet sämtliche Warnmeldungen frei. **-ansi** ist eine Kompatibilitätsoption und deaktiviert einige der GNU-spezifischen Erweiterungen, die mit dem ISO-C90-Standard in Konflikt stehen [227, 51]. Die Option **-pedantic** sorgt schließlich dafür, dass der Compiler nicht ISO-konforme Programme als fehlerhaft zurückweist.

Um einen Eindruck über die Analysefähigkeiten des GNU-C-Compilers zu vermitteln, betrachten wir die vier Beispielimplementierungen in Abb. 5.20. Mit den

Standardoptionen übersetzt der Gcc-Compiler alle Programme ohne eine einzige Fehler- oder Warnmeldung.

■ **Programm 1: comparison.c**

Das Beispielprogramm enthält einen klassischen lexikalischen Fehler, den sicher jeder erfahrene C-Programmierer aus leidlicher Erfahrung kennt: Anstelle des Vergleichsoperators == wird in der If-Bedingung der Zuweisungsoperator = verwendet und hierdurch der Übergabeparameter `argc` mit dem konstanten Wert 1 überschrieben. Da die Konstante 1 jetzt gleichzeitig den Wahrheitswert der If-Bedingung bildet, wird stets der If-Zweig und niemals der Else-Zweig ausgeführt. Mit den entsprechenden Optionen aufgerufen macht der C-Compiler auf die betreffende Programmzeile mit einer Warnmeldung aufmerksam:

```
> gcc -Wall -ansi -pedantic comparison.c
comparison.c: In function 'main':
comparison.c:5: warning: suggest parentheses around assignment
used as truth value
```

Der ausgegebene Text weist zudem auf eine besondere Eigenschaft des GNU-C-Compilers hin: Die Fehlermeldung lässt sich unterdrücken, indem der beanstandete Ausdruck in zusätzliche Klammern eingeschlossen wird. Auf diese Weise hat der Programmierer die Freiheit, gewollte Konstrukte dieser Art explizit als solche zu kennzeichnen.

■ **Programm 2: printf.c**

In diesem Beispielprogramm wird die Funktion `printf` der C-Standardbibliothek verwendet, um den Inhalt der Variablen `value` auf der Konsole auszugeben. Die Funktion `printf` nimmt als erstes Argument einen *Format-String* entgegen, gefolgt von einer beliebigen Anzahl weiterer Parameter. Der Format-String kann neben gewöhnlichen Textfragmenten eine beliebige Anzahl Platzhalter enthalten, die `printf` vor der Ausgabe durch die Werte der zusätzlich übergebenen Parameter ersetzt. Jeder Platzhalter wird mit einem Prozentzeichen eingeleitet und mit einer individuellen Buchstabensequenz ergänzt, die Auskunft über den Datentyp des einzusetzenden Elements gibt. Dass der Datentyp des übergebenen Elements mit dem entsprechenden Formatbuchstaben übereinstimmt, liegt in der Verantwortung des Programmierers und ist eine typische Fehlerquelle der Programmiersprache C.

In dem abgebildeten Beispielprogramm wird mit der Variablen `value` ein Wert vom Typ `long` übergeben. Nach Tabelle 5.3 sieht C für Werte dieses Typs den Platzhalter `%ld` vor. Das abgebildete Beispielprogramm verwendet dagegen, wie unzählige andere C-Programme an dieser Stelle auch, den Formatbuchstaben `d`. In diesem Fall erwartet die Funktion `printf` eine Variable vom Typ `int`, der auf vielen – aber nicht allen – Rechnerarchitekturen mit dem Typ `long` übereinstimmt. Der Defekt gehört damit zur großen Gruppe der Portabilitätsfehler, die wir bereits in Abschnitt 3.5 einer genaueren Betrachtung unterzogen haben.

Im Gegensatz zu Compilern der ersten Generation gleichen moderne Übersetzer den Format-String mit den Datentypen der tatsächlich übergebenen Pa-

Tabelle 5.3 Format-Strings der Programmiersprachen C und C++

Datentyp	Ausgabeformat	Format-String
char	Alphanumerisch	%c
wint_t	Alphanumerisch	%lc
char[]	Alphanumerisch	%s
wint_t[]	Alphanumerisch	%ls
(signed) short	Dezimal	%hd oder %hi
unsigned short	Dezimal	%hu
unsigned short	Oktal	%ho
unsigned short	Hexadezimal	%hx oder %hX
(signed) int	Dezimal	%d oder %i
unsigned int	Dezimal	%u
unsigned int	Oktal	%o
unsigned int	Hexadezimal	%x oder %X
(signed) long	Dezimal	%ld oder %li
unsigned long	Dezimal	%lu
unsigned long	Oktal	%lo
unsigned long	Hexadezimal	%lx oder %lX
(signed) long long	Dezimal	%lld oder %lli
unsigned long long	Dezimal	%llu
unsigned long long	Oktal	%llo
unsigned long long	Hexadezimal	%llx oder %llX
double	Dezimal	%f
double	Dezimal mit Exponent	%e oder %E
double	gemischte Notation	%g oder %G
long double	Dezimal	%Lf
long double	Dezimal mit Exponent	%Le oder %LE
long double	gemischte Notation	%Lg oder %LG
void *	Hexadezimal	%p

rameter ab und sind damit in der Lage, Inkonsistenzen dieser Art selbstständig aufzuspüren:

```
> gcc -c -Wall -ansi -pedantic printf.c
printf.c: In function 'main':
printf.c:7: warning: format '%d' expects type 'int',
but argument 2 has type 'long int'
```

Die frühzeitige Erkennung des Format-String-Fehlers ist schon deshalb von Bedeutung, da er in vielen Fällen keine sichtbaren Symptome zeigt. Insbesondere dann, wenn das Datenmodell der zugrunde liegenden Rechnerarchitektur die gleiche Bitbreite für int- und long-Variablen verwendet, wird der Fehler zunächst kompensiert. Trotzdem ist die Verwendung des Format-Strings %d für alle Arten ganzzahliger Integer-Werte selbst unter erfahrenen C-Programmieren weit verbreitet. Umso größer ist mitunter das Erstaunen, dass ein bisher stets stabil laufendes Programm nach der Portierung auf eine andere Rechnerarchitektur plötzlich seine Dienste verweigert.

■ **Programm 3: arraycopy.c**
Das dritte Beispielprogramm enthält einen diffizilen Programmierfehler, der selbst von langjährigen C-Programmieren nicht selten übersehen wird. Das Programm deklariert zwei Integer-Arrays und versucht in der sich anschließenden While-Schleife, die Elemente des Arrays `q` eins zu eins in das Array `p` zu kopieren. Obwohl das Programm unter Verwendung der meisten gängigen C-Compiler korrekt arbeitet, birgt die Zuweisung `p[i++] = q[i]` ein Kompatibilitätsrisiko in sich. Die Ursache ist in der C-Spezifikation zu finden, die für Ausdrücke dieser Art keine feste Auswertungsreihenfolge festgelegt. In der Konsequenz erfolgt die Inkrementierung von `i` entweder vor oder nach dem Zugriff auf das Element `q[i]`. Ist ersteres der Fall, so wird das Element `p[i]` nicht mit dem (korrekten) Element `q[i]`, sondern mit dem (falschen) Nachfolgeelement `q[i+1]` beschrieben.

Ausgeführt mit der Option `-Wall` macht der GNU-C-Compiler abermals auf den potenziellen Fehler aufmerksam:

```
> gcc -Wall -ansi -pedantic arraycopy.c
arraycopy.c: In function 'main':
arraycopy.c:10: warning: operation on 'i' may be undefined
```

■ **Programm 4: noreturn.c**
In diesem Programm hat sich ein klassischer Flüchtigkeitsfehler eingeschlichen. Zunächst wird in der If-Bedingung die Anzahl der Übergabeparameter überprüft und eine Syntax-Beschreibung ausgegeben, falls das Programm ohne einen einzigen Parameter aufgerufen wurde. Der im Else-Zweig enthaltene Return-Befehl wird in diesem Fall nicht ausgeführt und das Hauptprogramm ohne die Rückgabe eines Ergebniswerts beendet. Wird die fertige Applikation wie gewöhnlich in der Konsole gestartet, fällt der Fehler zunächst nicht auf – der Rückgabewert wird in diesem Fall durch die Shell ignoriert. Die Situation ändert sich schlagartig, sobald das Programm innerhalb eines Skripts ausgeführt wird. Hier wird der Rückgabewert jedes ausgeführten Befehls ausgewertet und die Stapelverarbeitung im Falle eines aufgetreten Fehlers abgebrochen. Ohne ein explizites Return am Ende des Hauptprogramms wird ein (fast) zufälliger Wert zurückgegeben, mit ebenso (fast) zufälligen Folgen für die Skriptausführung.

Anhand des intern aufgebauten Kontrollflussgraphen ist es für moderne Compiler ein leichtes, Ausführungspfade zu erkennen, die eine Funktion ohne Rückgabewert verlassen. Für unser Beispielprogramm produziert der GNU-C-Compiler beispielsweise die folgende Fehlermeldung:

```
> gcc -Wall -ansi -pedantic noreturn.c
noreturn.c: In function 'main':
noreturn.c:11: warning: control reaches end of non-void function
```

Die vier Beispiele zeigen eindringlich, dass moderne C-Compiler in der Lage sind, viele Programmierfehler bereits in der Analysephase zu erkennen – vorausgesetzt Sie lassen die Analyse zu. Wie bereits weiter oben erwähnt, lassen sich alle Programme ohne die Angabe zusätzlicher Compiler-Optionen klaglos übersetzen. Um die Fähigkeiten des Compilers gewinnbringend zu nutzen, sollten Sie insbesondere auf die Angabe der Option **-Wall** niemals verzichten.

5.2.2.2 Semantik-Analyse mit Lint

In den letzten Jahren wurden die Analysefähigkeiten moderner C-Compiler kontinuierlich erweitert. Trotzdem hat der Code-Analysator Lint heute nichts von seiner Daseinsberechtigung eingebüßt. So wurde dessen Urversion im Laufe der Zeit in verschiedene Richtungen weiterentwickelt oder gar durch komplette Neuimplementierungen ersetzt. Ein bekannter Vertreter ist das an der University of Virginia entwickelte Werkzeug LCLint [88]. Auch LCLint wurde kontinuierlich weiterentwickelt und insbesondere um Funktionen zum Erkennen von Sicherheitslecks ergänzt (vgl. Abschnitt 5.3). Um die erweiterte Funktionalität zum Ausdruck zu bringen, trägt LCLint seit dem Erscheinen der Version 3.0 den Namen Splint (*secure programming lint*) [87, 157, 89, 236].

Wie wertvoll der Einsatz eines separaten Code-Analysators in der täglichen Arbeit sein kann, werden die vier Beispielprogramme in Abb. 5.21 zeigen. Mit Hilfe des GNU-C-Compilers lassen sich diese mit den folgenden Aufrufen zunächst in separate Objektdateien übersetzen:

```
> gcc -c -Wall -ansi -pedantic copyfile.c
(0 errors, 0 warnings)
> gcc -c -Wall -ansi -pedantic charprint.c
(0 errors, 0 warnings)
> gcc -c -Wall -ansi -pedantic allocate.c
(0 errors, 0 warnings)
> gcc -c -Wall -ansi -pedantic undef.c
(0 errors, 0 warnings)
```

Obwohl sämtliche Warnmeldungen eingeschaltet sind, werden alle vier Beispiele klaglos übersetzt. Jedes der vier Programme enthält eine fehlerhafte oder nicht portable Programmstelle, die der Analyse des C-Compilers offensichtlich entgeht. Im Folgenden werden wir zeigen, wie sich diese mit Hilfe der statischen Code-Analyse trotzdem aufdecken lassen:

■ **Programm 5: copyfile.c**
Das abgebildete Programm setzt die Funktionen **getc** und **putc** ein, um den Inhalt der Eingabedatei **fin** in die Ausgabedatei **fout** zu kopieren. Hierzu wird in jeder Iteration der While-Schleife ein Zeichen über die Funktion **getc** ausgelesen und dieses anschließend durch einen Aufruf von **putc** in die Zieldatei geschrieben. Der Kopiervorgang endet, sobald die Funktion **getc** die Ende-Kennung **EOF** (*end of file*) zurückliefert.

■ Programm 5

```
copyfile.c
#include <stdio.h>            1
                             2
void                         3
copy(FILE *fin, FILE *fout)  4
{                            5
  char c;                    6
  while ((c=getc(fin))!=EOF) 7
    putc(c, fout);           8
}                            9
                             10
                             11
                             12
                             13
```

■ Programm 6

```
charprint.c
#include <stdio.h>              1
#include <string.h>            2
                              3
int                           4
main(int argc, char *argv[])  5
{                             6
  size_t i;                   7
  char *s="Hello, world\n";   8
                              9
  for (i=strlen(s);i>=0;i--)  10
    printf("%c\n", s[i]);     11
  return 0;                   12
}                             13
```

■ Programm 7

```
allocate.c
#include <stdlib.h>            1
                             2
void                         3
allocate(unsigned size)      4
{                            5
  char *addr;                6
                             7
  addr=(char *)malloc(size); 8
}                            9
                             10
                             11
                             12
                             13
                             14
                             15
                             16
                             17
```

■ Programm 8

```
undef.c
#include <stdlib.h>              1
                              2
int                           3
main(int argc, char *argv[])  4
{                             5
  char *mem;                  6
                              7
  if (argc > 1) {             8
    mem =                     9
      (char *)malloc(1024);   10
    /* stuff */               11
  } else {                    12
    /* stuff */               13
  }                           14
  free(mem);                  15
  return 0;                   16
}                             17
```

Abb. 5.21 Die statische Analyse der meisten C-Compiler stößt bei diesen Programmen an ihre Grenzen

Das Programm enthält eine schwer zu erkennende Typinkonsistenz, die erst durch einen gezielten Blick auf die Signaturen der Funktion **getc** und der Konstanten **EOF** hervortritt. Beide sind in der Header-Datei **stdio** wie folgt definiert:

```
...
#define EOF (-1)
...
int getc(FILE *stream);
...
```

Wie der Deklaration zu entnehmen ist, gibt die Funktion `getc` einen Ergebniswert vom Typ `int` zurück, und nicht, wie in unserem Beispielprogramm erwartet,
einen Wert des Typs `char`. Folgerichtig tritt innerhalb des Beispielprogramms
immer dann ein Problem auf, wenn ein Zeichen mit dem ASCII-Code 0xFF eingelesen wird. Im eingeschränkten Wertebereich des `char`-Datentyps besitzt dieses Zeichen die gleiche Bitrepräsentation wie die Integer-Konstante `EOF`, so dass
der Kopiervorgang in diesem Fall vorzeitig beendet wird. Mit den Mitteln des
herkömmlichen Software-Tests ist der Fehler nur schwer zu erkennen, da das
ASCII-Zeichen 0xFF z. B. in gewöhnlichen Textdateien überhaupt nicht auftritt.

Mit Hilfe der statischen Semantik-Analyse lassen sich Fehler dieser Art bereits im Vorfeld vermeiden. So weist beispielsweise das Analysewerkzeug Splint
durch die folgenden beiden Warnmeldungen vorab auf die vorhandenen Typkon-
flikte hin:

```
> splint copyfile.c
copyfile.c: (in function copyfile)
copyfile.c:6:13: Assignment of int to char: c = getc(fin)

copyfile.c:6:12: Operands of != have incompatible types
                (char, int): (c = getc(fin)) != EOF
```

■ **Programm 6: charprint.c**
Geschrieben wurde dieses Programm mit der Absicht, die Zeichenkette „Hello,
world" in umgekehrter Reihenfolge auf der Konsole auszugeben. Hierzu wird in
einer For-Schleife zunächst die Indexvariable `i` mit der Länge der Zeichenkette
initialisiert. Anschließend wird in jeder Iteration das `i`-te Zeichen dargestellt und
die Indexvariable um eins verringert.

Anstatt die Zeichenkette auszugeben, reagiert das Programm auf dem Testrechner unwirsch mit einem *Bus error*. Die Fehlerursache geht auf die Formulierung der Wiederholungsbedingung zurück, die `i` als vorzeichenbehafteten Integer-Wert interpretiert. Dem Rückgabewert der Funktion `strlen` entsprechend, wurde `i` jedoch als Variable des Typs `size_t` deklariert. Ein Blick in die
Header-Datei `stddef.h` zeigt, dass dieser Datentyp mit

```
typedef unsigned long size_t;
```

vorzeichenlos definiert ist, wodurch der Wert der Variablen `i` niemals negativ
werden kann. Folgerichtig erfüllt das Programm zu jedem Zeitpunkt die Wiederholungsbedingung `i>=0` und gerät in eine Endlosschleife. Moderne statische
Code-Analysatoren haben im Gegensatz zu den meisten C-Compilern keine Probleme, den Fehler zu erkennen. So reagiert das Analysewerkzeug Splint unmittelbar mit der folgenden Warnmeldung:

```
> splint charprint.c
...
charprint.c: (in function main)
charprint.c:8:24: Comparison of unsigned value involving zero:
   i >= 0. An unsigned value is used in a comparison with zero
```

```
in a way that is either a bug or confusing.
...
```

■ Programm 7: allocate.c

Das abgebildete Beispielprogramm besteht aus einer einzigen ausführbaren Code-Zeile, die dynamisch einen Speicherbereich auf dem Heap reserviert und die Startadresse in der Variablen `addr` ablegt. Obwohl die Zeile als solche vollkommen korrekt ist, enthält das Programm trotzdem einen klassischen Programmierfehler. Da die Sprache C selbst über kein intelligentes Speichermanagement verfügt, müssen alle dynamisch belegten Speicherbereiche durch einen expliziten Aufruf der Funktion `free` wieder frei gegeben werden. Die von `malloc` zurückgegebene Referenz wird in diesem Beispiel nur in einer lokalen Variablen gespeichert. Beim Rücksprung aus der Funktion geht der Inhalt aller lokalen Variablen und damit auch die Startadresse des belegten Speicherbereichs unwiederbringlich verloren – die Freigabe kann zu einem späteren Zeitpunkt daher nicht mehr gelingen. Typische Code-Analysatoren sind auch hier in der Lage, den Programmfehler zu erkennen:

```
> splint allocate.c
allocate.c: (in function allocate)
allocate.c:8:2: Fresh storage addr not released before return
  A memory leak has been detected. Storage allocated locally
  is not released before the last reference to it is lost.
allocate.c:7:2: Fresh storage addr created
```

An dieser Stelle gilt es zu beachten, dass weder der C-Compiler noch der Code-Analysator prüft, ob der dynamisch belegte Speicher tatsächlich wieder freigegeben wird. Die generierte Warnmeldung weist lediglich darauf hin, dass eine Freigabe durch den Verlust der Speicherreferenz nicht mehr möglich ist. Wird die Variable `addr` außerhalb der Funktion `allocate` als globale Variable deklariert, so verschwindet die Warnmeldung – unabhängig davon, wie mit dem dynamisch belegten Speicherbereich verfahren wird.

■ Programm 8: undef.c

Auch in diesem Programm wird die Funktion `malloc` eingesetzt, um ein dynamisches Speichersegment auf dem Heap zu belegen. Obwohl vor dem Verlassen der `main`-Funktion ein Aufruf von `free` erfolgt, enthält das Programm einen schwerwiegenden Fehler. Wird es ohne einen einzigen Übergabeparameter gestartet, so ist der Wert der Variablen `argc` gleich 1. Anstelle des If-Zweigs wird in diesem Fall der Else-Zweig abgearbeitet und der `malloc`-Befehl übersprungen. Der Aufruf der Funktion `free` erfolgt trotzdem – diesmal jedoch mit einem uninitialisierten Wert der Variablen `mem`.

Auch in diesem Fall leistet die statische Code-Analyse wertvolle Hilfestellung:

```
> splint undef.c
undef.c: (in function main)
```

```
undef.c:13:7: Unallocated storage mem passed as out parameter:
mem. An rvalue is used that may not be initialized to a
value on some execution path.
```

Der Fehler lässt sich auf einfache Weise korrigieren. Wird der Aufruf von **free**
nicht mehr unmittelbar vor dem Rücksprung, sondern am Ende des If-Zweigs
aufgerufen, arbeitet das Programm fehlerfrei.

5.2.2.3 False negatives

Viele Programmierer erleben während der ersten Gehversuche mit einem statischen
Analysewerkzeug nicht selten eine böse Überraschung. Erstmalig auf ein reales
Software-Projekt angewendet, produzieren die Werkzeuge typischerweise eine wahre Flut von Warnmeldungen, die in einem zeitraubenden Prozess zunächst analysiert
und kategorisiert werden müssen. Erschwerend kommt hinzu, dass es sich nicht bei
jeder erzeugten Warnmeldung tatsächlich um einen Fehler handelt. Wir haben es an
dieser Stelle mit einer Problematik zu tun, der wir in ähnlicher Form in Kapitel 6
im Zusammenhang mit den semi-formalen Verifikationstechniken erneut begegnen
werden. Häufig auftretende *false negatives* lassen bei vielen Programmierern immer
wieder Zweifel aufkommen, ob sich der Einsatz eines statischen Code-Analysators
in der produktiven Software-Entwicklung wirklich auszahlt. Brian Kernighan und
Rob Pike beschreiben die vorliegende Situation in treffender Weise:

> *"[lint] takes some experience to know what to heed and what to ignore.
> It's worth the effort, though, because lint finds some errors that are almost
> impossible for people to see. It's always worth running lint after a long
> stretch of editing, making sure that you understand each warning that it
> gives."*
>
> B. Kernighan, R. Pike [149]

In der Tat erfordert der produktive Einsatz eines statischen Analysewerkzeugs ein
gewisses Maß an Erfahrung, um mit den generierten Scheinfehlern in gebührender Weise umzugehen. Leider wird der hierfür notwendige Initialaufwand sowohl
entwickler- als auch managementseitig häufig gescheut und auf den Einsatz der statischen Semantik-Analyse von vornherein verzichtet. In vielen Fällen erfolgt dieser
Schritt voreilig, wie die in Abb. 5.22 dargestellten Code-Beispiele demonstrieren
werden.

■ **Programm 9: unused.c**

Das Code-Beispiel umfasst einen einzigen Return-Befehl und ist das mit Abstand einfachste der hier vorgestellten Programme. Obwohl es sich hier um ein
vollständig korrektes C-Programm handelt, produziert Splint die folgende Warnmeldung:

```
> splint unused.c
unused.c: (in function main)
unused.c:1:26: Parameter argv not used
  A function parameter is not used in the body of the function.
```

■ Programm 9   ■ Programm 10

```
unused.c
int                                1
main(int argc, char *argv[])       2
{                                  3
    return argc;                   4
}                                  5
                                   6
                                   7
                                   8
```

```
skip.c
#include <stdio.h>                 1
                                   2
void                               3
skip(FILE *file, int n)            4
{                                  5
    for (; n > 0; n--)             6
        getc(file);                7
}                                  8
```

■ Programm 11   ■ Programm 12

```
fallthrough.c
#include <stdio.h>                 1
                                   2
void                               3
foo(char c)                        4
{                                  5
    unsigned uppercase = 0;        6
    unsigned keycode = 0;          7
                                   8
    switch (c) {                   9
        case 'A':                 10
            uppercase = 1;        11
        case 'a':                 12
            keycode = 65;         13
            break;                14
        case 'B':                 15
            uppercase = 1;        16
        case 'b':                 17
            keycode = 66;         18
            break;                19
        /* ... */                 20
    }                             21
    /* stuff */                   22
}                                 23
```

```
bailout.c
#include <stdio.h>                 1
#include <stdlib.h>                2
                                   3
static void bailout()              4
{                                  5
    exit(0);                       6
}                                  7
                                   8
int                                9
main(int argc, char *argv[])      10
{                                 11
    if (argc <= 1) {              12
        printf("Syntax: ...");    13
        bailout();                14
    } else {                      15
        /* stuff */               16
        return 0;                 17
    }                             18
}                                 19
                                  20
                                  21
                                  22
                                  23
```

Abb. 5.22 False negatives

```
If the argument is needed for type compatibility or future
plans, use /*@unused@*/ in the argument declaration.
```

In der Tat verbirgt sich hinter einem nicht verwendeten Übergabeparameter in den allermeisten Fällen ein handfester Programmierfehler, so dass die Ausgabe einer entsprechenden Warnmeldung durchaus berechtigt ist. Trotzdem geht in diesem speziellen Fall alles mit rechten Dingen zu, da die Argumente `argc` und `argv` die Übergabeparameter eines von der Konsole gestarteten C-Programms speichern. Beide Parameter sind stets vorhanden, unabhängig davon, ob diese nun verwendet werden oder nicht.

Die einfachste Lösung wäre, die Warnmeldung schlicht zu ignorieren. Empfohlen werden kann dieses Vorgehen nicht, da die Anzahl der zu überspringenden Meldungen rapide anwachsen und schnell die Sicht auf die wirklichen Fehler versperren würde. Eine weitere Lösung besteht darin, die Parameterprüfung über die Option **-paramuse** schlicht abzuschalten. Zu empfehlen ist dieses Vorgehen ebenfalls nicht, da die entsprechenden Meldungen hierdurch global deaktiviert werden und damit auch viele reale Fehler nicht mehr erkannt werden. Stattdessen hält Splint für Szenarien dieser Art verschiedene *Metakommentare* vor, über die sich einzelne Warnmeldungen lokal abschalten lassen. Wie die Splint-Warnmeldung selbst erläutert, können ungenutzte Übergabeparameter mit Hilfe des Metakommentars **/*@unused@*/** als solche gekennzeichnet werden. Damit lässt sich die generierte Meldung in unserem Beispiel vermeiden, indem die Deklaration der Funktion **main** wie folgt umformuliert wird:

```
int main(int argc, /*@unused@*/ char *argv[])
```

■ Programm 10: skip.c

Die Beispielfunktion **skip** nimmt neben einem Dateideskriptor **file** einen Integer-Wert **n** entgegen und besitzt die Aufgabe, den Schreib-Lese-Zeiger um die spezifizierte Anzahl von Zeichen zu verschieben. Hierzu wird die Funktion **getc** in einer For-Schleife sukzessive aufgerufen. Die von **getc** zurückgelieferten Zeichen werden innerhalb der Funktion nicht benötigt und dementsprechend keiner Variablen zugewiesen. Obwohl das Programm den Rückgabewert an dieser Stelle mit gutem Grund ignoriert, reagieren die meisten statischen Code-Analysatoren mit einer Warnmeldung. So produziert Splint die folgende Ausgabe:

```
> splint skip.c
skip.c: (in function skip)
skip.c:6:3: Return value (type int) ignored: getc(file)
  Result returned by function call is not used. If this is
  intended, can cast result to (void) to eliminate message.
```

Wie der Text der Warnung bereits andeutet, gibt es für solche Programmkonstrukte eine einfache Lösung, die gänzlich ohne zusätzlich eingefügte Metakommentare auskommt. Um die Meldung zu eliminieren, reicht es an dieser Stelle aus, dem Funktionsaufruf einen simplen Void-Cast voranzustellen:

```
(void)getc(file);
```

Ein ähnliches Problempotenzial bergen die diversen Vertreter der **printf**-Funktionsfamilie in sich. So mag es manchen Leser erstaunen, dass auch diese Funktionen einen Rückgabewert besitzen. Ein Blick in die Header-Datei **stdio.h** schafft hier Gewissheit:

```
int printf(const char *, ...);
int fprintf(FILE *, const char *, ...);
int sprintf(char *, const char *, ...);
```

In der Konsequenz müssten statische Code-Analysatoren alle typischen Aufrufe
dieser Funktionen ebenfalls monieren. In der Tat wies die ursprüngliche Lint-
Version dieses Verhalten auf, so dass Programmierer keine andere Wahl hatten,
als alle Aufrufe mit einem expliziten Void-Cast zu versehen. Heute können Sie
die Funktion printf und seine Derivate getrost ohne einen vorangestellten Type-
Cast verwenden. Moderne Code-Analysatoren tragen der besonderen Verwendung dieser Standardfunktionen Rechnung und unterdrücken selbstständig die
Ausgabe einer entsprechenden Warnmeldung.

■ Programm 11: fallthrough.c

Das abgebildete Programm verwendet ein einfaches Switch-Case-Konstrukt,
um den Inhalt der alphanumerischen Variablen c zu untersuchen. Neben dem
numerischen ASCII-Code des gespeicherten Zeichens wird in der Variablen
uppercase zusätzlich festgehalten, ob es sich um einen Groß- oder Kleinbuchstaben handelt. Das Programm macht sich den *Fallthrough-Mechanismus* der
Programmiersprache C zunutze: Wird ein einzelner Case-Abschnitt nicht explizit mit dem Schlüsselwort break beendet, so kommt auch der darauf folgende Code-Abschnitt zur Ausführung – unabhängig vom Wahrheitswert der
Case-Bedingung. Das Beispielprogramm setzt diesen Mechanismus bewusst ein.
Enthält die Variable c beispielsweise den Buchstaben „A", so wird die Variable
uppercase mit dem Wert 1 beschrieben und anschließend der Case-Zweig des
Buchstabens „a" ausgeführt. Erst danach wird das Switch-Case-Konstrukt durch
den Break-Befehl abgebrochen.

Obwohl das abgebildete Beispiel durchaus eine sinnvolle Anwendung de-
monstriert, hätten die Väter der Programmiersprache C auf den Fallthrough-
Mechanismus besser verzichtet. Zum einen wird in Momenten der Unacht-
samkeit schnell vergessen, einen Case-Abschnitt mit einer expliziten Break-
Anweisung zu beenden. Zum anderen missverstehen viele Programmierer den
Fallthrough-Mechanismus im Allgemeinen und die Semantik des Break-Befehls
im Besonderen. Welche dramatischen Folgen die falsche Verwendung des Break-
Schlüsselworts nach sich ziehen kann, hat uns bereits der in Abschnitt 2.2 be-
schriebene AT&T-Bug auf eindringliche Weise vor Augen geführt.

Aufgrund der hohen Fehlerträchtigkeit weisen die meisten Code-
Analysatoren an den betreffenden Stellen auf die Gefahr des Fallthrough-
Mechanismus hin. Für unser Beispielprogramm reagiert Splint beispielsweise
mit der folgenden Warnmeldung:

```
> splint fallthrough.c
fallthrough.c: (in function foo)
fallthrough.c:11:10: Fall through case (no preceding break)
   Execution falls through from the previous case.
   (Use -casebreak to inhibit warning)
fallthrough.c:16:10: Fall through case (no preceding break)
```

Abhilfe schafft an dieser Stelle erneut ein spezieller Metakommentar, der explizit auf die bewusste Verwendung des Fallthrough-Mechanismus hinweist. Die Warnmeldung verschwindet, sobald das Programm an der Stelle des ausgelassenen Break-Befehls um den Kommentar `/*@fallthrough@*/` ergänzt wird.

■ **Programm 12: bailout.c**

Wie das weiter oben eingeführte Programm `noreturn.c` klar gezeigt hat, sind statische Code-Analysatoren in der Lage, fehlende Return-Befehle zuverlässig aufzuspüren. Das Beispielprogramm `bailout.c` zeigt jedoch, dass sich der Mechanismus durchaus überlisten lässt. Auf den ersten Blick scheint das abgebildete Programm einen Fehler aufzuweisen, da ausschließlich der Else-Zweig einen Return-Befehl enthält. Innerhalb des If-Zweigs wird lediglich die Funktion `bailout` aufgerufen und das Hauptprogramm anschließend ohne einen Return-Befehl beendet. Ein Blick auf die Funktion `bailout` zeigt allerdings, dass diese nicht terminiert – der Aufruf der Funktion `exit` führt zu einer sofortigen Beendigung des Programms. Die spezielle Semantik der Funktion `exit` sorgt in diesem Fall dafür, dass wir trotz des augenscheinlich fehlenden Return-Befehls ein vollständig korrektes Programm vor uns haben. Nichtsdestotrotz reagieren sowohl Gcc als auch Splint mit einer Warnmeldung:

```
> gcc -Wall -pedantic -ansi bailout.c
bailout.c: In function 'main':
bailout.c:18: warning: control reaches end of non-void function
```

```
> splint bailout.c
bailout.c: (in function main)
bailout.c:18:2: Path with no return in function declared to
    return int. There is a path through a function declared to
    return a value on which there is no return statement. This
    means the execution may fall through without returning a
    meaningful result to the caller.
```

Die Gcc-Meldung verschwindet, sobald wir dem Compiler mitteilen, dass es sich bei der Funktion `bailout` um eine nicht terminierende Funktion handelt. Zu diesem Zweck erlaubt der GNU-C-Compiler, die Deklaration bzw. die Definition einer Funktion um entsprechende Attribute anzureichern. Konkret lässt sich die weiter oben gezeigte Gcc-Warnung eliminieren, indem die Funktionssignatur um das Attribut `__noreturn__` ergänzt wird:

```
static void __attribute__((__noreturn__)) bailout()
```

Um die Splint-Warnung zu beseitigen, müssen wir einen weiteren Metakommentar hinzufügen. Für den vorliegenden Fall stellt Splint die Zeichensequenz `/*@NOTREACHED@*/` zur Verfügung, mit der sich beliebige, nicht erreichbare Code-Stellen markieren lassen. Wird der Metakommentar direkt hinter dem Aufruf der Funktion `bailout` platziert, verschwindet auch die Splint-Warnung.

Abb. 5.23 fasst die modifizierten Code-Abschnitte zusammen. Sowohl Gcc als auch Splint verarbeiten die Programme jetzt fehlerfrei.

■ Programm 9

```
unused.c
int                                   1
main (int argc,                       2
   /*@unused@*/ char *argv[])         3
{                                     4
   return argc;                       5
}                                     6
                                      7
                                      8
                                      9
```

■ Programm 10

```
skip.c
#include <stdio.h>                    1
                                      2
void                                  3
skip(FILE *file, int n)               4
{                                     5
   for (; n > 0; n--)                 6
      (void)getc(file);               7
}                                     8
                                      9
```

■ Programm 11

```
fallthrough.c
#include <stdio.h>                    1
                                      2
void                                  3
foo(char c)                           4
{                                     5
   unsigned uppercase = 0;            6
   unsigned keycode = 0;              7
                                      8
   switch (c) {                       9
      case 'A':                      10
         uppercase = 1;              11
         /*@fallthrough@*/           12
      case 'a':                      13
         keycode = 65;               14
         break;                      15
      case 'B':                      16
         uppercase = 1;              17
         /*@fallthrough@*/           18
      case 'b':                      19
         keycode = 66;               20
         break;                      21
      /* ... */                      22
   }                                 23
   /* stuff */                       24
}                                    25
                                     26
```

■ Programm 12

```
bailout.c
#include <stdio.h>                    1
#include <stdlib.h>                   2
                                      3
static void __attribute__            4
             ((__noreturn__))        5
bailout()                            6
{                                     7
   exit(0);                           8
}                                     9
                                     10
int                                  11
main(int argc, char *argv[])         12
{                                    13
   if (argc <= 1) {                  14
      printf("Syntax: ...");         15
      bailout();                     16
      /*@NOTREACHED@*/               17
   } else {                          18
      /* stuff */                    19
      return 0;                      20
   }                                 21
}                                    22
                                     23
                                     24
                                     25
                                     26
```

Abb. 5.23 Alle False-Positives lassen sich mit minimalen Eingriffen eliminieren

5.2.2.4 Dateiübergreifende Analyse

Die Beispiele in den vorangegangenen Abschnitten haben gezeigt, dass bereits der C-Compiler in der Lage ist, viele Semantik-Fehler selbstständig zu erkennen. Da z. B. die modernen Versionen des GNU-C-Compilers über den größten Teil der ehe-

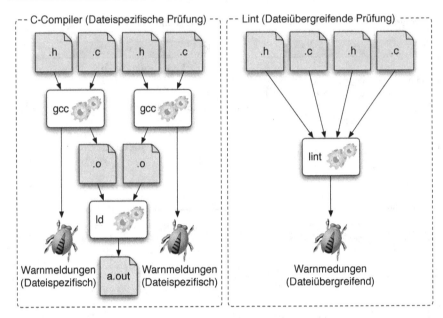

Abb. 5.24 Im Gegensatz zu traditionellen C-Compilern erlaubt Lint die Analyse des Quellcodes über Dateigrenzen hinweg

mals Lint vorbehaltenen Funktionalität verfügen, drängt sich an dieser Stelle unmittelbar die Frage auf, ob externe Code-Analysatoren heute immer noch eine Berechtigung besitzen. Auch wenn sich prinzipiell noch striktere Tests in die Compiler selbst integrieren ließen, ist die Antwort ein klares Ja. Der Grund hierfür geht auf die primäre Arbeitsweise von Lint zurück, die sich in einem fundamentalen Punkt von der eines C-Compilers unterscheidet: der dateiübergreifenden Analyse der Programmquellen.

Ein Grundpfeiler der Programmiersprache C ist die *verteilte Compilierung*, die eine ausführbare Datei in einem zweischrittigen Prozess erzeugt. Im ersten Schritt werden alle Quelldateien nacheinander in eine Reihe von Objektdateien übersetzt und diese anschließend mit Hilfe des *Linkers* zu einer ausführbaren Datei verschmolzen (vgl. Abb. 5.24 links). Konstruktionsbedingt ist der C-Compiler dadurch ausschließlich in der Lage, lokale Inkonsistenzen zu erkennen. Im Gegensatz hierzu verfolgt Lint einen globalen Ansatz (vgl. Abb. 5.24 rechts), in dem alle Dateien eines Projekts simultan analysiert werden. Hierdurch erschließt sich das Werkzeug ein deutlich größeres Analysepotenzial als traditionell arbeitende C-Compiler und ist insbesondere in der Lage, Fehler über Dateigrenzen hinweg aufzuspüren.

Um die Leistungsfähigkeit der dateiübergreifenden Analyse zu verdeutlichen, betrachten wir das Programm in Abb. 5.25. Die dargestellte Funktion `deep_thought` diente uns bereits in Kapitel 3 als fruchtbares Beispiel für den Vergleich von Big-Endian- und Little-Endian-Architekturen. Wie wir in Abschnitt 3.5.1.3 herausarbeiten konnten, enthält das Programm eine Typinkonsistenz

deep_thought.h

```
extern void                          1
ask_deep_thought(int *);             2
                                     3
                                     4
                                     5
```

deep_thought.c

```
void ask_deep_thought                1
          (short *value)             2
{                                    3
    *value = 42;                     4
}                                    5
```

main.c

```
#include <stdio.h>                                    1
#include "deep_thought.h"                             2
                                                     3
int main(int argc, char *argv[])                     4
{                                                    5
    int answer = 0;                                  6
                                                     7
    ask_deep_thought(&answer);                       8
                                                     9
    printf("The ultimate answer to the "            10
        "question of life is %d\n", answer);        11
    return 1;                                        12
}                                                    13
```

Abb. 5.25 Um die vorhandene Typinkonsistenz zu erkennen, muss die statische Code-Analyse dateiübergreifend durchgeführt werden

in der Signatur der Funktion `ask_deep_thought`. Während der Übergabeparameter in der Header-Datei `deep_thought.h` als Integer-Pointer deklariert ist, nimmt die Funktion in Wahrheit einen Short-Pointer entgegen.

Der hierdurch entstehende Fehler wiegt aus zweierlei Hinsicht schwer. Zum einen bleibt er auf Little-Endian-Architekturen zur Laufzeit verborgen. Zum anderen hat der Compiler zur Übersetzungszeit ebenfalls keine Möglichkeit, den Fehler zu erkennen. Dem Prinzip der verteilten Compilierung folgend, werden beide Dateien unabhängig voneinander übersetzt und erst danach durch den Linker miteinander verbunden. Innerhalb der Datei `deep_thought.c` kann der Compiler keinen Fehler entdecken – für sich alleine betrachtet ist die Definition der Funktion `deep_thought` syntaktisch und semantisch vollkommen korrekt. Während der Übersetzung der Datei `main.c` kann den Fehler ebenfalls nicht entlarvt werden. Für den Compiler erscheint der Aufruf der Funktion `ask_deep_thought` mit einer Referenz auf die Integer-Variable `answer` augenscheinlich als korrekt, da er mit der (falschen) Signatur der Datei `deep_thought.h` übereinstimmt.

Für dateiübergreifend arbeitende Analysewerkzeuge ist es hingegen ein Leichtes, den Fehler zu identifizieren. Der Code-Analysator Splint produziert die folgende Meldung:

```
> splint *.c
deep_thought.h:1:36: Parameter 1 of function ask_deep_thought
```

```
has inconsistent type: declared int *, previously declared
short int *. Types are incompatible.
```

`deep_thought.c:3:6: Previous declaration of ask_deep_thought`

Das Beispiel zeigt, dass sich mit Hilfe statischer Code-Analysatoren Fehler aufspüren lassen, die mit traditionellen C-Compilern aufgrund ihrer konzeptuell unterschiedlichen Arbeitsweise nicht entdeckt werden können. Trotzdem soll an dieser Stelle nicht verschwiegen werden, dass der hier beschriebene Fehler mit ein
wenig Programmierdisziplin leicht hätte vermieden werden können. So gehört es
zur guten Programmierpraxis, die Funktionsprototypen auch in denjenigen Dateien
bekannt zu machen, in denen die deklarierten Funktionen implementiert werden.
Hierdurch bekommt der Compiler die Möglichkeit, die deklarierten mit den tatsächlich verwendeten Datentypen abzugleichen. Bezogen auf die Beispielfunktion
deep_thought reicht es aus, am Anfang der Datei **deep_thought.c** die Zeile

`#include "deep_thought.h"`

einzufügen. Nun produziert auch der C-Compiler eine entsprechende Fehlermeldung:

```
> gcc -c deep_thought.c
deep_thought.c:4: error: conflicting types for 'ask_deep_thought'
deep_thought.h:1: error: previous declaration of
  'ask_deep_thought' was here
```

5.3 Exploit-Analyse

Neben der Bedrohung durch klassische Software-Fehler ist im Laufe der letzten
Jahre eine weitere Gefahr für den Betrieb vieler Software-Systeme herangewachsen. Die Rede ist von Schwachstellen innerhalb des Programmcodes, die im Normalbetrieb zu keiner Fehlfunktion führen, jedoch mit Hilfe sogenannter *Exploits*
von fremden Angreifern missbraucht werden können. Hinter einem Exploit verbirgt
sich ein Skript oder Computerprogramm, das die Schwachstelle gezielt ausnutzt,
indem der verwundbare Programmcode mit speziell präparierten Eingabedaten ausgeführt wird. Das Spektrum der Manipulation, mit dem Software-Entwickler und
-Tester heute fast täglich zu kämpfen haben, reicht von Exploits, die das angegrif-
fene Programm schlicht zum Absturz bringen, bis hin zu Angriffen, die unbemerkt
den Zugang zu fremden Computernetzen ermöglichen [151, 124, 155, 97, 86].

War die Bedrohung von Software-Systemen durch fremde Angreifer in den An-
fängen der Computertechnik so gut wie nicht vorhanden, ist sie seit dem Aufkeimen
der weltweiten Vernetzung allgegenwärtig. Heute vergeht kaum ein Tag, an dem
keine neue Sicherheitslücke gemeldet wird. Insbesondere diejenigen Firmen, deren Geschäfts- oder Vertriebsmodelle vollständig auf das Internet ausgerichtet sind,
sehen sich kaum zu kalkulierenden Risiken ausgesetzt. Mittlerweile besitzt die Vermeidung von Sicherheitslücken heute den gleichen Stellenwert wie die Elimination
klassischer Software-Fehler.

Der Begriff der *Exploit-Analyse* fasst alle Methoden und Verfahren zusammen, die zur Aufdeckung potenzieller Schwachstellen eines Software-Systems dienen. Doch bevor wir uns genauer mit den zur Verfügung stehenden Analysetechniken beschäftigen, soll im nächsten Abschnitt zunächst ein kleiner Einblick in die Mittel gewährt werden, mit denen ein angreifbares Software-System kompromittiert werden kann. Am Beispiel eines klassischen *Buffer overflows* soll exemplarisch aufgezeigt werden, wie eine heute weit verbreitete Schwachstelle gezielt für einen feindlichen Angriff ausgenutzt werden kann. Da sich typische Exploits sehr spezifischer Eigenschaften der angegriffenen Betriebssystem- und Prozessorarchitektur bedienen, sind elementare Assembler-Kenntnisse hilfreich, für das grundlegende Verständnis aber nicht zwingend erforderlich. Für den im Folgenden beschriebenen Angriff wird die x86-Prozessorarchitektur zugrunde gelegt, die heute den De-facto-Standard im PC- und Server-Bereich bildet. Das grundlegende Angriffsmuster lässt sich auf die meisten anderen Prozessorarchitekturen ohne größere Änderungen übertragen.

5.3.1 Buffer Overflows

Aus der Sicht des Programmierers ist ein *Puffer* (*buffer*) nichts anderes als ein zusammenhängender Abschnitt im Hauptspeicher, der eine feste Anzahl von Datenelementen aufnehmen kann. In Abschnitt 4.3.3 haben wir mit dem Ringpuffer bereits eine spezielle Variante dieser Datenstruktur kennen gelernt. Von einem *Pufferüberlauf* (*buffer overflow*) sprechen wir immer dann, wenn der Puffer über die Speichergrenzen hinweg beschrieben wird. Sehen wir von der speziellen, in sich geschlossenen Struktur des Ringpuffers ab, so entsteht ein Pufferüberlauf immer dann, wenn er über seine Kapazität hinaus mit Elementen gefüllt wird.

Puffer kommen in nahezu jedem größeren Programm vor – die simple Deklaration eines Arrays konstanter Größe reicht hierzu aus. Als Beispiel betrachten wir das Programmfragment in Abb. 5.26. Am Anfang der Funktion `foo` wird eine Integer-Variable `i` und ein Integer-Array `a` definiert. In der sich anschließenden Schleife werden die Elemente von `a` der Reihe nach mit dem Wert 0 initialisiert. In der ersten Schleifeniteration wird auf das Element `a[0]` und in der letzten auf das Element `a[12]` zugegriffen. Damit werden effektiv 13 Elemente beschrieben und in der letzten Iteration ein Pufferüberlauf erzeugt.

Interessanterweise führt das Programm auf den meisten Rechnerplattformen nicht zu einem Systemabsturz. Stattdessen entsteht – anders als von vielen vielleicht erwartet – eine handfeste Endlosschleife. Der Grund hierfür liegt in der Struktur des Speicherabbilds, das die meisten Betriebssysteme und Compiler beim Aufruf von `foo` erstellen. Beim Einsprung in die Funktion werden die beiden Variablen `i` und `a` auf dem *Stack* abgelegt, der in den gängigen Rechnerarchitekturen in Richtung kleinerer Speicheradressen wächst (vgl. Abb. 5.27). Neben den Intel-Prozessoren organisieren z. B. auch die Prozessoren von Motorola, Sun und MIPS diesen speziellen Speicherbereich in absteigender Richtung.

Bezogen auf unser Beispiel bedeutet dies nichts anderes, als dass sich die Variable `i` im Speicher direkt oberhalb des letzten gültigen Array-Elements `a[11]` befindet und dadurch mit jedem Schreibzugriff auf `a[12]` verändert wird. Hierdurch

```
infinite_loop.c
void foo() {                                    1
    int i;                                      2
    int a[12];                                  3
                                                4
    for (i=0; i <= 12; i++)                     5
        a[i] = 0;                               6
}                                               7
```

Abb. 5.26 Das Beschreiben eines Arrays über seine Grenzen hinweg führt zu einem Pufferüberlauf (*buffer overflow*)

wird die Variable `i` in der letzten Schleifeniteration stets auf 0 zurückgesetzt und die Schleifenbedingung `i<=12` permanent erfüllt. Kurzum: Das Programm gerät in eine Endlosschleife.

5.3.1.1 Stack-Layout

Der Stack selbst ist eines von mehreren Datensegmenten, die ein einzelner Prozess im Speicher belegt. Auf Unix-ähnlichen Betriebssystemen wie Linux, Solaris oder Mac OS X, kommen das *Textsegment* und das *Datensegment* hinzu:

- **Textsegment**
  Das Textsegment enthält den auszuführenden Programmcode sowie nicht veränderliche Daten. Die belegten Speicherseiten sind typischerweise als *read-only* markiert und können nicht verändert werden. Jeder Schreibversuch löst einen Prozessor-Interrupt aus, der das Betriebssystem in der Regel zu einer sofortigen Beendigung des laufenden Prozesses veranlasst.

- **Datensegment**
  Das Datensegment befindet sich zwischen dem Text- und dem Stack-Segment. Neben dem Speicherplatz für global angelegte Konstanten enthält es den *BSS-Bereich* und den *Heap*. Der BSS-Bereich enthält alle mit 0 vorinitialisierten statischen Daten, während der Heap die dynamisch belegten Speicherbereiche verwaltet.

Abb. 5.27 fasst das allgemeine Speicherabbild eines einzelnen Prozesses grafisch zusammen.

Wächst der Stack- oder Heap-Bereich im Laufe der Programmausführung so stark an, dass eine Überlappung der einzelnen Segmente droht, so werden die Speicherbereiche dynamisch vergrößert. Hierzu hält das Betriebssystem den betreffenden Prozess an und fügt neuen Speicher zwischen Stack- und Datensegment ein. Anschließend wird der blockierte Prozess wieder in die Warteschlange der lauffähigen Prozesse eingereiht.

Anders als der Heap, der keine Zugriffsreihenfolge auf die gespeicherten Datenelemente vorgibt, arbeitet der Stack nach dem *LIFO-Prinzip* (Last In, First Out).

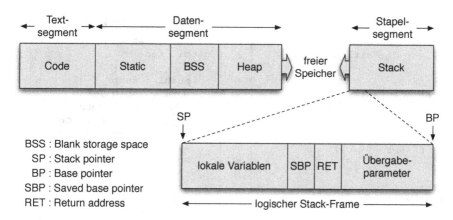

Abb. 5.27 Speicherabbild eines einzelnen Prozesses. Der Stack ist auf den meisten Rechnerarchitekturen in absteigender Speicherrichtung organisiert

Diesem Prinzip folgend wird bei einer Leseoperation stets auf das zuletzt abgelegte Element zugegriffen. Hierdurch ist für die Verwaltung des Stacks ein einziger Schreiblesezeiger ausreichend, der als *Stapelzeiger* oder *Stack-Pointer* (kurz SP) bezeichnet wird. In den meisten Mikroprozessoren wird der Stapelzeiger in einem speziell dafür vorgesehenen CPU-Register gespeichert. In Abhängigkeit der zugrunde liegenden Rechnerarchitektur zeigt der Stack-Pointer entweder auf das zuletzt gespeicherte Stack-Element oder auf die als nächstes zu beschreibende Speicherstelle.

Für den Zugriff auf die Stack-Elemente verfügen die gängigen CPUs über spezielle PUSH- und POP-Instruktionen. Wird ein Datenwort auf den Stack geschrieben (*PUSH-Operation*), so wird der Inhalt des SP-Registers dekrementiert. Im Falle des Zurücklesens (*POP-Operation*) wird der Registerinhalt inkrementiert. Der Stack wird aufgrund seiner LIFO-Arbeitsweise vor allem für die Durchführung von Funktionsaufrufen genutzt. Hierzu wird bei jedem Einsprung in eine Unterfunktion ein *logischer Stack-Rahmen* (*stack frame*) auf dem Stack angelegt und bei Verlassen wieder entfernt. Neben den lokalen Variablen und etwaig vorhandenen Übergabeparametern werden an dieser Stelle auch Informationen zur Wiederherstellung des alten Stack-Zustands abgelegt. Hierzu gehört auch der Inhalt des Instruktionsregisters vor dem Unterprogrammaufruf. Der Wert wird als Rücksprungadresse verwendet, sobald die aufgerufene Funktion vollständig abgearbeitet ist.

Viele der gängigen Prozessoren speichern die Startadresse des aktuellen Stack-Frames in einem separaten CPU-Register zwischen, der als *Frame pointer* (FP) oder *Base pointer* (BP) bezeichnet wird. Die Intel-x86-Architektur hält für die Speicherung des Stack- bzw. Base-Pointers die beiden CPU-Register ESP bzw. EBP vor.

Um den genauen Ablauf eines Funktionsaufrufs zu verstehen, betrachten wir das Beispielprogramm in Abb. 5.28. Mit Hilfe des Compiler-Aufrufs

```
> gcc -S -o buffer_overflow.s buffer_overflow.c
```

buffer_overflow.c

```c
#include "stdio.h"            1
#include "string.h"           2
                             3
void                         4
foo(char *s)                 5
{                            6
  char buf[16];              7
                             8
  strcpy(buf, s);            9
}                            10
                             11
int                          12
main(int argc, char **argv)  13
{                            14
  foo(argv[1]);              15
  return 0;                  16
}                            17
```

buffer_overflow.s

```asm
        .text                            1
.globl _foo                              2
_foo:                                    3
        pushl   %ebp                     4
        movl    %esp, %ebp               5
        subl    $40, %esp                6
        movl    8(%ebp), %eax            7
        movl    %eax, 4(%esp)            8
        leal    -24(%ebp), %eax          9
        movl    %eax, (%esp)             10
        call    L_strcpy$stub            11
        leave                            12
        ret                              13
.globl _main                             14
_main:                                   15
        pushl   %ebp                     16
        movl    %esp, %ebp               17
        subl    $24, %esp                18
        movl    12(%ebp), %eax           19
        addl    $4, %eax                 20
        movl    (%eax), %eax             21
        movl    %eax, (%esp)             22
        call    _foo                     23
        movl    $0, %eax                 24
        leave                            25
        ret                              26
        .section __IMPORT,               27
            __jump_table,                28
          symbol_stubs,                  29
            self_modifying_code          30
            +pure_ins                    31
tructions,5                              32
L_strcpy$stub:                           33
  .indirect_symbol _strcpy               34
 hlt; hlt; hlt; hlt; hlt                 35
  .subsections_via_symbols               36
```

Abb. 5.28 Für den Aufruf der Funktion **foo** wird ein logischer Stack-Frame erzeugt

lässt sich das C-Programm in Assembler-Code übersetzen und im Klartext analysieren (vgl. Abb. 5.28 rechts). Im Hauptprogramm wird zunächst der Übergabeparameter auf den Stack geschrieben und die Funktion **foo** anschließend über den Assembler-Befehl **call** aufgerufen. Die Call-Instruktion legt zunächst den aktuellen Inhalt des Instruktionsregisters als Rücksprungadresse (RET) auf den Stack. Anschließend überschreibt der Befehl den Registerinhalt mit der Startadresse von **foo** und löst auf diese Weise einen Sprung aus. Der Assembler-Code der Funktion **foo** beginnt mit dem folgenden *Funktions-Prolog*:

```
pushl %ebp
```

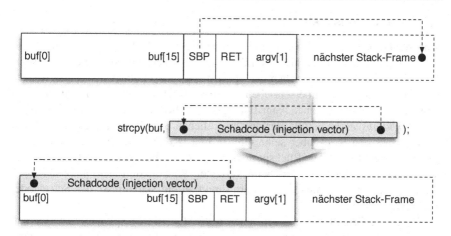

Abb. 5.29 Speicherabbild des Stacks nach dem Aufruf der Funktion **foo**

```
movl %esp,%ebp
subl $40,%esp
```

Mit Hilfe des **pushl**-Befehls wird zunächst der aktuelle Base-Pointer auf dem Stack abgelegt. Mit dem sich anschließenden **movl**-Befehl wird der Base-Pointer mit dem aktuellen Wert des Stack-Pointers überschrieben. Damit wird das aktuelle Stack-Ende als neuer Base-Pointer verankert und ein neuer Stack-Frame erzeugt (vgl. Abb. 5.29 oben). Der **subl**-Befehl dekrementiert schließlich den Stack-Pointer um einen konstanten Wert und schafft auf diese Weise Platz für die Speicherung der lokalen Variablen.

Die Funktion **foo** endet mit dem *Funktions-Epilog*

```
leave
ret
```

Der Befehl **leave** stellt den ursprünglichen Stack-Zustand wieder her und ist zu der folgenden Befehlssequenz äquivalent:

```
movl %ebp,%esp
popl %ebp
```

Der erste **movl**-Befehl setzt den Stack-Pointer auf den aktuellen Base-Pointer zurück und verwirft damit den zuletzt angelegten Stack-Frame. Anschließend wird der Wert des Base-Pointers mit Hilfe des **popl**-Befehls wiederhergestellt.

Schließlich überschreibt der **ret**-Befehl den Inhalt des Instruktionsregisters mit der auf dem Stack gespeicherten Rücksprungadresse und setzt damit die Programmausführung unmittelbar hinter dem ursprünglich initiierten **call**-Befehl fort.

5.3.1.2 Injektionsvektoren

Abb. 5.29 (unten) zeigt, wie sich der Programmablauf mit Hilfe eines gezielten Pufferüberlaufs manipulieren lässt. Befüllen wir das Character-Array `buf` über seine Kapazität hinaus, so wird neben dem gesicherten Base-Pointer insbesondere auch die Rücksprungadresse überschrieben. Diese Schwachstelle des Stack-Layouts wird von vielen Exploits für einen Angriff ausgenutzt. Hierzu wird der Puffer `buf` mit einem *Injektionsvektor* befüllt, der den eigentlichen Schadcode enthält. Der Vektor überschreibt den Stack über seine Grenze hinaus und führt so einen künstlichen Pufferüberlauf herbei. Die Rücksprungadresse wird dabei gezielt auf die Startadresse von `buf` umgelenkt, so dass beim Verlassen der Funktion nicht mehr länger an die ursprüngliche Aufrufstelle, sondern direkt an die Startadresse des Schadcodes gesprungen wird.

Soviel zur Grundidee eines typischen Buffer-Overflow-Exploits. Damit ein solcher Angriff in der Praxis wirklich funktioniert, sind weitere Programmierkniffe notwendig, die hier nur kurz umrissen werden sollen. Ein erstes Problem entsteht im Zusammenhang mit der manipulierten Rücksprungadresse. Damit diese auf den Anfang von `buf` zeigt, muss dessen absolute Adresse im Speicher bekannt sein. Hier kommt dem Angreifer die Eigenschaft vieler virtueller Speicherverwaltungen zugute, die den Stack-Bereich für alle Programme an derselben logischen Adresse beginnen lassen. Der mögliche Bereich, in dem sich ein kompromittierter Puffer befinden kann, ist hierdurch deutlich eingeschränkt. Typische Exploits verwenden zudem Schadcode, der zusätzlich mit einer Reihe von `NOP`-Befehlen (*no operation*) eingeleitet wird. Hierdurch kann ein Angriff selbst dann erfolgreich durchgeführt werden, wenn das Stack-Layout des angegriffenen Software-Systems nur grob bekannt ist.

Ein weiteres Problem stellt die innerhalb von `foo` verwendete Funktion `strcpy` dar. Da in C alle Strings nullterminiert sind, bricht `strcpy` ab, sobald ein Nullbyte kopiert wurde. Aus diesem Grund muss der einzuschleusende Schadcode so programmiert werden, dass der erzeugte Bytestrom keinerlei Nullbytes enthält. Die grundlegende Idee des Angriffs ändert sich hierdurch jedoch nicht.

Auch die Länge des kompromittierten Puffers kann zum Problem werden. Da der Schadcode vollständig in den Puffer hineinkopiert wird, ist dessen maximale Länge deutlich beschränkt. Viele Exploits verwenden daher kurze Injektionsvektoren, die nichts anderes bewirken, als eine Shell zu starten. Wie der exemplarisch erzeugte Assembler-Code in Abb. 5.30 zeigt, reichen hierfür wenige Instruktionen aus. Die neu geöffnete Shell läuft mit den Rechten der kompromittierten Applikation und kann dazu verwendet werden, weitere Angriffe zu initiieren.

5.3.2 Gegenmaßnahmen

In den letzten Jahren wird in verstärktem Maße versucht, potenzielle Sicherheitslecks mit den Mitteln der statischen Code-Analyse aufzuspüren. Die Untersuchung der Quelltexte kann auf der syntaktischen oder der semantischen Ebene erfolgen.

```
shell_code.c
#include "stdio.h"        1
                          2
void main() {             3
    char *cmd[2] =        4
    { "/bin/sh", NULL };  5
    execve(cmd[0],cmd,NULL); 6
}                         7
                          8
                          9
                          10
                          11
                          12
                          13
                          14
                          15
                          16
                          17
                          18
                          19
                          20
                          21
```

```
shell_code.s
main:                     1
    leal    4(%esp), %ecx 2
    andl    $-16, %esp    3
    pushl   -4(%ecx)      4
    pushl   %ebp          5
    movl    %esp, %ebp    6
    pushl   %ecx          7
    subl    $36, %esp     8
    movl    $.LC0, -12(%ebp) 9
    movl    $0, -8(%ebp)  10
    movl    -12(%ebp), %edx 11
    movl    $0, 8(%esp)   12
    leal    -12(%ebp), %eax 13
    movl    %eax, 4(%esp) 14
    movl    %edx, (%esp)  15
    call    execve        16
    addl    $36, %esp     17
    popl    %ecx          18
    popl    %ebp          19
    leal    -4(%ecx), %esp 20
    ret                   21
```

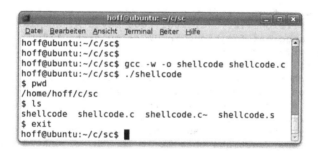

```
hoff@ubuntu: ~/c/sc
Datei  Bearbeiten  Ansicht  Terminal  Reiter  Hilfe
hoff@ubuntu:~/c/sc$
hoff@ubuntu:~/c/sc$
hoff@ubuntu:~/c/sc$ gcc -w -o shellcode shellcode.c
hoff@ubuntu:~/c/sc$ ./shellcode
$ pwd
/home/hoff/c/sc
$ ls
shellcode  shellcode.c  shellcode.c~  shellcode.s
$ exit
hoff@ubuntu:~/c/sc$ █
```

Abb. 5.30 Der abgedruckte Schadcode öffnet eine Shell, über die weitere Angriffe erfolgen können

5.3.2.1 Syntaktische Exploit-Analyse

Im Rahmen der syntaktischen Analyse werden die vorhandenen Quelltexte nach speziellen Schlüsselworten durchsucht. Das von der Secure Software Solutions entwickelte RATS sowie das Werkzeug Flawfinder von David A. Wheeler sind zwei Analysatoren, die nach diesem Prinzip arbeiten. Die Programme verfolgen ein ähnliches Arbeitsprinzip und stehen beide unter der GNU Public Licence (GPL). Sowohl RATS als auch Flawfinder durchsuchen die zu analysierenden Quellprogramme nach potenziell gefährlichen Programmkonstrukten und teilen diese anhand einer Risikodatenbank in verschiedene Sicherheitskategorien ein. Als Eingabe verar-

Tabelle 5.4 Potenziell gefährliche Funktionen der C-Standardbibliothek und deren sichere Alternativen

Funktion	Risiko	Bemerkung	Alternativen
gets	Sehr hoch	Generell unsicher	fgets
strcpy	Hoch	Nur sicher bei manueller Längenprüfung	strncpy, strlcpy
strcat	Hoch	Nur sicher bei manueller Längenprüfung	strncat, strlcat
sprintf	Hoch	Nur sicher bei manueller Längenprüfung	snprintf
vsprintf	Hoch	Nur sicher bei manueller Längenprüfung	vsnprintf
scanf	Hoch	Nur sicher bei expliziter Feldgrößenangabe	–
sscanf	Hoch	Nur sicher bei expliziter Feldgrößenangabe	–
vsscanf	Hoch	Nur sicher bei expliziter Feldgrößenangabe	–
vfscanf	Hoch	Nur sicher bei expliziter Feldgrößenangabe	–

beitet RATS beliebige Quelltexte in den Programmiersprachen C, C++, PHP, Perl und Python. Flawfinder ist speziell auf die Sprachen C und C++ ausgerichtet.

Am Beispiel von Flawfinder wollen wir die Stärken und Schwächen rein syntaktisch arbeitender Exploit-Analysatoren genauer betrachten. Angewendet auf unser C-Beispiel in Abb. 5.28 produziert das Werkzeug die folgende Ausgabe:

```
> flawfinder buffer_overflow.c
Flawfinder version 1.26, (C) 2001-2004 David A. Wheeler.
Number of dangerous functions in C/C++ ruleset: 158
Examining buffer_overflow.c
buffer_overflow.c:7:  [4] (buffer) strcpy:
  Does not check for buffer overflows when copying to
  destination. Consider using strncpy or strlcpy
  (warning, strncpy is easily misused).
buffer_overflow.c:5:  [2] (buffer) char:
  Statically-sized arrays can be overflowed. Perform bounds
  checking, use functions that limit length, or ensure that the
  size is larger than the maximum possible length.
```

Die erste Warnmeldung weist auf eine potenzielle Sicherheitslücke hin, die durch die Verwendung der C-Bibliotheksfunktion strcpy entsteht. Diese überträgt eine variable Anzahl Bytes von der Startadresse (zweiter Parameter) an die Zieladresse (erster Parameter). Da die Funktion strcpy keine explizite Möglichkeit der Längenbegrenzung vorsieht – der Kopiervorgang bricht nur dann ab, wenn das String-Ende in Form des Nullbytes kopiert wurde –, ist sie Mitglied einer größeren Gruppe potenziell unsicherer C-Funktionen. Neben einigen klassischen Funktionen zur String-Manipulation finden sich dort auch diverse Vertreter der printf- und scanf-Funktionsfamilien sowie die Funktion gets wieder (vgl. Tabelle 5.4).

Die Funktion gets verdeutlicht eindringlich, wie sehr die Programmiersprache C auch heute noch durch ihre historischen Wurzeln geprägt wird. Die in der Header-Datei stdio.h deklarierte Funktion besitzt die Signatur

```
char *gets(char *s);
```

und liest eine komplette Zeile aus dem Standard-Stream **stdio** ein. Da sich die maximale Anzahl der eingelesenen Zeichen in keiner Weise begrenzen lässt, ist die Verwendung dieser Bibliotheksfunktion *immer* mit einem Sicherheitsrisiko verbunden. Selbst die Online-Beschreibung von **gets** warnt inzwischen eindringlich vor der Verwendung dieser Bibliotheksfunktion:

> *"BUGS Never use gets(). Because it is impossible to tell without knowing the data in advance how many characters gets() will read, and because gets() will continue to store characters past the end of the buffer, it is extremely dangerous to use. It has been used to break computer security. Use fgets() instead."*

gets(3)-ManPage (Linux)

> *"SECURITY CONSIDERATIONS The gets() function cannot be used securely. Because of its lack of bounds checking, and the inability for the calling program to reliably determine the length of the next incoming line, the use of this function enables malicious users to arbitrarily change a running program's functionality through a buffer overflow attack. It is strongly suggested that the fgets() function be used in all cases."*

gets(3)-ManPage (Mac OS X)

Dass sich die Funktion **gets** trotz ihrer Defizite noch immer in der C-Bibliothek befindet, ist der Existenz vieler alter C-Programme geschuldet, die ausgiebig auf diese Funktion zurückgreifen. Leider ist das **gets**-Problem bei weitem kein Einzelfall, sondern vielmehr das Symptom einer tieferliegenden Problematik, mit der sich heute ein beträchtlicher Teil der IT-Industrie konfrontiert sieht. Gemeint ist das inzwischen allgegenwärtige Problem der *Rückwärtskompatibilität* – ein Problem, auf das wir in Abschnitt 7.2.4 zusammen mit den damit verbundenen Auswirkungen im Detail zurückkommen werden.

Glücklicherweise existieren für viele der potenziell unsicheren Bibliotheksfunktionen sichere Alternativen (vgl. Tabelle 5.4, rechte Spalte). So kann die in unserem Beispielprogramm verwendete Funktion **strcpy** z. B. durch die sichere Variante **strncpy** ersetzt werden. In der Header-Datei **string.h** ist die Funktion mit der folgenden Signatur deklariert:

```
size_t strncpy(char *dst, const char *src, size_t size);
```

Im Gegensatz zu **strcpy** nimmt **strncpy** mit dem dritten Parameter **size** die Größe des Zielpuffers entgegen und lässt keine Speicherzugriffe außerhalb des spezifizierten Bereichs zu. Des Weiteren wird der duplizierte String-Abschnitt mit einem Null-Byte abgeschlossen, sofern der Zielspeicher noch mindestens ein weiteres Byte aufnehmen kann.

Abb. 5.31 zeigt das mit Hilfe von **strncpy** abgesicherte Beispielprogramm. Wie erwartet, verschwindet bei einem erneuten Aufruf von Flawfinder der Hinweis auf das ursprünglich vorhandene Sicherheitsrisiko. Nicht verschwunden ist hingegen der zweite Warnhinweis. Genau wie im Falle des Originalprogramms beanstandet Flawfinder die Definition der Variablen **buf** als Array fester Größe.

```
strncpy.c
#include "stdio.h"                                       1
#include "string.h"                                      2
                                                         3
void foo(char *s) {                                      4
  char buf[16];                                          5
                                                         6
  strncpy(buf, s, sizeof(buf));                          7
}                                                        8
                                                         9
int main(int argc, char **argv) {                       10
  foo(argv[1]);                                          11
  return 0;                                              12
}                                                        13
```

Abb. 5.31 Durch den Einsatz der sicheren Bibliotheksfunktion **strncpy** wird das Sicherheitsleck geschlossen

Damit haben wir eine wesentliche Schwäche aller rein syntaktisch arbeitenden Exploit-Analysatoren herausgearbeitet. Im Rahmen der Analyse werden zahlreiche *False negatives* erzeugt. Anders als im Fall von Lint lassen sich die generierten Scheinmeldungen nur sehr schwer oder überhaupt nicht eliminieren, so dass sich die Exploit-Analyse schnell zur nervenstrapazierenden Geduldsprobe entwickelt. Alles in allem sind rein syntaktisch arbeitende Werkzeug hierdurch nur sehr eingeschränkt für den produktiven Einsatz zu empfehlen.

Schlimmer noch: Die verwendeten Syntax-Parser sind in vielen Fällen so einfach gestrickt, dass komplizierte Programmkonstrukte nicht mehr korrekt analysiert werden können. Als Beispiel betrachten wir das in der oberen Hälfte von Abb. 5.32 dargestellte Programm. Zu Beginn wird das C-Makro **PRINT** definiert. Der Präprozessor substituiert jedes Vorkommen des Makros durch einen entsprechenden Aufruf der Funktion **printf** und gibt das Ergebnis anschließend an den Compiler weiter. Ohne die Angabe einer speziellen Option wird die Präprozessorausgabe, für den Benutzer verborgen, im Hintergrund erzeugt. Die Ausgabe wird erst sichtbar, wenn der Compiler mit der Kommandozeilenoption **-E** gestartet wird:

> **gcc -E fool_flawfinder.c**

Der für unser Programm erzeugte Zwischencode ist in Abb. 5.32 (unten) dargestellt. Ein Blick auf die generierten **printf**-Befehle zeigt, dass der zweite Aufruf einen gravierenden Fehler enthält – anstelle eines Format-Strings wird als erstes Argument die Variable **argc** übergeben.

Da viele syntaktisch arbeitende Exploit-Analysatoren auf die Expansion von Makros verzichten, bleibt die fehlerhafte Nutzung der Funktion **printf** vollständig verborgen. So moniert **flawfinder** lediglich die Verwendung von **printf** in der Makro-Definition – sämtliche Aufrufe bleiben dagegen ungeprüft:

> **flawfinder fool_flawfinder.c**

■ Implementierung

```
fool_flawfinder.c

#include "stdio.h"                              1
                                               2
#define PRINT(x) printf (x)                     3
                                               4
int main(int argc, char *argv[]) {             5
    PRINT ("Number of arguments: ");           6
    PRINT (argc);                              7
    return 0;                                  8
}                                              9
```

■ Präprozessor-Ausgabe

```
gcc -E fool_flawfinder.c

...                                            1
                                               2
                                               3
int main(int argc, char *argv[]) {             4
    printf ("Number of arguments: ");          5
    printf (argc);                             6
                                               7
    return 0;                                  8
}                                              9
```

Abb. 5.32 Syntaktisch arbeitende Exploit-Analysatoren stoßen schnell an ihre Grenzen

```
Flawfinder version 1.26, (C) 2001-2004 David A. Wheeler.
Number of dangerous functions in C/C++ ruleset: 158
Examining fool_flawfinder.c
fool_flawfinder.c:3:  [4] (format) printf:
  If format strings can be influenced by an attacker, they can
  be exploited. Use a constant for the format specification.
```

5.3.2.2 Semantische Exploit-Analyse

Neben rein syntaktisch arbeitenden Exploit-Analysatoren existieren Werkzeuge, die angreifbare Programmkonstrukte mit Hilfe semantischer Analyseverfahren aufzuspüren versuchen. In diese Gruppe fällt auch der statische Code-Analysator Splint, den wir bereits in Abschnitt 5.2.2.2 im Detail kennen gelernt haben. Wird der Analysator mit der zusätzlichen Option +boundswrite gestartet, versucht Splint potenzielle Pufferüberläufe selbstständig zu detektieren. Für unser ursprüngliches Beispielprogramm in Abb. 5.28 erhalten wir die folgende Ausgabe:

```
> splint +boundswrite buffer_overflow.c
Splint 3.1.1 --- 30 Dec 2006
```

```
buffer_overflow.c: (in function foo)
buffer_overflow.c:7:3: Possible out-of-bounds store:
   strcpy(buf, s)
   Unable to resolve constraint:
   requires maxRead(s @ buffer_overflow.c:7:15) <= 15
   needed to satisfy precondition:
   requires maxSet(buf @ buffer_overflow.c:7:10) >=
   maxRead(s @ buffer_overflow.c:7:15)
   derived from strcpy precondition:
   requires maxSet(<parameter 1>) >= maxRead(<parameter 2>)
   A memory write may write to an address beyond the allocated
   buffer.
```

Angewendet auf das abgesicherte Programm in Abb. 5.31 produziert Splint dagegen die folgende Ausgabe:

```
> splint +boundswrite buffer_overflow_strlcpy.c
Splint 3.1.1 --- 30 Dec 2006

Finished checking --- no warnings
```

Das modifizierte Programm wird jetzt anstandslos akzeptiert. Im direkten Vergleich mit der Flawfinder-Ausgabe fällt auf, dass Splint für dieses Beispiel keine *False negatives* mehr erzeugt. Aufgrund der komplexeren Analysestrategie kommt das Werkzeug insbesondere auch mit der Expansion von Makros zurecht. Angewendet auf das in Abb. 5.32 eingeführte Makro-Beispiel produziert Splint die folgende Ausgabe:

```
> splint fool_flawfinder.c
Splint 3.1.1 --- 30 Dec 2006

fool_flawfinder.c: (in function main)
fool_flawfinder.c:7:11: Function printf expects arg 1 to be
   char * gets int: argc
   Types are incompatible. (Use -type to inhibit warning)
fool_flawfinder.c:7:3: Format string parameter to printf is
   not a compile-time constant: argc
   Format parameter is not known at compile-time. This can lead
   to security vulnerabilities because the arguments cannot be
   type checked.
```

Die falsche Verwendung von `printf` wird jetzt präzise detektiert. Insgesamt sind semantische Exploit-Analysatoren für den produktiven Einsatz besser geeignet als rein syntaktisch arbeitende Werkzeuge. Trotzdem wäre jegliche Euphorie an dieser Stelle verfrüht. Nicht jedes Sicherheitsleck ist so offensichtlich zu erkennen wie in den hier vorgestellten Beispielen. Entsprechend oft bleiben kritische Programmabschnitte sowohl der syntaktischen als auch der semantischen Code-Analyse verborgen. In der Konsequenz können Exploit-Analysatoren den Programmierer in der Absicherung eines Software-Systems zwar unterstützen, jedoch keinesfalls eine hundertprozentige Sicherheit garantieren. Das größte Potenzial zur Erstellung sicheren

```
sign.c
int sign(int x)                    1
{                                  2
    if (x >= 0) {                  3
        return 1;                  4
    } else {                       5
        return -1;                 6
    }                              7
    return 0;                      8
}                                  9
                                  10
```

```
even.c
int even(int x)                    1
{                                  2
    if (x % 2 == 0) {              3
        return 1;                  4
    }                              5
    if (x % 2 == 1) {              6
        return 0;                  7
    }                              8
    return 0;                      9
}                                 10
```

Abb. 5.33 Kontrollfluss- und Datenflussanomalie

Codes besteht damit weiterhin in der manuellen Code-Sichtung im Rahmen von *Reviews* und *Inspektionen*. Auf beide Techniken kommen wir in Abschnitt 5.5 im Detail zurück.

5.4 Anomalienanalyse

Im Rahmen der *Anomalienanalyse* werden die Quelltexte eines Software-Systems auf ungewöhnliche oder auffällige Anweisungssequenzen untersucht. Die Suche ist dabei bewusst nicht auf solche Programmkonstrukte beschränkt, die in jedem Fall ein Fehlverhalten verursachen. Stattdessen steht das Auffinden von Anweisungssequenzen im Vordergrund, die im statistischen Sinne auf einen Fehler hindeuten. Mit anderen Worten: Nicht jede *Software-Anomalie* ist tatsächlich ein Software-Fehler. Auf der obersten Ebene lassen sich Software-Anomalien in *Kontrollfluss-* und *Datenflussanomalien* einteilen.

5.4.1 Kontrollflussanomalien

In die Gruppe der *Kontrollflussanomalien* fallen alle Anweisungssequenzen, die auf eine Unstimmigkeit im Programmablauf hinweisen. Als Beispiel betrachten wir das in Abb. 5.33 (links) abgebildete C-Fragment. Die definierte Funktion `sign` nimmt eine Integer-Variable als Argument entgegen und bestimmt in der sich anschließenden If-Abfrage das Vorzeichen. Da die Funktion sowohl innerhalb des If-Zweigs als auch innerhalb des Else-Zweigs unmittelbar verlassen wird, kommt der abschließende Return-Befehl niemals zur Ausführung. Das Beispielprogramm enthält damit eine typische Kontrollflussanomalie in Form von unerreichbarem Code. Auch wenn nicht jede Anomalie dieser Art notwendigerweise zu einem Software-Fehler führt, ist die Wahrscheinlichkeit außerordentlich hoch, dass der Autor der Funktion ursprünglich einen anderen Programmablauf im Sinn hatte.

Ist eine Kontrollflussanomalie so einfach strukturiert wie in unserem Beispiel, kann diese mit den Mitteln der semantischen Code-Analyse automatisch aufgespürt werden. Der Code-Analysator Splint weist mit der folgenden Warnmeldung auf den potenziellen Fehler hin:

```
splint sign.c
Splint 3.1.1 --- 30 Dec 2006

sign.c: (in function sign)
sign.c:10:10: Unreachable code: return 0
  This code will never be reached on any possible execution.
```

Viele real auftretenden Kontrollflussanomalien sind weit schwieriger zu erkennen. Wie schnell die statische Code-Analyse hier an ihre Grenzen stößt, verdeutlicht die in Abb. 5.33 (rechts) dargestellte C-Funktion **even**. Als Ergebnis liefert die Funktion 1 zurück, falls mit dem Parameter **x** eine gerade Zahl übergeben wurde. Ist die Zahl ungerade, ist der Funktionswert gleich 0. Auch in diesem Programm wird der letzte Return-Befehl nie erreicht, da die ausgeführte Modulo-Operation ausschließlich die Werte 0 und 1 produzieren kann. Anders als im ersten Beispiel kann die Kontrollflussanomalie an dieser Stelle nur mit dem Wissen über die genaue Semantik des Modulo-Operators erkannt werden. Weder der C-Compiler selbst noch Splint sind hier in der Lage, die Anomalie als solche zu erkennen:

```
splint even.c
Splint 3.1.1 --- 30 Dec 2006

Finished checking --- no warnings
```

Dass sich die Suche nach Kontrollflussanomalien nur schwer automatisieren lässt, ist nicht zuletzt der Unentscheidbarkeit des *Halteproblems* geschuldet – ein genauso fundamentales wie bedeutendes Ergebnis der theoretischen Informatik. Die Unentscheidbarkeit des Halteproblems bedeutet, dass es keine algorithmische Berechnungsvorschrift geben kann, die für jedes Programm und jede beliebige Eingabe stets korrekt entscheidet, ob der Programmablauf terminiert. In Abschnitt 6.2 werden wir diesem Phänomen im Zusammenhang mit der deduktiven Software-Verifikation erneut begegnen.

Die Unentscheidbarkeit des Halteproblems hat weitreichende Konsequenzen für die automatisierte Suche nach Kontrollflussanomalien, da es sich ohne Umwege in ein äquivalentes *Erreichbarkeitsproblem* umformulieren lässt. Aus der Unentscheidbarkeit folgt in diesem Fall unmittelbar, dass es keine algorithmische Berechnungsvorschrift geben kann, die für jedes Programm zweifelsfrei entscheidet, ob eine bestimmte Programmstelle erreicht werden kann oder nicht. Unsere Möglichkeiten, nicht erreichbare Code-Abschnitte automatisiert aufzuspüren, sind damit durch die Berechenbarkeitstheorie fundamental begrenzt.

Nichtsdestotrotz existiert mit der Technik der *abstrakten Interpretation* ein vielversprechender Ansatz für die automatisierte Suche nach gerade solchen Kontrollflussanomalien. Natürlich kann auch diese Technik die fundamentalen Ergebnisse der Berechenbarkeitstheorie nicht aushebeln. Wenn auch nicht alle, so können mit entsprechenden Analysatoren trotzdem viele in der Praxis auftretende Anomalien detektiert werden. In Abschnitt 6.4 werden wir auf die Technik der abstrakten Interpretation zurückkommen und deren Vor- und Nachteile einer genaueren Betrachtung unterziehen.

5.4.2 Datenflussanomalien

Zur Gruppe der *Datenflussanomalien* gehören alle Anweisungssequenzen, die unstimmige oder zweifelhafte Variablenzugriffe beinhalten. Für die Analyse werden die Zugriffe auf eine Variable x in drei Kategorien eingeteilt:

- **x wird definiert (kurz: $d(x)$)**
  Eine Variable wird mit jeder Wertzuweisung neu *definiert*. An dieser Stelle gibt es zu beachten, dass sich Programmiersprachen beim Anlegen neuer Variablen unterschiedlich verhalten. In Hochsprachen wie Java werden Variablen stets mit einem vordefinierten Startwert initialisiert, so dass bereits das Anlegen einer solchen zu einer Definition führt. Hardware-nahe Programmiersprachen wie C oder C++ verzichten stattdessen auf eine Initialisierung. In diesem Fall ist der Wert der Variablen zunächst undefiniert (siehe unten).

- **x wird referenziert (kurz: $r(x)$)**
  Der Wert einer Variablen wird *verwendet*. Eine Referenzierung kann sowohl in einer Anweisung als auch in einer Verzweigungsbedingung erfolgen. Anders als im Falle der datenflussorientierten White-Box-Tests (Abschnitt 4.4.7) werden berechnende und prädikative Nutzungen nicht voneinander unterschieden.

- **x ist undefiniert (kurz: $u(x)$)**
  Der Wert einer Variablen geht verloren, wenn entweder die Variable selbst zerstört wird oder ihr Inhalt keine korrekte Nutzung mehr erlaubt. Der erste Fall tritt immer dann ein, wenn der Gültigkeitsbereich einer lokalen Variablen verlassen wird. So wird z. B. kurz vor dem Rücksprung aus einer Unterfunktion der aktuelle Stack-Rahmen gelöscht und damit auch alle dort gespeicherten lokalen Variablen. Ein Beispiel für den zweiten Fall ist die C-Anweisung `free(p)`. Der Funktionsaufruf ändert den Wert von `p` nicht, gibt aber den von `p` referenzierten Speicherbereich frei. Eine korrekte Nutzung der referenzierten Speicheradresse ist ab jetzt nicht mehr möglich.

Als Beispiel betrachten wir das in Abb. 5.34 dargestellte Programm. Als erste Aktion wird in der Einsprungfunktion `main` die Anzahl der übergebenen Kommandozeilenparameter überprüft. Wurde das Programm mit mindestens einem Parameter aufgerufen (`argc` > 1), wird ein 1024 Byte großer Speicherbereich belegt und der Rückgabewert `result` mit 1 überschrieben. Die Startadresse des angeforderten Speichers wird in der Variablen `ptr` vermerkt und der belegte Bereich am Ende des Programms mit Hilfe der Funktion `free` wieder frei gegeben.

Der Datenflussgraph der Funktion `main` ist auf der linken Seite von Abb. 5.35 dargestellt. Die einzelnen Zustände des Graphen sind mit Attributen versehen, die jeden Variablenzugriff entsprechend der oben eingeführten Nutzungsszenarien kategorisieren. Sammeln wir die Datenflussattribute für eine Variable auf dem Weg

```
anomalie.c
#include <stdlib.h>                                             1
                                                                2
int main(int argc, char *argv[])                                3
{                                                               4
    int result = 0;                                             5
    char *ptr;                                                  6
                                                                7
    if (argc > 1) {                                             8
        ptr = (char *)malloc(1024);                             9
        /* stuff */                                            10
        result = 1;                                            11
    }                                                          12
    free(ptr);                                                 13
}                                                              14
```

Abb. 5.34 Datenflussanomalie

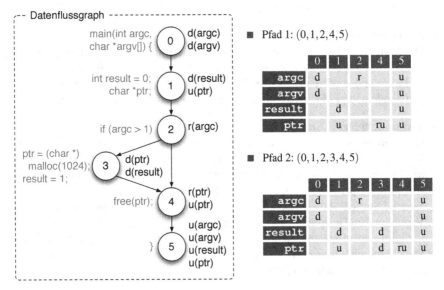

Abb. 5.35 Jeder Pfad des Datenflussgraphen erzeugt für jede Variable eine individuelle Zugriffssignatur

vom Start zu den Endkonten nacheinander auf, so entsteht für jeden Pfad eine individuelle Zugriffssignatur. Für die beiden Pfade des Beispielgraphen erhalten wir das auf der rechten Seite in Abb. 5.35 dargestellte Ergebnis.

In nahezu allen Programmen zeigen die konsekutiven Variablenzugriffe typische, immer wiederkehrende Interaktionsmuster. Hierunter fällt unter anderem die *ud*-Interaktion, die z. B. immer dann entsteht, wenn eine Variable deklariert und anschließend mit einem bestimmten Wert initialisiert wird. Ein anderes, häufig ange-

Tabelle 5.5 Unter den 9 möglichen Interaktionsmustern weisen 3 auf eine Datenflussanomalie hin

Muster	Beschreibung	Anomalie?
dd	Variable wird zweimal hintereinander überschrieben	✔ Ja
dr	Variable wird überschrieben und anschließend verwendet	✘ Nein
du	Variable wird beschrieben und anschließend gelöscht	✔ Ja
rd	Variable wird zunächst verwendet und dann überschrieben	✘ Nein
rr	Variable wird zweimal hintereinander verwendet	✘ Nein
ru	Variable wird verwendet, dann gelöscht	✘ Nein
ud	Undefinierte Variable wird überschrieben	✘ Nein
ur	Undefinierte Variable wird verwendet	✔ Ja
uu	Undefinierte Variable wird gelöscht	✘ Nein

troffenes Muster ist die *dr*-Interaktion. In diesem Fall wird eine Variable zunächst beschrieben und anschließend in einer Anweisung oder einer Verzweigungsbedingung ausgewertet. Eine vollständige Liste der Interaktionsmuster ist in Tabelle 5.5 zusammengefasst. Von den 9 möglichen Mustern weisen die folgenden drei auf eine Datenflussanomalie hin:

■ *ur*-Interaktion

Hinter nahezu jeder *ur*-Interaktion verbirgt sich ein schwerwiegender Software-Fehler, da der Wert einer Variablen verwendet wird, die (noch) gar keinen definierten Wert besitzt. Ein gezielter Blick auf die Zugriffssignaturen unseres Beispielprogramms zeigt, dass ein solches Interaktionsmuster in der Zugriffssignatur der Variablen `ptr` auftaucht. Auf dem Pfad $(0, 1, 2, 4, 5)$ wird die innerhalb des If-Zweigs vorgenommene Wertzuweisung nicht ausgeführt und am Ende des Programms ein undefinierter Wert an die Funktion `free` übergeben. Nicht ganz unerwartet reagiert das Programm auf dem Testrechner mit einem Systemabsturz.

■ *du*-Interaktion

Liegt eine *du*-Interaktion vor, so wird eine Variable mit einem neuen Wert beschrieben, der anschließend weder einer berechnenden noch einer prädikativen Nutzung zugeführt wird. In unserem Beispielprogramm existiert für die Variable `result` auf beiden Ausführungspfaden eine *du*-Interaktion: Die Variable wird beschrieben, der Wert anschließend jedoch nicht verwendet. Die entdeckte Datenflussanomalie offenbart, dass sich ein Flüchtigkeitsfehler in unser Beispielprogramm einschleichen konnte. Wie der Name zweifelsfrei andeutet, speichert die Variable `result` den Ergebniswert der Funktion `main`. Der für die Rückgabe erforderliche Return-Befehl ist in unserem Programm jedoch nicht vorhanden.

Obwohl die Mehrheit der *du*-Interaktionen, wie in unserem Beispiel, durch handfeste Software-Fehler entstehen, gibt es Situationen, in denen solche Interaktionen absichtlich erzeugt werden. So interagieren z. B. viele Gerätetreiber mit der angeschlossenen Hardware durch das Beschreiben spezieller Variablen, die

```
anomalie_corrected.c

#include <stdlib.h>                                    1
                                                       2
int main(int argc, char *argv[])                       3
{                                                      4
  int result;                                          5
  char *ptr;                                            6
                                                       7
  if (argc > 1) {                                      8
    ptr = (char *)malloc(1024);                        9
    /* stuff */                                        10
    free(ptr);                                         11
    result = 1;                                        12
  } else {                                             13
    result = 0;                                        14
  }                                                    15
  return result;                                       16
}                                                      17
```

Abb. 5.36 Durch wenige Änderungen lassen sich alle Datenflussanomalien beseitigen

an festen Speicheradressen verankert sind. Anders als im Falle der *ur*-Interaktion ist damit nicht jede *du*-Interaktion ein Software-Fehler.

■ *dd*-Interaktion
  Eine *dd*-Interaktion entsteht immer dann, wenn der Wert einer Variablen zweimal hintereinander geändert wird, ohne dass der zuerst geschriebene Wert augenscheinlich verwendet wurde. In unserem Beispielprogramm entsteht für die Variable `result` eine *dd*-Interaktion auf dem Pfad $(0,1,2,3,4,5)$. Auf diesem Pfad wird die Variable zum Zeitpunkt ihrer Deklaration mit 0 initialisiert und anschließend innerhalb des If-Zweigs mit dem Wert 1 überschrieben. Zwischen beiden Zuweisungen findet weder eine berechnende noch eine prädikative Nutzung der Variablen `result` statt. Im Gegensatz zu den zuvor aufgedeckten Datenflussanomalien handelt es sich im Falle der gefundenen *dd*-Interaktion nicht um einen Software-Fehler. Die zweimalige Zuweisung eines Werts auf dem Pfad $(0,1,2,3,4,5)$ ist funktional völlig korrekt und die Programmstruktur in diesem Fall durch den Programmierer mit Absicht so gewählt.

Abb. 5.36 zeigt, wie sich die drei Datenflussanomalien des Beispielprogramms auf einfache Weise beseitigen lassen. Die *ur*-Interaktion wird eliminiert, indem der `free`-Befehl in den If-Zweig verschoben und dadurch stets mit einem initialisierten Wert aufgerufen wird. In der korrigierten Programmversion wird die Funktion `main` jetzt mit einer Return-Instruktion beendet, so dass auch die *du*-Interaktion verschwindet. Darüber hinaus wurde die *dd*-Interaktion durch das Hinzufügen eines zusätzlichen Else-Zweigs eliminiert. Die Variable `result` wird nicht mehr während der Deklaration, sondern erst innerhalb des If- bzw. Else-Zweigs beschrieben. Ob die Elimination der *dd*-Interaktion an dieser Stelle Vorteile bringt, ist diskutabel.

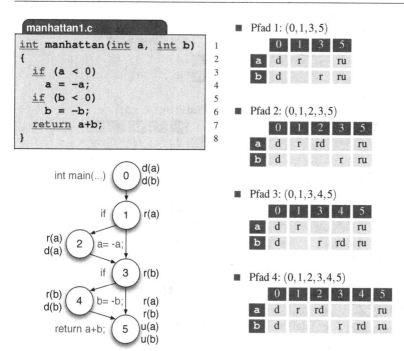

Abb. 5.37 Die korrekte Implemtierung der Funktion `manhattan`. Alle Pfade sind frei von Datenflussanomalien

Insbesondere haben wir weiter oben herausgearbeitet, dass es sich um keinen wirklichen Software-Fehler handelt. Legen wir den Qualitätsschwerpunkt auf das Kriterium der *Code-Transparenz*, so scheint die ursprüngliche Lösung der anomaliebefreiten Varianten sogar überlegen zu sein – die ursprüngliche Lösung kommt mit weniger Instruktionen aus und kann auf den nachträglich hinzugefügten Else-Zweig vollständig verzichten. Auf der anderen Seite wird die automatisiert durchgeführte Anomalienanalyse drastisch erschwert, wenn der untersuchte Quellcode eine hohe Anzahl von Scheinfehlern erzeugt. Wir stehen an dieser Stelle vor einem ähnlichen Dilemma, dem wir bereits in Abschnitt 5.2.2.2 im Zusammenhang mit der semantischen Code-Analyse begegnet sind.

Auch wenn das diskutierte Beispiel unter Beweis stellt, dass nicht jede *dd*-Interaktion durch einen Software-Fehler verursacht wird, lassen sich viele reale Fehler durch die gezielte Suche nach dieser Datenflussanomalie aufdecken. Als Beispiel betrachten wir die drei Programmvarianten der Funktion `manhattan` in den Abb. 5.37 bis 5.39. Die erste Variante des Programms ist korrekt und, wie ein Blick auf die Zugriffssignaturen zeigt, gänzlich frei von Datenflussanomalien.

Die Programmvariante in Abb. 5.38 enthält einen *Variablenfehler* innerhalb des zweiten If-Zweigs – anstelle der Variablen `b` wird der Wert der Variablen `a` überschrieben. Durch die Programmänderung wird für die Variable `a` auf dem Pfad $(0, 1, 2, 3, 4, 5)$ eine *dd*-Interaktion erzeugt, so dass ein Blick auf die Zugriffssigna-

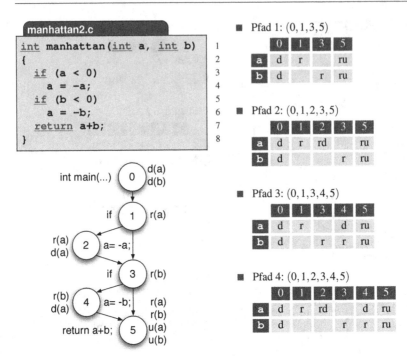

Abb. 5.38 Inkorrekte Implementierung der Funktion `manhattan`. Der Implementierungsfehler verrät sich durch eine Datenflussanomalie

turen ausreicht, um den induzierten Fehler mit dem Mittel der Anomalienanalyse sofort zu entdecken.

Das dritte Beispiel zeigt jedoch, dass wir uns auch hier nicht in allzu großer Sicherheit wiegen dürfen. In dieser Programmvariante sind die Variablen a und b in beiden If-Zweigen vertauscht. Anhand der Zugriffssignaturen kann der Fehler nicht erkannt werden – keine einzige enthält eine Datenflussanomalie. Für diese Programmvariante erweist sich hingegen der Software-Test als ein leistungsfähiges Instrument. Wird das Programm mit realen Eingangswerten ausgeführt, so produziert rund jeder zweite Testfall ein eklatant falsches Ergebnis.

Ein zentrales Problem der Anomalienanalyse haben wir in unseren Betrachtungen bisher außen vor gelassen. Da die Zugriffssignaturen auf konkreten Pfaden gebildet werden, steigt die Anzahl der zu analysierenden Zugriffssignaturen in dem gleichem Maße wie die Anzahl der möglichen Pfade selbst. Wie wir bereits in Abschnitt 4.4 im Zusammenhang mit den diversen White-Box-Testtechniken herausgearbeitet haben, wird die Anzahl der möglichen Ausführungspfade insbesondere durch Schleifenkonstrukte exorbitant erhöht.

Glücklicherweise müssen im Falle von Schleifen nicht alle entstehenden Ausführungspfade auf Anomalien untersucht werden. Die Begründung hierfür liefert Tabelle 5.40. Neben den Datenflussanomalien innerhalb der sequenziell ausgeführten Anweisungsblöcke können Anomalien insbesondere an den Anschlussstellen

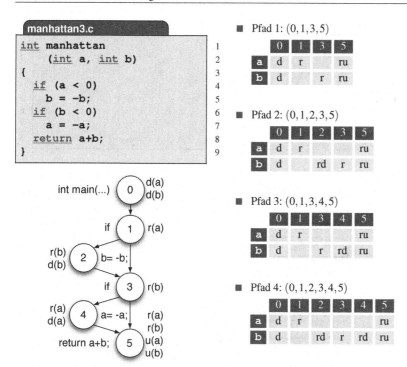

Abb. 5.39 Inkorrekte Implementierung der Funktion `manhattan`. Die Anomalienanalyse kann den Implementierungsfehler in diesem Fall nicht aufdecken

zwischen dem Schleifenrumpf und der Schleifenumgebung entstehen. Tabelle 5.40 fasst die entstehenden Anschlussstellen zusammen und offenbart zwei wichtige Erkenntnisse: Zum einen sind diejenigen Anschlussstellen, die durch die einmalige Schleifeniteration hervorgerufen werden, auch in der Menge der Anschlussstellen enthalten, die durch die zweimalige Schleifeniteration entstehen. Zum anderen werden keine neuen Anschlussstellen gebildet, wenn die Schleife mehr als zweimal ausgeführt wird. Damit können wir uns bei der Anomalienanalyse auf diejenigen Ausführungspfade beschränken, die eine Schleife gar nicht bzw. genau zweimal ausführen. Da beide Fälle zusammengenommen alle möglichen Anschlusskombinationen abdecken, tauchen alle der potenziell auftretenden Datenflussanomalien auch in den Zugriffssignaturen dieser Pfade auf. Ein ähnliches Kriterium haben wir bereits in Abschnitt 4.4.4.1 im Zusammenhang mit dem Boundary-Interior-Pfadtest kennen gelernt. Die Ähnlichkeit ist bei weitem kein Zufall und kommt durch die gleiche grundlegende Überlegung zu Stande.

5.5 Manuelle Software-Prüfung

Die manuelle Software-Prüfung kommt ohne jegliche Computerunterstützung aus und unterscheidet sich damit vollständig von allen anderen in diesem Kapitel vorge-

■ Schleifenschema

```
(1);                                    1
(2);                                    2
while (...) {                           3
    (3);                               4
    (4);                               5
}                                       6
(5);                                   7
(6);                                   8
```

■ Anschlussstellen

Iterationen	Ausführungspfad	Anschlussstellen
0	1 2 5 6	{ (2,5) }
1	1 2 3 4 5 6	{ (2,3), (4,5) }
2	1 2 3 4 3 4 5 6	{ (2,3), (4,3), (4,5) }
3	1 2 3 4 3 4 3 4 5 6	{ (2,3), (4,3), (4,5) }
4	1 2 3 4 3 4 3 4 3 4 5 6	{ (2,3), (4,3), (4,5) }
5	1 2 3 4 3 4 3 4 3 4 3 4 5 6	{ (2,3), (4,3), (4,5) }
...	...	...

Abb. 5.40 Anomalienanalyse von Schleifenkonstrukten

stellten Analyseverfahren. Anstatt den Programmcode automatisiert zu untersuchen, werden die Quelltexte von einem oder mehreren Software-Entwicklern persönlich begutachtet und bewertet. Durch das Einbringen eines menschlichen Faktors ist die manuelle Prüfung die einzige Technik, die das Auffinden komplexer Semantikfehler ermöglicht. Insbesondere ist der Umfang der zu prüfenden Eigenschaften nicht, wie bei allen computergestützten Analysetechniken unabdingbar, auf einen vordefinierten Regelkatalog beschränkt. Die Möglichkeit, über lange Jahre gesammelte Erfahrungswerte sowie pragmatische Überlegungen in die Begutachtung mit einzubeziehen, ist ein wesentliches Alleinstellungsmerkmal dieser Technik.

Auf der obersten Ebene untergliedert sich die manuelle Software-Prüfung in *Walkthroughs*, *Reviews* und *Inspektionen*. Anhand der folgenden Merkmale lassen sich die drei Varianten untereinander abgrenzen:

■ **Informell vs. formell**
Die informelle manuelle Software-Prüfung baut primär auf den Sachverstand der beteiligten Software-Entwickler und legt die Art und Weise der Prüfungsdurchführung fast vollständig in deren Hände. Formelle Prüfungen laufen dagegen

nach fest definierten Regeln ab, die sich sowohl auf die inhaltlichen Prüfkriterien als auch auf die Zusammensetzung der Sitzungsmitglieder beziehen. Typische Walkthroughs werden informell, Reviews und Inspektionen dagegen formell durchgeführt.

■ **Spontan vs. geplant**
Spontane Software-Prüfungen werden in der Regel durch die Entwickler selbst initiiert und bedarfsorientiert durchgeführt. Geplante Software-Prüfungen entstehen im Allgemeinen auf Initiative der Führungsebene und werden mit den gewöhnlichen Mitteln des Projektmanagements geplant und kontrolliert. Walkthroughs und Reviews werden in den meisten Fällen spontan abgehalten. Inspektionen sind klassische Vertreter geplanter Software-Prüfungen.

■ **Moderiert vs. unmoderiert**
Die drei Varianten der manuellen Software-Prüfung unterscheiden sich erheblich in der praktischen Durchführung. Walkthroughs und Reviews werden im Rahmen einer unmoderierten Besprechung durchgeführt, in der alle Sitzungsmitglieder als gleichberechtigte Teilnehmer agieren. Inspektionen werden hingegen moderiert. In einer solchen Sitzung agieren die Teilnehmer in ganz bestimmten *Rollen*, die mit verschiedenen Aufgaben und Kompetenzen ausgestattet sind. Einer der Teilnehmer agiert in der *Moderatorenrolle* und hat die Aufgabe, die Sitzung formal zu leiten und einen geregelten Ablauf sicherzustellen.

Im Folgenden wollen wir die Hintergründe der angesprochenen Techniken genauer beleuchten und in Abschnitt 5.5.3 insbesondere die heute weit verbreitete Technik der formalen Inspektion nach Fagan im Detail erläutern.

5.5.1 Walkthroughs

Im Rahmen eines *Walkthroughs* wird eine Funktion, ein Algorithmus oder auch ein ganzes Software-Modul durch zwei oder mehrere Entwickler untersucht und begutachtet. Walkthroughs finden oft am Arbeitsrechner des Autors statt und haben den Charakter eines informellen Gesprächs. Die geschaffene Situation bietet die folgenden Vorteile:

■ **Mehraugenprinzip**
Die Erfahrung zeigt, dass mit Hilfe des *Mehraugenprinzips* viele Fehler aufgedeckt werden können, die der Autor nach einer gewissen Zeit selbst nicht mehr erkennt. Kurzum: Das Hinzuziehen einer externen Person wirkt der *Fehlerblindheit* aktiv entgegen. Bei uns allen stellt sich diese Art der Blindheit von selbst ein, wenn wir über längere Zeit den gleichen Programmcode bearbeiten. Das Phänomen, Fehler hartnäckig zu übersehen, ist allgegenwärtig und nicht auf den Bereich der Software-Entwicklung beschränkt. Wahrscheinlich sind auch Sie in der Lage, Schreibfehler in fremden Texten auf den ersten Blick zu erkennen. Dagegen werden ähnliche Fehler in selbst verfassten Schriften mit der Zeit schier unsichtbar und bleiben dem eigenen Auge auch bei wiederholter Lektüre beharrlich verborgen.

■ **Erzählstil**
Durch die Erzählsituation des Autors wird der Blick auf die eigene Software geschärft. In vielen Fällen reicht die pure Anwesenheit eines externen Zuhörers aus, um die eigene Fehlerblindheit zu beseitigen. Auch in den Labor- und Praktikumsräumen der hiesigen Hochschulen und Universitäten lässt sich das Phänomen tagtäglich beobachten. In vielen Fällen, in denen ein Student seinen Betreuer zur Suche eines versteckten Software-Fehlers zu Rate zieht, wird die Fehlerursache im Zuge der Erklärung selbst entdeckt. Der Schlüssel zum Erfolg ist an dieser Stelle der Wechsel in die Erzählerrolle und nicht die hinzugezogene Expertise.

■ **Externalisierung**
Durch die Präsentation der eigenen Arbeit findet die Software-Entwicklung nicht mehr länger im Verborgenen statt. Die Externalisierung des inhärent unsichtbaren Produkts Software hat auf die meisten Entwickler einen disziplinierenden Einfluss. Ähnlich dem Künstler, der sein Werk in bestem Glanze präsentieren möchte, wird auch so mancher Programmierer von dem Ehrgeiz getrieben, nicht nur ein funktionierendes, sondern auch ein ästhetisches Stück Software zu liefern. Der eigentliche Gewinner der selbst auferlegten Programmierdisziplin ist das Qualitätsmerkmal der Code-Transparenz. Dokumentare entstehen fast von selbst und auf so manch fragwürdigen Programmiertrick wird freiwillig verzichtet. Den künstlerischen Aspekt der Software-Entwicklung zu ignorieren ist ein weit verbreiteter Fehler des Software-Managements, auf den wir in Abschnitt 9.2.5 erneut zu sprechen kommen.

Walkthroughs können zu jeder Zeit durchgeführt werden und sind nicht auf die Begutachtung von Quelltexten beschränkt. Die Bewertung von Konfigurationsdateien, Testfällen oder Dokumenten ist nach demselben Prinzip möglich. Eng zusammenarbeitende Entwickler-Teams führen Walkthroughs oft ungeplant durch, um z. B. eine unmittelbar anstehende Entwurfsentscheidung in die richtige Richtung zu lenken. Wird die Prüftechnik darüber hinaus kooperativ für die Suche hartnäckiger Programmfehler eingesetzt, kann die Effizienz der gesamten Arbeitsgruppe deutlich erhöht werden. In manchen Firmen sind Walkthroughs fest in den Entwicklungsprozess integriert und vor der Abnahme eines Software-Moduls zwingend durchzuführen.

5.5.2 Reviews

Grob gesprochen verbirgt sich hinter dem Begriff des *Reviews* eine formalisierte Variante des Walkthroughs. Die Begutachtung wird anhand spezieller *Checklisten* durchgeführt, die Art und Umfang der manuellen Software-Prüfung formal festlegen. Abb. 5.41 zeigt den typischen Aufbau einer Checkliste, wie sie in ähnlicher Form in vielen Unternehmen eingesetzt wird. Aufgrund ihres formalen Charakters besitzen Reviews die folgenden Vorteile:

■ **Vollständigkeit**
Die Verwendung von Checklisten garantiert eine gewisse Vollständigkeit des

Prüfprozesses. An Hand der einzelnen Prüfpunkte ist genau vorgegeben, welche Eigenschaften des Software-Systems analysiert und bewertet werden sollen. Anders als im Falle des informellen Walkthroughs stellt das Medium der Checkliste sicher, dass alle im Vorfeld als wichtig erachteten Aspekte auch wirklich begutachtet werden.

■ **Vergleichbarkeit**

Eine ausgefüllte Checkliste dokumentiert den Zustand eines Software-Moduls auf einer objektiven Ebene. Basiert die Prüfung stets auf denselben Kriterien, so können verschiedene Module untereinander verglichen werden. Reviews lassen sich damit sowohl für die Fortschrittsverfolgung als auch für die Qualitätsbewertung einsetzen und erweisen sich als wertvolles Instrument des Projektmanagements.

Auf der negativen Seite bergen Checklisten das Risiko, den Blick auf den untersuchten Programmcode über Gebühr einzuengen. Um die Vergleichbarkeit der Bewertungen zu erhöhen, werden die einzelnen Prüfpunkte oft sehr detailliert ausformuliert. Je präziser die Formulierung gewählt wird, desto mehr degradiert ein Software-Review zu einem rein mechanischen Prozess. Nimmt die Mechanisierung überhand, so geht eine wesentliche Stärke der manuellen Software-Prüfung verloren. Gemeint ist die Möglichkeit, die Prüfung durch pragmatisches Denken und persönliches Urteilsvermögen zu unterstützen.

Damit ein Review in der praktischen Arbeit seine volle Stärke entfalten kann, muss die Auswahl der einzelnen Prüfpunkte mit äußerster Sorgfalt erfolgen. Die exemplarisch dargestellte Checkliste in Abb. 5.41 enthält hierfür vorwiegend positive, aber auch negative Beispiele. Die meisten der Fragen adressieren semantische Aspekte des Programms, die mit anderen Methoden nicht zu bewerten sind. Hier spielt die Review-Technik seine grundsätzliche Stärke aus, komplexe semantische Zusammenhänge zu analysieren und zu bewerten. Je stärker die einzelnen Prüfpunkte auf diese Fähigkeit hin ausgerichtet sind, desto besser ergänzt die Review-Technik die in den vorhergehenden Abschnitten eingeführten Analysemethoden.

Die Prüfpunkte der ersten beiden Abschnitte (Syntax und Dokumentation) fragen stattdessen Eigenschaften der Software ab, die nur wenig zur Lösung der dringlichsten Qualitätsprobleme beitragen oder mit einer entsprechenden Werkzeugunterstützung vollautomatisch untersucht werden können. Eine ungeschickte Wahl der Prüfpunkte ist aus zweierlei Hinsicht kontraproduktiv für den gesamten Review-Prozess. Zum einen ist die Zeit, die für ein Review aufgewendet werden kann, durch die endliche Konzentrationsfähigkeit der Teilnehmer stark begrenzt. Zum anderen sind viele der wichtigen Fragen vergleichsweise schwierig zu beantworten. Die Möglichkeit, sich im Rahmen eines Reviews in die zahlreichen Fragen über Einrückungstiefe und Schreibstile zu flüchten, wird in der Praxis nur allzu gerne angenommen.

Ein Blick in die Entwicklungslabore zahlreicher Software-Firmen bestätigt die weit verbreitete Tendenz, den Umfang der verwendeten Checklisten mit der Zeit kontinuierlich zu vergrößern. Auch wenn jede einzelne Erweiterung gut gemeint und individuell gerechtfertigt ist, führt die übermäßige Ausweitung einer Review-Sitzung zu einer Verschlechterung der erzielten Ergebnisse. Erfolg und Misserfolg

1. Syntax	JA	NEIN
Compiliert das Programm ohne Warnungen?	☐	☐
Sind die projektspezifischen Code-Konventionen eingehalten?	☐	☐
Ist nicht erreichbarer Code vorhanden bzw. als solcher markiert?	☐	☐

2. Dokumentation	JA	NEIN
Sind alle Variablendeklarationen dokumentiert?	☐	☐
Sind alle Funktionsdefinitionen dokumentiert?	☐	☐
Sind alle Klassendefinitionen dokumentiert?	☐	☐
Sind die Einheiten aller numerischen Variablen klar beschrieben?	☐	☐

3. Kontrollfluss	JA	NEIN
Ist die Terminierungsbedingung jeder Schleife korrekt?	☐	☐
Ist der Code frei von potenziellen Endlosschleifen?	☐	☐
Können rekursive Strukturen einen Stapelüberlauf verursachen?	☐	☐
Ist die Schachtelungstiefe der Kontrollstrukturen akzeptabel?	☐	☐

4. Datenfluss	JA	NEIN
Werden alle Funktionsparameter überprüft?	☐	☐
Werden Array-Indizes auf gültige Intervallgrenzen überprüft?	☐	☐
Werden alle Variablen vor der ersten Nutzung initialisiert?	☐	☐
Ist der Wertebereich aller numerischen Variablen ausreichend?	☐	☐

5. Fehlerbehandlung	JA	NEIN
Werden die Intervallgrenzen aller numerischen Werte geprüft?	☐	☐
Werden potenzielle Null-Pointer vor der Verwendung geprüft?	☐	☐
Werden alle ausgelösten Exceptions adäquat behandelt?	☐	☐
Existieren Testfälle für die Auslösung jedes Ausnahmezustands?	☐	☐

6. Dynamische Ressourcenverwaltung	JA	NEIN
Wird dynamisch belegter Speicher wieder freigegeben?	☐	☐
Werden alle geöffneten Dateien wieder geschlossen?	☐	☐
Werden Referenzen auf veraltete Objekte zeitnah gelöscht?	☐	☐
Wird jedes Objekt nur einmal wieder freigegeben?	☐	☐

7. Konkurrierende Programmierung	JA	NEIN
Sind alle globalen Variablen Thread-sicher?	☐	☐
Sind alle mehrfach benutzten Objekte Thread-sicher?	☐	☐
Werden alle Semaphore wieder freigegeben?	☐	☐
Ist der Code verklemmungsfrei?	☐	☐

Abb. 5.41 Beispiel einer Checkliste für die manuelle Software-Prüfung

liegen im Bereich der manuellen Software-Prüfung nahe beieinander. Mit den richtigen Mitarbeitern und der passenden Intension durchgeführt, können Reviews Wunder bewirken. Falsch umgesetzt verkommt die vielversprechende Technik zu einem bürokratischen Prozedere, ohne die Qualitätskriterien des untersuchten Software-Systems positiv zu beeinflussen. Insbesondere dann, wenn sich Reviews auf die manuelle Überprüfung syntaktischer Programmierrichtlinien beschränken, bleibt das eigentliche Leistungspotenzial ungenutzt.

Eine spezielle Spielart dieser Technik sind *kommentierende Reviews* (*offline reviews*), die nicht in Form einer regulären Sitzung durchgeführt werden. Stattdessen werden die untersuchten Dokumente an eine Reihe von Gutachtern verteilt und einer individuellen Bewertung unterzogen. Anschließend werden die Ergebnisse in Form eines Kurzberichts zusammengefasst und an den Autor zurückgesendet. Durch die dezentrale Bewertung ist eine gegenseitige Beeinflussung der Gutachter weitgehend ausgeschlossen. Auf der negativen Seite gehen alle Synergieeffekte verloren, die durch den sitzungsbasierten Charakter eines konventionellen Reviews entstehen.

Wie bei allen anderen Varianten der manuellen Software-Prüfung auch, darf ein wichtiger Aspekt niemals außer Acht gelassen werden: Der Erfolg steigt und fällt mit der Atmosphäre, in der ein Review durchgeführt wird. Das Grundverständnis, dass ein Stück Software und nicht die Leistung des Programmierers auf dem Prüfstand steht, muss klar kommuniziert und von allen Beteiligten verinnerlicht werden. Gelingt es dem Moderator, eine lockere und ungebundene Atmosphäre zu schaffen, so lassen sich Erfolge erzielen, die mit keiner anderen in diesem Buch vorgestellten Prüftechnik erreicht werden können. Aus diesem Grund werden Walkthroughs, Reviews und die im nächsten Abschnitt vorgestellten Inspektionen in den meisten Unternehmen ohne die Teilnahme der Vorgesetzten durchgeführt.

5.5.3 Inspektionen

Software-Inspektionen betten die manuelle Prüftechnik in einen definierten Prozess ein und sind damit die formellste Variante der drei vorgestellten Verfahren. Die Inspektionstechnik geht auf die in den Siebziger- und Achtzigerjahren publizierten Arbeiten von Michael Fagan zurück und wird in Anlehnung an seine historischen Wurzeln häufig als *Fagan-Inspektion* bezeichnet [91, 92]. In der Vergangenheit wurde der Inspektionsprozess kontinuierlich verfeinert und in zahlreichen Publikationen ausführlich dargelegt. Eine tiefergehende Beschreibung gibt [101].

Eine typische Fagan-Inspektion durchläuft bis zu 6 aufeinander aufbauende Phasen, die in Abb. 5.42 grafisch zusammengefasst sind. Die einzelnen Phasen sind durch die folgenden Inhalte charakterisiert:

- **Planungsphase**
  Eine Software-Inspektion nach Fagan ist prozessgetrieben und dadurch ein geplanter Bestandteil des Projektmanagements. Entsprechend erfordert die Abwicklung ein hohes Maß an Organisation, die in der initialen Planungsphase beginnt. Ist ein Software-Modul bereit für die Durchführung einer Inspektion, so informiert der Autor den *Moderator*, der anschließend Inspektionstermin, Personal und Räumlichkeit festlegt. Die Aufbereitung der benötigten Dokumente übernimmt der Autor.

- **Überblicksphase**
  In dieser Phase werden die verschiedenen, in der Inspektionssitzung eingenommenen *Rollen* verteilt und die ausgewählten Mitarbeiter mit den notwendigen

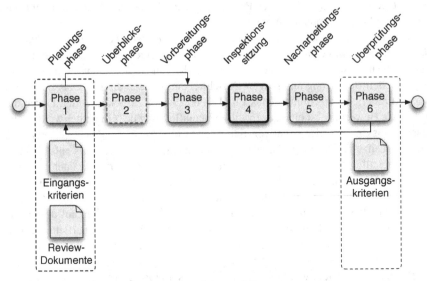

Abb. 5.42 Phasenmodell der Software-Inspektion nach Fagan

Hintergrundinformationen versorgt. Den Kern dieser Phase bildet die *Über-blicksveranstaltung*, die der Autor des zu inspizierenden Software-Moduls selbst durchführt. Handelt es sich bei den beteiligten Mitarbeitern um ein eingespieltes Team, so kann auf die Durchführung der Überblicksveranstaltung verzichtet werden.

■ **Vorbereitungsphase**
Die Vorbereitungsphase beginnt, nachdem die Rollen verteilt und alle beteiligten Mitarbeiter mit den erforderlichen Dokumenten versorgt sind. Im Gegensatz zu einem Walkthrough oder einem Review begutachten die Inspektoren das Untersuchungsobjekt bereits jetzt, d. h., jeder Inspektor bringt bereits eine vorgefertigte Fehlerliste in die sich anschließende Inspektionssitzung mit ein. Die in dieser Phase durchgeführte Begutachtung entspricht in wesentlichen Teilen dem im vorherigen Abschnitt umrissenen *Offline review.*

■ **Inspektionssitzung**
In der Inspektionssitzung werden die erarbeiteten Einzelergebnisse zusammengetragen und gemeinsam bewertet. Die Sitzung wird mit den folgenden verteilten Rollen durchgeführt:

– **Moderator**
Eine Inspektionssitzung nach Fagan wird moderiert durchgeführt. Zu den Hauptaufgaben des Moderators gehört es, den geregelten Ablauf sicherzustellen und die Dominanz einzelner Inspektoren zu verhindern. Er muss insbesondere in der Lage sein, die Diskussion in die richtige Richtung zu lenken,

ohne die positive Atmosphäre der Diskussionsrunde zu beeinträchtigen. Wie bereits weiter oben angesprochen, ist die lockere und offene Atmosphäre ein Kernelement für den Erfolg der manuellen Software-Prüfung. Damit besitzt der Moderator einen entscheidenden Einfluss auf die Qualität der erzielten Inspektionsergebnisse.

- **Gutachter**
  Der Gutachter hat die Aufgabe, das Inspektoren-Team fachlich durch die einzelnen Programmquellen und Dokumente zu führen. In der englischen Literatur wird der Gutachter treffend als *Reader* bezeichnet. Wird beispielsweise der Quelltext eines Software-Moduls inspiziert, so geht der Gutachter den Programmtext Schritt für Schritt durch und erläutert die einzelnen Entwurfsentscheidungen und Programmkonstrukte aus eigener Sicht. Im Gegensatz zur Rolle des Moderators erfordert die Rolle des Gutachters ein hohes Maß an technischem Sachverstand.

  Empirische Untersuchungen legen nahe, dass die Lesegeschwindigkeit, die der Gutachter selbstständig vorgibt, einen erheblichen Einfluss auf die Anzahl der erkannten Defekte besitzt. Fagan schlägt in [92] als Richtwert eine Geschwindigkeit von 500 NCSS (*Non Commented Source Statements*) für die Überblicksveranstaltung und 90 NCSS für die Inspektionssitzung vor. Die gewählte Leserate ist stets ein Kompromiss zwischen Aufwand und Fehlererkennungsrate. Genauere Untersuchungen über diesen Zusammenhang werden in [101] und [254] beschrieben.

- **Autor**
  Der Autor der untersuchten Dokumente ist während der Inspektionssitzung anwesend, nimmt aber eine vollständig passive Rolle ein. Insbesondere schließt Fagan explizit aus, dass der Autor gleichzeitig die Rolle des Moderators, des Protokollführers oder des Gutachters übernimmt. Die passive Teilnahme des Autors bewirkt, dass er sein eigenes Werk aus der Perspektive einer außenstehenden Person wahrnimmt. Auch hier hilft die Externalisierung, den Blick auf Aspekte zu richten, die in der normalen Arbeitssituation in dieser Form verborgen bleiben. Die bewusst passive Rolle des Autors verhindert überdies, dass sich die Diskussion in Rechtfertigungsversuchen verliert. Unterdrückt der Moderator solche Diskussionstendenzen nicht im Ansatz, gerät die gesamte Inspektionssitzung schnell ins Wanken.

- **Protokollführer**
  Der Protokollführer hat die Aufgabe, einen Prüfbericht zu erstellen und die erkannten Defekte zu vermerken. Alle erkannten Fehler werden durch die Inspektoren bezüglich ihrer Schwere gewichtet und hierdurch in verschiedene Kategorien eingeteilt. Zum einen führt die Gewichtung zu einer automatischen Priorisierung der notwendig werdenden Nacharbeiten, zum anderen entstehen auf diese Weise wertvolle Daten für die Projektverfolgung. Die Rolle des Protokollführers kann durch einen eigens hierfür abgestellten Mitarbeiter oder durch den Moderator selbst übernommen werden. Insgesamt werden

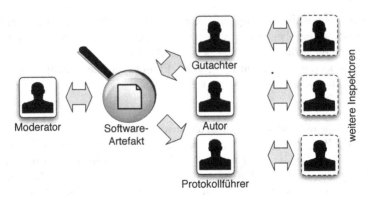

Abb. 5.43 Teilnehmer einer formalen Software-Inspektion

für die Durchführung einer Fagan-Inspektion damit mindestens drei verschiedene Personen benötigt.

– **Weitere Inspektoren**
  Neben dem Moderator, dem Gutachter und dem Protokollführer, die allesamt auch die Rolle eines Inspektors innehaben, können weitere Inspektoren hinzugezogen werden. Typischerweise wird diese Aufgabe von Entwicklern aus der Arbeitsgruppe des Autors übernommen, da diese über die nötigen technischen Kenntnisse verfügen und durch die Teilnahme gleichzeitig zu detailliertem Wissen über die Arbeit des Kollegen gelangen können. Wie schon im Falle der Walkthroughs und Reviews gilt auch hier, dass Vorgesetzte nicht als Inspektoren in Frage kommen.
  Die Anzahl der zusätzlich hinzugezogenen Inspektoren hat einen unmittelbaren Einfluss auf die Anzahl der gefundenen Fehler. Trotzdem steigt die Fehlererkennungsrate nicht linear mit der Gruppengröße. Die Erfahrungswerte verschiedener Unternehmen legen nahe, dass die Gruppengröße bei drei bis sieben Sitzungsteilnehmern ein Optimum erreicht. Größere Gruppen erhöhen die Anzahl gefundener Defekte nur noch marginal, treiben dafür den ohnehin hohen Personalaufwand weiter in die Höhe.

Abb. 5.43 fasst die Rollenverteilung einer Fagan-Inspektion grafisch zusammen. Die richtige Art und Weise der Sitzungsdurchführung ist zentral für deren Erfolg. Insbesondere dürfen die folgenden beiden Aspekte bei der Durchführung einer Inspektion niemals außer Acht gelassen werden:

– Im Rahmen einer Inspektionssitzung werden Fehler und keine Lösungen gesucht. Die Beschränkung auf die Fehlersuche erweist sich in der Praxis als unerwartet schwierig. Die menschliche Psyche ist so angelegt, dass wir fast zwangsläufig nach einer Lösung suchen, sobald wir ein Problem erkannt haben. Wird diesem Streben innerhalb der Sitzung freien Lauf gelassen, so kommt das Team mit großer Sicherheit über die Besprechung der ersten zwei oder drei Fehler nicht hinaus. Der Moderator hat an dieser Stelle die entscheidende Aufgabe, den Fokus der Diskussion weg von möglichen Lösungen und zurück zu den eigentlichen Fehlern zu lenken.

– Für die erfolgreiche Durchführung einer Fagan-Inspektion ist es notwendig, den Blick stets auf das Wesentliche zu konzentrieren. Das Ziel der Inspektionssitzung ist es, schwerwiegende Fehler aufzudecken. Diskussionen über Schreibfehler in Kommentarblöcken oder Fehler in der Einrückung werden in der Praxis allzu gerne geführt, wirken dem eigentlichen Ziel jedoch entgegen. Die Verantwortung liegt hier insbesondere in den Händen der Inspektoren, die bereits in der Vorbereitungsphase den Blick auf das Wesentliche wahren müssen.

■ **Nachbearbeitungsphase**
In dieser Phase arbeitet der Autor die Fehlerkorrekturen in die untersuchten Programmmodule und Dokumente ein. Kleinere Fehler werden sofort korrigiert, größere Modifikationen gehen den Weg über das Änderungsmanagement. Kommt der Autor zu dem Schluss, dass es sich bei ein oder mehreren beschriebenen Defekten nicht um Fehler handelt, werden die betreffenden Programmstellen in der Überprüfungsphase erneut begutachtet.

■ **Überprüfungsphase**
Alle in einer Fagan-Inspektion beschlossenen Änderungen werden nachträglich überprüft. Kleine Änderungen werden in der Regel in einem Vieraugengespräch zwischen Autor und Moderator abgehandelt. Größere Änderungen werden im Rahmen einer *Follow-Up-Sitzung* besprochen, zu der die beteiligen Inspektoren erneut hinzugezogen werden. Hier wird entschieden, ob die durchgeführten Änderungen eine erneute Inspektion des Moduls erforderlich machen.

Zusätzlich wird in der Überprüfungsphase der abschließende *Inspektionsbericht* erstellt. In diesem werden die Inspektionsbefunde zusammengefasst und aufbereitet. Durch die systematische Erfassung der Ergebnisse helfen Fagan-Inspektionen nicht nur, die Software-Qualität zu erhöhen, sondern liefern zugleich auch Kennzahlen für das Projektmanagement. Mit der Überprüfungsphase endet die Fagan-Inspektion.

Werden Inspektionen systematisch und flächendeckend durchgeführt, spielen sie auch in einem ganz anderen Bereich ihre Stärke aus. Gemeint ist die Suche nach versteckten Eigenschaften (*hidden features*). Die Bandbreite an nicht vorgesehener Zusatzfunktionalität ist riesig. Viele Programmierer ergänzen Software-Systeme auf eigene Faust, um sich schlicht das eigene Entwicklerleben zu vereinfachen. Versteckte Kommandos oder die Möglichkeit, nicht für den Endkunden bestimmte Debug-Ausgaben zu erzeugen, fallen in diese Kategorie. Andere Programmierer öffnen sich heimlich Hintertüren, um z. B. die Bedienung der Software während der Testphase zu erleichtern. Welcher Entwickler wünscht sich nicht, die unentwegt störende Lizenzüberprüfung einfach abzuschalten?

Die Bandbreite versteckter Änderungen reicht bis hin zur Sabotage. Als Beispiel ist in Abb. 5.44 eine leicht modifizierte Variante der Methode **champion** abgebildet,

```
                Team.java

public class Team {                                            1
                                                              2
    int points;                                               3
    int goals;                                                4
                                                              5
    /** Bestimmt den Sieger unter zwei Mannschaften.          6
                                                              7
        @param team1   Referenz auf das erste Team (Team A)   8
        @param team2   Referenz auf zweite Team (Team B)      9
    */                                                       10
                                                             11
    public static Team champion(Team team1, Team team2) {    12
                                                             13
        #ifdef RELEASE_VERSION                               14
        if (team1 == DIRKS_TEAM) return team1;               15
        if (team2 == DIRKS_TEAM) return team2;               16
        #endif                                               17
                                                             18
        // Old implementation...                             19
        ...                                                  20
    }                                                        21
}                                                            22
```

Abb. 5.44 Nur die manuelle Software-Prüfung ist in der Lage, „Fehler" dieser Art zu erkennen

die uns bereits in Abschnitt 4.3 im Zusammenhang mit der Black-Box-Testtechnik als Beispiel diente. Das Programm enthält eine marginale „Verbesserung", die mir mit hoher Wahrscheinlichkeit eine erfolgreiche Karriere als Trainer bescheren wird.

Auch wenn das konkrete Beispiel die Realität an dieser Stelle bewusst überzeichnet, sollten Sie sich als projektverantwortlicher Software-Manager nicht allzu sicher fühlen. Außer der manuellen Software-Prüfung ist keine andere Technik in der Lage, Schadcode dieser Art zu erkennen. Selbst alle der automatisierten White-Box-Techniken sind an dieser Stelle zum Scheitern verurteilt, da der Zusatzcode in der Debug-Version wohlweislich durch den Präprozessor eliminiert wird. Ein Schelm, wer Böses dabei denkt...

Kapitel 6
Software-Verifikation

6.1 Motivation

Die Methoden und Techniken der Software-Verifikation stehen auf dem gemeinsamen Fundament, die Korrektheit eines Programms mit Hilfe mathematischer Methoden formal zu beweisen. Der mathematischer Charakter dieser Vorgehensweise bedingt, dass vor der eigentlichen Beweisführung sowohl das Programm als auch seine Anforderungsbeschreibung in formale Modelle übersetzt werden müssen. Diese werden im Folgenden als *Implementierung* $\mathscr{I}$ und *Spezifikation* $\mathscr{S}$ bezeichnet. Die Aufgabe der Software-Verifikation besteht in dem formalen Nachweis, dass die Implementierung die Spezifikation erfüllt, geschrieben als $\mathscr{I} \models \mathscr{S}$.

Abb. 6.1 fasst die grundlegende Vorgehensweise der Software-Verifikation grafisch zusammen. Aus dem Schaubild geht unmittelbar eine fundamentale Beschränkung dieses Ansatzes hervor: Obwohl die Verifikation aufgrund ihres mathematischen Charakters die mit Abstand präziseste der hier vorgestellten Techniken ist, wird der formale Beweis ausschließlich auf der Modellebene geführt. In der Konsequenz bedeutet diese Beschränkung, dass Fehler, die innerhalb des Formalisierungsprozesses entstehen, auch mit diesen Verfahren nicht erkannt werden können. Wir haben es an dieser Stelle mit einer fundamentalen Grenze aller Verifikationstechniken zu tun, die von einzelnen Verfechtern formaler Methoden nicht selten vergessen und mitunter auch schlicht ignoriert wird. Nichtsdestotrotz werden die nächsten Abschnitte zeigen, dass mit Hilfe formaler Verfahren einige versteckte Fehler aufgedeckt werden können, die den anderen vorgestellten Test- und Analysetechniken gänzlich verborgen bleiben. Richtig eingesetzt kann die formale Verifikation die herkömmlichen Testtechniken durchaus gewinnbringend ergänzen – wenn auch nicht ersetzen.

In diesem Kapitel werden wir mit der *Deduktion*, der *Modellprüfung* und der *abstrakten Interpretation* die drei grundlegenden Verifikationstechniken detailliert betrachten. Für die Beschreibung der Implementierung und der Spezifikation kommen in Abhängigkeit des eingesetzten Verifikationsverfahrens gänzlich unterschiedliche Modelle zum Einsatz. Insbesondere die eingesetzten Spezifikationsmodelle unterscheiden sich erheblich in ihrer Ausdrucksstärke und damit auch in der Bandbreite

D.W. Hoffmann, *Software-Qualität,* eXamen.press,
DOI 10.1007/978-3-642-35700-8_6, © Springer-Verlag Berlin Heidelberg 2013

Abb. 6.1 Grundschema der Software-Verifikation

der verifizierbaren Eigenschaften. Tabelle 6.1 stellt die verschiedenen Verifikationstechniken diesbezüglich gegenüber.

■ **Deduktion**
Deduktive Techniken entsprechen im Kern der gewöhnlichen mathematischen
Beweisführung. Basierend auf einer formal definierten Programmiersprache mit
präziser Semantik verwendet die Deduktionsmethode ein Logikkalkül, das sich
aus verschiedenen Beweisregeln zusammensetzt. Die Verifikationsaufgabe wird
zunächst in Form von Vor- und Nachbedingungen formuliert, die anschließend
durch sukzessive Anwendung der Beweisregeln ineinander überführt werden.
Für die Formulierung der Vor- und Nachbedingungen wurden in der Vergangenheit verschiedene Logiken postuliert, die sich in ihrer Ausdrucksstärke erheblich
unterscheiden. Aufgrund der hohen Komplexität ist die Bedeutung der Deduktionstechnik für die Praxis heute immer noch sehr gering.

■ **Modellprüfung**
Die Technik der Modellprüfung geht einen anderen Weg und übersetzt ein Programm zunächst in eine *Kripke-Struktur*, die in ihren wesentlichen Aspekten dem
Aufbau eines endlichen Automaten folgt [156]. Die zu verifizierenden zeitlichen
Eigenschaften werden in einer *Temporallogik* formuliert und mit Hilfe spezieller Traversierungsalgorithmen nachgewiesen oder widerlegt. Im Gegensatz zur
Deduktionstechnik, die prinzipiell in der Lage ist, das funktionale Verhalten eines Programms vollständig zu beschreiben, ist die Modellprüfung auf die Verifikation spezieller zeitlicher Eigenschaften beschränkt. Durch die geringere Ausdrucksfähigkeit der Spezifikationssprache lässt sich die Beweisführung automatisieren, so dass die Technik auch für die industrielle Anwendung interessant
wird. In der Praxis wird die Modellprüfung in sicherheitskritischen Nischenpro-
jekten bereits als unterstützendes Werkzeug eingesetzt, in der breiten Masse der
Software-Entwicklung spielt sie aufgrund der immer noch immensen algorithmischen Komplexität noch keine wesentliche Rolle.

Tabelle 6.1 Die verschiedenen Techniken der Software-Verifikation im Vergleich

Verfahren	Implementierung	Spezifikation
Deduktion	Formale Sprachsemantik	Logikkalkül
	{P} S {Q}	$PL0 : a \to (b \vee c)$ $PL1 : \forall x \exists y : f(x) \to g(y)$ $PLn : \forall P \exists x : \neg P(x,x)$ ...
Modellprüfung	Kripke-Struktur	Temporallogik
		$CTL : A\Diamond\phi \to E\Diamond\psi$ $LTL : \Box\phi \to \Diamond\psi$ ...
Abstrakte Interpretation	Gleichungssystem	Zustandsmengen
	$S_0 = f_0(S_0,\ldots,S_k)$ $S_1 = f_1(S_1,\ldots,S_k)$ ... $S_k = f_k(S_0,\ldots,S_k)$	

- **Abstrakte Interpretation**

  Hinter dem Begriff der *abstrakten Interpretation* verbirgt sich eine vielversprechende semi-formale Verifikationstechnik, die in den letzten Jahren deutlich an Popularität gewinnen konnte und zurzeit den Sprung aus dem akademischen Umfeld in industrielle Entwicklungsprozesse vollzieht. Die abstrakte Interpretation kombiniert die statische Programmanalyse mit einer Generalisierung des Datenbereichs und ermöglicht hierdurch, verschiedene dynamische Eigenschaften eines Programms zu verifizieren. Für viele Programme lässt sich mit Hilfe der abstrakten Interpretation formal beweisen, dass arithmetische Ausdrücke niemals eine Division durch null verursachen oder Array-Zugriffe stets innerhalb der Intervallgrenzen erfolgen.

  Das theoretische Fundament der eingesetzten Programmanalyse reicht bis in die Sechziger- und Siebzigerjahre zurück. Bereits dort wurde die richtungsweisende Idee formuliert, ein Programm als eine Menge von Gleichungen aufzufassen. Die Lösung des entstehenden Gleichungssystems entspricht der Menge von Zuständen, die ein Programm einnehmen kann. Da viele dynamische Eigenschaften auf entsprechende Zustandsmengen abgebildet werden können, lässt sich deren Gültigkeit durch eine einfache Mengenoperation überprüfen und aus der Schnittmenge im Fehlerfall ein Gegenbeispiel erzeugen.

Wie weit eine Verifikationstechnik in realen Software-Projekten gewinnbringend eingesetzt werden kann, hängt maßgeblich von den folgenden drei Faktoren ab:

■ **Ausdrucksstärke**

Die Ausdrucksstärke beschreibt, welche Eigenschaften eines Software-Systems formal spezifiziert werden können und begrenzt damit auf natürliche Weise die zu verifizierenden Eigenschaften. Je höher die Ausdrucksstärke eines Verfahrens ist, desto höher ist auch seine *theoretische* Leistungsfähigkeit. Auf der negativen Seite geht die Steigerung mit einem explosionsartigen Komplexitätsanstieg einher, der die Beweisdurchführung überproportional erschwert. Damit kann eine zu hohe Ausdrucksstärke die *praktische* Leistungsfähigkeit eines Verfahrens ad absurdum führen.

Die Deduktion ist die mit Abstand ausdrucksstärkste Verifikationsmethode. Die Verwendung einer höherwertigen Logik ermöglicht, neben den natürlichen Zahlen auch alle anderen für die funktionale Beschreibung eines Algorithmus notwendigen Aspekte formal zu beschreiben. Die Deduktionstechnik versetzt uns hierdurch in die Lage, die funktionale Korrektheit eines komplexen Algorithmus *vollständig* zu verifizieren. Dagegen ist die Ausdrucksstärke der Modellprüfung und der abstrakten Interpretation deutlich begrenzt, so dass sich diese Verfahren auf die Verifikation spezieller Eigenschaften beschränken (*partielle Verifikation*).

■ **Skalierung**

Der Begriff der Skalierung bezeichnet die Eigenschaft eines Verfahrens, auch auf größere Programme anwendbar zu sein. Die geringe Skalierbarkeit ist das Kernproblem aller in diesem Kapitel vorgestellten Verfahren und einer der Hauptgründe, warum die Software-Verifikation in der Praxis heute immer noch ein Schattendasein fristet. Vergleichen wir die einzelnen Verfahren untereinander, so ergeben sich auch hier drastische Unterschiede. Die mit Abstand ausdrucksstärkste und damit leistungsfähigste Deduktionstechnik ist zugleich die am wenigsten skalierende. Dass mit abnehmender Ausdrucksstärke die Skalierbarkeit zunimmt, lässt sich insbesondere am Beispiel der Modellprüfung und der abstrakten Interpretation beobachten (vgl. Abb. 6.2). Vor allem die abstrakte Interpretation stößt aufgrund der enorm gestiegenen Rechenkapazität in Leistungsbereiche vor, die einen industriellen Einsatz ermöglichen. In der Tat konnten sich erste kommerziell vertriebenen Werkzeuge bereits am Markt etablieren.

■ **Automatisierung**

Neben der Skalierbarkeit des Verifikationsverfahrens ist der Grad der Automatisierung ein essentielles Kriterium für den Einsatz in realen Software-Projekten. Die Erfahrung der letzten Jahre hat gezeigt, dass sich manuelle Beweisverfahren kaum in industrielle Entwicklungsprozesse integrieren lassen. Die Gründe hierfür sind vielfältig und reichen von der langen Zeitspanne, die zur Durchführung eines manuellen Beweises benötigt wird, bis zu dem hohen Grad an Expertenwissen, das in der Praxis nicht in ausreichender Form vorhanden ist. Im Gegensatz zur deduktiven Technik sind die Modellprüfung und die abstrakte Interpretation automatisierte Verfahren und damit für den industriellen Einsatz besser geeignet (*Push-Button-Verifikation*).

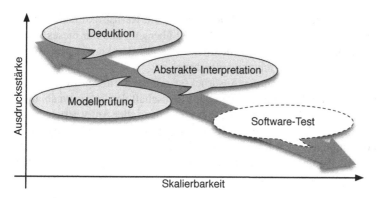

Abb. 6.2 Zusammenhang zwischen Skalierung und Ausdrucksstärke

Alle formalen Verifikationstechniken haben ihren Ursprung in der Mathematik. Die Möglichkeit, das Verhalten eines Programms *vollständig* und *präzise* zu spezifizieren und die Einhaltung der Spezifikation durch die Implementierung formal zu beweisen, bringt den mathematischen Charakter deutlich zum Ausdruck. Entsprechend waren auch die ursprünglichen Forschungsarbeiten auf diesem Gebiet hauptsächlich durch theoretische Überlegungen getrieben. So wurde zwar die prinzipielle Anwendbarkeit der Forschungsergebnisse immer wieder an kleinen Beispielprogrammen gezeigt (*proof of concept*), jedoch nie in ernstzunehmendem Maße an industriellen Software-Systemen demonstriert. In dieser Phase entstanden insbesondere viele der deduktiven Verifikationsalgorithmen.

Aufgrund des zunehmenden Drucks, industrielle Fragestellungen mit industriell verwertbaren Ergebnissen zu beantworten, wurden zahlreiche Versuche unternommen, die Skalierung der deduktiven Verfahren zu verbessern. Die gewählten Ansätze standen jedoch stets unter der Prämisse, die volle Ausdrucksstärke der Spezifikationssprache zu bewahren. Den beachtlichen Fortschritten zum Trotz wurde die für den industriellen Einsatz benötigte Skalierbarkeit nicht erreicht. So verlockend die Möglichkeiten der Deduktionsbeweise auch sind – die breite Integration in industrielle Entwicklungsprozesse lässt bis heute auf sich warten und auch in Zukunft wird der Einsatz dieser Technik mit hoher Wahrscheinlichkeit auf Nischenanwendungen beschränkt bleiben.

Mitte der Neunzigerjahre setzte ein Trendwechsel ein, der bis heute anhält. Lag das Augenmerk der meisten Forscher ursprünglich auf einer hohen Ausdrucksstärke, stehen nunmehr Verfahren im Vordergrund, die eine hohe Skalierung gewährleisten. Anschaulich belegt wird die Entwicklung durch die Technik der Modellprüfung und der abstrakten Interpretation. Beide Verfahren stellen eine vollständig automatisierte Beweisführung in den Mittelpunkt und nehmen die beschränkte Ausdrucksfähigkeit der Spezifikationssprache bewusst in Kauf.

Nichtsdestotrotz bleibt die hohe algorithmische Komplexität der limitierende Faktor für den Einsatz aller hier vorgestellten Verfahren. Als Folge werden formale Techniken, wenn überhaupt, nur auf einzelne sicherheitskritische Funktionen oder

Module angewendet. In vielen Fällen werden die Kernstrukturen des Programms zusätzlich in ein weniger komplexes Modell übersetzt und nur dieses anschließend verifiziert. Das Vorgehen macht deutlich, dass auf den klassischen Software-Test damit in keinem Fall verzichtet werden kann.

Neben der Verringerung der Ausdrucksstärke der formalen Beschreibungslogik rücken einige Verfahren bewusst von der Eigenschaft der *Präzision* ab, um die Skalierbarkeit des Verfahrens weiter in die Nähe industrieller Anforderungen zu treiben. Die Abkehr von der Eigenschaft der Präzision bedeutet in der Konsequenz, dass das Verifikationsverfahren in einigen Fällen eine falsche Antwort berechnet. Zwei grundlegende Fehlerszenarien sind in diesem Zusammenhang zu unterscheiden:

- **False negatives**
  Das Verifikationsverfahren widerlegt die Korrektheit eines in Wirklichkeit fehlerfreien Programms.

- **False positives**
  Das Verifikationsverfahren beweist die Korrektheit eines in Wirklichkeit fehlerhaften Programms.

In der Praxis werden *False positives* als schwerwiegender erachtet als *False negatives*. Viele der heute eingesetzten Verifikationsverfahren sind daher so konstruiert, dass False negatives von Zeit zu Zeit auftreten, False positives aber in jedem Fall vermieden werden. Hierdurch ist sichergestellt, dass ein Programm alle verifizierten Eigenschaften tatsächlich erfüllt. Der Umkehrschluss verliert an dieser Stelle seine Gültigkeit. So deutet ein fehlgeschlagener Verifikationsversuch nicht mehr zwangsläufig auf einen Fehler hin.

Durch die Kombination mit anderen Qualitätssicherungstechniken, wie dem klassischen Software-Test, lassen sich viele False negatives unmittelbar als solche identifizieren und so die praktische Anwendbarkeit der formalen Verifikation deutlich erhöhen. Das Aufdecken von False positives erweist sich dagegen als deutlich schwieriger. Im Gegensatz zu einem False negative liefert das Verifikationsverfahren hier keinerlei Anhaltspunkte, die sich gezielt weiter untersuchen lassen.

6.2 Deduktion

6.2.1 Vor- und Nachbedingungen

Deduktive Techniken spezifizieren die Eigenschaften eines Programms in Form von *Vor-* und *Nachbedingungen*. Analog zur klassischen mathematischen Beweisführung wird die Gültigkeit der Nachbedingungen durch die Anwendung spezieller Beweisregeln aus den Vorbedingungen hergeleitet. Sowohl die Vor- und Nachbedingungen, als auch alle geschlussfolgerten Aussagen, werden in einer formalisierten Sprache beschrieben – der sogenannten *Logik*. Durch die Hinzunahme der Beweisregeln wird eine Logik zu einem *Logikkalkül* erweitert.

Als Beispiel betrachten wir die in Abb. 6.3 dargestellte Funktion **exp** zum schnellen Potenzieren zweier Integer-Zahlen. Diese nimmt zwei Parameter a und n ent-

```
fast_exp.c
int exp(int a, int n) {                    1
    int k = n;                             2
    int p = a;                             3
    int y = 1;                             4
                                           5
    while (k > 0) {                        6
        if (k % 2 == 0) {                  7
            p = p * p;                     8
            k = k / 2;                     9
        } else {                          10
            y = y * p;                    11
            k = k - 1;                    12
        }                                 13
    }                                     14
    return y;                            15
}                                        16
```

Abb. 6.3 Algorithmus zum schnellen Potenzieren zweier Integer-Zahlen

gegen und berechnet für alle n mit $n > 0$ das Ergebnis a^n. Um die theoretischen Ausführungen an dieser Stelle mit Leben zu füllen, soll die Korrektheit der Funktion mit Hilfe eines Deduktionsbeweises formal verifiziert werden. Hierzu wird über eine Vorbedingung $\{P\}$ und eine Nachbedingung $\{Q\}$ zunächst das Verhalten der Funktion formal spezifiziert (vgl. Abb. 6.4).

In diesem Beispiel verwenden wir zur Darstellung der Vor- und Nachbedingung sowie für alle berechneten Zwischenergebnisse die gewöhnliche mathematische Notation. Wird die Software-Verifikation rechnergestützt durchgeführt, tritt an die Stelle der mathematischen Schreibweise eine computerverständliche Spezifikationssprache mit einer klar definierten Semantik. In der Vergangenheit wurden viele verschiedene Logiken formuliert, die sich allesamt für den Einsatz im Bereich der deduktiven Verifikation eignen, sich jedoch sowohl in ihrer Ausdrucksfähigkeit als auch ihrer Beweiskomplexität beträchtlich unterscheiden (vgl. Abb. 6.5). Die folgenden Logiken spielen im Bereich der Hard- und Software-Verifikation eine hervorgehobene Rolle:

■ **Aussagenlogik**

Die *Aussagenlogik* (PL0) ist die mit Abstand einfachste der hier vorgestellten Logiken. Mit Hilfe *aussagenlogischer Ausdrücke* können Beziehungen zwischen *atomaren Aussagen* formuliert werden, die ihrerseits einen der Wahrheitswerte *Wahr* (*true*) oder *Falsch* (*false*) annehmen können. Die klassische Aussagenlogik fällt damit in die große Gruppe der *zweiwertigen Logiken*. Wie die folgenden Beispiele zeigen, lassen sich atomare Aussagen mit Hilfe logischer Verknüpfungen rekursiv zu komplexeren Aussagen verbinden:

$$\neg A : A \text{ ist falsch. (Negation)}$$

```
       int exp(int a, int n) {
{P}      n ≥ 0

         int k = n;
         int p = a;
         int y = 1;

         while (k > 0) {
           if (k % 2 == 0) {
             p = p * p;
             k = k / 2;
           } else {
             y = y * p;
             k = k - 1;
           }
         }
{Q}      y = aⁿ

         return y;
       }
```

Abb. 6.4 Das Ziel eines Deduktionsbeweises wird mit Hilfe von Vor- und Nachbedingungen formuliert

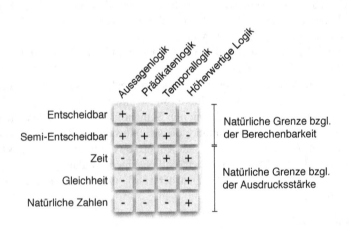

Abb. 6.5 Berechenbarkeit und Ausdrucksstärke der wichtigsten Verifikationslogiken

$A \wedge B$: A und B sind beide wahr. (Konjunktion)

$A \vee B$: A ist wahr oder B ist wahr. (Disjunktion)

$A \rightarrow B$: Aus A folgt B. (Implikation)

Die Ausdrucksstärke der Aussagenlogik reicht nicht an die Erfordernisse der Software-Verifikation heran, da ausschließlich Beziehungen zwischen den elementaren Wahrheitswerten True und False formuliert werden können. Die größte Bedeutung besitzt die Aussagenlogik im Bereich der Hardware-Verifikation. Auf der Logikebene lässt sich das Verhalten einer kombinatorischen Hardware-Schaltung eins zu eins auf eine aussagenlogische Formel abbilden. Trotzdem spielt sie auch im Bereich der Software-Verifikation eine indirekte Rolle, da sie als Teilmenge in allen anderen Logiken enthalten ist.

Als eine der wenigen Logiken erfüllt die Aussagenlogik das Kriterium der *Entscheidbarkeit*. Eine Logik heißt *entscheidbar*, falls die Allgemeingültigkeit einer beliebigen aussagenlogischen Proposition auf algorithmischem Weg in endlicher Zeit entschieden werden kann. Im Falle der Aussagenlogik kann diese Eigenschaft durch das erschöpfende Einsetzen aller möglichen Variablenkombinationen auf einfache Weise überprüft werden – wenngleich die Laufzeit eines solchen Algorithmus exponentiell mit der Formelgröße wächst. In der Literatur wird die Aussagenlogik auch als *Prädikatenlogik nullter Stufe*, kurz PL0, bezeichnet.

■ **Prädikatenlogik**
Die Prädikatenlogik erster Stufe (PL1) erweitert die Aussagenlogik um *Prädikate*. Im Gegensatz zu den atomaren Aussagen der PL0 hängt der Wahrheitswert eines Prädikats von der Belegung einer oder mehrerer Variablen ab. Zusätzlich stellt die PL1 die beiden *Quantoren* $\forall$ (*Allquantor*) und $\exists$ (*Existenzquantor*) zur Verfügung, mit deren Hilfe komplexe Universal- bzw. Existenzaussagen formuliert werden können. Die folgenden Beispiele vermitteln einen Eindruck von der Aussagekraft der Prädikatenlogik erster Stufe:

$\forall x : P(x,x)$: Für alle x ist $P(x,x)$ wahr.

$\exists x : Q(x)$: Es existiert ein x, so dass $Q(x)$ wahr ist.

$\forall x \exists y : R(x,y)$: Für alle x existiert ein y, so dass $R(x,y)$ wahr ist.

Die Entscheidbarkeit einer Logik geht mit zunehmender Ausdrucksstärke verloren und wird bereits von der Prädikatenlogik erster Stufe nicht mehr erfüllt. Die PL1 fällt in die Gruppe der *semi-entscheidbaren* Logiken. Obwohl der Prädikatenlogik durch die Berechenbarkeitstheorie bereits enge Schranken auferlegt werden, ist deren Ausdrucksfähigkeit immer noch nicht in vollem Maße für die Software-Verifikation geeignet. So können innerhalb der PL1 weder temporale Aspekte noch die mathematische Gleichheitsrelation formuliert werden – von den natürlichen Zahlen ganz zu schweigen.

■ **Temporallogik**
Für die Modellierung zeitlicher Kausalzusammenhänge wurden in der Vergangenheit verschiedene Temporallogiken entwickelt, die auf der Aussagenlogik bzw. der Prädikatenlogik aufbauen und diese um spezielle temporale Operatoren

ergänzen. Diese Logiken werden insbesondere im Bereich der Modellprüfung eingesetzt und in Abschnitt 6.3 genauer beleuchtet.

■ Höherwertige Logik

Höherwertige Logiken unterscheiden sich von der Prädikatenlogik erster Stufe durch einen erweiterten Geltungsbereich der Quantoren $\forall$ und $\exists$. Im Gegensatz zur PL1, in der die Quantoren ausschließlich auf Variablen angewendet werden dürfen, erlauben höherwertige Logiken die Quantifizierung über Prädikate hinweg.

Die Verallgemeinerung der Quantifizierungsregeln verleiht den höherwertigen Logiken eine ungeahnte Ausdrucksstärke, wie das Beispiel der natürlichen Zahlen eindrucksvoll unter Beweis stellt. Die natürlichen Zahlen lassen sich mit Hilfe der 5 *Peano-Axiome* formalisieren, die bereits seit dem Ende des neunzehnten Jahrhunderts bekannt sind und auf die Arbeiten des italienischen Mathematikers Giuseppe Peano zurückgehen. Mit Hilfe der Prädikatenlogik erster Stufe lassen sich die Axiome nicht beschreiben. Schuld daran ist das *Induktionstheorem* – Peanos fünftes Axiom:

$$\forall P : ((P(0) \wedge \forall n : P(n) \to P(suc(n)))) \to \forall n : P(n))$$

Das Induktionstheorem wendet den Allquantor auf Prädikate an und lässt sich daher nicht mit den Mitteln der Prädikatenlogik erster Stufe formulieren. Da die allermeisten Korrektheitseigenschaften Aussagen über natürliche Zahlen beinhalten, ist der Einsatz höherwertiger Logiken im Bereich der Software-Verifikation nahezu unumgänglich. Auch die Vor- und die Nachbedingung unseres Beispielprogramms machen eine Aussage über die natürlichen Zahlen. Damit erfordert bereits der vergleichsweise einfache Korrektheitsbeweis der Funktion `exp` zwingend den Einsatz einer höherwertigen Logik.

Auf der negativen Seite verfügen höherwertige Logikkalküle nur über ein geringes Automatisierungspotenzial, so dass große Teile eines Korrektheitsbeweises manuell durchgeführt werden müssen. Die Berechenbarkeitstheorie setzt ebenfalls klare Grenzen. Bereits in den frühen Dreißigerjahren konnte der Mathematiker Kurt Gödel formal beweisen, dass höherwertige Logiken die Eigenschaft der Semi-Entscheidbarkeit verlieren. Kurzum: Es lassen sich wahre Aussagen formulieren, die sich innerhalb des Logikkalküls nicht als solche beweisen lassen [189, 238, 104].

Im nächsten Abschnitt werden wir ein Logikkalkül in Form konkreter Beweisregeln einführen und anschließend zeigen, wie die Korrektheit unseres Beispielprogramms formal bewiesen werden kann.

6.2.2 Das Hoare-Kalkül

Einer der wesentlichen Grundsteine der deduktiven Software-Verifikation wurde 1969 von dem britischen Mathematiker C. A. R. Hoare gelegt [123]. Das *Hoare-Kalkül* ist ein axiomatisches System, dessen Vorgehensweise bis heute das Grundprinzip aller deduktiven Verfahren bildet. Innerhalb des Kalküls werden alle Aussagen in Form von *Hoare-Tripeln* notiert, für die sowohl eine Spaltenschreibweise als auch eine Zeilenschreibweise existiert:

■ Spaltenschreibweise   ■ Zeilenschreibweise

$$\{P\}\, S\, \{Q\}$$

$$\frac{\{P\}}{\begin{array}{c}S\\\{Q\}\end{array}}$$

Die Semantik eines Hoare-Tripels ist wie folgt definiert: Unter der Annahme, dass die *Vorbedingung* $\{P\}$ erfüllt ist, gilt nach der *terminierenden Ausführung* des Programmfragments S die *Nachbedingung* $\{Q\}$. Die Korrektheit unseres Beispielprogramms lässt sich mit Hilfe der Hoare-Notation wie folgt formulieren:

$$\{n \geq 0\}\, \texttt{y = exp(a,n)}\, \{y = a^n\} \tag{6.1}$$

Das Hoare-Kalkül stellt verschiedene Beweisregeln zur Verfügung, die allesamt nach dem folgenden Schema aufgebaut sind:

$$\frac{\{P_1\}\, S_1\, \{Q_1\}, \ldots, \{P_n\}\, S_n\, \{Q_n\}}{\{P\}\, S\, \{Q\}} \tag{6.2}$$

Die über dem Mittelstrich notierten Aussagen bilden zusammen die *Prämisse* und beschreiben die Voraussetzungen, die vor der Anwendung der Regel erfüllt sein müssen. Die unter dem Mittelstrich notierte Aussage ist die *Konklusion*, d. h. die Schlussfolgerung, die aufgrund der Semantik des Logikkalküls aus der Prämisse abgeleitet werden kann. Tabelle 6.2 fasst die elementaren Beweisregeln des Hoare-Kalküls zusammen.

Die *Zuweisungsregel* besagt, dass nach einer Zuweisung der Form $\texttt{x = c;}$ immer dann die Aussage P gilt , wenn vorher $P[x \leftarrow c]$ galt. Die Aussage $P[x \leftarrow c]$ geht aus P hervor, indem alle Vorkommen der Variablen x durch den Ausdruck c ersetzt werden. Als einzige Regel ist die Zuweisungsregel durchweg anwendbar und unabhängig von der Gültigkeit einer Prämisse.

Mit Hilfe der *Kompositionsregel* ist es möglich, Aussagen über zusammengesetzte Programmabschnitte zu formulieren. Immer dann, wenn die Nachbedingung eines Programmfragments S_1 der Vorbedingung eines anderen Fragments S_2 entspricht, lassen sich S_1 und S_2 zu einer gemeinsamen Programmsequenz vereinen.

Die *Fallunterscheidungsregel* enthält neben der Vorbedingung P und der Nachbedingung Q die boolesche Bedingung B. Durch die Prämisse wird sichergestellt, dass die Bedingung B zu Beginn des Programmfragments S_1 wahr und zu Beginn von S_2 falsch ist. Wird die Fallunterscheidung anhand der booleschen Bedingung B durchgeführt, so entspricht S_1 dem If-Zweig und S_2 dem Else-Zweig.

Für die Anwendung der *Iterationsregel* muss zunächst eine *Invariante I* bestimmt werden. I ist eine boolesche Bedingung, die sowohl vor als auch nach der Ausführung des Programmfragments S gültig ist. Mit anderen Worten: Die Gültigkeit von

Tabelle 6.2 Beweisregeln des Hoare-Kalküls

Zuweisung	$$\frac{\{True\}}{\{P[x \leftarrow c]\}\; \texttt{x = c;}\; \{P\}}$$
Komposition	$$\frac{\{P\}\, S_1\, \{Q\}, \{Q\}\, S_2\, \{R\}}{\{P\}\, S_1; S_2\, \{R\}}$$
Fallunterscheidung	$$\frac{\{P \wedge B\}\, S_1\, \{Q\}, \{P \wedge \neg B\}\, S_2\, \{Q\}}{\{P\}\; \texttt{if } B \texttt{ then } S_1 \texttt{ else } S_2\; \{Q\}}$$
Iteration	$$\frac{\{I \wedge B\}\, S\, \{I\}}{\{I\}\; \texttt{while } B \texttt{ do } S\; \{I \wedge \neg B\}}$$
Verstärken der Vorbedingung	$$\frac{P \Rightarrow Q, \{Q\}\, S\, \{R\}}{\{P\}\, S\, \{R\}}$$
Abschwächen der Nachbedingung	$$\frac{\{P\}\, S\, \{Q\}, Q \Rightarrow R}{\{P\}\, S\, \{R\}}$$

I wird durch S nicht verändert. In der realen Beweisführung stellt uns die Iterationsregel vor nicht zu unterschätzende Probleme, da sich die Bestimmung einer brauchbaren Invarianten in vielen Fällen als äußerst schwierig erweist.

Mit Hilfe der letzten beiden Regeln können zum einen die Vorbedingungen verstärkt und zum anderen die Nachbedingungen abgeschwächt werden. Eine Verstärkung bedeutet, dass eine Aussage $\{Q\}$ durch eine Aussage $\{P\}$ ersetzt wird, aus der $\{Q\}$ logisch gefolgert werden kann. In entsprechender Weise bedeutet die Abschwächung, dass eine Aussage $\{Q\}$ durch eine Aussage $\{R\}$ ersetzt wird, die eine logische Folgerung von $\{Q\}$ darstellt. Die Regeln werden immer dann benötigt, wenn eine Vorbedingung und eine Nachbedingung für die Anwendung der Kompositionsregel ineinander überführt werden müssen. Die Umkehrung der Regeln gilt nicht. Sowohl die Abschwächung der Vorbedingung, als auch die Verstärkung der Nachbedingung wären logisch falsch.

Aus den elementaren Beweisregeln lassen sich spezialisierte Regeln ableiten, wie z. B. die Regel der *einfachen Fallunterscheidung*, die einen If-Befehl ohne Else-Zweig abhandelt:

$$\frac{\{P \wedge B\}\, S\, \{Q\}, \{P \wedge \neg B\} \Rightarrow \{Q\}}{\{P\}\; \texttt{if } B \texttt{ then } S\; \{Q\}} \tag{6.3}$$

In ähnlicher Weise lassen sich weitere Regeln formulieren, die einen größeren als den hier vorgestellten Sprachschatz abdecken. So lässt sich die Idee der Iterationsregel in direkter Weise auf die Do-While-Schleife übertragen. Im Gegensatz zur reinen While-Schleife wird die Terminierungsbedingung hier erst am Ende einer Iteration überprüft:

$$\frac{\{P\}\, S\, \{I\}, \{I \wedge B\}\, S\, \{I\}}{\{P\}\, \texttt{do}\, S\, \texttt{while}\, B\, \{I \wedge \neg B\}} \tag{6.4}$$

Durch die Hinzunahme weiterer Regeln ist es prinzipiell möglich, den komplexen Sprachschatz heutiger Programmiersprachen abzubilden. Die Verifikation bleibt dann nicht auf einfache Programme im Sinne unserer Beispielfunktion beschränkt. Versuche zur Konstruktion umfassender Kalküle, die den gesamten Sprachumfang einer modernen Sprache wie z. B. C, C++ oder Java abbilden, wurden in der Vergangenheit mehrfach unternommen (siehe z. B. [191, 131]). Aufgrund des großen Sprachumfangs und der komplizierten bzw. nicht eindeutig definierten Semantik sind die entstandenen Kalküle jedoch schwer zu handhaben. Viele Arbeiten auf dem Gebiet der deduktiven Software-Verifikation bestreiten daher einen anderen Weg. Anstatt das Programm in seiner Originalsprache zu verifizieren, wird der Quelltext in eine formale Zwischensprache übersetzt, die sich im Sprachumfang auf elementare Konstrukte beschränkt. Der Weg ist gangbar, da die hier vorgestellten Sprachelemente der Zuweisung (=), der Fallunterscheidung (if) und der Schleife (while) zusammen bereits vollständig sind. Mit anderen Worten: Jeder Algorithmus lässt sich mit Hilfe dieser drei Grundkonstrukte formulieren.

6.2.2.1 Korrektheitsbeweis

Für die Verifikation unseres Beispielprogramms beginnen wir mit der Anwendung der Zuweisungsregel auf die ersten drei Variableninitialisierungen und fassen die Zwischenergebnisse mit Hilfe der Kompositionsregel zusammen. Insgesamt erhalten wir das in Abb. 6.6 dargestellte Zwischenergebnis.

Als nächstes wenden wir uns der While-Schleife zu. Die in der Iterationsregel vorkommenden Terme I und B wählen wir wie folgt:

$$I = \{(y \times p^k = a^n) \wedge (k \geq 0)\} \tag{6.5}$$
$$B = \{k > 0\} \tag{6.6}$$

Die Gültigkeit der Invarianten zu Beginn der While-Schleife ergibt sich aus dem Zwischenergebnis $\{P_2\}$ durch die Anwendung der Regel zur Abschwächung der Nachbedingung:

$$\{P_2\} \Rightarrow (k = n) \wedge (p = a) \wedge (y = 1) \wedge (k \geq 0) \tag{6.7}$$
$$\Rightarrow (p^k = a^n) \wedge (y = 1) \wedge (k \geq 0) \tag{6.8}$$
$$\Rightarrow (1 \times p^k = a^n) \wedge (y = 1) \wedge (k \geq 0) \tag{6.9}$$
$$\Rightarrow (y \times p^k = a^n) \wedge (k \geq 0) \tag{6.10}$$
$$\Rightarrow \{I\} \tag{6.11}$$

```
        int exp(int a, int n) {

{P}     {n ≥ 0}

        int k = n;
        int p = a;
        int y = 1;

{P₂}    {(k = n) ∧ (p = a) ∧ (y = 1) ∧ (k ≥ 0)}

        while (k > 0) {
          if (k % 2 == 0) {
            p = p * p;
            k = k / 2;
          } else {
            y = y * p;
            k = k - 1;
          }
        }

{Q}     {y = aⁿ}

        return y;
      }
```

Abb. 6.6 Die Ergebnisse der Zuweisungsregel werden über die Kompositionsregel zusammengefasst

Am Ende der Iteration ist sichergestellt, dass die Schleifenbedingung $\{B\}$ falsch ist. Zusammen mit der Invarianten gilt somit $\{I \wedge \neg B\}$ und die Nachbedingung ergibt sich durch einfache mathematische Umformung:

$$\{I\} \wedge \{\neg B\} \Rightarrow \{y \times p^k = a^n \wedge k \geq 0\} \wedge \neg \{k > 0\} \tag{6.12}$$
$$\Rightarrow \{y \times p^k = a^n \wedge k \geq 0 \wedge k \leq 0\} \tag{6.13}$$
$$\Rightarrow \{y \times p^k = a^n \wedge k = 0\} \tag{6.14}$$
$$\Rightarrow \{y \times p^0 = a^n\} \tag{6.15}$$
$$\Rightarrow \{y = a^n\} \tag{6.16}$$
$$\Rightarrow \{Q\} \tag{6.17}$$

Unter der Annahme, dass die Prämisse der Regel erfüllt ist – nur dann dürfen wir die Iterationsregel überhaupt anwenden –, erhalten wir das in Abb. 6.7 dargestellte Zwischenergebnis.

Damit die Iterationsregel an dieser Stelle überhaupt angewendet werden darf, müssen wir die Gültigkeit der Prämisse $\{I \wedge B\}S\{I\}$ beweisen. Damit verbleibt das in Abb. 6.8 dargestellte Beweisziel.

Durch die Anwendung der Fallunterscheidungsregel lässt sich dieses wiederum in zwei kleinere Beweisziele herunterbrechen, die in Abb. 6.9 dargestellt sind. Deren

```
int exp(int a, int n) {
```

$\{P\}$ $\{n \geq 0\}$

```
    int k = n;
    int p = a;
    int y = 1;
```

$\{P_2\}$ $\{(k = n) \wedge (p = a) \wedge (y = 1) \wedge (k \geq 0)\}$
$\{I\}$ $\{(y \times p^k = a^n) \wedge (k \geq 0)\}$

```
    while (k > 0) {
        if (k % 2 == 0) {
            p = p * p;
            k = k / 2;
        } else {
            y = y * p;
            k = k - 1;
        }
    }
```

$\{I \wedge \neg B\}$ $\{(y \times p^k = a^n) \wedge (k \geq 0) \wedge \neg(k > 0)\}$
$\{Q\}$ $\{y = a^n\}$

```
    return y;
}
```

Abb. 6.7 Anwendung der Iterationsregel

Gültigkeit ergibt sich ohne Umwege aus der Zuweisungsregel und der folgenden mathematischen Beziehung:

$$y \times p^k = \begin{cases} y \times (p \times p)^{\frac{k}{2}} & \text{falls } k > 0 \wedge k \bmod 2 = 0 \\ y \times p \times p^{k-1} & \text{falls } k > 0 \wedge k \bmod 2 \neq 0 \end{cases} \tag{6.18}$$

Damit ist die Korrektheit der Funktion **exp** mit Hilfe des Hoare-Kalküls formal verifiziert.

Das Beispiel demonstriert eine wesentliche Eigenschaft der deduktiven Software-Verifikation: Die Beweisführung steht und fällt mit der richtigen Wahl der Invarianten $\{I\}$. Sobald die „richtige" Invariante gewählt ist, ergibt sich der Rest des Beweises mehr oder weniger durch die geradlinige Anwendung der anderen Regeln.

Lässt sich eine passende Invariante für unser Beispielprogramm noch vergleichsweise einfach finden, so ist deren Bestimmung für viele aus dem Leben gegriffenen Programme faktisch kaum noch möglich. Für viele Experten ist die Bestimmung der Invarianten die Achillesferse der deduktiven Beweistechnik. Die richtige Wahl erfordert neben einem gewissen mathematischen Gespür eine gehörige Portion an Metawissen über das zu verifizierende Programm. Aus diesem Grund werden De-

```
       int exp(int a, int n) {
          int k = n;
          int p = a;
          int y = 1;

          while (k > 0) {
{I∧B}
             {y × p^k = a^n ∧ k ≥ 0} ∧ {k > 0}

             if (k % 2 == 0) {
                p = p * p;
                k = k / 2;
             } else {
                y = y * p;
                k = k - 1;
             }

{I}
             {y × p^k = a^n ∧ k ≥ 0}

          }
          return y;
       }
```

Abb. 6.8 Das verbleibende Beweisziel

duktionsbeweise stets semi-automatisch durchgeführt. Auch wenn moderne Verifikationswerkzeuge in der Lage sind, kleinere Beweisschritte selbstständig zu erledigen, müssen sowohl die Invarianten als auch die grobe Beweisstruktur durch den Verifikations-Ingenieur in einem interaktiven Prozess festgelegt werden. Die mangelnde Automatisierbarkeit ist einer der Hauptgründe für die immer noch geringe industrielle Bedeutung der deduktiven Software-Verifikation.

An dieser Stelle wollen wir ein fundamentales Ergebnis der Berechenbarkeitstheorie wieder aufgreifen, die auch dem Hoare-Kalkül klare Grenzen auferlegt. Die Rede ist von der Unentscheidbarkeit des *Halteproblems*. Ein erneuter Blick auf die Definition der Hoare-Tripel zeigt, dass die Gültigkeit der Nachbedingung nur dann garantiert wird, wenn das ausgeführte Programmfragment *terminiert*. Mit anderen Worten: Das Hoare-Kalkül verifiziert in der hier vorgestellten Form ausschließlich die *partielle Korrektheit* des Programms. Die Terminierung ist separat zu beweisen.

Wie bereits in Abschnitt 5.4.1 dargelegt, verbirgt sich hinter dem Halteproblem die Frage, ob für jedes Programm und jede Eingabekombination algorithmisch entschieden werden kann, ob das Programm terminieren wird oder unendlich lange läuft. Die Unentscheidbarkeit des Halteproblems bedeutet, dass es aus theoretischen Überlegungen heraus keinen Algorithmus geben kann, der diese Frage für jedes Programm eindeutig und korrekt beantwortet.

Die Grundidee des Beweises basiert auf der Herbeiführung eines klassischen Widerspruchs. Wäre das Halteproblem entscheidbar, so müsste ein Programm `halt`

```
int exp(int a, int n) {
    int k = n;
    int p = a;
    int y = 1;

    while (k > 0) {
        if (k % 2 == 0) {
```

$\{I \wedge B \wedge B'\}$ $\{y \times p^k = a^n \wedge k \geq 0\} \wedge \{k > 0\} \wedge \{k \bmod 2 = 0\}$

```
            p = p * p;
            k = k / 2;
```

$\{I\}$ $\{y \times p^k = a^n \wedge k \geq 0\}$

```
        } else {
```

$\{I \wedge B \wedge \neg B'\}$ $\{y \times p^k = a^n \wedge k \geq 0\} \wedge \{k > 0\} \wedge \{k \bmod 2 \neq 0\}$

```
            y = y * p;
            k = k - 1;
```

$\{I\}$ $\{y \times p^k = a^n \wedge k \geq 0\}$

```
        }
    }
    return y;
}
```

Abb. 6.9 Anwendung der Fallunterscheidungsregel

existieren, das ein Programm **p** als Argument entgegennimmt und genau dann **TRUE** zurückliefert, wenn **p** terminiert:

```
boolean halt(p : Program) {
    if ( terminates(p) ) return TRUE;
    else                 return FALSE:
}
```

Aus dem Programm **halt** lässt sich ein zweites konstruieren, das die Funktion **halt** mit sich selbst als Argument aufruft und genau dann in eine Endlosschleife übergeht, wenn die Funktion **halt** zu **TRUE** evaluiert:

```
void paradoxon() {
    if (halt(paradoxon)) while (1);
}
```

Das so konstruierte Programm führt unmittelbar zu einem Widerspruch, da das herbeigeführte Terminierungsverhalten die Vorhersage der Funktion **halt** konterkariert. Folgerichtig ist es nicht möglich, eine entsprechende Funktion **halt** zu kon-

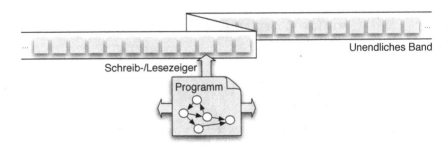

Abb. 6.10 Aufbau einer 1-Band-Turingmaschine

struieren und damit die Unentscheidbarkeit des Halteproblems – wenn auch nur informell – gezeigt.

Dem 1912 in London geborenen Mathematiker Alan Turing gelang es 1936 als Erstem, die Unlösbarkeit des Halteproblems formal zu belegen [261, 45]. Turing führte seinen Beweis mit Hilfe eines universellen Automatenmodells durch, das heute zu den Grundpfeilern der modernen Berechenbarkeitstheorie zählt. Die Rede ist von der *Turing-Maschine* – einer gedanklich konstruierten Steuereinheit, die ähnlich einem altertümlichen Tonband einzelne Zeichen lesen und schreiben kann. Hierzu steht neben einem Schreib-Lese-Kopf ein – per definitionem – unendlich langes Band zur Verfügung, das in einzelne Felder eingeteilt ist (vgl. Abb. 6.10). Jedes Feld kann mit genau einem Zeichen beschrieben werden. Der Schreib-Lese-Kopf wird über einen endlichen Automaten angesteuert, der die auszuführende Aktion aus dem internen Zustand sowie dem Inhalt des adressierten Speicherfelds bestimmt. Der Funktionsumfang der Turing-Maschine ist dabei äußerst simpel: Neben der Veränderung des aktuellen Speicherfelds sowie der schrittweisen Bewegung des Lesekopfes nach links oder rechts beherrscht die Maschine keine weiteren Operationen.

Das von Turing vorgeschlagene Gedankenmodell ist für die moderne theoretische Informatik von unschätzbarem Wert, da die gedachte Maschine trotz ihrer einfachen Struktur ein *universelles Berechnungsmodell* besitzt. Mit anderen Worten: Jeder nur erdenkliche Algorithmus lässt sich mit Hilfe einer Turing-Maschine implementieren. Damit übertragen sich die auf der Ebene der Turing-Maschine bewiesenen Limitierungen in direkter Weise auf alle heutigen Programmiersprachen und Rechnertypen. Dieses Ergebnis ist Inhalt der *Church'schen These*, die nach dem amerikanischen Logiker Alonzo Church benannt ist und heute eine allgemein anerkannte Erkenntnis der Berechenbarkeitstheorie darstellt.

6.3 Modellprüfung

Die Verifikation eines Programms mit dem Mittel der Modellprüfung unterscheidet sich diametral von einem Deduktionsbeweis. Aufgrund der wesentlich geringeren Ausdrucksstärke der zugrunde liegenden Logik ist das Anwendungsspektrum der

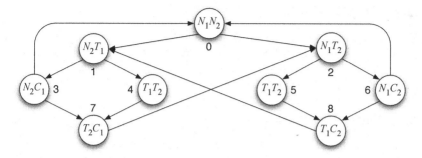

Abb. 6.11 Konkurrierender Ressourcen-Zugriff zweier Prozesse

Modellprüfung auf die Verifikation ganz bestimmter Programmeigenschaften beschränkt. Auf der positiven Seite ermöglicht die geringe Ausdrucksstärke eine nahezu vollständig automatisierte Beweisführung. Die Modellprüfung verfügt damit über die Grundvoraussetzung für eine produktive Integration in industrielle Entwicklungsprozesse.

Im Gegensatz zur deduktiven Verifikation sind Modellprüfungsalgorithmen nicht darauf ausgelegt, die Quelltexte eines Programms direkt zu verarbeiten. Stattdessen wird die Implementierung zunächst in eine *Kripke-Struktur* überführt, auf der alle weiteren Berechnungen ausgeführt werden. Das Beispiel in Abb. 6.11 zeigt, wie sich der konkurrierende Zugriff zweier Prozesse auf eine gemeinsame Ressource modellieren lässt (vgl. [47]).

Die Kripke-Struktur beschreibt 9 Zustände, in dem sich das Programm zu einem bestimmten Zeitpunkt befinden kann. Die Programmausführung startet im Initialzustand 0. Jeder Zustand einer Kripke-Struktur ist mit einer Menge von aussagenlogischen Variablen markiert, die alle gültigen atomaren Aussagen aufzählen. Die in unserem Beispiel auftretenden Variablen N_i, T_i und C_i besitzen die folgende Bedeutung:

N_i : Prozess i befindet sich in einer nichtkritischen Region.

T_i : Prozess i befindet sich in der Anmeldephase.

C_i : Prozess i befindet sich in einer kritischen Region.

Kripke-Strukturen entsprechen in wesentlichen Teilen den aus der theoretischen Informatik bekannten endlichen Automaten, besitzen im Gegensatz hierzu aber keine Kantenmarkierungen. Trotzdem lässt sich jeder endliche Automat unter Berücksichtigung der speziellen Semantik der Modellprüfungsalgorithmen in eine äquivalente Kripke-Struktur transformieren, so dass der Unterschied hauptsächlich formaler Natur ist und für unsere weiteren Betrachtungen keine Rolle spielen soll.

6.3.1 Temporallogik

Im Bereich der Modellprüfung werden spezielle *Temporallogiken* eingesetzt, um die zu verifizierenden Eigenschaften zu spezifizieren. Die wichtigsten beiden Vertreter sind die Logik LTL (*linear time logic*) und die Logik CTL (*computation tree logic*). Beide werden in den folgenden Abschnitten kurz vorgestellt:

6.3.1.1 Linear Time Logic (LTL)

Die Logik LTL baut auf der Aussagenlogik auf und erweitert die vorhandenen booleschen Verknüpfungen um zusätzliche temporale Operatoren:

$\circ$: Temporaler Schrittoperator (*next*)

$\Box$: Temporaler Allquantor (*always*)

$\Diamond$: Temporaler Existenzquantor (*eventually*)

$\mathcal{U}$: Bedingte Allquantifizierung (*until*)

Viele der Aussagen, die mit Hilfe der Modellprüfung verifiziert werden können, lassen sich einer der folgenden Eigenschaftsklassen zuordnen:

■ **Sicherheitseigenschaften**

$\Box \neg (\phi \wedge \psi)$: Aussage ϕ und Aussage ψ sind niemals beide gleichzeitig wahr.

■ **Fairness-Eigenschaften**

$\Box \Diamond \phi$: Aussage ϕ ist unendlich oft gültig.

■ **Lebendigkeitseigenschaften**

$\Box (\phi \rightarrow \Diamond \psi)$: Immer wenn ϕ gilt, dann gilt auch irgendwann wieder ψ.

Die Kombination der verschiedenen Grundschemata erlaubt, selbst komplexe kausale Beziehungen auf eine vergleichsweise kompakte temporallogische Formel abzubilden.

LTL-Formeln werden über unendlichen Pfaden von Zuständen interpretiert. Im Initialzustand startend, lässt sich jeder Pfad aus der Kripke-Struktur durch die Traversierung der gerichteten Kanten erzeugen. Eine typische Struktur beschreibt auf diese Weise unendlich viele Pfade, auch wenn sie selbst nur aus endlich vielen Zuständen besteht. Für das Beispiel in Abb. 6.11 ergeben sich unter anderem die folgenden Pfadsegmente:

■ $(0, 1, 4, 7, 2, 6, 0, \ldots)$

■ $(0, 1, 4, 7, 2, 5, 8, 1, \ldots)$

■ $(0, 2, 5, 8, 1, 4, 7, 2, 6, 0, \ldots)$

■ $(0, 2, 6, 0, 2, 6, \ldots)$

■ $\ldots$

Tabelle 6.3 Semantik der temporalen LTL-Operatoren

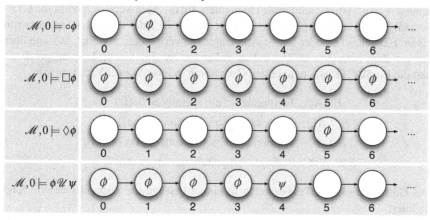

Die Gültigkeit einer LTL-Formel ϕ im Zustand s einer Kripke-Struktur $\mathcal{M}$, geschrieben als $\mathcal{M}, s \models \phi$, ist wie folgt definiert:

$\mathcal{M}, s \models a :\Leftrightarrow$ Variable a ist im Zustand s wahr.

$\mathcal{M}, s \models \neg\phi :\Leftrightarrow \phi$ ist im Zustand s falsch.

$\mathcal{M}, s \models \phi \wedge \psi :\Leftrightarrow$ Im Zustand s sind ϕ und ψ gültig.

$\mathcal{M}, s \models \phi \vee \psi :\Leftrightarrow$ Im Zustand s sind ϕ oder ψ gültig.

$\mathcal{M}, s \models \phi \rightarrow \psi :\Leftrightarrow$ Ist ϕ im Zustand s gültig, dann gilt dort auch ψ.

$\mathcal{M}, s \models \circ\phi :\Leftrightarrow$ Im nächsten Zustand gilt ϕ.

$\mathcal{M}, s \models \Box\phi :\Leftrightarrow$ In allen Folgezuständen gilt ϕ.

$\mathcal{M}, s \models \Diamond\phi :\Leftrightarrow$ In irgendeinem Folgezustand gilt ϕ.

$\mathcal{M}, s \models \phi \mathcal{U} \psi :\Leftrightarrow \phi$ gilt so lange bis irgendwann ψ gilt.

Tabelle 6.3 veranschaulicht die Semantik der verschiedenen temporalen LTL-Operatoren auf grafische Weise.

6.3.1.2 Computation Tree Logic (CTL)

Neben der Logik LTL besitzt im Bereich der Modellprüfung die Logik CTL eine weite Verbreitung. Im Gegensatz zu LTL, deren Formeln über linearen *Zustandspfaden* interpretiert werden, macht CTL Aussagen über *Zustandsbäume*. Ein Zustandsbaum entsteht, indem eine Kripke-Struktur, ausgehend vom Initialzustand, Schritt für Schritt ausgerollt wird. Der Initialzustand wird auf diese Weise zur Wurzel der entstehenden Baumstruktur.

Genau wie im Falle der LTL erweitert auch die CTL die booleschen Verknüpfungen um zusätzliche temporale Operatoren. Im direkten Vergleich wirkt die CTL-Semantik zunächst komplizierter. In dieser Logik ist jeder temporale Operator mit einem Existenz- (E) oder einem Allquantor (A) verbunden, der eine Aussage über die von dem betrachteten Zustand ausgehenden Zweige macht. Dementsprechend hält die Logik CTL alle temporalen Operatoren in jeweils zwei Varianten vor:

$$E\circ, A\circ : \text{Temporale Schrittoperatoren } (next)$$

$$E\square, A\square : \text{Temporale Allquantoren } (always)$$

$$E\lozenge, A\lozenge : \text{Temporale Existenzquantoren } (eventually)$$

$$E\mathcal{U}, A\mathcal{U} : \text{Bedingte Allquantifizierungen } (until)$$

Die Gültigkeit einer CTL-Formel ϕ in einem bestimmten Zustand s ist wie folgt definiert:

$$\mathcal{M}, s \models a :\Leftrightarrow \text{Variable } a \text{ ist im Zustand } s \text{ wahr.}$$

$$\mathcal{M}, s \models \neg\phi :\Leftrightarrow \phi \text{ ist im Zustand } s \text{ falsch.}$$

$$\mathcal{M}, s \models \phi \wedge \psi :\Leftrightarrow \text{Im Zustand } s \text{ sind } \phi \text{ und } \psi \text{ gültig.}$$

$$\mathcal{M}, s \models \phi \vee \psi :\Leftrightarrow \text{Im Zustand } s \text{ sind } \phi \text{ oder } \psi \text{ gültig.}$$

$$\mathcal{M}, s \models \phi \rightarrow \psi :\Leftrightarrow \text{Ist } \phi \text{ im Zustand } s \text{ gültig, dann gilt dort auch } \psi.$$

$$\mathcal{M}, s \models E\circ\phi :\Leftrightarrow \text{Im nächsten Zustand eines Pfades ab } s \text{ gilt } \phi.$$

$$\mathcal{M}, s \models A\circ\phi :\Leftrightarrow \text{Im nächsten Zustand aller Pfade ab } s \text{ gilt } \phi.$$

$$\mathcal{M}, s \models E\lozenge\phi :\Leftrightarrow \text{Auf einem Pfad ab } s \text{ gilt irgendwann } \phi.$$

$$\mathcal{M}, s \models A\lozenge\phi :\Leftrightarrow \text{Auf allen Pfaden ab } s \text{ gilt irgendwann } \phi.$$

$$\mathcal{M}, s \models E\square\phi :\Leftrightarrow \text{Auf einem Pfad ab } s \text{ gilt stets } \phi.$$

$$\mathcal{M}, s \models A\square\phi :\Leftrightarrow \text{Auf allen Pfaden ab } s \text{ gilt stets } \phi.$$

$$\mathcal{M}, s \models \phi E\mathcal{U}\psi :\Leftrightarrow \text{Auf einem Pfad ab } s \text{ gilt } \phi \text{ so lange bis } \psi \text{ gilt.}$$

$$\mathcal{M}, s \models \phi A\mathcal{U}\psi :\Leftrightarrow \text{Auf allen Pfaden ab } s \text{ gilt } \phi \text{ so lange bis } \psi \text{ gilt.}$$

Tabelle 6.3 fasst die Semantik der CTL-Operatoren grafisch zusammen. Die weiter oben mit Hilfe der Logik LTL formulierten Aussagen lassen sich mit Formeln der CTL ebenfalls beschreiben:

- **Sicherheitseigenschaften**
  $A\square\neg(\phi \wedge \psi)$: Aussage ϕ und Aussage ψ sind niemals beide gleichzeitig wahr.

- **Fairness-Eigenschaften**
  $A\square A\lozenge\phi$: Aussage ϕ ist unendlich oft gültig.

- **Lebendigkeitseigenschaften**
  $A\square(\phi \rightarrow A\lozenge\psi)$: Immer wenn ϕ gilt, dann gilt auch irgendwann wieder ψ.

Obwohl die Logik CTL auf den ersten Blick ausdrucksstärker erscheint als ihr Gegenspieler LTL, gibt es Aussagen, die in LTL formuliert werden können, nicht je-

Tabelle 6.4 Semantik der temporalen CTL-Operatoren (nach [156])

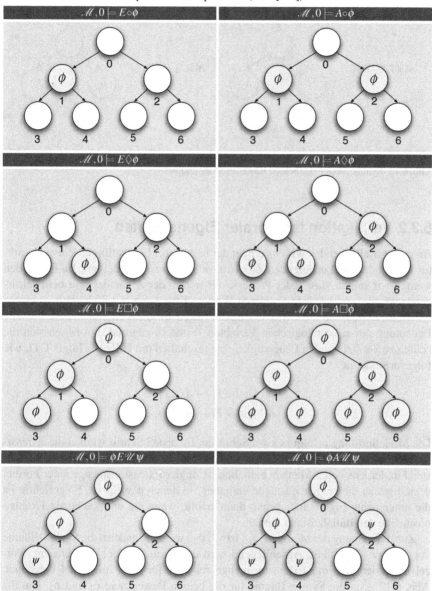

doch in CTL. Da sich viele Algorithmen für die Logik CTL einfacher formulieren und effizienter berechnen lassen, basieren die meisten der klassischen Modellprüfungsverfahren auf dieser Logik. Im nächsten Abschnitt werden wir ebenfalls auf die CTL als Spezifikationssprache zurückgreifen.

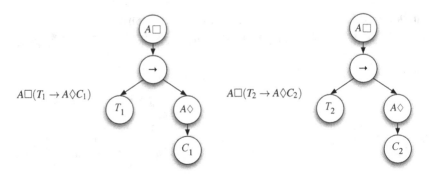

Abb. 6.12 Syntax-Bäume der beiden Beweisziele ϕ_1 und ϕ_2

6.3.2 Verifikation temporaler Eigenschaften

An dieser Stelle wenden wir uns erneut der in Abb. 6.11 eingeführten Beispielstruktur zu, die den konkurrierenden Zugriff zweier Prozesse modelliert. Im Folgenden werden wir zeigen, dass jeder Prozess, der sich in der Anmeldephase befindet, irgendwann bedient wird. Mit anderen Worten: Er gelangt mit Sicherheit zu einem späteren Zeitpunkt in die kritische Region. Legen wir die weiter oben beschriebene Bedeutung der aussagelogischen Variablen T_i und C_i zugrunde, so lassen sich die beiden zu verifizierenden Lebendigkeitseigenschaften mit Hilfe der Logik CTL wie folgt formulieren:

$$\phi_1 = A\Box(T_1 \rightarrow A\Diamond C_1)$$
$$\phi_2 = A\Box(T_2 \rightarrow A\Diamond C_2)$$

Die Modellprüfung erfolgt in zwei Schritten. Im ersten Schritt werden die *Extensionsmengen* $\|\phi_1\|$ und $\|\phi_2\|$ berechnet und im zweiten Schritt geprüft, ob der Startzustand in den erzeugten Mengen enthalten ist. In der Extensionsmenge einer Formel ϕ sind genau diejenigen Zustände enthalten, in denen ϕ wahr ist. Folgerichtig ist die untersuchte Eigenschaft genau dann erfüllt, wenn die entsprechende Extensionsmenge den Initialzustand enthält.

Zur Berechnung der Mengen $\|\phi_1\|$ bzw. $\|\phi_2\|$ werden zunächst die Syntax-Bäume von ϕ_1 bzw. ϕ_2 erstellt. Anschließend wird der Baum von den Blättern zur Wurzel traversiert und die Extensionsmenge rekursiv für jede Teilformel berechnet. Abb. 6.12 zeigt die Syntax-Bäume für die beiden Beweisziele ϕ_1 und ϕ_2. Um die Menge der Zustände zu berechnen, in denen die Formel ϕ_1 gilt, bestimmen wir zunächst die entsprechenden Mengen für die atomaren Formeln T_1 und C_1. Im Anschluss daran berechnen wir die Menge $\|A\Diamond C_1\|$ und schließlich die Extension von ϕ durch die Auswertung der Implikation $\rightarrow$ sowie des $A\Box$-Operators.

Die Berechnung der Extensionsmenge wird für die verschiedenen Operatoren gänzlich unterschiedlich durchgeführt. Für eine Variable a enthält die Extensionsmenge $\|a\|$ exakt die mit a markierten Zustände. Ist ϕ eine Teilformel, die mittels

boolescher Konnektive aufgebaut ist, so lässt sich die Berechnung der Extensionsmenge auf eine entsprechende Mengenoperation zurückführen. Es gelten die folgenden Beziehungen:

$$\|\neg\phi\| = \overline{\|\phi\|} \tag{6.19}$$

$$\|\phi \wedge \psi\| = \|\phi\| \cap \|\psi\| \tag{6.20}$$

$$\|\phi \vee \psi\| = \|\phi\| \cup \|\psi\| \tag{6.21}$$

$$\|\phi \to \psi\| = \overline{\|\phi\|} \cup \|\psi\| \tag{6.22}$$

Die Berechnung der Extensionsmengen für die temporalen Next-Operatoren $E\circ$ und
$A\circ$ gestaltet sich ebenfalls nicht weiter schwierig. Bezeichnen wir die Übergangs-
relation einer Kripke-Struktur mit R und vereinbaren die Schreibweise $R \bullet M$ bzw.
$M \bullet R$ für die Menge der Vorgänger- bzw. Nachfolgezustände einer Zustandsmenge
M, so ergibt sich für die Extension von $E\circ$ und $A\circ$ die folgende Beziehung:

$$\|E\circ\phi\| = R \bullet \|\phi\| \tag{6.23}$$

$$\|A\circ\phi\| = \overline{R \bullet \overline{\|\phi\|}} \tag{6.24}$$

Etwas komplizierter gestaltet sich die Berechnung der Extensionsmengen für die
restlichen temporalen Operatoren. Zu deren Bestimmung müssen die folgenden Fix-
punktgleichungen gelöst werden, die auf Arbeiten von Edmund M. Clarke und E.
Allen Emerson aus den Achtzigerjahren zurückgehen [47, 85]:

$$\|E\Diamond\phi\| = \bot\lambda Z.\|\phi\| \cup R \bullet Z \tag{6.25}$$

$$\|A\Diamond\phi\| = \bot\lambda Z.\|\phi\| \cup \overline{R \bullet \overline{Z}} \tag{6.26}$$

$$\|E\Box\phi\| = \top\lambda Z.\|\phi\| \cap R \bullet Z \tag{6.27}$$

$$\|A\Box\phi\| = \top\lambda Z.\|\phi\| \cap \overline{R \bullet \overline{Z}} \tag{6.28}$$

$$\|E\phi U\psi\| = \bot\lambda Z.\|\psi\| \cup (\|\phi\| \cap R \bullet Z) \tag{6.29}$$

$$\|A\phi U\psi\| = \bot\lambda Z.\|\psi\| \cup (\|\phi\| \cap \overline{R \bullet \overline{Z}}) \tag{6.30}$$

$\top$ und $\bot$ bezeichnen den größten bzw. den kleinsten Fixpunkt der nachfolgenden
Funktion. Für die Notation der Fixpunktfunktionen wurde die Schreibweise des
Lambda-Kalküls verwendet. In diesem Zusammenhang steht der Ausdruck $\lambda Z.\tau(Z)$
für die Funktion $f : Z \to \tau(Z)$.

Ausgehend von der leeren Menge wird der kleinste Fixpunkt in einem iterativen Prozess berechnet, indem die Gleichung wiederholt angewendet wird, bis sich
die Zustandsmenge nicht mehr ändert. Die Berechnung des größten Fixpunkts wird
analog durchgeführt. Anstelle der leeren Menge wird in diesem Fall die gesamte
Zustandsmenge als Startwert verwendet.

Nach den getätigten Vorarbeiteten sind wir nun in der Lage, die entsprechenden Extensionsmengen für unsere Beispielstruktur zu berechnen. Für die atomaren
Formeln T_1 und C_1 des Beweisziels

$$\phi_1 = A\square(T_1 \to A\lozenge C_1)$$

erhalten wir die folgenden Mengen:

$$\|T_1\| = \{1,4,5,8\}$$
$$\|C_1\| = \{3,7\}$$

Für die Berechnung von $\|A\lozenge C_1\|$ beginnen wir mit der leeren Menge und iterieren die Mengenfunktion

$$\tau(Z) = \|C_1\| \cup \overline{R \bullet \overline{Z}},$$

bis sich die Zustandsmenge nicht mehr ändert:

$$\tau^1(\emptyset) = \{3,7\}$$
$$\tau^2(\emptyset) = \{3,4,7\}$$
$$\tau^3(\emptyset) = \{1,3,4,7\}$$
$$\tau^4(\emptyset) = \{1,3,4,7,8\}$$
$$\tau^5(\emptyset) = \{1,3,4,5,7,8\}$$
$$\tau^6(\emptyset) = \{1,3,4,5,7,8\}$$

Im sechsten Iterationsschritt ist ein Fixpunkt erreicht und die Extensionsmenge damit vollständig bestimmt:

$$\|A\lozenge C_1\| = \{1,3,4,5,7,8\}$$

Die Behandlung der Implikation reduziert sich nach Gleichung (6.22) auf eine einfache Mengenoperation. Wir erhalten das folgende Ergebnis:

$$\|T_1 \to A\lozenge C_1\| = \overline{\{1,4,5,8\}} \cup \{1,3,4,5,7,8\}$$
$$= \{2,3,6,7\} \cup \{1,3,4,5,7,8\}$$
$$= \{1,2,3,4,5,6,7,8\}$$
$$= S$$

Für die Berechnung der endgültigen Extensionsmenge $\|A\square(T_1 \to A\lozenge C_1)\|$ gehen wir nach Gleichung (6.28) von der vollständigen Zustandsmenge aus und iterieren die Mengenfunktion

$$\tau(Z) = \|T_1 \to A\lozenge C_1\| \cap \overline{R \bullet \overline{Z}},$$

bis ein Fixpunkt erreicht ist. Mit

$$\tau^1(\{1,3,4,5,7,8\}) = \{1,3,4,5,7,8\}$$

erreichen wir diesen bereits im ersten Schritt. Die Formel ϕ_1 ist damit ausnahmslos in allen Zuständen der Kripke Struktur aus Abb. 6.11 gültig und die Modellprüfung

■ $\|T_1\|$

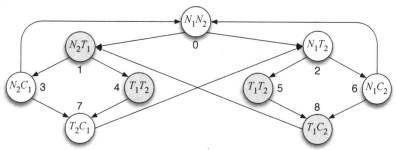

■ $\|C_1\|$

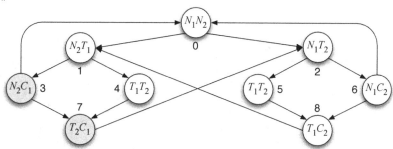

■ $\|A\Diamond C_1\|$

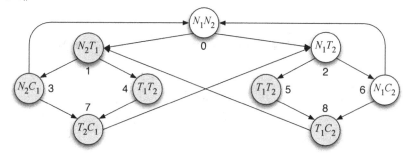

■ $\|T_1 \to A\Diamond C_1\|$, $\|A\Box(T_1 \to A\Diamond C_1)\|$

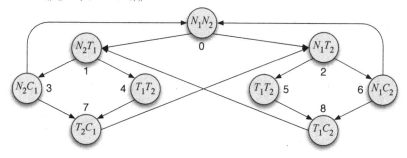

Abb. 6.13 Extensionsmengen des Beweisziels ϕ_1

■ $\|T_2\|$

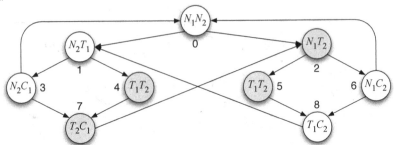

■ $\|C_2\|$

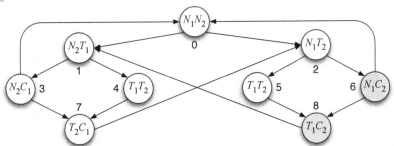

■ $\|A\Diamond C_2\|$

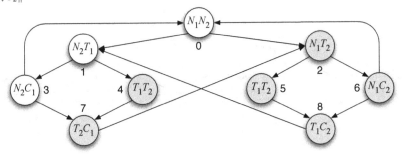

■ $\|T_2 \to A\Diamond C_2\|$, $\|A\Box(T_2 \to A\Diamond C_2)\|$

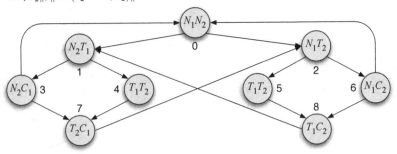

Abb. 6.14 Extensionsmengen des Beweisziels ϕ_2

erfolgreich abgeschlossen. Abb. 6.13 fasst die während der Berechnung auftretenden Extensionsmengen der einzelnen Unterformeln nochmals grafisch zusammen. Die Modellprüfung der Formel ϕ_2 kann in analoger Weise durchgeführt werden. Die entsprechenden Extensionsmengen sind in Abb. 6.14 dargestellt.

Ähnlich wie im Falle der Deduktion kann auch die Modellprüfung in der Praxis nicht in jedem Fall so problemlos durchgeführt werden wie hier gezeigt. Anders als unser pathologisches Lehrbuchbeispiel vermuten lässt, kann die Größe der auftretenden Zustandsmengen in der Praxis gigantische Ausmaße annehmen. Hierdurch ist jeder Algorithmus, der auf einer *aufzählenden* Darstellung der einzelnen Zustände beruht, bereits von vorne herein zum Scheitern verurteilt. Mit anderen Worten: Ohne weitere Maßnahmen ist der praktische Wert des oben vorgestellten Modellprüfungsalgorithmus gleich null.

Erst die *symbolische Modellprüfung* sorgte Anfang der Neunzigerjahre für einen kleinen Durchbruch. Indem die berechneten Extensionsmengen nicht mehr aufzählend, sondern mit Hilfe *Binärer Entscheidungsdiagramme* (*binary decision diagrams*, kurz BDDs [35]) symbolisch beschrieben wurden, war es auf einen Schlag möglich, Systeme mit mehr als 10^{20} Zuständen effizient darzustellen und erfolgreich zu verifizieren [36]. Die symbolische Modellprüfung konnte hierdurch in Größenordnungen vordringen, die zuvor als undenkbar galten. Trotz dieser Erfolge ist und bleibt die Speicher- und Laufzeitkomplexität der Modellprüfungsalgorithmen ein Kernproblem, das die breite industrielle Anwendung bis heute verhindert hat. Im direkten Vergleich mit der Deduktionstechnik verfügt die Modellprüfung jedoch über deutlich freundlichere Zukunftsaussichten. Aufgrund der vollautomatischen Beweisführung lässt sich diese Technik nahtlos in industrielle Entwicklungsprozesse integrieren.

6.4 Abstrakte Interpretation

Die abstrakte Interpretation kombiniert die Technik der statischen Programmanalyse mit einer Generalisierung des Datenbereichs. Dieser Ansatz ermöglicht, verschiedene dynamische Eigenschaften nachzuweisen, ohne das Programm mit einer konkreten Wertebelegung der Eingangsvariablen auszuführen. Das theoretische Grundgerüst der abstrakten Interpretation ist nicht neu und geht auf Arbeiten aus den Sechziger- und Siebzigerjahren von Robert W. Floyd, David Park und E. M. Clarke zurück [96, 199, 46]. Deren Idee bestand darin, jeden Befehl eines Programms als Gleichung aufzufassen. Aus der Lösungsmenge des entstehenden Gleichungssystems lässt sich entweder die Korrektheit einer zu verifizierenden Eigenschaft ableiten oder im Fehlerfall ein Gegenbeispiel erzeugen.

Die aufgestellten Gleichungen machen Aussagen über die möglichen *Zustände*, die ein Programm in jeder Zeile erreichen kann. Formal wird ein Zustand als die konkrete Belegung aller im Programm vorhandenen Variablen definiert. Bezeichnet n die Anzahl der Variablen, so lässt sich jeder Programmzustand als Element eines n-dimensionalen Vektorraums interpretieren.

Per Definition enthält die Menge S_i alle möglichen Zustände, in denen sich das Programm nach der Ausführung der i-ten Zeile befinden kann. Für jede Programmzeile wird nach der Methode von Floyd, Park und Clarke eine Gleichung erzeugt, mit der die Zustandsmengen S_i in Beziehung zueinander gesetzt werden. Für ein Programm mit k Programmzeilen entsteht hieraus ein Gleichungssystem der folgenden Form:

$$S_0 = f_0(S_0, \ldots, S_k) \tag{6.31}$$
$$S_1 = f_1(S_0, \ldots, S_k) \tag{6.32}$$
$$\ldots$$
$$S_k = f_k(S_0, \ldots, S_k) \tag{6.33}$$

6.4.1 Fixpunktiteration nach Floyd, Park und Clarke

Floyd, Park und Clarke konnten zeigen, dass sich das konstruierte Gleichungssystem mit Hilfe einer iterativen Fixpunktberechnung lösen lässt. Hierzu wird mit der leeren Menge begonnen und im jedem Iterationsschritt das Gleichungssystem (6.31) bis (6.33) auf das vorherige Ergebnis angewendet. Das Iterationsschema wird so lange wiederholt, bis sich die berechneten Mengen nicht mehr von ihren Vorgängern unterscheiden. In diesem Fall wurde ein Fixpunkt erreicht und alle möglichen Programmzustände vollständig ermittelt. In ihrer Allgemeinheit besitzt die Fixpunktberechnung die folgende Form:

$$S_{0,0} = \emptyset \tag{6.34}$$
$$S_{1,0} = \emptyset \tag{6.35}$$
$$\ldots$$
$$S_{k,0} = \emptyset \tag{6.36}$$

$$S_{0,j+1} = f_0(S_{0,j}, \ldots, S_{k,j}) \tag{6.37}$$
$$S_{1,j+1} = f_1(S_{0,j}, \ldots, S_{k,j}) \tag{6.38}$$
$$\ldots$$
$$S_{k,j+1} = f_k(S_{0,j}, \ldots, S_{k,j}) \tag{6.39}$$

Die zu verifizierenden Eigenschaften werden über *Fehlermengen* beschrieben – den sogenannten *bad states*. Typische Fehlermengen enthalten z. B. alle Variablenbelegungen, die zu einer Division durch null führen, einen arithmetischen Überlauf generieren oder eine Zusicherung (*assertion*, siehe Abschnitt 3.3.3) verletzen.

Die Gültigkeit einer zu verifizierenden Eigenschaft wird überprüft, indem die Fehlermenge mit der im Rahmen der Fixpunktiteration berechneten Zustandsmenge geschnitten wird. Die Fehlerfreiheit ist genau dann garantiert, wenn die Schnittmenge zur leeren Menge degradiert. Andernfalls lässt sich aus den Elementen der Schnittmenge eine konkrete Belegung der Eingangsvariablen extrahieren, die das untersuchte Fehlerszenario unmittelbar herbeiführt.

Als Beispiel betrachten wir die in Abb. 6.15 gezeigten Implementierungen der Funktionen **foo** und **bar**. Hierbei handelt es sich um zwei alte Bekannte, die uns

```
┌─ hard_to_test1.c ──────────┐      ┌─ hard_to_test2.c ──────────┐
  float foo(unsigned char x)   0      float bar(unsigned short x)   0
  {                            0      {                             0
      unsigned char i = 0;     1          unsigned char i = 0;      1
                               1                                    1
      while (i < 6) {          2          while (i < 6) {           2
          i++;                 3              i++;                  3
          x /= 2;              4              x /= 2;               4
      }                        4          }                         4
      return 1.0 / (x-i);      5          return 1.0 / (x-i);       5
  }                            5      }                             5
```

Abb. 6.15 Für gewisse Eingabewerte erzeugt die rechte Variante einen Division-durch-null-Fehler

in Abschnitt 4.6 die Grenzen des klassischen Software-Tests vor Augen führten. Auf der linke Seite ist die korrekt arbeitende Variante für 8-Bit-Übergabeparameter abgebildet. Auf der rechten Seite befindet sich die fehlerhafte Variante für 16-Bit-Übergabeparameter, die für ausgewählte Eingabewerte eine Division durch 0 durchführt. Am Ende von Abschnitt 4.6 stand die Erkenntnis, dass keine der bisher vorgestellten Konstruktionstechniken in der Lage war, den Fehler systematisch zu erkennen.

Im Folgenden werden wir zeigen, wie sich der Fehler mit Hilfe der statischen Software-Verifikation auf direktem Wege entdecken lässt. Hierzu transformieren wir die beiden Beispielprogramme zunächst in ein Gleichungssystem, indem wir für jede Programmzeile die möglichen Zustandsmengen gegenseitig in Beziehung setzen. Beschreiben wir den jeweiligen Zustand des Programms mit Hilfe des zweidimensionalen Vektors (i,x), so erhalten wir das folgende Ergebnis:

■ Gleichungssystem für die Funktion `foo`:

$$S_0 = \{(?,x) \mid x \in [0;255]\} \tag{6.40}$$

$$S_1 = \{(0,x) \mid x \in [0;255]\} \tag{6.41}$$

$$S_2 = S_1 \cup S_4 \tag{6.42}$$

$$S_3 = \{(i+1,x) \mid (i,x) \in S_2, i < 6\} \tag{6.43}$$

$$S_4 = \{(i,\frac{x}{2}) \mid (i,x) \in S_3\} \tag{6.44}$$

$$S_5 = \{(i,x) \mid (i,x) \in S_4, i \geq 6\} \tag{6.45}$$

■ Gleichungssystem für die Funktion `bar`:

$$S_0 = \{(?,x) \mid x \in [0;65535]\} \tag{6.46}$$

$$S_1 = \{(0,x) \mid x \in [0;65535]\} \tag{6.47}$$

$$S_2 = S_1 \cup S_4 \tag{6.48}$$

$$S_3 = \{(i+1,x) \mid (i,x) \in S_2, i < 6\} \tag{6.49}$$

$$S_4 = \{(i, \frac{x}{2}) \mid (i,x) \in S_3\} \tag{6.50}$$

$$S_5 = \{(i,x) \mid (i,x) \in S_4, i \geq 6\} \tag{6.51}$$

Um zu prüfen, ob der Ausdruck `1/(x-i)` für gewisse Eingabewerte zu einem Division-durch-null-Fehler führen kann, berechnen wir zunächst den Fixpunkt der aufgestellten Gleichungssysteme. Anschließend schneiden wir die Ergebnismenge S_5 für `foo` mit der Fehlerzustandsmenge

$$\{(x,x) \mid x \in [0;255]\} \tag{6.52}$$

und die Menge S_5 für `bar` mit der Fehlerzustandsmenge

$$\{(x,x) \mid x \in [0;65535]\}. \tag{6.53}$$

Beide Mengen charakterisieren exakt diejenigen Variablenkombinationen, die innerhalb von `foo` bzw. `bar` zu einem Division-durch-null-Fehler führen.

Die Abbildungen 6.16 bzw. 6.17 zeigen, wie sich die tatsächlich erreichbaren Zustände für die Funktionen `foo` und `bar` berechnen lassen. Hierzu wird die Fixpunktiteration so lange wiederholt, bis sich keine der berechneten Mengen mehr ändert. Für unser Beispielprogramm ist der Fixpunkt in der elften Iteration erreicht. Schneiden wir die Menge S_5 mit den weiter oben definierten Fehlerzuständen, so erhalten wir für die Funktion `foo` das folgende Ergebnis:

$$S_5 \cap \{(x,x) \mid x \in [0;255]\} \tag{6.54}$$

$$= \{(6, \frac{x}{64}) \mid (\frac{x}{64} = 6) \wedge x \in [0;255]\} \tag{6.55}$$

$$= \{(6, \frac{x}{64}) \mid x \in [384;447] \cap [0;255]\} \tag{6.56}$$

$$= \{(6, \frac{x}{64}) \mid x \in \emptyset\} \tag{6.57}$$

$$= \emptyset \tag{6.58}$$

Die Schnittmenge ist leer und für die Funktion `foo` damit formal bewiesen, dass eine Division durch null in Zeile 5 niemals eintreten kann. Anders erweist sich die Situation im Falle der Funktion `bar`. Durch den größeren Wertebereich der Variablen x enthält die Menge S_5 deutlich mehr Zustände und führt zu einer nichtleeren Schnittmenge:

$$S_5 \cap \{(x,x) \mid x \in [0;65536]\} \tag{6.59}$$

$$= \{(6, \frac{x}{64}) \mid \frac{x}{64} = 6 \wedge x \in [0;65536]\} \tag{6.60}$$

$$= \{(6, \frac{x}{64}) \mid x \in [384;447] \cap [0;65536]\} \tag{6.61}$$

$$= \{(6, \frac{x}{64}) \mid x \in [384;447]\} \tag{6.62}$$

$$= \{(6,384), \ldots, (6,447)\} \tag{6.63}$$

- Start

$$S_0 = S_1 = S_2 = S_3 = S_4 = S_5 = \emptyset$$

- Dritte Iteration

$$S_0 = \{(?,x) \mid x \in [0;255]\}$$
$$S_1 = \{(0,x) \mid x \in [0;255]\}$$
$$S_2 = S_1 \cup S_4 = \{(0,x) \mid x \in [0;255]\}$$
$$S_3 = \{(1,x) \mid x \in [0;255]\}$$
$$S_4 = \{(1,\tfrac{x}{2}) \mid x \in [0;255]\}$$
$$S_5 = \emptyset$$

- Sechste Iteration

$$S_0 = \{(?,x) \mid x \in [0;255]\}$$
$$S_1 = \{(0,x) \mid x \in [0;255]\}$$
$$S_2 = \{(0,x),(1,\tfrac{x}{2}) \mid x \in [0;255]\}$$
$$S_3 = \{(1,x),(2,\tfrac{x}{2}) \mid x \in [0;255]\}$$
$$S_4 = \{(1,\tfrac{x}{2}),(2,\tfrac{x}{4}) \mid x \in [0;255]\}$$
$$S_5 = \emptyset$$

- Achtzehnte Iteration (Fixpunkt erreicht)

$$S_0 = \{(?,x) \mid x \in [0;255]\}$$
$$S_1 = \{(0,x) \mid x \in [0;255]\}$$
$$S_2 = \{(0,x),(1,\tfrac{x}{2}),(2,\tfrac{x}{4}),(3,\tfrac{x}{8}),(4,\tfrac{x}{16}),(4,\tfrac{x}{32}) \mid x \in [0;255]\}$$
$$S_3 = \{(1,x),(2,\tfrac{x}{2}),(3,\tfrac{x}{4}),(4,\tfrac{x}{8}),(5,\tfrac{x}{16}),(6,\tfrac{x}{32}) \mid x \in [0;255]\}$$
$$S_4 = \{(1,\tfrac{x}{2}),(2,\tfrac{x}{4}),(3,\tfrac{x}{8}),(4,\tfrac{x}{16}),(5,\tfrac{x}{32}),(6,\tfrac{x}{64}) \mid x \in [0;255]\}$$
$$S_5 = \{(6,\tfrac{x}{64}) \mid x \in [0;255]\}$$

Abb. 6.16 Fixpunktberechnung für das Programm `foo`

Die berechnete Schnittmenge lässt einen unmittelbaren Rückschluss auf das Programmverhalten zu. Genau dann, wenn sich der Übergabeparameter x im Intervall [384; 447] befindet, verursacht die Funktion einen Division-durch-null-Fehler.

In Bezug auf die Fähigkeit, auch versteckte Programmfehler aufzudecken, schlägt die abstrakte Interpretation die in Kapitel 4 eingeführten Testkonstruktionstechniken um Längen. Trotzdem unterliegt auch dieser Ansatz fundamentalen Grenzen. So ist die exakte Berechnung der Zustandsmenge nur für eine kleine Gruppe

■ Start

$$S_0 = S_1 = S_2 = S_3 = S_4 = S_5 = \emptyset$$

■ Dritte Iteration

$$S_0 = \{(?,x) \mid x \in [0; 65536]\}$$
$$S_1 = \{(0,x) \mid x \in [0; 65536]\}$$
$$S_2 = S_1 \cup S_4 = \{(0,x) \mid x \in [0; 65536]\}$$
$$S_3 = \{(1,x) \mid x \in [0; 65536]\}$$
$$S_4 = \{(1,\frac{x}{2}) \mid x \in [0; 65536]\}$$
$$S_5 = \emptyset$$

■ Sechste Iteration

$$S_0 = \{(?,x) \mid x \in [0; 65536]\}$$
$$S_1 = \{(0,x) \mid x \in [0; 65536]\}$$
$$S_2 = \{(0,x),(1,\frac{x}{2}) \mid x \in [0; 65536]\}$$
$$S_3 = \{(1,x),(2,\frac{x}{2}) \mid x \in [0; 65536]\}$$
$$S_4 = \{(1,\frac{x}{2}),(2,\frac{x}{4}) \mid x \in [0; 65536]\}$$
$$S_5 = \emptyset$$

■ Achtzehnte Iteration (Fixpunkt erreicht)

$$S_0 = \{(?,x) \mid x \in [0; 65536]\}$$
$$S_1 = \{(0,x) \mid x \in [0; 65536]\}$$
$$S_2 = \{(0,x),(1,\frac{x}{2}),(2,\frac{x}{4}),(3,\frac{x}{8}),(4,\frac{x}{16}),(4,\frac{x}{32}) \mid x \in [0; 65536]\}$$
$$S_3 = \{(1,x),(2,\frac{x}{2}),(3,\frac{x}{4}),(4,\frac{x}{8}),(5,\frac{x}{16}),(6,\frac{x}{32}) \mid x \in [0; 65536]\}$$
$$S_4 = \{(1,\frac{x}{2}),(2,\frac{x}{4}),(3,\frac{x}{8}),(4,\frac{x}{16}),(5,\frac{x}{32}),(6,\frac{x}{64}) \mid x \in [0; 65536]\}$$
$$S_5 = \{(6,\frac{x}{64}) \mid x \in [0; 65536]\}$$

Abb. 6.17 Fixpunktberechnung für das Programm `bar`

von Programmen möglich, zu der auch unser vergleichsweise einfach gestricktes Beispiel gehört.

Im mathematischen Sinne fällt die exakte Bestimmung der Zustandsmenge in die Klasse der unberechenbaren Funktionen. In der Konsequenz kann es keinen Algorithmus geben, der die Menge für alle möglichen Programme exakt bestimmt. Zu diesem Schluss bringt uns eine einfache Überlegung. Wäre es möglich, die Zustandsmenge für jedes Programm exakt zu berechnen, so wäre auch das in Ab-

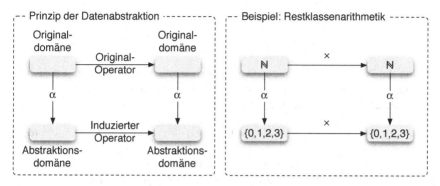

Abb. 6.18 Prinzip der Datenabstraktion

schnitt 5.4.1 diskutierte Halteproblem gleichermaßen lösbar. Endet das Programm in Zeile k, so ließe sich die Frage, ob das Programm für eine gewisse Eingabe-kombination terminiert, mit einem einzigen Blick auf die Elemente der Menge S_k beantworten. Terminiert das Programm z. B. für keine Belegung der Eingangsva-riablen, so degradiert die Menge S_k zur leeren Menge. Aus der Unlösbarkeit des Halteproblems folgt an dieser Stelle unmittelbar, dass die Zustandsmengen S_i nicht für alle Programme exakt berechenbar sein können.

6.4.2 Datenabstraktion

Die abstrakte Interpretation löst das Berechenbarkeitsproblem, indem die Zustands-mengen nicht exakt bestimmt, sondern lediglich angenähert werden. Hierzu wird, wie die linke Hälfte von Abb. 6.18 zeigt, der Datenbereich abstrahiert und jede Programmoperation auf eine induzierte Operation auf den abstrahierten Daten ab-gebildet. Jedes Element des abstrahierten Bereichs steht für mehrere Elemente des Originalbereichs und wird für die Programmanalyse als Approximation der exakten Werte verwendet.

Die rechte Hälfte von Abb. 6.18 demonstriert das Prinzip der Abstraktion am Bei-spiel der Restklassenarithmetik. Die Originaldomäne besteht aus den natürlichen Zahlen und der abstrahierte Bereich aus dem endlichen Intervall $[0;3]$. Jedes Ele-ment x des Originalbereichs wird durch die *Abstraktionsfunktion* α auf ein Element des abstrahierten Wertebereichs abgebildet. In unserem Beispiel weist die Funktion α jedem Element x der Originaldomäne das Element $x \bmod 4$ zu. Jede in der Origi-naldomäne ausgeführte Operation lässt sich auf die abstrahierte Domäne übertragen, indem das Ergebnis ebenfalls modulo-4 gerechnet wird.

Die definierte Abstraktion besitzt zwei bedeutende Eigenschaften. Zum einen haben wir den vormals unendlichen Wertebereich auf eine endliche Menge redu-ziert, die nur noch 4 Elemente enthält. Zum anderen gelingt die Reduktion auf eine Art und Weise, die wichtige Eigenschaften der Originaldomäne erhält. Mit anderen Worten: Beobachtungen in der Abstraktionsdomäne lassen sich unter bestimmten Voraussetzungen auf die Originaldomäne zurückübertragen. Um den praktischen

Nutzen zu demonstrieren, wollen wir uns die Frage stellen, ob die folgende Gleichung gilt:

$$343 \times 112 = 420 \times 84 \tag{6.64}$$

Anstatt die Produkte mühsam auszurechnen, betrachten wir zunächst, wie sich die Gleichung in der wesentlich einfacheren abstrakten Domäne verhält. Nach der Reduktion beider Seiten erhalten wir das folgende Ergebnis:

$$1 \times 1 = 0 \times 0 \tag{6.65}$$

Ein einziger Blick auf Gleichung (6.65) reicht aus, um die Gleichung als falsch zu entlarven. Da sich die Eigenschaft der Ungleichheit uneingeschränkt auf die Originaldomäne überträgt, folgt sofort, dass die Originalgleichung (6.64) ebenfalls falsch sein muss. Die umgekehrte Folgerung wäre an dieser Stelle nicht zulässig. Anders als im Falle der Ungleichheit lässt sich die Eigenschaft der Gleichheit nicht von der abstrakten Domäne in die Originaldomäne übertragen. Die nur partielle Übertragbarkeit von Eigenschaften ist gewissermaßen der Preis, den wir der Abstraktion an dieser Stelle zollen müssen.

Um die oben geschilderte Fixpunktiteration nach Floyd, Park und Clarke in der Praxis handhabbar zu machen, wird die Berechnung der Zustandsmengen auf einem abstrakten Datenbereich ausgeführt. Wird als abstrahierter Datenbereich die Menge der konvexen Polygone im n-dimensionalen Raum gewählt, so lässt sich jede Zustandsmenge S eines Programms mit n Variablen durch die konvexe Hülle $C(S)$ approximieren. Entsteht durch die Vereinigung zweier konvexer Polygone im Laufe der Fixpunktberechnung eine nichtkonvexe Struktur, wird das Polygon durch die Hinzunahme weiterer Zustände wieder in ein konvexes Polygon überführt. Durch diese Überapproximation ist sichergestellt, dass alle Zustände der nicht exakt berechenbaren Menge S in der Approximation $C(S)$ vollständig enthalten sind. Da die Menge $C(S)$ neben den Elementen aus S im Allgemeinen auch andere Zustände enthält, müssen wir bei der Ergebnisinterpretation besondere Vorsicht walten lassen. Wie in Abb. 6.19 skizziert, sind an dieser Stelle drei verschiedene Szenarien zu unterscheiden:

■ **Fall 1**
Die Approximationsmenge $C(S)$ und die Fehlermenge E sind disjunkt. Da es sich bei der Menge $C(S)$ um eine Überapproximation der Zustandsmenge S handelt, sind keine Elemente aus S in der Fehlermenge E enthalten. Folgerichtig kann keiner der fehlerhaften Zustände erreicht werden und das Programm erfüllt die zu verifizierende Eigenschaft uneingeschränkt.

■ **Fall 2**
Die Approximationsmenge $C(S)$ ist eine Teilmenge der Fehlermenge E. In diesem Fall sind mit der Überapproximation $C(S)$ auch alle Zustände von S in der Fehlermenge enthalten und die zu verifizierende Eigenschaft damit auf jeden Fall verletzt.

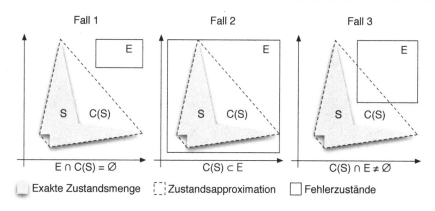

Abb. 6.19 Die Mengenapproximation führt zu drei Schnittszenarien

■ **Fall 3**

Falls sich die Approximationsmenge $C(S)$ und die Fehlermenge E überlappen und keine der beiden Mengen die andere enthält, lässt das Ergebnis keinerlei Aussage zu. Sind die Zustände der Schnittmenge auch Elemente der exakten Zustandsmenge S, verletzt das Programm die zu verifizierende Eigenschaft. Sind die Zustände der Schnittmenge in der Überapproximation $C(S)$ enthalten, nicht jedoch in der Menge S selbst, so lässt sich die Fehlersituation nicht herbeiführen. In diesem Fall produziert das Verfahren ein False negative. Obwohl das Programm vollständig korrekt arbeitet, kann die zu verifizierende Eigenschaft nicht bewiesen werden.

Anders als die Deduktionstechnik und die Modellprüfung hat die abstrakte Interpretation den Sprung in industrielle Entwicklungsprozesse heute bereits geschafft. Durch die bewusste Approximation des Zustandsraums skaliert das Verfahren deutlich besser als die anderen vorgestellten Techniken. Erkauft wird die hohe Skalierbarkeit durch den Verlust der Präzision, so dass in einigen Fällen nur partielle Korrektheitsaussagen möglich sind.

Industrielle Werkzeuge, die auf dem Prinzip der abstrakten Interpretation beruhen, arbeiten vollautomatisch und lassen sich hierdurch problemlos in industrielle Entwicklungsprozesse integrieren. Die verwässerte Präzision spiegelt sich unter anderem in der Aufbereitung der Endergebnisse wieder. So färbt z. B. das Werkzeug Polyspace die untersuchten Programmbereiche mit drei verschiedenen Farben ein [216]. Grün markierte Programmteile wurden korrekt verifiziert, während rot eingefärbte Fragmente die untersuchte Eigenschaft mit Sicherheit verletzen. Programmteile, die sich aufgrund der Approximationsproblematik einer exakten Aussage entziehen, werden grau hinterlegt dargestellt.

Kapitel 7
Software-Lebenszyklus

7.1 Wenn Software altert

Dieses Kapitel beschäftigt sich mit einem der wichtigsten und zugleich am häufigsten missverstandenen Problemen großer Software-Systeme: Der *Software-Alterung*. Das auch unter dem Namen *Software-Fäulnis* bekannte Phänomen beschreibt die schleichende Degradierung verschiedener Qualitätsparameter über die Zeit. Typischerweise zeigen sich die ersten Symptome einer alternden Software erst nach ein paar Jahren Entwicklungszeit, so dass die Problematik im kurzlebigen Projektgeschäft eine eher untergeordnete Rolle spielt. Anders sieht es im Bereich langlebiger Software-Systeme aus, die bereits eine Entwicklungszeit von 5-10 Jahren hinter sich haben.

Die meisten langlebigen Software-Produkte durchlaufen drei Phasen, die in Abb. 7.1 zusammengefasst sind. Die erste Phase spiegelt den klassischen Software-Entwicklungszyklus wieder. Am Ende steht ein erstes Software-Produkt, das in der Regel für ein einziges Betriebssystem und eine einzige Hardware-Plattform entwickelt wurde. Jetzt entscheidet der Markt, ob die Software das Potenzial besitzt, zu einem langlebigen Produkt zu werden. Kann sich ein System erfolgreich am Markt etablieren, setzen in der Regel zwei parallele Entwicklungen ein – die Code-Basis *expandiert* und das Produkt *diversifiziert*. Mit anderen Worten: Die Software wird erwachsen.

Während die stetig wachsende Code-Basis die unmittelbare Folge der permanenten Weiterentwicklung ist, hat die Diversifizierung mehrere Gründe. Zum einen entstehen in regelmäßigen Abständen neue *Releases*, die in den meisten Fällen voneinander getrennt gewartet und gepflegt werden müssen. Zum anderen keimt bereits nach kurzer Zeit der Wunsch auf, ein erfolgreiches Produkt auch für andere Hardware-Plattformen und Betriebssysteme verfügbar zu machen. Zusätzliche Produktvarianten entstehen, wenn für wichtige Kunden individuelle Modifikationen der Software vorgenommen werden. In dieser Phase ist die Diversifizierung bereits in vollem Gange und der effiziente Umgang mit verschiedenen Produktversionen und -varianten erfordert einen ausgeklügelten Entwicklungsprozess. Wie die Problema-

D.W. Hoffmann, *Software-Qualität,* eXamen.press,
DOI 10.1007/978-3-642-35700-8_7, © Springer-Verlag Berlin Heidelberg 2013

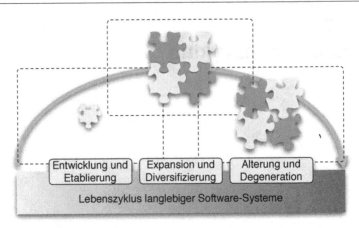

Abb. 7.1 Lebenszyklus langlebiger Software-Systeme

tik technisch in den Griff zu bekommen ist, werden wir in Kapitel 8 ausführlich behandeln.

Mit zunehmender Lebensdauer beginnt fast zwangsläufig eine schleichende Degeneration der Code-Basis. Unter anderen sind es die ständig wechselnden Anforderungen, die im Laufe der Zeit viele kleine und große Änderungen an der Quelltextbasis nach sich ziehen. Wie der stete Tropfen den Stein werden die ehemals soliden Programmstrukturen immer weiter ausgehöhlt. Unzählige Fehlerkorrekturen tragen ihren Teil zu der Misere bei.

Bevor wir uns mit den Gründen der altersbedingten Degeneration im Detail beschäftigen, wollen wir an dieser Stelle zunächst typische Eigenschaften großer, langlebiger Software-Systeme herausarbeiten. Kurzum, wir suchen die Antwort auf die plakative Frage: „Wie komplex ist komplexe Software wirklich?". Die folgenden Punkte fassen die wichtigsten charakteristischen Eigenschaften solcher Systeme zusammen:

■ **Code-Basis**

Große Software-Systeme verfügen über eine riesige Code-Basis, die leicht aus mehreren Millionen Zeilen Quelltext bestehen kann. Versionskontrolliert kann der benötigte Speicherplatz des *Code-Repositories* die Terabyte-Grenze leicht durchbrechen. Noch stärker als die Code-Größe wachsen in aller Regel die Sekundärdatenbestände. Neben der Produkt- und Projektdokumentation fallen hierunter insbesondere auch verwendete Use-Cases, Benchmarks sowie die Testfalldatenbank.

■ **Übersetzungszeit**

Die Größe der Quellcode-Basis fordert ihren Tribut nicht zuletzt in hohen Übersetzungszeiten, die bei einem komplexen Software-System durchaus mehrere Stunden betragen kann. Werden im Anschluss alle Regressionstests ausgeführt, können weitere Stunden oder gar Tage vergehen. Wie Abschnitt 8.2.2 ausführlich darlegen wird, betreiben viele Firmen speziell eingerichtete Server-Farmen, die ausschließlich für die Übersetzung der Programmquellen und die Ausführung von Regressionstests eingesetzt werden.

■ **Entwickler-Teams**
An großen Software-Projekten können mehrere hundert Programmierer gleichzeitig beteiligt sein. Rechnen wir das gesamte Personal, so kommen einige Projekte spielend in den vierstelligen Bereich. Im Gegensatz zu früher können die verschiedenen Entwickler-Teams heute weltweit verteilt agieren. Internetbasierte Versionskontrollsysteme machen es möglich, von überall in der Welt an ein und derselben Code-Basis zu arbeiten.

■ **Team-Zusammensetzung**
Bedingt durch die hohe Mitarbeiterfluktuation (*brain drain*) im Bereich der IT-Berufe überdauern langlebige Software-Systeme die durchschnittliche Verweildauer seiner Entwickler um Längen. Legen wir die durchschnittliche Firmenzugehörigkeit eines US-amerikanischen Software-Entwicklers von ca. drei Jahren zugrunde, arbeitet an einer 10 Jahre alten Software bereits die vierte Entwicklergeneration.

■ **Altlasten**
Langlebige Software-Systeme sammeln im Laufe der Zeit eine Reihe von Altlasten an. Darunter fallen Programmfragmente, die in antiquierten Sprachen oder nach veralteten Richtlinien erstellt wurden, genauso wie Bibliotheken und Schnittstellen, die ausschließlich aus Gründen der Rückwärtskompatibilität weiter unterstützt werden. Manch alternde Software hat im Laufe ihres Lebens die eine oder andere Firmenfusion überlebt. Die Verschmelzung der eigenen Software mit der hinzugekauften Technologie führt in vielen Fällen zu einer babylonischen Vermischung von Sprachen und Konzepten, die ohne Kenntnis der historischen Entwicklung kaum noch rational nachvollzogen werden kann.

Im nächsten Abschnitt werden wir den Ursachen genauer auf den Grund gehen, die für die schleichende Degradierung eines Software-Produkts verantwortlich zeichnen. Ein wichtiges Anliegen dieses Kapitels ist es, die Darstellung der Software-Alterung nicht im Ungefähren zu belassen. Aus diesem Grund sind die folgenden Abschnitte mit zahlreichen Code-Beispielen angereichert, die allesamt aus der Praxis stammen und hinter der Fassade schmucker Benutzungsschnittstellen auch heute noch ihre Dienste verrichten.

7.2 Gründe der Software-Alterung

7.2.1 Bewegliche Ziele

Zu Beginn dieses Abschnitts wollen wir uns mit der Frage beschäftigen, in welchen zentralen Punkten sich Software und Hardware grundlegend voneinander unterscheiden. Dass es sich hier nicht um einen Vergleich zwischen Äpfeln und Birnen handelt, zeigt ein Blick in den Bereich des *Hardware-Software-Co-Designs*. Mit den dort entwickelten Methoden ist es in zunehmendem Maße möglich, in Software realisierte Funktionalität in Hardware auszulagern und umgekehrt.

Vergleichen wir Hard- und Software in Punkto Flexibilität, so erweist sich die Software aufgrund ihrer nahezu beliebigen Änderbarkeit als haushoch überlegen. Um einen Eindruck über die praktischen Auswirkungen zu bekommen, greifen wir erneut das Beispiel der Kfz-Steuergeräteentwicklung auf. Wie bei jedem anderen Erzeugnis, das sich über längere Zeit in Produktion befindet, müssen auch hier in regelmäßigen Abständen kleinere Änderungen vorgenommen werden. Da die Entwicklung produktionsbegleitend durchgeführt wird, sprechen wir in diesem Zusammenhang von einem *running change*. Anders als im Fall der Entwicklung oder Vorentwicklung sind die Anforderungen an den Abnahmeprozess hier deutlich verschärft, da sich jeder unbemerkt einschleichende Fehler unmittelbar und mit schwer kalkulierbaren Folgen auf die Produktion auswirkt.

Die Zeit, die für eine produktionsbegleitende Änderung aufgebracht werden muss, hängt maßgeblich davon ab, ob die Hardware oder die Software des Steuergeräts betroffen ist. Eine Hardware-Änderung wird im Automobilbereich mit ca. 6 Monaten veranschlagt, während eine Software-Änderung nur ca. 1 Monat in Anspruch nimmt. Die eigentliche Code-Modifikation ist nicht selten in nur wenigen Stunden oder gar Minuten erledigt. Der Rest ist den ausführlichen Test- und Abnahmeprozessen geschuldet.

Die schier unbegrenzte Änderbarkeit von Software ist Segen und Fluch zugleich. Im Falle eines Hardware-Systems überlegen sich Kunden und Entwickler zu Projektbeginn sehr genau, welche Anforderungen das endgültige Produkt später zu erfüllen hat. Natürlich sind auch hier Anforderungsänderungen keine Seltenheit – beide Seiten sind sich jedoch sehr bewusst, dass diese nur in engen Grenzen realisierbar sind. Anders sieht die Situation im Bereich der Software aus. Die scheinbar unbegrenzte Flexibilität führt bei vielen Beteiligten zu dem Bewusstsein, dass sich Änderungen jederzeit auf's Neue durchführen lassen. So schallt es durch die Flure so mancher Software-Firmen: "Hey, it's software. Everything is possible". Falsch ist die Aussage keineswegs: Alles ist möglich – zum Guten und zum Schlechten.

Nahezu alle langlebigen Software-Systeme haben in ihrer Vergangenheit mehrere Phasen durchlaufen, in denen die Produktziele geändert und die Anforderungen entsprechend angepasst wurden. Die häufig getroffene Annahme, dass die zu Projektbeginn festgelegten Anforderungen konstant bleiben, wird in der Praxis stets auf's Neue widerlegt. Kurzum: Um das Phänomen der Software-Alterung zu verstehen, müssen wir die Anforderungen als ein bewegliches Ziel begreifen.

Auch wenn der Änderbarkeit eines Software-Systems keine physikalischen Grenzen gesetzt sind, wirkt sich die permanente Modifikation mit steigender Lebensdauer fatal auf die Code-Qualität aus. Zum einen nimmt die Trägheit eines Software-Systems durch den wachsenden Umfang permanent zu. Zum anderen beginnt die Struktur und Architektur des Gesamtsystems durch jede Anforderungsänderung zu degenerieren. Für die permanente Anpassung der Software-Architektur fehlen zu Anfang oft die Zeit und Jahre später das Wissen. Nicht selten werden provisorische Lösungen ohnehin als adäquater erachtet, denn die nächste Anforderungsänderung kommt bestimmt. Viele Software-Entwickler sehen in der permanenten Anforderungsänderung einen der Hauptgründe für die altersbedingte Degeneration großer Software-Systeme.

Trotzdem wollen wir uns an dieser Stelle nicht in Schwarzmalerei ergötzen. Wie bereits oben erwähnt, bringt die flexible Änderbarkeit von Software gegenüber Hardware auch unschätzbare Vorteile mit sich. Unter anderem ist sie die Voraussetzung, um schnell und präzise auf aktuelle Marktbedürfnisse zu reagieren. In diesem Sinne kann die Flexibilität des Mediums *Software* den entscheidenden Wettbewerbsvorteil bringen, ohne den ein langfristiger Markterfolg vielleicht unmöglich wäre.

7.2.1.1 Fallstudie

An dieser Stelle wollen wir auf ein reales Beispiel zurückgreifen, das zeigen wird, wie selbst kleine Anforderungsänderungen die Struktur einer ehemals geradlinig entworfenen Software nachhaltig beschädigen können.

Die besagte Datenstruktur stammt aus einem Programmmodul für die *Timing-Analyse* integrierter Hardware-Schaltungen und wird zur Modellierung einer physikalischen Leitungsbahn zwischen zwei oder mehreren Zellen eines Silizium-Chips eingesetzt. Die Timing-Analyse ist eine von mehreren Phasen, die im Rahmen des Hardware-Entwurfs standardmäßig durchlaufen werden. Moderne integrierte Schaltungen setzen sich heute nicht selten aus mehreren Millionen einzelner Logikzellen zusammen, die untereinander mit mikroskopisch kleinen Leiterbahnen verbunden sind. Während der Entwicklung werden die einzelnen Schaltvorgänge simuliert und jede einzelne Leiterbahn im Simulationsmodell durch ein separates Leitungsnetz dargestellt.

Die Topologie eines solchen Leitungsnetzes wird mit Hilfe einzelner Knoten modelliert, die über Leitungssegmente miteinander verbunden sind. Jedes Leitungsnetz besitzt genau einen Eingang, mindestens einen Ausgang und beliebig viele innere Knoten. Die Netz-Topologie entspricht damit einer klassischen *Baumstruktur*. Die Wurzel wird durch den Netzeingang gebildet und die Blätter des Baums entsprechen den Netzausgängen. Um die physikalischen Eigenschaften präzise zu simulieren, wird jedem Knoten eine elektrische Kapazität und jedem Leitungssegment ein elektrischer Widerstand zugeordnet (vgl. Abb. 7.2). Intern wird jeder Netzknoten durch eine Instanz der Datenstruktur `Node` repräsentiert, die im unteren Teil von Abb. 7.2 in C-ähnlicher Schreibweise dargestellt ist. Insgesamt wird die Datenstruktur von 3 verschiedenen Entwicklergruppen eingesetzt, die im Folgenden als Team A, Team B und Team C bezeichnet werden.

Die Timing-Analyse wird in einem zweistufigen Prozess durchgeführt. Im ersten Schritt wird die Datenstruktur erzeugt. Hierzu wird die benötigte Topologieinformation zusammen mit den entsprechenden Kapazitäts- und Widerstandswerten aus einer externen Datenbank extrahiert und in die oben skizzierte Datenstruktur umgesetzt. Im zweiten Schritt wird ein rekursiver Traversierungsalgorithmus gestartet, der sämtliche Knoten von der Wurzel bis zu den Blättern nacheinander abarbeitet. In jedem Schritt werden die Parameter *Kapazität* und *Widerstand* des besuchten

■ Netztopologie

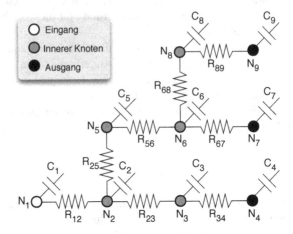

■ Datenstruktur

node.c

```
struct Node {                                                    1
    double cap;       /* Kapazität */                            2
    double res;       /* Widerstand */                           3
    list[Node] suc;   /* Liste der Nachfolgeknoten */            4
}                                                                5
```

Abb. 7.2 Netzstruktur für die Timing-Analyse von Hardware-Schaltungen

Knotens miteinander verrechnet und hieraus die zu erwartende Signalverzögerungs-
zeit zwischen zwei Knoten abgeleitet. Für die genaue Berechnungsvorschrift sei der
Leser auf [83] verwiesen.

Team A ist für das eigentliche Timing-Analyse-Modul verantwortlich und implementiert alle hierfür benötigten Algorithmen auf der Datenstruktur **Node**. Neben Team A verwenden auch Team B und Team C die Datenstruktur, wenden jedoch ganz andere Algorithmen darauf an (vgl. Abb. 7.3). Konstellationen dieser Art
sind für teamübergreifende Software-Projekte nicht untypisch und bei genauerer
Betrachtung auch sinnvoll. Die gemeinsame Nutzung einer zentralen Datenstruktur
setzt Synergieeffekte frei und verringert effektiv die Gesamtkomplexität der entwickelten Software.

Soweit so gut – die Entwicklung verläuft in geregelten Bahnen, bis sich eines
Tages die Anforderungen an den Algorithmus zum ersten Mal ändern. Von Kundenseite kommt der Wunsch, dass die Berechnung der Ausbreitungsgeschwindigkeit
eines elektrischen Signals nicht nur für baumartige Netztopologien, sondern gleichermaßen auch für rekonvergente Netzstrukturen durchgeführt werden kann. Eine *Rekonvergenz* entsteht immer dann, wenn eine Signalleitung verzweigt und die

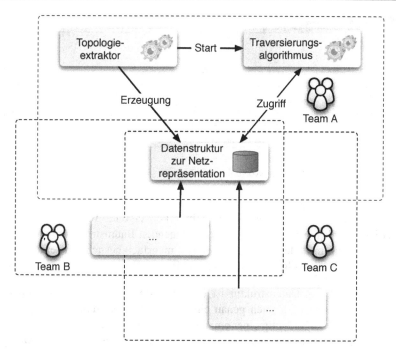

Abb. 7.3 Software-Struktur und Team-Modell der untersuchten Fallstudie

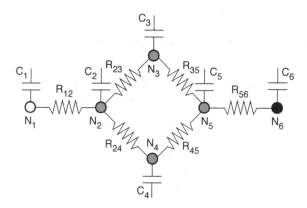

Abb. 7.4 Erweiterung der Netztopologie auf rekonvergente Strukturen

unterschiedlichen Signalwege anschließend wieder zusammengeführt werden (vgl. Abb. 7.4). Wie so oft drängt die Zeit und die Unterstützung soll ab dem nächsten Release möglich sein. Eine genauere Problemanalyse kommt zu folgendem Ergebnis:

```
node2.c
struct Edge {                                          1
    double res;      /* Widerstand */                  2
    Node *next;      /* Nachfolgeknoten */             3
}                                                      4
struct Node {                                          5
    double cap;      /* Kapazität */                   6
    list[Edge] suc;  /* Liste der ausgehenden Kanten */ 7
}                                                      8
```

Abb. 7.5 Eingebrachter Änderungsvorschlag von Team A

■ Der Traversierungsalgorithmus muss für rekonvergente Topologien angepasst werden. Im Gegensatz zu den bisher vorliegenden Baumstrukturen werden einzelne Knoten im Falle einer Rekonvergenz mehrfach besucht. In seiner bisherigen Form wird der Algorithmus hierdurch in eine Endlosschleife gezwungen.

■ Die ursprüngliche Datenstruktur ist für Baumtopologien optimiert. Außer der Wurzel besitzt jeder Knoten genau einen Vorgänger, so dass der gespeicherte Widerstandswert eindeutig einer einzigen Kante zugeordnet werden kann. In der rekonvergenten Struktur aus Abb. 7.4 besitzt der Knoten N_5 jedoch zwei Vorgänger, so dass für die Speicherung des zweiten Widerstandswerts kein Platz vorhanden ist. An dieser Stelle erscheint es sinnvoll, die Datenstruktur entsprechend anzupassen. Anstatt die Widerstandswerte den Knoten zuzuordnen, sollten sie dort gespeichert werden, wo sie hingehören: An den Kanten. Team A schlägt die in Abb. 7.5 zusammengefasste Code-Änderung vor.

Die Änderung des Traversierungsalgorithmus ist nach 2 Tagen Entwicklungszeit erledigt – die Anpassung aller Regressions- und Abnahmetests mit eingeschlossen. Die vorgeschlagene Anpassung der Datenstruktur wird von Team B und Team C jedoch verhindert.

■ Team B interveniert aus Aufwandsbedenken. Für die Anpassung der eigenen Algorithmen wird ein Zusatzaufwand von zwei Mannmonaten veranschlagt. Entsprechend dem Wirtschaftsplan sind alle Mitarbeiter restlos für andere Projekte eingeteilt, so dass in absehbarer Zeit keine Ressourcen für die Änderung zur Verfügung stehen.

■ Team C interveniert aus Sicherheitsbedenken. Die Datenstruktur wird in einer zentralen Komponente ihrer Software eingesetzt und arbeitet seit Jahren einwandfrei. Durch die Änderungen an der bestehenden Struktur können Fehler entstehen, deren Folgen als unkalkulierbar eingestuft werden. Da die Originalstruktur für Team C vollkommen ausreichend ist, wird die Anpassung als unnötig riskant erachtet und abgelehnt.

Die Möglichkeit für Team A, die Modifikation der Datenstruktur rechtzeitig vor dem Erscheinen des nächsten Release durchführen zu können, rückt in weite Ferne. Was

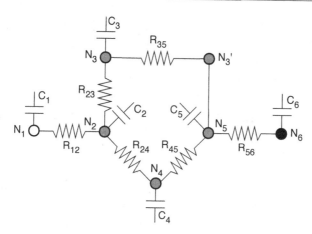

Abb. 7.6 Ersatzschaubild der initialen Netzstruktur

also tun, wenn die Datenstruktur nicht angepasst werden kann? Team A entscheidet sich kurzerhand für die folgende, als Provisorium geplante Lösung: Anstatt die Datenstruktur zu ändern, wird die Netztopologie vor der Traversierung in eine Ersatzdarstellung transformiert. Abb. 7.6 zeigt die entstehende Beispielschaltung für die rekonvergente Struktur aus Abb. 7.4.

In der Ersatzstruktur wurde der zusätzliche Knoten N_3' eingefügt, um genug Platz zur Speicherung aller Widerstandswerte zu schaffen. Um die Gesamtkapazität des Netzwerks nicht zu verfälschen, wird dem neuen Knoten die Kapazität 0 zugewiesen. Da alle anderen Knoten eine zu 0 verschiedene Kapazität besitzen, hat der Traversierungsalgorithmus zugleich die Möglichkeit, die künstlich eingefügten Knoten zu erkennen und entsprechend zu behandeln. Stößt der Algorithmus auf einen Knoten mit der künstlichen Kapazität 0, so wird allen Nachfolgekanten, wie im Ersatzschaubild gezeichnet, der Widerstand 0 zugewiesen. Durch diesen Kunstgriff wird es möglich, auch rekonvergente Schaltungen mit der ursprünglichen Datenstruktur darzustellen. Die notwendigen Änderungen beschränken sich auf die aufgebaute Netztopologie und den Traversierungsalgorithmus – beide sind unter lokaler Kontrolle von Team A und die Änderungen können rechtzeitig in den nächsten Release integriert werden.

So weit so mäßig – bis sich eines Tages die Anforderungen an den Algorithmus zum zweiten Mal ändern. Diesmal äußert die Kundenseite den Wunsch, auch Netze mit mehreren Eingängen zu unterstützen (*multi-driver nets*). Eine entsprechende Netztopologie mit zwei Eingängen ist in Abb. 7.7 dargestellt. In diesem Beispiel können die Knoten N_1 und N_4 wechselweise als Ein- oder Ausgang fungieren.

Enthält ein Netz n Eingänge, so muss der Traversierungsalgorithmus n mal hintereinander ausgeführt werden. In jeder Iteration wird einer der Eingänge als Eingang belassen und alle anderen temporär zu Ausgängen erklärt. Jetzt wird der Aufbau unserer Datenstruktur vollends zum Problem, da die Widerstandswerte in Abhängigkeit des aktiven Eingangs in jeweils anderen Knoten abgelegt werden müs-

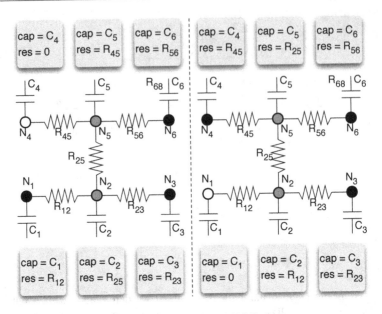

Abb. 7.7 Netze mit mehreren Eingängen schaffen zusätzlich Probleme

sen. Die linke bzw. rechte Seite von Abb. 7.7 zeigt die Inhalte aller Datenfelder, falls N_4 bzw. N_1 als Eingang gewählt wird.

Da die Änderung der zugrunde liegenden Datenstruktur immer noch nicht zur Disposition steht, löst Team A das Problem durch eine Erweiterung des Traversierungsalgorithmus. In Abhängigkeit des Eingangsknotens werden im Rahmen einer Vorverarbeitung zunächst die Widerstandswerte an die richtige Stelle verschoben und im Anschluss daran die Traversierung gestartet. Spätestens jetzt ist es höchste Zeit, die Notbremse zu ziehen und die Grundstruktur vollständig neu zu überdenken.

Ich hoffe, es ist mir gelungen, dem sprichwörtlichen Sand im Getriebe alternder Software mit diesem Beispiel ein Gesicht zu geben. Wie bereits erwähnt, stammt die beschriebene Datenstruktur aus der Praxis und ist in ähnlicher Form heute noch in Verwendung – wann hier die Notbremse gezogen wird, steht allerdings in den Sternen.

7.2.2 Auch Software setzt an

> *"Computer science is the discipline that believes all problems can be solved with one more layer of indirection."*
>
> Dennis DeBruler [98]

Das soeben diskutierte Beispiel hat auf eindringliche Weise gezeigt, wie eine ursprünglich stringente Programmstruktur im Laufe der Zeit zu degenerieren beginnt. Die Code-Transparenz wird kontinuierlich schlechter und die Programmstruktur für den einzelnen Software-Entwickler immer schwerer verständlich. Mit der abnehmenden Transparenz steigt jedoch nicht nur die Zeit, die ein Programmierer für einzelne Änderungen oder Weiterentwicklungen benötigt, sondern auch die Hemmung, bestehende Code-Fragmente zu modifizieren. Viele Entwickler unterliegen der Tendenz, Fehler in langlebigen Software-Systemen verstärkt durch das Hinzufügen von neuem Code zu korrigieren.

Um die Folgen dieser Vorgehensweise zu verdeutlichen, betrachten wir das in Abb. 7.8 (oben) dargestellte Code-Fragment. In der dritten Zeile wird der Variablen z die Summe der Kehrwerte von x und y zugewiesen. Um an dieser Stelle eine Division durch null zu vermeiden, wird durch zwei zusätzliche If-Befehle sichergestellt, dass sowohl x als auch y von null verschieden sind.

Im Zuge der Weiterentwicklung soll das Programm so erweitert werden, dass eine drohende Division durch null mit einem Aufruf der Fehlerbehandlungsfunktion `error` quittiert wird. Obwohl die Aufgabe einfach klingt, verträgt sich das geforderte Verhalten nicht sehr gut mit der bisherigen Programmstruktur. Diese beruht auf der sequenziellen Ausführung zweier If-Befehle, so dass sich insbesondere die in Abb. 7.8 dargestellten Implementierungsvarianten `div_zero1.c` und `div_zero2.c` verbieten. Beide ergänzen das ursprüngliche Programm um ein einzelnes Else-Konstrukt und lassen damit wichtige Fälle außer Acht. So ruft das Programm `div_zero1.c` die Funktion `error` nur für den Fall x = 0 auf, während die Variante `div_zero2.c` ausschließlich den Fall y = 0 abdeckt.

Die Varianten `div_zero3.c` und `div_zero4` sind funktional korrekte Implementierungen, die insbesondere die Struktur der ursprünglichen If-Befehle vollständig in Takt lassen. Dem erfahrenen Software-Entwickler mag es mit Recht Tränen in die Augen treiben. Nichtsdestotrotz entsprechen die Lösungen der typischen Vorgehensweise vieler Programmierer, die mit zunehmender Lebensdauer eines Software-Systems instinktiv dazu neigen, bestehende Code-Strukturen in ihrer alten Form zu belassen.

An dieser Stelle wirft die Diskussion die Frage auf, warum die gezeigten Lösungsvorschläge eigentlich so schlecht sind – funktional erfüllen die Programme ihren anvisierten Zweck und sind frei von Laufzeitproblemen aller Art. Nichtsdestotrotz hat der Programmierer mit seinen Entwurfsentscheidungen den Grundstein für spätere Probleme gelegt. Besonders deutlich wird die geschaffene Sollbruchstelle an der Implementierung `div_zero3.c`. Legen wir realistische Maßstäbe für die Programmlänge zugrunde, so wäre der Quelltext nicht nur 5, sondern unter Umständen mehrere hundert Zeilen lang. Hierdurch stünden die beiden Aufrufe der Funktion `error` höchstwahrscheinlich nicht untereinander, sondern viele Zeilen voneinander entfernt. Früher oder später kommt der Tag, an dem der Aufruf der Funktion `error` einem neuen Fehlerbehandlungscode weichen muss. Der Funktionsaufruf ist schnell ersetzt – zumindest an einer der beiden Stellen. Was mit dem zweiten Aufruf passiert? Die Antwort ist eher rhetorischer Natur...

Technisch gesehen verbirgt sich hinter der in `div_zero3.c` implementierten Lösung eine Code-Verdopplung und damit ein Verstoß gegen das *Single-Source-Prinzip*. Grob gesprochen verbirgt sich hinter diesem Begriff der Grundsatz, jede semantische Entität an genau einer Stelle der Implementierung zu verankern.

- Das Originalprogramm...

```
div_zero.c
if (x != 0)                              1
  if (y != 0)                            2
    z = (1/x) + (1/y);                   3
```

- Ein einfaches Else-Konstrukt ist unzureichend...

```
div_zero1.c
if (x != 0) {              1
  if (y != 0) {            2
    z = (1/x) + (1/y);     3
  }                        4
} else {                   5
  error();                 6
}                          7
```

```
div_zero2.c
if (x != 0) {              1
  if (y != 0) {            2
    z = (1/x) + (1/y);     3
  } else {                 4
    error();               5
  }                        6
}                          7
```

- Typische Industrielösungen...

```
div_zero3.c
if (x != 0)                1
  if (y != 0)              2
    z = (1/x) + (1/y);     3
  else error();            4
else error();              5
```

```
div_zero4.c
if (x != 0)                1
  if (y != 0)              2
    z = (1/x) + (1/y);     3
if (x == 0 || y == 0)      4
  error();                 5
```

- Korrekte Lösungen...

```
div_zero5.c
if (x != 0 && y != 0) {    1
  z = (1/x) + (1/y);       2
} else {                   3
  error();                 4
}                          5
```

```
div_zero6.c
if (x == 0 || y == 0) {    1
  error();                 2
} else {                   3
  z = (1/x) + (1/y);       4
}                          5
```

Abb. 7.8 Die geforderte Programmmodifikation lässt sich nur durch die Anpassung des bestehenden Codes sauber implementieren

Durch die Code-Verdopplung wird diesem Prinzip diametral entgegengewirkt: Beide Aufrufe der Funktion **error** bilden eine semantische Einheit, die im Quellcode durch zwei unabhängige, räumlich verteilte Programmkonstrukte implementiert wird. Verstöße gegen das Single-Source-Prinzip gehören zu den häufigsten Symptomen alternder Software und wirken sich besonders fatal auf das Qualitätsmerkmal der *Wartbarkeit* aus. Auch wenn das hier vorgestellte Beispiel winzig ist und noch voll kontrollierbar erscheint: Die Erstarrung der bestehenden Struktur – sei es aus mangelnder Transparenz oder aus anderen Gründen – ist in vielen Fällen der Anfang vom Ende eines alternden Software-Systems.

Die Programme `div_zero5.c` und `div_zero6.c` zeigen, wie sich das Problem auf saubere Weise lösen lässt. Durch eine geeignete Umstrukturierung der ursprünglichen Programmstruktur kommen beide Implementierungen ohne eine Code-Verdopplung oder sonstige Kunstgriffe aus.

7.2.2.1 Schnittstellen

Eine weitere Alterserscheinung häufig geänderter Quelltexte ist das empirisch messbare Anwachsen der internen Modulschnittstellen. Mit der Anzahl der Schnittstellen steigt in gleichem Maße die Anzahl der Aufrufebenen, die eine Funktion durchschnittlich durchläuft, bis die eigentliche Aktion ausgeführt wird. Das in Abb. 7.9 skizzierte Szenario versucht zu demonstrieren, wie solche Strukturen in der Praxis entstehen. Den Kern bildet ein beliebiges Programmmodul, das zunächst von einem einzigen Client verwendet wird. Die Aufrufe erfolgen nicht direkt in das Modul hinein, sondern über eine wohldefinierte API (*application programming interface*), die das Modul vollständig umkapselt. Bis hierhin entspricht das Szenario dem Stand der Software-Technik. Ob Client-Code und Modul objektorientiert, prozedural oder funktional programmiert sind, spielt für die Betrachtung keine Rolle.

Wir nehmen weiter an, dass das Modul schon ein paar Jahre existiert, die Schnittstelle wenig dokumentiert und die Bedeutungen der bereitgestellten Funktionen nicht unmittelbar einsichtig sind. Weiterhin stellen wir uns einen Software-Entwickler mit der fiktiven Maßgabe vor, das besagte Modul für die Lösung seiner eigenen Problemstellung einzusetzen. Bei der ersten Durchsicht der zur Verfügung stehenden Unterlagen kommen die folgenden Funktionen zum Vorschein, die aufgrund ihres Namens einen inhaltlichen Bezug zu der benötigten Funktionalität aufweisen:

```
int get_time2();
int get_date_and_time();
int get_precision_time();
```

An dieser Stelle sei mir ein kurzer Kommentar über die Namensgebung gestattet, da es dem einen oder anderen Leser bei der Betrachtung der aufgelisteten Bezeichner sicher kalt den Rücken herunter laufen wird. Unbestritten ist eine Namensgebung dieser Art nicht nur unverständlich, sondern auch in höchstem Maße inkonsequent. Trotzdem entwickeln viele Programmierer eine Vorliebe für genau diese Art von Bezeichnern. Dabei spielt es kaum eine Rolle, ob es sich bei den untersuchten Programmtexten um die Lösung einer studentischen Laboraufgabe oder die Quellen eines industriellen Software-Projekts handelt. Hinter den Kulissen von typischem Industriecode spielt sich oft weit mehr ab, als es die polierten grafischen Benutzungsoberflächen nach außen hin vermuten lassen. So finden sich in den internen Systemfunktionen von Windows 3.1 die folgenden Bezeichner wieder: **BEAR35**, **BUNNY73**,

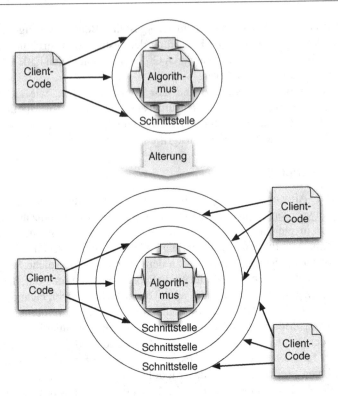

Abb. 7.9 Die zwiebelschalenartige Entwicklung interner Schnittstellen ist typisch für viele lang-lebige Software-Systeme

PIGLET12. Neben **PIGLET12**, das es bis in die API von Windows 95 geschafft hat, finden sich dort unter anderem die folgenden Funktionen wieder: **BOZOSLIVEHERE**, **TABTHETEXTOUTFORWIMPS**. Die Liste solcher Namen ließe sich beliebig ergänzen. Diversen Blog-Einträgen ist zu entnehmen, dass die verantwortlichen Entwickler durchaus Spaß bei der Namensgebung hatten – eine gewisse Kreativität und Humor sind den Urhebern sicher nicht abzusprechen. Ob die betroffenen Kunden in Anbetracht der gelieferten Produktqualität den Humor teilen, darf an dieser Stelle mit Fug und Recht bezweifelt werden.

Kommen wir zurück zu unserem Beispiel. In der Zwischenzeit hat unser Entwickler einige der Funktionen ausgetestet, jedoch schnell festgestellt, dass das Verhalten weder transparent ist, noch dass es eine Funktion gibt, die den anvisierten Zweck exakt erfüllt. Die Schnittstelle ist schon ein paar Jahre alt, der damalige Programmierer arbeitet mittlerweile für die Konkurrenz und auf eine entsprechende Dokumentation wurde aus Zeitgründen verzichtet. Unser Programmierer ist auf sich selbst gestellt und findet nach einiger Zeit heraus, dass die folgende Code-Kombination für ihn funktioniert:

```
int my_time = get_time2();
if (my_time == 0) my_time = extract_time(get_date_and_time());
if (my_time == 0) my_time = get_precision_time() / 1000;
```

Da er die Code-Sequenz nicht nur an einer Stelle des neuen Client-Codes benötigt, steht er vor einem neuen Problem. Eine bereits weiter oben als Risiko entlarvte Code-Verdopplung möchte er um jeden Preis vermeiden, also entscheidet er sich für die Kapselung seiner Code-Sequenz in eine neue Funktion mit dem Namen `get_time_safe`. Auf diese Weise entsteht nach und nach eine neue, auf der alten aufbauende Schnittstellenschicht. Leider hat unser Programmierer keine Zeit, die Funktion zu dokumentieren – ein gutes Gefühl hat er bei seiner Lösung sowieso nicht.

Mit der Zeit setzt sich dieser Prozess fort. Der nächste Programmierer, der mit seinem Client-Code an unser Modul andockt, findet jetzt zwei Schnittstellen vor. Es dauert nicht lange, bis eine Dritte entsteht und so nimmt das Unheil seinen Lauf. Insgesamt bildet sich mit der Zeit eine Code-Struktur heraus, wie sie in der unteren Hälfte von Abb. 7.9 dargestellt ist. Den einen oder anderen Leser mag die altersbedingte Entwicklung des Schnittstellencodes an die Struktur von Zwiebelschalen oder die Jahresringe von Baumstämmen erinnern. Der Vergleich ist angebracht und trifft den Kern des Phänomens auf den Punkt.

Eine Funktion, die, wie oben, im Grunde genommen nur ihre Parameter an eine oder mehrere Unterfunktionen durchreicht, wird landläufig als *Wrapper-Funktion* bezeichnet. In alternden Software-Systemen liegt die Anzahl der neu eingeführten Aufrufebenen mitunter im zweistelligen Bereich. Die Folgen sind allgegenwärtig: Neben der Vernichtung der Transparenz sind spürbare Laufzeitverschlechterungen die Folge. In fast allen alternden Software-Systemen nimmt der prozentuale Anteil der Wrapper-Funktionen kontinuierlich zu und ist ein gutes Maß für die Messung des inneren Alters eines Produkts.

7.2.3 Kaschieren statt Reparieren

Betrachten wir das gerade durchexerzierte Beispiel aus gebührender Distanz, so wird deutlich, dass die faktische Schaffung einer neuen Schnittstelle nur aus der Not heraus entstand, die bestehenden Defizite der alten Schnittstelle umgehen zu müssen. Damit haben wir bereits ein erstes Beispiel vor uns, in dem bestehende Probleme kaschiert werden, anstatt sie im Kern zu reparieren. Diese Erscheinung ist mitnichten immer die Schuld des Programmierers. Durch die schwindende Code-Transparenz hat der Entwickler immer weniger die Möglichkeit, das Verhalten der bestehenden Implementierung klar als Fehler zu erkennen, geschweige denn, den bestehenden Code strukturell zu erneuern. Viele vermeintliche Defekte stellen sich später als die so gerne zitierten *Features* heraus, die aufgrund mangelnder Dokumentation nicht mehr als Fehler zu erkennen sind.

In anderen Fällen ist der Software-Entwickler sehr wohl für die Kaschierung von Fehlern verantwortlich. Oft wird schlicht aus Zeitdruck die schnellste und für den Moment einfachste Lösung gewählt. Einer der Hauptgründe für dieses Entwicklerverhalten liegt im Grunde genommen in einer der fundamentalsten Eigenschaften der Materie *Software* verborgen: Software ist inhärent unsichtbar. Die Leistung eines Programmierers wird dadurch fast ausschließlich an den externen Qualitätsfaktoren gemessen – im Falle einer Fehlerkorrektur also schlicht an der Tatsache, ob das Programm anschließend korrekt arbeitet oder nicht. Ob die Code-Struktur unter dem Eingriff nachhaltig leidet, kann oder will die Managementseite in den meisten Fällen nicht adäquat beurteilen.

Anhand des in Abb. 7.10 dargestellten Programmbeispiels soll demonstriert werden, wie klassische Kaschierungseffekte in der Praxis entstehen. Das herangezogene Code-Fragment stammt erneut aus industriellem Programmcode und wurde aus Gründen der Übersichtlichkeit in vereinfachter Form dargestellt. Das Programm definiert die Funktion `first_char_up`, die einen String entgegennimmt und das erste Zeichen in einen Großbuchstaben wandelt. Das Ergebnis wird als Rückgabewert zurückgeliefert. Damit die Funktion ein korrektes Ergebnis berechnet, muss der übergebene String einige Randbedingungen erfüllen. Insbesondere darf der Wert kein Null-Pointer sein und die referenzierte Zeichenkette muss mindestens ein Zeichen beinhalten. Um die Betrachtung an dieser Stelle nicht zu verkomplizieren, wollen wir alle Randbedingungen als erfüllt erachten.

Aufgerufen wird die Funktion in den Programmen `first_char_up1.c` und `first_char_up2.c`. Bei genauerer Betrachtung des Client-Codes stellt sich schnell heraus, dass keine der beiden Varianten korrekt arbeitet. Das Programm `first_char_up1.c` gibt den String `abc` nach dem Aufruf stets frei. Beginnt `s` mit einem Kleinbuchstaben, ist die Freigabe korrekt, da die Funktion `first_char_up` intern eine Kopie anlegt und der von `s` referenzierte String nach dem Löschen von `abc` immer noch intakt ist. Beginnt `s` mit einem Großbuchstaben, verzichtet die Funktion `first_char_up` auf die Anfertigung eines Duplikats und der `free`-Befehl gibt den von `s` belegten Speicher frei. Ein Programmabsturz ist die wahrscheinliche Folge, sollte auf den String später erneut zugegriffen werden. Die Programmvariante `first_char_up2.c` ist unwesentlich besser, da die dynamisch belegten Speicherbereiche überhaupt nicht mehr freigegeben werden. Programmabstürze werden jetzt effektiv vermieden, allerdings füllt jeder Aufruf der Funktion nach und nach den Speicher auf.

Offenbar ist die Funktion `first_char_up` nicht sehr intelligent programmiert. Ob eine Referenz auf ein String-Duplikat oder den String selbst zurückgeliefert wird, hängt vom Inhalt des Übergabeparameters ab. Wir haben es mit einem Fehler zu tun, der geradezu nach weiteren Fehlern ruft. Die augenscheinlich einfachste Lösung bestünde in der Korrektur der Funktion `first_char_up`. Für den Moment wollen wir uns dem durchaus realistischen Szenario widmen, dass die Änderung der Funktion nicht in Frage kommt. Der Code könnte in Form einer Bibliothek hinzugekauft sein und der Quelltext hierdurch nicht zur Verfügung stehen. Wie typische Industrielösungen in diesem Fall aussehen können, zeigen die Programme `first_char_up3.c` und `first_char_up4.c`.

Der in `first_char_up3.c` gewählte Weg ist der vermeintlich sicherste. Alle von einer externen Funktion zurückgelieferten Strings werden dupliziert und damit effektiv in eine private Kopie gewandelt. Auf die Freigabe der Strings wird schlicht verzichtet. Lösungen dieser Art sind nicht selten, da auch Software-Entwickler die

■ Das Originalprogramm...

```
first_char_up.c

char *first_char_up(char *str) {          1
    if (islower(str[0])) {                2
        str = strdup(str);                3
        str[0] += ('A'-'a');              4
    }                                     5
    return str;                           6
}                                         7
```

■ Falsche Verwendung der Funktion...

```
first_char_up1.c

void client_code(char *s)    1
{                            2
    char *abc;               3
                             4
    abc = first_char_up(s);  5
    /* stuff */              6
    free(abc);               7
}                            8
```

```
first_char_up2.c

void client_code(char *s)    1
{                            2
    char *abc;               3
                             4
    abc = first_char_up(s);  5
    /* stuff */              6
    /* never free */         7
}                            8
```

■ Typische Industrielösungen...

```
first_char_up3.c

void client_code(char *s)         1
{                                 2
    char *abc;                    3
                                  4
    abc =                         5
    strdup(first_char_up(s));     6
    /* stuff */                   7
}                                 8
                                  9
                                 10
                                 11
```

```
first_char_up4.c

void client_code(char *s)    1
{                            2
    char *abc;               3
                             4
    abc = first_char_up(s);  5
    /* stuff */              6
                             7
    if (islower(s[0])) {     8
        free(abc);           9
    }                       10
}                           11
```

Abb. 7.10 Viele Programmierfehler werden kaschiert statt repariert

Kunst der Risikoabschätzung beherrschen. Ein **free** zu viel kann fatale Folgen für die Software-Stabilität nach sich ziehen. Ein **free** zu wenig wirkt sich dagegen kaum auf deren Funktionalität aus. Das einhergehende Speicherproblem ist höchstwahrscheinlich eines von vielen und fällt in größeren Projekten noch nicht einmal auf.

In `first_char_up4.c` wird der Fehler praktisch durch einen zweiten Fehler neutralisiert. Das Programm ist funktional korrekt und auch der Speicher wird regelkonform freigegeben. Trotzdem werden erfahrene Programmierer erschaudern, da die Semantik des Client-Codes jetzt direkt mit der Implementierung der Funktion `first_char_up` verbunden ist. Damit verstößt das Programm erneut auf eklatante Weise gegen das Single-Source-Prinzip. Die Konsequenzen sind fatal: Die Korrektur von `first_char_up` ist jetzt nur noch mit großer Kraftanstrengung möglich, da jede Änderung auch eine Anpassung des Client-Codes bedingt. Kurzum: Die einst vorhandene Modularität ist ausgehebelt. In der Folge wird der Code intransparent und außerordentlich schwer zu handhaben.

Vielleicht haben Sie selbst schon einige negative Erfahrungen mit der *manuellen* Verwaltung von dynamisch belegtem Speicher gesammelt. Vielleicht haben Sie sich auch Gedanken über eine Vorgehensweise gemacht, mit der sich Fehler dieser Art systematisch vermeiden lassen. Die Wahrscheinlichkeit ist hoch, dass Sie irgendwann vor dieser Aufgabe kapituliert haben. In der Tat wird die manuelle Belegung und Freigabe von Speicher ab einer gewissen Code-Größe so schwierig, dass sie auch versierten Programmierern kaum noch gelingt. Es gibt heute im Feld vergleichsweise wenige Programme, in denen die manuelle Speicherverwaltung zu 100 % korrekt implementiert ist. Entsprechend viele Software-Systeme zehren nach und nach den kompletten Hauptspeicher auf, sofern sie nur lange genug laufen. Für die meisten Anwendungen spielt das Speicherproblem trotzdem nur eine untergeordnete Rolle, da der Ressourcen-Verbrauch entsprechend klein und die durchschnittliche Laufzeit vergleichsweise kurz ist. Spätestens nach der Beendigung des Programms wird der gesamte belegte Speicher durch das Betriebssystem wieder freigegeben.

Völlig anders stellt sich die Situation im Fall des Betriebssystems selbst dar. Hier besitzt der korrekte Umgang mit dynamisch belegtem Speicher eine hohe Priorität, schließlich läuft ein typisches Server-Betriebssystem rund um die Uhr. Im Bereich eingebetteter Systeme genießt das Thema eine ähnliche Aufmerksamkeit. Systeme dieser Art sind in der Regel reaktiv und laufen über längere Zeit, mitunter sogar permanent. Häufig ist der Hauptspeicher so knapp bemessen, dass ein falsches Speichermanagement schnell fatale Folgen nach sich zieht. Insbesondere im Bereich sicherheitskritischer Systeme wird dem Problem nicht selten mit drakonischen Maßnahmen begegnet. So verbietet z. B. der in Abschnitt 3.1.2.1 dargelegte MISRA-Sprachstandard schlicht, dass dynamischer Speicher überhaupt belegt werden darf. In diesem Fall führt kein Weg daran vorbei, sämtliche Datenstrukturen zu Beginn der Programmausführung statisch anzulegen. Auch wenn die Maßnahme hart klingen mag, trägt sie lediglich der oben geschilderten Einsicht Rechnung, dass ein manuell durchgeführtes dynamisches Speichermanagement ab einer gewissen Systemkomplexität zum Scheitern verurteilt ist.

Eine Lösung des Problems bietet die *automatische Speicherverwaltung*, wie sie unter anderem in den Programmiersprachen Java, Eiffel, Smalltalk oder den Sprachen des .NET-Frameworks implementiert ist. Die Freigabe eines Speicherbereichs wird hier nicht länger manuell, sondern automatisch durch einen *Garbage collector* veranlasst. Zu diesem Zweck verwaltet die Laufzeitumgebung für jedes im Speicher abgelegte Objekt einen *Referenzzähler* (*reference counter*). Jeder neue Verweis erhöht den Zähler des referenzierten Objekts um eins. Geht ein Verweis z. B. durch das Verlassen eines Unterprogramms verloren, reduziert sich der Referenzzähler um den gleichen Betrag. Sobald der Zählerstand den Wert 0 erreicht, wird der entsprechende Speicherbereich von der Laufzeitumgebung markiert und zu einem späteren Zeitpunkt durch den Garbage-Collector freigegeben.

7.2.4 Rückwärtskompatibilität

An der kompletten Neuentwicklung eines Produkts beteiligt zu sein ist der Traum vieler Software-Entwickler. Anforderungen können ohne Rücksicht auf bestehende Strukturen umgesetzt und neue Ideen nach Belieben eingebracht werden. Kurzum: Der Rücken des Software-Entwicklers ist frei von Altlasten, die an jedmöglicher Stelle das Programmiererdasein erschweren. Neben den technischen Hürden, die eine bereits existierende Code-Basis aufbaut, erschweren insbesondere die Verträglichkeitsanforderungen mit früheren Produktversionen das tägliche Arbeitsleben. Die Forderung der weitgehenden Rückwärtskompatibilität führt insbesondere zwischen Marketing und Verkauf auf der einen Seite und der Entwicklung auf der anderen Seite zu einem Dissens.

- **Marketing und Verkauf**
  Aus der Sicht von Marketing und Verkauf ist die Rückwärtskompatibilität für viele Software-Systeme eine zwingende Voraussetzung, um Kunden zum Kauf eines Produkt-Updates zu bewegen. Für nahezu alle Firmen ist der Wechsel auf eine neue Produktversion mit einem erheblichen Risiko verbunden. Ändert sich die Benutzungsschnittstelle der Software, müssen Mitarbeiter geschult und Entwicklungsprozesse angepasst werden. Selbst wenn der Kunde diese Kosten nicht scheut, besteht eine erhebliche Gefahr für den Hersteller. Ist die Umstellung von einem Release auf den nächsten ohnehin mit einem erheblichen Zeit- und Geldaufwand verbunden, könnte der Kunde die Gelegenheit gleichermaßen für die Einführung des Konkurrenzprodukts nutzen. Für einige in die Jahre gekommene Software-Systeme ist die Rückwärtskompatibilität das einzig verbleibende Verkaufsargument. Dieses aufzugeben kommt der Einstellung des Produktes gleich.

- **Entwicklung**
  Aus der Sicht der Entwicklungsabteilung ist die Rückwärtskompatibilität eines der größten Hemmnisse in der Evolution eines Software-Systems. Die Fokussierung auf frühere Produktversionen wirkt der Umsetzung neuer Ideen entgegen und kann die innovative Weiterentwicklung im Extremfall vollständig zum Erliegen bringen.
  Um eine weitreichende Rückwärtskompatibilität zu gewährleisten, muss ein Großteil der existierenden Code-Basis beibehalten werden. Schlimmer wiegt, dass sich neue Ideen nur in dem Umfang realisieren lassen, wie sie mit den bestehenden Konzepten im Einklang stehen. Die Rückwärtskompatibilität geht in manchen Fällen sogar so weit, dass augenscheinliche Fehler nicht korrigiert

```
d3dmatrix.h

typedef struct _D3DMATRIX {                                    1
    union {                                                    2
        struct {                                               3
            float        _11, _12, _13, _14;                   4
            float        _21, _22, _23, _24;                   5
            float        _31, _32, _33, _34;                   6
            float        _41, _42, _43, _44;                   7
        };                                                     8
        float m[4][4];                                         9
    };                                                        10
} D3DMATRIX;                                                  11
```

Abb. 7.11 Die Datenstruktur D3DMATRIX

werden dürfen, da sich die Benutzergemeinde bereits großflächig darauf eingestellt hat. Aus der Sicht des Programmierers wirkt die Rückwärtskompatibilität
als Korsett, das den Entwicklungsspielraum mit jeder neuen Produktversion ein
Stück weiter einengt.

Was also tun? Beide Seiten verfügen über legitime Argumente für bzw. gegen die
Rückwärtskompatibilität. Die Antwort auf diese Frage ist nicht einfach und eine
pauschale Lösung im Grunde genommen unmöglich. In der Praxis ist der Umfang
der Rückwärtskompatibilität eine Gratwanderung, die sich nur von Fall zu Fall, mit
gesundem Menschenverstand und einer gehörigen Portion Pragmatismus beantworten lässt. Wir tun gut daran, denjenigen Management- und Entwicklungsprozessen,
die eine einfache Antwort auf diese Problematik versprechen, mit Vorsicht zu begegnen.

Welche Folgen die strikte Einhaltung der Rückwärtskompatibilität für die Code-
Basis haben kann, demonstriert die Grafikschnittstelle Direct3D auf eindringliche
Weise. Direct3D ist ein zentraler Bestandteil von DirectX und die am häufigsten
eingesetzte Grafikschnittstelle unter Microsoft Windows. Insbesondere basieren die
meisten der heute veröffentlichten PC-Spiele auf dieser API. Unter anderem stellt
Direct3D mit **D3DMATRIX** eine Datenstruktur zur Verfügung, die zur Speicherung
vierdimensionaler Matrizen eingesetzt werden kann. Intensiv genutzt werden solche
Matrizen für die Geometrietransformation dreidimensionaler Objektszenarien.

Abb. 7.11 zeigt das Grundgerüst der Datenstruktur **D3DMATRIX**. Im Kern befindet
sich eine konventionelle C-Struktur (**struct**), die sich aus den 16 Matrix-Elementen
_11,...,_44 zusammensetzt. Auf der obersten Ebene wird diese zusammen mit einem 4×4-Array in eine Parallelstruktur (**union**) eingebettet. Im Gegensatz zu einer
herkömmlichen C-Struktur werden die einzelnen Elemente einer Parallelstruktur
nicht hintereinander, sondern überlappend gespeichert. Folgerichtig referenzieren
beispielsweise das Array-Element **m[0][0]** und das Strukturelement _11 exakt den
gleichen Speicherbereich. Auf diese Weise entstehen zwei verschiedene Schnittstellen, um auf die gleichen Matrixelemente zuzugreifen.

Abb. 7.12 zeigt eine der Umsetzungen der Datenstruktur in DirectX (Version 9.0). Der Zahn der Zeit ist hier kaum zu übersehen. Zahlreiche versionsprüfende Präprozessorkonstrukte (`#ifdef`) durchziehen den gesamten Code. Vollends wird die Code-Transparenz durch den Versuch zerstört, mit weiteren Präprozessordirektiven eine separate Version für die Sprachen C und C++ aus demselben Programmcode zu erzeugen. In gewissen Grenzen lassen sich die Folgen für die Weiterentwicklung sogar quantitativ erfassen: Gehen Sie hierzu die abgebildeten Datenstrukturen noch einmal durch und vergleichen Sie die beiden Zeitspannen, die Sie zum Verständnis der ursprünglichen Struktur aus Abb. 7.11 und der gealterten Struktur aus Listung 7.12 benötigt haben. Das Verhältnis zwischen beiden Werten gibt Ihnen einen realistischen Eindruck, wie das Phänomen der Software-Alterung den Entwicklungsprozess nachhaltig lähmt.

Mitunter verlässt die Jagd nach der vollständigen Rückwärtskompatibilität auch den Boden der Vernunft. Welche Blüten die konservative Produktausrichtung mitunter treibt, wird an dem folgenden Beispiel von Joel Spolsky besonders deutlich:

"I first heard about this from one of the developers of the hit game SimCity, who told me that there was a critical bug in his application: it used memory right after freeing it, a major no-no that happened to work OK on DOS but would not work under Windows where memory that is freed is likely to be snatched up by another running application right away. The testers on the Windows team were going through various popular applications, testing them to make sure they worked OK, but SimCity kept crashing. They reported this to the Windows developers, who disassembled SimCity, stepped through it in a debugger, found the bug, and added special code that checked if SimCity was running, and if it did, ran the memory allocator in a special mode in which you could still use memory after freeing it."

Joel Spolsky [237]

Das Beispiel bringt erneut zwei Aspekte alternder Software klar zum Vorschein. Zum einen zeigt es wie kaum ein anderes, dass sich überhöhte Kompatibilitätsanforderungen in vielen Fällen nur auf Kosten der Code-Qualität umsetzen lassen. Zum anderen macht es deutlich, dass viele Software-Fehler eine nahezu infektiöse Wirkung besitzen.

7.2.5 Wissen ist flüchtig

Bereits in Kapitel 1 haben wir am Beispiel des Linux-Kernels eine zentrale charakteristische Eigenschaft langlebiger Software-Systeme identifiziert: Der Code-Umfang wächst mit zunehmender Lebensdauer rapide an (vgl. Abb. 1.5). Dass dieses Phänomen mitnichten auf den Linux-Kernel beschränkt ist, demonstriert Abb. 7.13. Die dargestellten Diagramme stellen die Code-Umfänge des Linux-Kernels den geschätzten Umfängen der verschiedenen Windows-Betriebssysteme gegenüber.

Die Interpretation der Diagramme muss in zweierlei Hinsicht mit Bedacht erfolgen. Zum einen geht aus den Zahlen nicht exakt hervor, welche Betriebssystemkomponenten in die Berechnung miteinbezogen wurden und welche nicht. So ist z. B. die

```
 d3dtypes.h
#ifndef D3DMATRIX_DEFINED                                          1
typedef struct _D3DMATRIX {                                        2
#if(DIRECT3D_VERSION >= 0x0500)                                    3
#if (defined __cplusplus) && (defined D3D_OVERLOADS)               4
   union {                                                         5
       struct {                                                    6
#endif                                                             7
#endif /* DIRECT3D_VERSION >= 0x0500 */                            8
            D3DVALUE        _11, _12, _13, _14;                    9
            D3DVALUE        _21, _22, _23, _24;                   10
            D3DVALUE        _31, _32, _33, _34;                   11
            D3DVALUE        _41, _42, _43, _44;                   12
#if(DIRECT3D_VERSION >= 0x0500)                                   13
#if (defined __cplusplus) && (defined D3D_OVERLOADS)              14
       };                                                         15
        D3DVALUE m[4][4];                                         16
   };                                                             17
   _D3DMATRIX() { }                                               18
   _D3DMATRIX(                                                    19
   D3DVALUE _m00, D3DVALUE _m01, D3DVALUE _m02, D3DVALUE _m03,    20
   D3DVALUE _m10, D3DVALUE _m11, D3DVALUE _m12, D3DVALUE _m13,    21
   D3DVALUE _m20, D3DVALUE _m21, D3DVALUE _m22, D3DVALUE _m23,    22
   D3DVALUE _m30, D3DVALUE _m31, D3DVALUE _m32, D3DVALUE _m33     23
   )                                                              24
   {                                                              25
   m[0][0]=_m00; m[0][1]=_m01; m[0][2]=_m02; m[0][3]=_m03;        26
   m[1][0]=_m10; m[1][1]=_m11; m[1][2]=_m12; m[1][3]=_m13;        27
   m[2][0]=_m20; m[2][1]=_m21; m[2][2]=_m22; m[2][3]=_m23;        28
   m[3][0]=_m30; m[3][1]=_m31; m[3][2 =_m32; m[3][3]=_m33;        29
   }                                                              30
   D3DVALUE& operator()(int iRow, int iColumn)                    31
                { return m[iRow][iColumn]; }                      32
   const D3DVALUE& operator()(int iRow, int iColumn) const        33
                { return m[iRow][iColumn]; }                      34
#if(DIRECT3D_VERSION >= 0x0600)                                   35
    friend _D3DMATRIX operator*                                   36
                (const _D3DMATRIX&, const _D3DMATRIX&);           37
#endif /* DIRECT3D_VERSION >= 0x0600 */                          38
#endif                                                            39
#endif /* DIRECT3D_VERSION >= 0x0500 */                          40
} D3DMATRIX;                                                      41
#define D3DMATRIX_DEFINED                                         42
#endif                                                            43
```

Abb. 7.12 Definition der Datenstruktur D3DMATRIX in DirectX 9.0

graphische Benutzungsoberfläche im Fall des monolithisch konzipierten Windows
ein integraler Bestandteil des Betriebssystems. Im Fall von Linux besitzt diese den
Stellenwert einer externen Applikation. Hierdurch verbietet sich insbesondere der
direkte Vergleich der Absolutwerte beider Betriebssysteme. Zum anderen sind die

■ Linux-Kernel

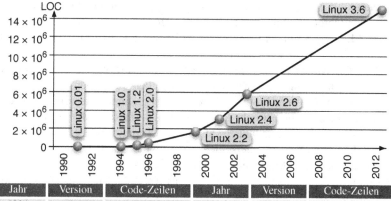

Jahr	Version	Code-Zeilen	Jahr	Version	Code-Zeilen
1991	v0.01	10,239	1999	v2.2	1,800,847
1994	v1.0	176,250	2001	v2.4	3,377,902
1995	v1.2	310,950	2003	v2.6	5,929,913
1996	v2.0	777,956	2012	v3.6	15,868,204

■ Windows

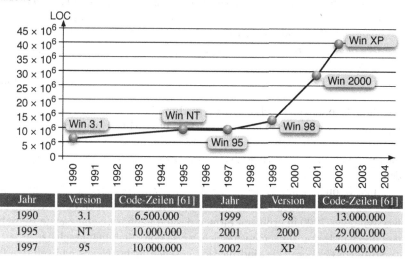

Jahr	Version	Code-Zeilen [61]	Jahr	Version	Code-Zeilen [61]
1990	3.1	6.500.000	1999	98	13.000.000
1995	NT	10.000.000	2001	2000	29.000.000
1997	95	10.000.000	2002	XP	40.000.000

Abb. 7.13 Entwicklung der Quelltextgröße der Betriebssysteme Windows und Linux

Code-Größen der Windows-Betriebssysteme nur Schätzwerte, da der Quellcode im Gegensatz zu Linux nicht offen gelegt ist. Aus diesem Grund sind die Messpunkte der Windows-Kennlinie per se mit einer großen Ungenauigkeit behaftet.

Nichtsdestotrotz ist die absolute Größe der Quelltextbasis, in der sich insbesondere Windows seit einigen Versionen bewegt, von gigantischem Ausmaß. Der geschätzte Code-Umfang des lange Zeit beliebten Windows 2000 liegt in der Größenordnung von 30 bis 60 Millionen Zeilen Code. Was für den Optimisten wie Musik in seinen Ohren klingen mag, treibt so manchem Realisten die Sorgenfalten auf die Stirn: Mit der Anzahl der Code-Zeilen steigt unweigerlich auch die Anzahl der Programmfehler – wenn auch nicht proportional.

Mit steigendem Code-Volumen verlagert sich die Arbeit eines einzelnen Entwicklers schleichend zu einer immer punktueller werdenden Tätigkeit. Bereits in mittelgroßen Software-Projekten sind die Programmquellen für einen einzelnen Programmierer als einheitliche Entität nicht mehr fassbar. Mit anderen Worten: Die Code-Größe erscheint unendlich. Streng genommen macht es für einen einzelnen Entwickler dann keinen Unterschied mehr, ob die Quelltexte aus 30 Millionen, 60 Millionen oder 120 Millionen Programmzeilen bestehen. Für das Zusammenspiel der punktuell erarbeiteten Komponenten ist die Code-Größe jedoch sehr wohl von Bedeutung.

Der PC-Magazine-Kolumnist John Dvorak beschreibt die Situation des bereits erwähnten Betriebssystems Windows 2000 in der April-Ausgabe 1999 wie folgt:

"With a base of 50 to 60 million lines of code that obviously nobody has a grip on, there has to be an intense feeling of panic within the company. Silverberg, who brought out Windows 95, is seen as a savior, but he must know the reality of the situation too. I've talked to many ex-Microsoft folk who all tell me that nobody has a handle on Window's code. It's completely out of control - a hodgepodge of objects and subsystems nobody fully understands."

John Dvorak [76]

Was John Dvorak hier beschreibt, trifft die Emotionen fast aller an großen Software-Projekten mitwirkenden Entwickler auf den Punkt. Mit steigender Code-Größe stellt sich zunehmend ein Gefühl der Unsicherheit ein. Schleichend verliert der Programmierer die Fäden aus der Hand und die Kontrolle über das einstmals so gut verstandene System schwindet.

Allen Spöttern zum Trotz wurde das in der Presse viel gescholtene Windows 2000 zum Erfolg. Noch mehrere Jahre nach dem Erscheinen des Nachfolgers XP war Windows 2000 in größeren Firmen das am häufigsten eingesetzte Betriebssystem und wurde dort für seine vergleichsweise hohe Stabilität geschätzt.

Software-Großprojekte sind für sich gesehen nichts Neues und seit den frühen Tagen der Computertechnik allgegenwärtig. Bereits in den Sechzigerjahren arbeiteten zu Spitzenzeiten mehr als 1000 Mitarbeiter an dem von IBM entwickelten Betriebssystem OS/360. Insgesamt wurden zwischen 1963 und 1966 ca. 5000 Mitarbeiterjahre in Entwurf, Implementierung und Dokumentation investiert [90].

Völlig unterschiedlich erweist sich hingegen die Art und Weise, mit der Projekte dieser Größenordnung mittlerweile durchgeführt werden. Im Gegensatz zu Damals können die verschiedenen Entwicklergruppen heute weltweit verteilt agieren. Mit Hilfe moderner Kommunikationsmedien lässt sich der zwingend erforderliche Informationsaustausch zumindest aus technischer Sicht weitgehend beherrschen. Insbesondere versetzen Internet-basierte Versionskontrollsysteme (Abschnitt 8.1) die Software-Entwickler in die Lage, ein und dieselbe Code-Basis von beliebigen Standorten in der Welt gleichzeitig zu bearbeiten. Die technischen Möglichkeiten sind verlockend und sicher einer der Gründe, warum die weltweite Dezentralisierung im Bereich der Software-Entwicklung in der Vergangenheit so stark vorangetrieben wurde. Die spürbaren Auswirkungen sind jedoch nicht nur positiver Natur, schließlich geht mit der Dezentralisierung der Arbeitskräfte auch die Dezentralisierung des projektspezifischen Know-hows einher.

Neben der steigenden Code-Größe wird mit zunehmender Lebensdauer auch die Mitarbeiterfluktuation zu einer kontinuierlich wachsenden Gefahr für die Qualität großer Software-Systeme. Besonders hart traf es in diesem Zusammenhang die im kalifornischen Silicon Valley angesiedelten Software-Unternehmen inmitten des Dot.com-Booms. Zu dieser Zeit lag die *employee turnover rate* bei ca. 30 % pro Jahr. Mit anderen Worten: Jeder Software-Entwickler wechselte im Durchschnitt alle drei Jahre seinen Arbeitgeber. Die betroffenen Unternehmen waren durch die hohe Fluktuation gezwungen, jedes Jahr rund ein Drittel der Belegschaft durch neue Mitarbeiter zu ersetzen. Die Zahlen haben nicht nur dramatische Auswirkungen auf die Kosten, sondern auch auf das immaterielle Wissen einer Firma. Für langlebige Software-Produkte sind die Auswirkungen besonders dramatisch: Legen wir die durchschnittliche Verweilzeit eines Software-Entwicklers von drei Jahren zugrunde, arbeitet an einer 10 Jahre alten Software bereits die vierte Entwicklergeneration. Mit jeder Generation geht ein bedeutender Teil des angesammelten Know-hows unwiederbringlich verloren.

Die Auswirkungen des Wissensverlusts sind in unzähligen Entwicklungsabteilungen deutlich zu spüren. Mit zunehmender Lebensdauer eines Software-Systems verbringen Programmierer mehr und mehr Zeit damit, das Verhalten der Implementierung zu erkunden. Für einen Entwickler der vierten oder fünften Generation macht es faktisch kaum noch einen Unterschied, ob es sich bei den untersuchten Quelltexten um den hausinternen Programmcode oder um eine Implementierung der Konkurrenz handelt.

7.3 Ist die Software-Alterung unumgänglich?

Nach der eher ernüchternden Bestandsaufnahme der aktuellen Situation im Bereich langlebiger Software-Systeme darf an dieser Stelle die Frage nicht ausbleiben, ob der Alterungsprozess unaufhaltsam ist. Die erfreuliche Antwort darauf ist ein klares Nein. Die langfristige Erhaltung eines Software-Systems ist jedoch an zwei Prämissen geknüpft, an denen es in der Praxis in vielerlei Hinsicht mangelt:

■ **Sensibilität**
Eine Grundvoraussetzung, um den Alterungsprozess aufzuhalten, ist die Erkenntnis, dass die internen Qualitätsparameter von Software einen Wert an sich darstellen. Nur wenn es gelingt, Entwicklung und Management gleichermaßen in dieser Hinsicht zu sensibilisieren, besteht die Chance, die Alterung maßgeblich zu verzögern. Kosten- und Termindruck sorgen in der Praxis regelmäßig dafür, dass die externen und die internen Qualitätsparameter gegeneinander abgewogen

werden müssen. Wer hier permanent auf die für den kurzfristigen Erfolg wichtigen externen Qualitätsparameter setzt und die für die langfristige Entwicklung essentiellen inneren Qualitätsparameter vernachlässigt, stellt frühzeitig die Weichen für eine schnelle Degeneration.

■ **Investitionsbereitschaft**
Die Instandhaltung der inneren Struktur eines Software-Systems ist mit einem hohen Ressourcen- und Kostenaufwand verbunden. Obwohl bereits in frühen Produktstadien mit entsprechenden Investitionen begonnen werden muss, zahlen sich diese erst auf lange Sicht aus. Für viele erscheint die Code-Pflege als subjektiver Kostentreiber und führt nicht selten zu einer deutlichen Dämpfung der Bemühungen von Seiten des Managements. Wer investiert schon gerne in die langfristige Zukunft eines Produkts, wenn heute nicht einmal feststeht, ob dieses jemals die Entwicklungsabteilung verlassen wird? Andererseits ist die Zukunft eines Software-Systems früh besiegelt, wenn die inneren Qualitätsparameter von Beginn an außer Acht gelassen werden.

In den folgenden Abschnitten werden einige der Methoden und Techniken vorgestellt, mit deren Hilfe die Lebensdauer von Software deutlich verlängert bzw. der Alterungsprozess mitunter sogar vollständig gestoppt werden kann – die hierfür notwendige Sensibilität und Investitionsbereitschaft vorausgesetzt.

7.3.1 Refactoring

Der Begriff *Refactoring* bezeichnet die Erneuerung der inneren Strukturen eines Software-Systems, ohne sein äußeres Verhalten zu verändern. Den einen oder anderen Leser mag diese Beschreibung an klassische *Code-cleanups* erinnern, die von den meisten Programmierern in unregelmäßigen Abständen durchgeführt werden. Die Bedeutung des Refactorings geht jedoch weit darüber hinaus und versteht sich selbst als das Kernelement einer eigenständigen Programmierphilosophie.

Die Ersten, die das Refactoring mit Nachdruck als Programmierprinzip bewarben, waren Kent Beck und Howard Cunningham. Beide kamen in den Achtzigerjahren mit der Programmiersprache Smalltalk in Kontakt, die unter anderem durch extrem kurze Edit-Compile-Run-Zyklen hervorsticht. Die Art und Weise, wie in der Praxis mit dieser Sprache gearbeitet wird, passte so gar nicht zu der traditionellen Lehre der Software-Technik, die den Entwurf und die Implementierung als konsekutive Stufen definiert. Permanente Entwurfsänderungen während der Implementierungsphase widersprechen dem klassischen Vorgehen auf eklatante Weise. In der Abkehr von der traditionellen Methodik propagierte Kent ein *agiles Vorgehensmodell*, das unter dem Namen *Extreme Programming*, kurz XP, bekannt wurde (vgl. Abschnitt 9.1.4). Refactoring ist eine tragende Säule der XP-Philosophie.

Bekannt wurde die Refactoring-Technik durch das gleichnamige Buch von Martin Fowler. Ähnlich dem Prinzip der *Entwurfsmuster* enthält das Werk einen Katalog verschiedener *Refactorings*, die besonders fehlerträchtige oder intransparente Code-Strukturen beschreiben [98]. Für jeden dieser *Smells* präsentiert Fowler einen

```
Vertex3D.class

import java.lang.Math;                                        1
                                                              2
public class Vertex3D {                                       3
                                                              4
    double x, y, z;                                           5
                                                              6
    public static Vertex3D computeNormal                      7
                    (Vertex3D v1, Vertex3D v2, Vertex3D v3) { 8
        Vertex3D e1, e2, n;                                   9
        double l;                                             10
                                                              11
        e1 = new Vertex3D();                                  12
        e1.x = v2.x - v1.x;                                   13
        e1.y = v2.y - v1.y;                                   14
        e1.z = v2.z - v1.z;                                   15
                                                              16
        e2 = new Vertex3D();                                  17
        e2.x = v2.x - v3.x;                                   18
        e2.y = v2.y - v3.y;                                   19
        e2.z = v2.z - v3.z;                                   20
                                                              21
        n = new Vertex3D();                                   22
        n.x = e1.y*e2.z - e1.z*e2.y;                          23
        n.y = e1.z*e2.x - e1.x*e2.z;                          24
        n.z = e1.x*e2.y - e1.y*e2.x;                          25
                                                              26
        l = n.x*n.x +n.y*n.y + n.z*n.z;                       27
        l = Math.sqrt(l);                                     28
        n.x /= l;                                             29
        n.y /= l;                                             30
        n.z /= l;                                             31
                                                              32
        return n;                                             33
    }                                                         34
}                                                             35
```

Abb. 7.14 Java-Programm zur Normalenberechnung einer 3D-Fläche

Lösungsvorschlag, wie der betreffende Programmcode zukunftstauglich umstrukturiert werden kann.

Um die Idee des Refactorings an einem konkreten Beispiel zu demonstrieren, betrachten wir exemplarisch das Muster *Extract method*. Dessen Idee besteht in der Unterteilung einer historisch gewachsenen Funktion in eine Reihe eigenständiger Teilfunktionen. Das Muster gehört zu den am häufigsten durchgeführten Refactorings und kann dazu beitragen, die Transparenz und die Wiederverwendbarkeit des betroffenen Codes deutlich zu erhöhen.

Ein typischer Kandidat für die Anwendung des Extract-Method-Musters ist der in Abb. 7.14 dargestellte Quelltext. Das Java-Programm implementiert die Klasse

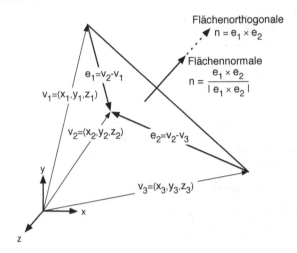

Abb. 7.15 Geometrischer Hintergrund der Normalenberechnung

`Vertex3D` zur Repräsentation eines Punktes im dreidimensionalen Raum. Neben den drei Raumkoordinaten x, y und z verfügt die Klasse über die statische Methode `computeNormal` zur Bestimmung des Normalenvektors einer durch drei Eckpunkte repräsentierten Fläche. Die Berechnung erfolgt in drei Schritten:

■ Berechnung der Kantenvektoren e_1 und e_2.

■ Berechnung des Kreuzprodukts $e_1 \times e_2$.

■ Normierung des Ergebnisvektors auf die Länge 1.

Die Kantenvektoren werden durch die Subtraktion der Koordinaten zweier Eckpunkte erzeugt. Zur Beschreibung der Dreiecksfläche sind stets zwei Kantenvektoren ausreichend. Im zweiten Schritt erhalten wir mit dem Kreuzprodukt einen Vektor, der senkrecht auf beiden Operanden steht und damit eine *Flächenorthogonale* bildet. Durch die anschließende Skalierung auf die Länge 1 wird aus der Orthogonalen die von uns gesuchte Flächennormale. Abb. 7.15 fasst die verschiedenen Berechnungsschritte grafisch zusammen.

Ein kurzer Blick auf die Java-Implementierung in Abb. 7.14 zeigt, dass sich einige Berechnungsschritte auf sinnvolle Weise eigenständig implementieren lassen. Entsprechend dem Extract-Method-Muster erzeugen wir die folgenden neuen Methoden (vgl. Abb. 7.16):

■ `length()` zur Längenbestimmung eines Vektors,

■ `normalize()` zur Skalierung eines Vektors auf die Einheitslänge,

■ `subtract(Vertex3D, Vertex3D)` zur Subtraktion zweier Vektoren,

■ `crossProdukt(Vertex3D, Vertex3D)` zur Kreuzproduktberechnung und

■ `Vertex3D(double,double,double)` als zusätzlichen Konstruktor.

Ob die Erzeugung von Untermethoden sinnvoll ist oder nicht, hängt nicht ausschließlich von der Implementierungslänge ab. Lassen sich z. B. keine Fragmente identifizieren, die einen klar umrissenen und in sich abgeschlossenen Funktionsumfang aufweisen, wirkt sich die Ausgliederung einzelner Teile eher kontraproduktiv aus.

Vielleicht ist Ihnen beim Vergleich beider Programmvarianten aufgefallen, dass die neu erzeugte Implementierung einen gravierenden Fehler der alten korrigiert. Im Zuge der Längenbestimmung der Flächenorthogonalen verzichtet die ursprüngliche Methode darauf, den Nullvektor gesondert zu behandeln. In diesem Fall führt die anschließend durchgeführte Skalierung zwangsläufig zu einer Division durch null. In der Tat fällt der Fehler in der Originalimplementierung aufgrund der niedrigen Transparenz kaum auf. In der Neuimplementierung tritt der Fehler hingegen klar zum Vorschein, da die Skalierung die Hauptfunktionalität der neuen Methode `normalize` bildet. Das Beispiel deckt an dieser Stelle einen typischen Nebeneffekt des Refactorings auf, der sich in der täglichen Arbeit häufig beobachten lässt: Die Technik hilft nicht nur, die innere Struktur eines Software-Systems zu erneuern, sondern bringt im gleichen Atemzug viele verborgene Fehler zum Vorschein. Neben der verbesserten Modularisierung ist für diesen Effekt maßgeblich die gestiegene Code-Transparenz verantwortlich.

An dieser Stelle wollen wir erneut einen Blick auf die zu Anfang gegebene Definition des Refactorings werfen. Diese betont ausdrücklich, dass das äußere Verhalten eines Software-Systems nicht verändert werden darf. Mit anderen Worten: Die Durchführung von Refactoring-Schritten muss vollständig getrennt von funktionalen Änderungen erfolgen, zu denen im weiteren Sinne auch jegliche Fehlerkorrekturen gehören. Beck verwendet hierfür die Metapher der „zwei Hüte“. Dieser zufolge muss ein Programmierer zu jeder Zeit unterscheiden, ob er an der funktionalen Änderung eines Software-Systems oder an dessen Strukturverbesserung arbeitet. Bezogen auf unser Beispiel führt die Vorgehensweise dazu, dass zunächst der Refactoring-Schritt vollzogen werden muss. Erst wenn dieser erfolgreich abgeschlossen wurde, wird der explizit gewordene Fehler korrigiert.

Die Arbeitsweise reflektiert ein weiteres Kernelement des Refactorings: Alle Änderungen werden in möglichst kleinen Schritten durchgeführt. Was erfolgreichen Programmierern wie eine Selbstverständlichkeit erscheint, wird in der Praxis oft mit Füßen getreten. Häufig wird die Zusammenfassung vieler Änderungen mit dem hohen Zeitbedarf begründet, der für die Sicherstellung der Programmkorrektheit stets auf's Neue aufgewendet werden muss. Zu bedenken gibt es in diesem Zusammenhang, dass mit der Anzahl der simultan durchgeführten Änderungen auch die Wahrscheinlichkeit eines sich ungewollt einschleichenden Defekts kontinuierlich zunimmt. In gleichem Maße steigt die Anzahl der Programmstellen, die im Rahmen der Fehlersuche analysiert werden müssen.

Die Technik des Refactorings löst das Problem durch die Reduktion der Zeit, die zur Konsistenzprüfung nach jeder Änderung aufgebracht werden muss. In der Praxis bedeutet dies nichts anderes, als dass jeder Refactoring-Schritt mit dem Schreiben von Testfällen beginnt, die im Anschluss an jede Änderung automatisiert ausgeführt

Vertex3D.class

```java
import java.lang.Math;                                          1
                                                                2
public class Vertex3D {                                         3
                                                                4
    double x, y, z;                                             5
                                                                6
    public Vertex3D(double x, double y, double z) {             7
        this.x = x;                                             8
        this.y = y;                                             9
        this.z = z;                                             10
    }                                                           11
                                                                12
    public double length() {                                   13
        return Math.sqrt(x*x + y*y + z*z);                      14
    }                                                           15
                                                                16
    public Vertex3D normalize() {                              17
        double l = length();                                   18
        if (l == 0) l = 1;                                     19
        return new Vertex3D(x/l,y/l,z/l);                      20
    }                                                           21
                                                                22
    public static Vertex3D subtract                            23
                   (Vertex3D v1, Vertex3D v2) {                24
        return new Vertex3D(v1.x - v2.x,                       25
                            v1.y - v2.y,                       26
                            v1.z - v2.z);                      27
    }                                                           28
                                                                29
    public static Vertex3D crossProduct                        30
                   (Vertex3D v1, Vertex3D v2) {                31
        return new Vertex3D(v1.y*v2.z - v1.z*v2.y,            32
                            v1.z*v2.x - v1.x*v2.z,            33
                            v1.x*v2.y - v1.y*v2.x);           34
    }                                                           35
                                                                36
    public static Vertex3D computeNormal                       37
            (Vertex3D v1, Vertex3D v2, Vertex3D v3) {         38
        Vertex3D e1 = Vertex3D.subtract(v2,v1);               39
        Vertex3D e2 = Vertex3D.subtract(v2,v3);               40
        return Vertex3D.crossProduct(e1,e2).normalize();      41
    }                                                           42
}                                                               43
```

Abb. 7.16 Anwendung des Refactoring-Musters *Extract Methods*

werden. Der initiale Mehraufwand wird in der Praxis zwar von vielen Programmierern skeptisch beurteilt, zahlt sich jedoch später doppelt und dreifach aus. Erinnert

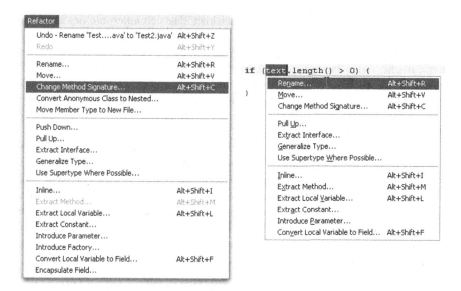

Abb. 7.17 Refactoring-Unterstützung der freien Entwicklungsumgebung Eclipse

Sie die Situation an die Holzfäller-Metapher aus Abschnitt 3.6? Wenn ja, so haben Sie die Refactoring-Philosophie bereits verinnerlicht.

Auch wenn nicht alle Refactorings automatisierbar sind, lassen sich viele standardisierte Änderungen werkzeuggestützt erledigen. Das erste Refactoring-Werkzeug – der *Smalltalk Refactoring Browser* – wurde an der University of Illinois at Urbana Champaign von John Brant und Donald Roberts entwickelt und nimmt dem Software-Entwickler viele Aufgaben ab, die im Zuge des Refactoring wiederkehrend anfallen [222]. Wird z. B. der Name einer Klasse geändert, so analysiert das Werkzeug die restlichen Programmquellen und gleicht alle Bezeichner automatisch an. Im direkten Vergleich mit der manuellen Änderung ist der Produktivitätszuwachs insbesondere in großen Software-Systemen gewaltig.

Heute bieten fast alle gängigen IDEs eine Refactoring-Unterstützung an, deren Funktionsumfang weit über die des ursprünglichen Smalltalk Refactoring Browsers hinausgeht. Abb. 7.17 vermittelt einen Eindruck über das diesbezügliche Leistungsspektrum der freien Entwicklungsumgebung Eclipse [18, 79].

7.3.1.1 Refactoring am Beispiel der binären Suche

Wir wollen die Methode des Refactorings an einem weiteren Beispiel durchexerzieren und greifen zu diesem Zweck die in Abschnitt 4.2.1.1 eingeführte Implementierungsvariante der binären Suche wieder auf. Ein erneuter Blick auf Abb. 4.3 zeigt, dass das Suchintervall durch *symmetrische Grenzen* repräsentiert wird. Die Symmetrieeigenschaft drückt in diesem Zusammenhang aus, dass der Index `low` bzw. `high` jeweils das erste bzw. letzte Element bezeichnet, das sich *innerhalb* des aktuellen Suchintervalls befindet.

Symmetrische Grenzen besitzen den Nachteil, dass sich leere Intervalle nur auf unnatürliche Weise darstellen lassen, indem die obere Grenze kleiner gewählt wird als die untere. Die Bestimmung der Intervalllänge muss ebenfalls mit Bedacht erfolgen. Berechnen wir die Anzahl der Elemente als die Differenz der oberen und der unteren Intervallgrenze, so ist der Ergebniswert um eins zu klein. Wir sprechen in diesem Zusammenhang von einem *Out-By-One-Fehler*.

In der Literatur werden Fehler dieser Art auch plakativ als *fence post error* bezeichnet [154]. Der Name lehnt sich an die folgende Frage an: „Wie viele Zaunpfosten im Abstand von 10 Metern werden benötigt, um eine 100 Meter lange Strecke abzuzäunen?". Von vielen Probanden wird die Frage vorschnell mit 10 beantwortet. Die Antwort ist auch hier um eins zu gering, da am Ende der Strecke ein zusätzlicher Zaunpfosten eingerechnet werden muss. Betrachten wir die abzuzäunende Strecke als numerisches Intervall, so entspricht die Zaunpfostendarstellung exakt der Repräsentation mit Hilfe symmetrischer Grenzen.

Ähnlich gelagert ist die folgende Frage: „Für wie viele Zahlen x gilt $x \geq 8$ und $x \leq 37$?". Dass sich das richtige Ergebnis irgendwo in der Nähe von $37 - 8 = 29$ bewegt, liegt auf der Hand. Ob die exakte Antwort 28, 29 oder 30 lautet, ist dagegen erst auf den zweiten Blick einsichtig. Zeit ist ein knappes Gut und so wird in der täglichen Arbeit nicht selten auf diesen zweiten Blick verzichtet. Selbst erfahrene Programmierer sind vor Out-By-One-Fehlern nicht gefeit und werden von diesen ebenfalls in regelmäßigen Abständen kalt erwischt.

Durch die Verwendung *asymmetrischer Grenzen* lassen sich viele Out-By-One-Fehler systematisch vermeiden. Hierzu wird die untere Intervallgrenze, wie bisher, durch das kleinste Element *innerhalb* des Intervalls und die obere Grenze durch das kleinste Element *außerhalb* des Intervalls beschrieben. Gegenüber symmetrischen Grenzen besitzen asymmetrische Grenzen die folgenden Vorteile [154]:

- Die Größe eines Intervalls ist stets die Differenz zwischen der oberen und der unteren Grenze.

- Die obere Grenze ist niemals kleiner als die untere.

- Ein Intervall ist genau dann leer, wenn die untere und die obere Grenze das gleiche Element referenzieren.

Bei jedem Dateizugriff kommen wir mit asymmetrischen Grenzen in Kontakt, ohne uns dessen explizit bewusst zu sein. Hier referenziert der Schreib/Lesezeiger einer Datei stets das *nächste* zu lesende bzw. zu schreibende Element und folgt damit in direkter Weise der Idee der asymmetrischen Grenzen.

Kommen wir zurück zu unserem Beispiel: Überzeugt von den Nachteilen symmetrischer Grenzen wollen wir die Originalimplementierung der binären Suche auf asymmetrische Grenzen umstellen. Hierbei handelt es sich um eine typische Refactoring-Aufgabe, da wir die internen Strukturen des Programms erneuern, ohne dass die Änderungen nach *außen* sichtbar werden. Der geänderte Programmtext ist in Abb. 7.18 dargestellt.

```
java.util.Arrays
public static int binarySearch(int[] a, int key) {          1
    int low = 0;                                            2
    int high = a.length;                                    3
                                                            4
    while (low < high) {                                    5
        int mid = (low + high) >> 1;                        6
        int midVal = a[mid];                                7
                                                            8
        if (midVal < key)                                   9
            low = mid + 1;                                  10
        else if (midVal > key)                             11
            high = mid;                                     12
        else                                               13
            return mid; // key found                       14
    }                                                      15
    return -(low + 1); // key not found.                   16
}                                                          17
```

Abb. 7.18 Binäre Suche, implementiert mit Hilfe asymmetrischer Grenzen

Im direkten Vergleich mit der Originalimplementierung aus Abb. 4.3 enthält das Programm drei Änderungen. Die obere Intervallgrenze `high` wird neuerdings mit `a.length` initialisiert und nicht mehr länger mit `a.length-1`. Da der Indexbereich mit 0 beginnt, referenziert die Variable `high` jetzt das erste Element außerhalb des Arrays. Als Zweites wurde in der While-Schleife die boolesche Bedingung `low<=high` durch den Ausdruck `low<high` ersetzt. Die Änderung trägt der Tatsache Rechnung, dass ein asymmetrisch repräsentiertes Intervall genau dann leer ist, wenn die untere und die obere Grenzen denselben Wert besitzen. Die letzte Änderung betrifft die Neuberechnung des Indexes `high` innerhalb des ersten Else-Zweigs. In der asymmetrischen Implementierung wird der Wert von `mid` unverändert übernommen, während dieser in der symmetrischen Variante vor der Zuweisung um eins verringert wird.

Analog zu Abb. 4.4 demonstriert Abb. 7.19 die binäre Suche am Beispiel der Suche nach dem Element 80. Auch im Falle asymmetrischer Grenzen terminiert der Algorithmus nach vier Iterationen ohne Erfolg. Trotzdem wollen wir an dieser Stelle der Frage nachgehen, ob sich das Programmverhalten durch die interne Umstellung nach außen wirklich nicht geändert hat. Funktional sind beide Programmvarianten in der Tat identisch, d. h., der berechnete Rückgabewert ist unabhängig von der Symmetrie oder Asymmetrie der verwendeten Intervallgrenzen. Noch keine Gedanken haben wir uns bisher über das Laufzeitverhalten gemacht. Misslingt, wie in unserem Beispiel, die Suche nach einem Element, so benötigen beide Implementierungen stets logarithmisch viele Iterationen. Ist das gesuchte Element dagegen vorhanden, legen beide Programmvarianten ein völlig unterschiedliches Laufzeitverhalten an den Tag.

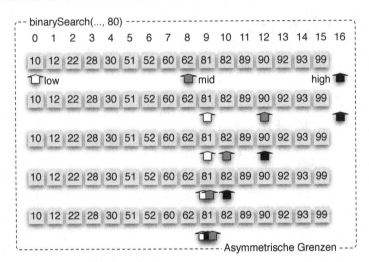

Abb. 7.19 Binäre Suche des Elements 80 mit Hilfe asymmetrischer Grenzen

Ein solches Szenario demonstriert Abb. 7.20. Wird das Element 60 gesucht, so referenziert die Variable `mid` in der symmetrischen Variante unmittelbar den richtigen Listenplatz, so dass der Algorithmus nach der ersten Iteration terminiert. In der asymmetrischen Variante verfehlt die Variable `mid` das Element aufgrund der geänderten Intervallgrenzen ganz knapp um eine Position. Bezeichnet n die Anzahl der Array-Elemente, so werden jetzt $\lceil log_2\, n \rceil - 1$ weitere Schritte benötigt, um an die richtige Elementposition zu gelangen.

Das Szenario wurde bewusst künstlich konstruiert und beweist an dieser Stelle keinesfalls die Überlegenheit symmetrischer Grenzen. Genauso gut ließe sich ein Beispiel entwerfen, in dem die asymmetrische Variante besser abschneidet. Folgerichtig ist aus theoretischer Sicht nichts gegen unser Refactoring-Ergebnis einzuwenden. Trotzdem kann sich das Phänomen in der Praxis zu einem handfesten Problem ausweiten. Stellen Sie sich vor, es handelt sich bei unserem Programm nicht um einen einfachen Suchalgorithmus, sondern um ein komplexes Produkt, für das die Laufzeit einen entscheidenden Einfluss auf den Markterfolg besitzt. In diesem Szenario könnte unser Beispiel-Array ein stark beachteter Benchmark sein, an dem Kunden ihre Kaufentscheidung orientieren und sich die Konkurrenten die Zähne ausbeißen. In diesem Umfeld werden Sie als Software-Entwickler kaum eine Chance haben, Ihr Refactoring-Vorhaben innerhalb des Unternehmens durchzusetzen. Randbedingungen wie diese sind insbesondere für langlebige Software-Systeme typisch und weiterer Sand im Getriebe, der die Entwicklung zunehmend schwerfälliger werden lässt.

Die diskutierte Implementierung der binären Suche enthält eine weitere Programmstelle, die eine besondere Beachtung verdient. In der Originalimplementierung der Firma Sun wird die Intervallmitte mit Hilfe des folgenden Ausdrucks bestimmt:

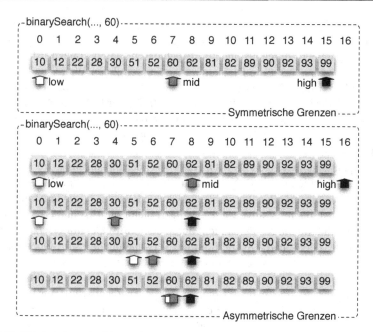

Abb. 7.20 Wiederholung der binären Suche für den Wert 60

■ Divisionsoperation   ■ Bit-Shift-Operationen

Abb. 7.21 Vorsicht bei der Optimierung arithmetischer Operationen! Nicht in jedem Fall lässt sich die Division durch 2 mit Hilfe einer Bit-Shift-Operation ausdrücken

```
int mid = (low + high) >> 1;
```

Der Shift-Operator `>>` wird an dieser Stelle eingesetzt, um die Summe der Intervallgrenzen `low` und `high` zu halbieren. Beide Variablen besitzen den Datentyp `int` und speichern jede für sich eine vorzeichenbehaftete natürliche Zahl in 32-Bit-Zweierkomplementdarstellung. Die Division durch einen Rechts-Shift zu ersetzen, ist eine beliebte Optimierung, die von vielen Programmierern bedenkenlos eingesetzt wird. In der Tat ergibt sich für das Beispiel der binären Suche eine Geschwindigkeitssteigerung von ca. 30 %.

Leider ist die Optimierung genauso beliebt, wie sie im Allgemeinen falsch ist. Das Beispiel in Abb. 7.21 zeigt, dass die Division durch 2 und der Rechts-Shift um eine Bitstelle zu durchaus anderen Ergebnissen führen können. Mit Hilfe des Divisionsoperators ergibt die Division von -1 durch 2 den Wert 0 und entspricht damit der Erwartung. Die Anwendung des Shift-Operators >> schiebt zunächst alle Bits um eine Position nach rechts und füllt die freigewordene Bitstelle mit dem ursprünglichen Vorzeichenbit wieder auf. In unserem Beispiel bleibt das ursprüngliche Bitmuster dadurch unverändert, so dass der Rechts-Shift von -1 ebenfalls wieder zu -1 evaluiert.

Java kennt einen weiteren Shift-Operator >>>, der im Gegensatz zu >> alle freiwerdenden Bitstellen stets mit Nullen auffüllt – unabhängig vom Wert des Vorzeichenbits. Auch hier erhalten wir nicht das korrekte Ergebnis 0, sondern mit MAX_INT die größte darstellbare positive Zahl. Als Fazit bleibt die Erkenntnis, dass sich die Division durch 2 im Allgemeinen nicht durch den Shift-Operator ersetzen lässt.

Im Quelltext der binären Suche führt die Verwendung des Shift-Operators allerdings zu keinem Fehler, da die Summe der Intervallgrenzen – sehen wir von der letzten Iteration ab – stets positiv ist. In diesem Fall liefern der Rechts-Shift und die Division durch 2 das gleiche Ergebnis. Dass der Rechts-Shift nur im positiven Zahlenbereich der Division durch 2 entspricht, ist vielen Programmierern nicht geläufig. In Code-Reviews und Inspektionen lohnt sich daher ein zweiter Blick auf alle arithmetischen Verwendungen von Shift-Operatoren – die Chance ist groß, dass Sie hier den einen oder anderen verborgenen Fehler aufdecken werden.

Der Ausdruck (low+high)>>1 enthält eine zweite Besonderheit, die sich in der Tat als handfester Programmierfehler entpuppt. Was geschieht, wenn die Summe der linken und rechten Intervallgrenze einen Integer-Überlauf verursacht? Zugegebenermaßen können wir diesen Effekt nur für sehr große Testfälle herbeiführen. Die Anzahl der Listenelemente muss 2^{31} Elemente übersteigen und ein Integer-Array dieser Größe belegt mehr als 8 GiB Speicher.

Glücklicherweise lässt sich der Fehler auf einfache Weise beheben. Anstatt beide Grenzen zunächst zu addieren und danach zu dividieren, wird zunächst der Abstand zwischen den Intervallgrenzen berechnet. Wird anschließend die halbe Differenz auf die untere Grenze addiert, so erhalten wir das gewünschte Ergebnis ohne die Gefahr eines Überlaufs. Korrigiert lautet die entsprechende Programmzeile wie folgt:

```
int mid = low + ((high-low) >> 1);
```

7.3.2 Redesign

Für viele langlebige Software-Systeme kommt irgendwann der Punkt, an dem eine Weiterentwicklung nicht mehr sinnvoll erscheint. Zwar lässt sich die fortschreitende Degeneration durch qualitätssichernde Maßnahmen verzögern, jedoch niemals völlig zum Stillstand bringen. Als einzige Alternative bleibt die partielle oder vollständige Neuimplementierung der Software. In der Fachterminologie sprechen wir in diesem Fall von einem *Redesign*.

Im Gegensatz zu den Methoden des *Refactorings*, die auf eine nach außen unsichtbare Erneuerung der inneren Code-Strukturen ausgerichtet sind, werden im Zuge des Redesigns auch die äußeren Schnittstellen auf den Prüfstand gestellt. Eine Neuimplementierung setzt einen Schlussstrich unter bestehende Altlasten und geht damit weit über die übliche Wartung und Pflege der Programmquellen hinaus.

Wie wir später sehen werden, liegen die hiermit verbundenen Chancen und Risiken in der Praxis sehr nahe beieinander. Um die Auswirkungen eines Redesigns in kalkulierbaren Grenzen zu halten, müssen vor dem Transitionsschritt die folgenden Fragen deutlich beantwortet sein:

- Ist der richtige Zeitpunkt für eine Neuimplementierung gekommen?

- Wie wird der *Second-System-Effekt* verhindert?

- Wie sieht das Transitionsszenario aus?

7.3.2.1 Der Transitionszeitpunkt

Die Bestimmung des richtigen Zeitpunkts, um mit dem Redesign eines alternden Software-Systems zu beginnen, erweist sich als schwieriger, als auf den ersten Blick vermutet. Sobald ein Software-Produkt beginnt, die typischen altersbedingten Symptome zu zeigen, ist der geeignete Zeitpunkt im Grunde genommen schon verpasst, schließlich nimmt die Erstellung eines großen Systems in der Regel mehrere Jahre in Anspruch. In der Konsequenz muss die Neuentwicklung starten, wenn sich das alte Produkt in seiner Hochphase befindet. Im optimalen Fall ergibt sich das in Abb. 7.22 dargestellte Zusammenspiel zwischen *Refactoring* und *Redesign*.

Genau dieser Zeitpunkt erscheint aus firmenpolitischer Sicht oft als denkbar ungeeignet. Eine Neuimplementierung bindet eine Vielzahl an Ressourcen für eine lange Zeit und birgt zudem ein beträchtliches finanzielles Risiko. Schlimmer noch: Die abgezogenen Arbeitskräfte fehlen für die Pflege und Weiterentwicklung des etablierten Systems, das sich ja gerade so erfolgreich am Markt behauptet.

Ein anderes Problem betrifft die Beurteilungskompetenz. Wem soll die Entscheidung überlassen werden, ob bzw. wann ein altes Produkt beerdigt und mit einer Neuentwicklung begonnen wird? Für die Beurteilung ist maßgebend, wie weit die Degeneration der Code-Basis bereits fortgeschritten ist. Software-Entwickler kommen mit den Quelltexten tagtäglich in Berührung und besitzen daher eine präzise intuitive Einschätzung der inneren Qualitätsparameter. Wer also könnte den wirklichen Alterszustand einer Code-Basis besser beurteilen als die Entwickler selbst? Im Grunde genommen niemand. Die Erfahrung zeigt jedoch, dass viele Programmierer im Zweifel zu der Entscheidung tendieren, bestehenden Code eher früher als später über Bord zu werfen. Die meisten Software-Ingenieure wollen erschaffen und je größer die vorhandenen Altlasten werden, desto mehr wird der Spielraum für neue Ideen und Strukturen eingeschränkt. Wir haben es hier mit einem in vielerlei Hinsicht vernachlässigten psychologischen Aspekt zu tun, der sich wie ein roter Faden durch das komplexe Gebiet des Software-Managements hindurchzieht.

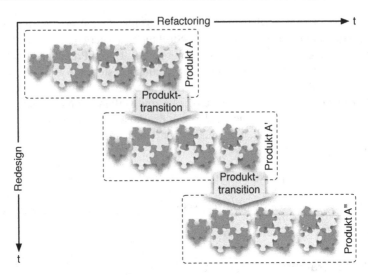

Abb. 7.22 Zusammenspiel zwischen Refactoring und Redesign

Aus der Warte der Projektleiter erscheint das Problem in einem anderen Licht. Anders als die Entwickler verfügen sie in der Regel nur über eine sehr vage Einschätzung der inneren Qualitätsparameter eines Software-Systems. In vielen Fällen bekommen Projektleiter nicht eine einzige Zeile Code zu Gesicht und sind in diesem Fall vollständig auf die fachgerechte Einschätzung ihrer Entwickler angewiesen. Adäquat zu beurteilen, wie es um die inneren Werte eines Produkts wirklich steht, ist auf den höheren Managementebenen faktisch kaum noch möglich. Auch hier wirkt sich die Eigenschaft von Software, ein inhärent immaterielles Produkt zu sein, abermals zu unserem Nachteil aus.

Eine erfolgreiche Produkttransition gelang der Firma Apple mit der Einführung des Betriebssystems Mac OS X im Jahre 2001. Die Macintosh-Betriebssysteme der ersten Generationen waren zu dieser Zeit weit von der Leistungsfähigkeit entfernt, die wir heute als selbstverständlich erachten. Bis Mac OS 9 war das Betriebssystem ein klassisches *Single-User-System*, das für die parallele Programmausführung genauso wenig ausgelegt war wie für den sicheren Betrieb. Insbesondere der fehlende Speicherschutz führte zu einer dramatischen Beeinträchtigung der Systemstabilität, da jede fehlerhafte Applikation im Extremfall das komplette Betriebssystem zum Absturz bringen konnte. Mit dem Beginn des Internet-Zeitalters Anfang der Neunzigerjahre zeichnete sich in klareren Konturen ab, dass das bisherige Mac OS an seine Grenzen stößt. Zwar war es gelungen, rudimentäre Multitasking- und Netzwerkfähigkeiten in das Betriebssystem zu integrieren, die inneren Strukturen ließen jedoch kaum noch Raum für zukünftige Weiterentwicklungen.

Apple entschied sich für einen drastischen Schritt und akquirierte 1996 unter der Federführung von Gil Amelio die Firma NeXT. Das eingekaufte Betriebssystem NeXTStep wurde weiterentwickelt und firmiert heute unter dem Namen Mac

OS X [233]. Auch NeXTStep war keine komplette Neuentwicklung und basierte im Kern auf zwei bestehenden Systemen: Zum einem auf dem *Mach Microkernel* der Carnegie Mellon University und zum anderen auf dem BSD-Unix-Kern der University of California in Berkeley. Beide Teile sind unter dem Namen *Darwin* als Open-Source-Software öffentlich zugänglich [196]. Alle anderen Teile des Betriebssystems, zu denen auch die Grafikbibliotheken und der Window-Server gehören, gehen auf die Eigenentwicklung der Firma NeXT zurück und unterscheiden sich erheblich von ihren Gegenstücken aus der Unix-Welt. Mac OS X offenbart sich hierdurch als ein hybrides Betriebssystem, das über einen vollständigen Unix-Unterbau verfügt.

Die Umstellung des altbewährten Mac OS 9 auf das neue Mac OS X war ein mutiger Schritt, da sich kein Mac-OS-9-Programm nativ unter Mac OS X ausführen lässt. Rückblickend war die Umstellung ein fulminanter Erfolg – Mac OS X gilt heute als eines der stabilsten und benutzerfreundlichsten Betriebssysteme auf dem Markt. Neben dem Rückgriff auf ein bewährtes Unix-Fundament gilt gerade der Verzicht auf die Rückwärtskompatibilität als einer der zentralen Gründe für den Erfolg dieses Betriebssystems.

7.3.2.2 Der Second-System-Effekt

Der Begriff des *Second-System-Effekts* geht auf Frederick Brooks zurück und beschreibt die Tendenz, den Nachfolger eines erfolgreichen Software-Systems zu überplanen [90]. Denken Sie sich für einen Moment in die Entwicklung eines vollständig neuen Produkts hinein. Viele Rahmenparameter sind unbekannt und das Budget genauso begrenzt wie die Entwicklungszeit. Programmierer und Projektleiter bewegen sich gleichermaßen auf unbekanntem Terrain, so dass die Entwicklung mit großer Vorsicht vorangetrieben wird. Ideen gibt es viele, nur einige wenige schaffen jedoch den Weg in das initiale Produkt. Der erste Wurf ist klein, solide und vor allem eines: erfolgreich. Mit dem Zuspruch steigt die Selbstsicherheit des gesamten Teams und die Entscheidung für die Entwicklung des besagten zweiten Systems fällt schnell. Das firmenpolitische Klima ist in dieser Situation häufig durch die folgenden Argumente und Begehrlichkeiten geprägt:

- **Synergien**
  Das Gelernte soll in das neue Projekt mit einfließen. Selbst für die erfolgreichsten Software-Systeme sind viele kleine und vielleicht auch größere Design-Entscheidungen in der Nachbetrachtung verbesserungsfähig. Das neue Produkt soll von Grund auf „richtig" konzipiert werden.

- **Nachholeffekte**
  Die vielen guten Ideen, die aufgrund von Zeit- und Geldmangel in das erste System nicht einfließen konnten, werden aus der Schublade geholt. Nachdem das Produkt seinen Erfolg bewiesen hat und das Team zeigen konnte, zu welcher Leistung es fähig ist, scheint der richtige Zeitpunkt für den großen Wurf gekommen.

■ **Rückwärtskompatibilität**

Das alte Produkt hat mittlerweile eine große Marktdurchdringung erreicht und wird von zahlreichen Kunden im Feld eingesetzt. Um die nötige Kundenakzeptanz zu erhalten, muss das neue Produkt vollständig rückwärtskompatibel sein.

Stellt jede Forderung für sich alleine bereits eine große Herausforderung dar, so ist deren Kombination dem Chaos geweiht. Der gleichzeitige Komplettumbau der alten Strukturen unter Beibehaltung der vollständigen Rückwärtskompatibilität ist ein Spagat, der in den wenigsten Fällen gelingt. Kommen zusätzliche Begehrlichkeiten in Form zahlloser neuer Funktionalitäten hinzu, so stößt ein Projekt schnell an seine Grenzen. Hochmut kommt bekanntlich vor dem Fall und in der Tat erblicken viele der auf diese Weise neu entwickelten Zweitsysteme entweder nie oder nur in deutlich reduzierter Form das Licht der Öffentlichkeit.

Doch wodurch wird die Selbstüberschätzung an dieser Stelle eigentlich verursacht? Gründe hierfür gibt es viele. Einen ganz entscheidenden haben wir bereits in Kapitel 1 kennen gelernt: Unsere Neigung, linear zu denken. Im Taumel des Erfolgs werden warnende Stimmen, ein doppelt so großes System nehme mehr als doppelt so viel Zeit in Anspruch, gerne überhört. So kann das Vorliegen exakter Zahlen über Budget und Entwicklungszeit gerade bei der Konzeption des Zweitsystems zum Verhängnis werden – nämlich genau dann, wenn Zeit und Budget für die Neuimplementierung, ganz der Intuition folgend, linear hochgerechnet werden.

Beispiele des Second-System-Effekts gibt es zuhauf und wir wollen an dieser Stelle exemplarisch einen Blick auf das 1965 begonnene und nie vollendete *Multics-Projekt* werfen (*Multiplexed Information and Computing Service*). Im Rahmen dieses Projekts sollte ein innovatives Betriebssystem entstehen, das seinen Vorgänger CTSS (*Compatible Time-Sharing System*) weit in den Schatten stellen würde. Vorangetrieben wurde das Projekt durch das Massachusetts Institute of Technology (MIT), den Industriegiganten General Electrics (GE) und die Bell Laboratories in Murray Hill. Neben vielen anderen innovativen Fähigkeiten sollte Multics ein hierarchisches Dateisystem unterstützen, das über die gleiche Schnittstelle verfügt, wie sie auch für die Kommunikation mit externen Geräten zum Einsatz kommt. Das Konzept, Dateien und Geräte einheitlich anzusprechen, ist heute ein integraler Bestandteil aller Unix-ähnlichen Betriebssysteme.

Multics erlitt das klassische Schicksal eines Zweitsystems. Die Ansprüche erwiesen sich in zunehmendem Maße als nicht erfüllbar und die veranschlagten Zeit- und Geldbudgets als zu knapp bemessen. Im Jahre 1969 stiegen die Bell Laboratories als erster Geldgeber aus der Multics-Entwicklung aus und zogen einen Schlussstrich unter das Projekt [197]. Rückblickend beschreibt Dennis Ritchie die Situation wie folgt:

"By 1969, Bell Labs management, and even the researchers came to believe that the promises of Multics could be fulfilled only too late and too expensively."

Dennis M. Ritchie, Bell Labs [221]

Trotzdem waren die Bemühungen um Multics in der Retrospektive nicht vergebens. Aufbauend auf den gesammelten Erfahrungen entwickelte eine Gruppe von Entwicklern um Ken Thompson und Dennis Ritchie ein neues Betriebssystem. Im Grunde genommen war das neue System nichts anderes als eine abgespeckte Variante des gescheiterten Multics. In einer ironischen Anspielung an seinen virtuellen Vorfahren wurde das System ursprünglich UNICS (*Uniplexed Information and Computing System*) getauft und später in Unix umbenannt.

Auch wenn das Multics-Projekt den Second-System-Effekt wie kaum ein anderes demonstriert, scheint die Erfolgsgeschichte von Mac OS X diesen Effekt zu widerlegen. Ein genauerer Blick hinter die Kulissen zeigt jedoch schnell, dass OS X streng genommen gar nicht das zweite System war.

Als der Führungsebene von Apple klar wurde, dass die Zukunft nicht mehr mit dem damals aktuellen Mac OS System 7 zu gewinnen war, startete Apple das berühmt-berüchtigte *Copland-Projekt*. Copland sollte ein würdiger Nachfolger von System 7 werden und in einem großen Wurf alle modernen Betriebssystemeigenschaften wie Multithreading, Mehrbenutzerunterstützung und Speicherschutz in sich vereinen. Den gewaltigen Neuerungen zum Trotz sollte das neue System rückwärtskompatibel sein. Im Jahre 1996 arbeiteten ca. 500 Software-Entwickler an Copland und verschlangen ein Jahresbudget von rund 250 Millionen US-Dollar. So vielversprechend das Projekt begann, so tragisch war sein Ende. Nach zahlreichen Terminverschiebungen wurde das Copland-Projekt im August 1996 offiziell eingestellt und damit zur bis dato größten Totgeburt in der Firmengeschichte. Der ehemalige Apple-CEO Gil Amelio äußerte sich über das Copland-Projekt wie folgt:

"It's not line wine; it doesn't age very well."

Gil Amelio, CEO Apple Inc. (1996 – 1997) [166]

Schauen wir rückblickend auf den Projektverlauf, so wurde das Copland-Desaster insbesondere durch zwei Begleiterscheinungen nach außen sichtbar. Zum einen wurde der Zeitplan mehrfach geändert und der Erscheinungstermin immer weiter nach hinten geschoben. Zum anderen wurde der Funktionsumfang nach und nach um wesentliche Komponenten reduziert. Vielleicht mögen die geschilderten Begleiterscheinungen den einen oder anderen Leser an Parallelen zu dem jüngsten Spross der Windows-Familie, Windows Vista, erinnern. Ob Microsoft im Rahmen der Vista-Entwicklung seine eigene, interne Copland-Krise durchstehen musste? Erst die Zukunft wird es wahrscheinlich in vollem Umfang ans Licht bringen.

7.3.2.3 Das Transitionsszenario

Das *Transitionsszenario* beschreibt, wie ein anstehender Produktwechsel aus Kundensicht vollzogen wird. Für den Erfolg einer Produkttransition ist die *Akzeptanz* des Transitionsszenarios genauso wichtig, wie seine technische Durchführbarkeit. In der Praxis lassen sich zwei Grundmuster identifizieren, die ganz unterschiedliche Philosophien der Software-Entwicklung zum Ausdruck bringen.

■ **Rückwärtskompatibilität**
Im Mittelpunkt steht der Versuch, die Produkttransition durch eine weitgehende

Rückwärtskompatibilität für den Kunden so reibungsfrei wie möglich zu gestalten. Die zentrale Bedeutung, die der Kompatibilität mit älteren Produktversionen zufällt, wurde bereits in Abschnitt 7.2.4 im Detail diskutiert.

Zu den Verfechtern dieser Philosophie zählt unter anderem die Firma Microsoft. In der weitgehenden Rückwärtskompatibilität sieht das Unternehmen eine Schlüsseleigenschaft seiner Betriebssystemlinie und eine notwendige Voraussetzung für eine hohe Produktakzeptanz auf der Seite des Kunden. Raymond Chen, Entwickler im Windows-Team bei Microsoft, begründet die Unternehmensstrategie wie folgt:

"Look at the scenario from the customer's standpoint. You bought programs X, Y and Z. You then upgraded to Windows XP. Your computer now crashes randomly, and program Z doesn't work at all. You're going to tell your friends, «Don't upgrade to Windows XP. It crashes randomly, and it's not compatible with program Z.» Are you going to debug your system to determine that program X is causing the crashes, and that program Z doesn't work because it is using undocumented window messages? Of course not. You're going to return the Windows XP box for a refund."

Raymond Chen, Microsoft [41]

In der Konsequenz führt die strikte Einhaltung dieser Philosophie zu einer Ansammlung von Altlasten, da jede zukünftige Windows-Version eine Obermenge der Vorgängerversion darstellen muss. Das Entfernen alter Programmteile ist kaum noch möglich und die Weiterentwicklung beschränkt sich auf das Hinzufügen neuen Codes. Der in Abschnitt 7.2.5 skizzierte Zuwachs der Windows-Code-Basis ist ein starkes Indiz für die Folgen dieser Entwicklung.

Nichtsdestotrotz besitzt dieses Transitionsszenario die geringsten Auswirkungen auf den Anwender und hat damit die größte Chance, die notwendige Kundenakzeptanz für den angestrebten Produktwechsel zu erlangen. Auf der negativen Seite verzichtet die Firma ausdrücklich auf die seltene Möglichkeit, sich selbst von Altlasten zu befreien. Bereits vorhandene Alterungssymptome werden in diesem Fall von Anfang an in das neue Produkt vererbt.

■ Kompatibilitätsumgebung

Ein anderes Transitionsszenario besteht in der Schaffung einer sogenannten *Kompatibilitätsumgebung*. Apple beschritt diesen Weg unter anderem während der Einführung von Mac OS X. Das Unternehmen verzichtete bewusst darauf, sein neues Betriebssystem rückwärtskompatibel zu konzipieren. Stattdessen wurde mit der *Classics-Umgebung* eine Möglichkeit geschaffen, einen abgeschotteten OS-9-Bereich unter Mac OS X zu simulieren. Aus der Sicht des Kunden ist dieses Transitionsszenario mit einigen Unannehmlichkeiten verbunden. Durch den zwangsweisen Umweg über die Classics-Umgebung ist die Ausführung einer alten OS-9-Applikation unter OS X weniger komfortabel als z. B. die Ausführung einer alten Windows-2000-Applikation unter Windows Vista. Aus der Sicht des Herstellers bringt der Ansatz jedoch unschätzbare Vorteile mit sich, da das neue Betriebssystem keine Rücksicht auf Altlasten jeglicher Art nehmen muss.

Mittlerweile sind die meisten OS-9-Applikationen vom Markt verschwunden, so dass die Classics-Umgebung heute kaum noch eine Bedeutung besitzt. In entsprechender Weise hat sich Apple im Zuge der PowerPC-Intel-Transition auch dieser Altlast mittlerweile entledigt. In den Intel-Versionen von Mac OS X steht die Classics-Umgebung nicht mehr zur Verfügung.

Insgesamt wird mit der Schaffung einer Kompatibilitätsumgebung ein Mittelweg zwischen der vollständigen Rückwärtskompatibilität und der kompromisslosen Entledigung von Altlasten beschritten. Ob die Akzeptanz der Kunden auf diese Weise gewonnen werden kann, ist von Fall zu Fall verschieden. Eines ist jedoch sicher: Die Qualität der Software ist auf jeden Fall der Gewinner.

Kapitel 8
Software-Infrastruktur

In den vorangegangenen Kapiteln haben wir uns ausführlich mit den verschiedenen Charakteristika großer, langlebiger Software-Systeme befasst und bereits an der einen oder anderen Stelle die Bedeutung einer sowohl technisch als auch organisatorisch ausgereiften Vorgehensweise betont. In diesem Kapitel wollen wir diese Betrachtung vertiefen und uns der Infrastruktur zuwenden, die für eine erfolgreiche Durchführung mittlerer und großer Software-Projekte unabdingbar ist.

Hierzu wollen wir einen der in Abschnitt 7.1 eingeführten Aspekte langlebiger Software-Systeme wieder aufgreifen, der einen zentralen Einfluss auf den industriellen Software-Entwicklungsprozess hat: Die Rede ist von der *Produktdiversifizierung*. In der industriellen Software-Entwicklung durchläuft ein langlebiges Produkt im Laufe der Zeit mehrere Phasen, die in Abb. 8.1 grafisch zusammengefasst sind. Insgesamt lassen sich vier verschiedene Entwicklungsstadien unterscheiden:

■ **Initialentwicklung**
In den allermeisten Fällen wird in der initialen Phase zunächst ein einziges System erstellt, das für eine spezielle Hardware-Plattform und ein ausgewähltes Betriebssystem konzipiert ist. Auch wenn die Diversifizierung in diesem Stadium noch nicht begonnen hat, werden bereits hier die Weichen für die erfolgreiche Bewältigung der nachfolgenden Phasen gestellt. So trägt z. B. die frühe Beachtung der Regeln zur portablen Programmierung (vgl. Abschnitt 3.5) dazu bei, viele der in späteren Phasen auftretenden Alterungserscheinungen abzumildern oder sogar gänzlich zu vermeiden.

■ **Versionsdiversifizierung**
Zeitgleich mit der Auslieferung der initialen Produktversion beginnt die erste Stufe der Diversifizierung. Durch die permanente Weiterentwicklung der Software gesellen sich in kurzen Abständen weitere *Versionen* hinzu. Die meisten werden als Zwischenversion nie einem größeren Anwenderkreis zugeführt, andere erreichen dagegen den Status eines offiziellen *Release*. Diese müssen zusätzlich zu den allgemeinen Weiterentwicklungsaktivitäten gepflegt und gewartet werden.

D.W. Hoffmann, *Software-Qualität,* eXamen.press,
DOI 10.1007/978-3-642-35700-8_8, © Springer-Verlag Berlin Heidelberg 2013

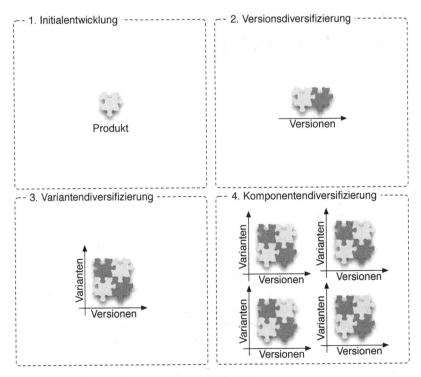

Abb. 8.1 Die verschiedenen Phasen der Produktdiversifizierung

   Damit haben wir eine Kernanforderung herausgearbeitet, die jede professio-
nelle Software-Infrastruktur erfüllen muss: Die Rede ist von der Möglichkeit,
parallel an verschiedenen Versionen ein und desselben Produkts zu arbeiten.

■ **Variantendiversifizierung**
Kann ein Produkt längere Zeit erfolgreich am Markt platziert werden, so erhöht
sich in aller Regel auch die Anzahl der *Varianten*, in der es vertrieben wird. Die
meisten Produktvarianten gehen aus einem der folgenden Portabilitätsszenarien
hervor:

– Portierung auf andere Betriebssysteme (Photoshop für Windows, . . .)

– Portierung auf andere Hardware-Plattformen (Linux für ARM, PowerPC, . . .)

– Portierung auf andere Basistechnologien (Eiffel für .NET, . . .)

– Ausweitung auf unterschiedliche Endgeräte (OS X für Mobiltelefone, . . .)

– Adaption an unterschiedliche Zielgruppen (Home, Pro, Enterprise, . . .)

– Kundenspezifische Produktlinien (Airbag für Audi, VW, BMW, . . .)

Die Versions- und Variantenbildung sind zueinander orthogonale Entwicklungen. Da sich die Produktdiversifizierung ab jetzt in zwei Dimensionen ausbreitet, steigt die Anzahl der möglichen Kombinationen aus Versionen und Varianten dramatisch an. Entsprechend groß sind die Herausforderungen an den Software-Entwicklungsprozess und die zu unterhaltende Infrastruktur. Ohne eine geeignete Werkzeugunterstützung ist die Software-Entwicklung ab diesem Zeitpunkt nicht mehr zu handhaben.

■ **Komponentendiversifizierung**
Die dritte Dimension der Diversifizierung entsteht immer dann, wenn ein Produkt als Komponente in anderen Software-Produkten eingesetzt wird. Der applikationsübergreifende XML-Parser, das in Abschnitt 7.2.1 im Detail vorgestellte Timing-Analyse-Modul oder der in allen Office-Anwendungen gleichermaßen eingebettete Formel-Editor sind drei Beispiele von vielen. Obwohl diese dritte Schiene der Diversifizierung die Herausforderungen an die Versionsverwaltung abermals erhöht, kann die applikationsübergreifende Wiederverwendung von Software-Komponenten beachtliche Synergieeffekte freilegen. Viele Software-Experten sehen in der Identifikation der geeigneten Komponenten eine der Schlüsselentscheidungen für die langfristig erfolgreiche Software-Entwicklung.

Allzu großer Euphorie sei an dieser Stelle jedoch eine Absage erteilt. Die Komponentenbildung wird zwar von vielen Seiten regelmäßig in die Position des schon so oft beschworenen *silver bullets* hineingedrängt, die Praxiserfahrung konnte die Erwartungen bisher jedoch nicht stützen. Insbesondere die Fallstudie in Abschnitt 7.2.1 konnte auf eindringliche Weise demonstrieren, dass die Früchte der Synergie in der Praxis nicht ohne Reibungsverluste geerntet werden können.

Die Arbeit in großen Teams sowie der Umgang mit der Produktdiversifizierung materialisieren sich in den folgenden drei Kernaktivitäten, die zusammen das technische Rückgrat der industriellen Software-Infrastruktur bilden:

■ Versionsverwaltung

■ Defektmanagement

■ Build- und Testautomatisierung

Auf alle drei Aktivitäten werden wir in den folgenden Abschnitten genauer eingehen.

8.1 Versionsverwaltung

Ein *Versionsverwaltungssystem* verwahrt alle *Artefakte* eines Software-Systems in einem zentralen *Repository* und implementiert die zentrale Infrastruktur für die koordinierte Arbeit mehrerer Entwickler an derselben Code-Basis (vgl. Abb. 8.2). Im

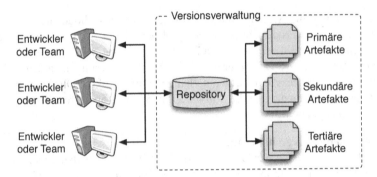

Abb. 8.2 Versionskontrolle mit Hilfe eines Versionsverwaltungssystems

gängigen Sprachgebrauch wird ein Versionsverwaltungssystem auch als *Versions-kontrollsystem* bezeichnet.

Der Ausdruck *Artefakt* wird im Folgenden als Oberbegriff für alle Elemente und Komponenten eines Software-Systems verwendet, die in Dateiform elektronisch gespeichert werden können. Die für ein Software-System relevanten Artefakte lassen sich grob in drei Klassen einteilen:

■ **Primäre Artefakte**
In diese Kategorie fallen alle Artefakte, aus denen das Software-System erzeugt wird. Hierzu zählen neben dem Quellcode z. B. auch alle Steuerdateien wie Makefiles oder Shell-Skripte.

■ **Sekundäre Artefakte**
Zu dieser Kategorie gehören alle Artefakte, die dem Software-System unmittelbar zugeordnet werden können, jedoch nicht direkt am Übersetzungsprozess beteiligt sind. Beispiele dieser Kategorie sind die Testdatenbank, das Pflichten- und Lastenheft sowie die Produktdokumentation.

■ **Tertiäre Artefakte**
In diese Kategorie fallen alle Artefakte, die zum Erzeugen des Systems benötigt werden. Hierunter fallen insbesondere der Compiler, der Linker und alle weiteren Programme, die zur Übersetzung des Quellcodes benötigt werden.

Während die Entwicklung sehr großer Software-Projekte ohne eine ausgefeilte Versionsverwaltung de facto nicht mehr möglich ist, werden entsprechende Werkzeuge in kleinen und mittelgroßen Projekten auch heute noch nicht flächendeckend eingesetzt. Die Idee der Versionsverwaltung ist dabei keinesfalls eine der letzten Jahre. Die Grundzüge der eingesetzten Techniken gehen auf das *Source Code Control System*, kurz SCCS, zurück, das bereits Anfang der Siebzigerjahre entwickelt wurde [232]. SCCS war Bestandteil vieler Unix-Derivate und fand dadurch eine weite Verbreitung. Heute spielt SCCS selbst kaum noch eine Rolle – einzig das Datenformat überlebte und wird in moderneren Systemen wie TeamWare und BitKeeper in abgewandelter Form weiterverwendet [25, 250]. TeamWare stammt von Sun Micro-systems und wird unter anderem für die Entwicklung des hauseigenen Betriebssy-stems Solaris eingesetzt [268, 73]. Das Versionsverwaltungssystem BitKeeper der Firma BitMover wurde insbesondere durch den zeitweiligen Einsatz in der Linux-Kernel-Entwicklung bekannt.

SCCS wurde Anfang der Achtzigerjahre von dem an der Purdue University, In-diana, entwickelten *Revision Control System*, kurz RCS, abgelöst [255]. Genau wie sein Vorgänger ist das Werkzeug für die Parallelentwicklung in großen Teams nicht geeignet und verfügt aus heutiger Sicht nur über einen rudimentären Funktionsum-fang. Der Nachfolger von RCS, das *Concurrent Versions System*, kurz CVS, besei-tigte viele der ursprünglich vorhandenen Limitierungen und erfreut sich im Open-Source-Bereich immer noch großer Beliebtheit. CVS unterstützt die Teamarbeit un-ter anderem durch die Möglichkeit, über eine Netzwerkverbindung von beliebigen Orten aus auf das Repository zuzugreifen. Nichtsdestotrotz schränken zahlreiche Limitierungen den professionellen Einsatz deutlich ein. So bietet CVS, genau wie sein Vorgänger, nur eine rudimentäre Unterstützung von Verzeichnisstrukturen. In der Konsequenz ist z. B. die simple Umbenennung eines Verzeichnisses nur über erhebliche Umwege möglich.

Anfang 2004 erschien das Open-Source-System Subversion in der Version 1.0 und wurde mit der Absicht entwickelt, die gröbsten Limitierungen von CVS zu be-seitigen. Seither erfreut sich dieses System einer regen Aufmerksamkeit und einer kontinuierlich steigenden Benutzergruppe. Landläufig wird Subversion als der di-rekte Nachfolger von CVS angesehen, bei genauerer Betrachtung entpuppt sich die Software jedoch als vollständige Neuentwicklung.

Zu den im industriellen Umfeld am häufigsten eingesetzten Versionsverwal-tungssystemen gehört das Werkzeug ClearCase der Firma IBM. ClearCase bringt zahlreiche Erweiterungen mit sich und unterstützt insbesondere die dezentrale Software-Entwicklung an weltweit verteilten Standorten auf ausgeklügelte Weise. Die in den folgenden Abschnitten präsentierten Praxisbeispiele werden sich vor-wiegend auf das frei verfügbare Versionsverwaltungssystem Subversion, wie auch auf das kommerziell vertriebene ClearCase beziehen.

8.1.1 Anforderungen und Konzeption

Aus den Rahmenbedingungen, die sich für die Entwicklung großer Software-Systeme in Hinsicht auf die Team-Situation und Produktvielfalt ergeben, lassen sich unmittelbar die folgenden Anforderungen an Versionsverwaltungssysteme ableiten:

■ **Transparenz**
Um das Chaos zu vermeiden, das sich im Zusammenspiel vieler Entwickler fast zwangsläufig einstellt, müssen alle Änderungen protokolliert erfolgen. Im Be-sonderen müssen für jedes Artefakt die folgenden Fragen eindeutig beantwortet werden können:

– Was wurde an dem Artefakt geändert?

– Wann wurde die Änderung vorgenommen?

– Wer hat die Änderung durchgeführt?

Moderne Versionskontrollsysteme sind in der Lage, die Antworten auf diese Fragen aus den gespeicherten Daten eindeutig zu extrahieren.

■ **Rekonstruktion**
Zu jeder Zeit muss es möglich sein, ältere Versionen und Varianten der Software wiederherzustellen. Zu den typischen Anwendungen gehört die Rückgewinnung alter Release-Versionen genauso wie die Rekonstruktion des Vortageszustands. Darüber hinaus unterstützen moderne Versionsverwaltungssysteme semiautomatische *Rollback-Szenarien*, in denen Änderungen nachträglich zurückgenommen werden können, die sich als falsch oder überflüssig herausgestellt haben.

■ **Simultaner Zugriff**
Die Versionsverwaltung muss darauf ausgerichtet sein, mehreren Software-Entwicklern die simultane Arbeit an verschiedenen Versionen und Varianten der gleichen Code-Basis zu ermöglichen. Erreicht wird die kontrollierte Zusammenarbeit durch lokale Arbeitskopien in Zusammenspiel mit den *Branching*- und *Merging*-Techniken, die weiter unten im Detail vorgestellt werden.

Aus den obigen Anforderungen geht eine zentrale konzeptuelle Eigenschaft eines jeden Versionsverwaltungssystems hervor, nämlich die Aufzeichnung aller Dateiinhalte über die Zeit. Anders als das klassische Dateisystem, das für jede Datei ausschließlich den Zustand nach der letzten Änderung vorhält, speichert die Versionsverwaltung die komplette Historie einer Datei ab.

Wie in Abb. 8.3 ersichtlich, erstreckt sich die Aufzeichnung auf Dateien und Verzeichnisse gleichermaßen. Die Verwaltung der Datei- und Verzeichnishistorie erweist sich aus technischer Sicht schwieriger, als es der erste Blick vermuten lässt. So muss ein Versionsverwaltungssystem mit der Problematik umgehen, dass einige Dateien erst später erzeugt und andere vorzeitig gelöscht werden. In der Konsequenz können sich unter dem gleichen Namen zu verschiedenen Zeitpunkten verschiedene Dateien verbergen.

Die Möglichkeit, parallel an ein und derselben Code-Basis zu arbeiten, wird in modernen Versionsverwaltungssystemen durch eines der folgenden Arbeitsprinzipien erreicht:

■ **Sandbox-Prinzip**
Dem Prinzip der *Sandbox* folgend, erzeugt jeder Entwickler vor einer Programmänderung zunächst eine lokale Arbeitskopie des Repository-Inhalts. Das als Sandbox bezeichnete Duplikat muss nicht das komplette Repository umfassen und beschränkt sich in der Regel auf das bearbeitete Produkt oder Modul. Alle Änderungen des Programmierers sind zunächst auf die lokale Kopie beschränkt und beeinflussen weder den Repository-Inhalt noch die Arbeit anderer Entwickler. Erst wenn alle Dateien bearbeitet und das Ergebnis ausführlichen Tests unterzogen wurde, wird die lokale Kopie in das Repository zurückgeschrieben. Die

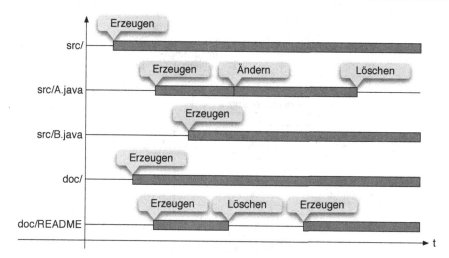

Abb. 8.3 Aufzeichnung der Dateiinhalte über die Zeit

allermeisten Versionsverwaltungssysteme, zu denen auch RCS, CVS und Subversion gehören, arbeiten nach diesem Prinzip.

■ **Virtuelle Dateisysteme**
Ein Nachteil des Sandbox-Prinzips ist die große Datenmenge, die auf dem Arbeitsrechner gespeichert werden muss. Das Prinzip des virtuellen Dateisystems löst das Problem, indem die Arbeitskopie in Form eines Netzwerkverzeichnisses auf dem Entwicklungsrechner eingeblendet wird und nur noch diejenigen Dateien lokal vorgehalten werden, die durch den Programmierer selbst verändert wurden. Alle anderen Dateien werden durch den Repository-Server über das Netzwerk bereitgestellt.

Mit dem *Multiversion File System*, kurz MVFS, beschreitet ClearCase den Weg der virtuellen Datenhaltung. Durch die Fähigkeit, beliebige Versionen eines Artefakts dynamisch einzublenden, erreicht das Werkzeug auf der einen Seite ein Leistungsspektrum, das mit Sandbox-basierten Werkzeugen kaum noch zu vergleichen ist. Auf der anderen Seite geht die Flexibilität mit einer signifikanten Erhöhung der Komplexität einher und schlägt sich nicht zuletzt in einem beträchtlich gesteigerten Einarbeitungsaufwand nieder.

Die Konzeption eines typischen Versionsverwaltungssystems ist in Abb. 8.4 am Beispiel des frei verfügbaren Werkzeugs Subversion zusammengefasst. Wie in der oberen Hälfte der Abbildung skizziert, werden dem Anwender eine Reihe verschiedener Benutzungsschnittstellen angeboten. Insbesondere kann der Entwickler frei zwischen einer Unix-typischen Kommandozeilenschnittstelle und mehreren grafischen Front-Ends wählen. Für die Übertragung der Daten von und zu dem lokalen Entwicklungsrechner kennt Subversion ebenfalls mehrere Möglichkeiten. Neben dem *lokalen Dateizugriff* unterstützt das Werkzeug das proprietäre *Svn-Protokoll*

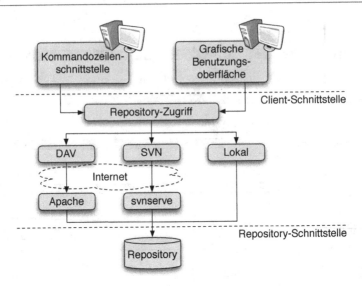

Abb. 8.4 Architektur des freien Versionsverwaltungssystems Subversion

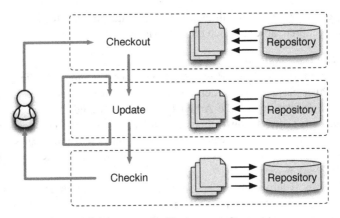

Abb. 8.5 Das klassische Interaktionsmuster der Versionsverwaltung

sowie die Möglichkeit, über eine standardisierte *WebDAV-Schnittstelle* zu kommunizieren. Unabhängig von dem Client-seitig eingesetzten Kommunikationsmechanismus erfolgt der Zugriff auf den Datenbestand Server-seitig über eine einheitliche Repository-Schnittstelle.

Wie in Abb. 8.5 dargestellt, lässt sich die tägliche Arbeit mit einem Versionsverwaltungssystem auf die drei Interaktionsmuster *Checkout*, *Update* und *Checkin* zurückführen. Die Arbeit beginnt mit dem Checkout eines Artefakts. Der aktuelle Inhalt der ausgewählten Datei wird aus dem Repository ausgelesen und eine lokale Kopie auf dem Entwicklungsrechner erzeugt. Zusätzlich protokolliert das Versi-

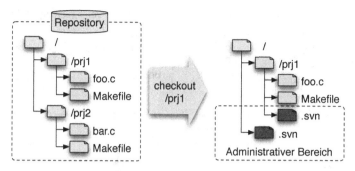

Abb. 8.6 Lokale Verzeichnisstruktur eines Subversion-Projekts

onsverwaltungssystem mehrere Zustandsinformationen, mit deren Hilfe die in Abschnitt 8.1.1 formulierten Transparenzanforderungen erfüllt werden können. So legt das Werkzeug Subversion auf dem lokalen Entwicklungsrechner in jedem Projektverzeichnis einen verborgenen administrativen Ordner .svn an, in dem unter anderem eine Kopie der Datei zum Zeitpunkt des Checkouts persistent abgelegt wird (vgl. Abb. 8.6). Sind die Änderungen abgeschlossen, wird der lokal gespeicherte Dateiinhalt mit Hilfe eines Checkins in das Repository zurückgeschrieben. Die gesammelten Statusinformationen werden ebenfalls in die Datenbank eingepflegt, so dass sich für jede Dateiänderung nachträglich bestimmen lässt, wann und von wem sie durchgeführt wurde.

Während eine Datei ausgecheckt[1] ist, kann sich das im Repository gespeicherte Original im Zuge der Parallelentwicklung jederzeit ändern. In diesem Fall aktualisiert ein Update den Inhalt der lokalen Kopie. Auf die Probleme, die durch den simultanen Dateizugriff entstehen, werden wir in Abschnitt 8.1.3 im Detail eingehen.

8.1.2 Revisionen

Wird eine ausgecheckte Datei lokal geändert und wieder eingecheckt, so erzeugt das Versionsverwaltungssystem eine neue *Revision* im Repository. Des Weiteren wird eine individuelle *Revisionsnummer* generiert, über die sich die Datei zu jedem späteren Zeitpunkt eindeutig referenzieren lässt. Die in modernen Versionsverwaltungssystemen verwendeten Versionierungsschemata lassen sich in zwei Gruppen einteilen:

- **Lokale Versionierung**
  Die Versionierung wird für jedes Artefakt getrennt durchgeführt, d. h., es werden ausschließlich die Revisionsnummern derjenigen Dateien erhöht, die auch

---

[1] Für die Durchführung eines Checkin bzw. Checkout haben sich heute die Begriffe des *Eincheckens* bzw. *Auscheckens* einer Datei unternehmensübergreifend etabliert. Die Begriffe sind in der Software-Industrie so allgegenwärtig, dass wir uns der Verwendung dieser Anglizismen an dieser Stelle nicht verweigern wollen.

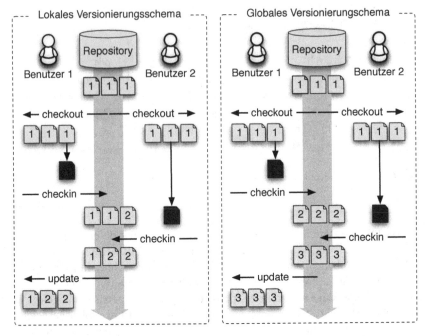

Abb. 8.7 Lokale versus globale Versionierung

wirklich geändert wurden. Folgerichtig sind zwei Revisionen einer Datei genau dann verschieden, wenn ihre Revisionsnummern unterschiedlich sind. Die Mehrzahl der sich heute im Einsatz befindlichen Versionsverwaltungssysteme arbeiten nach diesem Prinzip, so z. B. auch CVS und ClearCase.

■ **Globale Versionierung**
Die Versionierung wird für das gesamte Repository gemeinsam durchgeführt, d. h., bei jedem Checkin einer Datei werden die Revisionsnummern *aller* Dateien erhöht. Folgerichtig können zwei Revisionen einer Datei durchaus gleich sein, auch wenn deren Revisionsnummern verschieden sind. Diese Art der Versionierung wird z. B. von Subversion umgesetzt und ist insbesondere beim Umstieg von CVS zu beachten.

Abb. 8.7 demonstriert den Unterschied zwischen beiden Versionierungsschemata. Das versionskontrollierte Beispielprojekt besteht aus insgesamt drei Dateien, die zu Beginn allesamt die Revisionsnummer 1 tragen. Zwei Benutzer checken das Projekt zunächst aus dem Repository aus und beginnen mit der lokalen Weiterentwicklung einer einzigen Datei. Sobald der erste Nutzer seine Arbeitsergebnisse in das Repository zurückschreibt, wird der Unterschied zwischen der lokalen und der globalen Versionierung deutlich. In der lokalen Versionierung (links) wird ausschließlich die Revisionsnummer der geänderten Datei erhöht, während die globale Versionierung (rechts) alle anderen Versionsnummern gleichermaßen anpasst. Folgerichtig haben

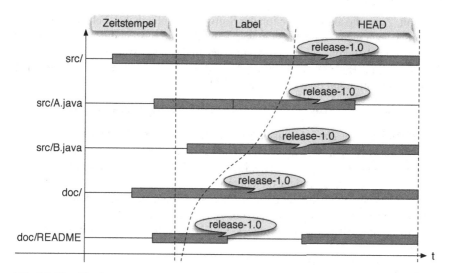

Abb. 8.8 Eine Konfiguration entspricht einem vertikalen Schnitt durch das Repository

rechts nach dem zweiten Checkin alle Dateien bereits die Revisionsnummer 3 erreicht, während links die maximale Revisionsnummer nur auf 2 geklettert ist. Auch das abschließend initiierte Update hat in beiden Schemata einen unterschiedlichen Effekt. Die lokale Versionierung erneuert ausschließlich diejenigen Dateien, deren Inhalt sich zwischenzeitlich geändert hat, während sich im globalen Versionierungsschema auch die Revisionsnummern von Dateien erhöhen, die überhaupt noch nicht bearbeitet wurden.

An dieser Stelle kommen wir zu einem zentralen Begriff der Versionsverwaltung: Die Rede ist von dem Begriff der *Konfiguration*. Grob gesprochen beschreibt eine Konfiguration eine beliebige Zusammenstellung verschiedener Revisionen der Dateien eines Software-Systems. Eine wichtige Konfiguration haben wir bereits im Rahmen des Checkouts kennen gelernt. Ein normaler Checkout erzeugt auf dem lokalen Rechner des Software-Entwicklers in aller Regel diejenige Konfiguration, die für jede Datei die letzte Revision, d. h. diejenige mit der höchsten Revisionsnummer, enthält. Im Fachjargon wird diese spezielle Konfiguration auch als *Latest-* oder *Head-Konfiguration* bezeichnet.

Der große Unterschied zu einem gewöhnlichen Dateisystem, das im Grunde genommen stets die Head-Konfiguration aller Dateien zeigt und auch nur diese speichert, kann ein Versionsverwaltungssystem jede beliebige Dateizusammenstellung erzeugen. Bildlich lässt sich eine Konfiguration, wie in Abb. 8.8 skizziert, als ein vertikaler Schnitt durch das Repository auffassen. Für die Beschreibung eines solchen Schnittes stehen dem Benutzer in der Regel mehrere Möglichkeiten zur Verfügung:

- **Zeitstempel**
  Die Dateirevisionen werden über eine konkrete Datums- und Zeitangabe ausge-

wählt. Zeigt die aktuelle Version der Software ein plötzliches Fehlverhalten, das vorher noch nicht zu beobachten war, kann das alte System durch Angabe eines Zeitstempels rekonstruiert und parallel gegen das neue System getestet werden. Das folgende Beispiel demonstriert die Angabe eines Zeitstempels in Subversion in Kombination mit dem Checkout-Befehl:

```
svn checkout --revision {"2007-10-03 23:59"} readme.txt
```

Ein Hinweis auf einen hartnäckig wiederkehrenden Praxisfehler darf an dieser Stelle nicht fehlen. Anders als von vielen Programmierern unterstellt, wählt das Versionsverwaltungssystem diejenige Revision aus, die zum angegebenen Zeitpunkt *aktuell* war und nicht diejenige Revision, deren Änderungsdatum *hinter* dem Zeitstempel liegt. Fehlt die Angabe einer Uhrzeit, so ergänzt Subversion die Eingabe mit dem Zeitstempel 00:00. Bezogen auf unser Beispiel würde dann nicht mehr die letzte Version des 3. Oktobers, sondern die letzte Version des Vortags ausgewählt.

■ **Label**
Nahezu alle Versionsverwaltungssysteme bieten die Möglichkeit, spezielle Revisionen einer Datei mit einem frei wählbaren *Label* zu versehen. Eine derart definierte Konfiguration lässt sich zu jedem späteren Zeitpunkt über den gewählten Bezeichner wieder auffinden und automatisch rekonstruieren. Unter anderem wird der Label-Mechanismus verwendet, um alle Dateien eines Release zu markieren. Beispielsweise checkt der folgende Aufruf sämtliche Dateien aus, die mit dem Label `release-1.0` markiert sind:

```
svn checkout http://svn.example.com/repos/calc/tags/release-1.0
```

Im Gegensatz zu einem Zeitstempel, der immer einen vertikalen Schnitt durch das Repository zieht, kann durch die Label-Vergabe eine beliebig geformte Schnittlinie erzeugt werden. Implementierungsseitig wird ein Label in den meisten Versionsverwaltungssystemen als einfache Markierung an das entsprechende Element angehängt und belegt dadurch so gut wie keinen Speicherplatz. In anderen Systemen, zu denen auch Subversion zählt, wird ein Label durch das Anlegen einer schreibgeschützten Kopie aller betroffenen Dateien implementiert. Von der einhergehenden Speicherplatzproblematik abgesehen erfüllen beide Möglichkeiten ihren Zweck: die spätere Wiederherstellung einer im Vorfeld fixierten Konfiguration.

■ **Head oder Latest**
Die *Head-* bzw. *Latest-Konfiguration* ist die am häufigsten verwendete und daher meist die Standardeinstellung für einen Checkout. Die Konfiguration entspricht der Auswahl mit einem Zeitstempel, der stets der aktuellen Uhrzeit entspricht. Die folgenden beiden Subversion-Kommandos checken beide die Head-Revision der Datei `readme.txt` aus:

```
svn checkout --revision HEAD readme.txt
svn checkout readme.txt
```

```
configspec

// ClearCase config spec                              1
                                                      2
// Regel 1:                                           3
element * CHECKEDOUT                                  4
                                                      5
// Regel 2:                                           6
element /vobs/src/core/* XP_SP2                       7
                                                      8
// Regel 3:                                           9
element /vobs/src/ie/* -time 15-Nov.12:00            10
                                                     11
// Regel 4:                                          12
element * /main/LATEST                               13
```

Abb. 8.9 Typische Config-Spec der Versionsverwaltung ClearCase

Leistungsfähige Versionsverwaltungssysteme bieten darüber hinaus die Möglichkeit, die verschiedenen Arten der Revisionsauswahl frei zu kombinieren. Als Beispiel betrachten wir den Filtermechanismus des Werkzeugs ClearCase, der ein Höchstmaß an Flexibilität bietet. Eine Konfiguration wird in ClearCase mit Hilfe der sogenannten *Configuration Specification*, kurz *Config-Spec*, beschrieben. Hierbei handelt es sich um eine frei editierbare Textdatei, die eine beliebige Anzahl von Auswahlregeln enthalten darf. Das in Abb. 8.9 abgedruckte Beispiel veranschaulicht die Grundelemente, aus denen eine typische Config-Spec in der Praxis aufgebaut ist.

Die Datei enthält insgesamt 4 Regeln, die sich aus jeweils zwei verschiedenen Teilen zusammensetzen. Der erste Teil besteht aus einem Suchmuster, das die Gültigkeit der Regel auf gewisse Dateien einschränkt. Der zweite Teil definiert, welche Revision in dem betreffenden Fall auszuwählen ist. Jede durch eine Config-Spec definierte Konfiguration wird in der ClearCase-Terminologie als *View* bezeichnet.

Wird auf eine Datei in einem bestimmten View zugegriffen, so durchsucht ClearCase die zugehörige Config-Spec von oben nach unten, bis ein passendes Suchmuster gefunden wurde. Die Semantik einer Config-Spec lässt sich damit in direkter Weise mit einer Mehrfachfallunterscheidung (Switch-Case-Konstrukt) imperativer Programmiersprachen vergleichen. Ist das erste passende Suchmuster gefunden, so versucht ClearCase die im zweiten Regelteil spezifizierte Revision aus dem Repository zu extrahieren. ClearCase bricht die Suche ab, sobald eine entsprechende Revision ausfindig gemacht werden konnte. Existiert keine passende Revision, so beginnt das Werkzeug mit der Abarbeitung der nächsten Regel.

Die erste und letzte der in Abb. 8.9 enthaltenen Regeln bilden zusammen den Rahmen fast aller Config-Specs. Erstere besagt, dass für ausnahmslos alle Dateien (*) die Revision mit dem Label **CHECKEDOUT** auszuwählen ist. Da ohne diese Regel sämtliche ausgecheckten Dateien für den Benutzer unsichtbar blieben, ist sie in nahezu allen Config-Specs in dieser oder ähnlicher Form enthalten. In entsprechender Weise bewirkt die letzte Regel, dass für jede Datei, die sich der Anwendung aller weiter oben stehenden Regeln entzieht, die Revision **LATEST** und damit die bis dato aktuellste Version ausgewählt wird. Da die Head-Revision für jedes nicht gelöschte Element existiert, kann diese Regel als einzige niemals fehlschlagen. Als Switch-Case-Konstrukt betrachtet entspricht sie dem Default-Zweig.

Die Regeln 2 und 3 sind Beispiele für die hohe Flexibilität von ClearCase. Zum einen blendet der erzeugte View für alle nicht ausgecheckten Dateien im Verzeichnis `/vobs/src/core` die Revisionen ein, die mit dem Label **XP_SP2** markiert sind. Zum anderen werden für alle Dateien im Verzeichnis `/vobs/src/ie` diejenigen Revisionen ausgewählt, die am 15. November um 12:00 aktuell waren. Durch den regelbasierten Aufbau der Config-Spec lassen sich beliebige Views erstellen und damit auf elegante Weise jede erdenkliche Konfiguration erzeugen. Wie bereits erwähnt, geht die Flexibilität mit einer deutlichen Steigerung des Einarbeitungsaufwands einher. Erfahrungsgemäß schleichen sich bei der Erstellung der Regelbeschreibungen schnell Fehler ein, so dass die Config-Specs in vielen großen Firmen durch eine eigenständige *Integrationsabteilung* und nicht durch die Software-Entwickler selbst erstellt werden.

8.1.3 Entwicklung in großen Teams

Im vorherigen Abschnitt haben wir die Methodik kennen gelernt, mit der ein einzelner Entwickler verschiedene Konfigurationen eines Software-Systems rekonstruieren kann und damit effektiv in die Lage versetzt wird, verschiedene Versionen und Varianten der Software parallel zu bearbeiten. In diesem Abschnitt wollen wir diese Betrachtung weiter vertiefen und uns der Methodik zuwenden, die eine parallele Arbeit verschiedener Entwickler- bzw. Entwicklergruppen an der gleichen Code-Basis ermöglicht.

Das zu lösende Grundproblem der parallelen Software-Entwicklung ist in Abb. 8.10 grafisch skizziert. In dem dargestellten Szenario checken die Entwickler Lea und Leo zeitgleich die Datei **A** aus und erhalten ihre eigene, lokale Arbeitskopie. Beide entwickeln die Datei unabhängig voneinander zu den Dateien **B** und **C** weiter. In unserem Beispiel beendet Lea ihre Arbeit zuerst und überträgt die Änderungen zurück in das Repository (Checkin). Das Problem entsteht, sobald Leo seine Arbeit ebenfalls beendet und mit dem abschließenden Checkin die von Lea durchgeführten Änderungen unweigerlich überschreibt.

Das Beispiel demonstriert, dass die Parallelentwicklung unbedingt koordiniert erfolgen muss. Die unreglementierte Bearbeitung der gleichen Code-Basis führt zwangsläufig zu Situationen, in denen verschiedene Programmierer ihre Arbeit gegenseitig unbrauchbar machen. Welche der potenziellen Situationen kritischer bzw. unkritischer Natur sind, ergibt sich aus den Zuständen, in denen sich eine ausgecheckte Datei und deren Entsprechung im Repository aktuell befinden. Insbesondere sind an dieser Stelle die vier in Abb. 8.11 dargestellten Fälle zu unterscheiden:

■ Fall 1: Die Datei wurde weder im Repository noch lokal geändert.

■ Fall 2: Die Datei wurde lokal geändert, nicht aber im Repository.

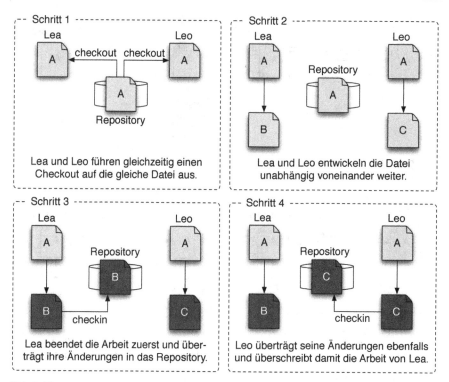

Abb. 8.10 Das zu lösende Problem der Parallelentwicklung

■ Fall 3: Die Datei wurde im Repository geändert, nicht aber lokal.

■ Fall 4: Die Datei wurde sowohl lokal als auch im Repository geändert.

Ist die Datei sowohl im Repository als auch lokal unverändert, so bleiben sowohl ein Checkin als auch ein Update ohne Auswirkung. Wurde die Datei lokal bearbeitet, nicht aber im Repository, so überträgt ein Checkin die lokalen Änderungen in das Repository zurück. Ein Update bleibt hingegen ohne Auswirkung. Ändert sich die Datei stattdessen im Repository, ist aber lokal noch unangetastet, so bleibt ein Checkin ohne Auswirkung und ein Update überschreibt die lokale Datei mit der im Repository gespeicherten Revision. Zum Konflikt kommt es, wenn die betrachtete Datei sowohl lokal als auch im Repository geändert wurde. Ein Checkin würde die Änderungen des Repositories überschreiben, während ein Update alle lokalen Änderungen löschen würde. Zur Lösung des Konflikts werden in der Praxis zwei verschiedene *Checkout-Modelle* eingesetzt, die wir im Folgenden genauer betrachten werden.

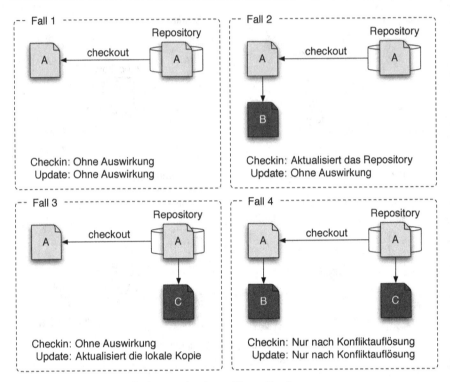

Abb. 8.11 Die vier Zustände einer versionskontrollierten Datei

8.1.3.1 Checkout-Modelle

Der oben beschriebene Checkin-Konflikt lässt sich auf vermeintlich einfache Weise auflösen, indem die parallele Programmentwicklung auf der Dateiebene durch ein serielles Arbeitsmodell ersetzt wird. Hierzu überwacht das Versionsverwaltungssystem mit Hilfe eines *Semaphors*, unter wessen Kontrolle eine bestimmte Datei steht und gewährt allen anderen Benutzern einen ausschließlich lesenden Zugriff. Erst nachdem die Datei wieder eingecheckt wurde, kann ein anderer Anwender die Schreibrechte erlangen. In der Terminologie der Versionsverwaltung wird ein Semaphor-basierter Checkout als *Reserved Checkout* bezeichnet. Bildlich gesprochen ist jede Datei mit einer Art Schlüssel geschützt. Dieser muss zunächst eingeholt werden, bevor auf das Artefakt schreibend zugegriffen werden darf. Erst beim Einchecken wird der Schlüssel wieder frei und gegebenenfalls an einen anderen Benutzer weitergegeben. Abb. 8.12 fasst das beschriebene Checkout-Modell grafisch zusammen.

In der Praxis führen Reserved Checkouts fast immer zu massiven Problemen, da jede Datei aufgrund der seriellen Arbeitsweise nur von einem einzigen Entwickler modifiziert werden kann. Für den Rest der Arbeitsgruppe entstehen Totzeiten, die sich mit zunehmender Teamgröße kontinuierlich vergrößern. Auch in anderen Be-

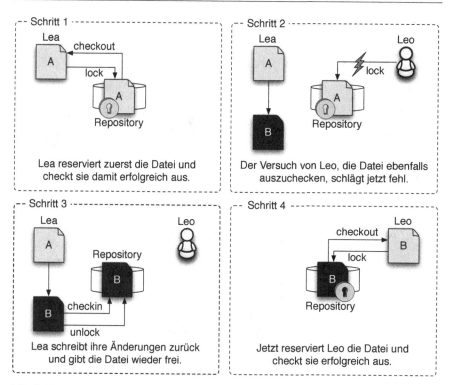

Abb. 8.12 Konfliktbehandlung durch Reserved Checkouts

reichen verstärken sich die negativen Auswirkungen mit der Anzahl der Entwickler, die um den Schlüssel einer bestimmten Datei konkurrieren. Viele Programmierer, die beim Auschecken einer Datei nicht zum Zuge kommen, führen die Entwicklung mit Hilfe einer lokal angefertigten Kopie fort und unterwandern damit faktisch den Kontrollmechanismus des Versionsverwaltungssytems. Des Weiteren führt die Konkurrenzsituation dazu, dass viele Entwickler Dateien nur zögerlich wieder frei geben, sobald sie den exklusiven Zugriff darauf erlangt haben – schließlich könnte doch noch eine Änderung nötig werden und wer kann schon garantieren, dass die Datei nicht für unabsehbare Zeit von einem anderen Entwickler beansprucht wird?

Die zweite Möglichkeit besteht in der Verwendung sogenannter *Unreserved Checkouts*, die es beliebig vielen Entwicklern erlauben, dieselbe Datei auszuchecken und die lokalen Kopien unabhängig voneinander weiterzuentwickeln. Die Koordination erfolgt in diesem Fall erst dann, wenn die Änderungen in das Repository zurückgeschrieben werden sollen. Hat sich der Dateiinhalt dort nicht geändert, so funktioniert der Checkin wie gewöhnlich. Hat dagegen bereits ein anderer Entwickler seine Arbeitsergebnisse eingepflegt, müssen diese vor einem Checkin zunächst in die lokale Kopie übernommen werden. Dazu bestimmt das Versionsverwaltungssystem zunächst die Differenz zwischen den Weiterentwicklungen und

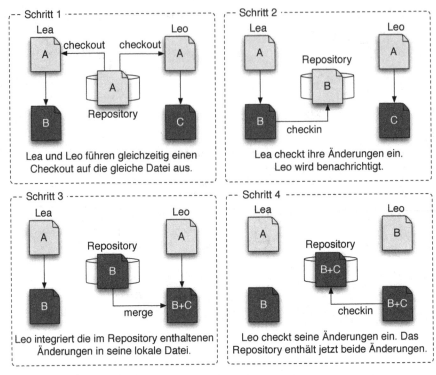

Abb. 8.13 Konfliktbehandlung durch Unreserved Checkouts

der gemeinsamen Vorgängerrevisionen und versucht anschließend, die Änderungen beider Dateien zu verschmelzen. Dieser Vorgang wird als *Merging* bezeichnet und kann in den meisten Fällen automatisch ausgeführt werden. Insbesondere wenn vollständig voneinander unabhängige Teile der Datei bearbeitet wurden, ist ein Merge, wie das obere Beispiel in Abb. 8.14 demonstriert, stets konfliktfrei möglich.

Wurden hingegen die gleichen Code-Bereiche editiert, entsteht an der betreffenden Stelle ein *Merge-Konflikt*, der durch den Software-Entwickler manuell aufgelöst werden muss. Zu diesem Zweck stellen moderne Versionsverwaltungssysteme eigene, meist grafische Werkzeuge zur Verfügung, mit deren Hilfe sich die Mehrzahl der Merge-Konflikte effizient auflösen lassen. Exemplarisch ist in Abb. 8.15 das Arbeitsfenster des Werkzeugs FileMerge zu sehen, das als Bestandteil der XCode-Entwicklungsumgebung von Mac OS X ausgeliefert wird.

Vereinzelt wird die automatische Dateiverschmelzung von Software-Entwicklern mit Argwohn betrachtet. In der Tat lassen sich pathologische Beispiele konstruieren, in denen ein konfliktfrei durchführbarer Merge zu einem unbeabsichtigten Ergebnis führt. Die Probleme, die durch die automatische Dateiverschmelzung nachweislich entstehen können, werden von vielen Skeptikern als Argument verwendet, um die Methode der Unreserved Checkouts als ungeeignetes Entwicklungsmodell zu dis-

■ Beispiel 1: Die Dateiverschmelzung kann konfliktfrei und automatisiert durchgeführt werden.

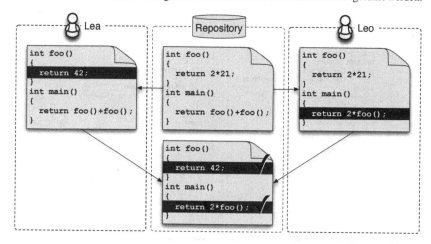

■ Beispiel 2: Die Dateiverschmelzung führt zum Konflikt, der manuell aufgelöst werden muss.

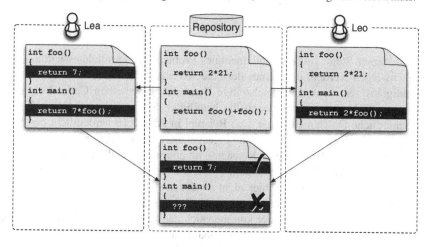

Abb. 8.14 Konfliktfreie und konfliktbehaftete Dateiverschmelzung

kreditieren. So verlockend der Einsatz von Reserved Checkouts an dieser Stelle auch erscheinen mag, so wenig funktioniert der Ansatz in der Praxis. Erfahrungsgemäß stößt das Verfahren schon ab einer Gruppengröße von 4 bis 5 Entwicklern an seine Grenzen und ist damit für große Software-Projekte keine Alternative. Gleichzeitig werden die Probleme der automatisierten Dateiverschmelzung häufig überschätzt. Die eigene Praxiserfahrung zeigt an dieser Stelle, dass in der täglichen Arbeit weniger als 10 % der durchgeführten Checkins zu einem Merge-Problem führen und 90 % der Konflikte ohne größere Schwierigkeiten manuell korrigiert werden können.

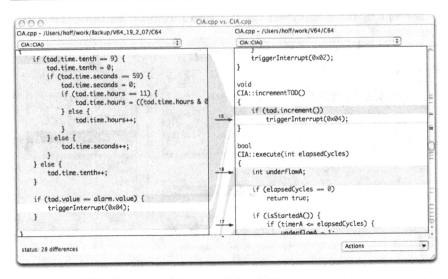

```
CIA.cpp vs. CIA.cpp
CIA.cpp - /Users/hoff/work/Backup/V64_19_2_07/C64        CIA.cpp - /Users/hoff/work/V64/C64
CIA::CIA()                                      ‡        CIA::CIA()                                  ‡
{                                                        }
    if (tod.time.tenth == 9) {                                  triggerInterrupt(0x02);
        tod.time.tenth = 0;                              }
        if (tod.time.seconds == 59) {
            tod.time.seconds = 0;                        void
            if (tod.time.hours == 11) {                  CIA::incrementTOD()
                tod.time.hours = ((tod.time.hours & 0    {
            } else {                            15 ▶         if (tod.increment())
                tod.time.hours++;                                triggerInterrupt(0x04);
            }                                            }
        } else {
            tod.time.seconds++;                          bool
        }                                                CIA::execute(int elapsedCycles)
    } else {                                             {
        tod.time.tenth++;                       18 ▶         int underflowA;
    }
                                                             if (elapsedCycles == 0)
    if (tod.value == alarm.value) {                              return true;
        triggerInterrupt(0x04);
    }                                                        if (isStartedA()) {
}                                           17 ▶             if (timerA <= elapsedCycles) {
                                                                 underflowA = 1;
status: 28 differences                                                          Actions  ▼
```

Abb. 8.15 Die FileMerge-Applikation der XCode-Entwicklungsumgebung

An dieser Stelle soll ein fundamentales Problem der Parallelentwicklung nicht verschwiegen werden, das keines der beiden vorgestellten Checkin-Modelle vollständig löst. So kann die gleichzeitige Bearbeitung derselben Code-Basis selbst dann zu Problemen führen, wenn die beteiligten Software-Entwickler völlig unterschiedliche Dateien editieren. Das Beispiel in Abb. 8.16 verdeutlicht den Sachverhalt anhand zweier im Repository gespeicherten Artefakte A.h und A.c. Die Header-Datei A.h definiert eine Konstante HZ und wird von der Datei A.c mit Hilfe der include-Direktive eingebunden. Anders als in den bisher geschilderten Szenarien arbeiten Lea und Leo hier nicht an demselben Artefakt. Stattdessen ändert Lea ausschließlich die Datei A.h während sich Leos Änderungen auf die Datei A.c beschränken – beide Entwickler kommen sich dadurch in keiner Weise in die Quere. Trotzdem kommt es zum Konflikt, sobald die letzte Änderung in das Repository übertragen wurde. Obwohl die lokalen Konfigurationen beider Entwickler ohne Probleme übersetzt und korrekt ausgeführt werden können, entsteht nach dem Einchecken eine Konfiguration, die der Compiler während der Übersetzung mit einer Fehlermeldung quittiert.

Was ist passiert? Durch Leos Änderung wird im Hauptprogramm zunächst die Adresse der Variablen HZ ermittelt und dessen Inhalt anschließend durch eine einfache Dereferenzierung ermittelt. Die Änderung von Lea macht diesen Ansatz zunichte, da HZ nunmehr als Konstante und nicht mehr länger als Variable implementiert wird – im Gegensatz zu Variablen besitzen numerische Konstanten dieser Art keine Adresse im Hauptspeicher. Beide oben eingeführten Checkout-Modelle stoßen hier an ihre Grenzen, da sie lediglich die Parallelarbeit an *ein und derselben* Datei koordinieren.

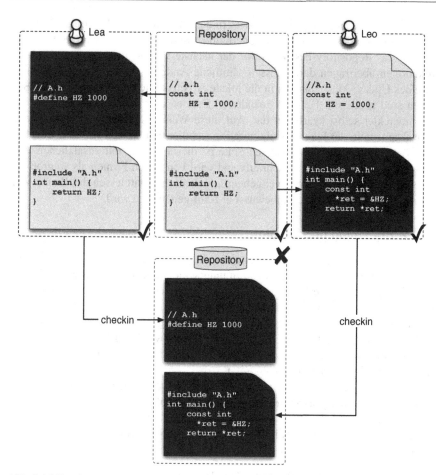

Abb. 8.16 Durch semantische Abhängigkeiten erzeugte Inkonsistenz

Solche und ähnliche Probleme gehören in großen Software-Projekten zur täglichen Praxis und schrecken viele Entwickler ab, größere Änderungen an der Code-
Basis vorzunehmen. Mit der Anzahl der modifizierten Dateien steigt auch die Wahrscheinlichkeit einer unbemerkt erzeugten Inkonsistenz. Selbst wenn das Programm
in der lokalen Konfiguration perfekt funktioniert, kann das Einchecken der Änderungen eine in sich widersprüchliche Repository-Konfiguration hervorrufen und auf
diese Weise die Arbeit anderer Entwickler blockieren.

Um es vorwegzunehmen: Eine elegante Lösung für dieses Problem existiert
nicht. Im Falle von Reserved Checkouts wäre die Vermeidung solcher Inkonsistenzen nur dann möglich, wenn der Semaphor die Blockierung auf ausnahmslos alle
Dateien des Projekts ausweitet. Faktisch bedeutet dies jedoch die Abkehr von der
Parallelentwicklung und ist ein zusätzlicher Grund, warum Reserved Checkouts in
der Praxis versagen. Im Falle von Unreserved Checkouts könnte das Problem durch

projektbezogene Checkins gelöst werden. In diesem Fall wird jedem Entwickler ein individuelles Zeitfenster zugeteilt, innerhalb dessen er den exklusiven Schreibzugriff auf das Repository besitzt. Bevor der nächste Entwickler seine eigenen Modifikationen übertragen darf, müssen sämtliche Änderungen des Repositories mit Hilfe des Update-Mechanismus in die lokale Arbeitskopie eingepflegt werden. Betroffen sind in diesem Fall alle geänderten Dateien und nicht nur diejenigen, die der Entwickler selbst bearbeitet hat. Auf diese Weise werden etwaig vorhandene Inkonsistenzen in der lokalen Konfiguration sichtbar und können vor dem Checkin aufgelöst werden. Auf der negativen Seite ist dieser Ansatz mit zusätzlichen Anstrengungen verbunden. Der Mehraufwand wird von vielen Firmen als so groß erachtet, dass dieser Weg heute weitgehend gescheut und stattdessen das Risiko von Inkonsistenzen bewusst oder unbewusst in Kauf genommen wird.

8.1.3.2 Branching und Merging

Alle Versionsverwaltungssysteme gestatten, die Entwicklung einer Revision an einem gewissen Punkt aufzuspalten und in unterschiedliche Richtungen fortzuführen (*branching*). Denken wir uns die aufeinander folgenden Revisionen eines Artefakts auf der Zeitachse aufgereiht, so erzeugt jede Aufspaltung einen neuen Ast (*branch*). Sobald die Arbeit auf dem abgespalteten Seitenzweig beendet ist, wird dieser auf den Hauptzweig zurückintegriert (*merging*). Hierzu werden die auf beiden Ästen vorgenommenen Änderungen zusammengeführt und die Entwicklung anschließend auf dem konsolidierten Zweig fortgesetzt.

Für die Benennung von Zweigen und Revisionen verwenden die gebräuchlichen Versionsverwaltungssysteme unterschiedliche Nomenklaturen. Ein häufig verwendetes Schema weist jeder Revision eine mehrgliedrige *Revisionsnummer* zu, die sich aus der Position des Elements innerhalb der Verzweigungsstruktur ergibt. Die folgenden Beispiele verdeutlichen das Schema:

> 1 : Die erste Revision des Hauptzweigs
> 2.1 : Die erste Revision desjenigen Seitenzweigs, der bei Revision 2 beginnt
> 2.1.1 : Die erste Revision desjenigen Seitenzweigs, der bei Revision 2.1 beginnt

Ein solches nummernbasiertes Schema wird z. B. von CVS und Subversion verwendet. ClearCase zeigt sich an dieser Stelle großzügig und stellt es dem Entwickler frei, Zweige mit beliebigen Namen zu versehen.

In großen Projekten gehören die Generierung neuer sowie die Verschmelzung existierender Zweige zum Alltagsgeschäft. Die in der Praxis anzutreffenden Einsatzzwecke fallen in der Regel in eine von vier Kategorien, die jede für sich eine charakteristische Zweigstruktur entstehen lässt (vgl. 8.17):

■ **Team-Koordination**

Mit den in Abschnitt 8.1.3.1 vorgestellten Checkout-Modellen können verschiedene Programmierer zur gleichen Zeit auf demselben Zweig und derselben Code-Basis arbeiten, ohne dass Änderungen im Zuge der Parallelentwicklung verloren gehen. Auf der negativen Seite steigt mit der Anzahl der gleichzeitig auf einem Zweig tätigen Entwickler auch das Risiko, dass der im Repository gespeicherte

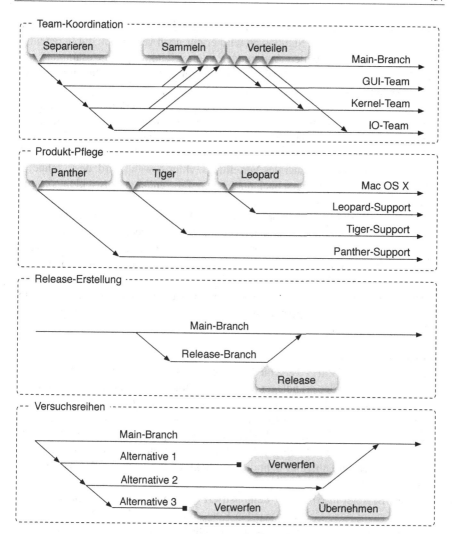

Abb. 8.17 *Branching* und *Merging* in der praktischen Anwendung

Quellcode z. B. durch einen fehlerhaften Checkin nicht mehr übersetzt werden kann. In diesem Fall wird die Arbeit aller auf diesem Zweig arbeitenden Entwickler auf einen Schlag blockiert.

Aus diesem Grund wird der Entwicklungszweig in der Praxis aufgetrennt und *gebündelt* fortgeführt. Die Aufteilung kann flexibel gestaltet werden, so dass komplette Abteilungen, separate Teams oder einzelne Entwickler auf einem individuellen Seitenast arbeiten können. Abb. 8.17 demonstriert die entstehende Zweigstruktur anhand eines konkreten Beispiels. Neben dem Hauptzweig existiert ein separater Seitenast für das GUI-, das Kernel- und das IO-Team. In der

entstandenen Topologie wird der Hauptzweig selbst nicht mehr für die Weiterentwicklung eingesetzt. Stattdessen wird er nur noch verwendet, um in regelmäßigen Zyklen die aktuellen Änderungen aller Seitenzweige einzusammeln und
erneut zu verteilen. Die eigentliche Entwicklung findet ausschließlich auf den
Seitenästen statt.

Auf der negativen Seite führt dieser Ansatz zu einer merklichen Verzögerung,
bis sich die Änderungen zweier Arbeitsgruppen gegenseitig erreichen. Die Arbeit
einer Gruppe bleibt solange für alle anderen unsichtbar, bis die Änderungen in
den Hauptzweig integriert und von dort aus auf die anderen Seitenäste verteilt
wurden. Je kürzer die Dauer des Verteilungszyklus gewählt wird, desto schneller
breiten sich die Änderungen nach und nach auf die anderen Entwicklungszweige
aus.

Trotzdem ist es in zweierlei Hinsicht nicht sinnvoll, die Intervalldauer auf
das mögliche Minimum zu reduzieren. Zum einen erfordert die Verteilung einen
nicht zu unterschätzenden Personalaufwand, da die Zusammenführung zweier
Äste mehrere Stunden oder gar Tage dauern kann. Zum anderen können zur
Wahrung der Konsistenz während der Sammel- und Verteilungsphase keine Änderungen in den Zweig eingecheckt werden. Kurzum: Die fortwährende Integration würde zu einer permanenten Arbeitsblockade auf Seiten des Software-
Entwicklers führen.

■ **Produktpflege**

Die Wartung und Pflege verschiedener Release-Versionen haben wir bereits weiter oben als eine der grundlegenden Anwendungsdomänen der Versionsverwaltung herausgearbeitet. Mit Hilfe des Verzweigungsprinzips kann die simultane
Arbeit an mehreren Produktversionen auf natürliche Art und Weise nachgebildet
werden. Im Zuge der Release-Erstellung wird zeitgleich ein *Support-Branch* erzeugt, auf dem alle zukünftigen Wartungs- und Pflegeaktivitäten vorgenommen
werden. Hiervon unberührt geht die Entwicklung des nächsten Release auf dem
Hauptzweig weiter.

Das Beispiel in Abb. 8.17 demonstriert die mögliche Produktpflege des Betriebssystems Mac OS X. Für jeden Release (Cheetah, Puma, Jaguar, Panther,
Tiger, Leopard, ...) existiert ein individueller Zweig, auf dem Fehlerkorrekturen und kleine Produktänderungen vorgenommen werden. Die Entwicklung der
nächsten Betriebssystemausgabe wird dagegen auf dem Hauptzweig vorangetrieben.

Obwohl nicht zwingend erforderlich, werden die Änderungen auf dem
Support-Branch typischerweise in regelmäßigen Abständen zurückintegriert.
Dieses Vorgehen ist insbesondere für Fehlerbereinigungen sinnvoll, da die meisten auf den Seitenästen korrigierten Fehler auch auf dem Hauptzweig noch vorhanden sind und damit im Zuge der Integration automatisch mitkorrigiert werden.

■ **Release-Erstellung**

In großen Projekten ist die Release-Erstellung ein komplexer Prozess. Um ein
Software-System in einen Release-fähigen Zustand zu bringen, müssen zahlrei-

che kleine und große Fehler korrigiert werden. Bis alle Abnahmetests fehlerfrei absolviert werden, durchläuft ein typischer Release-Kandidat eine *Konvergenzphase*, die durch eine stetige Abnahme der Änderungsrate charakterisiert ist. Da jeder Programmeingriff ein potenzielles Risiko für neue Fehler darstellt, werden kurz vor dem Release-Termin nur noch solche Code-Korrekturen zugelassen, die schwerwiegende Software-Fehler revidieren.

Da die Software auf dem Hauptzweig ständig weiterentwickelt wird, käme die dortige Release-Erstellung einem Schuss auf ein bewegliches Ziel gleich. Um die benötigte Stabilität zu gewährleisten, wird rechtzeitig ein spezieller *Release-Zweig* abgespalten, der nur für die Zeit der Konvergenzphase existiert. Alle Änderungen, die auf diesem Zweig vorgenommen werden, stehen unter der Kontrolle des Release-Teams, so dass willkürlich durchgeführte Code-Modifikationen kurz vor Auslieferungstermin unterbunden werden können. Die vorübergehende Isolation des Release-Codes ermöglicht, die Entwicklung auf dem Hauptzweig ungebremst voranzutreiben.

Ist die Konvergenzphase erfolgreich abgeschlossen, erfolgt die eigentliche Release-Erstellung auf Tastendruck. Hierzu werden die Head-Revisionen aller Dateien mit einem speziellen Release-Label markiert, über den die so fixierte Konfiguration zu jedem späteren Zeitpunkt wiederhergestellt werden kann. Damit alle Fehlerkorrekturen, die während der Konvergenzphase in den Programmcode eingepflegt wurden, nicht verloren gehen, wird der Release-Branch vor dem Löschen auf den Hauptzweig zurückintegriert.

■ **Versuchsreihen**

Die Verzweigungstechnik gestattet es auf einfache Weise, verschiedene Implementierungsmöglichkeiten gegeneinander zu vergleichen. Hierzu wird für jede Alternativimplementierung ein eigener Zweig abgespalten und das Ergebnis bewertet. Nur der Seitenast mit der favorisierten Lösung wird anschließend auf den Hauptzweig zurückintegriert – alle anderen werden gelöscht. Die Verzweigungstechnik ermöglicht damit die parallele Evaluation verschiedener Alternativen, ohne die bestehende Software auf dem Hauptzweig zu modifizieren. Änderungen, die als ungeeignet identifiziert wurden, lassen sich postwendend verwerfen.

Die geschilderten Szenarien lassen sich in der Praxis nicht voneinander trennen, so dass die in Abb. 8.17 dargestellten Zweigstrukturen ineinander geschachtelt auftreten. Das entstehende Zweiggeflecht kann in seiner Größe massiv anwachsen und wird typischerweise von eigens gegründeten Integrations-Teams verwaltet und gepflegt. Die Komplexität, die sich schon in den vorherigen Kapiteln als der größte Feind des Software-Entwicklers erwiesen hat, offenbart sich hier erneut als allgegenwärtig.

8.1.3.3 Delta-Technik

Mit jedem neuen Zweig und jeder neuen Revision steigt neben der strukturellen Komplexität des Repositorys auch dessen Platzbedarf immer weiter an. Um die zu

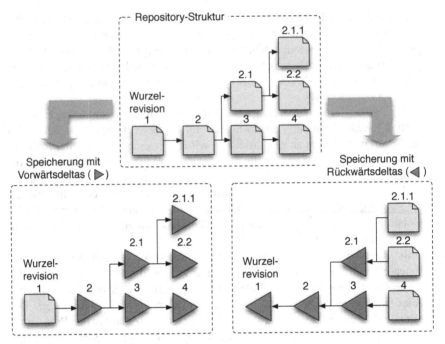

Abb. 8.18 Delta-basierte Speicherung des Revisionsbaums

speichernde Datenmenge im Zaum zu halten, legen viele Versionsverwaltungssysteme einzelne Revisionen nicht im Klartext, sondern in Form sogenannter *Deltas* ab. Diese speichern lediglich die Differenz zweier Dateiinhalte und belegen dadurch nur einen Bruchteil an Speicherplatz. Zwei prinzipielle Arten von Deltas lassen sich unterscheiden (vgl. Abb. 8.18):

■ **Vorwärtsdeltas**
  Ein Vorwärtsdelta ist eine Berechnungsvorschrift, die aus der *Vorgängerrevision* die *Nachfolgerevision* berechnet. In diesem Fall muss ausschließlich die Wurzelrevision vollständig gespeichert werden, so dass sich die Verwendung von Vorwärtsdeltas als besonders platzsparend erweist. Nachteilig schlägt der Aufwand zu Buche, der für die vollständige Rekonstruktion der Head-Revision benötigt wird. In diesem Fall müssen alle Deltas nacheinander auf die Wurzelrevision angewendet werden. Mit den permanent sinkenden Massenspeicherpreisen verlieren Vorwärtsdeltas zusehends an Bedeutung.

■ **Rückwärtsdeltas**
  Ein Rückwärtsdelta ist eine Berechnungsvorschrift, die aus der *Nachfolgerevision* die *Vorgängerrevision* berechnet. In diesem Fall werden die Head-Revisionen aller Zweige vollständig im Repository gespeichert und aus diesen die entsprechenden Vorgängerrevisionen rekonstruiert. Sind viele Zweige vorhanden, müs-

sen deutlich mehr Dateien vollständig vorgehalten werden, als es die Verwendung von Vorwärtsdeltas erfordert. Rückwärtsdeltas erweisen sich in der Praxis allerdings als die deutlich effizientere Technik, da auf die Head-Revision ungleich häufiger zugegriffen wird, als auf alle anderen Revisionen.

Die benötigten Deltas werden von der Versionsverwaltung selbstständig im Hintergrund berechnet, so dass für die Verwendung eines solchen Werkzeugs kein tiefergehendes Wissen erforderlich ist. Der interessierte Leser sei an dieser Stelle auf Abschnitt 8.1.4.2 verwiesen, der neben den verwendeten Algorithmen zur Delta-Berechnung auch einen Einblick in die Technik der automatischen Dateiverschmelzung gibt.

8.1.3.4 Typische Praxisfehler

Obwohl die Versionsverwaltung ein integraler Bestandteil der meisten Entwicklungsprozesse ist, wird deren Grundprinzip oft falsch ausgelegt. So werden in vielen Unternehmen nur die Quelltexte unter die Versionskontrolle gestellt, alle anderen Software-Artefakte dagegen im gewöhnlichen Dateisystem belassen. Dass Versionsverwaltungssysteme ausschließlich für die Verwaltung der primären Software-Artefakte ausgelegt sind, ist eine immer noch weit verbreitete Fehlinterpretation.

Auf die Speicherung der tertiären Software-Artefakte wird in den meisten Unternehmen ohnehin verzichtet. Neben technischen Schwierigkeiten wird häufig das Argument des drastisch steigenden Platzbedarfs herangezogen. So leistungsstark die Delta-Technik für die kompakte Speicherung von Textdateien auch sein mag, so wenig kann sie bei der Archivierung binärer Dateien ausrichten. Wird die Entwicklungsumgebung in allen verwendeten Ausführungen abgelegt, kann die Größe des Repositorys in der Tat beträchtlich anwachsen. Trotzdem gehen Unternehmen, die aus Speicherplatzgründen nur die primären Artefakte unter die Versionskontrolle stellen, ein hohes Risiko ein. Zwar lassen sich alte Quelldateien auf Tastendruck durch das Versionsverwaltungssystem rekonstruieren – ob das Programm aufgrund der geänderten Soft- und Hardwareumgebung allerdings noch immer übersetzt werden kann, steht in den Sternen.

Aufgrund der permanent zunehmenden Speicherkapazität und des konstant anhaltenden Preisverfalls ist es heute problemlos möglich, die Versionskontrolle auf sekundäre und tertiäre Artefakte auszuweiten. Einige Entwicklungsabteilungen gehen sogar soweit, für jeden Release eine virtuelle Computerumgebung zu erzeugen (vgl. Abschnitt 3.5.3.2), die neben der betroffenen Software eine Momentaufnahme des kompletten Betriebssystems samt Entwicklungsumgebung enthält. Selbst bei einem kompletten Wechsel des Host-Betriebssystems lässt sich das zur Übersetzung notwendige Umfeld jederzeit wiederherstellen.

Ein ebenfalls häufig wiederkehrender Praxisfehler geht auf die falsche Verwendung des Verzweigungsmechanismus zurück. Hierzu betrachten wir das Beispiel eines nicht ganz fiktiven Automobilzulieferers, der für jeden seiner drei Kunden – wir bezeichnen sie an dieser Stelle neutral mit A, B und C – eine eigene Software-Produktlinie pflegen muss. Da jeder Kunde auf individuellen Anpassungen besteht

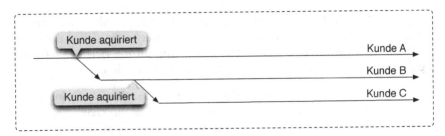

Abb. 8.19 Fehlerhafte Verwendung der Verzweigungstechnik

und die Zielfahrzeuge technische Unterschiede aufweisen, kommt der Automobilzulieferer auf die Idee, für jede Software-Produktlinie einen eigenen Zweig innerhalb des Versionskontrollsystems anzulegen. Der große Vorteil, so denkt sich die
Firma, besteht in einer deutlichen Reduktion der Software-Artefakte. So wird z. B.
nur noch eine Datei für die Ansteuerung des fahrzeuginternen CAN-Busses benötigt
(`can_bus.c`). Die CAN-Bus-Variante von Kunde A wird im A-Zweig gespeichert,
die CAN-Bus-Variante von Kunde B im B-Zweig etc. Zudem ist es in dieser Konstellation vollkommen ausreichend, ein einziges Makefile (vgl. Abschnitt 8.2.1.1)
anzulegen. Ein `make` im A-Zweig erzeugt die Software für den Kunden A, ein `make`
im B-Zweig erzeugt die Software für den Kunden B etc.

Obwohl das so aufgesetzte System voll funktionsfähig ist und das Konzept in
sich stimmig erscheint, verwendet es den Verzweigungsmechanismus vollständig
falsch. In der Theorie der Versionsverwaltung entsteht eine Verzweigung immer
dann, wenn *ein und dasselbe* Element in unterschiedliche Richtungen weiterentwickelt wird. Kommt eine Datei auf zwei verschiedenen Zweigen vor, so handelt
es sich um ein jeweils anderes Entwicklungsstadium desselben Elements. Diese Eigenschaft wird durch das oben skizzierte Konzept verletzt: Die als Beispiel genannte
Datei `can_bus.c` auf Zweig A hat im Grunde genommen nur den Namen mit der
Datei `can_bus.c` auf Zweig B gemeinsam. Inhaltlich sind beide Dateien völlig verschieden.

An dieser Stelle ist ein erneuter Blick auf die Anwendungsszenarien in Abb. 8.17
angebracht. Sehen wir von dem Szenario der Versuchsreihe ab – hier werden Änderungen auf gewissen Zweigen bewusst verworfen – werden sämtliche Entwicklungsstränge wieder mit dem Hauptstrang verschmolzen. Die Rückintegration ist
der zentrale Mechanismus, der z. B. dafür sorgt, dass eingepflegte Fehlerkorrekturen
nach und nach von den anderen Zweigen übernommen werden. Was aber würde eine
Rückintegration für unseren Automobilzulieferer bedeuten? Die Verschmelzung der
Zweige A, B, C würde für die Datei `can_bus.c` in einem Desaster enden, schließlich besteht zwischen den ehemals drei Dateien kein inhaltlicher Bezug. Kurzum:
Die Konsolidierung der Zweige ist nicht mehr möglich – Fehlerkorrekturen, die auf
einem der Zweige vorgenommen wurden, müssen manuell auf alle anderen übertragen werden.

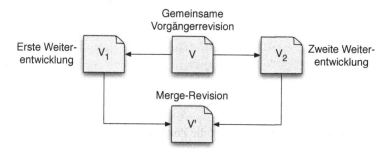

Abb. 8.20 Änderungsverschmelzung zweier paralleler Entwicklungsstränge

Die saubere Lösung des Problems liegt für unseren Automobilzulieferer näher, als von vielen vielleicht erwartet. Anstelle die verschiedenen Produktvarianten auf individuelle Seitenäste abzubilden, werden diese auf separate Unterverzeichnisse verteilt und alle zusammen in einem einzigen Zweig gespeichert. Für die genaue Verzeichnisstruktur gibt es keine allgemeingültigen Regeln. Beispielsweise könnte der Automobilzulieferer alle kundenspezifischen Dateien in einem eigenen Verzeichnis zusammenfassen und von den kundenunabhängigen Programmteilen trennen. Eine solche Zweiteilung haben wir bereits in Abb. 3.27 im Zusammenhang mit der Verzeichnisstruktur des Linux-Kernels kennen gelernt – eine Verzeichnisstruktur, von der sich auch der hier zitierte Automobilzulieferer inspirieren lassen könnte.

8.1.4 Algorithmische Grundlagen der Versionskontrolle

In diesem Abschnitt werden wir einen Blick hinter die Kulissen wagen und in einem kurzen Streifzug die algorithmischen Grundlagen kennen lernen, auf denen die Technologie der Versionsverwaltung im Kern beruht.

8.1.4.1 Dateiverschmelzung

Die Zusammenführung von Änderungen, die von mehreren Benutzern gleichzeitig an ein und derselben Datei durchgeführt wurden, ist das technische Fundament der Parallelentwicklung. Um die Betrachtungen an dieser Stelle so einfach wie möglich zu gestalten, setzen wir ein Szenario mit nur zwei parallelen Entwicklungssträngen voraus.

Für die folgenden Überlegungen nehmen wir an, dass eine gemeinsame Vorgängerdatei V von zwei unabhängig agierenden Programmierern zu den Revisionen V_1 und V_2 weiterentwickelt wurde. Die Aufgabe der *Dateiverschmelzung (file merge)* besteht in der Konstruktion eines gemeinsamen Nachfolgers V', der sowohl die Änderungen von V_1 als auch die Änderungen von V_2 in sich vereint (vgl. Abb. 8.20).

Für die Berechnung der *Merge-Revision* greifen die meisten Versionsverwaltungssysteme auf die Berechnung der *längsten gemeinsamen Teilfolge*, kurz LGT, zurück. Für n Zeichenfolgen

$$S_1 = (s_{11}, s_{12}, s_{13}, \ldots, s_{1m_1}), \tag{8.1}$$
$$S_2 = (s_{21}, s_{22}, s_{23}, \ldots, s_{2m_2}), \tag{8.2}$$
$$\ldots \tag{8.3}$$
$$S_n = (s_{n1}, s_{n2}, s_{n3}, \ldots, s_{nm_n}) \tag{8.4}$$

mit beliebiger, aber endlicher Länge ist die Zeichenfolge

$$T = (t_1, t_2, t_3, \ldots, t_k) \tag{8.5}$$

genau dann eine *gemeinsame Teilfolge* (GT), falls

T durch Streichen von $(m_1 - k)$ Symbolen aus S_1 entsteht,

T durch Streichen von $(m_2 - k)$ Symbolen aus S_2 entsteht,

$$\ldots$$

T durch Streichen von $(m_n - k)$ Symbolen aus S_n entsteht.

T heisst eine *längste gemeinsame Teilfolge* (LGT), wenn es keine andere Teilfolge gibt, die mehr Symbole enthält. Die beiden Beispiele in Abb. 8.21 veranschaulichen die Konstruktionsidee.

Obwohl die LGT-Berechnung für kleine Zeichenketten fast trivial erscheint, steigt die algorithmische Komplexität quadratisch mit der Länge der untersuchten Zeichenketten an [57]. Das rechte Beispiel in Abb. 8.21 zeigt zudem, dass die längste gemeinsame Teilfolge nicht in jedem Fall eindeutig ist. Folgerichtig werden wir im Rest dieses Abschnittes meist von *einer* und nicht von *der* längsten gemeinsamen Teilfolge sprechen.

Die Berechnung der Merge-Revision beginnt mit der Konstruktion einer längsten gemeinsamen Teilfolge der gemeinsamen Vorgängerrevision V und den beiden lokalen Weiterentwicklungen V_1 und V_2. Die Berechnung wird in der Praxis auf *Zeilenebene* durchgeführt, d. h., jedes der Symbole s_{xy} in den Gleichungen (8.1) bis (8.4) entspricht einer separaten Code-Zeile der Quelldatei.

Wie das Beispiel in Abb. 8.22 verdeutlicht, werden die Dateien V, V_1 und V_2 durch die LGT-Berechnung in verschiedene Bereiche partitioniert. Alle Code-Zeilen, die der längsten gemeinsamen Teilfolge angehören, sind grau eingefärbt. Zwischen den LGT-Fragmenten verbleiben mehrere Differenzbereiche, in denen die drei Dateien nicht alle den gleichen Inhalt aufweisen.

Sind die Differenzbereiche bestimmt, werden diese nacheinander einer Konfliktbehandlung unterzogen. Abb. 8.23 fasst alle zu unterscheidenden Fälle grafisch zusammen. Um die Darstellung zu vereinfachen, sind alle Szenarien, in denen ein Abschnitt in den Folgerevisionen V_1 oder V_2 vollständig gelöscht wurde bzw. in der Ursprungsrevision V noch nicht vorhanden war, als eigenständige Fälle aufgeführt und die leeren Programmabschnitte mit dem Symbol der leeren Menge markiert ($\emptyset$).

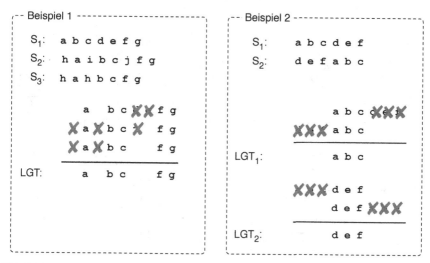

Abb. 8.21 Konstruktion der längsten gemeinsamen Teilfolge (LGT)

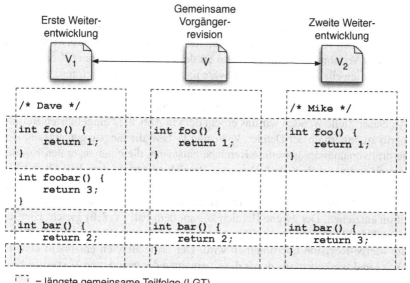

Abb. 8.22 LGT-basierte Dateipartitionierung

In 6 der insgesamt 10 möglichen Merge-Szenarien ändert sich nur der Inhalt einer einzigen Datei, so dass die Verschmelzung konfliktfrei und vor allem vollautomatisiert durchgeführt werden kann. In den restlichen 4 Szenarien entstehen Merge-Konflikte, die durch den Software-Entwickler manuell beseitigt werden müssen. Im

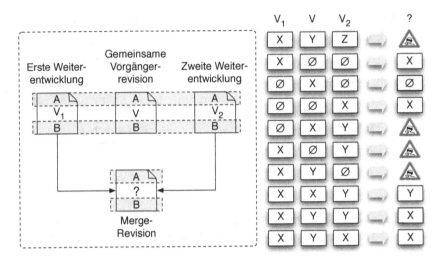

Abb. 8.23 Konfliktbehandlung während der Dateiverschmelzung

Fall (X,Y,Z) wurde der gemeinsame Vorgängeranteil Y in beiden Folgerevisionen geändert und mit X bzw. Z in unterschiedliche Richtungen weiterentwickelt. Egal, ob sich das Versionsverwaltungssystem an dieser Stelle für X oder Y entscheiden würde – die jeweils andere Änderung wäre unwiederbringlich verloren. In analoger Weise kommt es für die Kombinationen $(\emptyset,X,Y)$, $(X,\emptyset,Y)$ und $(X,Y,\emptyset)$ zu Merge-Konflikten, die sich einer automatischen Entflechtung entziehen.

An dieser Stelle wenden wir uns erneut dem in Abb. 8.22 eingeführten Beispielszenario zu. Innerhalb der Dateien V, V_1 und V_2 lässt die längste gemeinsame Teilfolge drei voneinander getrennte Bereiche entstehen, die einer separaten Konfliktauflösung zu unterziehen sind. Der erste Bereich entspricht dem Fall $(X,\emptyset,Y)$ aus Abb. 8.23. Beide Entwickler haben der Datei individuelle Kommentare vorangestellt, die sich der automatischen Dateiverschmelzung aufgrund ihrer identischen Position entziehen. Der zweite Bereich kommt dem Fall $(X,\emptyset,\emptyset)$ gleich. Hier lässt sich der Konflikt unmittelbar auflösen, indem die neu eingefügte Funktion **foobar** in die Merge-Revision übernommen wird. Der dritte Bereich entspricht dem Fall (X,X,Y) und wird ebenfalls durch die Übernahme der geänderten Textzeilen beseitigt.

Nahezu alle Unix-basierten Betriebssysteme bieten die Möglichkeit, Dateien mit Hilfe des Standardwerkzeugs Diff3 zusammenzuführen. Vielleicht haben auch Sie Diff3 bereits eingesetzt, ohne sich dessen überhaupt bewusst gewesen zu sein – etliche Versionsverwaltungssysteme starten die Applikation unsichtbar im Hintergrund. Über die Kommandozeilenschnittstelle nimmt Diff3 drei Dateinamen als Parameter entgegen. Das Werkzeug gleicht die Dateiinhalte gegeneinander ab und extrahiert alle nicht paarweise übereinstimmenden Code-Segmente. Wird das Werkzeug ohne zusätzliche Optionsparameter aufgerufen, untergliedert sich die Ausgabe in die

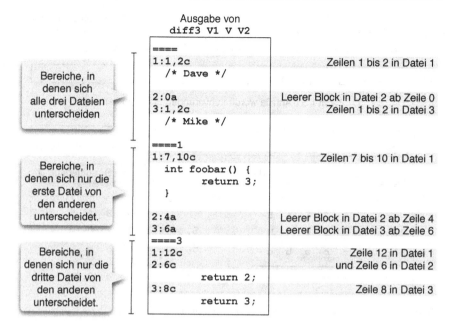

Abb. 8.24 Dateiverschmelzung mit Hilfe von Diff3

folgenden vier Bereiche:

`====` : Segmente, in denen alle drei Dateien voneinander abweichen

`====1` : Segmente, in denen nur die erste Datei von den anderen abweicht

`====2` : Segmente, in denen nur die zweite Datei von den anderen abweicht

`====3` : Segmente, in denen nur die dritte Datei von den anderen abweicht

Die für unser Beispielprogramm generierte Ausgabe von Diff3 ist in Abb. 8.24 dargestellt und entspricht exakt dem Ergebnis, das wir weiter oben mit Hilfe der längsten gemeinsamen Teilfolge berechnet haben.

8.1.4.2 Delta-Berechnung

Wie in Abschnitt 8.1.3.2 beschrieben, legt ein typisches Versionsverwaltungssystem die meisten Programmdateien nicht im Volltext ab. Stattdessen werden lediglich die Änderungen zwischen zwei Revisionen in Form eines *Deltas* im Repository gespeichert. Ein Delta ist damit nichts anderes als eine kompakte Berechnungsvorschrift, mit der sich die Nachfolgerevision (*Vorwärtsdelta*) bzw. die Vorgängerrevision (*Rückwärtsdelta*) einer bestimmten Datei verlustfrei rekonstruieren lässt.

Wie in Abb. 8.25 gezeigt, kann die längste gemeinsame Teilfolge nicht nur zur Dateiverschmelzung, sondern auch zur Delta-Berechnung eingesetzt werden.

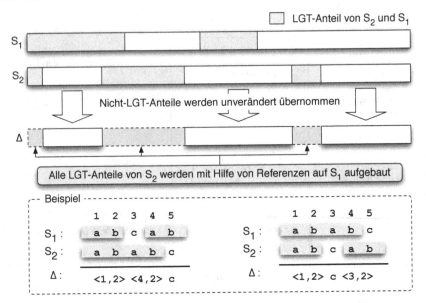

Abb. 8.25 Delta-Berechnung mit Hilfe der längsten gemeinsamen Teilfolge

Die Datei S_1 und ihre Nachfolgerevision S_2 bilden zusammen den Ausgangspunkt. Für die Berechnung eines Vorwärtsdeltas, d. h. einer Konstruktionsvorschrift für S_2 aus S_1, wird zunächst die längste gemeinsame Teilfolge $LGT(S_1, S_2)$ berechnet. Im nächsten Schritt wird die Delta-Vorschrift konstruiert, indem alle Nicht-LGT-Anteile von S_2 unverändert übernommen und alle LGT-Anteile durch eine Folge von Referenzen der Form $< I, L >$ substituiert werden. Die Parameter I und L beschreiben die Startposition und Länge des in S_1 referenzierten Blocks. Die Berechnung eines Rückwärtsdeltas folgt dem gleichen Prinzip und gelingt durch das einfache Vertauschen der Operanden.

Ein gezielter Blick auf das berechnete Ergebnis zeigt, dass die Methode der längsten gemeinsamen Teilfolge im Allgemeinen keine optimalen Deltas berechnet. Sowohl das Vorwärtsdelta von S_1 auf S_2 als auch das Rückwärtsdelta von S_2 auf S_1 besitzt mit $< 4, 2 >< 1, 3 >$ bzw. $< 3, 3 >< 1, 2 >$ eine kürzere Darstellung. Die Schwäche des LGT-Ansatzes geht auf dessen Beschränkung zurück, keine sich überkreuzenden Referenzen erzeugen zu können. Genau dies ist aber die Eigenschaft der optimalen Vorwärts- und Rückwärts-Deltas für das in Abb. 8.25 eingeführte Beispiel.

Durch den Einsatz geeigneter Datenstrukturen lässt sich auch das Delta-Problem präzise lösen. Hierzu wird die Datei S_1 vor der Differenzberechnung zunächst in einen *Suffix-Baum* überführt. Für eine beliebige, mit einem speziellen Endzeichen \$ abgeschlossene Zeichenkette $S =< s_0, s_1, s_2, \ldots, s_n, \$ >$ ist der Suffix-Baum B wie folgt definiert:

■ Jede Kante des Baums ist mit einem der Symbole aus S markiert.

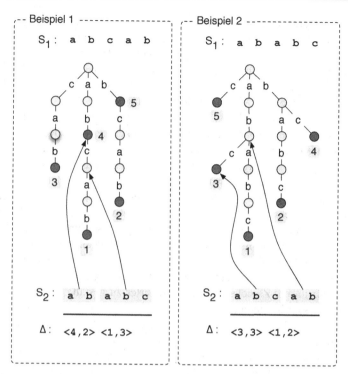

Abb. 8.26 Delta-Berechnung mit Hilfe von Suffix-Bäumen

- Für jedes Suffix $S_i = < s_i, s_{i+1}, \ldots, s_n, \$ >$ von S enthält der Baum ein Blatt B_i. Das Blatt ist so angeordnet, dass S_i den aneinandergereihten Kantenmarkierungen auf dem Pfad von der Wurzel zu B_i entspricht.

- Mehrere von einem Knoten ausgehende Kanten sind stets verschieden markiert.

Die Verwendung des speziellen Endezeichens $\$$ stellt sicher, dass kein Suffix der Beginn eines anderen Suffixes ist. Die Anzahl der Suffixe entspricht somit exakt der Anzahl der Blätter des Baums. In der praktischen Anwendung kann auf die explizite Repräsentation des Endezeichens verzichtet werden, wenn innere Knoten als spezielle *Suffix-Knoten* zugelassen und als solche markiert werden.

Als Beispiel sind in Abb. 8.26 die Suffix-Bäume für die Zeichenketten „abcab" und „ababc" dargestellt. Auf die explizite Darstellung des Endezeichens wurde hier bereits verzichtet und die entsprechenden Suffix-Knoten stattdessen farblich hervorgehoben. Die zusätzlich annotierte Zahl entspricht der Startposition des Suffixes innerhalb der Zeichenkette S.

Den Ausgangspunkt für die Delta-Berechnung bilden auch hier wieder die Datei S_1 und seine Nachfolgerevision S_2. Für die Berechnung eines Vorwärtsdeltas wird zunächst der Suffix-Baum von S_1 berechnet und anschließend von links nach rechts über die Symbole von S_2 iteriert. In jedem Schritt wird der konstruierte Suffix-Baum entlang der entsprechenden Kantenmarkierung traversiert. Gibt es für das aktuell betrachtete Symbol keine passende Nachfolgekante, so wird für die bisher gelesene Zeichenfolge eine Referenz $< I, L >$ erzeugt und die Traversierung an der Wurzel neu gestartet. Eine Ausnahme bildet die Wurzel des Suffix-Baums selbst. Gibt es bereits hier keine passende Kante, so ist das gelesene Symbol kein Bestandteil von S_1 und wird innerhalb des Deltas im Klartext auscodiert.

Obwohl die Methode der Suffix-Bäume stets optimale Deltas berechnet, ist deren Anwendung in der Praxis mit mehr Schwierigkeiten verbunden, als unser vergleichsweise winziges Beispiel an dieser Stelle vermuten lässt. Das Problem liegt in der Baumdarstellung verborgen, die im Allgemeinen quadratisch mit der Länge der betrachteten Zeichenkette anwächst. Der quadratische Aufwand hat zur Folge, dass sich voll expandierte Suffix-Bäume bereits für vergleichsweise kleine Zeichenketten faktisch nicht mehr darstellen lassen. Glücklicherweise sind wir an dieser Stelle in der Lage, die Baumstruktur in eine komprimierte Darstellung zu überführen, deren Größe nur noch linear mit der Länge der Zeichenkette anwächst und zudem mit linearem Aufwand berechnet werden kann. Wie in Abb. 8.27 demonstriert, basiert die Kompression vornehmlich auf der Zusammenfassung linearer Kanten. Um die Darstellung für unsere Zwecke nicht komplizierter zu gestalten als nötig, sind die zusammengefassten Kantenmarkierungen im Klartext annotiert. Streng genommen handelt es sich an dieser Stelle um eine unzulässige Vereinfachung, da die Klartextdarstellung selbst bereits zu einem quadratischen Anwachsen der Datenstruktur führt. In der Praxis wird auf die explizite Annotierung der Suffixe verzichtet und die Struktur stattdessen mit zusätzlichen Referenzzeigern angereichert, deren Gesamtgröße nur linear wächst. Suffix-Bäume wurden in der Vergangenheit ausführlich untersucht und gehören heute zu den wohlverstandenen Strukturen aus dem Bereich der Algorithmentechnik [239, 108].

8.2 Build-Automatisierung

Der Begriff der *Build-Automatisierung* fasst alle Methoden und Techniken zusammen, die sich mit dem selbsttätigen Zusammenfügen einzelner Programmkomponenten zu einem vollständigen Software-System beschäftigen. In diesem Zusammenhang werden wir uns in Abschnitt 8.2.1 zunächst dem Prinzip der inkrementellen Compilierung widmen und anschließend in Abschnitt 8.2.2 die verschiedenen Möglichkeiten der verteilten Datenverarbeitung diskutieren.

8.2.1 Inkrementelle Compilierung

Typische Software-Systeme setzen sich aus einer Vielzahl von Teilmodulen zusammen. Wurden seit der letzten Compilierung des Gesamtsystems nur bestimmte Programmdateien geändert, so kann die Neuübersetzung in aller Regel auf wenige Module beschränkt werden. Die Aufgabe der *inkrementellen Compilierung* ist es, die entsprechenden Komponenten zu identifizieren und nur diese gezielt neu zu übersetzen.

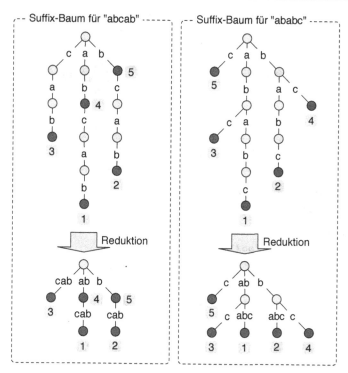

Abb. 8.27 Suffix-Bäume und deren reduzierte Darstellung

In typischen Entwicklungsszenarien lässt sich die Übersetzungszeit mit den Mitteln der inkrementellen Compilierung auf einen Bruchteil der Übersetzungszeit reduzieren, die zum Bau des Gesamtsystems benötigt wird. Legen wir den Code-Umfang großer industrieller Software-Systeme zugrunde, so kann die vollständige Neuübersetzung mehrere Stunden und in vereinzelten Fällen sogar Tage betragen. Die Reduzierung der Übersetzungszeit ist damit deutlich mehr als eine nebensächliche Erleichterung für die Riege der Software-Entwickler. Ohne das Prinzip der inkrementellen Compilierung wäre ein interaktiver Edit-Compile-Run-Zyklus für große Software-Systeme in der heute gewohnten Form undenkbar.

Um die inkrementelle Compilierung korrekt durchzuführen, müssen zunächst die semantischen Abhängigkeiten zwischen den einzelnen Modulen bestimmt werden. Insbesondere ist es an dieser Stelle nicht ausreichend, nur die zwischenzeitlich geänderten Teilkomponenten neu zu übersetzen. Zur Veranschaulichung des Problems betrachten wir die in Abb. 8.28 definierte Modulstruktur. Das Hauptprogramm **main.c** besteht aus einem einzigen Return-Befehl, der den zweifachen Funktionswert **foo()** an den aufrufenden Prozess zurückliefert. Für die Berechnung des Rückgabewerts ruft die Funktion **foo** ihrerseits die Funktion **bar** auf. Für beide existieren zwei separate Dateien, die zum einen den Prototyp (**foo.h** bzw. **bar.h**) und zum anderen die eigentliche Implementierung (**foo.c** bzw. **bar.c**) enthalten.

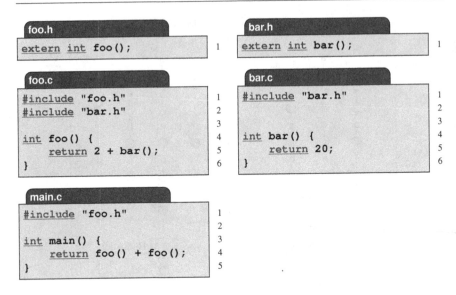

Abb. 8.28 Beispiel zur Demonstration der inkrementellen Compilierung

Alle Teilkomponenten lassen sich durch die folgenden Aufrufe des C-Compilers nacheinander in Objektdateien übersetzen:

```
> gcc -c foo.c
> gcc -c bar.c
> gcc -c main.c
> gcc bar.o foo.o main.o -o main
```

Der letzte Aufruf des C-Compilers startet den Linker und bindet die drei erzeugten Objektdateien zu einem ausführbaren Programm mit dem Namen **main** zusammen.

Die inkrementelle Compilierung kommt immer dann zum Einsatz, wenn im Zuge der Weiterentwicklung nur wenige Quelldateien geändert wurden. In diesem Fall erfolgt die Übersetzung in drei Schritten:

■ **Abhängigkeitsanalyse**

Im ersten Schritt werden die Abhängigkeiten zwischen den einzelnen Modulen auf Dateiebene untersucht. Das Ergebnis der Analyse ist ein *Abhängigkeitsgraph*, wie er in Abb. 8.29 (links) exemplarisch für das weiter oben eingeführte Beispielprojekt skizziert ist. Konstruktionsbedingt entspricht jedes Blatt einer Programmquelle, während die inneren Knoten den zum Bau des Software-Systems benötigten Zwischenerzeugnissen entsprechen. In der Terminologie der inkrementellen Compilierung wird jeder Vaterknoten als *Ziel* (*target*) und jeder Kindknoten als *Abhängigkeit* (*dependency*) bezeichnet.

■ **Analyse der Zeitstempel**

Im zweiten Schritt werden die zwischenzeitlich geänderten Dateien bestimmt.

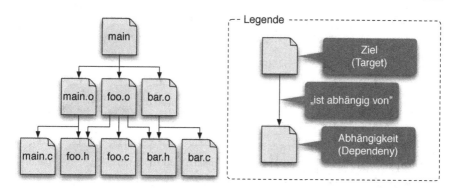

Abb. 8.29 Abhängigkeitsgraph unseres Beispielprojekts

Hierzu reicht es aus, die Zeitstempel der Quelldateien mit denen der zuvor erzeugten Objektdateien abzugleichen. Vorsicht ist bei der netzwerkübergreifenden Entwicklung geboten: Wird der Build-Prozess auf mehrere Rechner verteilt, muss im Vorfeld für eine exakte Synchronisation der Uhren gesorgt werden.

■ **Compilierung**

Im dritten Schritt wird der Abhängigkeitsgraph von unten nach oben, von den Blättern zur Wurzel, durchlaufen (Bottom-Up-Traversierung). In jedem inneren Knoten wird das Ziel genau dann neu erzeugt, wenn es selbst geändert wurde oder mindestens eine der Abhängigkeiten neu generiert werden musste.

Wie der Vergleich der beiden Beispiele in Abb. 8.30 demonstriert, haben die semantischen Abhängigkeiten einen großen Einfluss auf die zu compilierenden Dateien. Wird z. B. die Datei `foo.h` modifiziert, so müssen zunächst die Objektdateien `foo.o` und `main.o` frisch erzeugt werden. Anschließend wird aus diesen die Programmdatei `main` neu gebildet. Zwischen der Objektdatei `bar.o` und der Header-Datei `foo.h` besteht dagegen keine Abhängigkeit, so dass die erneute Compilierung von `bar.o` entfällt. Wird dagegen die Datei `bar.h` geändert, so müssen die Objektdateien `foo.o` und `bar.o` und die Programmdatei `main` neu erzeugt werden. In diesem Fall entfällt die Neuübersetzung der Datei `main.c`.

In der Praxis wird die inkrementelle Compilierung werkzeuggestützt durchgeführt. Klassische Vertreter sind die Applikationen Make ([174], [103]) und Ant ([125], [6]), die auch von vielen IDEs im Hintergrund aufgerufen werden. Die Grundprinzipien beider Werkzeuge werden in den nächsten beiden Unterabschnitten genauer untersucht.

8.2.1.1 Make

Make ist ein flexibel ausgelegtes Werkzeug, mit dessen Hilfe beliebige Sequenzen von Shell-Skript-Kommandos bedingungsgesteuert ausgeführt werden können. Entwickelt wurde die Applikation Ende der Siebzigerjahre von Stuart Feldman an den

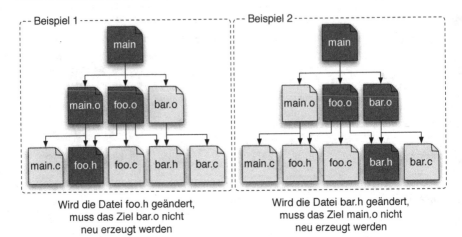

Wird die Datei foo.h geändert,   Wird die Datei bar.h geändert,
muss das Ziel bar.o nicht   muss das Ziel main.o nicht
neu erzeugt werden   neu erzeugt werden

Abb. 8.30 Die semantischen Abhängigkeiten entscheiden, welche Ziele neu zu erzeugen sind

Bell Laboratories in Murray Hill und gehört heute immer noch zu den am häufigsten eingesetzten Werkzeugen im Bereich der inkrementellen Compilierung. Der große Verbreitungsgrad geht nicht zuletzt auf die frühe Integration in die verschiedenen Unix-Betriebssystemlinien zurück – hier ist Make immer noch ein fester Bestandteil der Standardwerkzeugpalette. Im Laufe der Zeit wurde die Applikation in verschiedene Richtungen weiterentwickelt. Hierunter fallen die BSD- und GNU-Varianten Bsdmake und Gmake, wie auch die Windows-spezifische Fortentwicklung Nmake. Ein Warnung vorweg: Obwohl die Werkzeuge über die gleiche Grundfunktionalität verfügen, bestehen zwischen den diversen Varianten subtile Unterschiede, die in der praktischen Arbeit regelmäßig zu Inkompatibilitäten führen.

Vor der ersten Verwendung von Make wird zunächst eine Kontrolldatei erzeugt, die in der Grundeinstellung den Namen **Makefile** trägt und eine textuelle Beschreibung des Abhängigkeitsgraphen enthält. Abb. 8.31 zeigt eine entsprechende Kontrolldatei für die inkrementelle Compilierung des weiter oben eingeführten Beispielprojekts. Ein typisches Makefile ist aus den folgenden Bestandteilen aufgebaut, die sich in angepasster Form auch in der betrachteten Beispieldatei wiederfinden lassen.

- **Deklarationen (Declarations)**
  Der optionale Deklarationsteil steht am Anfang eines Makefiles und wird typischerweise zur Definition symbolischer Bezeichner verwendet. Die Beispieldatei in Abb. 8.31 definiert zwei Makros OBJ und CC, die in sämtlichen nachfolgenden Abschnitten referenziert werden können. Jedes spätere Vorkommen der Symbole $\{OBJ\}$ und $\{CC\}$ wird durch die im Deklarationsteil zugewiesenen Zeichenketten substituiert. Anstelle der geschweiften Makroseparatoren { und } gestattet Make gleichermaßen die Verwendung runder Klammern ((OBJ) bzw. (CC)).

- **Ziele (Targets)**
  Ziele sind nichts anderes als die Namen derjenigen Dateien, die es im Laufe des

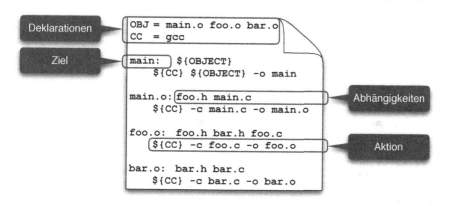

Abb. 8.31 Makefile des Beispielprojekts

Make-Prozesses zu erzeugen gilt. Ziele werden mit einem zusätzlichen Doppelpunkt abgeschlossen und auf diese Weise eindeutig von *Abhängigkeiten* und *Aktionen* unterschieden. Die Beispieldatei in Abb. 8.31 definiert insgesamt 4 Ziele. Neben dem Hauptziel `main` enthält das Makefile mit `main.o`, `foo.o` und `bar.o` für jede der drei Objektdateien ein separates Unterziel.

- **Abhängigkeiten (Dependencies)**
  Abhängigkeiten beschreiben die semantischen Beziehungen zwischen einem Ziel und seinen Unterzielen. Grob besprochen sind in der Abhängigkeitsliste alle Dateien aufgelistet, die für den Bau des spezifizierten Ziels erforderlich sind. So werden für die Erzeugung der Applikationsdatei `main` die drei Objektdateien `foo.o`, `bar.o` und `main.o` benötigt. Für den Bau des Unterziels `bar.o` sind mit `bar.h` und `bar.c` dagegen zwei Dateien ausreichend. Hinter den Zielen und Abhängigkeiten eines Makefiles verbirgt sich damit nichts anderes als eine textuelle Beschreibung des am Anfang dieses Abschnitts eingeführten Abhängigkeitsgraphen.

- **Aktionen (Tasks)**
  Aktionen sind Shell-Kommandos, die das assoziierte Ziel aus den jeweiligen Abhängigkeiten erzeugen. Die Aktionen des in Abb. 8.31 dargestellten Makefiles umfassen die Compiler- und Linker-Aufrufe, die zur Übersetzung aller Objektmodule sowie der finalen Applikationsdatei ausgeführt werden müssen.

Die Reihenfolge, in der die Ziele innerhalb eines Makefiles angeordnet sind, spielt eine entscheidende Rolle. Ohne Angabe von Kommandozeilenparametern versucht Make ausschließlich das erstgenannte Ziel zu erzeugen – in unserem Beispiel die Applikationsdatei `main`. Anhand der vorgefundenen Abhängigkeiten und der Aktualität der Zieldateien wird entschieden, welche Unterziele zusätzlich bearbeitet werden müssen. Über die Analyse der Abhängigkeiten traversiert Make den Abhängigkeitsgraphen zunächst in Richtung der Blätter und führt im Anschluss daran die

```
  Makefile

# Software-Qualität (Dirk W. Hoffmann)                    1
                                                          2
all: swquality.ind swquality.bbl                          3
                                                          4
# Sachwortverzeichnis                                     5
swquality.ind: swquality.idx                              6
        makeindex -s svind.ist swquality.idx             7
                                                          8
# Bibliographie und Webliographie                        9
swquality.bbl: lit.bib swquality.aux                     10
        bibtex swquality                                 11
                                                         12
clean:                                                   13
        -rm *.ind *.nnd *.bbl *.blg *.aux chapters/*.aux 14
```

Abb. 8.32 Auszug aus dem Makefile zur Erzeugung dieses Buchs

benötigten Aktionen von unten nach oben aus. Das erstgenannte Ziel des Makefiles
bildet die Wurzel des Abhängigkeitsgraphen, so dass die dort verankerten Aktionen
stets zuletzt ausgeführt werden.

An dieser Stelle soll eine wesentliche Eigenschaft des forcierten Arbeitsprinzips
nicht unerwähnt bleiben: Die spezifizierten Aktionen werden von Make nicht selbst
interpretiert, sondern lediglich an eine Shell weitergereicht. Hierdurch entsteht eine
Flexibilität, die das Anwendungsspektrum weit über die inkrementelle Compilierung hinaus erweitert. Als Beispiel ist in Abb. 8.32 ein Ausschnitt des Makefiles
dargestellt, das im Rahmen der Erstellung dieses Buchs verwendet wurde. Unter
anderem erzeugt der Aufruf von Make aus der Abhängigkeit `swquality.idx` bei
Bedarf das Sachwortverzeichnis `swquality.ind`. Der zu diesem Zweck aufgerufene Befehl `makeindex` ist Bestandteil aller gängigen Distributionen des Textsatzsys-
tems LATEX.

Auch der Funktionsumfang von Make geht weit über die in Abb. 8.31 gezeigten
Befehle hinaus. Insbesondere ist der Makro-Operator `$` ein weit leistungsfähigeres
Instrument als es unser kleines Einführungsbeispiel an dieser Stelle vermuten lässt.
Neben individuell definierten Platzhaltern lassen sich drei weitere Makro-Typen un-
terscheiden:

■ **Vordefinierte Makros**

   Make stellt eine Reihe spezieller Makros zur Verfügung, die zum einen häufig
   verwendete Compiler- und Linker-Befehle vordefinieren und zum anderen Informationen über Umgebungsparameter wie z. B. den aktuellen Pfad oder den
   Login-Namen des angemeldeten Benutzers vorhalten. Einige ausgewählte Makros dieser Kategorie sind in Tabelle 8.1 zusammengefasst. Eine detaillierte Liste
   der vordefinierten Werte wird durch den Aufruf von Make mit der Kommandozeilenoption `-p` auf der Konsole ausgegeben.

```
Makefile

FILES   = main foo bar                        1
OBJ     = $(addsuffix .o, $(FILES))           2
CC      = gcc                                 3
                                              4
main:   $(OBJ)                                5
        $(CC) $^ -o $@                        6
                                              7
%.o:    %.c                                   8
        $(CC) -c $< -o $@                     9
```

Abb. 8.33 Make-Makros im praktischen Einsatz

■ **Dynamische Makros**
Einige Makros ändern ihren Inhalt in Abhängigkeit des bearbeiteten Ziels bzw. der vorgefundenen Abhängigkeiten. Wie die Auswahl in Tabelle 8.1 zeigt, ermöglichen dynamische Makros verschiedene Zugriffe auf das aktuelle Ziel und dessen Abhängigkeiten, ohne die entsprechenden Dateinamen explizit zu benennen. Wie wir später sehen werden, lassen sich gleichartige Ziele hierdurch auf ein einziges, generisches Ziel reduzieren und die Länge des Makefiles in der Regel drastisch verringern.

■ **Modifizierende Makros**
Makros dieser Kategorie erlauben die systematische Manipulation von Variableninhalten. So lassen sich Datei- und Verzeichnisanteile aus Pfadangaben extrahieren oder eine Liste von Dateinamen mit einem speziellen Suffix versehen. Auch hier gibt Tabelle 8.1 einen Eindruck über die zur Verfügung stehenden Möglichkeiten. Eine detaillierte Beschreibung der Makros findet sich in [174].

Mit Hilfe der vorgestellten Makro-Typen lässt sich das Beispiel-Makefile aus Abb. 8.31 deutlich eleganter und vor allem wartungsfreundlicher formulieren. Wie in Abb. 8.33 gezeigt, kann insbesondere die Anzahl der Ziele von vier auf zwei reduziert werden. Neben dynamischen Makros setzt das Makefile zusätzlich das Platzhaltersymbol (%) ein. Hierdurch wird das Ziel zu einer generischen Regel, die Make auf alle Dateien anwendet, die mit einem .o-Suffix enden.

Ergänzend zu den applikationsspezifischen Zielen enthalten die meisten Makefiles zusätzliche Unterziele für die Erledigung von Standardaufgaben. Ein typischer Vertreter dieser Kategorie ist das Standardziel **clean**, das in kaum einem Makefile fehlt. Unter diesem Ziel werden alle Aktionen zusammengefasst, die der Wiederherstellung eines sauberen Projektzustands dienen.

Konkret bedeutet dies, dass der Aufruf **make clean** für gewöhnlich alle zwischenzeitlich erzeugten Software-Artefakte löscht und nur die eigentlichen Programmquellen im Projektverzeichnis belässt. Ein anschließender Aufruf von Make erzeugt das Hauptziel sowie sämtliche Unterziele von Grund auf neu. In der Terminologie der inkrementellen Compilierung sprechen wir in diesem Zusammenhang von einem *Clean build*.

Tabelle 8.1 Die wichtigsten Make-Makros in der Übersicht

- Vordefinierte Makros (Auswahl)

Makro	Beschreibung	Beispiel
`${MAKE}`	Applikationsname des Make-Utilitys	`gmake`
`${CC}`	Applikationsname des C-Compilers	`gcc`
`${LOGNAME}`	Name des angemeldeten Benutzers	`hoff`
`${HOME}`	Wurzelverzeichnis des angemeldeten Benutzers	`/Users/hoff`
`${CURDIR}`	Aktueller Verzeichnispfad	`/tmp`

- Dynamische Makros (Auswahl)

Makro	Beschreibung	Beispiel [1]
`$@`	Name des aktuellen Ziels	`foobar.o`
`$^`	Liste aller Abhängigkeiten	`foo.c bar.c`
`$<`	Name der ersten Abhängigkeit	`foo.c`
`$?`	Abhängigkeiten mit jüngerem Datum als das Ziel	`bar.c`

[1] `foobar.o: foo.c bar.c`

- Modifizierende Makros (Auswahl)

Makro	Beschreibung
`${dir ...}`	Extraktion der Verzeichnisanteile `${dir prj/foo.c bar.c} = "prj/ ./"`
`${notdir ...}`	Entfernung der Verzeichnisanteile `${notdir prj/foo.c bar.c} = "foo.c bar.c"`
`${suffix ... }`	Extraktion der Suffix-Anteile `${suffix prj/foo.c bar.c} = ".c .c"`
`${basename ...}`	Entfernung der Suffix-Anteile `${basename foo.c bar.c} = "foo bar"`
`${addsuffix ...}`	Anfügen eines Suffix-Anteils `${addsuffix .c, foo bar} = "foo.c bar.c"`
`${addprefix ...}`	Anfügen eines Präfix-Anteils `${addprefix prj/, foo} = "prj/foo"`
`${join ...}`	Paarweise Listenzusammenführung `${join foo bar, .c .o} = "foo.c bar.o"`
`${word ...}`	Extraktion eines Listenelements `${word 3, foo bar baz } = "baz"`
`${wordlist ...}`	Extraktion eines Listenausschnitts `${wordlist 1, 2, foo bar baz } = "foo bar"`
`${words ...}`	Anzahl der Wörter einer Liste `${words foo bar baz } = 3`
`${firstword ...}`	Erstes Element einer Liste `${firstword foo bar baz } = "foo"`

Abb. 8.34 zeigt, wie das oben eingeführte Makefile um ein entsprechendes `clean`-Target erweitert werden kann. Ein geschärfter Blick auf die spezifizierten

```
Makefile

FILES    = main foo bar                          1
OBJ      = $(addsuffix .o, $(FILES))             2
CC       = gcc                                   3
                                                 4
.PHONY: clean                                    5
                                                 6
main:    $(OBJ)                                  7
         $(CC) $^ -o $@                          8
                                                 9
%.o:     %.c                                     10
         $(CC) -c $< -o $@                       11
                                                 12
clean:                                           13
         @echo "Cleaning up..."                  14
         @-rm *.o                                15
         @-rm main                               16
```

Abb. 8.34 Erweiterung des Makefiles um ein `clean`-Target

Tabelle 8.2 Standardziele typischer Makefiles

Ziel	Beschreibung
`all`	compiliert das gesamte Projekt
`clean`	löscht alle Dateien, die durch `make all` erzeugt wurden
`config`	analysiert die vorhandene Hard- und Software-Umgebung
`dep`	führt eine Abhängigkeitsanalyse auf den Quelldateien durch
`install`	installiert alle Programmkomponenten und Bibliotheken
`uninstall`	deinstalliert alle Programmkomponenten und Bibliotheken
`dist`	erstellt eine Distributionsdatei für die Software-Verteilung
`check`	führt eventuell vorhandene Selbsttests oder Regressionstests aus

Aktionen bringt zwei Besonderheiten zum Vorschein. Zum einen ist `clean` als *Phony target* deklariert. Ziele dieser Art werden selbst dann bearbeitet, wenn alle Abhängigkeiten ein älteres Änderungsdatum aufweisen als das Ziel selbst. Fehlt die Phony-Deklaration, so versagt der Aufruf `make clean` aufgrund der leeren Abhängigkeitsliste in den (zugegebenermaßen seltenen) Fällen, in denen sich eine Datei mit dem Namen `clean` in demselben Verzeichnis wie das Makefile befindet.

Des Weiteren wurde beiden `rm`-Befehlen das von Make speziell interpretierte Präfix `@-` vorangestellt. Während `@` die Klartextausgabe des ausgeführten Befehls auf der Konsole unterbindet, sorgt das Minuszeichen dafür, dass die Befehlsabarbeitung auch dann fortgesetzt wird, falls die Ausführung eines Befehls missglückt und mit einem Fehlercode beendet wird. Im Falle des `rm`-Befehls ist dies z. B. immer dann der Fall, wenn keine Dateien gefunden werden, die den angegebenen Suchmustern entsprechen.

Neben dem Clean-Target verfügen die meisten Makefiles über weitere Standardziele, von denen die wichtigsten in Tabelle 8.2 zusammengefasst sind. An dieser Stelle gilt es zu beachten, dass es sich bei den abgebildeten Namen um pure Konventionen handelt, die sich im Laufe der Zeit als De-facto-Standard etablieren konnten. Da die Bezeichner in keiner Weise von Make interpretiert werden, können sie durch beliebige andere Namen substituiert werden, ohne die prinzipielle Funktionsweise zu beeinträchtigen.

Ein noch nicht angesprochenes, aber nicht minder wichtiges Standardziel ist das *Dependency target* dep. Viele Makefiles verwenden ein solches Ziel, um die Abhängigkeiten zwischen den Programmkomponenten eines Software-Systems automatisch zu ermitteln. Insbesondere in den Programmiersprachen C und C++ lassen sich die Querbeziehungen zwischen den Quelldateien durch eine Untersuchung der Include-Direktiven auf syntaktischer Ebene erkennen. Für die automatische Analyse der Include-Beziehungen stehen dem Software-Entwickler zwei standardisierte Methoden zur Verfügung:

- **gcc -MM**
Viele C-Compiler verfügen über einen Kompatibilitätsmodus, der speziell für die Zusammenarbeit mit Make ausgelegt ist. Wird z. B. der GNU-C-Compiler mit der Option -MM aufgerufen, so werden die Dateiabhängigkeiten durch den Präprozessor analysiert und in der Syntax von Make ausgegeben. Der Compiler und Linker wird in diesem Fall nicht aktiviert. Make selbst verfügt über eine Include-Direktive, mit deren Hilfe sich die generierten Abhängigkeiten dynamisch einbinden lassen. Abb. 8.35 zeigt das auf diese Weise erweiterte Makefile unseres Beispielprojekts.

Von nun an wird die Applikationsdatei in einem zweistufigen Prozess erzeugt. Der erste Aufruf (make dep) sorgt zunächst für die Erstellung der Dependency-Datei depend. Im Anschluss daran wird das Projekt durch einen wiederholten Start von Make unter der Berücksichtigung der vorher ermittelten Abhängigkeiten neu übersetzt.

- **makedepend**
Eine alternative Möglichkeit gibt uns das externe Unix-Werkzeug Makedepend an die Hand. Ähnlich wie im Falle des GNU-C-Compilers extrahiert die Applikation die Querbeziehungen zwischen den Programmquellen durch eine Analyse der Include-Anweisungen. Im Gegensatz zum ersten Ansatz werden die Abhängigkeiten jedoch nicht mit Hilfe der Make-eigenen Include-Direktive eingelesen, sondern direkt in das Makefile integriert. Abb. 8.36 zeigt das durch Makedepend modifizierte Makefile unseres Beispielprojekts.

8.2.1.2 Ant

Make ist nicht das einzige Werkzeug für die inkrementelle Compilierung. Neben einigen IDE-spezifischen Lösungen konnte sich im Java-Umfeld vor allem das XML-basierte Werkzeug Ant etablieren, das ein ähnliches Arbeitsprinzip wie Make aufweist. Vor der Verwendung von Ant wird die Konfigurationsdatei build.xml er-

```
Makefile (Variante 1)

FILES    = main foo bar                          1
SRC      = $(addsuffix .c, $(FILES))             2
OBJ      = $(addsuffix .o, $(FILES))             3
CC       = gcc                                   4
                                                 5
main:    $(OBJ)                                  6
         $(CC) $^ -o $@                          7
                                                 8
%.o:     %.c                                     9
         $(CC) -c $< -o $@                       10
                                                 11
dep:     $(SRC)                                  12
         $(CC) -MM $(SRC) > dep                  13
                                                 14
-include ./dep                                   15
```

Abb. 8.35 Automatische Abhängigkeitsanalyse mit Hilfe des C-Compilers

```
Makefile (Variante 2)

FILES    = main foo bar                          1
SRC      = $(addsuffix .c, $(FILES))             2
OBJ      = $(addsuffix .o, $(FILES))             3
CC       = gcc                                   4
                                                 5
main:    $(OBJ)                                  6
         $(CC) $^ -o $@                          7
                                                 8
%.o:     %.c                                     9
         $(CC) -c $< -o $@                       10
                                                 11
dep:                                             12
         makedepend -- $(CFLAGS) -- $(SRC)       13
                                                 14
#DO NOT DELETE                                   15
main.o: main.c foo.h                             16
foo.o: foo.c foo.h bar.h                         17
bar.o: bar.c bar.h                               18
```

Abb. 8.36 Automatische Abhängigkeitsanalyse mit Hilfe von Makedepend

zeugt, die aus funktionaler Sicht einem Makefile gleicht. Im Gegensatz zu dem proprietären Format von Make verwendet Ant das standardisierte XML-Format. Entsprechend unterschiedlich präsentiert sich das Erscheinungsbild beider Dateien. Abb. 8.37 stellt den generellen Aufbau beider Formate gegenüber.

Eine vollständige Ant-Konfigurationsdatei ist in Abb. 8.38 abgebildet. Insgesamt werden die drei Ziele **init** (Projekt initialisieren, Verzeichnisse erzeugen), **compile** (Compiler aufrufen) und **distribute** (Java-Archiv erzeugen) definiert. Das Ziel

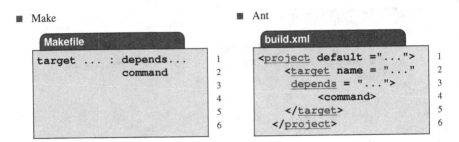

Abb. 8.37 Syntax von Make und Ant im Vergleich

```
<?xml version="1.0" encoding="ISO-8859-1"?>                    1
<project default="compile">                                   2
    <property name="src" location="src"/>                     3
    <property name="build" location="build"/>                 4
    <property name="dist" location="dist"/>                   5
    <target name="init">                                      6
        <mkdir dir ="${build}"/>                              7
    </target>                                                 8
    <target name="compile" depends="init">                    9
        <javac src dir="${src}" destdir="${build}"/>         10
    </target>                                                11
    <target name="distribute" depends="compile">             12
        <mkdir dir="S{dist}/lib"/>                           13
        <jar jarfile="${dist}/lib/Dist-${DSTAMP}.jar">       14
    </target>                                                15
</project>                                                   16
```

Abb. 8.38 Inkrementelle Compilierung am Beispiel von Ant

init enthält selbst keine Abhängigkeiten, taucht jedoch in der Abhängigkeitsliste des compile-Ziels auf. compile ist wiederum Bestandteil der Abhängigkeitsliste von distribute. Ohne weitere Parameter aufgerufen, wird compile als Standardziel bearbeitet. Hierfür ist das project-Tag mit einem entsprechenden Attribut versehen.

Ant besitzt eine Reihe vordefinierter Befehle, die speziell auf die Bedürfnisse der Java-Entwicklung ausgelegt sind. Über die vorhandene Java-Schnittstelle lässt sich das Werkzeug darüber hinaus beliebig erweitern. Trotzdem kommt Ant nicht an die Flexibilität Shell-basierter Werkzeuge heran. So unterstützt z. B. Make beliebige Shell-Kommandos als Aktionen und erschließt hierdurch Anwendungsgebiete, die weit über die Programmentwicklung hinausgehen.

```
Makefile

SUBDIRS = src lib                                                    1
                                                                     2
all :                                                                3
        for d in $(SUBDIRS); do \                                    4
        (cd $d; $(MAKE) all "CFLAGS=$(DEBUGFLAGS)") \                5
        done                                                         6
```

Abb. 8.39 Rekursiver Aufruf von Make

8.2.2 Verteilte Compilierung

Unsere bisherigen Betrachtungen bezogen sich allesamt auf vergleichsweise kleine Projekte, die auf einem einzelnen Rechner lokal compiliert werden können und
zudem auf einem Build-Prozess basieren, der über ein einziges projektübergreifen-
des Makefile gesteuert wird. In großen Software-Projekten ist dieses Vorgehen aus
zweierlei Gründen nicht praktikabel:

■ **Code-Größe**
Software-Projekte mit einem Code-Umfang von mehreren Millionen Zeilen sind
ohne eine strikte Modularisierung nicht mehr zu bewältigen. Die Verwendung
eines einzigen Makefiles wirkt der Komponentenbildung entgegen und wäre aufgrund der wachsenden Länge auch aus technischer Sicht kaum noch zu handhaben.

■ **Compile-Zeit**
Die vollständige Compilierung eines komplexen Software-Systems beträgt mehrere Stunden bis hin zu Tagen. Um die Übersetzungszeit in akzeptablen Grenzen
zu halten, werden umfangreiche Software-Systeme auf großen Rechnerfarmen
übersetzt (*cluster computing*). Unterstützt eine Applikation mehrere Betriebssysteme und Hardware-Plattformen, so kommt das Prinzip der verteilten Compilierung zwangsläufig zum Einsatz – unabhängig von der Größe der Programmquellen.

Um die Modularität komplexer Software-Systeme nicht durch den Einsatz einer einzigen, monolithisch aufgebauten Steuerungsdatei zu zerstören, halten viele Projekte
lokale Makefiles auf Modul- oder Paketebene vor. Der gesamte Build-Prozess wird
durch ein globales Makefile koordiniert, das den Make-Prozess für alle Teilmodule
und Pakete rekursiv aktiviert. Wie ein solches Makefile strukturiert sein kann, zeigt
Abb. 8.39. Hier wird in einer For-Schleife nacheinander in die entsprechenden Unterverzeichnisse gewechselt und die Make-Applikation lokal gestartet. Der Aufruf
weist zwei typische Merkmale auf. Zum einen wird das vordefinierte **MAKE**-Makro
eingesetzt, so dass in jedem Unterverzeichnis dieselbe Applikationsvariante aktiviert wird, die auch für die Verarbeitung der globalen Steuerungsdatei ausgewählt
wurde. Zum anderen ermöglicht Make, Makrodefinitionen über die Kommandozeile
weiterzureichen – hier demonstriert am Beispiel der Variablen **CFLAGS**.

```
Makefile

OBJECT  = main.o foo.o bar.o                              1
CC      = gcc                                             2
                                                         3
main:   ${OBJECT}                                        4
        @echo "Linking files..."                         5
        @${CC} ${OBJECT} -o main                         6
        @echo "main created"                             7
                                                         8
main.o: foo.h bar.h                                      9
        @echo "Compiling main.c ..."                    10
        @${CC} -c main.c -o main.o                       11
        @echo "main.o created"                           12
                                                        13
foo.o:  foo.h bar.h foo.c                                14
        @echo "Compiling foo.c ..."                     15
        @${CC} -c foo.c -o foo.o                         16
        @echo "foo.o created"                            17
                                                        18
bar.o:  bar.h bar.c                                      19
        @echo "Compiling bar.c ..."                     20
        @${CC} -c bar.c -o bar.o                         21
        @echo "bar.o created"                            22
```

Abb. 8.40 Makefile zur Demonstration der parallelen Compilierung

Zur Verringerung der Übersetzungszeit stehen heute Werkzeuge zur Verfügung, die den Build-Vorgang parallelisieren und die einzelnen Aktionen auf verschiedene Prozessor- oder Rechnerinstanzen verteilen. Die meisten Varianten von Make verfügen von Hause aus über die Möglichkeit, bis zu n Ziele simultan zu bearbeiten (Kommandozeilenoption -j n).

Die folgende Ausgabe demonstriert zunächst die voreingestellte, nicht parallelisierte Übersetzung am Beispiel des in Abb. 8.40 abgedruckten Makefiles. Alle Compiler-Aufrufe werden von zwei Echo-Befehlen umschlossen, um die Reihenfolge der Befehlsausführung sichtbar zu machen:

```
> make
Compiling main.c ...
main.o created
Compiling foo.c ...
foo.o created
Compiling bar.c ...
bar.o created
Linking files...
main created
```

Wie die Ausgabe zeigt, werden alle Ziele nacheinander abgearbeitet. Insbesondere wird mit dem Bau des nächsten Ziels erst dann begonnen, wenn der zuvor initiierte Übersetzungsvorgang vollständig abgeschlossen ist. Rufen wir Make dagegen mit der Option `-j 4` auf, so werden mehrere Instanzen des C-Compilers simultan gestartet:

```
> make -j 4
Compiling main.c ...
Compiling bar.c ...
Compiling foo.c ...
main.o created
bar.o created
foo.o created
Linking files...
main created
```

Der Grad der Parallelisierung hängt maßgeblich von den semantischen Abhängigkeiten der bearbeiteten Ziele ab. Da der Linker in unserem Beispiel erst dann aktiviert werden kann, nachdem alle Objektdateien vollständig erzeugt wurden, lässt sich das letzte Ziel nicht parallelisieren. Insgesamt werden in dem gezeigten Beispiel damit nur 3 und nicht, wie der Kommandozeilenaufruf an dieser Stelle suggeriert, 4 Prozesse parallel abgearbeitet.

Die vorgestellte Parallelisierung von Make besitzt eine entscheidende Einschränkung: Alle Prozesse werden zentral auf ein und demselben Rechner gestartet. Damit lassen sich zwar die verschiedenen Recheneinheiten eines Mehrprozessorsystems optimal nutzen, im Falle sehr großer Software-Systeme sind die Systemressourcen jedoch vergleichsweise schnell erschöpft.

Zur Überwindung der Kapazitätsgrenze ist der Übersetzungsprozess in großen Software-Projekten dezentral organisiert (vgl. Abb. 8.41). Im Kern der Hardware-Infrastruktur steht mit dem sogenannten *Cluster* eine spezielle Rechnerfarm, die durch die folgenden Eigenschaften charakterisiert ist:

■ **Kopplungsgrad**
Zwischen den zahlreichen Recheneinheiten (Knoten) eines Clusters besteht eine *starke Kopplung*. Alle Einheiten sind in diesem Fall an den gleichen Massenspeicher angebunden, so dass jeder Knoten auf die gespeicherten Daten der anderen zugreifen kann. Die gemeinsame Anbindung wird über ein *verteiltes Dateisystem* (*distributed file system*) erreicht. Beispiele sind das Unix-Netzwerkprotokoll NFS (*Network File System* [240]) oder das Dateisystem CIFS (*Common Internet File System*), das unter anderem im Windows-Umfeld beheimatet ist [121].

■ **Prozessmanagement**
Die einzelnen Knoten des Clusters arbeiten im *Batch-Betrieb*, d. h., sie werden nicht direkt über den Arbeitsplatzrechner des Software-Entwicklers angesprochen. Hierzu werden die einzelnen Übersetzungsaufträge zunächst an eine zentrale Recheninstanz gesandt (*batch submission*) und von dort auf die einzelnen Einheiten weitergeleitet (*batch distribution*). Durch das zentrale Prozessmanagement können die Aufträge im Rahmen einer aktiven Lastenverteilung (*workload management*) gleichmäßig auf die einzelnen Cluster-Knoten verteilt werden. Auf diese Weise wird eine optimale Ausnutzung der bereitstehenden Ressourcen erreicht.

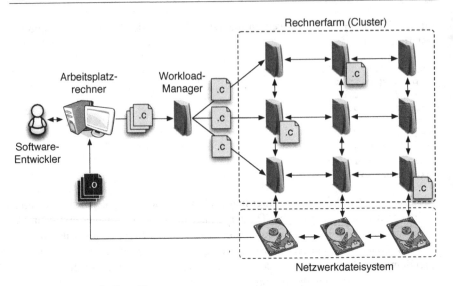

Abb. 8.41 Dezentrale Compilierung

■ **Verfügbarkeit**

Eine typische Rechnerfarm wird von vielen Entwicklern gleichzeitig genutzt. Einige Firmen gehen sogar soweit, die zentrale Software-Infrastruktur in einem einzigen, unternehmensweit genutzten Cluster zusammenzufassen. Da der Ausfall der Rechnerfarm tief greifende Folgen für die gesamte Entwicklungsarbeit nach sich zieht, gelten besondere Anforderungen an die Verfügbarkeit und Fehlersicherheit. Unter dem Stichwort der *Hochverfügbarkeit* wurden Systeme dieser Art in der Vergangenheit ausführlich untersucht [210, 168, 234, 32].

Um die hohen Verfügbarkeitsanforderungen zu gewährleisten, müssen fehlerhafte Komponenten isoliert und repariert werden können, ohne den laufenden Betrieb zu gefährden. Ähnliche Anforderungen gelten für die Massenspeicher, die mit technischen Maßnahmen gegen einen drohenden Datenverlust abgesichert werden müssen. Typischerweise kommen für diesen Zweck *RAID-Systeme* (*Redundant Array of Independent Disks*) zum Einsatz, die Daten redundant speichern und den Austausch fehlerhafter Komponenten zur Laufzeit erlauben (*hot plugging, hot swapping*) [200].

Für die dezentrale Compilierung ist eine umfassende Werkzeugunterstützung erforderlich, deren Komplexität weit über die des recht einfach gestrickten Make-Utilitys hinausgeht. Ein kommerzieller Vertreter dieser Programmgattung ist das *LSF-System* (*Load Sharing Facility*) der Firma Platform Computing, Inc. [215]. LSF arbeitet im Batch-Betrieb und nimmt einen zu verarbeitenden Arbeitsauftrag (*job*) in Form einer speziellen Konfigurationsdatei (*job specification*) entgegen.

Eine LSF-Konfigurationsdatei ähnelt im Aufbau einem klassischen Shell-Skript, enthält jedoch zusätzliche, von LSF speziell interpretierte Direktiven. Als Beispiel

```
 jobfile
#BSUB-q Q3              # Job queue                  1
#BSUB-J test7           # Job name                   2
#BSUB-o job.output      # Output file                3
#BSUB-c 5               # Time limit (5 minutes)     4
                                                     5
# Change directory                                   6
cd src                                               7
                                                     8
# Create object file                                 9
gcc -Wall -c foo.c                                  10
                                                    11
# Copy file to destination directory            .  12
cp foo.o ../modules                                 13
```

Abb. 8.42 Job-Datei für die Verarbeitung mit LSF (Load Sharing Facility)

ist in Abb. 8.42 eine Konfigurationsdatei abgebildet, die einen einfachen Compiler-Aufruf initiiert. Die Job-Parameter werden innerhalb des Kommentarblocks am Anfang der Datei festgelegt und mit dem speziellen Schlüsselwort **BSUB** als solche gekennzeichnet. Die Beispieldatei legt fest, dass der Arbeitsauftrag zunächst in die Warteschlange (*queue*) Q3 eingefügt werden soll und von dort aus zu einem späteren Zeitpunkt auf einen der Rechnerknoten des LSF-Pools verteilt wird. Der zweite und dritte Konfigurationsparameter legen den Namen des Jobs sowie die Ausgabedatei fest. Zu guter Letzt wird mit **BSUB-c 5** ein fünfminütiges Zeitlimit definiert. Länger laufende Prozesse werden von LSF automatisch terminiert, so dass die Integrität des Clusters nicht durch abgestürzte oder fehlerhafte Prozesse längerfristig beeinträchtigt werden kann.

Auf der Konsole kann ein Batch-Prozess mit Hilfe des **bsub**-Kommandos gestartet werden. Alle abgesendeten Prozesse werden von LSF selbstständig auf die freien Cluster-Knoten verteilt und für den Benutzer unsichtbar im Hintergrund ausgeführt. Statusinformationen über die wartenden und die aktuell durch LSF bearbeiteten Prozesse lassen sich mit dem **bjobs**-Kommando auf der Konsole ausgeben:

```
> bsub < jobfile
Job <1155> is submitted to queue Q3

> bjobs -u all
JOBID  USER   STAT  QUEUE  FROM_HOST  EXEC_HOST  JOB_NAME  SUBMIT
1132   hoff   RUN   Q1     hoffpc     pool11     test1     20:50
1147   hoff   RUN   Q1     hoffpc     pool14     test2     20:51
1199   hoff   RUN   Q1     hoffpc     pool11     test3     20:51
1211   hoff   RUN   Q2     hoffpc     pool13     test5     20:53
1200   hoff   RUN   Q2     hoffpc     poo09      test4     20:52
1272   hoff   RUN   Q3     hoffpc     pool02     test6     20:55
1155   hoff   RUN   Q3     hoffpc     pool11     test7     20:55
```

8.3 Testautomatisierung

Neben der Übersetzung der Programmquellen wird in großen Software-Projekten auch der Software-Test so weit wie möglich automatisiert durchgeführt. Der Grad der erreichbaren Automatisierung hängt neben der Prüfebene vor allem auch von den Schnittstellen ab, die ein Software-System nach außen zur Verfügung stellt. In der Praxis spielt insbesondere die automatisierte Durchführung von Regressionstests eine hervorgehobene Rolle. Im nächsten Abschnitt werden wir die zur Verfügung stehenden Automatisierungsmöglichkeiten im Detail kennen lernen und uns in Abschnitt 8.3.2 anschließend mit den Herausforderungen beschäftigen, vor die uns der automatisierte Test graphischer Benutzungsoberflächen stellt.

8.3.1 Regressionstests

Wie bereits in Abschnitt 4.3.7 ausführlich diskutiert, wird ein Regressionstest immer dann durchgeführt, wenn die bestehende Version eines Software-Systems verändert wurde. Die Testserie soll sicherstellen, dass sich im Zuge einer Weiterentwicklung oder Fehlerkorrektur keine neuen Defekte unbemerkt in die Code-Basis einschleichen. Die praktische Durchführung von Regressionstests wird insbesondere durch die folgenden beiden Randbedingungen beeinflusst:

- **Effizienz**
  Die schiere Größe realer Regressionsdatenbanken macht eine Automatisierung schon aus Gründen der Effizienz zwingend notwendig. Die erzielte Zeitersparnis wiegt den zusätzlich benötigten Entwicklungsaufwand bemerkenswert schnell auf. So setzen viele erfahrene Software-Entwickler bereits in Ein-Mann-Projekten auf eine automatisierte Testdurchführung [15, 159]. Eine Warnung vorweg: Trotz des erheblichen Effizienzgewinns darf der verbleibende Personaleinsatz in großen Software-Projekten selbst bei einer hundertprozentigen Automatisierung nicht unterschätzt werden. Zum einen erfordert die komplexe Testinfrastruktur einen hohen administrativen Aufwand, zum anderen müssen im Zuge der Weiterentwicklung auch die bestehenden Testtreiber regelmäßig überarbeitet werden [177].

- **Reproduzierbarkeit**
  Durch die automatisierte Durchführung von Regressionstests lässt sich der augenblickliche Zustand eines Software-Systems reproduzierbar erfassen. In vielen Firmen werden die Testergebnisse statistisch ausgewertet und als Grundlage für die weitere Projektplanung verwendet. Mitunter enthalten die Regressionsdatenbanken verschiedene Testkategorien, die unterschiedliche Aspekte eines neu übersetzten Systems überprüfen. Typischerweise werden direkt im Anschluss an die Build-Phase eine kleine Gruppe elementarer Tests durchgeführt, die lediglich die Basisfunktionalität der erzeugten Programmdateien überprüfen (*smoke tests*). Grobe Fehler, die z. B. während der Startphase bereits zu einem Systemabsturz führen, werden auf diese Weise zeitnah erkannt. Hierdurch wird die sinnlose Abarbeitung der vollständigen Regressionsdatenbank verhindert.

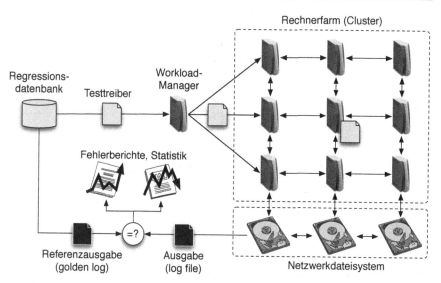

Abb. 8.43 Automatisierte Durchführung von Regressionstests

Von der technischen Seite betrachtet unterscheidet sich der automatisierte Software-Test kaum von der dezentralen Compilierung. Aufgrund ihrer großen Anzahl werden die Testfälle im Batch-Betrieb auf die verschiedenen Knoten einer Rechnerfarm verteilt und dezentral bearbeitet (vgl. Abb. 8.43). Anders als im Falle der verteilten Compilierung wird ein einzelner Testfall jedoch stets lokal auf einem singulären Knoten ausgeführt. Im Falle von Systemtests wird eine Verteilung der Testfälle auf diejenigen Rechnerknoten angestrebt, die der kundenseitig eingesetzten Hardware möglichst nahe kommen.

Wie in Abb. 8.43 ebenfalls angedeutet, werden die Ergebnisse der Regressionstests gesammelt und gemeinsam ausgewertet. Typischerweise wird der Ausgang eines einzelnen Tests einer von drei Kategorien zugeordnet:

- **Erfolg (Success)**
  Der Software-Test wurde erfolgreich durchgeführt und das ermittelte Ist-Ergebnis stimmt mit dem festgelegten Soll-Ergebnis überein.

- **Fehler (Error)**
  Der Software-Test konnte durchgeführt werden, das ermittelte Ist-Ergebnis und das vorgegebene Soll-Ergebnis weichen jedoch voneinander ab. Ein derartiger Fehler liegt z. B. dann vor, wenn ein Funktionsaufruf einen abweichenden Wert berechnet.

- **Fehlschlag (Failure)**
  Während der Testdurchführung wurde ein Systemversagen festgestellt. Ein Fehlschlag liegt z. B. dann vor, wenn das zu testende System einen Programmabsturz verursacht und hierdurch erst gar kein Ist-Ergebnis ermittelt werden konnte.

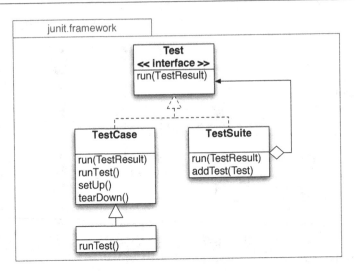

Abb. 8.44 Composite-Struktur älterer JUnit-Versionen

Die automatisierte Durchführung von Regressionstests funktioniert auf den verschiedenen Prüfebenen unterschiedlich gut. Regressionstests, die das Programmverhalten auf der Integrations- oder Systemebene überprüfen, lassen sich besonders einfach automatisieren, wenn das Software-System über eine *Scripting-Schnittstelle* (*command line interface*, kurz *CLI*) verfügt. In diesem Fall lassen sich komplexe Arbeitsabläufe ohne eine einzige Benutzerinteraktion ausführen. Wird die Programmausgabe in einer Protokolldatei (*log file*) festgehalten, ist ein automatischer Abgleich mit einer Referenzdatei (*golden log*) möglich, die zusammen mit den Testfällen in der Regressionsdatenbank abgelegt wird.

Um die Robustheit des Testprozesses zu erhöhen, wird die Ausgabe in der Regel gefiltert. Die Protokolldatei kann auf diese Weise nach speziellen Schlüsselwörtern abgesucht oder von irrelevanten Abschnitten befreit werden. Die Datei-Analyse birgt ein nicht zu unterschätzendes Maß an Flexibilität in sich. Werden z. B. während der Programmausführung Zeitstempel in die Log-Datei geschrieben, so lassen sich Laufzeittests auf die exakt gleiche Weise durchführen.

Anders stellt sich die Situation für Regressionstests dar, die auf der Unit-Ebene durchgeführt werden. Für diesen speziellen Zweck sind in den letzten Jahren leistungsfähige Frameworks entstanden, mit deren Hilfe sich die Testtreiber direkt in den Quellcode integrieren lassen. Zu den bekanntesten Vertretern dieser Kategorie zählt JUnit, das speziell auf die Programmiersprache Java zugeschnitten wurde [15, 16, 134, 98, 264, 165]. Das Framework wurde von Kent Beck und Erich Gamma entwickelt und hat sich heute als De-facto-Standard im Bereich der Unit-Test-Automatisierung etabliert. Ähnliche Varianten sind heute auch für andere Sprachen verfügbar, wie z. B. CppUnit für die Programmiersprache C++ oder das im .NET-Umfeld beheimatete NUnit [135].

Im Laufe seiner Entwicklungsgeschichte hat JUnit entscheidende Architekturänderungen erfahren. So basierte das Framework bis zur Version 3.8 auf einem *Composite pattern*, wie es in Abb. 8.44 skizziert ist. Mit dem Interface `Test` wurde eine Schnittstelle definiert, die von jedem Testfall implementiert werden musste. Einzelne Testfälle konnten mit Hilfe der Methode `addTest` einer bestimmten Test-Suite zugeordnet und über einen *Test runner* (Klasse `TestRunner`) nacheinander ausgeführt und ausgewertet werden. Bis zur Version 3.8 stellte JUnit hierzu sowohl eine textbasierte als auch eine grafische Variante auf Basis von Swing zur Verfügung.

Mit der Einführung von JUnit 4.0 macht sich das Framework die erweiterten Eigenschaften der Java-Plattform 5.0 zunutze. Mit Hilfe der neu in die Sprache aufgenommenen *Annotationen* lassen sich Testfälle jetzt deutlich eleganter formulieren. So erübrigt sich die Implementierung einer separaten Testschnittstelle genauso wie die vergleichsweise umständliche Zusammenfassung der Einzeltests zu einer Test-Suite.

An dieser Stelle kommen wir auf die binäre Suche zurück, die uns bereits in Abschnitt 4.2.1.1 als Beispiel für die Durchführung eines Unit-Tests diente. Abb. 8.45 gibt einen ersten Eindruck, wie sich der Unit-Test der Methode `binarySearch` mit den Mitteln des JUnit-Frameworks umformulieren lässt. Jede Methode, die einen Unit-Testfall repräsentiert, wird mit der Annotation `@Test` markiert. Hierdurch wird sie von JUnit als solche erkannt und in jedem Testlauf automatisch ausgeführt. Zusätzlich ist die Methode `setUp` mit der Annotation `@Before` versehen und wird vor jeder Durchführung eines Testfalls von JUnit aufgerufen. In der Beispielimplementierung wird die Methode genutzt, um das angelegte Array mit den verwendeten Testdaten zu befüllen. Da die Array-Elemente während der Suche nicht verändert werden, wäre eine einmalige Initialisierung des Arrays in diesem Fall ausreichend. Zu diesem Zweck hält JUnit die Annotation `@BeforeClass` bereit. Derart markierte Methoden werden exakt einmal, vor der Durchführung des ersten Testfalls, aufgerufen. Die obere Hälfte von Tabelle 8.3 fasst die wichtigsten Annotationen des JUnit-Frameworks in einer Übersicht zusammen.

Innerhalb der implementierten Testfallmethoden wird zunächst die Methode `binarySearch` aufgerufen und das zurückgelieferte Ergebnis mit dem jeweiligen Referenzergebnis verglichen. Hierzu stellt JUnit eine Reihe von *Zusicherungen* (*assertions*) zur Verfügung, deren wichtigste Vertreter in Tabelle 8.3 (unten) zusammengefasst sind. Hinter jeder Zusicherung verbirgt sich eine Java-Methode der JUnit-Klasse `org.junit.Assert`.

Das JUnit-Framework lässt sich in die meisten integrierten Entwicklungsumgebungen problemlos einbetten. Exemplarisch ist in Abb. 8.46 die Integration in die freie Entwicklungsumgebung Eclipse dargestellt. Über das Hauptmenü lässt sich ein JUnit-Template erzeugen und anschließend über das Kontextmenü ausführen. Die IDE zeigt den Erfolg oder Misserfolg der einzelnen Testfälle nach deren Ausführung automatisch an und erlaubt den direkten Sprung in den Programmcode eines fehlgeschlagenen Testfalls.

```
BinarySearchTest.java

import org.junit.*;                                              1
import static org.junit.Assert.*;                               2
import java.util.*;                                             3
                                                                4
public class BinarySearchTest {                                 5
                                                                6
    private int[] a = new int[17];                              7
                                                                8
                                                                9
    @Before                                                    10
    public void setUp() {                                      11
        a[0] = 10; a[1] = 12; a[2] = 22; a[3] = 28;            12
        a[4] = 30; a[5] = 51; a[6] = 52; a[7] = 60;            13
        a[8] = 62; a[9] = 81; a[10]= 82; a[11]= 89;            14
        a[12]= 90; a[13]= 92; a[14]= 92; a[15]= 93;            15
        a[16]= 99;                                             16
                                                               17
                                                               18
    }                                                          19
                                                               20
    @Test                                                      21
    public void binarySearch1() {                              22
        assertTrue(Arrays.binarySearch(a, 89) == 11);          23
    }                                                          24
                                                               25
    @Test                                                      26
    public void binarySearch2() {                              27
        assertTrue(Arrays.binarySearch(a, 28) == 4);           28
    }                                                          29
                                                               30
    @Test                                                      31
    public void binarySearch3() {                              32
        assertTrue(Arrays.binarySearch(a, 100) < 0);           33
    }                                                          34
                                                               35
    public static void main(String args[]) {                   36
        org.junit.runner.JUnitCore.main("BinarySearchTest");   37
    }                                                          38
}
```

Abb. 8.45 Unit-Test der Methode `binarySearch` auf Basis des JUnit-Frameworks

8.3.2 Oberflächentests

Der automatisierte Oberflächentest überprüft die funktionalen oder temporalen Eigenschaften eines Software-Systems auf der Ebene der *grafischen Benutzungsoberfläche* (*graphical user interface*, kurz GUI) [160].

Diese Spielart des Software-Tests vereint zwei entscheidende Vorteile. Zum einen wird die Applikation durch die Testumgebung wie durch einen realen Benutzer angesteuert und damit die höchstmögliche Ebene der Systemarchitektur an-

Tabelle 8.3 Wichtige Annotationen und Zusicherungen des JUnit-Frameworks

■ Annotationen

Annotation	Funktion
@BeforeClass *Funktion*	wird einmalig zu Beginn ausgeführt
@Before *Funktion*	wird vor jedem Testfall ausgeführt
@Test *Funktion*	markiert einen einzelnen Testfall
@After *Funktion*	wird nach jedem Testfall ausgeführt
@AfterClass *Funktion*	wird einmalig am Ende ausgeführt

■ Zusicherungen

Zusicherung	Geprüfte Eigenschaft
assertTrue *(expr)*	Der Übergabewert ist logisch wahr
assertFalse *(expr)*	Der Übergabewert ist logisch falsch
assertNull *(expr)*	Der Übergabewert ist die Nullreferenz
assertNotNull *(expr)*	Der Übergabewert ist nicht die Nullreferenz
assertSame *(obj1, obj2)*	Indentität: Beide Objektreferenzen sind gleich
assertNotSame *(obj1, obj2)*	Beide Objektreferenzen sind ungleich
assertEquals *(obj1, obj2)*	Äquivalenz: Beide Objekte sind gleich

gesprochen. Zum anderen sind GUI-Tests die einzige Möglichkeit, funktionale Fehler in der grafischen Benutzungsschnittstelle aufzudecken. Bei der Durchführung eines automatisierten GUI-Tests gilt es zu beachten, dass stets das zugrunde liegende Software-System und niemals die Benutzungsschnittstelle selbst im Mittelpunkt steht. Wichtige Eigenschaften, wie die intuitive Benutzerführung oder die Einhaltung von Style-Guides, werden im Rahmen von Ergonomietests geprüft. Diese lassen sich aus technischer Sicht nur sehr schwer oder gar nicht automatisieren und werden daher in aller Regel manuell durchgeführt.

In der Praxis werden automatisierte Oberflächentests insbesondere durch die folgenden Rahmenbedingungen erschwert:

■ **Auswahl**

Moderne grafische Benutzungsoberflächen stellen dem Benutzer eine Vielzahl von Eingabemöglichkeiten und Optionen zur Verfügung. Werden die primitiven Operationen zudem miteinander kombiniert, entsteht eine unüberschaubare Anzahl möglicher Testfälle. Die gezielte Reduktion der Freiheitsgrade unter gleichzeitiger Erhaltung einer hohen Testabdeckung ist damit auch im Falle des GUI-Tests eine der Hauptherausforderungen [175]. Erschwerend kommt hinzu, dass die Ablaufgeschwindigkeit durch den interaktiven Charakter nicht beliebig beschleunigt werden kann. Im schlimmsten Fall muss der Test mit der gleichen Geschwindigkeit durchgeführt werden, mit der ein menschlicher Anwender die Applikation bedient. Insgesamt kann der Gesamtaufwand eines GUI-Tests hierdurch beträchtlich steigen.

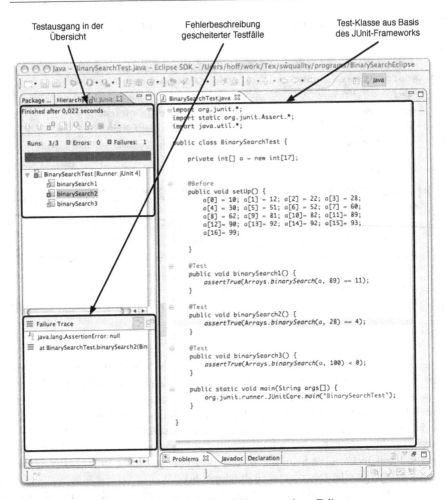

Abb. 8.46 Integration von JUnit in die freie Entwicklungsumgebung Eclipse

■ Komplexität

Die Durchführung eines ausführlichen Oberflächentests erfordert zahlreiche Interaktionen mit der Benutzungsschnittstelle. Hierfür ist ein ausgeklügelter Mechanismus notwendig, der die getestete Applikation effizient und reproduzierbar in einen bestimmten Zustand versetzt und gleichzeitig eine hohe Robustheit gegen äußere Einflussfaktoren aufweist. Typische Testsysteme erlauben hierfür z. B. das Einfügen künstlicher Wartezeiten, um die Auswirkungen unvorhergesehener Verzögerungszeiten abzufedern. Eine ähnliche Robustheitsproblematik entsteht im Zusammenhang mit unvorhersehbar auftretenden Dialogen. Zu den klassischen Beispielen zählen Fenster, die auf eine mögliche Software-Aktualisierung hinweisen, genauso wie Meldungen, die den Benutzer in unre-

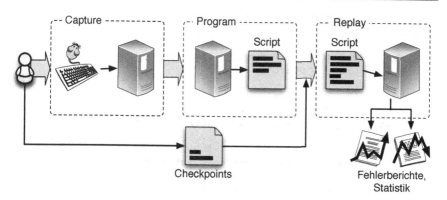

Abb. 8.47 Test grafischer Benutzungsoberflächen

gelmäßigen Abständen daran erinnern, nicht mehr verwendete Symbole auf dem Desktop zu besitzen.

■ **Wartung**

Nicht selten erfahren grafische Oberflächen im Zuge eines Versionswechsels signifikante Änderungen. Entsprechend häufig müssen Oberflächentests überarbeitet und an die neue Benutzungsschnittstelle angepasst werden. Im direkten Vergleich mit Testfällen auf der Unit-Ebene sind GUI-Testtreiber in der Regel deutlich komplexer aufgebaut und müssen bei einer Änderung der Bedienerführung in großen Teilen überarbeitet werden. Damit gehört der Oberflächentest insgesamt zu den wartungsintensivsten Varianten des Software-Tests.

In der Praxis werden die meisten Oberflächentests in Form von *Capture-Replay-Tests* durchgeführt. Hinter diesem Begriff verbirgt sich ein mehrstufiges Verfahren, das nacheinander die folgenden Phasen durchläuft (vgl. Abb. 8.47):

■ **Capture**

Im ersten Schritt wird die Applikation in gewohnter Weise durch einen Test-Ingenieur bedient und die Tastatur- und Mauseingaben im Hintergrund protokolliert. Die Archivierung der eingegebenen Daten kann auf unterschiedliche Weise erfolgen. Primitive Systeme speichern jeden Mausklick schlicht in Form einer (x, y)-Koordinate. Fortgeschrittenere Werkzeuge abstrahieren von der konkreten Position des Mauszeigers und legen stattdessen eine Referenz auf das identifizierte GUI-Objekt ab. Hierdurch wird die Robustheit gegenüber Layout-Änderungen drastisch erhöht, allerdings erfordert die Vorgehensweise eine tiefergehende Interaktion mit dem zugrunde liegenden Betriebssystem.

■ **Program**

Aus den gesammelten Daten wird ein Skript-ähnlicher Ablaufplan erzeugt, mit dem sich die aufgezeichnete Benutzeraktion originalgetreu reproduzieren lässt. Die gängigen GUI-Testsysteme verwenden hierzu textbasierte Formate, wie z. B.

```
Winrunner

# Select the "Start" menu at the lower left corner          1
    set_window ("Shell_TrayWnd", 3);                         2
    button_press ("Start");                                  3
                                                             4
# Launch Internet Explorer                                   5
    set_window ("Start Menu_1", 6);                          6
    list_deselect_item ("SysListView32_0", "Internet");      7
                                                             8
# Go to www.google.de and search for "Software Qualität"     9
    set_window ("Google - Microsoft Internet Explorer", 3); 10
    edit_set ("Edit", "www.google.de");                     11
    obj_type ("Edit", "<kReturn>");                         12
    obj_type ("Internet Explorer_Server",                   13
        "Software Qualität<kReturn>");                       14
```

Abb. 8.48 TSL-Skript, erzeugt von dem GUI-Testwerkzeug WinRunner

XML, die entweder werkzeuggestützt oder manuell nachbearbeitet werden können. Auf diese Weise lassen sich z. B. mehrere hintereinander aufgezeichnete Interaktionen zu einem einzigen Testfall kombinieren oder in einer Test-Suite zusammenfassen.

Im Anschluss an die Generierung der Skript-Datei wird diese um mehrere *Checkpoints* erweitert. Die eingefügten Marken spezifizieren das Soll-Ergebnis, das mit dem reproduzierten Interaktionsablauf zu fest definierten Zeitpunkten abgeglichen wird.

■ **Replay**

Mit Hilfe der im zweiten Schritt generierten Skript-Datei wird die aufgezeichnete Benutzerinteraktion reproduziert. An jedem Checkpoint wird überprüft, ob bestimmte Ereignisse ausgelöst, festgelegte Zustände erreicht oder die initiierten Aktionen mit einem Fehler beendet wurden. In der Regel greift der Replay-Generator direkt in das *Message-Passing-System* der grafischen Benutzungsoberfläche ein und generiert intern die exakt gleichen Nachrichten, die auch das Betriebssystem bei der nativen Verwendung von Maus und Tastatur erzeugt. Da sich die simulierten Benutzerinteraktionen faktisch nicht mehr von real getätigten Eingaben unterscheiden, erreicht der Capture-Replay-Test ein Höchstmaß an Realitätsnähe.

Abb. 8.48 vermittelt einen greifbaren Eindruck über die im Rahmen eines GUI-Tests erzeugten Replay-Skripte. Die abgebildete Datei wurde mit dem Werkzeug WinRunner erzeugt, das auf die automatisierte Überprüfung komplexer GUI-Interaktionen ausgelegt ist [176]. WinRunner verwendet eine proprietäre Eingabesprache namens TSL (*Test Script Language*), die in Aufbau und Funktion einem klassischen Shell-Skript ähnelt. Die abgebildete Beispieldatei besteht aus drei Teilen und führt eine einfache Google-Suche mit Hilfe des Internet Explorers durch.

Hierzu wird im ersten Schritt zunächst das Windows-Start-Menü geöffnet und im zweiten Schritt die Explorer-Applikation über den Menüpunkt *Internet* gestartet. Im dritten Schritt wird die Eingabe der URL `www.google.de` veranlasst und im Anschluss daran die Eingabe des Textes „Software Qualität" in dem erscheinenden Google-Suchfeld simuliert.

8.4 Defektmanagement

Die Begriffe *Defekt-* bzw. *Fehlermanagement* subsumieren alle Techniken und Methoden, die einen strukturierten Umgang mit *Software-Anomalien* innerhalb des Entwicklungsprozesses gewährleisten. Hierunter fallen alle Auffälligkeiten des beobachteten Systems, die von einer oder mehreren Personen als potenzieller Software-Fehler interpretiert werden.

Der abstrakt gehaltene Begriff der *Anomalie* wird in diesem Zusammenhang aus zweierlei Gründen verwendet. Zum einen erweist sich nicht jede Auffälligkeit nachträglich als wirklicher Defekt – der systematische Nachweis, dass tatsächlich ein Fehlverhalten vorliegt, ist bereits Teil des Defektmanagements. Zum anderen ist die Bezeichnung deutlich neutraler als der negativ belegte Begriff des Fehlers[2]. Die vorzeitige Bezeichnung einer Anomalie als Fehler kann im komplizierten Geflecht zwischenmenschlicher Verhaltensmuster schnell zu Missstimmungen führen – nicht zuletzt steckt hinter jeder Zeile Code auch ein Software-Entwickler aus Fleisch und Blut.

8.4.1 Fehlerdatenbanken

In nahezu allen größeren Software-Projekten werden bekannte und neu gefundene Anomalien in Form von *Fehlerberichten* in einer Datenbank gespeichert (vgl. Abb. 8.49). Typischerweise haben die folgenden Nutzergruppen Zugriff auf die eingestellten Datensätze:

- **Software-Tester**
  Wird im Rahmen der Produktverifikation bzw. -validation eine Anomalie konstatiert, erzeugt der Software-Tester einen Eintrag in der Fehlerdatenbank. Dieser wird anschließend zur weiteren Bearbeitung an die Entwicklungsabteilung übergeben.

- **Software-Entwickler**
  Über die Testdatenbank hat der Software-Entwickler die Möglichkeit, eine genaue Fehlerbeschreibung einzusehen. Sobald der Defekt korrigiert wurde, wird die Lösung in der Fehlerdatenbank dokumentiert.

- **Projektleitung (Management)**
  Eine gut gepflegte Fehlerdatenbank dient nicht nur der Kommunikation zwischen

---

[2] Im englischen Sprachgebrauch wird der Begriff *error* ebenfalls weitgehend vermieden. Stattdessen wird hier bewusst auf die Begriffe *incident* oder *issue* ausgewichen.

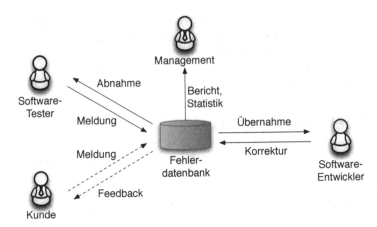

Abb. 8.49 Typischer Aufbau einer Fehlerdatenbank

den Test-Ingenieuren und der Entwicklungsabteilung, sondern in gleichem Maße zur Beurteilung der Software-Integrität sowie des Projektfortschritts. Hierzu
bieten nahezu alle Fehlerdatenbanken umfangreiche Möglichkeiten an, um die
gespeicherten Daten statistisch aufzubereiten und auszuwerten.

■ **Kunden**
In vereinzelten Fällen erhalten auch die Kunden selbst Zugriff auf die Fehlerdatenbank. So besitzen bestimmte Anwender die Möglichkeit, selbst Fehlerberichte
einzustellen bzw. den aktuellen Stand der Bearbeitung abzufragen. Die Fehlermeldung durch den Kunden kann manuell oder automatisiert erfolgen (vgl. Abschnitt 8.4.2).

Für die Unterhaltung einer Fehlerdatenbank existieren heute zahlreiche leistungsfähige *Bug-Tracking-Systeme*. Zu den bekanntesten Werkzeugen aus dem Open-
Source-Bereich zählen unter anderem die Systeme Bugzilla und Mantis [276].

8.4.1.1 Fehlermerkmale

Typische Bug-Tracking-Systeme verwenden zur Ablage eines Fehlerberichts vordefinierte Template-Strukturen, die sich zwischen den verschiedenen Werkzeugen
meist nur geringfügig unterscheiden. Die geforderten Angaben lassen sich in *Identifikationsmerkmale*, *Klassifikationsmerkmale* und *Beschreibungsmerkmale* untergliedern (vgl. Tabelle 8.4):

■ **Identifikationsmerkmale**
Hierzu gehören eine eindeutig vergebene Identifikationsnummer, der Name und
die Version des getesteten Software-Artefakts, die Hardware- und Software-
Umgebung, in der die Anomalie beobachtet wurde, sowie das Datum der Ein-
tragserstellung.

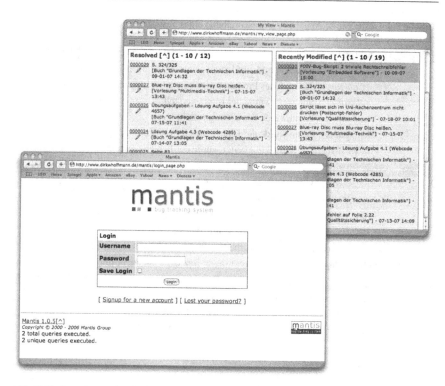

Abb. 8.50 Benutzungsoberfläche des freien Bug-Trackers Mantis

- **Klassifikationsmerkmale**
  Für jeden in der Datenbank gespeicherten Eintrag wird die Schwere der beobachteten Anomalie ermittelt und die Priorität für dessen Bearbeitung festgelegt. Andere Attribute umfassen eine Bestätigung der Reproduzierbarkeit sowie den aktuellen Bearbeitungszustand des Fehlers.

- **Beschreibungsmerkmale**
  Zu dieser Klasse gehören alle Merkmale, die zur genaueren Beschreibung des Fehlverhaltens und der vermuteten Fehlerursache dienen. Die meisten Bug-Tracking-Werkzeuge erlauben, ganze Dateien in die Testdatenbank einzustellen. Diese können weiterführende Dokumente und vor allem auch konkrete Testfälle zur Fehlerreproduktion umfassen.

Der *Schweregrad* (*severity*) eines Software-Fehlers gehört zu den wichtigsten Merkmalen, die in einer Fehlerdatenbank gespeichert werden und hat in der Praxis einen maßgeblichen Einfluss auf das weitere Vorgehen. Der sinnvolle Umgang mit diesem Attribut ist eine Grundvoraussetzung für den produktiven Einsatz eines jeden Bug-Tracking-Systems. Bei der Planung eines projektspezifischen Entwicklungsprozesses meinen es viele Unternehmen oft zu gut mit diesem Attribut und wählen

Tabelle 8.4 Gespeicherte Angaben zur Beschreibung eines Testfalls

Identifikationsmerkmale
ID : Eindeutige Identifikationsnummer (automatisch vergeben)
Category : Auf welches Produkt oder Projekt bezieht sich der Fehler?
Reporter : Von wem wurde der Eintrag erstellt?
Date submitted : Wann wurde der Eintrag erstellt?
Last update : Wann wurde der Eintrag zuletzt geändert?
Assigned To : Welchem Mitarbeiter wurde der Fehler zugeteilt?

Klassifikationsmerkmale
Severity : Wie schwerwiegend ist der Fehler?
Priority : Wie dringlich ist die Korrektur?
View status : Für wen ist der Fehlereintrag sichtbar?
Resolution : Auf welche Weise wurde der Fehler korrigiert?
Status : In welchem Bearbeitungszustand befindet sich der Fehler?
Relationship : Steht der Fehlereintrag in Bezug zu anderen Einträgen?

Beschreibungsmerkmale
Summary : Kurzbeschreibung / Titel des Fehlers
Description : Ausführliche Beschreibung des Fehlverhaltens
Attachments : Zusätzlich abgelegte Dateien (z. B. Testfälle)

eine feingranulare Unterteilung des Merkmalsraums in eine Vielzahl von Freiheitsgraden. Auch die verschiedenen Werkzeuge geben diesem Trend in starkem Maße nach. So unterscheidet der Bug-Tracker Bugzilla in der Standardeinstellung 6 verschiedene Schweregrade (vgl. Abb. 8.51), in Mantis hat der Nutzer gar 8 verschiedene Defektklassen zur freien Auswahl.

Das Gesagte gilt gleichermaßen für die Priorität (*priority*) der Fehlerbehebung. Auch hier wird nicht selten der falsche Schluss gezogen, dass sich die Definition vieler Prioritätsklassen positiv auf die Effizienz der beteiligten Entwickler auswirkt. Wie in Abb. 8.51 dargestellt, lässt sich jeder Eintrag in der Fehlerdatenbank Bugzilla mit einer von 5 Prioritäten versehen (*P*1 bis *P*5). *P*1 bezeichnet die höchste und *P*5 die niedrigste Priorität. Der Bug-Tracker Mantis kennt in seiner Standardkonfiguration 6 verschiedene Prioritätsklassen.

Erfahrungsgemäß bringt die übermäßige Definition von Freiheitsgraden keinen zusätzlichen Nutzen und kann mitunter sogar negativ auf die Mitarbeiterproduktivität wirken. Für den effizienten Einsatz einer Fehlerdatenbank ist die Verwendung von 3 oder 4 Kategorien völlig ausreichend. Ebenfalls fraglich ist die generelle Trennung von Schweregrad und Priorität, wie sie von den meisten Bug-Tracking-Systemen forciert wird. Beide Maße sind in nahezu allen Fällen direkt miteinander korreliert, so dass es für die allermeisten Anwendungsfälle vollkommen ausreichend ist, die Priorität eines Software-Fehlers direkt mit dessen Schweregrad gleichzusetzen.

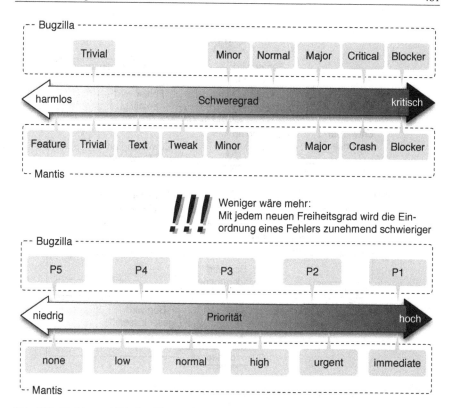

Abb. 8.51 Defekt- und Prioritätsklassen der Bug-Tracking-Systeme Bugzilla und Mantis

8.4.1.2 Zustandsmodelle

Von der Entdeckung bis zur Korrektur durchläuft ein Software-Fehler in größeren Projekten zahlreiche Bearbeitungsstufen. Der aktuelle Bearbeitungszustand eines Eintrags gehört zu den wichtigsten Informationen, die in der Fehlerdatenbank gespeichert werden. Das *Zustandsübergangsmodell* (*state model*) legt fest, in welcher Reihenfolge die Zustände durchlaufen werden und unter welchen Bedingungen ein Zustandswechsel erfolgt.

Abb. 8.52 fasst das Zustandsmodell des Bug-Tracking-Systems Bugzilla grafisch zusammen. Insgesamt werden die folgenden 7 Bearbeitungszustände unterschieden:

■ **Zustand** *Unconfirmed*

Gegenwärtig ist noch ungeklärt, ob die beschriebene Anomalie tatsächlich auf einen Software-Fehler zurückzuführen ist oder ganz einfach einer Fehlinterpretation des Berichterstatters entspringt. Der Zustand *Unconfirmed* ist der Initialzustand für jeden neu in die Datenbank eingestellten Bericht.

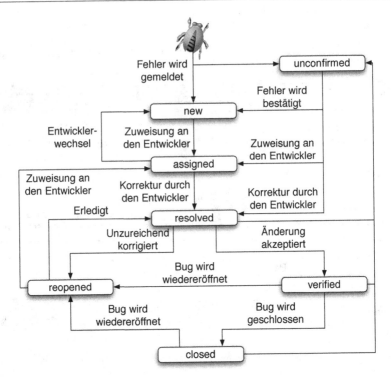

Abb. 8.52 Statusmodell des freien Bug-Tracking-Systems Bugzilla

■ **Zustand** *New*

Es liegt eine Bestätigung vor, dass es sich bei der gemeldeten Anomalie tatsächlich um einen Software-Fehler handelt, der weiter verfolgt werden muss. Neben der Legitimation durch einen mit entsprechenden Privilegien ausgestatteten Benutzer implementiert Bugzilla ein spezielles *Voting-System*. Erhält ein Fehlerbericht genug Stimmen, wird er automatisch in den Zustand *New* versetzt, auch wenn keiner der abstimmenden Nutzer über die entsprechenden Privilegien verfügt.

■ **Zustand** *Assigned*

Der Fehler ist einem Software-Entwickler zugewiesen und wird von diesem aktiv bearbeitet. Typischerweise wird die Verantwortlichkeit manuell durch den Projektleiter festgelegt oder von einem Entwickler in Eigenregie übernommen. In einigen Firmen ist der Entwicklungsprozess so aufgesetzt, dass Fehler automatisch an die zuvor ausgewählten produkt- oder modulverantwortlichen Mitarbeiter verteilt werden.

■ **Zustand** *Resolved*

Der zuständige Software-Entwickler hat die Bearbeitung der Programmquellen abgeschlossen und eine entsprechende Lösungsbeschreibung in die Fehlerdatenbank eingepflegt. Das Zustandsmodell von Bugzilla sieht an dieser Stelle eine weitere Kontrollstufe vor, die zur Annahme oder zur Ablehnung der durchgeführten Korrektur führt. Ein entsprechender Zustandswechsel erfordert spezielle Privilegien und wird in der Regel nicht durch den Entwickler selbst vorgenommen.

■ **Zustand** *Reopened*
Die durchgeführte Korrektur wurde als unzureichend befunden und muss verworfen werden. In der Regel wird der Fehler in diesem Fall zur Nachbearbeitung erneut an einen Software-Entwickler übergeben.

■ **Zustand** *Verified*
Die Korrektur wurde überprüft und akzeptiert. Der Bearbeitungsvorgang ist damit beendet und der Fehlerbericht bereit, um geschlossen zu werden.

■ **Zustand** *Closed*
Der Fehlerbericht wurde geschlossen, bleibt aber zum Zweck der Nachverfolgung und der Aufbereitung statistischer Informationen weiterhin in der Datenbank gespeichert. Erweist sich die durchgeführte Korrektur im Nachhinein als unzureichend, so kann der Fehlerbericht wiedereröffnet werden.

Das Zustandsmodell des Bug-Tracking-Systems Mantis kennt ebenfalls 7 Zustände, die in Abb. 8.53 zusammengefasst sind. Genau wie Bugzilla kennt auch Mantis den Zustand *New*, weist diesem jedoch eine andere Bedeutung zu. Semantisch entspricht der Mantis-Zustand *New* dem Bugzilla-Zustand *Unconfirmed*, während der Bugzilla-Zustand *New* dem Mantis-Zustand *Acknowledged* bzw. dem Zustand *Confirmed* entspricht. Für den Fall, dass zur weiteren Bearbeitung des Fehlerberichts zusätzliche Informationen erforderlich sind, stellt Mantis den Zustand *Feedback* bereit, der vor dem Übergang nach *Acknowledged* eingenommen wird. Die Zustände *Assigned*, *Resolved* und *Closed* besitzen in beiden Systemen die gleiche Bedeutung. Auf die zusätzliche, in Bugzilla fest verankerte Abnahmestufe *Verified* wird in Mantis verzichtet.

Im Gegensatz zu Bugzilla lassen sich in Mantis alle Zustandsübergänge frei konfigurieren. Für jeden Zustand werden die möglichen Folgezustände in der sogenannten *Workflow Transition Matrix* global festgelegt. Ausgestattet mit den entsprechenden Administrationsrechten lässt sich die Matrix flexibel konfigurieren und auf diese Weise z. B. auch das Bugzilla-Zustandsübergangsmodell weitgehend nachbilden. In der Standardeinstellung sind beliebige Zustandstransitionen erlaubt.

8.4.1.3 Defektkategorien

Spätestens beim Schließen eines Fehlerberichts wird in der Datenbank festgehalten, in welche *Defektkategorie* der bearbeitete Fehler fällt. Für diesen Zweck bieten die gängigen Bug-Tracking-Systeme mehrere vordefinierte Kategorien an, aus denen der Software-Entwickler frei wählen kann. In Tabelle 8.5 sind die Defektkategorien der Bug-Tracking-Systeme Bugzilla und Mantis exemplarisch gegenübergestellt.

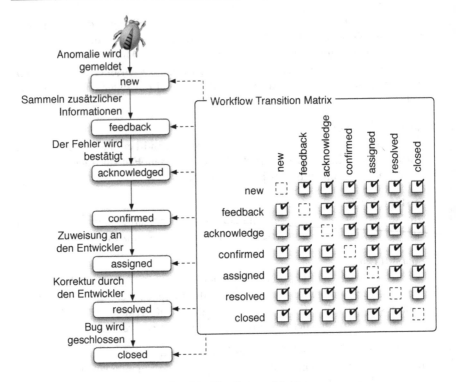

Abb. 8.53 Statusmodell des freien Bug-Tracking-Systems Mantis

Wie die Tabelle zeigt, ist die Fehlerkategorisierung in den verschiedenen Systemen uneinheitlich gelöst.

Die Definition einer vergleichsweise großen Anzahl von Defektlassen macht an dieser Stelle durchaus Sinn, schließlich trägt die zugewiesene Kategorie – anders als im Falle des *Schweregrads* und der *Priorität* – wichtige semantische Informationen in sich.

8.4.1.4 Rollen

In den obigen Ausführungen haben wir an mehreren Stellen mit dem Software-Entwickler und dem Software-Tester bereits zwei wichtige *Rollen* ins Spiel gebracht. Im Groben entsprechen diese verschiedenen Tätigkeitsbeschreibungen und sind nicht an individuelle Mitarbeiter gebunden – insbesondere kann ein und derselbe Mitarbeiter mehrere Rollen gleichzeitig begleiten. Neben der operativen Tätigkeit ist eine Rolle stets auch mit bestimmten Privilegien verbunden. So sind viele Entwicklungsprozesse so aufgesetzt, dass nur der Software-Tester mit den nötigen Rechten versehen ist, um einen Fehlerbericht zu schließen.

Der Rollengedanke wird von den meisten Werkzeugen weitreichend unterstützt. So stellt z. B. das Bug-Tracking-System Mantis in der Standardeinstellung 6 ver-

Tabelle 8.5 Lösungskategorien in Bugzilla und Mantis

Lösungskategorien in Bugzilla	
Fixed	Der Fehler ist beseitigt und getestet.
Invalid	Das geschilderte Problem ist kein Fehler.
Won't fix	Der Fehler wird nicht korrigiert.
Duplicate	Der Fehler ist ein Duplikat eines anderen Fehlers.
Worksforme	Das Fehlverhalten kann nicht nachvollzogen werden.
Moved	Der Fehler wurde in eine andere Datenbank übertragen.
Lösungskategorien in Mantis	
Open	Es existiert noch keine Lösung.
Fixed	Der Fehler ist beseitigt und getestet.
Reopened	Der Fehlerbericht wurde erneut geöffnet.
Unable to reproduce	Das Fehlverhalten kann nicht nachvollzogen werden.
Not fixable	Der Fehler lässt sich nicht beheben.
Duplicate	Der Fehler ist ein Duplikat eines anderen Fehlers.
No change required	Es sind keine Änderungen an der Software nötig.
Suspended	Die Bearbeitung des Bugs wurde zurückgestellt.
Won't fix	Der Fehler wird nicht korrigiert.

Tabelle 8.6 Rollen und Privilegien am Beispiel des Bug-Tracking-Systems Mantis

	Viewer	Reporter	Updater	Developer	Manager	Administrator		Viewer	Reporter	Updater	Developer	Manager	Administrator
View	✔	✔	✔	✔	✔	✔	Assign				✔	✔	✔
Report		✔	✔	✔	✔	✔	Move				✔	✔	✔
Monitor		✔	✔	✔	✔	✔	Delete				✔	✔	✔
Update			✔	✔	✔	✔	Reopen				✔	✔	✔
Handle				✔	✔	✔	Update readonly					✔	✔

schiedene Rollen zur Verfügung, die dem jeweiligen Inhaber unterschiedliche Rechte gewähren. Tabelle 8.6 enthält einen Auszug aus dem umfassenden Konfigurationsmenü und gibt einen ersten Eindruck über die in der Standardeinstellung verteilten Privilegien. Mantis erlaubt die freie Konfiguration der Rechte, so dass einzelnen Rollen neue Privilegien zugewiesen oder bestehende Privilegien aberkannt werden können.

8.4.2 Crash Reports

Werden Fehler *vor* der Auslieferung eines Software-Produkts entdeckt, so erfolgt deren Behebung vollständig innerhalb des firmeninternen Entwicklungsprozesses.

Fehler, die erst während des Betriebs durch den Kunden bemerkt werden, unterscheiden sich in zwei wesentlichen Punkten:

- Von externer Seite gemeldete Anomalien müssen mit höchster Priorität behandelt werden, insbesondere wenn hierdurch ein schwerwiegendes Fehlverhalten verursacht wird. In vielen Fällen können nicht behobene Software-Fehler hohe Vertragsstrafen nach sich ziehen oder gar die Sicherheit von Mensch und Maschine gefährden.

- Tritt ein Software-Fehler kundenseitig auf, so stehen dem Software-Entwickler in der Regel nur spärliche Informationen über das Fehlerszenario zur Verfügung. Der Sammlung von Daten, die dem Entwickler Hinweise auf die eigentliche Fehlerursache geben können, kommt damit eine umso gewichtigere Rolle zu.

Um eine effiziente Behandlung extern gemeldeter Software-Anomalien zu gewährleisten, wird der Anwender häufig in die reguläre Nutzung der Fehlerdatenbank mit einbezogen und damit faktisch in den Software-Entwicklungsprozess integriert. Die kundenseitige Meldung von Anomalien kann entweder manuell oder automatisiert erfolgen:

- **Manuelle Berichterstellung**
In vielen Fällen haben Anwender einen direkten Zugriff auf die Fehlerdatenbank – wenn auch mit deutlich eingeschränkten Rechten. Insbesondere in Open-Source-Projekten wird dieser Ansatz zur Fehlerverwaltung und -korrektur mit Nachdruck verfolgt.
In vielen industriellen Projekten stellt der Software-Hersteller dem Kunden spezielle Applikations-Ingenieure an die Seite, die eine Schnittstelle zwischen Auftraggeber und Entwickler bilden und beiden Seiten beratend zur Seite stehen. In diesem Fall erfolgt die Erstellung eines Fehlerberichts nicht mehr durch den Kunden selbst, sondern vor Ort durch den verantwortlichen Ansprechpartner.

- **Automatisierte Berichterstellung**
Der Fehlerbericht wird selbstständig erstellt und automatisiert an den Hersteller übermittelt. Da der Fehlerbericht sensible Daten über die Hard- und Softwarekonfiguration des Anwenders beinhaltet, erfolgt die Datenübertragung in der Regel erst nach der expliziten Zustimmung des Benutzers. Im direkten Vergleich mit der manuellen Berichterstellung ist die automatisierte Meldung weit weniger flexibel. Insbesondere ist die Technik auf bestimmte Fehlerklassen beschränkt, verlangt dafür aber keinerlei Expertise des Anwenders.

Die selbstständige Aufbereitung von *Crash reports* ist ein Spezialfall der automatisierten Berichterstellung. Viele moderne Betriebssysteme setzen diese Technik ein, um die während eines Systemabsturzes protokollierten Daten in geregelter Art und Weise an den Hersteller zu übermitteln.
Mit dem Erscheinen von Windows XP hat Microsoft die *WER-Technologie* (*Windows Error Reporting*) ins Leben gerufen, deren Grundstruktur in Abb. 8.54 dargestellt ist. WER arbeitet als globaler Exception-Handler und wird aktiviert, sobald die

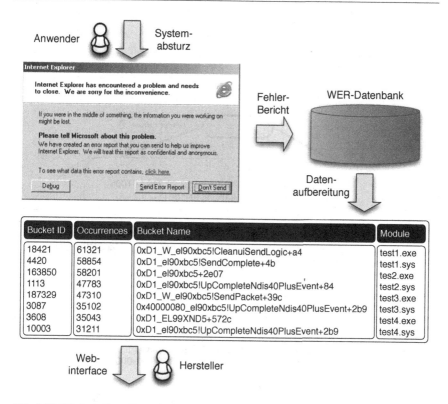

Abb. 8.54 Windows Error Reporting (WER)

aktuell laufende Applikation einen Systemabsturz verursacht. Wird kein eigener, lokal verankerter Exception-Handler verwendet, so übergibt Windows die Kontrolle an das Dienstprogramm `dwwin.exe`. Das Programm sammelt Informationen über die Absturzursache und präsentiert dem Benutzer einen interaktiven Dialog, den jeder von uns aus schmerzlicher Erfahrung kennt. Entscheidet sich der Benutzer für das Senden eines Fehlerberichts, so werden die aufbereiteten Daten über eine verschlüsselte HTTP-Verbindung an den WER-Server von Microsoft übermittelt.

Dort angekommen wird der Fehlerbericht mit den bereits gespeicherten Berichten abgeglichen. Hierzu werden die gesammelten Daten verdichtet und der empfangene Bericht einem bestimmten *Bucket* zugeordnet. Neben den Produktnamen und Revisionsnummern werden für die Zuordnung neu eingegangener Fehlerberichte auch die Offset-Adressen der fehlerauslösenden Befehle ausgewertet und auf diese Weise Duplikate mit hoher Sicherheit erkannt. Jeder Bucket verfügt über einen Referenzzähler, der die Anzahl der Doppelmeldungen protokolliert. Die Erkennung von Duplikaten ist ein Kernelement der WER-Technik und ermöglicht, die gespeicherten Fehlerberichte im Laufe der Zeit automatisch zu priorisieren.

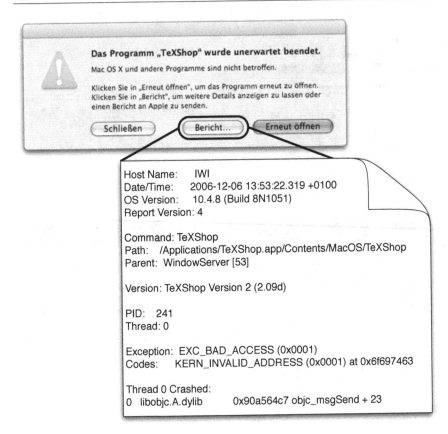

Abb. 8.55 Automatische Aufbereitung von Fehlerberichten in Mac OS X

Die gesammelten Datenbestände stehen nicht nur Microsoft, sondern auch dem Urheber der fehlerverursachenden Software zur Verfügung. Über ein spezielles Web-Interface kann jeder registrierte Hersteller die aufbereiteten Fehlerberichte der eigenen Software einsehen und auf die gesammelten Debug-Informationen frei zugreifen.

Die statistische Aufbereitung der eingehenden Berichte und die damit zusammenhängende Priorisierung ist eine unbestrittene Stärke des Crash reportings. Die ungleiche Häufigkeitsverteilung der Systemabstürze wurde von Microsoft vor allem in den Beta-Phasen der Betriebssysteme XP und Vista ausgenutzt. Durch die statistische Analyse der Datenbankbestände konnte die Arbeit stets auf diejenigen Systemabstürze konzentriert werden, die sich im Feld am häufigsten manifestieren. Auf der 2003 in Los Angeles abgehaltenen *Microsoft Professional Developers Conference* beschreibt Bill Gates die Vorteile des WER-Systems im Zusammenhang mit der Identifikation instabiler Gerätetreiber wie folgt:

"One thing that's been amazing at Microsoft is the impact that our mo-nitoring data has had on how we prioritize our software work. I'm sure you've all seen in Windows XP that whenever an application or the sys-tem malfunctions, you get the ability to send a report back to Microsoft. We get a lot of those reports, and we've created very good data-management systems to go in and look at those things, and therefore understand what drivers aren't reliable."

Bill Gates, PDC 2003

Obwohl die richtige Verwertung der statistischen Daten zu einer nennenswerten Steigerung der Software-Qualität führen kann, wird das Vorgehen nicht von allen Seiten befürwortet. Einige Kritiker sehen in der statistischen Auswertung der WER-Datenbestände die endgültige Verlagerung der Fehlersuche auf den Rücken des Anwenders. Die Zukunft wird zeigen, ob sich der Kunde auf Dauer mit der Rolle des Beta-Testers abfinden wird – Wahlalternativen vorausgesetzt.

Die automatische Übermittlung von Crash reports ist mittlerweile in vielen Betriebssystemen und Anwendungen fest verankert. In der freien GNOME-Plattform verrichtet ein Werkzeug namens Bug Buddy seine Dienste und die Mozilla-Corporation setzt einen *Quality feedback agent* namens Talkback ein.

In Apples Betriebssystem Mac OS X wird die Funktion durch den CrashReporter übernommen (Abb. 8.55), der betriebssystemseitig als Hintergrundprozess gestartet wird. Sobald ein Programm einen Systemabsturz verursacht, wird ein Crash report erzeugt und ein entsprechender Eintrag in die systeminterne Log-Datei geschrieben. Über den angezeigten Dialog hat der Benutzer die Möglichkeit, den im Hintergrund aufbereiteten Fehlerbericht zu übertragen.

Kapitel 9
Managementprozesse

Managementprozesse befassen sich mit den verschiedenen Vorgehensweisen und Arbeitsabläufen, die eine geregelte Durchführung eines Software-Projekts innerhalb eines Unternehmens gewährleisten. Haben wir einen unternehmensspezifischen Arbeitsablauf vor uns, der sich in gleicher oder ähnlicher Form kontinuierlich wiederholt, so sprechen wir von einem *Prozess*. Formal wird jeder Prozess über eine Reihe von *Aktionen* definiert, die aus einer gegebenen Menge von *Eingangsgrößen* schrittweise eine Menge von *Ausgangsgrößen* bilden (vgl. Abb. 9.1). Für die Durchführung einer einzelnen Aktion werden unterschiedliche *Ressourcen* benötigt, die sich auf der obersten Ebene in drei Kategorien einteilen lassen. Der ersten Kategorie werden alle produktspezifischen Ressourcen wie Quelltexte und Planungsdokumente zugeordnet. Die zweite Kategorie umfasst die Software- und Hardware-Infrastruktur und die dritte Kategorie wird durch das zur Verfügung stehende Personal gebildet.

Im Bereich des Software-Managements werden *Vorgehensmodelle* und *Reifegradmodelle* unterschieden:

- **Vorgehensmodelle**

  Ein *Vorgehensmodell* legt fest, wie die Ausgangsgrößen eines Prozesses erarbeitet werden und bildet damit das Rückgrat des Projektmanagements. Typische Vorgehensmodelle zerlegen den Projektablauf in mehrere, konsekutiv durchlaufene Phasen. Durch die zeitliche und inhaltliche Begrenzung der verschiedenen Phasen wird die Projektdurchführung überschaubar und damit in ihrer Gesamtkomplexität verringert. Über die letzten Jahrzehnte haben sich verschiedene standardisierte Vorgehensmodelle herausgebildet, die konzeptuell erheblich voneinander abweichen.

  Nur in wenigen Fällen lassen sich Standardmodelle reibungsfrei auf eine gegebene Firmenorganisation abbilden. Ein Vorgehensmodell beschreibt stets einen idealisierten Projektverlauf und muss zunächst an die tatsächlichen Gegebenheiten angepasst werden (*Individualisierung*). Daher sind die weiter unten vorgestellten Vorgehensmodelle in der Praxis nur vereinzelt in ihrer Reinform anzutreffen.

D.W. Hoffmann, *Software-Qualität*, eXamen.press,
DOI 10.1007/978-3-642-35700-8_9, © Springer-Verlag Berlin Heidelberg 2013

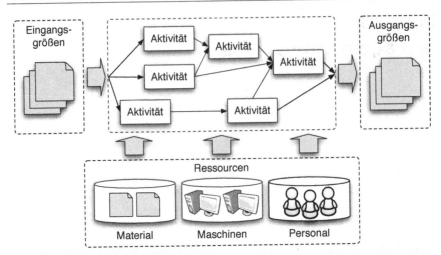

Abb. 9.1 Prozesse beschreiben sich stets wiederholende Arbeitsabläufe eines Unternehmens

■ Reifegradmodelle

Reifegradmodelle verfolgen das Ziel, die Arbeitsabläufe eines Unternehmens zu analysieren und zu optimieren. Hierzu werden die Prozesse einer Organisation anhand einer definierten Systematik auf Projekt- und Unternehmensebene bewertet und die gewonnenen Ergebnisse anschließend in Maßnahmen zur Prozessverbesserung umgesetzt.

Neben der Schaffung produktiver Entwicklungsprozesse zielen Reifegradmodelle vor allem auf die Optimierung der Organisationsstrukturen ab. Hierzu zählen unter anderem die eindeutige Verteilung von Rollen und Verantwortlichkeiten, die Einrichtung transparenter Kommunikationswege und die Definition klar geregelter Eskalationsmechanismen. Damit unterscheidet sich die Zielsetzung eines Reifegradmodells grundsätzlich von der eines Vorgehensmodells. Während Vorgehensmodelle Eckpunkte und Maßnahmen für die konkrete Projektdurchführung definieren, liefern Reifegradmodelle die quantitative Basis, um steuernd in die Arbeitsabläufe und Organisationsstrukturen einzugreifen.

Im Folgenden werden wir diejenigen Vorgehens- und Reifegradmodelle genauer beleuchten, die in der industriellen Software-Entwicklung heute eine bedeutende Rolle spielen. Wir beginnen unseren Streifzug in Abschnitt 9.1 mit der Vorstellung der gängigen Vorgehensmodelle. Neben einem Rückblick auf die historischen Wurzeln werden wir das V-Modell, den Rational Unified Process (RUP) sowie das vergleichsweise neue Modell des Extreme Programmings (XP) im Detail betrachten. Im Anschluss daran werden wir in Abschnitt 9.2 mit dem CMM, CMMI und SPICE drei der am weitesten verbreiteten Reifegradmodelle genauer unter die Lupe nehmen.

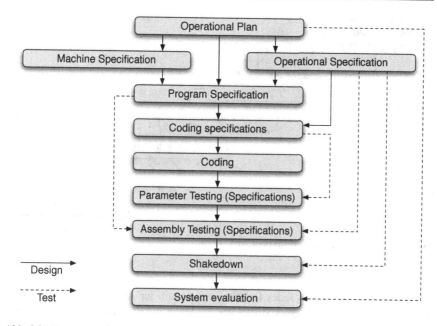

Abb. 9.2 Ein Stück Geschichte: Das *Stagewise model* aus dem Jahre 1956

9.1 Vorgehensmodelle

9.1.1 Wasserfallmodell

Die steigende Komplexität moderner Software-Systeme macht es heute in immer stärkerem Maße erforderlich, die Entwicklung zu systematisieren und in Form von bewährten Methodiken (*best practices*) durchzuführen. Die Wurzeln moderner Vorgehensmodelle lassen sich bis in die frühen Tage der Software-Technik zurückverfolgen. Der erste Grundstein wurde von Herbert D. Benington im Jahre 1956 und damit zeitgleich mit der Entwicklung der ersten Hochsprachen gelegt. Mit dem *Stagewise model* schlug er eine phasenorientierte Vorgehensweise für die Software-Entwicklung vor, die bereits viele Elemente moderner Vorgehensmodelle in sich trägt (vgl. Abb. 9.2) [20].

Winston W. Royce entwickelte die Ideen von Benington weiter und veröffentlichte im Jahre 1970 ein Vorgehensmodell, das heute vor allem unter dem Namen *Wasserfallmodell* bekannt ist [224]. Royce selbst bezeichnete die von ihm postulierte Vorgehensweise schlicht als "Implementation steps to develop a large program for delivery to a customer". Der heute geläufige Name *Wasserfallmodell* wurde erst 11 Jahre später durch den amerikanischen Software-Ingenieur Barry W. Boehm geprägt [30].

Abb. 9.3 zeigt den Aufbau des Wasserfallmodells in der ursprünglich von Royce publizierten Form. Das Modell besteht aus insgesamt 7 Phasen, die kontinuier-

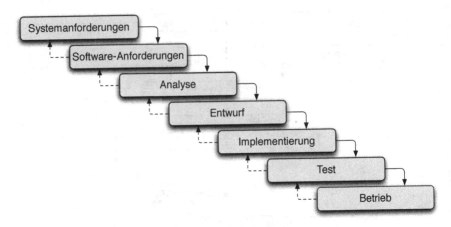

Abb. 9.3 Das Wasserfallmodell aus dem Jahre 1970

lich durchlaufen werden. Jedes Projekt beginnt mit der Analyse der Anforderungen. Royce sieht hierfür zwei Stufen vor, in denen die System- und die Software-Anforderungen in zeitlich getrennter Reihenfolge erstellt werden. Anschließend werden die Analyse-, Entwurfs- und Implementierungsphase durchlaufen. Sind diese vollständig abgearbeitet, so liegt als Ergebnis das fertige Software-System vor, das in den beiden letzten Phasen getestet und an den Kunden übergeben wird.

In einem idealisierten Projektverlauf werden die verschiedenen Phasen des Wasserfallmodells streng sequenziell durchlaufen. Wie in Abb. 9.3 bereits eingezeichnet, sieht Royce zusätzliche Rückkopplungsschleifen vor, die ein gewisses Vor und Zurück zwischen den Phasen zulässt. Um die serielle Natur des Modells nicht aufzubrechen, ist ein Rücksprung jedoch auf die jeweils direkt vorangehende Phase beschränkt. Wurde eine Phase erfolgreich abgeschlossen, so wird der Projektfortschritt in einem Dokument fixiert. Royce verwirklichte damit bereits sehr früh zwei Schlüsselkonzepte, die in den meisten modernen Vorgehensmodellen in ganz ähnlicher Form vorhanden sind: *Dokumente* und *Meilensteine*.

■ **Dokumente**

Das Wasserfallmodell ist *dokumentengetrieben* und unterstreicht hierdurch die Tatsache, dass Software aus mehr als nur den Quelltexten besteht. Wie ein Blick in die Originalarbeit zeigt, nimmt die Dokumentation für Royce eine zentrale Rolle in der gesamten Software-Entwicklung ein:

"At this point it is appropriate to raise the issue of – «how much documentation?» My own view is «quite a lot;» certainly more than most programmers, analysts, or program designers are willing to do if left to their own devices. The first rule of managing software development is ruthless enforcement of documentation requirements. [...] Management of software is simply impossible without a very high degree of documentation. As an example, let me offer the following estimates for comparison. In order to

procure a 5 million dollar hardware device, I would expect that a 30 page specification would provide adequate detail to control the procurement. In order to procure 5 million dollars of software I would estimate a 1500 page specification is about right in order to achieve comparable control."

Winston W. Royce [224]

■ **Meilensteine**
Die systematische Erstellung von Dokumenten trägt dazu bei, dass die einzelnen Projektphasen durch klar definierte *Meilensteine* voneinander getrennt werden. Diese machen den Projektfortschritt messbar und stellen für Royce gleichzeitig eine Art Rückfallposition dar. Stagniert der Projektfortschritt in einer Phase, so kann ein Projekt jederzeit auf einem klar definierten Zwischenstand wieder aufsetzen:

"At any point in the design process after the requirements analysis is completed there exists a firm and closeup, moving baseline to which to return in the event of unforeseen design difficulties. What we have is an effective fallback position that tends to maximize the extent of early work that is salvageable and preserved."

Winston W. Royce [224]

Zurückblickend stellt das Wasserfallmodell ein wichtiges Etappenziel in der Entwicklung der Vorgehensmodelle dar – insbesondere finden sich die Kernelemente in nahezu allen modernen Modellen in der einen oder anderen Form wieder. In seiner Reinform hat das Wasserfallmodell heute jedoch keinerlei praktische Relevanz. Zwei entscheidende Nachteile sind hierfür maßgeblich verantwortlich:

■ **Mangelnde Flexibilität**
Die streng konsekutive Abarbeitung der einzelnen Phasen ist in der Praxis nicht durchzuhalten. So beruht das Modell, wie leider viele andere auch, auf der idealisierten Annahme, dass die Anforderungen an ein Software-System von Anfang an vollständig vorliegen und über die gesamte Projektdauer stabil bleiben. In der Praxis ist diese Annahme schlicht nicht gegeben – in nahezu allen Projekten sind die Anforderungen zu Projektbeginn unvollständig, zweideutig oder sogar in Teilen widersprüchlich. Zusätzlich äußern die meisten Kunden im Laufe eines Projekts Änderungswünsche, die in geeigneter Weise zu berücksichtigen sind. Modelle, die an dieser Stelle die realen Gegebenheiten außer Acht lassen, sind in der Praxis schlicht zum Scheitern verurteilt. Zu diesen gehört auch das Wasserfallmodell, das auf einer völlig statischen Sichtweise beruht.

■ **Trennung von Implementierung und Test**
Im Wasserfallmodell sind die Software-Implementierung und der Software-Test zwei voneinander getrennte Vorgänge. Der Software-Test findet ausschließlich am Ende des Projekts statt und wird erst dann durchgeführt, wenn die Implementierung bereits abgeschlossen ist. Diese Vorgehensweise konterkariert nahe-

zu alle gängigen Praktiken der Software-Entwicklung. Selbst unerfahrene Programmierer lernen schnell, wie wertvoll eine frühzeitige Fehlererkennung für die produktive Arbeit ist. Die Behebung spät erkannter Fehler verursacht nicht selten einen erheblichen Mehraufwand und zieht in einigen Fällen sogar grundlegende Änderungen in der Software-Architektur nach sich. Aus diesem Grund verzahnen erfahrene Programmierer die Implementierungs- und Testaktivitäten lückenlos ineinander und brechen den Phasengedanken des Wasserfallmodells an dieser Stelle vollständig auf.

Viele Experten sehen in der strikten Trennung von Implementierung und Test den eigentlichen Schwachpunkt des Wasserfallmodells. Bemerkenswerterweise ist sich Royce dieser Kehrseite seines Modells durchaus bewusst, wie ein erneuter Blick in die Originalarbeit aus dem Jahre 1970 belegt:

"I believe in this concept, but the implementation described above is risky and invites failure. [...]. The testing phase which occurs at the end of the development cycle is the first event for which timing, storage, input/output transfers, etc., are experienced as distinguished from analyzed. These phenomena are not precisely analyzable. [...]. Yet if these phenomena fail to satisfy the various external constraints, then invariably a major redesign is required. A simple octal patch or redo of some isolated code will not fix these kinds of difficulties. The required design changes are likely to be so disruptive that the software requirements upon which the design is based and which provides the rationale for everything are violated. Either the requirements must be modified, or a substantial change in the design is required. In effect the development process has returned to the origin and one can expect up to a 100-percent overrun in schedule and/or costs."

Winston W. Royce [224]

9.1.2 V-Modell

Das V-Modell ist eine Erweiterung des Wasserfallmodells, das zahlreiche Aspekte der Software-Qualitätssicherung zusätzlich in das Modell integriert. Wie in Abb. 9.4 dargestellt, bleiben die Kernphasen des Wasserfallmodells erhalten, werden jedoch durch einen zusätzlich hinzugefügten Ast komplettiert. Jede vertikale Ebene spiegelt eine bestimmte Entwicklungsstufe wider, deren Abstraktionsgrad sich von oben nach unten kontinuierlich verringert. Der linke Zweig des Modells repräsentiert die einzelnen Entwicklungsschritte und der rechte Zweig die hieraus abgeleiteten Qualitätsmaßnahmen der gleichen Abstraktionsebene.

Wie die Achsenbeschriftung in Abb. 9.4 zeigt, führt das V-Modell eine Unterscheidung der Begriffe *Verifikation* und *Validation* ein:

■ **Validation**
Im Rahmen der *Validation* wird die Spezifikation eines Produkts im Hinblick auf den geplanten Einsatzzweck überprüft. Ob die Spezifikation im Rahmen der

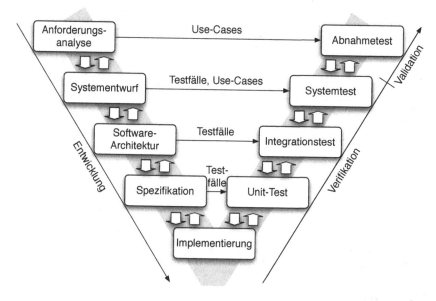

Abb. 9.4 Das V-Modell

Software-Entwicklung fehlerfrei implementiert wurde, spielt für die Validation eine untergeordnete Rolle. Im Vordergrund steht die prinzipielle Tauglichkeit des Endprodukts und damit die Frage, ob das spezifizierte System den Anforderungen und Wünschen des Kunden entspricht.

■ **Verifikation**

Im Zuge der *Verifikation* wird überprüft, ob das entwickelte Produkt die Spezifikation erfüllt. Kurzum: Die Implementierung wird gegen die Spezifikation abgeglichen. Die Spezifikation selbst wird nicht in Frage gestellt und als korrekt vorausgesetzt. Der klassische Software-Test fällt vollständig in den Bereich der Verifikation – hier wird das gemessene Ist-Ergebnis mit dem aus der Spezifikation abgeleiteten Soll-Ergebnis abgeglichen.

Insgesamt forciert das V-Modell, wie auch das Wasserfallmodell, den klassischen *Top-Down-Entwurf*. Die einzelnen Phasen werden im Idealfall konsekutiv durchlaufen, wobei zwischen zwei benachbarten Phasen Übergänge in beide Richtungen möglich sind. Zwischen den Entwicklungsphasen des linken Zweigs und den Verifikations- und Validationsphasen des rechten Zweigs besteht ein unmittelbarer Zusammenhang, der in Abb. 9.4 durch die waagerechten Pfeile symbolisiert wird. Es werden die Ergebnisse der verschiedenen Entwicklungsphasen unmittelbar für die Ableitung der Testfälle verwendet, die in den späteren Verifikations- und Validationsphasen zur Überprüfung der Programm- und Systemkomponenten eingesetzt werden. Die Ableitung der Testfälle erfolgt bereits während der Entwicklung, so

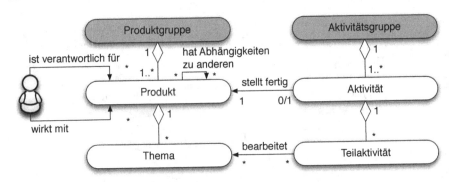

Abb. 9.5 Vorgehensbausteine des V-Modells XT

dass zwischen den beiden Zweigen eine engere Bindung besteht, als die klassischen Visualisierungen des Modells auf den ersten Blick suggerieren.

9.1.2.1 V-Modell XT

Das in Abb. 9.4 skizzierte V-Modell wurde in den Folgejahren in verschiedene Richtungen weiterentwickelt. Eine dieser Weiterentwicklungen ist das V-Modell XT (XT = eXtreme Tailoring), das im Jahre 2005 in der Version 1.0 veröffentlicht wurde und heute für die Planung und Durchführung von IT-Projekten des Bundes verbindlich vorgeschrieben ist [70, 219]. Jeweils zum 1. Februar und 1. August eines Jahres sieht das Modell eine Aktualisierungsmöglichkeit vor. Die bis dato letzte Aktualisierung wurde am 1. Februar 2006 mit dem Erscheinen der Version 1.2 vollzogen [71].

Mit dem V-Modell XT wurde ein umfangreiches Vorgehensmodell geschaffen, das die V-förmige Vorgehensweise aus Abb. 9.4 in sich integriert, darüber hinaus jedoch nur wenig mit dem ursprünglichen Modell gemeinsam hat.

Das Fundament des V-Modells XT wird durch verschiedene *Vorgehensbausteinen* gebildet (vgl. Abb. 9.5). Für die gängigen Aufgabenstellungen eines Projekts hält das Modell eine Reihe vordefinierter Bausteine vor, die das Zusammenspiel von *Produkten*, *Aktivitäten* und *Rollen* festlegen. Die Produkte eines Bausteins entsprechen den Arbeitsergebnissen, die durch die festgelegten Aktivitäten erzeugt werden. Innerhalb eines Vorgehensbausteins lässt die Definition von Teilaktivitäten und untergeordneten Produkten (Themen) eine hierarchische Gliederung entstehen. Über definierte Rollen legt jeder Vorgehensbaustein die Verantwortlichkeiten für die verschiedenen Produkte und Aktivitäten fest. Die Vorgehensbausteine sind in sich abgeschlossen, interagieren jedoch miteinander über den Austausch der Arbeitsergebnisse. Die Definition entsprechender Abhängigkeiten und Querverbindungen ist expliziter Bestandteil des Modells.

Das V-Modell XT trägt der Tatsache Rechnung, dass verschiedene Projekte in der Praxis unterschiedlich ablaufen und einer individuellen Anpassung der Arbeitsabläufe bedürfen. Um ein möglichst breites Spektrum abzudecken, wird jedes Projekt anhand gewisser charakteristischer Eigenschaften klassifiziert und einem hieraus abgeleiteten Projekttypus zugeordnet. Der Typ eines Projekts wird zum einen durch den *Projektgegenstand* und zum anderen durch die *Projektrolle* bestimmt:

- **Projektgegenstand**

  Mit dem Begriff des Projektgegenstands wird im V-Modell XT das Ergebnis bezeichnet, das im Rahmen eines Projekts erarbeitet wird. In den meisten Fällen ist der Projektgegenstand ein zu erstellendes System, das einer der folgenden fünf Kategorien zugeordnet werden kann:

  - Hardware-System

  - Software-System

  - Komplexes System

  - Eingebettetes System

  - Systemintegration

  Alternativ kann sich der Projektgegenstand auf die Einführung und Pflege eines organisationsspezifischen Vorgehensmodells beziehen. Dieser Projektgegenstand nimmt im V-Modell XT eine besondere Stellung ein.

- **Projektrolle**

  Das V-Modell XT definiert 6 verschiedene Projektrollen, die primär das Auftraggeber- und Auftragnehmerverhältnis charakterisieren. Von außen betrachtet kann ein Projekt als Auftraggeber (AG), als Auftragnehmer (AN) oder in beiden Rollen zusammen (AG/AN) agieren. Werden zusätzlich die verschiedenen Möglichkeiten der Unterauftragsvergabe berücksichtigt, ergeben sich die folgenden 6 Projektrollen des V-Modells XT:

  - Auftraggeber mit einem Auftragnehmer

  - Auftraggeber mit mehreren Auftragnehmern

  - Auftragnehmer ohne Unterauftragnehmer

  - Auftragnehmer mit Unterauftragnehmern

  - Auftraggeber/-nehmer ohne Unterauftragnehmer

  - Auftraggeber/-nehmer mit Unterauftragnehmern

  Jede Rolle ist im V-Modell XT mit zusätzlichen Aufgaben assoziiert, die den Besonderheiten der jeweiligen Projektkonstellation Rechnung tragen.

Anhand des Projektgegenstands und der Projektrolle wird im V-Modell XT der Typ eines Projekts abgeleitet. Jeder Projekttyp wird durch eine bestimmte *Projektdurchführungsstrategie* beschrieben. Diese definiert eine Menge verpflichtender sowie eine Menge optionaler Vorgehensbausteine, die zur Projektdurchführung zwingend

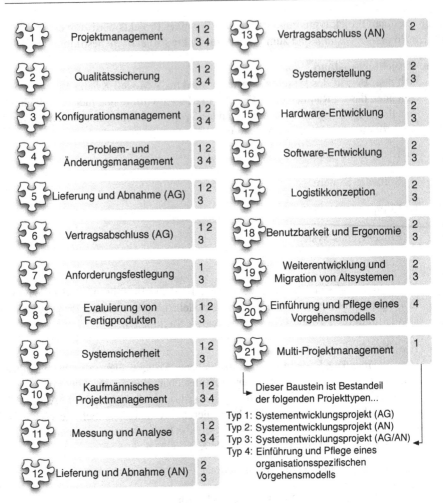

Abb. 9.6 Zuordnung der Vorgehensbausteine zu den verschiedenen Projekttypen

vorgeschrieben sind oder zusätzlich in die Arbeitsabläufe integriert werden können. Abb. 9.6 fasst die Zuordnung der Vorgehensbausteine in Abhängigkeit des Projekttyps zusammen.

Die verschiedenen Vorgehensbausteine eines Projekttyps werden in Form eines Ablaufrahmens miteinander verknüpft, der jedes Projekt auf natürliche Weise in verschiedene Projektabschnitte gliedert. Um einen Projektabschnitt erfolgreich abzuschließen, muss ein entsprechender *Entscheidungspunkt* erfolgreich durchlaufen werden. Entscheidungspunkte sind ein wesentliches Element des V-Modells XT und dienen zum einen der Überprüfung der geforderten Qualitätsparameter und zum anderen der Messung des Projektfortschritts.

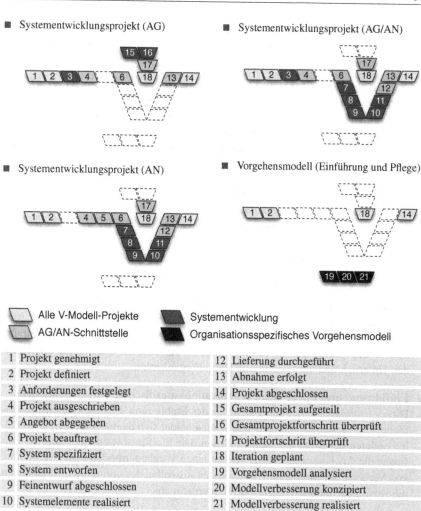

- Systementwicklungsprojekt (AG)
- Systementwicklungsprojekt (AG/AN)
- Systementwicklungsprojekt (AN)
- Vorgehensmodell (Einführung und Pflege)

Alle V-Modell-Projekte
AG/AN-Schnittstelle
Systementwicklung
Organisationsspezifisches Vorgehensmodell

1 Projekt genehmigt	12 Lieferung durchgeführt
2 Projekt definiert	13 Abnahme erfolgt
3 Anforderungen festgelegt	14 Projekt abgeschlossen
4 Projekt ausgeschrieben	15 Gesamtprojekt aufgeteilt
5 Angebot abgegeben	16 Gesamtprojektfortschritt überprüft
6 Projekt beauftragt	17 Projektfortschritt überprüft
7 System spezifiziert	18 Iteration geplant
8 System entworfen	19 Vorgehensmodell analysiert
9 Feinentwurf abgeschlossen	20 Modellverbesserung konzipiert
10 Systemelemente realisiert	21 Modellverbesserung realisiert
11 System integriert	

Abb. 9.7 Ablaufrahmen und Entscheidungspunkte der vier Projekttypen des V-Modells XT

Insgesamt unterscheidet das V-Modell XT vier verschiedene Projekttypen, die sich bezüglich des Ablaufrahmens und den zu durchlaufenden Entscheidungspunkten deutlich voneinander unterscheiden (vgl. Abb. 9.7):

- **Systementwicklungsprojekt (AG)**
  Hier agiert das betrachtete Unternehmen als Auftraggeber. In Projekten dieses Typs liegt der erste Schwerpunkt auf der Delegation der Projektdurchführung an einen geeigneten Auftragnehmer. Die hierzu benötigten Vorgehensbausteine umfassen unter anderem die Projektausschreibung, die Bewertung sowie die Be-

auftragung des ausgewählten Auftragnehmers. Bei der Entwicklung des Systems ist das Unternehmen selbst nicht beteiligt. Folgerichtig wird der zweite Schwerpunkt dieses Projekttyps durch die Systemabnahme gebildet.

■ **Systementwicklungsprojekt (AN)**
In Projekten dieses Typs agiert das betrachtete Unternehmen als Auftragnehmer. Im Rahmen des Projekts müssen zunächst Angebote erstellt und im Falle einer Auftragserteilung entsprechende Verträge geschlossen werden. Nach einem erfolgreichen Vertragsabschluss wird das vereinbarte System entwickelt, getestet und anschließend an den Auftraggeber ausgeliefert.

■ **Systementwicklungsprojekt (AG/AN)**
Auftraggeber und Auftragnehmer sind nicht in jedem Fall getrennte Unternehmen. In vielen Projekten agiert ein Unternehmen in beiden Rollen zugleich. Dies ist immer dann der Fall, wenn ein Projekt vollständig innerhalb einer Organisation durchgeführt wird – in diesem Fall werden der Auftraggeber und der Auftragnehmer häufig durch verschiedene Fachabteilungen repräsentiert. Ebenfalls in diese Kategorie fallen Projekte, in denen zwei oder mehrere Unternehmen im Rahmen einer speziellen Kooperation sehr eng zusammenarbeiten. Im Gegensatz zu Projekten, in denen das Unternehmen entweder als Auftraggeber oder als Auftragnehmer auftritt, erübrigt sich bei dieser Konstellation die Ausschreibungs- und Vertragsphase. Zusätzlich entfällt die im Falle zweier unabhängig operierenden Unternehmen unvermeidliche Doppelorganisation.

■ **Einführung und Pflege eines organisationsspezifischen Vorgehensmodells**
Dieser Projekttyp beschäftigt sich mit der Etablierung eines Vorgehensmodells innerhalb eines Unternehmens und unterscheidet sich damit grundlegend von allen anderen der hier vorgestellten Typen. Die hierfür notwendigen Schritte umfassen die Analyse eines etwaig vorhandenen Vorgängermodells, die Erarbeitung von Verbesserungsmaßnahmen sowie das Ausrollen des optimierten Modells auf die verschiedenen Abteilungen des Unternehmens.

9.1.3 Rational Unified Process

Der *Rational Unified Process* (RUP) wurde von der Firma Rational ins Leben gerufen und ist eng mit deren Unternehmensgeschichte verknüpft. In den Achtziger- und Neunzigerjahren entwickelte das Unternehmen mit dem *Rational Approach* ein inkrementelles Vorgehensmodell, das in seinen Grundzügen auf das *Spiralmodell* von Barry W. Boehm zurückgeht [28, 29]. Im Jahre 1995 fusionierte Rational mit dem Unternehmen Objectory AB, das mit dem *Objectory Process* ein eigenes Vorgehensmodell in das neue Unternehmen einbrachte. Der Rational Approach und der Objectory Process wurden im Jahre 1996 zum *Rational Objectory Process* vereint. Dieser wurde in den Folgejahren stetig weiterentwickelt und mit dem Erscheinen der Version 5.0 im Jahre 1998 schließlich in den *Rational Unified Process* umbenannt. Heute wird die Entwicklung vor allem durch die Firma IBM vorangetrieben, die durch den Kauf von Rational im Jahre 2003 auch das Vorgehensmodell übernahm.

Das Fundament des Rational Unified Process besteht aus insgesamt 6 *best practices*, die allgemein anerkannte und in der Vergangenheit bewährte Arbeitsabläufe und Vorgehensweisen in sich vereinen:

■ **Iterative Software-Entwicklung**
Der Rational Unified Process trägt der Tatsache Rechnung, dass komplexe Software-Systeme in der Praxis nicht in Form eines streng sequenziell durchlaufenen Modells entwickelt werden können. RUP forciert stattdessen ein iteratives Vorgehen, das ein Produkt schrittweise wachsen lässt. Am Ende jeder Iteration steht ein funktionsfähiger Software-Prototyp.

Die kontinuierliche Erstellung von Zwischenprodukten besitzt mehrere entscheidende Vorteile. Zum einen lässt sich hierdurch der aktuelle Projektfortschritt auf objektive Art und Weise ermitteln. Zum anderen wird die Kommunikation mit der Kundenseite deutlich erleichtert und Abweichungen zwischen dem real entwickelten und dem gewünschten Produkt in einer frühen Projektphase erkannt. Die Entwicklung wird dabei stets durch ein aktives Risikomanagement begleitet. Hierzu werden die Risiken in jeder Projektphase bewertet und in die Planung der nächsten Arbeitsschritte einbezogen.

■ **Anforderungsmanagement**
Der Rational Unified Process beschreibt ausführlich die verschiedenen Bereiche des Anforderungsmanagements. Hierzu gehören die Herausarbeitung, die Organisation und die Dokumentation der Anforderungen eines Software-Systems. Für die Anforderungsbeschreibung greift RUP extensiv auf den Formalismus der *Use cases* zurück, die wir bereits in Abschnitt 4.3.4 im Zusammenhang mit der Konstruktion von Black-Box-Tests kennen gelernt haben.

■ **Komponentenbasierte Architekturen**
Durch die iterative Vorgehensweise entsteht das erste funktionsfähige Software-System zu einem vergleichsweise frühen Projektzeitpunkt. Um eine schrittweise Weiterentwicklung in verschiedene Richtungen zu ermöglichen, wird eine robuste und flexible Software-Architektur angestrebt. RUP verfolgt hierzu einen komponentenbasierten Ansatz. Eine Komponente im Sinne des Rational Unified Process ist ein nichttriviales Software-Modul, das eine semantisch klar umrissene Aufgabe vollzieht. RUP beschreibt ein systematisches Vorgehen für die Erstellung einer adäquaten Software-Architektur. Die Wiederverwendbarkeit bestehender Komponenten wird hierbei explizit angestrebt.

■ **Visuelle Software-Modellierung**
Für die Verhaltens- und Strukturbeschreibung eines Software-Systems greift der Rational Unified Process auf visuelle Modelle zurück. Der Einsatz einer grafischen Repräsentation erlaubt es, von den technischen Details eines Software-Systems zu abstrahieren und ist mit der Hoffnung verbunden, die Systemkomplexität auf ein handhabbares Maß zu reduzieren. Die Grundlage für die visuelle

Darstellung von RUP bildet die Unified Modeling Language (UML). Dass in diesem Modell ausgerechnet die UML als Modellierungssprache zum Einsatz kommt ist bei weitem kein Zufall. Schließlich war es das Unternehmen Rational selbst, das die UML in den Neunzigerjahren als Modellierungssprache entwickelte.

■ **Software-Qualitätskontrolle**
Die Software-Qualitätssicherung ist ein weiteres Kernelement des Rational Unified Processes. Das Vorgehensmodell unterstützt den Software-Entwickler bei der Planung, dem Entwurf, der Implementierung und der Ausführung spezieller Tests, die der Sicherstellung der verschiedenen Qualitätsparameter dienen. Hierzu gehören insbesondere die Zuverlässigkeit, die Funktionalität und die Applikations- und System-Performance der erstellten Software-Artefakte. RUP integriert zahlreiche Assessment-Maßnahmen in den Prozess, mit deren Hilfe die verschiedenen Qualitätsparameter sowie der Projektfortschritt einer möglichst objektiven Messung unterzogen werden sollen.

■ **Software-Änderungskontrolle**
Durch ein definiertes Change-Management trägt der Rational Unified Process der Tatsache Rechnung, dass Software ständigen Änderungen unterliegt. Das iterative Vorgehen von RUP fordert, dass Modifikationen kontrolliert eingepflegt werden, ohne die Stabilität des erreichten Projektzustands zu gefährden. Das Vorgehensmodell definiert hierzu mehrere Arbeitsabläufe für die Verwaltung und die geregelte Durchführung von Änderungen. Eine wichtige Rolle spielt in diesem Zusammenhang die Versionskontrolle, die zum einen alle Artefakte transparent verwaltet und durch die Schaffung individuell abgeschotteter Arbeitsumgebungen die Voraussetzung für die Team-Arbeit innerhalb eines Projekts schafft.

Der Rational Unified Process wird in zwei *Prozessdimensionen* beschrieben, die in Abb. 9.8 auf der x- bzw. y-Achse aufgetragen sind. Die horizontale Achse beschreibt den zeitlichen Ablauf eines Projekts und stellt damit die dynamischen Aspekte in den Vordergrund. Die Entwicklung eines Software-Systems findet im Rational Unified Process in mehreren *Zyklen* statt. In jedem einzelnen wird ein neues Software-System erstellt, das sich von Generation zu Generation dem spezifizierten Endprodukt annähert. Jeder Zyklus besteht aus insgesamt vier *Phasen*, die nacheinander durchlaufen werden:

■ **Konzeptionsphase (Inception Phase)**
Zu Beginn werden die Ziele für den aktuellen Entwicklungszyklus definiert und ein erster Grobentwurf des zu erstellenden Software-Systems angefertigt. Für die Entwurfsbeschreibung werden zunächst die wichtigsten Geschäftsvorfälle bestimmt und deren Ablauf anschließend mit Hilfe von *Use cases* modelliert. Des Weiteren werden in dieser Phase der Projektumfang und die zu erwartenden Kosten geschätzt sowie die größten Gefahren des Projekts im Rahmen einer Risikoanalyse identifiziert.

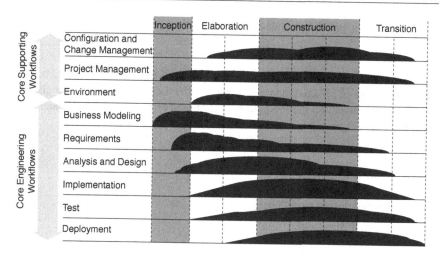

Abb. 9.8 Rational Unified Process (RUP)

■ **Entwurfsphase (Elaboration Phase)**
In dieser Phase werden die genauen Produkteigenschaften definiert und in Form einer Spezifikation niedergeschrieben. Darauf aufbauend wird die Systemarchitektur entworfen und das weitere Vorgehen geplant. Hierunter fallen die Festlegung der in den nächsten Phasen durchzuführenden Aktivitäten sowie die Bereitstellung der benötigten Ressourcen.

■ **Entwicklungsphase (Construction Phase)**
Die eigentliche Produktentwicklung findet in dieser Phase statt. Hierzu gehören die Ausarbeitung der Feinarchitektur, die Erstellung der Implementierung sowie alle Aspekte der Verifikation und Validation. Am Ende dieser Phase steht ein voll funktionsfähiges Produkt, das für die Übergabe an den Kunden vorbereitet ist.

■ **Produktübergabe (Transition Phase)**
Diese Phase fasst alle Aktivitäten zusammen, die sich mit der Übergabe des entwickelten Produkts an den Kunden beschäftigen. Die Tätigkeiten umfassen die Produktfreigabe, die Durchführung von Abnahmetests sowie die Auslieferung und Installation des fertigen Systems. Aktivitäten, die nach der Auslieferung des Produkts durchgeführt werden, sind ebenfalls dieser Phase zuzuordnen. Neben den üblichen Support- und Wartungsarbeiten fallen z. B. auch Beratungs- und Trainingsmaßnahmen in diese Rubrik.

Die vertikale Achse des in Abb. 9.8 dargestellten Prozessmodells spiegelt die statische Prozesssicht wider. RUP definiert insgesamt 9 sogenannte *Workflows*, die eine inhaltliche Gruppierung der Aktivitäten und Arbeitsabläufe des Prozesses vornehmen. Die Workflows

■ Project management workflow,

- Configuration and change management workflow,

- Environment workflow

üben eine unterstützende Funktion innerhalb eines Software-Projekts aus. Unter anderem sind dort alle Aktivitäten enthalten, die der Bereitstellung der technischen Infrastruktur dienen und die Projektdurchführung in organisatorischer Hinsicht unterstützen. Im Gegensatz hierzu decken die Workflows

- Business modeling workflow,

- Requirements workflow,

- Analysis and design workflow,

- Implementation workflow,

- Test workflow,

- Deployment workflow

alle Aktivitäten ab, die sich in direkter Weise mit der Erstellung des Software-Systems beschäftigen. Sie werden in der RUP-Terminologie auch als *Core engineering workflows* bezeichnet. Obwohl die Namen der Workflows große Gemeinsamkeiten mit den Phasenbezeichnungen des Wasserfallmodells aufweisen, unterscheiden sich beide Vorgehensmodelle in einem zentralen Punkt. Während das Wasserfallmodell eine streng konsekutive Abarbeitung der verschiedenen Phasen verfolgt, sind diese im Rational Unified Process ineinander verschränkt. Wie die Verlaufskurven in Abb. 9.8 andeuten, werden die einzelnen Workflows zeitgleich bearbeitet, wenn auch mit unterschiedlicher Intensität. Die zeitliche Überlagerung ist eine wesentliche Stärke des Rational Unified Processes und bildet die Realität der Software-Entwicklung weit besser ab, als alle streng sequenziell konzipierten Vorgehensmodelle.

9.1.4 Extreme Programming

Zwischen der Publikation des ersten Vorgehensmodells in Form des *Stagewise models* und dem Erscheinen moderner Varianten wie dem V-Modell XT oder dem Rational Unified Process liegen rund 40 Jahre. Während der gesamten Zeit wurde die Entwicklung durch einen eindeutigen Trend geprägt: Mit jeder neuen Modellvariante stieg der Umfang und die Komplexität der postulierten Vorgehensweisen und Arbeitsabläufe kontinuierlich an. Reichten für die Beschreibung des Wasserfallmodells noch ein paar Textseiten aus, so erfordert die Einarbeitung in das V-Modell XT ein wochenlanges Dokumentenstudium.

Als Gegengewicht zu den immer schwergewichtiger werdenden Vorgehensmodellen wurden Mitte der Neunzigerjahre die ersten *agilen Modelle* entwickelt, die mit zahlreichen Traditionen der bis dato im Einsatz befindlichen Varianten brachen.

Im Gegensatz zu den schwergewichtigen Modellen, zu denen auch der Rational Unified Process und das V-Modell XT gehören, versuchen agile Modelle, den Software-Entwicklungsprozess zu verschlanken und komplexe Arbeitsabläufe durch wenige, flexibel anwendbare Regeln zu ersetzen. Die Flexibilität ist dabei eine tragende Säule der verfolgten Philosophie. Anstatt die Vorhersagbarkeit und Planbarkeit des Projektverlaufs in den Vordergrund zu stellen, zeichnen sich agile Modelle durch eine dynamische Projektsicht aus und sind explizit darauf ausgerichtet, auf unvorhergesehene Änderungen schnell und flexibel zu reagieren.

Zu den bekanntesten Vertretern zählt das *Extreme Programming*, kurz XP. Hinter diesem Begriff verbirgt sich ein Vorgehensmodell, das von Kent Beck, Howard Cunningham und Ron Jeffries im Rahmen des C3-Projekts (Chrysler Comprehensive Compensation System) der ehemaligen DaimlerChrysler AG entwickelt wurde. Extreme Programming zielt vor allem auf Software-Projekte ab, die von Teams kleiner oder mittlerer Größe durchgeführt werden. Die grundlegende Philosophie von XP wird durch fünf zentrale Werte charakterisiert, aus denen konkrete Handlungspraktiken abgeleitet werden. Im Einzelnen handelt es sich um die Werte *Kommunikation, Einfachheit, Rückmeldung, Mut* und *Respekt*:

■ Kommunikation (Communication)

Die Ursache vieler Fehler und Probleme lässt sich im alltäglichen Projektgeschäft auf die mangelhafte Kommunikation zwischen den Beteiligten zurückführen. XP trägt dieser empirischen Tatsache Rechnung und sieht in dem regen Informationsaustausch ein Schlüsselelement für den Projekterfolg. Aus diesem Grund definiert das Vorgehensmodell viele Vorgehensweisen und Arbeitsabläufe, die ein erhebliches Maß an Kommunikation bedingen. Beispiele sind das *Programmieren in Paaren* oder die gemeinsame Durchführung von *Aufwandsschätzungen*.

■ Einfachheit (Simplicity)

Entwickler sind durch den XP-Prozess angehalten, sich stets auf die einfachste Lösung zu konzentrieren. Diese Vorgehensweise ist mit der Einsicht verbunden, dass die Schwierigkeit, ein Software-System fehlerfrei zu entwickeln, mit zunehmender Systemkomplexität überproportional zunimmt. Wird an den richtigen Stellen auf unnötige Komplexität verzichtet, kann zum einen die Anzahl der Fehler reduziert und zum anderen das gleiche Produkt in deutlich geringerer Zeit entwickelt werden.

■ Rückmeldung (Feedback)

Die Aktivitäten und Prozesse von XP sind darauf ausgelegt, effizient arbeitende Rückmeldemechanismen zu schaffen, die zu jeder Zeit über den aktuellen Zustand des Projekts bzw. des entwickelten Systems Auskunft geben. Entsprechende Feedback-Kanäle werden auf verschiedenen Ebenen eingerichtet:

– System-Feedback

XP forciert die Erstellung umfassender Unit-Tests während der gesamten Software-Entwicklung. Die automatisierte Ausführung einer Test-Suite gibt nach kurzer Zeit Auskunft über den aktuellen Zustand der Software, ohne einen nennenswerten Zusatzaufwand zu generieren. Durch den extensiven Einsatz von Unit-Tests wird ein effizienter Feedback-Kanal zwischen Software und Entwickler geschaffen.

– **Kunden-Feedback**
  Im Rahmen eines XP-Projekts werden in regelmäßigen Abständen Akzeptanztests erstellt. Bei der Ausarbeitung der Testfälle ist sowohl die Kundenseite als auch die Herstellerseite in Person der Software-Tester beteiligt. Durch dieses Vorgehen erhält der Auftraggeber in regelmäßigen Abständen Feedback über den aktuellen Zustand des bestellten Systems. Zusätzlich werden die Anforderungen und Wünsche des Kunden ohne Umwege an das Projektteam kommuniziert.

– **Team-Feedback**
  Reicht der Auftraggeber einen Änderungswunsch (*change request*) in Form einer *Story card* ein, wird diese durch eine sich unmittelbar anschließende Aufwandsschätzung quittiert. Auf diese Weise erhält der Kunde eine unmittelbare Rückmeldung über die Machbarkeit, den Aufwand und die entstehenden Kosten der nachgefragten Änderung.

■ **Mut (Courage)**
XP appelliert wie kaum ein anderes Vorgehensmodell an den Mut der Entwickler. So werden grundlegende Änderungen an der Systemarchitektur akzeptiert, wenn sie aus Software-technischer Sicht gerechtfertigt sind. Das Festhalten an suboptimalen Architekturen oder Implementierungen wird selbst dann abgelehnt, wenn die Änderungen einen erheblichen Aufwand verursachen. Hinter diesem Paradigma verbirgt sich die Sichtweise, dass die Fokussierung auf die Produktqualität eine essentielle Rolle für den Projekterfolg spielt. Wird diese Vorgehensweise konsequent verfolgt, so übersteigen die Ersparnisse, die durch eine kontinuierlich optimierte Software-Struktur langfristig entstehen, den kurzfristig zu erbringenden Refactoring-Aufwand um ein Vielfaches.

■ **Respekt (Respect)**
Die ursprüngliche Beschreibung des XP-Modells leitete die postulierte Vorgehensweise aus den bisher vorgestellten Werten *Kommunikation, Einfachheit, Rückmeldung* und *Mut* ab [14]. Mit dem Erscheinen der zweiten Ausgabe von *Extreme Programming Explained* wurden diese um den fünften Wert *Respekt* ergänzt [17]. Die Erweiterung bringt zum Ausdruck, dass das Gelingen eines Projekts nicht zuletzt von einer gut funktionierenden Team-Psychologie abhängt. Faktoren wie Motivation und Teamgeist sind Erfolgsbausteine, die in anderen Vorgehensmodellen häufig stiefmütterlich behandelt oder gar vollständig ignoriert werden. In XP nehmen diese einen prominenten Platz ein.

Die fünf Werte des Extreme Programmings charakterisieren die Philosophie des Vorgehensmodells, legen jedoch selbst noch keine konkreten Arbeitsabläufe und Handlungen fest. Stattdessen dienen sie als Nährboden, aus denen die verschiedenen XP-Praktiken erwachsen. Die meisten Praktiken sind auch hier sogenannte

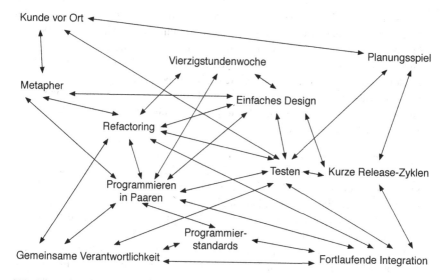

Abb. 9.9 Die 12 XP-Praktiken im Zusammenspiel (nach Beck [14])

Best practices und damit Vorgehensweisen, die ihren Nutzen in der täglichen Arbeit vielfach unter Beweis stellen konnten und im Zusammenspiel ihre volle Wirkung entfalten. Die aus den fünf Werten abgeleiteten Praktiken lassen sich in insgesamt 12 *Hauptverfahrensbereiche* einteilen (vgl. Abb. 9.9):

- **Planungsspiel (Planning Game)**
  Das *Planungsspiel* dient dem Zweck, die Rahmendaten der nächsten Software-Iteration bzw. des nächsten Release festzulegen. Die Planung findet unter aktiver Beteiligung des Kunden statt und wird in erster Linie mit Hilfe spezieller *Story cards* durchgeführt. Jede dieser Karten definiert eine bestimmte Anforderung an das Software-System und dient als Diskussionsgrundlage zwischen Auftraggeber und -nehmer. Story cards werden unmittelbar nach ihrer Erstellung einer Aufwandsschätzung unterzogen, die insbesondere auch die Erfahrungen der vorhergehenden Iterationen einbezieht. Innerhalb des Planungsspiels hat der Kunde die Möglichkeit, neue Anforderungen einzubringen, bestehende Anforderungen zu ändern oder neu zu priorisieren.

- **Kurze Release-Zyklen (Small Releases)**
  XP verfolgt das Ziel, viele Releases in kurzen Abständen zu produzieren. Die Zeitintervalle zwischen zwei Iterationen sind dabei nicht konstant gewählt und orientieren sich stattdessen an den inhaltlichen Anforderungen. Jedes Release soll ein für sich abgeschlossenes System darstellen und als Ganzes sinnvoll betrieben werden können – insbesondere ist das Einpflegen halbgarer Teillösungen zu vermeiden. Kurze Release-Zyklen besitzen nicht zu unterschätzende Vorteile. Zum einen befindet sich das Software-System nach einer Änderung rasch wieder in einem konsistenten Zustand. Auftretende Fehler lassen sich aufgrund der

überschaubaren Änderungen vergleichsweise schnell lokalisieren und korrigieren. Zum anderen erstreckt sich die Release-Planung stets über einen überschaubaren Zeitraum. Anstatt die vollständige Funktionalität eines Software-Systems zu Beginn des Projekts in einem Atemzug zu planen, müssen die durchzuführenden Arbeitsschritte lediglich für die nächsten Wochen oder Monate festgelegt werden. Diese Vorgehensweise kommt nicht zuletzt dem Änderungsmanagement zugute, da sich Änderungswünsche aufgrund der kurzen Planungszeiträume flexibel in die Projektplanung einflechten lassen.

■ **Metapher (Metaphor)**
Im literarischen Sinne ist eine Metapher die bildliche Umschreibung eines konkreten Sachverhalts. Der XP-Gedanke legt die Verwendung solcher bildlicher Beschreibungen für die Spezifikation eines Software-Systems auf oberster Ebene nahe. Die Vorgehensweise ist mit der Hoffnung verbunden, eine teamübergreifende Grundidee für die zu erstellende Software zu generieren, ohne diese in umfangreichen Dokumenten umständlich niederlegen zu müssen. So gibt die Metapher *Rechenblatt* für eine Software zur Gehaltsberechnung bereits eine erste Idee, wie die zu erstellende Applikation später aussehen wird. Die gewählte Metapher ist dabei nicht in jeder Hinsicht wörtlich zu nehmen – sie definiert lediglich eine Richtung, die in einzelnen Aspekten von dem gewählten Begriff abweichen darf. Sie beschreibt wesentliche Aspekte eine Systems, die durch die Software-Architektur im Detail festgelegt werden. Damit unterstützen Metaphern die Beschreibung der Software-Architektur, können diese aufgrund ihrer abstrakten Natur aber nicht ersetzen.

■ **Einfaches Design (Simple Design)**
Die Komplexität ist einer der größten Feinde eines Software-Entwicklers. XP trägt dieser empirischen Wahrheit Rechnung und sieht in der Einfachheit einen Schlüssel für den Projekterfolg. In [14] definiert Beck vier Merkmale, die ein gutes Software-Design zu jedem Zeitpunkt der Entwicklung aufzeigen soll:

– Die Software besteht alle Tests.

– Die Software ist frei von Redundanz.

– Die Implementierung lässt die Absichten des Programmierers klar erkennen.

– Die Anzahl der verwendeten Klassen und Methoden ist minimal.

Die ersten drei Merkmale sind anerkannte Vorgehensweisen, die lange vor dem Erscheinen von XP Einzug in die Software-Technik hielten. Nichtsdestotrotz werden diese Richtlinien in der Praxis häufig verletzt. Das vierte Merkmal ist eher untypischer Natur und nicht selten Gegenstand kontroverser Diskussionen. Bei genauerer Betrachtung mündet die Beschränkung auf die minimale Anzahl von Klassen und Methoden in der Konsequenz, dass sich die Implementierung stets auf die aktuell geforderten Anforderungen beschränkt und darauf verzichtet, Raum für zukünftige Erweiterungen zu lassen. Die Konzentration auf die heutigen Belange wird von XP bewusst angestrebt und steht im Gegensatz zur klassischen Lehrmeinung, die einen eher weitsichtigen Entwurf forciert. Obwohl dieses Vorgehen berechtigte Fragen aufwirft, bietet es einige beachtliche Vorteile. Im Besonderen wird der ausufernden Komplexität eines Software-Systems aktiv entgegengewirkt.

■ **Test (Testing)**
Das Rückgrat von XP wird nicht zuletzt durch die auf allen Ebenen angestrebte Testautomatisierung gebildet. Testfälle sind für XP das Mittel der Wahl, um den aktuellen Zustand eines Software-Systems an den Entwickler oder den Kunden zurückzumelden. Die Automatisierung derselben ist nicht minder wichtig. Zum einen werden die Testergebnisse aufgrund ihrer Reproduzierbarkeit auf eine objektive Basis gestellt, zum anderen reduziert die automatisierte Durchführung den zu erbringenden Zusatzaufwand auf ein Minimum. Der Software-Test ist in diesem Vorgehensmodell so tief verankert, dass für jede Programmeigenschaft explizit die Erstellung eines Testfalls gefordert wird. Typische XP-Projekte beginnen daher in der Regel mit der Erstellung von Unit-Tests und nicht mit der Implementierung des eigentlichen Codes.

■ **Refactoring**
XP ermutigt seine Entwickler, stets die beste Software-Architektur und -Implementierung für das aktuell zu lösende Problem zu wählen. Wartungsarbeiten an der inneren Code-Struktur gehören hierdurch zur täglichen Arbeit und werden durch das Vorgehensmodell explizit eingefordert. In diesem Punkt unterscheidet sich XP von der landläufigen Vorgehensweise in IT-Projekten. Refactorings, d. h. die Durchführung von Code-Änderungen bei gleichzeitiger Bewahrung der alten Funktionalität, werden in der Praxis vergleichsweise selten durchgeführt und durch das Management in der Regel nicht gefördert (vgl. Abschnitt 7.3.1). Der Hauptgrund liegt zum einen in einer fehlenden Weitsicht – die Bedeutung einer sauberen Architektur und Implementierung wird für den langfristigen Erfolg eines Produkts häufig unterschätzt. Zum anderen wird an dieser Stelle Arbeit investiert, die nach außen hin nicht sichtbar ist. Wird der vorhandene Termindruck in einem Projekt entsprechend groß, so wird das Refactoring oft hinten angestellt und die zur Verfügung stehende Arbeitskraft auf Tätigkeiten verlagert, die einen scheinbaren Projektfortschritt nach außen hin dokumentieren.

■ **Programmieren in Paaren (Pair Programming)**
Eine seit jeher kontrovers diskutierte Eigenschaft von XP ist die vorgesehene Art und Weise der Programmerzeugung. Die Quelltexte der Software werden stets von zwei Entwicklern erstellt, die in einem Team an einem einzigen Rechner arbeiten. Jeder Entwickler übernimmt hierbei eine andere Rolle. Während einer von beiden einen Implementierungsvorschlag über die Tastatur eingibt, hat sein Partner die Aufgabe, den gewählten Ansatz auf abstrakterer Ebene zu durchdenken. Die Vorgehensweise wird insbesondere durch die empirische Tatsache motiviert, dass es einem einzigen Entwickler in der Regel schwer fällt, verschie-

dene Abstraktionsebenen gleichzeitig im Auge zu behalten. So sind Programmierer während der Codierung einer Funktion oder Methode kaum in der Lage, gleichzeitig über alternative Lösungsansätze nachzudenken. Genau hier kommt der zweite Entwickler ins Spiel, der die Aufgabe des strategischen Denkers übernimmt. Als zusätzlicher Nebeneffekt wird die erstellte Implementierung einer neutralen Sichtprüfung unterzogen, bei der viele kleinere Programmierfehler aufgrund des Vieraugenprinzips sofort erkannt werden.

Das Programmieren in Paaren lässt einen tieferen Blick in die XP-Philosophie zu. Wie schon der Name Extreme Programming andeutet, wird auf bewährte Praktiken zurückgegriffen, diese jedoch in einer *extremen* Art und Weise eingesetzt. Im Falle des Programmierens in Paaren wird die bewährte Review- bzw. Inspektionstechnik (vgl. Abschnitt 5.5) herangezogen und die Kernidee rigoros auf den gesamten Bereich der Code-Erstellung übertragen.

■ Gemeinsame Verantwortlichkeit (Collective Ownership)
Die Frage, wer in einem Projekt für welchen Teil des Codes verantwortlich ist, wird in verschiedenen Unternehmen traditionell unterschiedlich beantwortet. In einigen Firmen sind die Verantwortlichkeiten nicht explizit geregelt, so dass für den Quellcode im Ganzen oder zumindest für bestimmte Teile keine verantwortliche Person existiert. Insbesondere junge Firmen, deren Produkt sich noch in einer vergleichsweise frühen Evolutionsphase befindet, verzichten häufig auf die explizite Festlegung von Verantwortlichkeiten.

Erfahrungsgemäß leiden diese Unternehmen recht schnell unter den typischen Problemen der Software-Alterung (vgl. Abschnitt 7.1). Um dem entstehenden Chaos entgegenzuwirken, gehen viele Firmen dazu über, die einzelnen Module und Komponenten in die Verantwortlichkeit einzelner Entwickler oder Entwicklergruppen zu übergeben – Änderungen an der Software sind dann nur noch durch die verantwortlichen Programmierer möglich. Das Chaos, das durch die gleichzeitige Änderung der Code-Basis durch eine Vielzahl verschiedener Programmierer entsteht, wird hierdurch zwar effektiv eingedämmt, allerdings geht auch jegliche Flexibilität verloren. In derart organisierten Projektgruppen tendieren Programmierer nicht selten dazu, umständliche lokale Änderungen einer sauberen globalen Lösung vorzuziehen, um den hohen Kommunikationsaufwand mit den verschiedenen Code-Verantwortlichen zu umgehen.

XP versucht das Problem zu lösen, indem die Verantwortung der gesamten Code-Basis in die Hände aller Projektbeteiligten gelegt wird. Von jedem Entwickler wird erwartet, sich nicht auf einen bestimmten Code-Abschnitt zu konzentrieren. Stattdessen sind alle Beteiligten aufgerufen, Code-Verbesserungen permanent durchzuführen, unabhängig davon, welches Modul oder welche Klasse hiervon betroffen ist.

Wie schon im Fall des Programmierens in Paaren geht das Vorgehensmodell an dieser Stelle sehr mutig vor. Durch die Übergabe der gesamten Quelltextbasis in die Verantwortung aller Programmierer wird das gemeinsame Verantwortungsgefühl innerhalb des Projekt-Teams unbestritten gestärkt. Das Vorgehen ist jedoch auch mit Risiken verbunden. Erreicht das Projekt-Team eine gewisse Größe, so besteht die Gefahr, dass die gemeinsame Verantwortung schwindet und das Projekt in den initialen, ungeregelten Zustand zurückfällt. An dieser Stelle gilt es zu bedenken, dass XP vor allem für Projekte kleinerer und mittlerer Größe konzipiert ist. Hier erweist sich das Prinzip der gemeinsamen Verantwortlichkeit durchaus als eine vielversprechende Vorgehensweise.

■ **Fortlaufende Integration (Continuous Integration)**

XP hält die Programmierer dazu an, den erstellten Programmcode in kurzen Abständen wieder in die bestehende Code-Basis zu integrieren. Empfohlen wird ein Zurückschreiben der Änderungen nach wenigen Stunden, spätestens jedoch am Ende eines Arbeitstags. Vor der Integration werden sämtliche Unit-Tests durchgeführt und die Entwicklung erst dann fortgesetzt, wenn alle Testfälle zu 100 % fehlerfrei ausgeführt werden.

Hinter der fortlaufenden Integration verbirgt sich die Idee, die erstellte Software nicht über längere Zeit in einem inkonsistenten Zustand zu belassen. Durch die strikt konsekutive Integration einzelner Änderungen wird insbesondere die Fehlersuche stark vereinfacht. Zudem unterstützt diese Vorgehensweise den sogenannten *Rollback*. Stellt sich beispielsweise heraus, dass gewisse Programmänderungen nicht den gewünschten positiven Effekt zeigen, werden diese im Rahmen eines Rollback-Szenarios wieder aus der Code-Basis entfernt. Durch die kontinuierliche Integration entstehen in regelmäßigen Abständen in sich stimmige Konfigurationen, so dass die Rücknahme einzelner Änderungen durch das Zurückgehen auf einen der vorher erzeugten Software-Stände vergleichsweise problemlos möglich ist.

■ **Vierzigstundenwoche (40-Hour Week)**

Hinter diesem Unternehmensgrundsatz steht die Überzeugung, dass sich die permanente Überschreitung der persönlichen Belastungsgrenze negativ auf die Gesamtleistung auswirkt. Die Erfahrung vieler Projekte hat gezeigt, dass sich Terminverzögerungen durch das übermäßige Ableisten von Überstunden kaum ausgleichen lassen.

Auf zwei häufig angetroffene Fehlinterpretationen soll an dieser Stelle explizit hingewiesen werden: XP gibt nicht vor, dass eine Arbeitswoche aus exakt 40 Stunden besteht. Die Vierzigstundenwoche steht stellvertretend für die persönlichen Belastungsgrenzen, die zwischen den einzelnen Team-Individuen deutlich schwanken. Des Weiteren ist der Verzicht auf Überstunden nicht im Sinne eines gewerkschaftlichen Dogmas zu verstehen. Auch Sechzigstundenwochen stehen mit der XP-Philosophie im Einklang, sofern diese in begründeten Einzelfällen anfallen und nicht zur Regel werden.

■ **Kunde vor Ort (On-Site Customer)**

Dem Kommunikationsgedanken von XP folgend, ist mindestens ein Mitarbeiter der Kundenseite vor Ort und fest in das Entwicklungsteam eingebunden. Hierdurch soll der Kommunikationsweg zwischen Auftragnehmer und -geber auf ein Minimum verkürzt und ein insgesamt produktives Arbeitsumfeld geschaffen werden. Bei der Auswahl der Vor-Ort-Mitarbeiter wird darauf geachtet, dass die betreffenden Personen zum aktiven Nutzerkreis der entwickelten Software gehören. Die Aufgabe des Mitarbeiters ist zweigeteilt. Auf der einen Seite dient er dem Entwicklungsteam als direkter Ansprechpartner für die Klärung offener Fragen. Auf der anderen Seite hat der Kunde eine direkte Einsicht in den aktuellen Projektfortschritt und kann z. B. durch die Änderung von Prioritäten flexibel in den Entwicklungsprozess eingreifen.

■ **Programmierstandards (Coding Standards)**
Die von XP forcierte gemeinsame Code-Verantwortung hat zur Folge, dass viele verschiedene Entwickler an den unterschiedlichsten Stellen einer Software arbeiten. Aus diesem Grund wird der Einheitlichkeit der Programmquellen eine besondere Bedeutung zugemessen. Mit Hilfe entsprechender Programmierstandards versucht XP, das Erscheinungsbild der Quelltexte von der individuellen Handschrift einzelner Entwickler zu befreien. Standards sind dabei so zu wählen, dass unnötiger Mehraufwand vermieden wird und sich die einzelnen Team-Mitglieder darin wiederfinden. Nur durch eine entsprechende Identifikation kann eine freiwillige Einhaltung derselben erreicht werden.

9.2 Reifegradmodelle

Während die im letzten Abschnitt vorgestellten Vorgehensmodelle einen idealisierten Projektverlauf beschreiben, dienen *Reifegradmodelle* zur Bewertung und Optimierung der Prozesse eines Unternehmens. In der Vergangenheit haben sich verschiedene Modelle etabliert, die mehrheitlich durch die folgenden Eigenschaften charakterisiert sind:

■ **Stufen**
Die Reife einer Organisation wird mit Hilfe eines Stufenmodells beschrieben. Hierzu wird das Unternehmen entweder als Ganzes klassifiziert oder die Bewertung für inhaltlich getrennte Schlüsselbereiche individuell durchgeführt. Die verschiedenen Stufen werden in der Regel konsekutiv durchlaufen, so dass kein Reifegrad übersprungen werden kann.

■ **Anforderungen und Maßnahmen**
Jeder Reifegrad ist mit einer Menge von Anforderungen verbunden, die ein Unternehmen für dessen Erreichen erfüllen muss. Die meisten Reifegradmodelle schlagen zudem konkrete Maßnahmen vor, die eine Organisation in die Lage versetzen sollen, die Anforderungen des angestrebten Reifegrads zu erfüllen. Trotzdem sind Reifegradmodelle keine Prozessbeschreibungen im eigentlichen Sinne. Stattdessen geben die entsprechenden Maßnahmenkataloge Eckpunkte vor, aus denen sich eine konkrete Prozessbeschreibung ableiten lässt. Alle Reifegradmodelle sind aufgrund ihrer allgemeinen Natur explizit darauf ausgelegt, auf die speziellen Gegebenheiten und Bedürfnisse einer Organisation angepasst zu werden.

■ **Assessments**

Die Anforderungen einer Reifestufe sind so angelegt, dass sie einer objektiven Prüfung unterzogen werden können. Die Bewertung der Reife wird in Form eines *Assessments* durchgeführt. Die vorgefundenen Arbeitsabläufe und Strukturen werden hierzu systematisch mit den Anforderungen des Reifegradmodells abgeglichen und die erreichte Reifestufe festgelegt.

Assessments sind ein wesentlicher Kern aller Reifegradmodelle und verfolgen zwei maßgebliche Ziele: Zum einen wird durch die Reifegradbestimmung die Leistungsfähigkeit verschiedener Unternehmen messbar und untereinander vergleichbar. Zum anderen werden im Rahmen eines Assessments Hinweise und Vorschläge erarbeitet, wie die Prozess- und Arbeitsstrukturen verbessert werden können. Je nachdem, von wem und in welcher Form die Bewertung durchgeführt wird, fällt ein Assessment in eine von mehreren Kategorien:

– **Selbst- versus Fremd-Assessments**
Selbst-Assessments dienen zur Bewertung der unternehmenseigenen Reife. Im Rahmen eines Fremd-Assessments wird dagegen die Leistungsfähigkeit eines anderen Unternehmens evaluiert. Eingesetzt wird die Fremdbewertung insbesondere in der Auswahl von Subunternehmern und Zulieferern.

– **Interne versus externe Assessments**
Interne Assessments werden durch das Unternehmen selbst durchgeführt. Die Vorteile liegen vor allem in einer erheblichen Kostenersparnis und einer höheren Flexibilität. Im Gegensatz hierzu werden externe Assessments durch einen neutralen Assessor durchgeführt. Assessments dieser Art bilden die Grundlage für die formale Zertifizierung eines Unternehmens.

In den folgenden Abschnitten werden wir wichtigsten der in der Vergangenheit vorgestellten Reifegradmodelle einer genaueren Betrachtung unterziehen. Nach einem kurzen Abstecher in die historischen Anfänge werden wir mit dem CMM, CMMI und ISO 15504 (SPICE) die heute bedeutendsten Vertreter im Bereich der Software-Entwicklung kennen lernen.

9.2.1 Historische Entwicklung

Für den Einsatz von Reifegradmodellen im Bereich der Informationstechnologie wird seit Ende der Achtzigerjahre verstärkt geworben, in anderen Bereichen wurden entsprechende Modelle jedoch bereits viel früher eingesetzt. So postulierte der US-amerikanische Psychologe Abraham Harold Maslow bereits Anfang der Vierzigerjahre ein Stufenmodell, das die Bedürfnisse eines Menschen in eine hierarchische Ordnung bringt und bereits viele der zentralen Grundideen moderner Reifegradmodelle verwirklicht (vgl. Abb. 9.10) [170]. Zum einen findet sich bereits in der *Maslow'schen Bedürfnispyramide* die heute populäre Fünfereinteilung wieder. Zum anderen sind die einzelnen Stufen der Pyramide aufeinander aufbauend angeordnet und werden streng konsekutiv durchlaufen. Mit anderen Worten: Erst

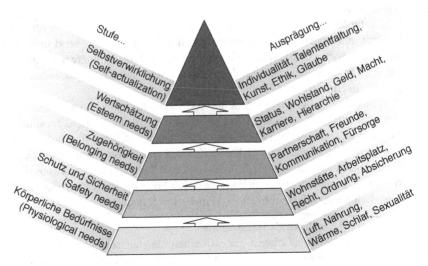

Abb. 9.10 Bedürfnispyramide nach Maslow

wenn die Bedürfnisse einer Stufe vollständig erfüllt sind, werden die Bedürfnisse der nächsthöheren für den Menschen relevant.

Ein anderes populäres Reifegradmodell ist das *Quality Management Maturity Grid* (QMMG), das in den Siebzigerjahren von dem Amerikaner Philip Crosby postuliert wurde [63]. Mit einfachen Sätzen beschreibt das Gitter, wie sich Organisationen unterschiedlicher Reife in Bezug auf verschiedene Qualitätsaspekte verhalten. Mit dem Reifegradgitter verfolgte Crosby zwei Ziele. Zum einen versetzt die eigenschaftsbasierte Beschreibung ein Unternehmen in die Lage, eine schnelle und präzise Kategorisierung der eigenen Organisation vorzunehmen. Zum anderen geben die Charakteristika der noch nicht erreichten Reifegrade Leitlinien für die weitere Entwicklung der Organisationsstrukturen vor. Wie die Bedürfnispyramide von Maslow unterscheidet auch das Reifegradmodell von Crosby fünf verschiedene Stadien, die evolutionär durchlaufen werden. Inhaltlich werden die Stadien durch die folgenden Eigenschaften charakterisiert:

■ **Stadium 1: Unsicherheit (*uncertainty*)**
Die Unternehmensführung begreift den Faktor Qualität nicht als Managementinstrument. Präventive Maßnahmen zur Fehlervermeidung werden nicht durchgeführt, d. h., Probleme werden erst dann gelöst, wenn sie auftreten. Ein Verständnis für die geordnete Durchführung von Aktivitäten besteht in diesem Stadium genauso wenig wie die Fähigkeit, die Ursachen der unternehmenseigenen Qualitätsprobleme systematisch zu ergründen.

■ **Stadium 2: Erwachen (*awakening*)**
Die Unternehmensführung beginnt, das Qualitätsmanagement als eine mögliche Lösung für die Probleme der Organisation zu sehen. Dringliche Herausforderun-

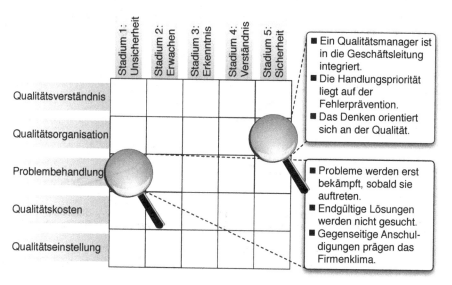

Abb. 9.11 Quality Management Maturity Grid nach Crosby

gen werden durch speziell zusammengestellte Teams angegangen, jedoch weiterhin keine Maßnahmen zur Fehlerprävention ergriffen. Die Organisation beginnt, sich mit der Frage auseinanderzusetzen, ob die unternehmenseigenen Qualitätsprobleme wirklich unvermeidlich sind.

■ **Stadium 3: Erkenntnis (*enlightment*)**
Die Unternehmensführung sieht sich in der Verantwortung, den Mitarbeitern mit den Mitteln eines aktiven Qualitätsmanagement beratend und unterstützend unter die Arme zu greifen. Eine direkt unter dem Top-Level-Management angesiedelte Qualitätsabteilung sorgt für eine unternehmensweite Hilfestellung in den Projekten. Maßnahmen zur regelmäßigen Beurteilung der Qualität sind jetzt fest in die Arbeitsabläufe integriert und die Organisation ist in der Lage, Problemursachen zu identifizieren und systematisch zu lösen.

■ **Stadium 4: Verständnis (*wisdom*)**
Die Mitarbeiter des Unternehmens bekennen sich zu den Maßnahmen des Qualitätsmanagements und erachten das Streben nach Qualität als eine persönliche Verpflichtung. Die Organisationsstruktur ist auf ein unternehmensweites Qualitätsmanagement ausgerichtet – ein Qualitätsmanager ist Teil der Führungsebene und effiziente Kommunikationskanäle zwischen der Führungs- und der Projektebene wurden etabliert. Unternehmen dieser Reifestufe sind in der Lage, Fehler in frühen Entwicklungsstadien zu erkennen und durch die Einleitung geeigneter Maßnahmen nachhaltig zu beheben.

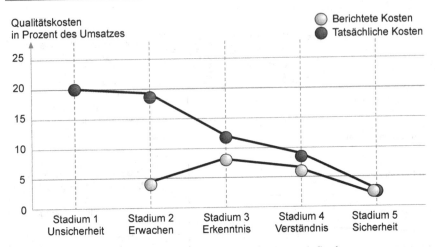

Abb. 9.12 Reifegradgetriebene Entwicklung der Qualitätskosten nach Crosby

■ **Stadium 5: Sicherheit** (*certainty*)
Das Qualitätsmanagement ist ein integrales Element der Organisationsstruktur. Qualitätsverbesserungen werden permanent und systematisch durchgeführt. Die entsprechenden Maßnahmen werden als fester Bestandteil der regulären Arbeitsabläufe angesehen und durch entsprechende Unternehmensstrukturen unterstützt. In Unternehmen dieser Reifestufe sind Qualitätsprobleme weitgehend überwunden.

Zusätzlich erfasst Crosby die Reife einer Organisation quantitativ, indem er die Qualitätskosten in Bezug zum Umsatz eines Unternehmens stellt. Wie in Abb. 9.12 gezeigt, unterscheidet Crosby zwei Messgrößen. Die erste Kurve beschreibt die berichteten Qualitätskosten, d. h. diejenigen Kosten eines Unternehmens, die nach eigenen Angaben entstanden sind. Dieser Kurve stehen die tatsächlichen Qualitätskosten gegenüber. Wenngleich die absoluten Zahlen schon aufgrund ihres Alters mit Vorsicht zu genießen sind und als allgemein gehaltenes Modell die Besonderheiten der Software-Entwicklung außer Betracht gelassen werden, treten zwei wesentliche Eigenschaften der Prozessreife deutlich hervor:

■ **Gesenkte Gesamtkosten**
Die Investition in Qualität führt mittel- und langfristig zu einer Senkung der Gesamtkosten. Im Modell von Crosby sinken die Qualitätskosten von 20 % des Umsatzes auf nur noch 2.5 % [63]. Auf der anderen Seite ist die Investition in Qualität mit erheblichen Initialkosten verbunden, vor denen viele Unternehmen im Stadium der Unsicherheit zurückschrecken.

■ **Präzise Vorhersagen**
Je weiter sich eine Organisation entwickelt, desto präziser lassen sich projekt- und unternehmensbezogene Parameter schätzen. Die von Crosby gemessenen

Qualitätskosten sind einer dieser Parameter. Während Organisationen in Stadium 1 über keinerlei Schätzgrößen verfügen, nähern sich die vorhergesagten und die realen Kosten mit jeder Reifestufe weiter aneinander an. Neben den Qualitätskosten kommen in der Praxis weitere Schätzgrößen wie der Zeit-, Personal- oder Ressourcen-Bedarf eines Projekts hinzu.

Das Quality Management Maturity Grid gilt als ein Meilenstein im Bereich der Reifegradmodelle und wurde nach seinem Erscheinen in mehrere Richtungen fortentwickelt. Crosby selbst entwickelte seinen Ansatz zum *Quality Management Process Maturity Grid* weiter [64]. Von vielen Experten wird dieses Modell als der Vorgänger des *Capability Maturity Models* erachtet, das wir im nächsten Abschnitt, zusammen mit seinen Vor- und Nachteilen, in ein helleres Licht rücken werden.

9.2.2 CMM

In den späten Sechzigerjahren wurde der Begriff der *Software-Krise* (*software crisis*) geprägt. Heute wie damals steht er stellvertretend für die Probleme und Symptome ins Wanken geratener Software-Projekte – Budget- und Zeitüberschreitungen, Qualitätsdefizite, nicht oder unzureichend erfüllte Anforderungen sowie Probleme im Projektmanagement sind wenige Beispiele von vielen. Bekannt wurde der Ausdruck vor allem durch die Dankesrede des niederländischen Computerwissenschaftler Edsger W. Dijkstra, die er während der Verleihung des ACM Turing Awards im Jahre 1972 hielt:

> *"As the power of available machines grew by a factor of more than a thousand, society's ambition to apply these machines grew in proportion, and it was the poor programmer who found his job in this exploded field of tension between ends and means. The increased power of hardware, together with the perhaps even more dramatic increase in its reliability, made solutions feasible that the programmer had not dared about them and, even worse, he had to transform such dreams into reality! Is it a wonder that we found ourselves in a software crisis? No, certainly not, and as you may guess, it was even predicted well in advance; [...]"*

Edsger W. Dijkstra [74]

Mitte der Achtzigerjahre rückte die Software-Krise aufgrund zahlreicher verspäteter oder gescheiterer Software-Projekte immer stärker in das Bewusstsein der Öffentlichkeit. Etwa zur gleichen Zeit wurde am *Software Engineering Institute* (SEI) mit der Entwicklung des *Capability Maturity Model*, kurz CMM, begonnen (vgl. Abb. 9.13). Das CMM sollte die Antwort auf die sich immer weiter verschärfende Software-Krise geben und baut auf der Idee von Watts Humphrey auf, bewährte Praktiken der Software-Entwicklung in einem formalen Modell systematisch zu vereinen [132, 133].

Hinter dem viel zitierten Software Engineering Institute verbirgt sich eine staatlich geförderte Institution, die im Jahre 1984 an der Carnegie Mellon University in

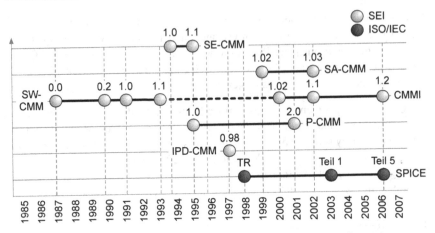

Abb. 9.13 Zeitliche Entwicklung der verschiedenen Reifegradmodelle in der Übersicht

Pittsburgh angesiedelt wurde. Gegründet wurde das SEI mit dem Ziel, die Fähigkeiten der US-amerikanischen IT-Industrie im Bereich des Software-Engineerings
zu verbessern. Im Jahre 2007 unterhielt das SEI fünf verschiedene Bereiche, von
denen insbesondere das *Software Engineering Process Management Program* inter-
nationale Bedeutung erlangen konnte. Das SEI fasst die Aufgaben des Programms
– zu denen auch die Fortentwicklung des Capability Maturity Models gehört – im
Rahmen einer Selbstdarstellung wie folgt zusammen:

> *"The Software Engineering Process Management Program at the SEI
> provides leadership to software-dependent organizations through proven,
> process-focused methods for improving product costs, schedule and qua-
> lity. This program also manages the SEI's work on the internationally re-
> cognized Capability Maturity Model Integration, a framework that helps
> organizations improve their processes enterprisewide."*

Software Engineering Institute (SEI) [230]

Im Jahre 1991 erschien die Version 1.0 des CMM und sorgte für einen regelrechten Popularitätsschub im Bereich der Reifegradmodelle [201]. Zwei Jahre später
erschien mit dem CMM 1.1 eine weiterentwickelte und in zahlreichen Punkten verbesserte Variante [202, 204, 203]. Die Version 1.1 hatte sieben Jahre lang Bestand,
bis sie im Jahre 2000 durch das Nachfolgemodell CMMI ersetzt wurde (vgl. Abschnitt 9.2.3).

Die Grundstruktur des CMM ist in Abb. 9.14 dargestellt und besteht aus den
folgenden Komponenten:

■ **Reifegrade (maturity levels)**

Die oberste Ebene des CMM wird durch fünf Reifegrade gebildet. Die Anforderungen, die eine Organisation zur Erlangung eines gewissen Reifegrads erfüllen

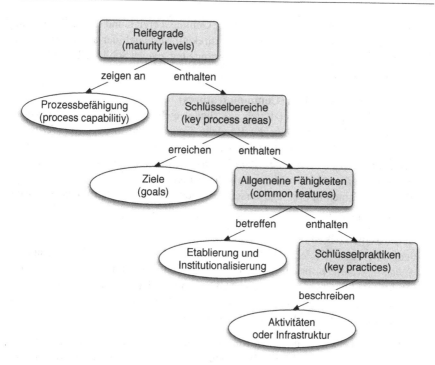

Abb. 9.14 Grundstruktur des Capability Maturity Models (CMM)

muss, spiegeln die evolutionäre Entwicklung eines Unternehmens wider. Die einzelnen Stufen sind aufeinander aufbauend ausgelegt und spannen den Bogen von Unternehmen ohne erkennbare Planungsaktivitäten (Level 1) bis hin zu Organisationsstrukturen auf Basis selbstoptimierender Prozesse (Level 5).

- **Befähigung (process capability)**
  Jeder Reifegrad ist mit einer Reihe von Fähigkeiten verbunden, die eine Organisation durch den Einsatz eines Software-Prozesses erlangt. Die Prozessbefähigung gibt der Organisation ein Mittel an die Hand, um den Verlauf und die Ergebnisse eines Folgeprojekts zu steuern und zu prognostizieren.

- **Schlüsselbereiche (key process areas)**
  Jeder Reifegrad besteht aus mehreren *Schlüsselbereichen*, den *key process areas*. Jeder Schlüsselbereich legt eine Reihe von *Aktivitäten* fest. Die gemeinsame Durchführung der Aktivitäten versetzt die Organisation in die Lage, bestimmte *Ziele* zu erreichen, die für die Prozessbefähigung auf einer bestimmten Reifestufe als besonders wichtig erachtet werden.

- **Ziele (goals)**
  Ob eine Organisation die Maßgaben der verschiedenen Schlüsselbereiche erreicht, wird über die Erfüllung oder Nichterfüllung der *Ziele* gemessen. Durch

die Formulierung klarer Ziele treten der Geltungsbereich und die Intention eines Schlüsselbereiches hervor. Durch den direkten Vergleich der assoziierten Ziele wird insbesondere die gegenseitige Abgrenzung zweier Schlüsselbereiche deutlich vereinfacht.

■ **Allgemeine Fähigkeiten (Common features)**
Jeder Schlüsselbereich setzt sich aus fünf verschiedenen Fähigkeitskategorien zusammen. Hierzu gehören die Bereiche *Commitment to perform* (*Selbstverpflichtung*), *Ability to perform* (*Handlungsbefähigung*), *Activities performed* (*Aktive Handlungen*), *Measurement and Analysis* (*Messung und Analyse*), *Verifying Implementation* (*Nachweisführung*). Die Fähigkeiten sind so konzipiert, dass sie ein Unternehmen in die Lage versetzen sollen, effektiv, wiederholbar und nachhaltig zu operieren.

■ **Schlüsselpraktiken (key practices)**
Jeder Schlüsselbereich wird durch konkrete Maßnahmen, die sogenannten *Schlüsselpraktiken*, beschrieben. Diese beziehen sich zum einen auf die Infrastruktur und zum anderen auf die Aktivitäten innerhalb einer Organisation. Die Umsetzung der Maßnahmen befähigt ein Unternehmen, die Ziele eines Schlüsselbereichs mit hoher Wahrscheinlichkeit zu erfüllen.

Abb. 9.15 fasst die verschiedenen Reifegrade mit ihren jeweiligen Schlüsselbereichen grafisch zusammen. In den folgenden Abschnitten werden die Reifegrade des Capability Maturity Models genauer vorgestellt und ein tieferer Einblick in die erhofften Fähigkeiten einer zertifizierten Organisation gegeben.

9.2.2.1 CMM Level 1: Initial

Bei dieser Stufe handelt es sich um keinen Reifegrad im eigentlichen Sinne. Organisationen der Stufe 1 sind vor allem durch lose Strukturen und einen Mangel an Planungsaktivitäten charakterisiert. Der Erfolg einer Firma ist mit der Leistung einzelner Personen verbunden und lässt sich aufgrund der fehlenden Strukturen nur sehr schwer oder gar nicht wiederholen. Organisationen dieser Stufe sind aus diesem Grund nur bedingt in der Lage, Parameter wie Umfang, Zeitbedarf und Kosten eines Folgeprojekts adäquat vorherzusagen. Alle nicht zertifizierten Firmen werden automatisch diesem CMM-Level zugeordnet.

9.2.2.2 CMM Level 2: Repeatable

Organisationen der Stufe 2 zeichnen sich vor allem durch ein geplantes und dokumentiertes Vorgehen auf Projektebene aus. Die Schaffung grundlegender Kommunikationsstrukturen und Arbeitsabläufe versetzen die Mitarbeiter eines Projekts in die Lage, Prozesse wiederholt durchzuführen und den Erfolg oder Misserfolg von der Leistung Einzelner, zumindest teilweise, abzukoppeln. Organisationen der Stufe 2 besitzen feste Arbeitsabläufe für die Bereiche Projektplanung, Anforderungsmanagement, Konfigurationsmanagement, Fortschrittsverfolgung und Qualitätssicherung.

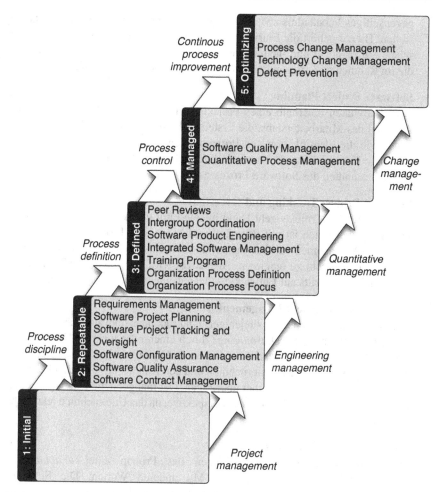

Abb. 9.15 Reifegrade und Schlüsselbereiche des Capability Maturity Models

Durch den zusätzlich verursachten Aufwand kann sich die mittlere Bearbeitung eines Projekts im direkten Vergleich mit einer Stufe-1-Organisation sogar verlängern. Verringert wird dagegen der Streuungsgrad (*Varianz*), so dass sich die Parameter Umfang, Zeitbedarf und Kosten zwischen ähnlichen Projekten weniger stark unterscheiden. Die Vorteile einer Organisation dieser Stufe liegen damit vor allem in einer besseren Planbarkeit und Termintreue. Dieser Reifegrad besitzt die folgenden Schlüsselbereiche:

■ **Requirements Management**
Die Anforderungen eines Software-Systems müssen in geordneter Art und Weise erfasst, verwaltet und im Rahmen eines definierten Änderungsmanagements systematisch aktualisiert werden. Die Organisation muss in der Lage sein, ein

gegenseitiges Verständnis zwischen dem Unternehmen und dem Kunden herzustellen. Hierzu gehört die Einrichtung transparenter Kommunikationswege zwischen Auftraggeber und -nehmer sowie die Etablierung von Review-Prozessen, die im Rahmen einer geregelten Anforderungsanalyse durchgeführt werden.

■ **Software Project Planning**
Alle Aktivitäten innerhalb eines Projekts werden geplant. Hierzu gehören die Auswahl des Mitarbeiterstabs, die Erstellung von Termin- und Kostenschätzungen sowie die Identifikation von Projektrisiken und möglichen Gegenmaßnahmen. Die Planung wird systematisch durchgeführt und ist damit selbst ein integraler Bestandteil des Software-Prozesses.

■ **Software Project Tracking and Oversight**
Die Planung des Projekts geht Hand in Hand mit der Überwachung desselben. Der Schlüsselbereich ist mit dem Ziel verbunden, den Projektfortschritt durch geeignete Maßnahmen zu überwachen und mit entsprechenden Gegenmaßnahmen problemgerecht zu reagieren. Angestrebt wird eine maximale Transparenz des Projektfortschritts auf Entwickler-, Management- und Kundenebene.

■ **Software Subcontract Management**
Der Schlüsselbereich ist für diejenigen Unternehmen relevant, die Teile eines Projekts im Rahmen des *Outsourcings* durch einen oder mehrere Unterauftragnehmer (*sub contractor*) bearbeiten lassen. In Organisationen dieser Reifestufe werden die zwischen dem Unternehmen und den Kunden bestehenden Formalismen auf alle Unterauftragnehmer übertragen. Der maßgebliche Unterschied liegt in diesem Fall in einem Wechsel der Perspektive, da das Unternehmen jetzt selbst in der Rolle des Auftraggebers agiert.

■ **Software Quality Assurance**
Organisationen dieser Stufe verfolgen das Prinzip einer *unabhängigen* und *integrierten* Qualitätssicherung. Mit anderen Worten: Die Software-Qualitätssicherung ist ein eigenständiger Bestandteil des organisatorischen Ablaufmodells und in allen Phasen eines Projekts präsent. Die Aufgabe der Qualitätssicherung ist zweigeteilt. Zum einen besitzt sie eine unterstützende Funktion, in der den Mitarbeitern der verschiedenen Projekte beratend unter die Arme gegriffen wird. Zum anderen verfolgt die Qualitätssicherung das Ziel, die Transparenz zwischen den einzelnen Projekten und dem Management zu erhöhen. In Abschnitt 9.2.5 werden wir auf diesen Punkt zurückkommen und uns genauer mit der Frage beschäftigen, ob der hier abverlangte Spagat in der Praxis überhaupt zu leisten ist.

■ **Software Configuration Management**
Die im Rahmen eines Software-Projekts erstellten Artefakte werden systematisch verwaltet. Hierzu gehört unter anderem die Definition klarer Ablagestrukturen, die dem häufig vorherrschenden Chaos in der Dokumentenverwaltung entgegenwirken. Des Weiteren müssen Änderungen dokumentiert und nachvollziehbar sein. Zur Erreichung der Ziele werden Artefakte in der Regel mit Hilfe von

Versionsverwaltungssystemen kontrolliert, die in Abschnitt 8.1 ausführlich diskutiert wurden.

9.2.2.3 CMM Level 3: Defined

Organisationen der Stufe 3 heben die in Stufe 2 etablierten Planungsabläufe auf die Unternehmensebene. Die Durchführung eines Projekts wird durch ein standardisiertes Vorgehensmodell beschrieben, das als unternehmensweite Vorlage dient und an die speziellen Bedürfnisse einzelner Projekte individuell angepasst werden kann. Der organisationsweite Fokus eröffnet die Möglichkeit, Erfahrungen und Vorgehensweisen eines Projekts auf andere zu übertragen. Hierzu werden die kontinuierlich anfallenden Daten eines Projekts systematisch erfasst, analysiert und archiviert. Erstmals liegt in dieser Stufe auch ein Augenmerk auf der Qualität der etablierten Methoden. Hierzu gehören Aspekte wie die Schulung von Mitarbeitern oder die Durchführung von *Peer reviews*. Dieser Reifegrad besitzt die folgenden Schlüsselbereiche:

- **Organization Process Focus**
  Es werden Maßnahmen ergriffen, die den Software-Entwicklungsprozess von der Projektebene auf die Unternehmensebene heben. Organisationen dieses Reifegrads sind langfristig bereit, in Software-Prozesse zu investieren. Typischerweise spiegelt sich die Einsatzbereitschaft direkt in der Unternehmensstruktur wieder, z. B. durch die Etablierung einer Software Engineering Process Group, kurz SEPG, die organisationsweit operiert.

- **Organization Process Definition**
  Im Kern steht die Definition eines unternehmensweiten Vorgehensmodells, das projektübergreifend eingesetzt wird. Die Definition eines standardisierten Modells verfolgt das Ziel, die erfolgreichen Praktiken (*best practices*) aus unterschiedlichen Projekten zu vereinen und organisationsweit zu nutzen.

- **Training Program**
  Die Weiterbildung des Personalstabs wird als ein Schlüsselelement für den langfristigen Erfolg einer Organisation angesehen. Hierzu werden Trainingsprogramme als fester Bestandteil in die Unternehmensprozesse integriert. Typische Maßnahmen umfassen in diesem Zusammenhang die Erfassung des Weiterbildungsbedarfs sowie die Durchführung von Schulungen auf Entwickler- und Managementebene.

- **Integrated Software Management**
  Das unternehmensweit erarbeitete Vorgehensmodell wird für jedes Projekt auf die speziellen Bedürfnisse zugeschnitten. Die Anpassung erfolgt anhand unternehmensweiter Richtlinien, die den Kern dieses Schlüsselbereichs bilden. Hauptsächlich werden die Maßnahmen der Bereiche *Project Planning* und *Project Tracking and Oversight* fortgeschrieben, die bereits in Rahmen einer Level-2-Zertifizierung etabliert wurden.

■ **Software Product Engineering**
Die Methoden und Techniken der Produktentwicklung entsprechen dem Stand
der Technik. Inhaltlich bezieht die Bewertung zum einen die eingesetzten Methoden des Software-Engineerings und zum anderen die zur Verfügung stehenden Werkzeuge und Infrastrukturmaßnahmen mit ein. Zeitlich erstreckt sich die
Bewertung über sämtliche Phasen eines Projekts, angefangen von der Anforderungsanalyse über die verschiedenen Entwicklungsstufen bis hin zum finalen Abnahmetest.

■ **Intergroup Coordination**
Dieser Schlüsselbereich beschäftigt sich mit den organisatorischen Strukturen
und Maßnahmen, die eine produktive Zusammenarbeit zwischen den Mitarbeitern verschiedener Arbeitsgruppen sicherstellen. Ein besonderer Fokus liegt auf
der effektiven Kommunikation zwischen Software-Entwicklern und Ingenieu-
ren anderer Fachrichtungen. Die fachübergreifende Zusammenarbeit wird als ein
Schlüsselelement für die erfolgreiche Produktentwicklung auf Systemebene angesehen.

■ **Peer Reviews**
Peer Reviews sind ein leistungsfähiges Instrument der Software-
Qualitätssicherung. In Organisationen dieses Reifegrads ist die Durchführung
entsprechender Reviews institutionalisiert und damit ein fester Bestandteil des
Entwicklungsprozesses. Neben der Verbesserung der Produktqualität wird das
Wissen eines Software-Entwicklers zugleich an eine größere Entwicklergrup-
pe weitergegeben. Damit helfen Reviews, zwei weitere Ziele des CMM zu
erreichen. Sie entpuppen sich als ein Instrument der Mitarbeiterfortbildung
und tragen gleichzeitig dazu bei, den Unternehmenserfolg aktiv von einzelnen
Individuen abzukoppeln.

9.2.2.4 CMM Level 4: Managed

In Unternehmen der Stufe 4 werden verschiedene Aspekte eines Projekts quantitativ
erfasst und für die Überwachung des Projektfortschritts verwendet. Hierzu werden
zu Beginn eines Projekts verschiedene Termin-, Aufwands- und Kostenschätzungen
durchgeführt und in dessen Verlauf mit den realen Messdaten abgeglichen. Zur Erhöhung der Präzision werden gesammelte Daten aus alten Projekten systematisch
in die Schätzung einbezogen. Die Maßnahmen der Stufe 4 geben dem Management
wertvolle Werkzeuge an die Hand, um Projektverzögerungen frühzeitig zu erkennen
und damit in angemessener Art und Weise reagieren zu können. Mit der systematischen Einbeziehung historischer Daten ist die Hoffnung verbunden, die durchgeführten Schätzungen kontinuierlich präzisieren zu können. Dieser Reifegrad besitzt
die folgenden Schlüsselbereiche:

■ **Quantitative Process Management**
Das Unternehmen ist in der Lage, die Güte der eingesetzten Software-Prozesse
quantitativ zu erfassen. Die Messung der relevanten Prozessparameter erfolgt

ebenfalls in einem definierten Prozess und bezieht alle Phasen eines Projekts mit ein. Durch die permanente Analyse der Messdaten werden Abweichungen erkannt und frühzeitig mit definierten Maßnahmen beantwortet. Transparente Messverfahren sowie der Rückgriff auf historische Daten versetzen die Organisation in die Lage, die Leistungsfähigkeit der unternehmenseigenen Prozesse selbst zu messen und in objektiven Maßzahlen auszudrücken.

- **Software Quality Management**
  Neben der Bewertung der Software-Prozesse ist das Unternehmen in der Lage, die verschiedenen Qualitätsparameter der entwickelten Produkte quantitativ zu erfassen. Zudem ist die Organisation befähigt, die Software-Prozesse auf vorher festgelegte Qualitätsziele auszurichten und durch geeignete Maßnahmen zu erreichen. Die Zielerreichung kann zu jeder Zeit quantitativ gemessen werden.

9.2.2.5 CMM Level 5: Optimizing

Organisationen der Stufe 5 heben das Änderungsmanagement von der Projekt- auf die Prozessebene. Diese Unternehmen zeichnen sich dadurch aus, dass Prozesse nicht nur systematisch eingesetzt, sondern zusätzlich permanent evaluiert und optimiert werden. Die Veränderung eines Prozesses wird damit selbst zu einem standardisierten Prozess. Die Grundlage für die Prozessverbesserung bilden die statistischen Daten, die mit den Methoden und Techniken aus Level 4 erhoben wurden. Die Maßnahmen der Stufe 5 sind vor allem mit der Hoffnung verbunden, ein Unternehmen schaffen zu können, das Veränderungen regelmäßig und systematisch vollzieht und in selbstoptimierender Weise sowohl die Qualität als auch die Effizienz kontinuierlich steigert. Dieser Reifegrad besitzt die folgenden Schlüsselbereiche:

- **Defect Prevention**
  Das Unternehmen ist in der Lage, Fehler systematisch zu analysieren. In einem geregelten Prozess werden Maßnahmen ergriffen, die ein erneutes Auftreten mit hoher Wahrscheinlichkeit verhindern. Neben den Ursachen werden im Rahmen der Analyse auch die Auswirkungen der aufgetretenen Fehler auf den weiteren Projektverlauf evaluiert. Das Fehlermanagement wird sowohl auf Projekt- als auch auf Unternehmensebene durchgeführt und hierdurch ein geregelter Informationsfluss zwischen den Einzelprojekten ermöglicht.

- **Technology Change Management**
  Neue Technologien werden regelmäßig begutachtet und auf den möglichen Einsatz innerhalb des Unternehmens untersucht. Erweist sich eine Technologie als aussichtsreicher Kandidat, so wird dessen Eignung in speziell ausgewählten Projekten detailliert untersucht. Ein solches *Pilotprojekt* unterliegt einer besonderen Planung und wird durch organisationsweit operierende Teams unterstützt. Angestrebt wird ein kontinuierlicher Wissenstransfer unter gleichzeitiger Minimierung der Risiken, die mit der Änderung bestehender Technologien und Arbeitsabläufe zwangsläufig verbunden sind.

■ **Process Change Management**

Genau wie neue Technologien einer regelmäßigen Evaluierung unterzogen werden, strebt die Organisation eine kontinuierliche Optimierung der eingesetzten Software-Prozesse an. Ziel der Verbesserung ist zum einen die Steigerung der verschiedenen Software-Qualitätsparameter und zum anderen die Erhöhung der unternehmenseigenen Produktivität. Die Prozessverbesserung wird organisationsweit durchgeführt und durch das Senior-Management gefördert. Genau wie im Falle des *Technology Change Managements* werden Prozessverbesserungen zunächst in einem oder mehreren Pilotprojekten evaluiert und anschließend unter Berücksichtigung der gewonnenen Erkenntnisse auf sämtliche Unternehmensbereiche ausgedehnt.

9.2.2.6 Zertifizierung

Hat ein Unternehmen die Maßnahmen zur Erreichung eines Reifegrads vollständig umgesetzt, so kann die Prozessreife innerhalb eines *Assessments* festgestellt werden. Ein CMM-Assessment wird in Form eines formalen *Audits* durchgeführt. Um die Objektivität der Zertifizierung zu gewährleisten, wird das Audit durch eine externe Zertifizierungsorganisation geleitet. Verläuft das Assessment erfolgreich, so wird der Reifegrad der Organisation durch ein Zertifikat formal bescheinigt. Obwohl eine vollständig durchgeführte Zertifizierung erhebliche Kosten verursacht, ist der Erhalt eines Prozessreifezertifikats für ein Unternehmen in zweierlei Hinsicht von Bedeutung:

■ **Innenwirkung**

Die Zertifizierung unterstreicht das unternehmenseigene Qualitätsverständnis. Durch das Erlangen eines Zertifikats bekennt sich eine Organisation zu den Zielen des attestierten Reifegrads und signalisiert dem Personalstab, die definierten Arbeitsabläufe und Maßnahmen mit hoher Priorität zu befolgen. Des Weiteren wird die Prozessreife der Organisation von einer neutralen Instanz bestätigt, so dass die formale Zertifizierung das Vertrauen eines Unternehmens in die eigenen Prozesse deutlich erhöhen kann. Zusätzlich werden im Rahmen eines Audits Verbesserungsvorschläge ausgearbeitet, die für die zukünftige Entwicklung der Organisationsstrukturen gewinnbringend eingesetzt werden können.

■ **Außenwirkung**

Viele Unternehmen erreichen durch ein Prozesszertifikat eine nicht zu unterschätzende Außenwirkung. Zum einen trägt die Zertifizierung weite Teile der Unternehmensphilosophie nach außen, zum anderen kann ein erfolgreich erworbenes Zertifikat helfen, das kundenseitige Vertrauen in die Leistungsfähigkeit des Unternehmens zu stärken. In einigen Bereichen setzten Auftraggeber bei der Auswahl ihrer Unterauftragnehmer eine Zertifizierung sogar zwingend voraus. Üblich sind solche Vorgehensweisen insbesondere in sicherheitskritischen Bereichen, wie z. B. in der Automobil- und Luftfahrtindustrie. In diesen Fällen erübrigt sich die Frage nach dem Sinn einer Zertifizierung gänzlich – sie ist hier eine Grundvoraussetzung für den Erhalt eines Auftrags.

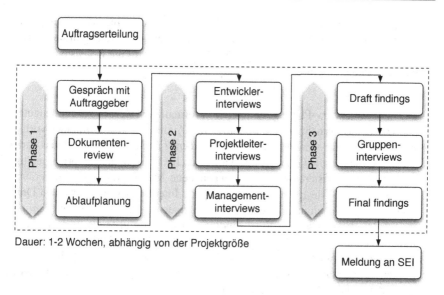

Abb. 9.16 CMM-Audit

Wie in Abb. 9.16 skizziert, erfolgt ein formales Reifegradaudit in drei Phasen, die nacheinander durchlaufen werden.

■ **Phase 1**

Nach der Auftragserteilung erfolgen zunächst mehrere vorbereitende Gespräche zwischen der gewählten Zertifizierungsorganisation und dem Auftraggeber. Es wird ein *Audit-Team* gebildet, das sich aus einem externen Auditleiter sowie mehreren Co-Auditoren zusammensetzt. Anschließend werden im Rahmen eines Dokumenten-Reviews die Strukturen und Abläufe der Organisation erfasst. Die Analyse wird durch vorgefertigte Fragelisten unterstützt. Aufgrund der gewonnenen Ergebnisse erstellt der Auditleiter eine Vorbeurteilung, die einen ersten Rückschluss auf die Erfolgsaussichten der Zertifizierung ermöglicht. Fällt die Beurteilung positiv aus, werden die Inhalte der restlichen Phasen geplant und der zeitliche Ablauf festgelegt.

■ **Phase 2**

Die zweite Phase des Reifegradaudits wird vollständig vor Ort durchgeführt und erstreckt sich in Abhängigkeit der Projekt- und Organisationsgröße über einen Zeitraum von 1 bis 2 Wochen. Die Prozessreife der Organisation wird im Rahmen mehrerer Interviews überprüft, die mit den verschiedenen Personengruppen des Unternehmens getrennt geführt werden. Entwickler-Interviews werden meist in Form von Gruppenbefragungen durchgeführt und haben zum Ziel, die Arbeitsabläufe mit dem festgelegten Vorgehensmodell abzugleichen. Projektleiter- und Management-Interviews werden zumeist in Einzelgesprächen abgehalten und dienen zur Evaluierung der technischen und organisatorischen Arbeitsabläufe auf Projekt- und Unternehmensebene. Nach jedem Interview werden die gesammelten Stellungnahmen bewertet und mit den Anforderungen und Zielen der angestrebten Reifestufe abgeglichen. Zusätzlich wird die Konsistenz der getätigten Aussagen gruppenübergreifend geprüft.

■ **Phase 3**

Die in der Interview-Phase gesammelten Informationen werden zusammengetragen und der Unternehmensleitung durch das Audit-Team in Form eines vorläufigen Untersuchungsergebnisses präsentiert (*draft findings*). Im Anschluss daran werden verschiedene Gruppen-Interviews durchgeführt, in denen vorher getätigte Aussagen präzisiert oder etwaig entstandene Missverständnisse ausgeräumt werden können. Die Ergebnisse der Gruppen-Interviews werden mit den Draft findings abgeglichen und der endgültige Untersuchungsbericht erstellt (*final findings*). Die Ergebnisse der Final-Findings entscheiden über die Zertifikaterteilung und enthalten zusätzliche Vorschläge und Empfehlungen für die Prozessoptimierung und -weiterentwicklung. Zu guter Letzt wird das Ergebnis der Zertifizierung für statistische Zwecke an das Software Engineering Institute (SEI) gemeldet und das Audit hierdurch offiziell abgeschlossen.

9.2.3 CMMI

Das in Abschnitt 9.2.2 im Detail vorgestellte Capability Maturity Model wurde vom SEI speziell für den Bereich der Software-Entwicklung konzipiert. Um diesen Zusammenhang deutlich zu machen, wird das Modell mitunter auch als *Software-CMM*, kurz SW-CMM, bezeichnet. Mit der steigenden Popularität des Capability Maturity Models entstanden in den Neunzigerjahren vergleichbare CMMs für andere Anwendungsdomänen. Hierzu zählen die Bereiche *System engineering* (SE-CMM, [4]), *Software acquisition* (SA-CMM, [53]), *Integrated product development* (IPD-CMM, [5]) und *Human ressources* (P-CMM, [65]).

Die anhaltende Diversifizierung blieb nicht ohne Folgen. Unternehmen, die sich der Reifegradphilosophie des SEI ernsthaft verschrieben, waren mehr und mehr gezwungen, verschiedene CMM-Modelle parallel zu implementieren. Durch die hiermit verbundenen Doppelarbeiten sowie ab und an auftretenden Inkonsistenzen wuchs das Risiko, den Nutzen eines solchen Reifegradmodells ad absurdum zu führen.

Dem fortschreitenden Wirrwarr machte das SEI mit dem CMMI-Reifegradmodell (*CMM Integration*) ein Ende [2, 44, 152]. Die bereits begonnenen Arbeiten an der Version 2.0 des Software-CMMs wurden eingestellt und stattdessen mit dem CMMI ein universelles Modell konzipiert, das mehrere Disziplinen in sich vereint. Die bereits geleisteten Arbeiten an der Version 2.0 des SW-CMM waren jedoch nicht umsonst – zahlreiche Elemente der Draft-Version wurden ohne Änderungen in das CMMI-Modell übernommen. Wie schon sein Vorgänger wurde auch CMMI zunächst als Entwurf veröffentlicht und in einer zweijährigen Erprobungsphase optimiert. Im Jahre 2000 wurde das CMMI in der Version 1.02 veröffentlicht und ein Jahr später durch die Version 1.1 ersetzt [246, 245]. Im

August 2006 erschien mit der Version 1.2 die bis dato letzte Überarbeitung des Standards [247].

Der konzeptuelle Entwurf von CMMI wurde durch drei Ziele maßgeblich beeinflusst:

■ **Universalität**

Anders als das CMM ist das CMMI nicht speziell für den Bereich der Software-Entwicklung konzipiert. Stattdessen stellt das CMMI ein universelles Modellgerüst zur Verfügung, das die erfolgreichsten Elemente der diversen CMM-Vorgängermodelle in sich vereint und bereichsübergreifend eingesetzt werden kann. Durch die individuelle Erweiterung dieses Grundgerüsts werden andere Disziplinen mit einbezogen. Den Kern des Modells bildet das CMMI-SE/SW, das die Bereiche *System Engineering* (SE) und *Software Engineering* (SW) abdeckt. Das Reifegradmodell CMMI-SE/SW/IPPD/SS erweitert den Kern um die Bereiche *Integrated Product and Process Development* (IPPD) und *Supplier Sourcing* (SS).

■ **Flexibilität**

Das strenge Stufenmodell des CMM empfanden vielen Unternehmen als zu starr, da im Rahmen einer Zertifizierung die entsprechende Reife in ausnahmslos allen Schlüsselbereichen nachgewiesen werden musste. Unternehmen waren dadurch gezwungen, Schlüsselbereiche der nächsten Stufe zurückzustellen, auch wenn diese für das Erreichen der Geschäftsziele hätten vorrangig behandelt werden müssen.

Mit dem CMMI wurde aus diesem Grund ein kontinuierliches Bewertungsschema eingeführt (*continous representation*), das das starre Korsett der Reifestufen beseitigt. Durch die erhöhte Flexibilität können die Prozesse besser den Geschäftszielen angepasst werden und stehen seltener mit diesen im Konflikt.

■ **Kompatibilität**

Die Transition von CMM zu CMMI sollte so einfach wie möglich gestaltet werden, um die getätigten Investitionen bereits zertifizierter Unternehmen weitgehend zu erhalten. Gelöst wurde dieses Problem durch die Einführung paralleler Bewertungsschemata. Neben der bereits erwähnten kontinuierlichen Bewertung unterstützt CMMI weiterhin ein Stufenmodell (*staged representation*), das sich stark an den Inhalten des ursprünglichen CMM orientiert. Die gestufte Bewertung zeigt die altbekannten Flexibilitätsdefizite, erlaubt es CMM-zertifizierten Firmen jedoch, mit vergleichsweise geringem Aufwand in die CMMI-Welt zu migrieren.

Obwohl sich das kontinuierliche und das gestufte Bewertungsschema nach außen hin erheblich unterscheiden, decken sie inhaltlich dieselben Bereiche ab. Wie in Abb. 9.17 gezeigt, bestehen beide Schemata aus insgesamt 22 Schlüsselbereichen, die matrixartig angeordnet sind. Die vertikale Anordnung folgt dem Stufenmodell des CMM. Wie im Fall des ursprünglichen Capability Maturity Models entspricht die Stufe 1 keinem Reifegrad im eigentlichen Sinne und ist dementsprechend mit keinen Schlüsselbereichen assoziiert.

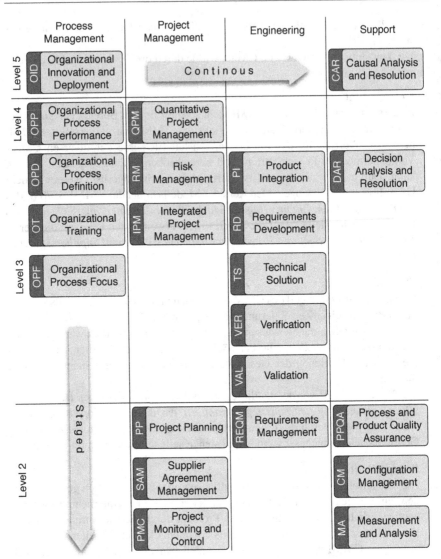

Abb. 9.17 CMMI unterstützt sowohl die gestufte (vertikal) als auch die kontinuierliche Bewertung (horizontal) der Prozessreife

Die horizontale Anordnung reflektiert das kontinuierliche Bewertungsschema des CMMI. Das Modell definiert vier verschiedene *Process area categories* (PACs), die jeweils mehre Schlüsselbereiche zusammenfassen. An die Stelle der *Maturity levels* treten *Capability levels*, mit deren Hilfe die erreichten Fähigkeiten für jeden Schlüsselbereich individuell bewertet werden können. CMMI definiert insgesamt 6

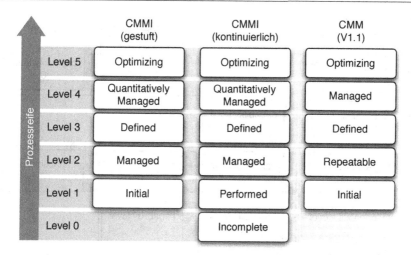

Abb. 9.18 Zusammenhang zwischen den Maturity levels und den Capability levels von CMM und CMMI

Tabelle 9.1 Der *Equivalent-Staging-Mechanismus* des CMMI erlaubt, Reifeprofile des kontinuierlichen Modells auf die Reifegrade des Stufenmodells abzubilden

	KPAs der Stufe 2	KPAs der Stufe 3	KPAs der Stufe 4	KPAs der Stufe 5
Reifestufe 1 ist erfüllt, wenn...	–	–	–	–
Reifestufe 2 ist erfüllt, wenn...	≥ 2	–	–	–
Reifestufe 3 ist erfüllt, wenn...	≥ 3	≥ 3	–	–
Reifestufe 4 ist erfüllt, wenn...	≥ 3	≥ 3	≥ 3	–
Reifestufe 5 ist erfüllt, wenn...	≥ 3	≥ 3	≥ 3	≥ 3

verschiedene Capability levels, die in Abb. 9.18 den Reifegraden des CMM- bzw. CMMI-Stufenmodells gegenübergestellt sind.

Aufgrund der separaten Bewertung der einzelnen Schlüsselbereiche kann die Reife eines Unternehmens nicht mehr länger durch eine einzige Stufe charakterisiert werden. Stattdessen wird der aktuelle Prozesszustand einer Organisation in Form eines *Reifeprofils* gemessen, das jedem Schlüsselbereich einen Capability level zwischen 0 (*incomplete*) und 5 (*optimizing*) zuordnet (vgl. Abb. 9.19). In der Terminologie des CMMI wird das entstehende Ergebnis auch als *Capability level profile* bezeichnet.

Ein solches Reifeprofil spiegelt das kontinuierliche Bewertungsschema des CMMI wieder, lässt sich jedoch auf direkte Weise auf das gestufte Schema abbilden. Hierzu definiert das CMMI für jeden Schlüsselbereich und jeden Reifegrad eine Mindestanforderung, die für die Erreichung der entsprechenden Stufe erfüllt sein muss. Die Zuordnung wird als *Equivalent staging* bezeichnet und ist in Tabelle 9.1 detailliert aufgeschlüsselt. Um beispielsweise die Reifestufe 3 zu erlangen, müssen

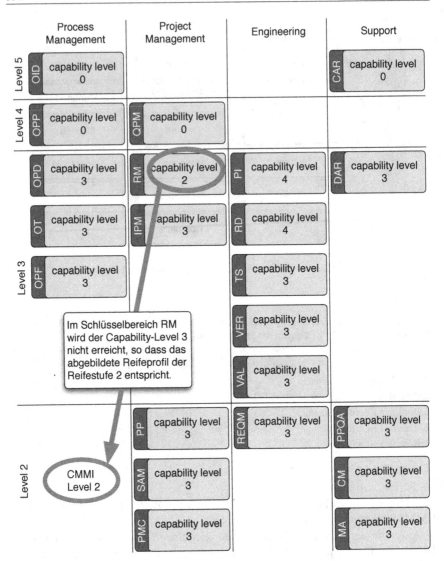

Abb. 9.19 Im kontinuierlichen Bewertungsmodell des CMMI wird die Prozessreife einer Organisation in einem Reifeprofil festgehalten, das alle Schlüsselbereiche unabhängig voneinander bewertet. Reifeprofile lassen sich auf Reifegrade abbilden

die Schlüsselbereiche der Stufen 2 und 3 eine Bewertung von mindestens 3 aufweisen. Die Schlüsselbereiche der Stufen 4 und 5 spielen dagegen keine Rolle. Ein Blick auf das Reifeprofil in Abb. 9.19 zeigt, dass die Erfordernisse hier nicht erfüllt sind, da der Schlüsselbereich *Risk Management* (RM) nur einen Capability level von 2 aufweist. Insgesamt entspricht das abgebildete Profil damit der Reifestufe 2 –

diese ist nach Tabelle 9.1 erreicht, sobald alle Schlüsselbereiche der Stufen 2 und 3 mit mindestens 2 bewertet sind.

Um eine objektive Bewertung der Prozessreife zu gewährleisten, müssen die verschiedenen, für die Begutachtung eingesetzten Methoden vergleichbare und konsistente Ergebnisse liefert. Zu diesem Zweck wurden durch das Software Engineering Institute die *Appraisal Requirements for CMM (ARC)* entwickelt, die ein Unternehmen in die Lage versetzen sollen, bestehende Methoden zu bewerten bzw. eine entsprechende Assessment-Methode nach vorgegebenen Richtlinien selbst zu entwickeln [248]. Das SEI führt mit ARC drei Assessment-Typen ein, die sich bezüglich des Ressourcen-Verbrauchs erheblich unterscheiden. Class-B- und Class-C-Assessments finden in kleinen Gruppen von 2 bis 7 Personen statt und werden unternehmensintern ohne Beteiligung eines Lead-Assessors durchgeführt. Ein Lead-Assessor wird nur für Class-A-Assessments benötigt. Diese Assessment-Variante ist die formalste der drei und gleichzeitig die Voraussetzung für die offizielle Bewertung einer Organisation in Form eines Reifeprofils (kontinuierliches Bewertungsschema) oder eines Reifegrads (gestuftes Bewertungsschema).

Eine in der Praxis häufig eingesetzte Bewertungsmethode ist die *Standard CMMI Assessment Method for Process Improvement*. Die kurz als SCAMPI bezeichnete Bewertungsmethode wurde durch das Software Engineering Institute entwickelt und erfüllt vollständig die Anforderungen eines Class-A-Assessments [249, 1].

9.2.4 ISO 15504 (SPICE)

Anfang der Neunzigerjahre wurde das SPICE-Projekt (*Software Process Improvement and Capability dEtermination*) ins Leben gerufen. Eine gemeinsame Arbeitsgruppe der ISO (*International Organization for Standardization*) und der IEC (*International Electrotechnical Commission*) erhielt die Aufgabe, einen internationalen Standard für die Bewertung von Software-Entwicklungsprozessen zu erarbeiten. Der erste Arbeitsentwurf der geplanten Norm erschien im Jahre 1995 und wurde anschließend in einer dreijährigen Erprobungsphase verfeinert. Im Dezember erschien mit der ISO/IEC 15504:1998(E) TR die Vorläuferversion der heute gültigen ISO-Norm. Der Entwurf erstreckte sich über insgesamt 9 Teile und enthielt mit Teil 2 unter anderem ein vollständig ausgestaltetes Referenzmodell.

In der Folgezeit wurde der Entwurf weiterentwickelt und die ursprünglich vorhandenen neun Dokumente auf zunächst fünf reduziert. Der erste Teil wurde im Jahre 2003 publiziert, mit dem fünften Teil erschien im Jahre 2006 der vorerst letzte. Teil 6 und 7 sind zurzeit in Bearbeitung. Im direkten Vergleich mit dem Referenzentwurf unterscheidet sich die verabschiedete Norm nicht nur in der Anzahl der Dokumente. So wurde das Referenzmodell aus der Vorläuferversion von 1998 wieder entfernt und durch einen allgemeiner gehaltenen Anforderungskatalog für Referenzmodelle und Assessment-Methoden ersetzt. Beispiele für ISO-15504-konforme Referenzmodelle sind die ISO/IEC-Norm 12207 (*software life cycle processes*) und die ISO/IEC-Norm 15288 (*system life cycle processes*).

Aufgrund seiner allgemeineren Natur tritt SPICE nicht in Konkurrenz zu CMM und CMMI. Während die beiden letztgenannten konkrete Modelle und Methoden

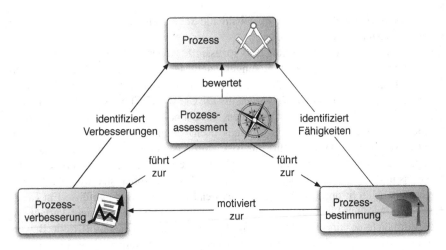

Abb. 9.20 Assessment-Modell von SPICE

definieren, postuliert die ISO-Norm 15504 eine Reihe von Anforderungen, die ein Modell bzw. eine Methode erfüllen muss. Insgesamt ist mit der ISO 15504 ein Modell entstanden, dessen Vorgaben von CMM und CMMI sowohl inhaltlich als auch methodisch weitgehend erfüllt werden. Die Kompatibilität kommt an dieser Stelle nicht von ungefähr – das SEI war sowohl im Rahmen von Managementaufgaben als auch in der Rolle eines technischen Zulieferers (*technical contributor*) an der Entwicklung der Norm beteiligt.

Inhaltlich erstreckt sich SPICE über drei Aufgabenbereiche (vgl. Abb. 9.20). Im Kern des Standards steht das *Prozess-Assessment*, das auch hier zwei Ziele verfolgt: Mit Hilfe eines Assessments werden die Reife von Unternehmensprozessen strukturiert bewertet und zum anderen Verbesserungsvorschläge für deren Optimierung erarbeitet. SPICE legt den Fokus erstrangig auf die Selbstbewertung einer Organisation und nur zweitrangig auf die Zertifizierung. Die Durchführung eines Prozess-Assessments ist durch das SPICE-Referenzmodell festgelegt, das sich aus zwei Dimensionen zusammensetzt: Der *Prozess-* und der *Reifegraddimension* (vgl. Abb. 9.21).

9.2.4.1 Prozessdimension von SPICE

Das Prozessmodell von SPICE unterscheidet drei verschiedene Prozesskategorien. Jede Kategorie ist ihrerseits in verschiedene Prozessgruppen aufgeteilt, die eine inhaltliche Gruppierung der typischen Arbeitsabläufe eines IT-Unternehmen vornehmen (vgl. Tabelle 9.2 bis 9.4). Auf der obersten Ebene werden die folgenden Prozesskategorien unterschieden:

■ **Primary Life Cycle Processes**
Hier finden sich alle Arbeitsabläufe wieder, die sich in direkter Weise mit der

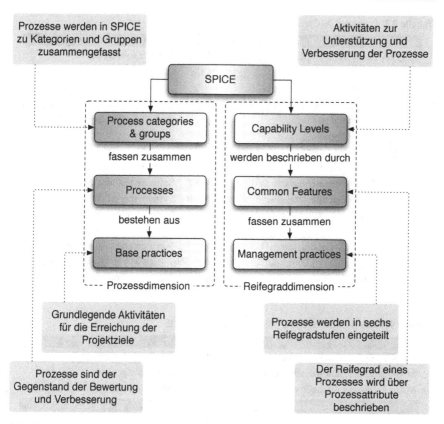

Abb. 9.21 Die zwei Dimensionen von SPICE

Durchführung eines Projekts beschäftigen. Zum einen beinhaltet diese Kategorie alle Prozesse, die den Kunden und Lieferanten unmittelbar einbeziehen. Hierzu gehören unter anderem die Bereiche Beratung, Akquisition, Betreuung, Belieferung und Support. Zum anderen fallen alle Prozesse in diese Kategorie, die sich mit der eigentlichen Produkterstellung beschäftigen. Beispiele sind die Anforderungsanalyse und die verschiedenen Facetten des Software-Entwurfs genauso wie die Bereiche Implementierung, Test und Wartung.

■ **Organizational Life Cycle Processes**
Diese Kategorie deckt die klassischen Bereiche des Software-Managements ab und umfasst die Projektplanung, die Fortschrittsüberwachung, das Qualitäts- und Risikomanagement sowie die Koordination und Überwachung der Zulieferer. Zusätzlich beinhaltet diese Kategorie alle Arbeitsabläufe, die eine Umsetzung der Unternehmensziele unterstützen oder überhaupt erst ermöglichen. Hierzu gehört die Aufrechterhaltung der Infrastruktur, die systematische Bereitstellung von Ressourcen sowie die Definition und Verbesserung der Prozesse selbst.

Tabelle 9.2 *Primary Life Cycle Processes* von SPICE

Acquisition Process Group (ACQ)			
ACQ.1	Acquisition preparation	ACQ.4	Supplier monitoring
ACQ.2	Supplier selection	ACQ.5	Customer acceptance
ACQ.3	Contract agreement		
Supply Process Group (SPL)			
SPL.1	Supplier tendering	SPL.3	Product acceptance support
SPL.2	Product release		
Engineering Process Group (ENG)			
ENG.1	Requirements elicitation	ENG.7	Software integration
ENG.2	System requirements analysis	ENG.8	Software testing
ENG.3	System architectural design	ENG.9	System integration
ENG.4	Software requirements analysis	ENG.10	System testing
ENG.5	Software design	ENG.11	Software installation
ENG.6	Software construction	ENG.12	Software and system maintenance
Operation Process Group (OPE)			
OPE.1	Operational use	OPE.2	Customer support

Tabelle 9.3 *Organizational Life Cycle Processes* von SPICE

Management Process Group (MAN)			
MAN.1	Organizational alignment	MAN.4	Quality management
MAN.2	Organizational management	MAN.5	Risk management
MAN.3	Project management	MAN.6	Measurement
Process Improvement Process Group (PIM)			
PIM.1	Process establishment	PIM.3	Process improvement
PIM.2	Process assessment		
Ressource and Infrastructure Process Group (RIN)			
RIN.1	Human resource management	RIN.3	Knowledge management
RIN.2	Training	RIN.4	Infrastructure
Reuse Process Group (REU)			
REU.1	Asset management	REU.2	Reuse program management
REU.3	Domain engineering		

■ **Support**

In dieser Kategorie sind alle Prozesse zusammengefasst, die eine unterstützende Funktion für andere Prozesse besitzen. Beispiele sind die Dokumentation, das Konfigurationsmanagement, die Verifikation und Validation sowie die Qualitätssicherung.

Jeder Einzelprozess ist mit einem oder mehreren fest definierten Zielen assoziiert. Um ein Unternehmen in die Lage zu versetzen, die Ziele zu erreichen, wird in SPICE jeder Prozess durch eine Menge von Top-Level-Aktivitäten – den *Base practices* – beschrieben. Exemplarisch sind in Abb. 9.23 die Kernelemente des SPICE-

Tabelle 9.4 *Supporting Life Cycle Processes* von SPICE

Support Process Group (SUP)			
SUP.1	Quality assurance	SUP.6	Product evaluation
SUP.2	Verification	SUP.7	Documentation
SUP.3	Validation	SUP.8	Configuration management
SUP.4	Joint review	SUP.9	Problem resolution management
SUP.5	Audit	SUP.10	Change request management

Prozesses SUP.8 (Konfigurationsmanagement) zusammengefasst. Um einen direkten Vergleich zu ermöglichen, ist in Abb. 9.22 eine Beschreibung des entsprechenden Schlüsselgebiets *Configuration Management* (CM) des CMMI dargestellt. Die großen inhaltlichen Gemeinsamkeiten der beiden Modelle werden hier mit wenigen Blicken deutlich. Der höhere Detaillierungsgrad von CMMI führt in der Praxis dazu, dass ein CMMI-zertifiziertes Unternehmen in den allermeisten Fällen die Vorgaben von SPICE erfüllt, nicht jedoch umgekehrt.

9.2.4.2 Reifegraddimension von SPICE

Die zweite Dimension von SPICE erstreckt sich über die Reife der Prozesse eines Unternehmens. Hierzu führt SPICE 6 Reifegrade ein, die in Abb. 9.24 zusammengefasst sind. Die Reife eines Prozesses wird anhand festgelegter *Prozessattribute* beurteilt. Im Rahmen eines Assessments wird jedem Prozessattribut ein prozentualer Erfüllungsgrad zugewiesen, der anschließend auf eine vierstufige Skala abgebildet wird. Die Skalenstufen unterscheiden die vollständige Erfüllung (86 % – 100 %), die weitgehende Erfüllung (51 % – 85 %), die teilweise Erfüllung (16 % – 50 %) und die Nichterfüllung (0 % – 15 %) der entsprechenden Anforderungen. Inhaltlich erinnern die Reifestufen des SPICE-Modells sehr an die Maturity levels des CMM und CMMI, unterscheiden sich jedoch in zwei wesentlichen Punkten. Zum einen beurteilt SPICE, im Gegensatz zu CMM und CMMI, nicht die Reife einer Organisation, sondern ausschließlich die Reife von Prozessen. Zum anderen definiert SPICE mit dem Reifegrad *Performed* eine zusätzliche Stufe, die kein direktes CMM- bzw. CMMI-Gegenstück besitzt und inhaltlich zwischen der ersten und der zweiten Stufe des CMM angeordnet ist. Sinnvoll ist dieser Reifegrad durchaus, da er denjenigen Organisationen bereits eine gewisse Reife attestiert, in denen Prozesse schon etabliert, jedoch noch nicht in Form eines komplexen Management-Überbaus manifestiert sind.

SUP.8 Configuration Management

The purpose of the process is to establish and maintain the integrity of the work products/items of a process or project and make them available to concerned parties.

Outcomes

- A configuration management strategy is developed.
- Work products/items generated by the process or project are identified, defined and baselined.
- Modifications and releases of the work products/items are controlled.
- Modifications and releases are made available to affected parties.
- The status of the work products/items and modifications are recorded and reported.
- The completeness and consistency of the work products/items is ensured.
- Storage, handling and delivery of the work products/items are controlled.

Base practices

- SUP.8.1: Develop configuration management strategy
- SUP.8.2: Identify configuration items
- SUP.8.3: Establish branch management strategy
- SUP.8.4: Establish baselines
- SUP.8.5: Maintain configuration item description
- SUP.8.6: Control modifications and releases
- SUP.8.7: Maintain configuration item history
- SUP.8.8: Report configuration status

Abb. 9.22 Der SPICE-Prozess SUP.8 (Konfigurationsmanagement)

9.2.5 Bewertung und Kritik

"Fundamentally, you get good software by thinking about it, designing it well, implementing it carefully, and testing it intelligently, not by mindlessly using an expensive mechanical process."

Stephen C. Johnson [145]

Configuration Management

The purpose of Configuration Management is to establish and maintain the integrity of work products using configuration identification, configuration control, configuration status accounting, and configuration audits.

Specific and Generic Goals

- SG 1: Establish Baselines

- SG 2: Track and Control Changes

- SG 3: Establish Integrity

- GG 4: Institutionalize a Managed Process

Practices by Goal

- SP1.1: Identify Configuration Items

- SP 1.2: Establish a Configuration Management System

- SG 1.3: Create or Release Baselines

- SP 2.1: Track Change Requests

- SP 2.2: Control Configuration Items

- SP 3.1: Establish Configuration Management Records

- SP 3.2: Perform Configuration Audits

Abb. 9.23 Der Schlüsselbereich *Configuration Management* des CMMI [246]

Mit der Einführung des Capability Maturity Models erlebten die Reifegradmodelle Ende der Achtzigerjahre einen regelrechten Boom, der bis heute in ungebrochener Form anhält. Trotzdem sollte die Einführung eines Prozessmodells stets mit Bedacht und Sorgfalt geschehen. Neben den vielen unbestrittenen Stärken, die in der Vergangenheit mehrfach unter Beweis gestellt wurden, ist die Einführung eines schwergewichtigen Prozessmodells auch mit Nachteilen und Risiken verbunden. Einige der am häufigsten geäußerten Kritikpunkte sind im Folgenden zusammengefasst:

- **Die Qualitätssicherung in der Zwickmühle**
  In nahezu allen Reifegradmodellen spielt die Software-Qualitätssicherung eine zwiespältige Doppelrolle. Auf der einen Seite ist sie mit dem Auftrag ausgestattet, eine beratende Funktion innerhalb der Projekte auszuüben. Auf der anderen Seite ist sie ein zentrales Steuerungsinstrument des Managements. Diese Rolle wird insbesondere dadurch untermauert, dass die Software-Qualitätssicherung in Form einer eigenständigen und unabhängig operierenden Abteilung organisiert

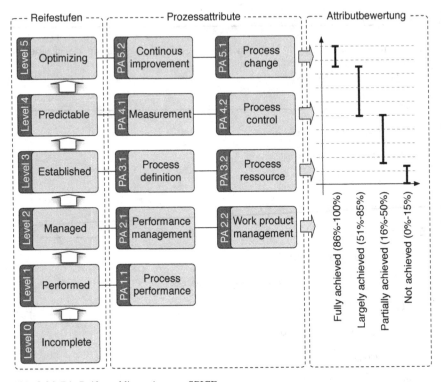

Abb. 9.24 Die Reifegraddimension von SPICE

ist und direkt an das Management berichtet. In der Praxis ist diese Doppelrolle kaum in angemessener Form zu erfüllen. Aufgrund ihrer kontrollierenden Funktion wird die QS-Abteilung nicht selten als Fremdkörper oder gar als Feind empfunden – als der „Big Brother" oder die „dunkle Seite der Macht". Die Idee einer beratenden und unterstützenden Institution wird hierdurch faktisch ad absurdum geführt. Nichtsdestotrotz ist das Interesse des Managements, durch die Etablierung entsprechender Strukturen mehr Transparenz in die Projekte zu bringen, berechtigt und in vielen Fällen unvermeidlich. Vergessen wird an dieser Stelle nur allzu oft, dass die Messung, welcher Projektparameter auch immer, einen Eingriff in ein zum Teil fragiles System menschlicher Individuen nach sich zieht. Wird die Kontrolle innerhalb der Projekte als zu stark empfunden, werden die Projektbeteiligten in einer natürlichen Reaktion versuchen, sich dagegen abzuschotten. Physiker unter den Lesern mögen sich an Schrödingers Katze erinnert fühlen – diese stirbt ebenfalls mit der Messung (vgl. Abb. 9.25). Die gängigen Reifegradmodelle werden der Problematik an dieser Stelle nur unzureichend gerecht und suggerieren mit der großflächigen Installation schwergewichtiger Prozesse eine einfache Lösung für ein Problemspektrum, das mit einfachen Mitteln in der Praxis kaum zu bewältigen ist.

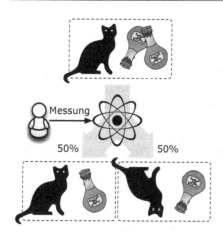

Nach der *Kopenhagener Deutung* der Quantenphysik führt die Messung durch einen Beobachter dazu, dass ein Teilchen, das sich in einem Überlagerungszustand befindet, schlagartig in einen der beiden möglichen Zustände wechselt. Im Jahre 1935 leitete Erwin Schrödinger hieraus das folgende Gedankenexperiment ab: Eine Katze wird in einen geschlossen Raum gesperrt, in dem sich eine Cyanidphiole befindet. Das Zerbersten der Phiole ist an ein Quantenereignis gekoppelt, so dass sich der Quantentheorie zufolge auch die Katze in einem Überlagerungszustand aus lebend und tot befinden muss. Erst die Messung entscheidet über das Leben oder Sterben des Tieres. In 50 % der Fälle bringt die Messung der Katze den Tod.

Abb. 9.25 Schrödingers Katze. Parallelen zum Projektmanagement?

■ **Wo bleiben die individuellen Stärken?**

Die Wiederholbarkeit und die Planbarkeit eines Projekts sind zwei Kernaspekte aller hier vorgestellten Reifegradmodelle. Um die Ziele zu erreichen, werden zahlreiche Maßnahmen ergriffen, um die Leistungsfähigkeit des Unternehmens von der Leistung einzelner Individuen zu entkoppeln. In der Tat wird dem Heldentum durch die Etablierung definierter Prozesse erfolgreich vorgebeugt – mit unbestritten positiven, aber auch mit negativen Auswirkungen. Selbst wenn die Reifegradmodelle die Entfaltungsmöglichkeiten des einzelnen Software-Entwicklers nicht per se in Fesseln legen, stellt sich diese Symptomatik in der Praxis häufig ein. Die Gefahr ist an dieser Stelle eminent groß, das Potenzial der sogenannten Helden versiegen zu lassen oder die entsprechenden Mitarbeiter gar unbemerkt zu verlieren. Immer mehr prozessgetriebene Organisationen gehen beispielsweise dazu über, Programmierer in *Ressourcen-Pools* zu organisieren – getrieben von der Annahme einer uniformen Leistungsfähigkeit und der beliebigen Austauschbarkeit der Ressource Mensch. Empirische Untersuchungen der Vergangenheit werden an dieser Stelle genauso beharrlich wie vehement mit Füßen getreten. So ist seit Mitte der Achtzigerjahre belegt, dass sich die Produktivität einzelner Software-Ingenieure um den Faktor 4 (Boehm [31]) bis 10 (DeMarco, Lister [68]) unterscheidet – weit mehr als in jeder anderen Ingenieursdisziplin. Wer die individuelle Leistungsfähigkeit einzelner Mitarbeiter hier schlicht ignoriert, bewegt sich auf sehr dünnem Eis. Der Erfolg eines Unternehmens wird am Ende auch davon abhängen, wie gut es in der Lage ist, für die individuellen Stärken der Software-Ingenieure Freiräume zu schaffen und diese gewinnbringend für das Unternehmen zu nutzen. Die hiermit verbundenen Fragestellungen werden durch die vorgestellten Reifegradmodelle nur unvollständig beantwortet.

■ **Ist Innovation planbar?**

Die Frage, ob sich Innovation planen lässt, wird von verschiedenen Experten unterschiedlich beantwortet. Verfechter schwergewichtiger Prozessmodelle beantworten die Frage nicht selten mit einem deutlichen Ja. Einige Unternehmen machen diese Sichtweise durch die Implementierung spezieller Innovationsprozesse klar nach außen sichtbar. Ein solcher Prozess ist mit der Hoffnung verbunden, das Innovationspotenzial der Mitarbeiter systematisch nutzen zu können, indem aufkeimende Ideen kompetent evaluiert und in geordneten Bahnen weiterverfolgt werden. Andere Experten sehen in einer geregelten Prozesslandschaft die Antithese einer innovativen Umgebung verwirklicht. Stattdessen wird die Sichtweise verfolgt, dass sich Innovation und Kreativität der Mitarbeiter ganz von selbst entfalten – wenn man sie nur lässt. Um entsprechende Freiräume zu schaffen, fordern einige Unternehmen ihre Mitarbeiter explizit auf, einen bestimmten Teil der Arbeitszeit auf eigene Projekte zu verwenden. Zu diesen Unternehmen gehört unter anderem der Suchmaschinenbetreiber Google, der dieses Prinzip als festen Bestandteil seiner Firmenkultur postuliert:

"We work in small teams, which we believe promotes spontaneity, creativity and speed. Any Googler might have our next great idea, so we make sure every idea is heard. Because great ideas need resources to grow into reality, at Google you'll always get the resources you need to make your dreams a reality. Google engineers all have "20 percent time" in which they're free to pursue projects they're passionate about. This freedom has already produced Google News, Google Suggest, AdSense for Content, and Orkut – products which might otherwise have taken an entire start-up to launch."

The engineer's life at Google [105]

Google selbst sieht in der 20-Prozent-Regel einen maßgeblichen Faktor für die Innovationskraft des Unternehmens:

"Virtually everything new seems to come from the 20 percent of their time engineers here are expected to spend on side projects."

Eric Schmidt, CEO, Google Inc. [13]

Um Missverständnissen an dieser Stelle vorzubeugen: Die Schaffung entsprechender Freiräume wird durch keines der vorgestellten Reifegradmodelle unterbunden. Nichtsdestotrotz ist in Organisationen höherer „Reife" das Prozessdenken so tief verwurzelt, dass die Etablierung eines genauso schwergewichtigen wie formalen Innovationsprozesses nahezu reflexartig als der Königsweg erscheint.

■ **Wird Software entwickelt oder produziert?**

Die Frage, ob es sich bei der Erstellung von Software um einen künstlerischen Akt oder schlicht um einen herstellenden Vorgang handelt, wird seit jeher kontrovers diskutiert. Die meisten Verfechter schwergewichtiger Prozesse sehen in der

Erstellung von Software einen herstellenden Vorgang und nicht selten wird die Entwicklung in diesen Unternehmen auch als Software-Produktion bezeichnet. Auf den ersten Blick scheint die Frage rein philosophischer Natur und von geringer praktischer Relevanz zu sein. Auf den zweiten Blick wird deutlich, dass die unterschiedlichen Sichtweisen weitreichende Auswirkungen auf den gesamten Software-Entwicklungsprozess besitzen. So basiert das gesamte Fundament der Reifegradmodelle auf einer produktionstechnischen Sichtweise – insbesondere Zielparameter wie die Planbarkeit und Wiederholbarkeit sind mit einer künstlerischen Tätigkeit nur bedingt vereinbar.

Aber lässt sich qualitativ hochwertige Software tatsächlich „produzieren" oder werden in Wirklichkeit Prozesse benötigt, die den Bereich der Software-Entwicklung als eine Art künstlerisches Schaffen begreifen? Die folgende Umschreibung der Programmierertätigkeit stammt aus dem Buchklassiker *The Mythical Man Month* von Frederick Brooks und wirft erste Zweifel an einer rein produktionsorientierten Sicht auf:

"The programmer, like the poet, works only slightly removed from pure thought-stuff. He builds his castles in the air, from air, creating by exertion of the imagination. Few media of creation are so flexible, so easy to polish and rework, so readily capable of realizing grand conceptual structures."

Frederick Brooks [90]

Auch ein Blick in die Open-Source-Szene verstärkt die Skepsis, ob eine ausschließlich produktionsorientierte Sichtweise dem Bereich der Software-Entwicklung voll und ganz gerecht wird. Projekte wie das freie Betriebssystem Linux, die zahlreichen Werkzeuge der GNU Foundation oder der freie Web-Browser Firefox sind eindrucksvolle Beispiele qualitativ hochwertiger Software-Produkte. Nahezu alle der beteiligten Entwickler erkennen künstlerische Elemente in dieser Tätigkeit und ziehen einen großen Teil ihrer Motivation und damit auch ihres Qualitätsbestrebens aus der Möglichkeit des kreativen Schaffens. Die Implikationen, die eine Anerkennung der künstlerischen Aspekte der Software-Entwicklung nach sich ziehen, werden durch die gängigen Reifegradmodelle heute nicht aufgefangen. Zu wünschen wären an dieser Stelle Prozesse, die beide Sichtweisen in sich vereinen und eine ausgewogene Gratwanderung zwischen kreativer Freiheit und organisatorischer Kontrolle ermöglichen.

Literaturverzeichnis

1. Ahern, D.M., Clouse, A., Armstrong, J.: CMMI Scampi Distilled. Addison-Wesley, Amsterdam (2005)
2. Ahern, D.M., Clouse, A., Turner, R.: CMMI Distilled. Addison-Wesley, Amsterdam (2003)
3. Aho, A.V., Sethi, R., Ullman, J.D.: Compilers, Principles, Techniques, and Tools. Addison-Wesley, Boston (1986)
4. et al., R.B.: A systems engineering capability maturity model version 1.1. Tech. Rep. CMU/SEI-95-MM-003, Software Engineering Institute (SEI) (1995)
5. et al., R.B.: An integrated product development capability maturity model. Tech. Rep. CMU/SEI-97-MM-001, Software Engineering Institute (SEI) (1997)
6. http://ant.apache.org
7. http://www.antlr.org
8. Balzert, H.: Lehrbuch der Software-Technik, Band 2. Spektrum Akademischer Verlag, Heidelberg (1998)
9. Balzert, H.: Lehrbuch der Software-Technik, Band 1. Spektrum Akademischer Verlag, Heidelberg (2000)
10. Balzert, H.: Lehrbuch der Objektmodellierung. Analyse und Entwurf. Spektrum Akademischer Verlag (2004)
11. Balzert, H.: UML2 in 5 Tagen. W3l Verlag (2005)
12. Basili, V.R., Briand, L.C., Melo, W.L.: A validation of object-oriented design metrics as quality indicators. IEEE Transactions on Software Engineering **22**(10), 751–761 (1996)
13. Battelle, J.: The 70 percent solution. Business 2.0 **6**(11) (2005)
14. Beck, K.: Extreme Programming – Das Manifest. Addison-Wesley, München (2000)
15. Beck, K.: Test-Driven Development : By Example. Addison-Wesley, Boston (2002)
16. Beck, K.: JUnit kurz und gut. O'Reilly and Associates, Sebastopol (2005)
17. Beck, K., Andres, C.: Extreme Programming Explained. Addison-Wesley, Upper Saddle River, NJ (2005)
18. Beck, K., Gamma, E.: Contributing to Eclipse. Principles, Patterns, and Plugins. Addison-Wesley Longman, Amsterdam (2004)
19. Beizer, B.: Software Testing Techniques. Van Nostrand Reinhold, New York (1983)
20. Benington, H.D.: Production of large computer programs. In: Proceedings of the ONR Symposium on Advanced Computer Programs for Digital Computers, pp. 350–361. Washington, D.C., Office of Naval Research (1956). Nachgedruckt in [21]
21. Benington, H.D.: Production of large computer programs. In: ICSE '87: Proceedings of the 9th international conference on Software Engineering, pp. 299–310. IEEE Computer Society Press, Los Alamitos, CA (1987)
22. Berge, C.: Graphs and Hypergraphs. North-Holland Publishing, Amsterdam (1979)
23. Berge, C.: Graphs. North-Holland Publishing, Amsterdam (1989)

D.W. Hoffmann, *Software-Qualität,* eXamen.press,
DOI 10.1007/978-3-642-35700-8, © Springer-Verlag Berlin Heidelberg 2013

24. Bird, R.: Introduction to Functional Programming Using Haskell. Prentice Hall Europe, London (1998)

25. http://www.bitkeeper.com

26. Blahut, R.E.: Algebraic Codes for Data Transmission. Cambridge University Press, Cambridge (2002)

27. Blair, M., Obenski, S., Bridickas, P.: Patriot missile defense: Software problem led to system failure at dhahran, saudi arabia. Report GAO/IMTEC-92-26, Information Management and Technology Division, United States General Accounting Office, Washington, D.C. (1992)

28. Boehm, B.: A spiral model of software development and enhancement. SIGSOFT Softw. Eng. Notes **11**(4), 14–24 (1986)

29. Boehm, B.: A spiral model of software development and enhancement. IEEE Computer **21**(5), 61–72 (1988)

30. Boehm, B.W.: Software Engineering Economics. Prentice Hall, Englewood Cliffs, NJ (1981)

31. Boehm, B.W.: Improving software productivity. IEEE Computer **20**(9), 43–57 (1987)

32. Bookman, C.: Linux Clustering : Building and Maintaining Linux Clusters. New Riders, Boston (2003)

33. Bornat, R.: Understanding and Writing Compilers : A Do-it-Yourself Guide. Macmillan, London (1979)

34. Bourne, K.C.: Testing Client/Server Systems. McGraw-Hill, New York (1997)

35. Bryant, R.E.: Graph-based algorithms for boolean function manipulation. IEEE Transactions on Computers **C-35**(8), 677–691 (1986)

36. Burch, J.R., Clarke, E.M., McMillan, K.L., Dill, D.L., Hwang, L.J.: Symbolic model checking: 10^{20} states and beyond. In: Proceedings of the Fifth Annual IEEE Symposium on Logic in Computer Science, pp. 1–33. IEEE Computer Society Press, Washington, D.C. (1990)

37. Burgess, A.: Phone outages blamed on switching software. IEEE Software **8**(5), 100–101 (1991)

38. Campbell, S., Chancelier, J.P., Nikoukhah, R.: Modeling and Simulation in Scilab/Scicos. Springer-Verlag, Berlin, Heidelberg, New York (2005)

39. Card, D.N., Glass, R.L.: Measuring Software Design Quality. Prentice Hall, Englewood Cliffs, NJ (1980)

40. Cardelli, L.: Type systems. ACM Computing Surveys **28**(1), 263–264 (1996)

41. Chen, R.: The Old New Thing. Practical Development Throughout the Evolution of Windows. Addison-Wesley, Amsterdam (2006)

42. Chidamber, S.R., Kemerer, C.F.: Towards a metrics suite for object oriented design. In: OOPSLA '91: Conference proceedings on Object-oriented programming systems, languages, and applications, pp. 197–211. ACM Press, New York (1991)

43. Chidamber, S.R., Kemerer, C.F.: A metrics suite for object oriented design. IEEE Transactions on Software Engineering **20**(6), 476–493 (1994)

44. Chrissis, M.B., Konrad, M., Shrum, S.: CMMI : guidelines for process integration and product improvement, 2nd edition edn. Addison-Wesley, Amsterdam (2006)

45. Church, A.: Review of turing 1936. Journal of Symbolic Logic **2**(1), 42–43 (1937)

46. Clarke, C.: Program invariants as fixpoints. Computing **21**(4), 273–294 (1979)

47. Clarke, E.M., Emerson, E.A., Sistla, A.P.: Automatic verification of finite-state concurrent systems using temporal logic specifications. ACM Transactions on Programming Languages and Systems **8**, 244–263 (1986)

48. Clarke, L.A., Podgpurski, A., Richardson, D.J., Zeil, S.J.: A comparison of data flow path selection criteria. In: Proceedings of the 8th International Conference on Software Engineering, pp. 244–251. IEEE Computer Society Press, London, England (1985)

49. Cocke, J., Sweeney, D.W.: High speed arithmetic in a parallel device (1957). Technical Report, IBM

50. Colbourn, C.J., Dinitz, J.H.: CRC Handbook of Combinatorial Designs. CRC Press, Boca Raton, FL (1996)

51. Committee, A.S.: Rationale for the ANSI C Programming Language. Silicon Press, Summit, NJ (1990)

52. Cook, W.R.: A proposal for making eiffel type-safe. The Computer Journal **32**(4), 305–310 (1989)
53. Cooper, J., Fisher, M.: Software acquisition capability maturity model (sa-cmm), version 1.03. Tech. Rep. CMU/SEI-2002-TR-010, Software Engineering Institute (SEI) (2002)
54. Coorporation, M.: Design guidelines for class library developers. URL http://msdn.microsoft.com
55. Copeland, L.: A Practitioner's Guide to Software Test Design. Artech House Publishers, Norwood, MA (2004)
56. Coppick, J.C., Cheatham, T.J.: Software metrics for object-oriented systems. In: ACM annual conference on Communications, pp. 317–322. ACM Press, New York (1992)
57. Cormen, T., Leserson, C.E., Rivest, R., Stein, C.: Introduction to Algorithms, 2nd editon. MIT Press (2001)
58. Cormen, T.H., Leiserson, C.E., Rivest, R., Stein, C.: Algorithmen – Eine Einführung. Oldenbourg Wissenschaftsverlag, München (2007)
59. Corporation, I.: Statistical analysis of floating point flaw in the pentium. White paper (1994)
60. Covey, S.R.: The seven Habits of Highly Effective People. Simon & Schuster, London, UK (2004)
61. Cowart, R., Knittel, B.: Using Microsoft Windows XP Home. Que Publishing, Indianapolis, Ind (2004)
62. Craig, R.D., Jaskiel, S.P.: Systematic Software Testing. Artech House Publishers (2002)
63. Crosby, P.B.: Quality is Free. McGraw-Hill, New York, NY (1979)
64. Crosby, P.B.: Quality is Still Free. McGraw-Hill, New York, NY (1996)
65. Curtis, B., Hefley, B., Miller, S.: People capability maturity model (p-cmm) version 2.0. Tech. Rep. CMU/SEI-2001-MM-001, Software Engineering Institute (SEI) (2001)
66. Dabney, J.B., Harman, T.L.: Mastering Simulink. Pearson / Prentice Hall, Upper Saddle River, NJ (2004)
67. DeMarco, T.: Controlling Software Projects: Management, Measurement, and Estimates. Prentice Hall PTR, Upper Saddle River, NJ (1986)
68. DeMarco, T., Lister, T.: Peopleware. Dorset House Publishing Co., New York (1987)
69. Demillo, R.A., Lipton, R.J., Sayward, F.G.: Hints on test data selection: Help for the practicing programmer. Computer **11**(4), 34–41 (1978)
70. Deutschland, B.: V-modell xt 1.0 (2005). URL http://www.v-modell-xt.de
71. Deutschland, B.: V-modell xt 1.2 (2006). URL http://www.v-modell-xt.de
72. Diestel, R.: Graphentheorie. Springer-Verlag, Berlin, Heidelberg, New York (2006)
73. Dietze, R., Heuser, T., Schilling, J.: OpenSolaris für Anwender, Administratoren und Rechenzentren: Von den ersten Schritten bis zum produktiven Betrieb auf Sparc, PC und PowerPC basierten Plattformen. Springer-Verlag, Berlin, Heidelberg, New York (2006)
74. Dijkstra, E.W.: The humble programmer. Communications of the ACM **15**(10), 859–866 (1972)
75. Diller, A.: Z : An Introduction to Formal Methods. John Wiley and Sons, Chichester (1994)
76. Dvorak, J.: What's going on at microsoft? PC Magazine (1999)
77. Eaton, J.W.: GNU Octave. Network Theory, Bristol (2005)
78. Echtle, K.: Fehlertoleranzverfahren. Springer-Verlag, Berlin, Heidelberg, New York (1990)
79. http://www.eclipse.org
80. Edelman, A.: The mathematics of the pentium devision bug. SIAM Review **39**(39), 54–67 (1997)
81. http://www.eiffel.com
82. Elmer-Dewitt, P.: Ghost in the machine. Times Magazine pp. 58–59 (1990)
83. Elmore, E.: The transient response of damped linear networks with particular regard to wideband amplifiers. Journal of Applied Physics **19**(1), 55–63 (1948)
84. Elshoff, J.L.: An investigation into the effects of the counting method used on software science measurements. ACM SIGPLAN Notices **13**(2), 30–45 (1978)
85. Emerson, E., Clarke, E.: Using branching time temporal logic to synthesize synchronization skeletons. Science of Computer Programming **2**, 241–266 (1982)

86. Erickson, J.: Hacking. The Art of Exploitation. No Starch Press, San Francisco (2003)
87. Evans, D.: Static detection of dynamic memory errors. In: SIGPLAN Conference on Programming Language Design and Implementation (PLDI 96), pp. 21–24. Philadelphia, PA (1996)
88. Evans, D., Guttag, J., Horning, J., Tan, Y.M.: Lclint: A tool for using specifications to check code. In: Proceedings of the ACM SIGSOFT Symposium on the Foundations of Software Engineering, pp. 87–96. New Orleans (1994)
89. Evans, D., Larochelle, D.: Improving security using extensible lightweight static analysis. IEEE Software 19(1), 41–51 (2002)
90. F. P. Brooks, J.: The Mythical Man-Month. Addison-Wesley, Reading, MA (1995)
91. Fagan, M.E.: Design and code inspections to reduce errors in program development. IBM Systems Journal 15(3), 258–287 (1976)
92. Fagan, M.E.: Advances in software inspections. IEEE Transactions on Software Engineering 12(7), 744–751 (1986)
93. Fenton, N.E., Ohlsson, N.: Quantitative analysis of faults and failures in a complex software system. IEEE Transactions on Software Engineering 26(7), 653–661 (2000)
94. Fenton, N.E., Pfleeger, S.L.: Software Metrics: A Rigorous & Practical Approach. International Thomson Computer Press (1997)
95. Fitzgerald, J., Larsen, P.G., Mukherjee, P., Plat, N., Verhoef, M.: Validated Designs for Object-oriented Systems. Springer-Verlag, Berlin, Heidelberg, New York (2005)
96. Floyd, R.: Assigning meaning to programs. In: Proceedings of Symposia on Applied Mathematics, pp. 19–32. American Mathematical Society, Providence (1967)
97. Foster, J.C.: Buffer Overflows. Mitp-Verlag, Bonn (2005)
98. Fowler, M.: Refactoring – Improving the Design of Existing Code. Addison-Wesley, Reading, MA (1999)
99. Gannon, C.: Error detection using path testing and static analysis. Computer 12(8), 26–31 (1979)
100. Gates, B.: Der unsichtbare Computer. Brand Eins 10, 132–133 (2002)
101. Gilb, T., Graham, D.: Software Inspection. Addison-Wesley (1993)
102. Girgis, M.R., Woodward, M.R.: An experimental comparison of the error exposing ability of program testing criteria. In: Proceedings of the Workshop on Software Testing, pp. 64–73. Banff (1986)
103. http://www.gnu.org/software/make
104. Gödel, K.: Über formal unentscheidbare Sätze der Principia Mathematica und verwandter Systeme. Monatshefte für Mathematik und Physik 38, 173–198 (1931)
105. http://www.google.com/jobs
106. Gordon, M.J.C., Melham, T.F.: Introduction to HOL: A theorem proving environment for higher-order logic. Cambridge University Press, Cambridge (1993)
107. Gumbel, M.: Java Standard Libraries: Java 2 Collection Framework und Generic Collection Library for Java. Addison-Wesley, München [u.a.] (2000)
108. Gusfield, D.: Algorithms on Strings, Trees, and Sequences. Cambridge University Press, Cambridge (1997)
109. Güting, R.H., Erwig, M.: Übersetzerbau. Techniken, Werkzeuge, Anwendungen. Springer-Verlag, Berlin, Heidelberg, New York (1999)
110. Halstead, M.H.: Natural laws controlling algorithm structure? ACM SIGPLAN Notices 7(2), 19–26 (1972)
111. Halstead, M.H.: Elements of Software Science. Elsevier (1977)
112. Hamer, P.G., Frewin, G.D.: M. h. halstead's software science – a critical examination. In: Proceedings of the ACM SIGSOFT-SIGPLAN/IEEE Computer Society International Conference on Software Engineering (ICSE), pp. 197–206. IEEE Computer Society Press, Tokyo, Japan (1967)
113. Hamlet, R.G.: Testing programs with the aid of a compiler. IEEE Transactions on Software Engineering SE-3(4), 279–289 (1977)
114. Hamming, R.W.: Error-detecting and error-correcting codes. Bell System Technical Journal 2(26), 147–160 (1950)

115. Hamming, R.W.: Coding and Information Theory. Prentice Hall, Englewood Cliffs, NJ (1980)
116. Hanselman, D.C., Littlefield, B.L.: Mastering Matlab 7. Pearson / Prentice Hall, Upper Saddle River, NJ (2004)
117. Hedayat, A.S., Sloane, N.J.A., Stufken, J.: Orthogonal Arrays: Theory and Applications. Springer-Verlag, Berlin, Heidelberg, New York (1999)
118. Henry, S.M., Kafura, D.: Software structure metrics based on information flow. IEEE Transactions on Software Engineering 7(5), 510–518 (1981)
119. Henry, S.M., Selig, C.: Predicting source-code complexity at the design stage. IEEE Software 7(2), 36–44 (1990)
120. Herold, H.: Lex und Yacc : Die Profitools zur lexikalischen und syntaktischen Textanalyse. Addison-Wesley, München (2003)
121. Hertel, C.R.: Implementing CIFS. The Common Internet File System. Prentice Hall, Englewood Cliffs, NJ (2003)
122. Hitz, M., Montazeri, B.: Chidamber and kemerer's metrics suite: A measurement theory perspective. IEEE Transactions on Software Engineering 22(4), 267–271 (1996)
123. Hoare, C.A.R.: An axiomatic basis for computer programming. Communications of the ACM 12(10), 576–585 (1969)
124. Hoglund, G., McGraw, G.: Exploiting Software: How to Break Code. Addison-Wesley Longman, Amsterdam (2004)
125. Holzner, S.: Ant. O'Reilly and Associates, Sebastopol (2005)
126. Howden, W.E.: Methodology for the generation of program test data. IEEE Transactions on Computers C-24, 554–560 (1904)
127. Howden, W.E.: An evaluation of the effectiveness of symbolic testing. Practice and Experience 8, 381–397 (1978)
128. Howden, W.E.: Theoretical and empirical studies of program testing. IEEE Transactions on Software Engineering SE-4(4), 293–298 (1978)
129. Howden, W.E.: Theoretical and empirical studies of program testing. In: Proceedings of the 3rd International Conference on Software Engineering, pp. 235–243. Atlanta (1978)
130. Howden, W.E.: Weak mutation testing and completeness of test sets. IEEE Transactions on Software Engineering SE-8(4), 371–379 (1982)
131. Huisman, M.: Reasoning about java programs in higher order logic with pvs and isabelle. Ph.D. thesis, IPA Dissertation Series 2001-03 (2001)
132. Humphrey, W.S.: Characterizing the software process: A maturity framework. Tech. Rep. CMU/SEI-87-TR-11, Software Engineering Institute (SEI) (1987)
133. Humphrey, W.S.: Managing the Software Process. Addison-Wesley, Reading, MA (1989)
134. Hunt, A., Thomas, D.: Pragmatic Unit Testing: In Java with JUnit. The Pragmatic Bookshelf, Raleigh, NC (2004)
135. Hunt, A., Thomas, D.: Pragmatic Unit Testing in C# with NUnit. The Pragmatic Bookshelf, Raleigh, NC (2006)
136. Hutton, G.: Introduction to Functional Programming Using Haskell. Cambridge University Press, Cambridge (1998)
137. Institute of Electrical and Electronics Engineers, 345 East 47th Street, New York, NY 10017, USA: IEEE Standard Glossary of Software Engineering Terminology, std 610.12-1990 edn. (1990)
138. Jacky, J.: The Way of Z: Practical Programming with Formal Methods. Cambridge University Press, Cambridge (1996)
139. https://javacc.dev.java.net
140. http://www.jflex.de
141. Johnson, S.C.: Lint, a program checker. In [173] (1979)
142. Johnson, S.C.: A tour through the portable c compiler. In [173] (1979)
143. Johnson, S.C.: Yacc meets c++. Computing Systems 1(2), 159–167 (1988)
144. Johnson, S.C.: Yacc yet another compiler compiler. Report GAO/IMTEC-92-26, Information Management and Technology Division, United States General Accounting Office, Washington, D.C. (1992)

145. Johnson, S.C.: Objecting to objects. In: Technical Conference Proceedings. San Francisco, CA (1994)
146. Jones, C.B.: Systematic Software Development using VDM. Prentice Hall, Upper Saddle River, NJ (1990)
147. Juran, J.M., Godfrey, A.B.: Juran's Quality Handbook, 5th edition edn. McGraw-Hill, New York (2000)
148. Kecher, C.: UML 2.0. Das umfassende Handbuch. Galileo Press (2006)
149. Kernighan, B.W., Pike, R.P.: The UNIX Programming Environment. Prentice Hall, Englewood Cliffs, NJ (1984)
150. Kernighan, B.W., Ritchie, D.M.: The C Programming Language, 1st edition edn. Prentice Hall, Englewood Cliffs, NJ (1978)
151. Klein, T.: Buffer Overflows und Format-String-Schwachstellen. Funktionsweisen, Exploits und Gegenmaßnahmen. Dpunkt.Verlag, Heidelberg (2003)
152. Kneuper, R.: CMMI. Verbesserung von Softwareprozessen mit Capability Maturity Model Integration. Dpunkt.Verlag, Heidelberg (2006)
153. Koch, E.: Das 80/20-Prinzip. Mehr Erfolg mit weniger Aufwand. Campus Verlag (2004)
154. Koenig, A.: C Traps and Pitfalls. Addison-Wesley, Reading, MA (1989)
155. Koziol, J., Litchfield, D., Aitel, D.: The Shellcoder's Handbook: Discovering and Exploiting Security Holes. John Wiley and Sons, New York (2004)
156. Kropf, T.: Introduction to Formal Hardware Verification. Springer-Verlag, Berlin, Heidelberg, New York (1999)
157. Larochelle, D., Evans, D.: Statically detecting likely buffer overflow vulnerabilities. In: Proceedings of the 10th USENIX Security Symposium, pp. 177–190. USENIX, Washington D.C. (2001)
158. Levine, J.R., Mason, T., Brown, D.: Lex and Yacc. UNIX Programming Tools. O'Reilly and Associates, Sebastopol (1992)
159. Li, K., Wu, M.: Effective Software Test Automation. Sybex, Alameda, CA (2004)
160. Li, K., Wu, M.: Effective GUI Test Automation. Sybex, Alameda, CA (2005)
161. Li, W., Henry, S.: Object-oriented metrics that predict maintainability. Journal of Systems and Software 23(2), 111–122 (1993)
162. Liberty, J.: Programmieren mit C#. O'Reilly and Associates, Köln (2005)
163. Liggesmeyer, P.: Software-Qualität. Spektrum Akademischer Verlag (2002)
164. van der Linden, P.: Expert C Programming – Deep C Secrets. SunSoft Press, Prentice Hall, Englewood Cliffs, NJ (1994)
165. Link, J.: Softwaretests mit JUnit. Dpunkt.Verlag, Heidelberg (2005)
166. Linzmayer, O.W.: Apple Confidential 2.0: The Definitive History of the World's Most Colorful Company. No Starch Press, San Francisco, CA (2004)
167. Lorenz, M., Kidd, J.: Object-Oriented Software Metrics – A Practical Guide. Prentice Hall, Englewood Cliffs, NJ (1994)
168. Marcus, E., Stern, H.: Blueprints for High Availability. John Wiley and Sons, New York (2003)
169. Marshall, E.: Fatal error: How patriot overlooked a scud. Times Magazine 13 (1992)
170. Maslow, A.H.: A theory of human motivation. Psychological Review 50, 370–396 (1943)
171. McCabe, T.J.: A complexity measure. IEEE Transactions on Software Engineering SE-2(4), 308–320 (1976)
172. McCabe, T.J.: Structured Testing. IEEE Computer Society Press (1983)
173. McIlroy, M.D., Kernighan, B.W.: Unix Programmer's Manual, 7th Edition, vol. 2B. AT & T Bell Laboratories, Murray Hill, NJ (1979)
174. Mecklenburg, R.: GNU make. O'Reilly and Associates, Sebastopol (2005)
175. Memon, A.M., Pollack, M.E., Soffa, M.L.: Using a goal-driven approach to generate test cases for guis. In: ICSE '99: Proceedings of the 21st international conference on Software engineering, pp. 257–266. IEEE Computer Society Press, Los Alamitos, CA (1999)
176. http://www.mercury.com
177. Meszaros, G.: Xunit Test Patterns: Refactoring Test Code. Addison-Wesley, Upper Saddle River, NJ (2007)

178. Meyer, B.: Object-Oriented Software Construction. Prentice Hall, Upper Saddle River, NJ (1988)

179. Meyer, B.: Objektorientierte Software-Entwicklung. Hanser Fachbuchverlag, München (1992)

180. Microsystems, S.: Code conventions for the java programming language. URL http://java.sun.com

181. (MISRA), T.M.I.S.R.A.: Guidelines for the Use of the C Language in Vehicle Based Software. MISRA, Ltd., Nuneaton, Warwickshire (1998)

182. (MISRA), T.M.I.S.R.A.: MISRA-C: 2004, Guidelines for the Use of the C Language in Critical Systems. MISRA, Ltd., Nuneaton, Warwickshire (2004)

183. Mitchell, J.C.: Foundations for Programming Languages. MIT Press, Cambridge (1996)

184. Möller, K.H., Paulish, D.J.: An empirical investigation of software fault distribution. In: Proceedings of IEEE First International Software Metrics Symposium, pp. 82–90. Baltimore, MD (1993)

185. Morris, M.F., Roth, P.F.: Computer Performance Evaluation: Tools and Techniques for Effective Analysis. Van Nostrand Reinhold, New York (1982)

186. Myers, G.J.: Composite Structured Design. Van Nostrand Reinhold, Wokingham, UK (1989)

187. Myers, G.J.: The Art of Software Testing. John Wiley and Sons, New York (2004)

188. Naftalin, M., Wadler, P.: Java Generics and Collections. O'Reilly and Associates, Sebastopol (2006)

189. Nagel, E., Newman, J.R.: Der Gödel'sche Beweis. Oldenbourg Wissenschaftsverlag, München (2006)

190. http://nice.sourceforge.net

191. Norrish, M.: C formalised in hol. Ph.D. thesis, University of Cambridge, UK (1998)

192. Ntafos, S.C.: On testing with required elements. In: Proceedings of the Computer Software and Applications Conference (COMPSAC), pp. 132–139. Edinburgh University Press, Chicago, IL (1981)

193. Ntafos, S.C.: On required element testing. IEEE Transactions on Software Engineering SE-10(6), 795–803 (1984)

194. Offutt, A.J.: How strong is weak mutation? In: Proceedings of the 4th Symposium on Software Testing, Analysis, and Verification, pp. 200–213. IEEE Computer Society Press, Victoria, British Columbia, CA (1991)

195. Offutt, A.J.: Investigations of the software testing coupling effect. ACM Transactions on Software Engineering and Methodology (TOSEM) 1(1), 5–20 (1992)

196. http://www.opendarwin.org

197. Organick, E.I.: The Multics System: An Examination of its Structure. MIT Press, Cambridge, MA (1975)

198. Ostrand, T., Weyuker, E.: The distribution of faults in a large industrial software system. In: Proceedings of the 2002 ACM SIGSOFT International Symposium on Software Testing and Analysis (ISSTA), pp. 55–64. ACM Press, Roma, Italy (2002)

199. Park, D.: Fixpoint induction and proofs of program properties. Machine Intelligence 5, 59–78 (1969)

200. Patterson, D.A., Gibson, G., Katz, R.H.: A case for redundant arrays of inexpensive disks (raid). In: SIGMOD '88: Proceedings of the 1988 ACM SIGMOD international conference on Management of data, pp. 109–116. ACM Press, New York (1988)

201. Paulk, M.C., Curtis, B., Averill, E., Bamberger, J., Kasse, T., Konrad, M., Perdue, J., Weber, C.V., Withey, J.: Capability maturity model for software. Tech. Rep. CMU/SEI-91-TR-24 ADA240603, Software Engineering Institute (SEI) (1991)

202. Paulk, M.C., Curtis, B., Chrissis, M.B., Weber, C.V.: Capability maturity model, version 1.1. IEEE Software 10(4), 18–27 (1993)

203. Paulk, M.C., Weber, C.V., Curtis, B., Chrissis, M.B. (eds.): The Capability Maturity Model: Guidelines for Improving the Software Process. Addison-Wesley, Reading, MA (1995)

204. Paulk, M.C., Weber, C.V., Garcia, S.M., Chrissis, M.B., Bush, M.: Key practices of the capability maturity model, version 1.1. Report CMU/SEI-93-TR-25, Software Engineering Institute, Carnegie Mellon University, Pittsburgh, PA (1993)

205. Pepper, P.: Funktionales Programmieren in OPAL, ML, HASKELL und GOFER. Springer-Verlag, Berlin, Heidelberg, New York (2003)
206. Peterson, W.W., Brown, D.T.: Cyclic codes for error detection. Proceedings of the IRE **49**, 228–235 (1961)
207. Peterson, W.W., Weldon, E.J.: Error Correcting Codes. MIT Press, Cambridge, MA (1972)
208. Petzold, C.: Programming Windows 3.1. Microsoft Press, Redmond, WA (1992)
209. Petzold, C.: Programming Windows 95. Microsoft Press, Redmond, WA (1996)
210. Pfister, G.F.: In search of clusters : The Coming Battle in Lowly Parallel Computing. Prentice Hall, Upper Saddle River, NJ (1995)
211. Pfleeger, S.L., Fitzgerald, J.C., Rippy, D.A.: Using multiple metrics for analysis of improvement. Software Quality Journal **1**, 27–36 (1992)
212. Phadke, M.S.: Quality Engineering Using Robust Design. Prentice Hall (1989)
213. Pierce, B.C.: Types and Programming Languages. MIT Press, Cambridge (2002)
214. Piwowarski, P.: A nesting level complexity measure. ACM SIGPLAN Notices **17**(9), 44–50 (1982)
215. http://www.platform.com
216. http://www.polyspace.com
217. Pradham, D., Reddy, S.: A fault-tolerant communication architecture for distributed systems. Digest of Papers FTCS **11**, 214–220 (1981)
218. Pradhan, D.K.: Fault-Tolerant Computer System Design. Prentice Hall, Englewood Cliffs, NJ (1996)
219. Rausch, A., Broy, M., Bergner, K.: Das V-Modell XT. Grundlagen, Methodik und Anwendungen. Springer-Verlag, Berlin, Heidelberg, New York (2007)
220. Riedemann, E.H.: Testmethoden für sequentielle und nebenläufige Systeme. Teubner Verlag, Stuttgart (1997)
221. Ritchie, D.M.: The development of the c language. Tech. rep., Bell Labs/Lucent Technologies, Murray Hill, NJ 07974 USA (2003)
222. Roberts, D., Johnson, R.: A refactoring tool for smalltalk. Theory and Practice of Object Systems **3**, 253–263 (1997)
223. Robertson, J.E.: A new class of digital division methods. IRE Transactions Electronic Computers **7**(7), 218–222 (1958)
224. Royce, W.W.: Managing the development of large software systems: Concepts and techniques. TRW Software Series **SS-70-01**, 1–9 (1970). Nachgedruckt in [225]
225. Royce, W.W.: Managing the development of large software systems: Concepts and techniques. In: ICSE '87: Proceedings of the 9th International Conference on Software Engineering, pp. 328–338. IEEE Computer Society Press, Los Alamitos, CA (1987)
226. Salt, N.F.: Defining software science counting strategies. ACM SIGPLAN Notices **17**(3), 58–67 (1982)
227. Schildt, H.: The Annotated ANSI C Standard: American National Standard for Programming Languages-C : ANSI/ISO 9899-1990. McGraw-Hill, Berkeley, CA (1993)
228. Sedgewick, R.: Algorithmen. Pearson Studium, München (2002)
229. Sedgewick, R.: Algorithmen in Java. Grudlagen, Datenstrukturen, Sortieren, Suchen. Teil 1–4. Pearson Studium, München (2003)
230. http://www.sei.cmu.edu/about
231. Sharble, R.C., Cohen, S.S.: The object-oriented brewery: a comparison of two object-oriented development methods. SIGSOFT Software Engineering Notes **18**(2), 60–73 (1993)
232. Silverberg, I.: Source File Management with SCCS. Prentice Hall, Upper Saddle River, NJ (1991)
233. Singh, A.: Mac OS X Internals. Addison-Wesley, Upper Saddle River, NJ (2006)
234. Soltau, M.: Unix/Linux Hochverfügbarkeit. Mitp-Verlag, Bonn (2002)
235. Spivey, J.M.: The Z Notation : A Reference Manual. Prentice Hall, New York (1992)
236. http://www.splint.org
237. Spolsky, J.: How Microsoft lost the API war. Apress (2004)

238. Stegmüller, W.: Unvollständigkeit und Unentscheidbarkeit : Die metamathematischen Resultate von Goedel, Church, Kleene, Rosser und ihre erkenntnistheoretische Bedeutung. Springer-Verlag, Berlin, Heidelberg, New York (1973)

239. Stephen, G.A.: String Searching Algorithms. World Scientific Publishing Company (1994)

240. Stern, H., Eisler, M., Labiaga, R.: Managing NFS and NIS. O'Reilly and Associates, Sebastopol (2001)

241. Stevens, W.R.: TCP/IP Illustrated I. The Protocols. Addison-Wesley, Upper Saddle River, NJ (1994)

242. Swift, J.: Gulliver's Travels. Penguin Classics (1994)

243. Szulewski, P.A., Sodano, N.M.: Design metrics and ada. In: WADAS '84: Proceedings of the 1st Annual Washington Ada Symposium on Ada Acquisition Management, pp. 105–114. ACM Press, New York (1984)

244. Tai, K.C.: Program testing complexity and test criteria. IEEE Transactions on Software Engineering **SE-6**(6), 531–538 (1980)

245. Team, C.P.: Capability maturity model integration, version 1.1, continous representation. Tech. Rep. CMU/SEI-2002-TR-012, Software Engineering Institute (SEI) (2002)

246. Team, C.P.: Capability maturity model integration, version 1.1, staged representation. Tech. Rep. CMU/SEI-2002-TR-011, Software Engineering Institute (SEI) (2002)

247. Team, C.P.: Cmmi for development, version 1.2. Tech. Rep. CMU/SEI-2006-TR-008, Software Engineering Institute (SEI) (2006)

248. Team, S.U.: Appraisal requirements for cmmi, version 1.2 (arc, v1.2). Tech. Rep. CMU/SEI-2006-TR-011, Software Engineering Institute (SEI) (2006)

249. Team, S.U.: Standard cmmi appraisal method for process improvement (scampi[sm]) a, version 1.2: Method definition document. Tech. Rep. CMU/SEI-2006-HB-002, Software Engineering Institute (SEI) (2006)

250. http://www.teamware.com

251. Terry, P.D.: Compiling with C# and Java. Addison-Wesley, Boston, MA (2005)

252. Thaer, C. (ed.): Euklid. Die Elemente. Buch I - XIII. Ostwalds Klassiker. Verlag Harri Deutsch, Frankfurt (2003)

253. Thaler, G.E.: Software-Metriken. Verlag Heinz Heise, Hannover (1994)

254. Thaler, M., Utesch, M.: Effizienz und Effektivität von Software-Inspektionen. Software Technik Trends **14**(2), 22–23 (1994)

255. Tichy, W.F.: RCS – a system for version control. RCS – A System for Version Control **15**(15), 637–658 (1985)

256. Tocher, K.D.: Techniques of multiplication and division for automatic binary computers. IRE Quarterly Journal of Mech. Applied Math. **11**(11), 364–384 (1958)

257. Torvalds, L.: Linux kernel coding style

258. http://www.transitive.com

259. http://www.transmeta.com

260. Tucker, A.B.: The Computer Science and Engineering Handbook. CRC Press, Boca Raton (1997)

261. Turing, A.M.: On computable numbers with an application to the entscheidungsproblem. Proceedings of the London Mathematical Society **2**(42), 230–265 (1936)

262. http://www.uml.org

263. Venners, B.: The demand for software quality. a conversation with bertrand meyer, part i (2003). URL http://www.artima.com

264. Vigenshow, U.: Objektorientiertes Testen und Testautomatisierung in der Praxis. Dpunkt.Verlag, Heidelberg (2005)

265. Vlissides, J.: Pattern Hatching. Addison-Wesley, Reading, MA (1998)

266. Wagenknecht, C.: Programmierparadigmen. Eine Einführung auf der Grundlage von Scheme. Teubner Verlag, Wiesbaden (2004)

267. Walz, A.: Maple 7 - Rechnen und Programmieren. Springer-Verlag, Berlin, Heidelberg, New York (2007)

268. Watters, P.A.: Solaris 10 / The Complete Reference.: The Complete Reference. McGraw-Hill, New York (2005)

269. Weinberg, G.M.: The Psychology of Computer Programming. Dorset House Publishing (1998)

270. Welker, K.D., Oman, P.W.: Software maintainability metrics models in practics. Crosstalk, Journal of Defense Software Engineering **8**(11), 19–23 (1995)

271. Winkelhofer, G.A., Kessler, H.: Projektmanagement: Leitfaden zur Steuerung und Führung von Projekten. Springer-Verlag, Berlin, Heidelberg, New York (2004)

272. http://en.wikiquote.org/wiki/Bill_Gates

273. Wolfram, S.: The Mathematica Book. Wolfram Media Inc., Champaign, IL (2004)

274. Wordsworth, J.B.: Software Development with Z. Addison-Wesley, Wokingham, England (1992)

275. Yourdon, E., Constantine, L.L.: Structured Design. Prentice Hall, Englewood Cliffs, NJ (1979)

276. Zeller, A., Krinke, J.: Essential Open Source Toolset. John Wiley and Sons, New York (2005)

277. Zukowski, J.: Java Collections. Springer-Verlag, Berlin, Heidelberg, New York (2001)

Sachverzeichnis